嵌入式处理器技术基础

黄 劼 刘晓宇 ◎编著

四川大学出版社
SICHUAN UNIVERSITY PRESS

图书在版编目（CIP）数据

嵌入式处理器技术基础 / 黄劼，刘晓宇编著.
成都：四川大学出版社, 2025. 6. -- ISBN 978-7-5690-7931-9

Ⅰ．TP332

中国国家版本馆 CIP 数据核字第 20258CH820 号

| 书　　名：嵌入式处理器技术基础 |
| Qianrushi Chuliqi Jishu Jichu |
| 编　　著：黄　劼　刘晓宇 |

选题策划：宋彦博
责任编辑：宋彦博
责任校对：李畅炜
装帧设计：墨创文化
责任印制：李金兰

出版发行：四川大学出版社有限责任公司
　　　　　地址：成都市一环路南一段 24 号（610065）
　　　　　电话：（028）85408311（发行部）、85400276（总编室）
　　　　　电子邮箱：scupress@vip.163.com
　　　　　网址：https://press.scu.edu.cn
印前制作：四川胜翔数码印务设计有限公司
印刷装订：成都市新都华兴印务有限公司

成品尺寸：185 mm×260 mm
印　　张：28.25
字　　数：684 千字

版　　次：2025 年 8 月 第 1 版
印　　次：2025 年 8 月 第 1 次印刷
定　　价：96.00 元

本社图书如有印装质量问题，请联系发行部调换

版权所有 ◆ 侵权必究

扫码获取数字资源

四川大学出版社
微信公众号

前　　言

　　单片机原理或嵌入式技术是大部分工科专业的必修课。关于这门课程究竟应以哪种型号的处理器为对象进行介绍，一直众说纷纭。国内高校采用的教材有以 ARM 系列单片机为对象的，也有以 MCS-51 系列单片机为对象的，两类教材各有优点：ARM 系列单片机资源丰富，执行速度快，可搭载嵌入式操作系统完成更复杂的控制任务，但缺点在于架构体系、指令系统复杂，功能部件多，硬件结构复杂，初学者学习难度大，学完后掌握程度不尽如人意；MCS-51 系列单片机发展历史长，应用广泛，技术上不断发展，且体系结构简单，易于掌握，但功能部件相对较少，不能搭载嵌入式操作系统，仅适合完成相对简单的控制任务。除这两类单片机外，不同品牌的嵌入式处理器的型号数以千计，没有哪本教材能一一囊括，更何况新型号层出不穷。另外，即使精通当下的数个型号，也无法保证它们能满足以后数十年的使用需求。对于学习者来说，如何学习嵌入式技术并学以致用，是更为核心的问题。解决这个问题的方法，既不是盲目地学习很多型号的具体技术，也不在于一味追求目前最新、最高端型号的相关技术——当下最新的型号不出几年就会被替代，而在于通过学习某一具体型号的嵌入式处理器的内部结构、功能部件工作原理、指令系统功能以及外部器件与处理器的接口方法，达到了解嵌入式处理器的本质特征和共性知识的目的。这样既能学以致用，又能在面对功能更强、结构更复杂的新型号嵌入式处理器时根据共性知识快速掌握其基本功能，再运用以往的学习方法了解其增加的新功能、新部件，进而较全面地掌握如何应用一款新的嵌入式处理器，达到举一反三的目的。

　　基于上述考虑，本教材不仅希望满足日常课程学习的需要，更希望起到授人以渔的作用。因此，本教材在介绍嵌入式系统的内涵与作用、软硬件组成以及嵌入式处理器的功能需求的基础上，分两篇对嵌入式处理器原理及应用进行介绍。第一篇为"基础篇"，以 MCS-51 系列的传统型号 8051 单片机为对象，介绍 MCS-51 系列单片机的内部结构、工作原理、指令系统及功能部件使用方法，帮助学习者建立芯片即计算机的概念，掌握单片机软硬件技术，具备使用单片机完成中低复杂度控制任务的能力。"基础篇"的另一目的在于帮助学习者建立这样的概念：单片机即将功能部件与 CPU 都集成在芯片内部的微型计算机系统，其功能部件通过相应的特殊功能寄存器进行控制；要正确使用单片机，首先需要明确每个功能部件由哪些特殊功能寄存器控制以及如何控制。建立这样的概念将为学习更复杂的单片机打下基础。为了跟上 MCS-51 系列单片机技术的发展，在"基础篇"的最后，介绍了基于 MCS-51 内核的国产 STC 系列单片机。该系列单片机在存储容量、功能部件数量及执行速度等方面有大幅提升，可满足更加复杂的控制需求。第二篇为"提高篇",以 ARM 系列的 STM32 单片机为对象,参照"基础篇"的体系结构展开介绍,使学习者能基于"基础篇"建立的基本认知及学习方法,由浅入深、循序渐进地掌握更为复杂的 ARM 系列单片机的工作原理及使用方法,具备使用可搭载嵌入式操作系统的单片机完成复杂控制任务的能力。

本书可作为本、专科"MCS-51 单片机原理及应用"或"嵌入式技术"课程的教材,也可作为研究生和工程技术人员的参考书。虽然单片机原理或嵌入式技术是大部分工科专业的必修课,但不同专业应用嵌入式技术的领域、需解决问题的特点和复杂度存在差异,所适用的单片机系列也不尽相同,因此,不同专业的学习者在使用本教材时可根据专业特点以其中某一篇为重点,将另一篇作为辅助性学习内容。

在本教材编写过程中,作者根据近 30 年来从事单片机技术教学和技术开发的经验以及最新的技术发展状况,在"基础篇"中进行了一些有别于传统教材的变动:①深入介绍了 MCS-51 系列单片机的存储器体系结构,以及存储器体系结构与 CPU 判别"指令/数据"的关系,从根本上说明了程序存储器/数据存储器与 EPROM(ROM)/RAM 的关系,避免将存储器功能与存储器所使用器件类型混为一谈,使学习者在学习指令系统和后续进行可能的系统扩展时不致因概念不清而张冠李戴。②尽管现在的 MCS-51 单片机在内部存储器容量上大幅提升,且有不同型号可供选择,几乎不需要进行外部程序存储器扩展,但接口技术是开发嵌入式系统的基础,因此本书仍然对地址译码、信号匹配及时序分析等内容进行了介绍。这些技术不仅适用于存储器扩展,也适用于外部设备的接口设计。因此,第 8 章可作为本书的扩展内容供参考。③对功能部件的介绍按照定时/计数器、中断系统和串行口的顺序进行。首先介绍定时/计数器的工作原理并以查询方式实现定时功能,然后介绍中断系统的工作原理及实现方法,并以定时/计数器为具体部件讲解中断概念和中断服务程序编写方法,进而理解查询与中断方式的特点,最后介绍串行口工作原理,以及以中断方式实现串行通信的方法,加深对中断概念和使用方法的理解和掌握。

"提高篇"介绍 STM32 单片机的内部结构、功能部件原理和使用方法时,尽量与MCS-51 单片机的相关内容相联系,建立从易到难、循序渐进的学习路径,充分体现本教材的体系优势。另外,由于 STM32 单片机功能丰富,要理解和掌握的内容非常繁杂,作者根据课堂教学及学生实际应用的需要,在完整介绍体系结构、编程基础及开发环境的基础上,重点对基础的、常用的功能部件(如 GPIO 并行口、USART 串行口和定时及中断系统)进行了详细介绍,而对其他功能部件的介绍相对简单,但明确指出"功能部件是通过相应的功能寄存器(或称控制寄存器)设置其功能并反馈工作状态或数据,掌握和应用某个功能部件就是在了解其工作原理的基础上,正确地设置对应的功能寄存器以控制功能部件的运行,并正确读取反馈数据以获取功能部件的运行结果"。深刻理解这一理念,可以将 MCS-51 单片机和 STM32 单片机的学习方法统一起来,甚至对学习、使用其他型号的嵌入式系统也有指导作用。这是编写本教材的出发点——授人以渔,而非完全照搬芯片参考手册授人以鱼。

本书由黄劼、刘晓宇共同编著,黄劼负责全书结构设计、内容确定,并撰写了第 1~8 章、第 14 章和第 15 章;刘晓宇负责全书统稿、审校,并撰写了第 9~13 章。编写过程中，参考了大量同类书籍和网络资料，由于部分网络资料无法查找到准确来源和作者，因而未在参考文献中一一列出，在此一并致谢。

四川大学硕士研究生李文婷、谭博文和王小英同学为本书绘制了大量插图，并验证了部分程序的正确性，在此对他们的贡献深表感谢。

限于时间和水平，书中疏漏之处在所难免，恳请各位读者指正。

作者
2025 年于四川大学

目 录

第1章 绪 论 ··· 1
1.1 嵌入式系统基本概念 ··· 1
1.2 嵌入式系统应用领域 ··· 1
1.3 嵌入式系统体系结构 ··· 2
1.4 嵌入式系统处理器功能需求 ·· 6
1.5 嵌入式系统发展历程 ··· 6

基 础 篇

第2章 MCS−51单片机基本构成及存储器体系结构 ················· 11
2.1 MCS−51单片机的基本构成 ·· 11
2.2 MCS−51单片机的中央处理器 ··· 12
2.3 MCS−51单片机的存储器体系结构 ····································· 13
2.4 MCS−51单片机的并行口结构及工作原理 ··························· 25

第3章 MCS−51单片机引脚及最小系统 ································· 32
3.1 MCS−51单片机引脚介绍 ··· 32
3.2 MCS−51单片机时序基本概念 ··· 35
3.3 MCS−51单片机复位及初始状态 ·· 37
3.4 MCS−51单片机最小系统 ··· 38

第4章 MCS−51单片机指令系统及汇编基础 ··························· 42
4.1 机器语言和汇编语言 ··· 42
4.2 MCS−51单片机指令系统的特点 ·· 44
4.3 MCS−51单片机指令系统的汇编语言格式及机器码表示方法 ···· 44
4.4 MCS−51单片机指令系统的寻址方式 ·································· 48
4.5 MCS−51单片机指令介绍 ··· 55
4.6 汇编程序设计基础 ·· 73

第5章 定时/计数器原理及应用 ·· 89
5.1 定时/计数器内部结构及工作原理 ······································· 89
5.2 定时/计数器工作方式 ·· 91

5.3 定时/计数器使用方法及应用举例 …………………………………………… 94

第 6 章 中断系统 …………………………………………………………………… 97
6.1 中断的目的及实现方式 ……………………………………………………… 97
6.2 MCS-51 单片机中断系统组成及工作原理 ………………………………… 98
6.3 中断响应过程和响应时间 ………………………………………………… 102
6.4 中断服务程序编写和中断嵌套 …………………………………………… 104

第 7 章 MCS-51 单片机串行口及其应用 ……………………………………… 108
7.1 串行通信基本概念 ………………………………………………………… 108
7.2 MCS-51 单片机串行口基本原理 ………………………………………… 112
7.3 串行口应用举例 …………………………………………………………… 119

第 8 章 接口技术基础 …………………………………………………………… 128
8.1 接口技术研究的内容 ……………………………………………………… 128
8.2 地址译码的目的和方法 …………………………………………………… 130
8.3 接口设计的时序基础 ……………………………………………………… 138

第 9 章 STC 系列 51 内核单片机简介 ………………………………………… 146
9.1 STC12C5A60S2 单片机主要特点 ………………………………………… 146
9.2 STC12C5A60S2 单片机指令的执行速度 ………………………………… 147
9.3 STC12C5A60S2 单片机存储器配置 ……………………………………… 150
9.4 I/O 口特点及使用方法 …………………………………………………… 156
9.5 STC12C5A60S2 单片机中断系统 ………………………………………… 160
9.6 定时/计数器应用 …………………………………………………………… 164
9.7 串行口原理及应用 ………………………………………………………… 166
9.8 A/D 转换器原理及应用 …………………………………………………… 170
9.9 PCA/PWM 模块原理及应用 ……………………………………………… 177
9.10 同步串行外围接口（SPI 接口） ………………………………………… 188
9.11 STC32G 系列单片机简介 ………………………………………………… 194

提 高 篇

第 10 章 ARM 技术基础 ………………………………………………………… 211
10.1 ARM 发展历程 …………………………………………………………… 211
10.2 ARM 处理器内核简介 …………………………………………………… 212

第 11 章 Cortex-M3 微控制器基本原理 ………………………………………… 215
11.1 Cortex-M3 内核、微处理器及微控制器的关系 ………………………… 215
11.2 处理器工作模式和特权级别 ……………………………………………… 219
11.3 Cortex-M3 微处理器的寄存器 …………………………………………… 221
11.4 Cortex-M3 微处理器的总线接口 ………………………………………… 226

11.5 存储器的组织与映射 229
11.6 Cortex-M3 微处理器的流水线处理机制 236
11.7 存储器保护单元 238

第 12 章 Cortex-M3 异常与中断处理系统 241
12.1 异常与中断的基本概念 241
12.2 NVIC 相关寄存器及中断管理机制 247
12.3 异常优先级管理 252
12.4 中断的响应过程 257
12.5 中断系统的增强功能 264

第 13 章 Cortex-M3 指令系统 268
13.1 Cortex-M3 指令集 268
13.2 Cortex-M3 指令寻址方式 270
13.3 Cortex-M3 汇编语言基础 274
13.4 Cortex-M3 常用指令介绍 277
13.5 ARM 伪指令 295
13.6 ARM 汇编与 C 语言混合编程 301

第 14 章 STM32 最小系统及开发环境 308
14.1 STM32 系列单片机概述 308
14.2 STM32 单片机最小系统设计 313
14.3 STM32 单片机的时钟系统 319
14.4 MDK 开发环境简介 321

第 15 章 STM32 的功能部件及应用 328
15.1 STM32 寄存器 328
15.2 外部中断管理 347
15.3 STM32 定时器原理及应用 360
15.4 通用同步/异步通信接口（USART） 398
15.5 模拟/数字转换模块（ADC） 417
15.6 其他功能部件 433

参考文献 437
附　录 438

第1章 绪 论

1.1 嵌入式系统基本概念

根据 IEEE（国际电气和电子工程师协会）的定义，嵌入式系统（embedded system）是"控制、监视或者辅助设备、机器运行的装置（device used to control, monitor, or assist the operation of equipment, machinery）"。该定义强调嵌入式系统是用于工业控制等领域而非办公和科学计算等场景，它是软件和硬件的综合体，是可独立运行的电子装置。需要说明的是，关于嵌入式系统目前还没有权威、统一的定义，随着技术的发展，其定义在不断丰富、完善。目前国内普遍认可、较为统一的定义是：以应用为中心，以计算机技术为基础，软硬件可裁剪，适用于应用系统对功能、可靠性、成本、体积、功耗等有严格要求的专用计算机系统。更通俗地讲，嵌入式系统就是针对特定应用而专门设计的计算机系统，其硬件和软件都是专用的。

1.2 嵌入式系统应用领域

嵌入式系统本质上就是针对特定的控制任务和控制对象定制的计算机控制系统，因此从某种意义上讲，凡需要计算机进行控制的系统、任务都可以是嵌入式系统的应用领域。嵌入式系统的应用领域并非固定不变的，随着技术的发展，其应用领域将会越来越广。目前，嵌入式系统或者说嵌入式技术主要应用于以下领域：

（1）工业控制：嵌入式技术的诞生源自工业控制的需求，因此，工业控制领域是嵌入式系统的主要应用领域。目前，基于嵌入式系统的工业自动化设备和自动化过程控制技术获得了长足发展，所使用的嵌入式微控制器（单片机）有 8 位、16 位以及 32 位多种。具体的应用对象有数控机床、电力系统、石油化工系统过程控制等。就传统的设备控制而言，低端、简单的系统一般采用 8 位机，而复杂的系统则采用 16 位或 32 位机。随着技术的发展，64 位机也将在嵌入式系统中得到越来越广泛的应用。

（2）交通管理：车辆导航、路径规划、流量管理、信号灯控制以及交通违章监控、非接触智能公交卡等都是以嵌入式技术和网络技术为基础的。

（3）汽车电子：如今，汽车的电子化、智能化程度越来越高，以嵌入式技术为基础，内嵌的 GPS（全球定位系统）、GSM（全球移动通信系统）模块可完成实时导航和实时通信；汽车发动机控制模块（Engine Control Module，ECM）可根据各传感器的输入信息,控制发动机的燃油喷射和点火时刻,并为其他输出装置提供最佳的控制指令,保证发动机运行于最佳状态;防抱死制动系统(Anti-lock Braking System,ABS)在汽车制动时,可自动控制制动器制动力的大小,使车轮不被抱死,以保证车轮与地面的附着力处于最大值,同时可按驾驶者意图转向——ABS系统被认为是汽车上采用安全带以来在安全性方面所取得的最为重要的技术成就;电子稳定程序(Electronic Stability Program,ESP)通常用来辅助ABS及ASR(驱动防滑系统,又称牵引力控制系统)的功能,通过分析各传感器反馈的车辆行驶状态信息,向ABS、ASR发出纠偏指令,帮助车辆维持动态平衡,在转向过度或转向不足的情形下效果更加明显;电子助力转向系统(Electrical Power Steering,EPS)一般由机械转向系统加上转矩传感器、车速传感器、电子控制单元、减速器、电动机等组成,它在传统机械转向系统的基础上,根据方向盘上的转矩信号和汽车的车速信号,利用电子控制装置使电动机产生相应大小和方向的辅助动力。简言之,嵌入式系统的应用,极大提升了车辆的舒适性和安全性。而无人驾驶的出现,更是嵌入式技术在汽车电子领域应用的一个新的里程碑。

(4)信息化家电:这将成为嵌入式系统最具发展潜力的应用领域。与物联网技术配合,冰箱、空调、电视等家电均可通过网络实现远程控制,日常生活将进入一个崭新的时代。

(5)机器人:嵌入式技术的发展将使机器人在智能化、专业化方面的优势更加明显,同时可大幅降低其价格,使其在工业、农业和服务行业得到更广泛的应用。

嵌入式系统的应用领域不一而足,涵盖了工业生产、武器装备、日常生活、文化娱乐等等。在我们身边,嵌入式技术的应用无处不在:智能手机、办公设备、食堂刷卡设备、ETC(电子不停车收费系统)、人脸识别、远程监控、卫星导航……很难想象,离开了嵌入式技术,我们的生活将倒退到什么程度。

1.3 嵌入式系统体系结构

嵌入式系统作为专用计算机应用系统,具有一般计算机的共性,即由硬件和软件组成。嵌入式技术诞生时间不长,但发展十分迅速。目前,关于其基本组成尚无权威规范。参照计算机的组成结构,一般认为嵌入式系统亦由软件和硬件两部分组成。其中,嵌入式处理器、存储器和外部设备构成整个系统的硬件基础。而嵌入式系统的软件部分一般分为3个或4个层次。

另一种较为流行的观点是将嵌入式系统的体系结构分成嵌入式处理器、嵌入式外围设备、嵌入式操作系统和嵌入式应用软件4个部分。不难看出,关于嵌入式系统体系结构的两种分类方式大同小异,并没有本质上的区别。

1.3.1 嵌入式系统硬件的基本结构

嵌入式系统的硬件架构,是以嵌入式处理器为中心,由存储器、I/O设备、通信模块以及电源接口等必要的辅助接口组成。嵌入式系统是量身定做的专用计算机应用系统,在实际应用中,其硬件配置除微处理器和基本的外围电路外,其余电路都可根据需要和成本进行裁剪、定制，这充分体现了嵌入式系统的经济性、灵活性，以及低功耗、高可靠性。

目前常用的嵌入式处理器有以下几种：

1. 嵌入式微处理器

嵌入式微处理器（Embedded Microprocessor Unit，EMPU）以通用计算机的 CPU 为核心。实际应用中，微处理器通常被装配在专门设计的电路板上，仅保留同嵌入式应用有关的功能，以减小系统的体积和功耗。同时，为了适应嵌入式应用的要求，在工作温度范围、抗电磁干扰能力以及可靠性等方面进行了增强。但由于电路板上必须包含 ROM、RAM、总线接口及各种外设，其可靠性相对较低，并且技术保密性也较差。

2. 嵌入式微控制器

嵌入式微控制器（Embedded Microcontroller Unit，EMCU）又称单片机，顾名思义，就是将整个计算机系统集成到一块芯片中。嵌入式微控制器一般以某种微处理器内核为核心，芯片内部集成 ROM/RAM、并行/串行总线、定时/计数器、PWM（Pulse Width Modulation，脉宽调制）输出、A/D 转换、D/A 转换等各种必要的功能和外设。与嵌入式微处理器相比，嵌入式微控制器的最大优点就是单片化，既减小了体积，降低了功耗和成本，又提高了可靠性，因此是目前嵌入式系统处理器的主流。

3. 嵌入式数字信号处理器

嵌入式数字信号处理器（Embedded Digital Signal Processor，EDSP）针对数字滤波、FFT（快速傅里叶变换）、频谱分析等方面的运算特点对处理器的系统结构和指令进行了特殊设计，特别适合进行向量运算、指针线性寻址等，使其在生物特征识别、实时语音解压缩等方面更具优势。

4. 嵌入式片上系统

随着电子数据交换（Electronic Data Interchange，EDI）和超大规模集成（Very Large Scale Integration，VLSI）技术的发展和普及，各种通用处理器内核可用 VHDL（Very-High-Speed Integrated Circuit Hardware Description Language，超高速集成电路硬件描述语言）进行描述，并存储在器件库中，成为 VLSI 设计中的一种标准器件。而用户可根据控制需求，利用标准器件定义出整个应用系统，然后委托芯片生产厂家制作处理器芯片，这种芯片就是嵌入式片上系统（Embedded System on Chip，ESoC）。除个别无法集成的器件外，整个嵌入式系统的处理器和外围器件均可集成到一块或几块芯片中，应用系统电路板将变得很简洁，可大幅减小控制系统体积、降低功耗，并提高可靠性。

综上，嵌入式系统的硬件核心是嵌入式处理器，而使用最多的是嵌入式微控制器（单片机）和嵌入式片上系统。新型的高端单片机（如 ARM 单片机）也可搭载嵌入式操作系统，并集成了大量针对控制需求的功能部件，如 I/O 通道、定时/计数器、AD/DA 转换模块、PWM 模块、DSP 处理器以及 USB（Universal Serial Bus）、USART（Universal Synchronous/Asynchronous Receiver/Transmitter）、CAN（Controller Area Network）、SPI（Serial Peripheral Interface）和 I^{2}C（Inter-Integrated Circuit）等总

线接口。

为了满足越来越复杂的控制需求，嵌入式处理器内部集成的功能部件越来越多，功能也越来越强大。但对于较为简单的控制任务，有些功能就显得冗余，与嵌入式系统量身定做的初衷相悖。为解决这一矛盾，芯片开发商往往就每种处理器推出几个甚至十几个不同型号。加之不同厂家开发出不同系列、不同型号的产品，使得嵌入式处理器种类不胜枚举，掌握并应用不同型号的嵌入式处理器成为学习嵌入式技术的一个难点。其实，嵌入式处理器虽然型号众多，且在不断增加，但所采用的计算机架构也就两三种，而且同一系列不同型号的核心技术相同，只是功能部件配置不同。因此，学习嵌入式系统硬件技术的方法就是深入掌握某一主流嵌入式处理器的架构、工作原理及常用功能部件的应用方法，在需要使用新型号处理器时，能举一反三、触类旁通。从某种意义上讲，架构简单的处理器更适合初学者入门，更便于奠定学习复杂架构处理器的基础。因此，初学时大可不必纠结从哪种型号入手，重在掌握学习的方法。本教材以相对简单的MCS-51系列单片机为对象，详细介绍其内部结构及应用方法，为后续学习奠基。

1.3.2 嵌入式系统软件的层次结构

一般来说，根据系统功能的复杂度，嵌入式系统的处理器芯片可以搭载操作系统，也可以不搭载操作系统。

在功能简单的嵌入式系统中，由于硬件配置比较低，一般不使用操作系统，嵌入式软件以应用为核心，直接建立在硬件上，仅有应用程序和设备驱动程序。

而在较复杂的嵌入式系统中，一般使用嵌入式操作系统（Embedded Operating System，EOS），也称实时操作系统（Real-Time Operating System，RTOS）来管理内存、多任务、周边资源等，并依据系统所提供的程序界面来编写应用程序，这样可大大降低应用程序开发的复杂度和工作量。这种系统软件的结构一般包含4个层面：设备驱动层、实时操作系统（RTOS）、应用程序接口（Application Programming Interface，API）层、实际应用程序层。也有将应用程序接口归于操作系统层的，即将软件结构分为设备驱动层、操作系统层和应用程序层。下面对各层的功能进行简单介绍。

1. 设备驱动层

设备驱动层是嵌入式系统中不可缺少的部分，使用任何外部设备都需要相应的驱动层程序的支持，它为上层软件提供了设备的操作接口。驱动层程序一般包含硬件抽象层（Hardware Abstraction Layer，HAL）、板级支持包（Board Support Package，BSP）和设备驱动程序。

硬件抽象层是连接操作系统与硬件的重要桥梁，通过屏蔽具体硬件的实现细节将硬件抽象化，为上层软件访问硬件资源提供统一接口。当驱动程序需要与硬件交互时，会通过硬件抽象层发送命令或请求；硬件抽象层则根据硬件设备的具体接口要求，执行相应的操作以完成这些请求。硬件抽象层的存在使操作系统不必关心底层硬件的具体细节，从而提高了操作系统的可移植性和兼容性。同时，硬件抽象层还具有以下功能：解耦硬件与软件，使上层软件无须关心硬件差异，简化开发流程；提高代码可移植性，提升代码在不同硬件平台运行的兼容性；减少硬件变更对上层软件的影响，增强软件可维护性。

板级支持包实现的功能大体有以下两个方面：

（1）系统启动时，完成对硬件的初始化。例如，对系统内存、寄存器以及设备的中断进行设置。板级支持包应实现的功能由嵌入式系统的 CPU 类型、所搭载硬件以及嵌入式操作系统的初始化要求等因素决定。

（2）为驱动程序提供访问硬件的手段。驱动程序经常要访问或操作设备的寄存器。如果整个系统采用统一编址，则开发人员可直接在驱动程序中用 C 语言函数访问设备寄存器。但是，如果系统采用单独编址，则 C 语言函数就不能直接访问设备寄存器，只有用汇编语言编写的函数才能对外围设备寄存器进行访问。板级支持包就是为上层驱动程序提供访问硬件设备寄存器的函数包。设备驱动程序实质上是一组用来对硬件进行初始化和管理，并向上层软件提供访问接口的库函数。不同的硬件设备功能不同，其设备驱动程序也不一样。

与硬件抽象层和板级支持包配合，大多数设备驱动程序都具备以下基本功能：

- 硬件启动：在开机上电或系统重启时，对硬件进行初始化。
- 硬件关闭：将硬件设置为关闭状态。
- 硬件停用：暂停使用该硬件。
- 硬件启用：重新启用该硬件。
- 读操作：从硬件中读取数据。
- 写操作：往硬件中写入数据。

2. 操作系统层

操作系统层以实时操作系统 RTOS 为核心，辅以文件系统、图形用户接口（GUI）等系统组件。RTOS 负责嵌入式系统所有软硬件资源的分配、任务调度、控制和协调并发活动，能够通过加载和卸载某些模块来实现系统所要求的功能，体现嵌入式系统可裁剪、可扩充的特点。与通用操作系统（如 Windows、Linux）相比，RTOS 具有如下特性：

- 实时性：能够在严格的时间限制内响应外部事件或数据，处理结果在预定时间内完成，满足硬实时（绝对按时）或软实时（大多数情况下按时）要求。
- 任务管理：支持多任务并发执行，每个任务拥有独立堆栈和优先级，由调度器按优先级分配 CPU 资源。
- 中断处理：高效响应中断请求，及时切换任务，保证系统响应速度。
- 资源管理：包括内存分配、设备驱动等，避免资源泄漏和冲突。

RTOS 的设计以保证上述特性为出发点，相应地，操作系统内部包含了任务调度器、中断管理、内存管理和同步机制等核心组件。

3. 应用程序层

应用软件层由基于操作系统（如 RTOS）开发的应用软件组成。应用软件是嵌入式系统的上层软件，定义了嵌入式系统的主要功能，运行在操作系统之上，通过软件界面与用户进行交互，最终实现嵌入式系统的功能。手机 APP、MP3 播放软件、电子地图软件等都是特定领域的嵌入式系统的应用软件。

1.4 嵌入式系统处理器功能需求

由于嵌入式系统主要用于设备或生产过程的控制,因此其对处理器的功能需求和用于科学计算及事务处理的计算机系统对处理器的需求是有较大区别的。后者要求能对大量数据进行高速运算,并有大容量的内存和外存,但一般没有外部信号的输入输出。而嵌入式系统对处理器的功能需求与之恰好相反,它需要不断地检测设备或生产过程的状态,根据反馈信号及相应的控制策略给出控制信号。因此,嵌入式系统需要有较强的外部信号处理能力,能够输入输出不同类型的信号(数字/模拟/频率信号、数值/开关信号、周期/非周期信号、不同电压等级/不同频率信号、长信号/瞬态信号),能够进行DA/AD转换,能够实现精确定时和对外部信号的及时响应,而其处理的数据大部分是输入的检测数据,数据量和运算量均不会太大,因此对存储容量的要求不高,一般数MB甚至几十KB就足够了。

通过以上分析不难看出,单片机(single chip computer)非常适合作为嵌入式系统的处理器。所谓单片机,实际上就是把构成一台微型计算机所必需的功能部件集成到一个芯片内,以"芯片"的形式呈现。由于其内部功能部件丰富(信号输入/输出、AD/DA转换、定时/计数、串/并通信)、集成度高,一般无须扩展其他芯片就可在软件配合下实现计算和控制功能,可极大简化计算机控制系统的设计,并具有比通用计算机更高的可靠性和经济性。

单片机又称微控制器(microcontroller),它是微处理器(microprocessor)面向控制领域的一个分支,是针对控制系统的需求而开发的。而嵌入式技术也是随着单片机技术的发展和单片机功能的不断完善而不断发展的,两者有着密不可分的内在联系。

本书将针对嵌入式系统的需求,介绍单片机内部结构、工作原理和应用技术。由于单片机系列、型号众多,功能强弱不同,学习难易程度也不同,本书将介绍两种主流的单片机:一种是以8051为代表的MCS-51系列单片机,另一种是以STM32为代表的ARM系列单片机。前者是单片机的鼻祖,内部结构相对简单,易于学习掌握。MCS-51系列单片机的功能足以满足低端嵌入式系统的需求,应用极其广泛。ARM系列单片机的出现相对较晚,得到推广应用也是近十来年的事,但ARM系列单片机内部功能器件更丰富,内存容量在8MB以上,可以搭载嵌入式操作系统完成更复杂的控制功能,当然学习和掌握也较难。因此,本书从易于学习的MCS-51系列单片机入手,以便于初学者尽快入门,掌握低端嵌入式系统(可满足大部分设备控制需求)的设计方法。在此基础上,进一步学习ARM系列单片机基本原理,设计可完成复杂控制功能的嵌入式系统。

1.5 嵌入式系统发展历程

嵌入式系统从雏形出现到现在功能完善、应用广泛大致经历了以下三个阶段:

1. 初露端倪

早期的微机控制系统一般采用通用计算机即PC机作为控制器,这是因为当时计算机价格昂贵，进行底层硬件的裁剪或定制开发成本高，技术门槛高。但通用计算机在设计时主要面向办公环境，功能上充分考虑普适性，因此在软硬件配置上力求全面、丰富，这种设计理念对专用控制计算机显然是不合适的。以通用计算机作为专用系统的控制器存在诸多缺陷，如可靠性低、价格高、体积大、功耗高等。于是，针对特定系统的控制需求，定制开发专用的控制计算机系统的需求日益迫切，这种需求成为推动嵌入式技术发展的源动力。

20 世纪 70 年代，随着单片机的出现，这种需求的解决有了硬件基础。于是，为特定应用而设计的嵌入受控设备内部的专用计算机系统开始出现，专用性、低成本、高可靠性是这类系统的显著特点。通过将单片机嵌入设备或装置内部，汽车、家电、工业机器、通信装置等成千上万种产品变得更容易使用、功能更强且更便宜。单片机的使用奠定了嵌入式技术的基础，开启了嵌入式系统的发展历程。随着计算机技术的发展，嵌入式系统的处理器集成度越来越高，功能部件越来越多，所能完成的任务也越来越复杂，针对嵌入式应用的操作系统也得到同步发展。

2. 走向成熟

20 世纪 80 年代，嵌入式操作系统（Embedded Operating System，EOS）开始出现，这类操作系统和通用计算机操作系统类似，包括任务管理，任务间通信、同步与相互排斥，中断支持，内存管理等功能，可称为"商业级操作系统"。基于操作系统进行嵌入式应用软件开发，效率更高，开发成本更低，嵌入式系统的软硬件模型正式确立。这一时期比较著名的嵌入式操作系统有 Ready System 公司的 VRTX、ISI 公司的 PSOS、IMG 公司的 VxWorks 和 QNX 公司的 QNX 等。这些操作系统均采用占先式的调度，响应时间很短，执行任务的时间可以确定；系统内核很小，具有可裁剪、可扩充和可移植性，可以移植到各种处理器上；具有较强的实时性和可靠性，适合嵌入式应用。这些嵌入式实时多任务操作系统的出现，使嵌入式技术可以应用于更广阔的领域。

3. 发展完善

20 世纪 90 年代以后，随着实时性要求的提高，软件规模不断扩大，实时核逐渐发展为实时多任务操作系统（RTOS），并作为一种软件平台逐步成为嵌入式操作系统的主流。这时更多的公司看到了嵌入式系统的广阔发展前景，开始大力发展自己的嵌入式操作系统。除了上面提到的几家老牌公司的产品，还出现了 Palm OS、WinCE、嵌入式 Linux、Lynx、Nucleus，以及国内的 Hopen、Delta OS 等嵌入式操作系统。这类系统通常包括与硬件相关的底层驱动软件、系统内核、设备驱动接口、通信协议、图形界面、标准化浏览器等。嵌入式操作系统负责嵌入式系统的全部软硬件资源的分配、任务调度，控制和协调并发活动。嵌入式操作系统和普通操作系统的不同点在于它能够通过装卸某些模块来提供系统所要求的功能，消除系统冗余，达到量身定制的效果。

目前，在嵌入式领域广泛使用的操作系统有嵌入式实时操作系统 $\mu C/OS-\text{II}$，以及嵌入式 Linux 等。

基础篇

——MCS-51单片机原理及应用

一台具有最基本功能的微型计算机，起码包含中央处理器（CPU）、存储器（RAM/ROM/EPROM）、输入/输出接口（I/O接口）等功能部件，稍微完善一点的系统还应该具有定时/计数、串行接口和中断系统等部件。微型计算机通过印刷电路板和电缆把相关功能芯片和功能板卡有机地连接在一起，以"系统"的形式出现，在软件配合下，实现一系列计算和控制功能。

单片机则是把构成一台微型计算机所必需的功能部件集成到一个芯片内，以"芯片"的形式出现，在软件配合下，实现计算和控制功能，即一个芯片就是一台微型计算机。当然，单片机的相关部件在容量、性能或者数量等方面比通常意义上的微型计算机要逊色一些，但单片机在本质上仍然是一种冯·诺依曼结构的数字式微型电子计算机，其全称是单片微型计算机（single—chip computer），又称微控制器（microcontroller）。因此，微型计算机的基本理论和有关概念同样适用于单片机系统。

虽然单片机和微型计算机体系结构相似，都具有最基本的计算和控制功能，但它们的设计目的和适用场合是不一样的。一般地讲，微型计算机多用于科学计算和事务处理等方面，计算任务复杂、计算速度快、存储容量大是这些任务的共同特点，单片机则很难满足这些要求；而单片机的优势在于集成度高、体积小、功耗低、便于汇编编程、对外部信号的采集和处理速度快、实时处理能力强，因而特别适合工业控制领域。工业控制现场一般需处理的数据量较小，但输入输出信号较多且具有较高的实时性要求，单片机则正是针对这些要求开发的。因此，单片机和微型计算机的区别不在本质上，而在于针对性不同，适用对象不同。

单片机的生产厂家、型号众多，所针对的应用场景也有所不同，应用较为广泛的有Intel公司的MCS—51系列单片机、Atmel公司的AVR系列单片机、Microchip公司的PIC系列单片机、Motorola公司的8位/32位单片机以及ST公司基于ARM微处理器的STM32系列单片机等。

MCS—51单片机是Intel公司在原MCS—48系列单片机的基础上推出的高性能8位单片机系列，最初包含8051/8751/8031三种型号。发展至今，MCS—51单片机及其兼容机型已增至近百个系列、上千种型号，这些型号的单片机有Intel公司开发的，也有其他公司（如Atmel、Philips、宏晶科技等）采用MCS—51内核技术开发的。总的说来，不同型号的MCS—51单片机的基本功能相同且指令系统完全兼容，不同之处在于制造工艺、封装形式、存储器容量以及所集成的功能部件的数量和种类。这使得设计者在面对不同的控制任务时可选择合适的型号以满足不同的需求。MCS—51单片机虽已问世40多年，但至今仍是中低端嵌入式系统中应用最广泛的芯片之一。

本书基础篇将以传统的8051/8751/8031为例，详细介绍MCS—51单片机的软硬件结构，使嵌入式技术的初学者从相对简单的机型入手，了解单片机的基本概念、工作原理和内部体系结构，建立底层控制系统软硬件应用与设计的相关概念，掌握学习其他型号单片机的方法，进而完成一般复杂度的嵌入式系统设计，满足中低端嵌入式系统开发中对单片机技术的需求，同时奠定学习、使用更为复杂的高端嵌入式系统的基础。

在此基础上，提高篇将介绍基于ARM技术的STM32系列32位高性能单片机。该系列单片机的体系结构更为复杂，可搭载嵌入式操作系统，功能也更为强大，可用于更为复杂的高端嵌入式系统的设计开发。

第 2 章 MCS-51 单片机基本构成及存储器体系结构

本章将介绍 MCS-51 单片机的基本构成，单片机存储器的体系结构，I/O 接口的结构和工作原理，单片机的基本工作方式以及单片机的基本时序。上述内容是学习单片机指令系统及应用单片机完成实际控制功能的基础。通过本章的学习，学习者应该对单片机的整体结构和工作原理有全面的了解。

2.1 MCS-51 单片机的基本构成

如前所述，MCS-51 单片机的型号众多，不同型号的存储器容量以及所集成的功能部件的数量和种类有所不同，但构成微型计算机所必需的功能部件是相同的。以 8051 为例，片内包括以下部件：

（1）1 个由运算器和控制器组成的 8 位微处理器（CPU）；
（2）128B 片内数据存储器（RAM）；
（3）4KB 片内程序存储器（ROM）；
（4）21 个专用寄存器，实现对内部功能部件的控制和数据运算；
（5）4 个 8 位并行 I/O 接口（P0、P1、P2、P3），实现与外部设备之间的输入输出；
（6）两个 16 位的定时/计数器；
（7）一个全双工的串行口（利用 P3 口的两个引脚 P3.0 和 P3.1）；
（8）一套完善的中断管理和处理系统。

MCS-51 单片机的基本结构如图 2-1 所示。

目前流行的 MCS-51 单片机型号的片内程序存储器大多为闪存（flash memory）器件，可在线写入，使用更为方便。需要注意的是，不同型号单片机的内部功能部件有所不同，使用时应根据具体型号的芯片手册进行设计。

另外，MCS-51 单片机的 P0、P2 和 P3 并行接口在 CPU 控制下，可构成地址、数据和控制总线，用于外部设备扩展。因此，MCS-51 单片机可以扩展：

（1）片外数据存储器单元和 I/O 接口地址，共 64KB；
（2）64KB 片外程序存储器。

下面首先介绍 MCS-51 单片机的中央处理器（CPU）。

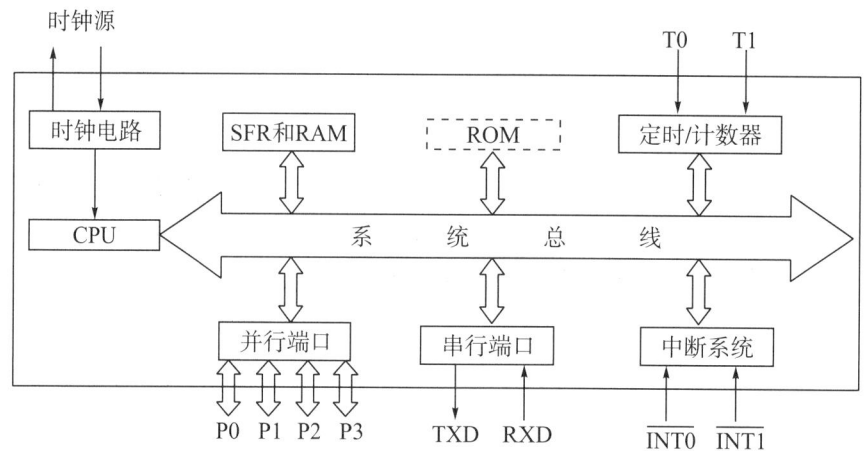

图 2-1 MCS-51 单片机基本结构示意图

2.2 MCS-51 单片机的中央处理器

MCS-51 单片机的 CPU 字长为 8 位，即对数据的处理、传输均以 8 位二进制数（一个字节）进行。CPU 的字长决定了数据总线的宽度和寄存器的字长，一般按 CPU 的字长将一个处理器或一台微型计算机称为"×位机"，因此 MCS-51 单片机是 8 位机。和一般的微处理器类似，MCS-51 单片机的 CPU 由运算器、控制器及相应的专用寄存器组成。

2.2.1 运算器

运算器以算术/逻辑部件（Arithmetic Logic Unit，ALU）为核心，加上累加器（Accumulator，ACC）、暂存寄存器、程序状态字寄存器（PSW）以及布尔处理器、BCD 码运算调整电路等构成。

运算器的功能包括：

（1）算术运算：加、减、乘、除、加 1、减 1、比较、BCD 码十进制调整等。

（2）逻辑运算：与、或、异或、求反、循环等逻辑操作。

（3）位操作：运算器内部有布尔处理器，它以进位标志位 C 为位累加器，用来处理位操作，可对位置"1"、清零和判断等。

累加器是进行算术/逻辑运算的核心部件，也是微处理器中使用最频繁的寄存器。进行算术/逻辑运算时，其在运算前用于保存一个操作数，在运算后用于保存算术/逻辑运算的结果。

2.2.2 控制器

控制器是 CPU 的指挥调度中枢，它包括定时控制逻辑、指令寄存器、指令译码器、数据指针（DPTR）、程序计数器（PC）、堆栈指针（SP）以及地址寄存器、地址缓冲器等。单片机运行时，控制器对指令进行译码，然后通过定时和控制电路在规定时刻发出各种操作所需的内部和外部控制信号，协调各部分的工作，完成指令规定的操作。MCS-51 单片机控制器内部结构如图 2-2 所示。

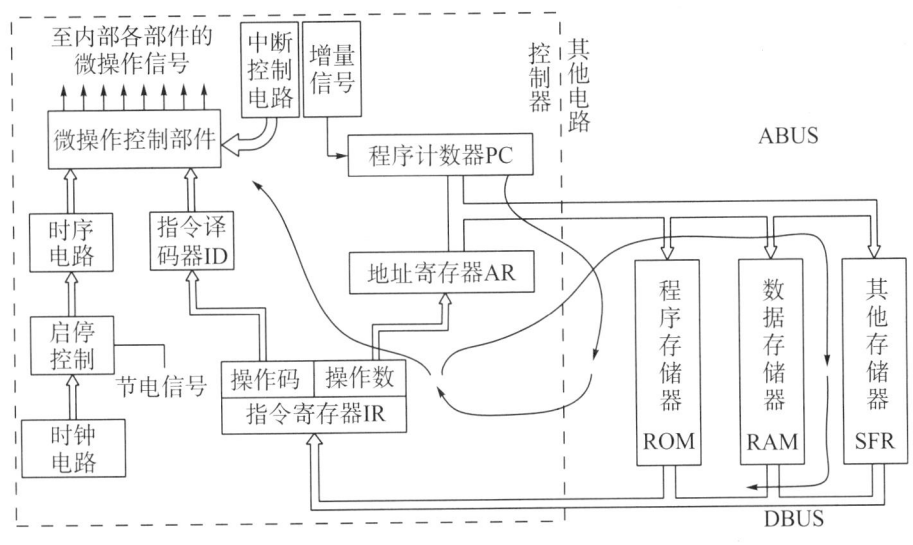

图 2-2 MCS-51 单片机控制器内部结构示意图

1. 程序计数器 PC

程序计数器（Program Counter，PC）是 16 位的寄存器，用来存放即将执行的指令的地址，可对 64KB 程序存储器直接寻址（16 位二进制数可表示的最大值是 65535，可区分 65536 个单元；与此对照，两位十进制数可表示的最大值是 99，可区分 100 个单元）。执行指令时，如果指令在片外程序存储器中，PC 内容的低 8 位将从 P0 口输出，高 8 位经 P2 口输出，用以访问外部存储芯片。当 CPU 按照 PC 指示的地址取出一条指令后，PC 值将自动增加，指向下一条指令的首字节地址。

2. 指令寄存器 IR 和指令译码器 ID

指令包括操作码和操作数。指令寄存器（Instruction Register，IR）用来存放指令代码。CPU 执行指令时，从程序存储器中读取指令代码，送入指令寄存器，并将操作码字段输出至指令译码器（Instruction Decoder，ID）。指令译码器译码后，根据所要进行的操作，由定时与控制电路发出相应的控制信号，完成指令功能。

3. 地址寄存器 AR

地址寄存器（Address Register，AR）用来保存 CPU 当前所访问的存储器单元的地址。由于存储器和 CPU 在操作速度上存在差别，所以必须使用地址寄存器来保存地址信息，直到对存储器的读/写操作完成为止。另外，地址寄存器还在微处理器的内部总线和外部总线之间起着隔离和缓冲的作用。

2.3 MCS-51 单片机的存储器体系结构

存储器是微型计算机的重要组成部分，不论是将要或正在执行的程序代码，还是运算的原始数据、中间结果以及与外部设备进行交换的信息，都需要存储在存储器中。因此，存储器中哪里存放数据，哪里存放指令，或者哪个存储器存放数据，哪个存储器存放指令，以及存储器地址与 I/O 口地址如何区分，是微型计算机架构设计时必须解决的问题。这些问题是通过存储器的配置方式来解决的。

2.3.1 微型计算机存储器的配置方式

微型计算机存储器的配置方式有两种：一种是哈佛（Harvard）结构，即程序存储器与数据存储器在物理上是两个相互独立的存储空间，各自独立编址，访问两个存储空间的指令是不一样的，而 I/O 口与数据存储器统一编址，使用相同的指令访问；另一种配置方式是普林斯顿（Princeton）结构，也称冯·诺伊曼结构，即程序（指令代码）和数据存放于同一存储空间，存储器统一编址，不区分程序存储器与数据存储器，而 I/O 口与存储器分别编址，访问指令不同。两种配置方式如图 2-3 所示。

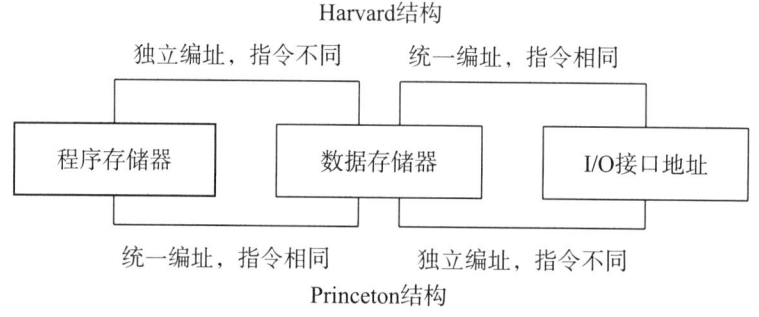

图 2-3 存储器配置的两种方式

MCS-51 单片机的存储器配置方式采用哈佛（Harvard）结构，而 80×86 系列微处理器的存储器配置方式采用普林斯顿（Princeton）结构。

2.3.2 MCS-51 单片机的存储器体系结构

2.3.2.1 MCS-51 单片机的物理存储空间

由于 MCS-51 单片机的存储器配置方式采用哈佛结构，因此 MCS-51 单片机的存储器有程序存储器和数据存储器之分。MCS-51 单片机在片内已经集成了一定容量的程序存储器和数据存储器，但由于集成度的限制，片内集成的存储器容量有限，当系统的程序大或者需要处理的数据量大时，片内存储器容量可能不满足需求，此时需要扩展片外存储器。MCS-51 单片机既可扩展片外程序存储器，也可扩展片外数据存储器。因此，MCS-51 单片机在物理上可以有 4 个独立的存储空间，它们分别如下。

1. 片内程序存储器

MCS-51 单片机片内有 4KB 程序存储器，地址范围为 0000H～0FFFH。具体而言，8051 采用只读存储器（ROM）作为程序存储器；8751 采用紫外线擦除可编程只读存储器（EPROM）作为程序存储器；8031 片内没有程序存储器；现在推出的新型号的

MCS－51 单片机（如 AT 公司的 89C 系列、宏晶科技公司的 STC 系列）一般采用闪存作为程序存储器，有的型号的片内程序存储器已达 64KB 而无需再进行扩展。

2．片外程序存储器

通过 P0 和 P2 口构成的地址、数据总线和相应的控制总线，MCS－51 单片机可扩展 64KB 片外程序存储器，地址范围为 0000H～0FFFFH。对片外程序存储器的读取由 $\overline{\text{PSEN}}$ 信号控制。

3．片内数据存储器

MCS－51 单片机内部有一定数量的 RAM 单元用于存放数据，称为片内数据存储器。片内数据存储器的容量因系列、型号不同而不同，大体分为 128 单元和 256 单元两种。

（1）128 单元型：传统的 MCS－51 单片机片内数据存储器容量一般是 128 个 RAM 单元，地址为 00 和～7FH；在地址为 80H～0FFH 的高 128 个单元中零星分布着 21 个特殊功能寄存器（SFR，其具体地址将在后文介绍），21 个单元以外的地址无用。低 128 个单元可用直接寻址和寄存器间接寻址方式访问，21 个特殊功能寄存器只能用直接寻址方式访问。

（2）256 单元型：MCS－51 单片机的 52 子系列（增强型）和新推出的型号一般集成有 256 个 RAM 单元（地址为 00 和～0FFH）作为数据存储器，而特殊功能寄存器（SFR）同样零星分布在地址为 80H 和～0FFH 的高 128 个单元中，但数量较 21 个有所增加。需要注意的是，高 128 个单元（80H～0FFH）既可能是数据存储器，也可能是特殊功能寄存器。为了区别，访问这部分数据存储器和特殊功能寄存器必须采用不同的寻址方式：访问高 128 个单元的数据存储器只能用寄存器间接寻址方式，而访问特殊功能寄存器只能用直接寻址方式。也就是说，用不同的寻址方式将高 128 个单元中的数据存储器单元和特殊功能寄存器区别开来。

4．片外数据存储器

当单片机内部数据存储器不够用时，最多可扩展 64KB 片外数据存储器，地址范围为 0000H～0FFFFH，扩展方式与扩展片外程序存储器类似，但对片外数据存储器的读写由 P3.6 和 P3.7 引脚给出的 $\overline{\text{WR}}$ 信号和 $\overline{\text{RD}}$ 信号控制。64KB 是片外数据存储器能扩展的最大容量，而不是一定要扩展 64KB，实际应用中可在 64KB 限度内根据需要扩展。对片外程序存储器的扩展也是按这一原则进行。

由于 MCS－51 单片机的存储器配置方式采用哈佛结构，I/O 接口和片外数据存储器共用 64KB 地址空间，因此，在进行片外数据存储器和 I/O 接口扩展时，都要注意另一方所使用的地址范围，一般不允许片外数据存储器单元和 I/O 接口共用同一地址单元，以免引起数据读写冲突。

2.3.2.2　MCS－51 单片机的逻辑存储空间

一个单片机系统中，片内数据存储器和片外数据存储器不仅可以在物理上同时存在，而且可以同时使用。而片内程序存储器和片外程序存储器虽然也可在物理上同时存在，但在具体系统中，两个程序存储器空间的低 4KB（片内程序存储器大小）只能任选其一，不能同时使用。具体使用哪 4KB 由 $\overline{EA}$ 引脚决定：$\overline{EA}$ 接地，使用片外低 4KB；反之，使用片内低 4KB。因此，MCS-51 单片机在逻辑上只有 3 个存储空间，即：①内部数据存储器；②外部数据存储器；③程序存储器。

访问片内数据/程序存储器时，单片机引脚上不给出存取控制信号，而访问外部数据存储器时，单片机给出 $\overline{RD}$ 和 $\overline{WR}$ 信号；访问外部程序存储器时，单片机给出 $\overline{PSEN}$ 信号。由于 $\overline{RD}/\overline{WR}$ 信号和 $\overline{PSEN}$ 信号不会同时有效，片外数据存储器和片外程序存储器地址空间可以相同而不会混淆。

2.3.2.3 片内数据存储器的功能划分

MCS-51 单片机的片内数据存储器在分为数据存储单元和特殊功能寄存器区两大部分的基础上，针对嵌入式系统的应用需求，又将低 128B 的数据存储单元进一步划分为工作寄存器区、位寻址区和普通数据存储区三个功能区间。

1. 工作寄存器区

和其他微处理器不同，MCS-51 单片机的 CPU 内部没有专门的工作寄存器，而是将片内数据存储器的最低 32B（00H~1FH）作为工作寄存器。这 32B 空间由低到高分成 4 组，分别称为第 0~第 3 工作寄存器组，即 00H~07H 单元为第 0 组，08H~0FH 单元为第 1 组，10H~17H 单元为第 2 组，18H~1FH 单元为第 3 组。每个工作寄存器组的 8 个字节分别称为 R0、R1~R7。显然，R0、R1~R7 都将对应 4 个数据存储单元，如 R0 对应着 00H、08H、10H 和 18H。而在使用过程中，必须明确某个工作寄存器到底对应哪个片内数据存储单元，否则将引起存取混乱。在 MCS-51 单片机中，通过设置当前工作寄存器组来解决这一问题：通过设置程序状态字（Program Status Word，PSW，稍后介绍）中的 RS1 和 RS0 两位的状态，确定某一组工作寄存器为当前工作寄存器组，当前使用的工作寄存器即是这一组中的寄存器。一旦明确了所使用的工作寄存器在哪一组，其对应的存储单元自然也就明确了。RS1 和 RS0 各有 0 和 1 两种状态，两位共有 4 种状态组合，每种组合用于指定一组工作寄存器为当前工作寄存器组，因此，某一时刻只能有一组工作寄存器为当前工作寄存器组。此时，R0、R1~R7 所对应的数据存储单元是明确的、唯一的。工作寄存器与数据存储单元的对应关系如表 2-1 所示。

表 2-1 工作寄存器地址表

组号	RS1	RS0	R0	R1	R2	R3	R4	R5	R6	R7
0	0	0	00H	01H	02H	03H	04H	05H	06H	07H
1	0	1	08H	09H	0AH	0BH	0CH	0DH	0EH	0FH
2	1	0	10H	11H	12H	13H	14H	15H	16H	17H
3	1	1	18H	19H	1AH	1BH	1CH	1DH	1EH	1FH

虽然 MCS-51 单片机的工作寄存器不是独立的寄存器,但在进行数据存取时寻址方式更多、操作更灵活,相较于直接操作片内数据存储单元速度也更快。而且,单片机内部有 4 个工作寄存器组,不同的程序模块可以使用不同的工作寄存器组,通过更改 RS1 和 RS0 两位的状态可以快速切换当前工作寄存器组,以避免不同模块数据相互覆盖,达到高效、快速保护数据的目的。这一功能在编写中断服务程序时特别有用,可有效降低程序复杂度并提高执行效率。

2. 位寻址区

工业控制现场有大量的开关量需要存储和运算。开关量只有 0 和 1 两种状态,用一个二进制位即可表达。但在一般的微机系统中,由于没有相关的存储方式和指令支持,一般仍用一个字节来存储一个开关量状态,造成存储空间的浪费。当然,也可用一个字节的一位来存储一个开关量状态,一个字节存储 8 个开关量状态,但这种情况下存取和运算都极不方便,也会使程序变得复杂。换言之,这种情况下存储空间和执行时间的矛盾是无法调和的。

针对这一问题,MCS-51 单片机在片内数据存储器中开辟了一片位寻址区,即可以直接对这个区间的位进行存取和操作,大幅节约了开关量存储所需空间;同时在指令系统中专门设计了位操作指令,以实现位与位之间的运算。位寻址区和位指令的设置是 MCS-51 单片机的一大特点,很好地解决了开关量存储和运算时存储空间和执行时间之间的矛盾,凸显出它面向控制的特点。

MCS-51 单片机的位寻址区位于片内数据存储器的 20H 到 2FH 共 16 个字节单元中,每单元 8 位,共有 128 个可直接寻址位。这 128 位从 20H 字节单元的第 0 位到 2FH 字节单元的第 7 位,依次赋予位地址 00H~7FH,如表 2-2 所示。另外,在 21 个特殊功能寄存器中有 11 个特殊功能寄存器也可位寻址。

表 2-2 位寻址区字节地址与位地址表

字节地址	位地址							
	D0	D1	D2	D3	D4	D5	D6	D7
20H	00H	01H	02H	03H	04H	05H	06H	07H
21H	08H	09H	0AH	0BH	0CH	0DH	0EH	0FH
22H	10H	11H	12H	13H	14H	15H	16H	17H
23H	18H	19H	1AH	1BH	1CH	1DH	1EH	1FH
24H	20H	21H	22H	23H	24H	25H	26H	27H
25H	28H	29H	2AH	2BH	2CH	2DH	2EH	2FH
26H	30H	31H	32H	33H	34H	35H	36H	37H
27H	38H	39H	3AH	3BH	3CH	3DH	3EH	3FH
28H	40H	41H	42H	43H	44H	45H	46H	47H
29H	48H	49H	4AH	0BH	4CH	4DH	4EH	4FH

续表

字节地址	位地址							
	D0	D1	D2	D3	D4	D5	D6	D7
2AH	50H	51H	52H	53H	54H	55H	56H	57H
2BH	58H	59H	5AH	5BH	5CH	5DH	5EH	5FH
2CH	60H	61H	62H	63H	64H	65H	66H	67H
2DH	68H	69H	6AH	6BH	6CH	6DH	6EH	6FH
2EH	70H	71H	72H	73H	74H	75H	76H	77H
2FH	78H	79H	7AH	7BH	7CH	7DH	7EH	7FH

3. 普通数据存储区

片内数据存储器的 30H~7FH 字节单元为普通数据存储区，可用于输入/输出和中间运算结果的暂存，只能按字节操作。

上述 3 个功能区各有特点，可满足不同的使用需求。但对于一个具体的系统，并非一定要将片内数据存储器划分为这样 3 个功能区，每个功能区的大小也不一定要和上述一致。例如，如果程序结构简单，不需要通过寄存器组交换进行数据保护，就不必设置 4 个工作寄存器组，多余的工作寄存器区可作为普通数据存储区使用；同理，如果系统不需要位操作，位寻址区也可作为普通数据存储区使用。因此，MCS－51 单片机的内数据存储器可根据系统需要灵活划分功能区。

需要注意的是，MCS－51 单片机的堆栈也安排在片内数据存储器内，使用时要避免堆栈区和其他区域的冲突。

4. 特殊功能寄存器

MCS－51 单片机片内数据存储器的高 128 字节中有 21 个特殊功能寄存器，它们离散地分布在 80H~0FFH 单元。特殊功能寄存器既是一个存储单元，又是某个功能部件的"映射"，向特殊功能寄存器写入特定的值，可以设置或改变对应功能部件的工作状态，而从中读取的数值可能是功能部件对某个事件的处理结果，也可能是反映其工作状态的信息。

MCS－51 单片机的特殊功能寄存器可分为以下几类：

(1) 与运算器相关的寄存器：ACC、B、PSW。

①ACC 是 8 位累加器（简称 A），是所有算术运算和大部分逻辑运算必需的寄存器，许多运算的结果也存放在累加器中；大部分指令也会用到累加器 A，它既是 CPU 的核心寄存器，也是这种结构的微处理器的瓶颈。

②B 是 8 位辅助寄存器，是进行乘除法操作必需的寄存器，在其他时候可作为普通寄存器使用。

③PSW 是程序状态字寄存器，用以记录指令（特别是算术运算类指令）执行后的有关状态。PSW 中的各位在指令执行后自动生成，也可由用户编程设定。

PSW 中每一位的地址和名称如表 2－3 所示。

表 2-3 PSW 位地址及位名称

位地址	D7	D6	D5	D4	D3	D2	D1	D0
位名称	CY	AC	F0	RS1	RS0	OV	—	P

- CY：也可写作 C，进位标志。在进行加法（减法）运算时，若运算结果最高位有进位（借位），CY=1，否则 CY=0；在进行位操作时，CY 是位操作的累加器。
- AC：辅助进位标志。在进行加法（减法）运算时，若低半字节向高半字节有进位（借位），AC=1，否则 AC=0。
- F0：用户标志位。由用户自己定义。
- RS1、RS0：当前工作寄存器组选择位。其与工作寄存器组的对应关系如表 2-1 所示。
- OV：溢出标志位。有溢出时 OV=1，否则 OV=0。溢出用于判断两个有符号数加减运算的正确性，有溢出时表示运算结果超出了 +128～-127。OV 的值是进位标志位（CY）和次高位向最高位进位的状态（CS）异或运算的结果，即 OV=CY⊕CS。
- P：奇偶标志位。ACC 中的二进制数有奇数个 1 时，P=1，否则 P=0。

（2）指针类寄存器：SP、DPTR。

①SP 是堆栈指针寄存器，用于指示栈顶单元的地址。

②DPTR 是数据指针寄存器，可以存放 16 位地址，用于指示片外数据存储器（包括 I/O）的地址，或作为访问外部程序存储器的基地址。DPTR 可以拆分为两个 8 位寄存器 DPH 和 DPL 使用。DPH 为 DPTR 的高字节，地址为 83H；DPL 为 DPTR 的低字节，地址为 82H。在不作为数据指针寄存器使用时，DPH 和 DPL 都可作为普通寄存器使用。

（3）与并行口相关的寄存器：P0、P1、P2、P3。

这 4 个寄存器分别寄存对应的并行口的输入/输出数据，通过对它们的读写，可实现单片机对外部数据的输入/输出。

（4）与中断相关的寄存器：IE、IP。

①IE：中断允许寄存器。其每一位对应一个中断源，程序通过对有关位置 "1" 或清零，允许或阻止相应的中断源中断 CPU 的正常运行。

②IP：中断优先级寄存器。其每一位对应一个中断源，程序通过对有关位置 "1" 或清零，规定相应中断源的优先级别。

（5）与定时/计数器相关的寄存器：TMOD，TCON，TH0、TL0，TH1、TL1。

①TMOD：定时/计数器方式寄存器。用于设置定时/计数器的工作方式。

②TCON：定时/计数器控制寄存器。用于控制定时/计数器的运行和停止，并记录定时/计数器的溢出中断请求。

③TH0、TL0：定时/计数器 0 初值寄存器。它们可以构成 16 位的计数器，TH0 存放高 8 位，TL0 存放低 8 位，用于存放定时/计数器 0 的初值和定时/计数器 0 开行运行后的实时定时/计数值。

④TH1、TL1：定时/计数器 1 初值寄存器。它们可以构成 16 位的计数器，TH1

存放高 8 位，TL1 存放低 8 位，用于存放定时/计数器 1 的初值和定时/计数器 1 开行运行后的实时定时/计数值。

（6）与串行口相关的寄存器：SBUF、SCON、PCON。

①SBUF：串行口数据缓冲器。将数据写入 SBUF，可将数据从串行口发送出去；从串行口接收的数据也保存在 SBUF 中，供 CPU 读取。

②SCON：串行口控制寄存器。用于设置串行口的工作方式。

③PCON：串行通信波特率倍增寄存器。由于其一些位还与电源控制相关，所以又称电源控制寄存器。

MCS-51 单片机特殊功能寄存器的地址分布如表 2-4 所示。

表 2-4　MCS-51 单片机特殊功能寄存器地址分布表

符号	名称	字节地址
P0*	P0 口输入/输出寄存器	80H
SP	堆栈指针寄存器	81H
DPL	数据指针寄存器 DPTR 低字节	82H
DPH	数据指针寄存器 DPTR 高字节	83H
TCON*	定时/计数器控制寄存器	88H
TMOD	定时/计数器方式寄存器	89H
TL0	定时/计数器 0 初值寄存器低字节	8AH
TL1	定时/计数器 1 初值寄存器低字节	8BH
TH0	定时/计数器 0 初值寄存器高字节	8CH
TH1	定时/计数器 1 初值寄存器高字节	8DH
P1*	P1 口输入/输出寄存器	90H
PCON	串行通信波特率倍增寄存器/电源控制寄存器	97H
SCON*	串行口控制寄存器	98H
SBUF	串行口数据缓冲器	99H
P2*	P2 口输入/输出寄存器	A0H
IE*	中断允许寄存器	A8H
P3*	P3 口输入/输出寄存器	B0H
IP*	中断优先级寄存器	B8H
PSW*	程序状态字寄存器	D0H
ACC*	8 位累加器	E0H
B*	8 位辅助寄存器	F0H

在表 2-4 中，带 "*" 的寄存器是可位寻址寄存器，这类寄存器的每一位可单独操作。它们有一个共同点，即字节地址均能被 8 整除。为便于使用，在 MCS-51 单片机中，对可位寻址的特殊功能寄存器的各位均定义了名称，如表 2-5 所示。

表 2-5 特殊功能寄存器位地址及位名称分布表

特殊功能寄存器	MSB			位地址 / 位名称				LSB	字节地址
P0	87H	86H	85H	84H	83H	82H	81H	80H	80H
	P0.7	P0.6	P0.5	P0.4	P0.3	P0.2	P0.1	P0.0	
TCON	8FH	8EH	8DH	8CH	8BH	8AH	89H	88H	88H
	TF1	TR1	TF0	TR0	IE1	IT1	IE0	IT0	
P1	97H	96H	95H	94H	93H	92H	91H	90H	90H
	P1.7	P1.6	P1.5	P1.4	P1.3	P1.2	P1.1	P1.0	
SCON	9FH	9EH	9DH	9CH	9BH	9AH	99H	98H	98H
	SM0	SM1	SM2	REN	TB8	RB8	TI	RI	
P2	A7H	A6H	A5H	A4H	A3H	A2H	A1H	A0H	A0H
	P2.7	P2.6	P2.5	P2.4	P2.3	P2.2	P2.1	P2.0	
IE	AFH	AEH	ADH	ACH	ABH	AAH	A9H	A8H	A8H
	EA	/	/	ES	ET1	EX1	ET0	EX0	
P3	B7H	B6H	B5H	B4H	B3H	B2H	B1H	B0H	B0H
	P3.7	P3.6	P3.5	P3.4	P3.3	P3.2	P3.1	P3.0	
IP	BFH	BEH	BDH	BCH	BBH	BAH	B9H	B8H	B8H
	/	/	/	PS	PT1	PX1	PT0	PX0	
PSW	D7H	D6H	D5H	D4H	D3H	D2H	D1H	D0H	D0H
	CY	AC	F0	RS1	RS0	OV	/	P	
ACC	E7H	E6H	E5H	E4H	E3H	E2H	E1H	E0H	E0H
	ACC.7	ACC.6	ACC.5	ACC.4	ACC.3	ACC.2	ACC.1	ACC.0	
B	F7H	F6H	F5H	F4H	F3H	F2H	F1H	F0H	F0H
	B.7	B.6	B.5	B.4	B.3	B.2	B.1	B.0	

另外，两个不能位寻址的特殊功能寄存器 PCON 和 TMOD 的每位也有位名称，如表 2-6 所示。

表 2-6 TMOD 和 PCON 的位名称

特殊功能寄存器	MSB			位名称				LSB
	D7	D6	D5	D4	D3	D2	D1	D0
TMOD	GATE1	$C/\overline{T}1$	M11	M10	GATE0	$C/\overline{T}0$	M01	M00
PCON	SMOD	/	/	/	GF1	GF0	PD	IDL

TMOD 用于定时/计数器方式控制，将在后续章节介绍。PCON 是串行通信波特率

倍增寄存器/电源控制寄存器，各位含义如下：
- SMOD：波特率倍增位。SMOD=1，当串行口工作于方式1、2、3时，波特率加倍。
- GF1、GF0：通用标志位。
- PD：掉电方式位。当PD=1时，进入掉电方式。
- IDL：等待方式位。当IDL=1时，进入等待方式。

2.3.2.4 关于堆栈的进一步介绍

上一小节简要介绍了堆栈指针SP的作用，本小节将对堆栈的相关概念进行介绍，以便进一步理解SP的作用、工作原理及使用方法。

堆栈是一种数据结构，其中的数据项按入栈顺序排列。堆栈有固定的栈底，数据项只能从栈顶（top）存入和取出，因而栈顶是浮动的，存取方式是先进后出（First-In/Last-Out，FILO）。这种存取方式与在桌面上堆放书本类似：随着不断地在最顶端放入或取出书本，书堆底部的位置（栈底）不变，但书堆高度在不断变化，顶部的位置（栈顶）也在变化；由于放入或取出都要在最顶部进行，因此最后放入的书本可最先取出，而最先放入的书本只能最后取出。

堆栈的数据项存储于存储器单元中。堆栈初始化时将某个固定的单元设置为栈底，数据项从此开始存储，栈顶为可存放数据或已存放数据的单元；存入数据后，栈顶移动，指向新的可存放数据或已存放数据的单元，如图2-4所示。由于栈底位置不变，操作时无须过多关注，但栈顶单元是变化的，须记录栈顶单元的值。通常用另一个单元（指针）来记录栈顶单元的值，这个单元称为堆栈指针（SP），SP的内容即栈顶单元的地址。

如果SP指向一个空单元（栈顶为可存放数据的单元），如图2-4（a）所示，这种堆栈称为空栈。若此时存入数据（压栈），数据先存入SP所指示单元，然后向上移动SP，如图2-4（b）所示；取出数据（弹栈）时，先向下移动SP，然后取出SP所指示单元的数据，如图2-4（c）所示。空栈初始化时栈顶和栈底是同一个单元。

请思考：弹栈后SP指示单元的内容仍然为"YY"，是否影响后续的压栈/弹栈操作？

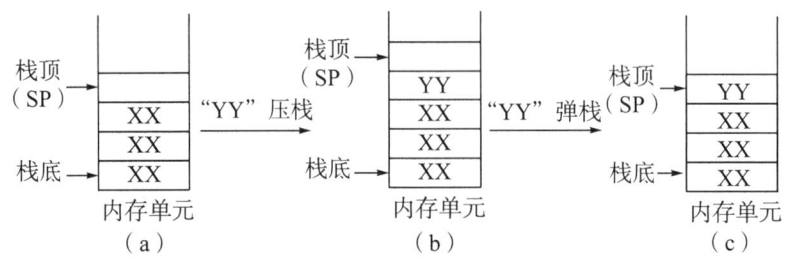

图2-4 堆栈（空栈）操作示意图

如果SP指向一个存有数据的单元，如图2-5（a）所示，这种堆栈称为满栈。满栈压栈时，先向上移动SP，然后将数据存入SP所指示单元，如图2-5（b）所示；弹栈时,先取出 SP 所指示单元的数据,然后向下移动 SP,如图 2-5(c)所示。满栈初始化时栈顶在栈底的下一个单元。

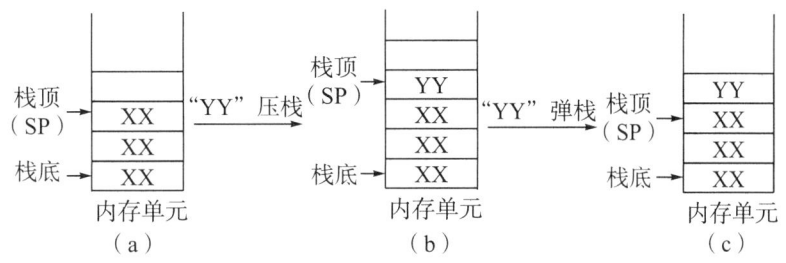

图 2-5 满栈操作示意图

堆栈数据项的存储方法有两种:一种是栈顶单元地址大于栈底单元地址,称为向上增长型堆栈;反之,称为向下增长型堆栈。因此,堆栈有向上增长型满栈、向上增长型空栈和向下增长型满栈、向下增长型空栈 4 种类型。

MCS-51 单片机的堆栈是向上增长型满栈,复位后 SP=07H。

请思考:堆栈操作过程中对片内数据存储器的使用情况。

2.3.2.5 MCS-51 单片机存储器体系结构小结

1. 关于存储器配置

MCS-51 单片机存储器采用哈佛结构,在物理配置上有 4 个存储空间,而使用时只有 3 个存储空间,相对复杂。需要注意的是,物理上的 4 个存储空间是指单片机有扩展、管理这 4 个空间的能力,实际系统中,根据程序量和输入/输出数据量的不同,存储器的配置不尽相同,物理上也许有 4 个,也许有 3 个,或者不进行扩展而只有 2 个存储空间。具体情况如下:

(1) 4 个物理存储器:片内程序存储器+片内数据存储器+片外程序存储器+片外数据存储器。

(2) 3 个物理存储器:片内程序存储器+片内数据存储器+片外数据存储器,或片内程序存储器+片内数据存储器+片外程序存储器。

(3) 2 个物理存储器:片内程序存储器+片内数据存储器。随着集成度的提高,新型号单片机片内程序存储器和片内数据存储器的容量越来越大,一般不再需要扩展片外程序存储器和片外数据存储器,2 个物理存储器的配置方式成为最主要的方式。

相应地,实际系统中的逻辑存储空间可能有 3 个,也可能只有 2 个。具体情况如下:

(1) 3 个逻辑存储器:程序存储器+片内数据存储器+片外数据存储器。

(2) 2 个逻辑存储器:程序存储器+片内数据存储器。

2. 关于片内/片外程序存储器的使用

内部有程序存储器的单片机,如果 $\overline{EA}$ 引脚接高电平,程序将从片内程序存储器 0000H 单元开始执行,当 PC 值超出片内程序存储器的容量时,会自动转到片外程序存储器空间，片外程序存储器地址为 1000H~FFFFH；如果$\overline{EA}$引脚接地，则程序将从片外程序存储器开始执行，CPU 不访问片内程序存储空间，片外程序存储器地址为 0000H~FFFFH。

3. 关于程序存储器的特殊地址

程序存储器用于存放程序，复位后单片机将从 0000H 单元开始执行程序，因此第一条指令必须放在程序存储器的 0000H 单元，后续程序顺序存放。另外，下列地址单元必须按规定使用：

地址	用途
0000H	复位后的程序入口（开机后从这里开始执行程序）
0003H	外部中断 0 服务程序入口
000BH	定时器 0 中断服务程序入口
0013H	外部中断 1 服务程序入口
001BH	定时器 1 中断服务程序入口
0023H	串行口中断服务程序入口

所谓中断服务程序入口，是当某个中断被响应时，CPU 将从该入口地址开始执行中断服务程序。因此，相应的中断服务程序必须从指定的入口地址开始存放。但是，两入口地址之间的存储空间有限，因此在编程时，通常在这些入口地址后的两三个地址单元中，放入一条转移指令，使相应的程序转到指定的程序存储器区域中执行。

4. 存储器功能与存储芯片的关系

MCS-51 单片机系统进行外部存储器扩展时，一般用 RAM 芯片作数据存储器，以保证数据可读可写；一般用 ROM/EPROM/FLASH 等芯片作程序存储器，以保证所保存的程序不会掉电丢失。但应注意的是，数据存储器与 RAM，程序存储器与 ROM/EPROM/FLASH 的概念完全不同，不能将其混淆。数据存储器与程序存储器是指它们在单片机系统中的功能——数据存储器中存放的二进制数是数据，而程序存储器中存放的二进制数是指令，CPU 读取二进制数后将进行译码以决定执行何种操作——只有在采用哈佛存储器配置方案的计算机系统中才有这种区别。而 RAM 与 ROM/EPROM/FLASH 是指不同类型的存储器件，这两类器件本身的存取特性不同。虽然大多数情况下用 RAM 芯片作数据存储器，用 ROM/EPROM/FLASH 等芯片作程序存储器，但特殊情况下也可用 RAM 芯片作程序存储器，用 ROM/EPROM/FLASH 等芯片作数据存储器。因此，一个存储器芯片在单片机系统中到底是程序存储器还是数据存储器，并不取决于它的芯片类型，而仅仅取决于它受控于单片机的什么信号——受控于$\overline{PSEN}$信号的是程序存储器、受控于$\overline{RD}/\overline{WR}$信号的是数据存储器。

在单片机系统设计和编程时都应该充分考虑存储器配置方案。设计时，用$\overline{PSEN}$信号控制外部程序存储器的存取，用$\overline{RD}/\overline{WR}$信号控制数据存储器或 I/O 接口的读/写。编程时，一方面要清楚访问的存储单元是哪一个逻辑空间，另一方面要注意访问不同的逻辑空间时需使用不同的指令。

2.4 MCS-51单片机的并行口结构及工作原理

任何一个嵌入式控制系统都必须和外部器件/设备进行信息交换,以感知外部状态和输出控制信号,进而达成控制目的。而 I/O 口则是信息交换的主要通道。所谓并行 I/O 口,是指该 I/O 口有若干位(一般为 8 位或 16 位,在芯片上有同等数量的引脚用于和外部器件相连,以构成数据传输的物理通道),CPU 通过该 I/O 口可同时输入/输出若干位二进制数据。如果是 8 位的并行 I/O 口,则 CPU 可同时输入/输出 8 位二进制(一个字节)数据。因此,并行 I/O 口是单片机的重要功能部件,I/O 口数量越多,可连接的外部设备越多,控制功能的实现也更方便、更灵活。

MCS-51 单片机有 4 个 8 位的双向并行 I/O 口,称为 P0~P3。在不进行外部存储器扩展时,它们均可作为通用 I/O 口使用,即可用于与外部器件进行双向数据传输。并且每个并行口均可输入输出混用,即可将 8 位中的任意几位用于输出,另几位用于输入,且可在使用过程中改变。4 个并行 I/O 口的输入信号内部不锁存,输出信号会在管脚锁存。

MCS-51 单片机的 4 个 8 位并行 I/O 口除 P1 口外均是双功能口,在进行外部存储器扩展时,P0 口是低 8 位地址总线和数据总线分时复用口,P2 口作为高 8 位地址总线使用,而 P3 口的部分引脚作为控制总线使用。由于功能不完全相同,各并行口的内部结构也不尽相同。本节将按照从简单到复杂的顺序介绍 P0~P3 口的内部结构、工作原理和使用方法。

2.4.1 P1 口内部结构及工作原理

图 2-6 所示是 P1 口任意一位的内部结构(所有位的内部结构均相同)。图中 P1.X 是芯片引脚,用于和外部器件连接。内部电路包括一个锁存器、两个三态缓冲器、一个场效应管以及源极的上拉电阻。

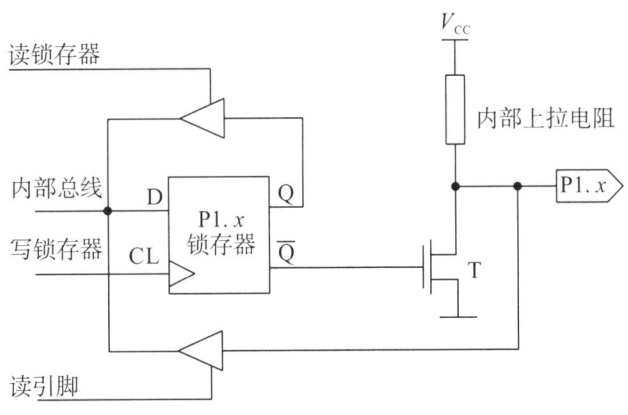

图 2-6 P1 口内部结构

P1 口是单纯的通用并行 I/O 口,内部场效应管 T 作为电子开关使用,锁存器 Q 端直接控制场效应管 T 的栅极。现对其实现高低电平输入输出的原理分述如下:

(1) 输出"1": CPU 控制内部总线输出"1",并给出相应的"写锁存器"信号,输出信号被锁存,$\overline{Q}$端为"0",场效应管 T 截止,电源经上拉电阻对引脚提供高电平。由于 P1 口内部设置了上拉电阻,能够直接输出高电平而无需外接上拉电阻,可尽量简化外围电路。

(2) 输出"0": CPU 控制内部总线输出"0",$\overline{Q}$端为"1",P1.x 引脚经场效应管 T 对地导通,输出低电平。

从 P1 口输入信息有两种情况: 一种是输入外部器件给出的信号; 另一种是读回以前的输出状态,以决定下一步的操作。对于这两种情况,CPU 采用的输入方法是不一样的,前者称为"读引脚",后者称为"读锁存器"。下面对两种输入方法进行介绍。

(1) "读引脚": 如果需要输入外部器件状态,则必须从引脚读取外部信号,这种输入方式称为"读引脚"。为此,CPU 给出"读引脚"信号,使下方三态缓冲器打开,将引脚状态经内部总线读入 CPU。

需要注意的是,如果作为输入的 P1.x 位的最近一次操作是输出"0",则场效应管 T 处于导通状态,会将外部 P1.x 引脚上的信号拉低为"0",不论 P1.x 引脚上是什么状态,读入的都是"0",不能正确读入"1"状态。因此,在输入前需先向该位输出"1",使场效应管 T 截止,保证输入状态正确——这种要输入必须先输出某一状态,而不能任意改变输入/输出状态的双向口称为"准双向口"。

(2) "读锁存器": CPU 有时需要根据前一次的输出状态决定下一步的操作,例如在输出方波时,就要根据前一次输出的电平做反相输出,此时需先将之前的输出状态读回来。一般情况下可通过前述"读引脚"确定前一次的输出状态,但在某些特殊情况下,前一次的输出状态可能被外部电路改变,再采用"读引脚"会引起误操作。

如图 2-7 所示,用 I/O 口线控制三极管基极,如果输出高电平,三极管导通,P1.x 被拉成了低电平,如果从引脚读回前一次的输出电平则会发生错误。为了避免这种情况,MCS-51 单片机设置了"读锁存器"功能: CPU 给出"读锁存器"信号,使上方三态缓冲器打开,将锁存器 Q 端状态经内部总线读入 CPU,以此避免输出状态被外部电路改变。与此相配合,单片机提供了一组"读—修改—写"指令,实现根据前次输出状态对引脚状态进行修改的功能,即先读锁存器,然后根据前一次输出进行运算,得到新的输出值,最后将新值输出到引脚。

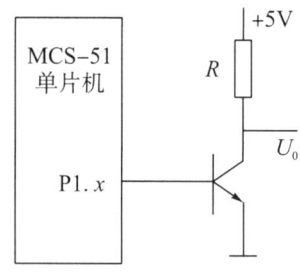

图 2-7 外部电路改变 I/O 口输出电平

2.4.2 P2口内部结构及工作原理

P2口是一个双功能口，既可作为通用I/O口使用，也可作为地址总线的高8位使用，输出高8位地址A8～A15。图2-8所示是P2口任意一位P2.X的内部结构，相较于P1口，内部多了多路转换器和反相器两个部件。

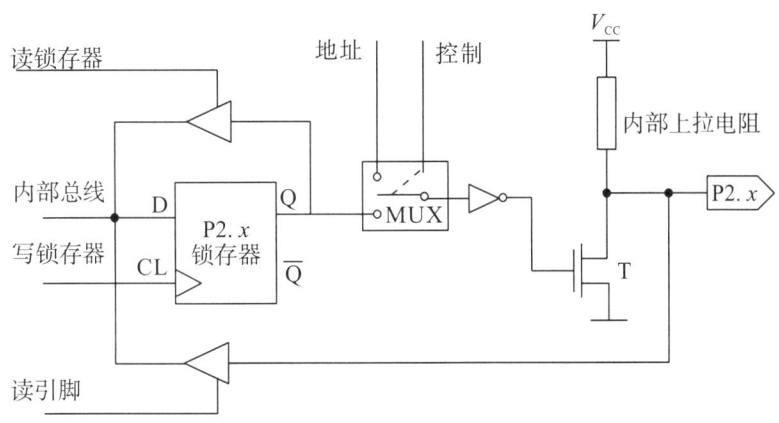

图2-8 P2口内部结构

作为通用I/O口使用时，内部控制信号使多路转换器输入端与锁存器Q端相连，输出信号经反相器反相后控制场效应管T的栅极，相当于P1口内部的$\overline{Q}$端控制场效应管T的栅极，输入/输出工作原理与P1口一样。需要注意的是，由于内部结构和工作原理同P1口相同，P2口作为通用I/O口使用时也是准双向口，其输入同样有"读引脚"和"读锁存器"两种方式。

当系统采用三总线方式进行扩展时，P2口将作为高8位地址总线使用，此时，多路转换器在CPU控制下转向地址线一侧，实现地址信号输出。如果有扩展的外部程序存储器，P2口要不断地送出高位地址，将不能再作为通用I/O口使用。特殊情况下，如果扩展的外部存储器和I/O接口地址单元较少，不需要P2口提供高位地址，它仍可作为通用I/O口使用；或者高8位地址线不需要全部用完的情况下，剩余的P2口线也可作为I/O口线使用，但编程复杂，故一般不建议这样使用。

2.4.3 P3口内部结构及工作原理

P3口也是一个双功能口。图2-9所示是P3口任意一位的内部结构。其与P1口的差异在于锁存器与场效应管之间多了一个两输入与非门，输入回路上多了一个控制第二功能输入的三态缓冲器。

当它作为第一功能普通I/O口使用时，第二功能输出端保持"1"，与非门对锁存器Q端输出保持畅通，相当于Q端反相后控制场效应管T的栅极，输入/输出工作原理也与P1口一样。同样，P3口作为普通I/O使用时也是准双向口，其输入同样有"读锁存器"和"读引脚"两种方式。

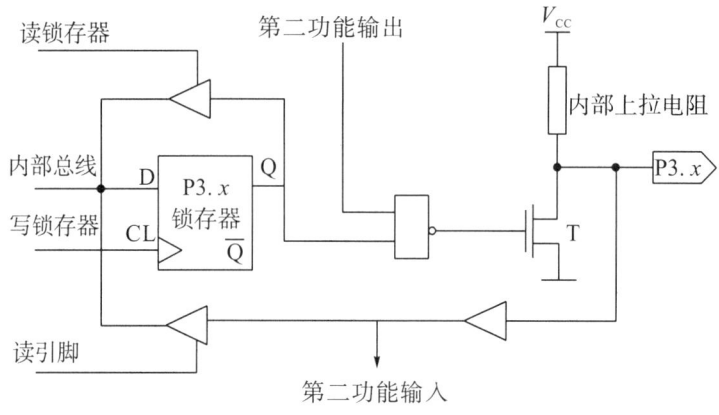

图 2-9 P3 口内部结构

P3 口除了作为通用 I/O 口使用和外部器件进行数据交换外,还可进行功能信号的输入/输出。当其作为通用 I/O 口使用时,CPU 经内部总线和外部器件进行数据交换,所输入/输出的是"纯数据",不会改变其他部件的状态。而功能信号是指单片机内部功能器件输出的信号或输入至功能器件的信号,这些信号不再是"纯数据",而是功能器件输出的用于控制外部器件的专用信号或外部器件反馈至功能器件并可能改变其状态的信号。例如,P3.2 的第二功能是外部中断 0 输入,当这个引脚有信号输入时可引起 CPU 中断;而 P3.1 是串行数据发送端,串行口数据缓冲器 SBUF 的内容从该引脚逐位输出,实现串行通信。

P3 口每个引脚均有第二功能,其功能定义如表 2-7 所示。

表 2-7 P3 口各引脚第二功能

P3 口引脚	第二功能名称	注释
P3.0	RXD	串行数据接收端
P3.1	TXD	串行数据发送端
P3.2	$\overline{INT0}$	外部中断 0 输入
P3.3	$\overline{INT1}$	外部中断 1 输入
P3.4	T0	定时/计数器 0 外部脉冲输入端
P3.5	T1	定时/计数器 1 外部脉冲输入端
P3.6	$\overline{WR}$	写片外数据存储器
P3.7	$\overline{RD}$	读片外数据存储器

当 P3 口用作第二功能输出时,CPU 将锁存器 Q 端置"1",这时与非门对第二功能输出保持畅通,第二功能输出信号直接控制场效应管 T 的导通/截止,从而将第二功能信号输出至引脚。由于第二功能输出信号经与非门反相后再经场效应管反相,因此引脚输出信号和第二功能输出信号同相。

当 P3 口用作第二功能输入时,同样需将锁存器置"1",而且第二功能的输入信号取自第一个缓冲器的输出端,与通用 I/O 口的输入信号取自第二个缓冲器的输出端不同。这是因为第二功能输入信号将送到其他功能部件，而不是 CPU。另外，MCS-51 单片机复位后，所有 I/O 口的锁存器都被置为"1"，自然能满足第二功能作输出的要求，因此可以直接使用第二功能而无须用户进行设置。

2.4.4　P0 口内部结构及工作原理

图 2-10 所示是 P0 口任意一位的内部结构，它包括一个输出锁存器、两个三态缓冲器、一个多路转换器、两个场效应管以及一个与门等器件。

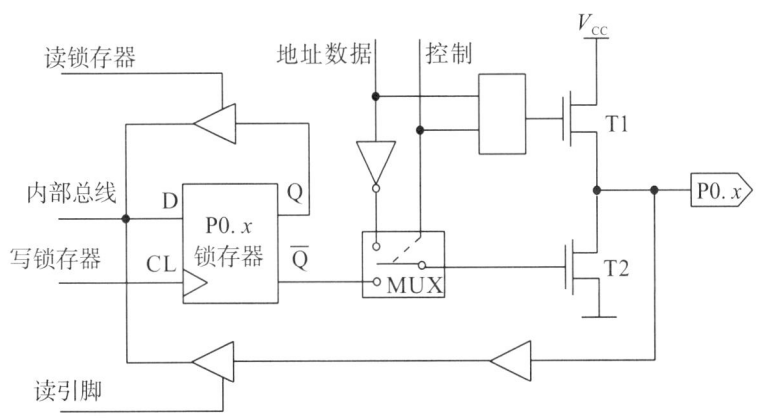

图 2-10　P0 口内部结构

P0 口既可作为普通 I/O 口使用，又可在进行系统扩展时作为低 8 位地址/数据总线分时复用。下面针对这两种功能分别介绍其工作原理。

1. 普通 I/O 口

当 P0 口作为普通 I/O 口使用时，控制信号为"0"，使多路转换器与锁存器 $\overline{Q}$ 端相连，并封锁与门，使其输出固定为"0"，从而使场效应管 T1 截止，因此，输出驱动级是漏极开路的开漏电路。如果要输出"1"，CPU 控制内部总线输出"1"，并给出相应的"写锁存器"信号，输出信号被锁存，$\overline{Q}$ 端为"0"，场效应管 T2 截止，于是 P0.x 引脚处于悬空状态。因此，当 P0 口作为输出口使用时，需在其引脚上外接上拉电阻，以获得稳定的高电平输出。如果要输出"0"，内部总线输出"0"，锁存器 $\overline{Q}$ 端为"1"，场效应管 T2 导通，P0.x 引脚经场效应管 T2 对地导通，输出"0"。

当 P0 口用作输入时，其工作原理和前述几个 I/O 口相同，同样是准双向口，需要先向该引脚输出"1"，而且同样有"读引脚"和"读锁存器"两种方式。

2. 作地址/数据总线

当 P0 口输出地址/数据信息时，内部控制信号为"1"，开放与门。如果输出的地址/数据信号为"1"，则与门输出"1"，场效应管 T1 导通，同时非门输出"0"，使 T2 截止，引脚将输出"1"，而不必另接上拉电阻；如果输出的地址/数据信号为"0"，则场效应管 T2 导通，T1 截止，引脚将输出"0"。P0 口内部不用上拉电阻，而将 T1、T2 两个场效应管设计成推拉输出电路，这是为了使 P0 口在用作地址/数据信息输出时具有较强的输出驱动能力。

当 P0 口作为地址/数据总线使用时，在读入数据前 CPU 会自动向锁存器写 "1"，使场效应管 T2 截止，在这种情况下，P0 口是一个真正的双向口。

2.4.5 并行 I/O 口小结

(1) 通常情况下，P0 口作为单片机系统的地址/数据总线使用，P2 口作为高位地址线使用，P1 口和部分 P3 口（除去扩展所需控制线）作为通用 I/O 使用。

(2) 4 个口都是双向 I/O 口，但某位用于第一功能输入或第二功能时，其内部锁存器必须置 "1"，如果最近一次输出是 "0"，则必须人为输出一次 "1"，以保证相应的场效应管对地截止。基于这个原因，4 个口作为通用 I/O 口使用时是"准双向口"。

(3) 复位后，内部锁存器自动置 "1"，32 个引脚均输出高电平，可直接用作输入口。同时，在初始化时应考虑引脚电平是否满足外接电路的要求。

(4) P0～P3 口输出级结构有所不同。P0 是三态输出，需输出高电平时应外接上拉电阻，每位可驱动 8 个 TTL 负载；其余 3 个口输出级内部有上拉电阻，每位可驱动 4 个 TTL 负载。

小结

MCS-51 系列单片机内部除了有 CPU，还包括构成一台完整计算机所必需的基本部件，主要有存储器、并行口、串行口、定时/计数器以及中断管理系统。本章详细介绍了 CPU 内部构成、基于哈佛结构的存储器配置方式以及并行 I/O 接口的内部结构和工作原理。定时/计数器、串行口以及中断管理系统的结构和工作原理将在后续章节中专门介绍。

本章还简要介绍了特殊功能寄存器的分布情况及作用。特殊功能寄存器具有普通存储单元的基本特性，可以对其进行读写操作，但需注意二者的区别：特殊功能寄存器是某个功能部件的"映射"，向其写入特定的值，可以设置或改变对应功能部件的工作状态。例如，向程序状态字寄存器 PSW 的 RS0 和 RS1 位写入不同的值，将改变当前工作寄存器组的设置。从特殊功能寄存器中读取的数值可能是功能部件对某个事件的处理结果，或反映其工作状态的信息。例如，SBUF 是串行口数据缓冲器，向其写入的数据将从串行接口向外发出，而单片机从串行口接收到的数据也将存放于 SBUF 中。因此，对 SUBF 的读写实际上是在和外部设备进行串行数据通信。

不同型号的 MCS-51 单片机内部功能部件不尽相同，尤其是新型号的单片机增加了很多内部功能部件，使用时可根据具体型号的芯片手册了解功能部件所对应特殊功能寄存器的使用方法，通过读写相应的特殊功能寄存器即可实现对功能部件的操作。

复习思考题

(1) MCS-51 单片机内部有哪些基本的功能部件？

(2) 简述 MCS-51 单片机片内数据存储器的功能划分，并说明实际系统是否一定要这样划分。

(3) MCS—51单片机的工作寄存器在哪里？共有几个工作寄存器？

(4) MCS—51单片机的工作寄存器分为几组？如何切换当前工作寄存器组？

(5) 位寻址有什么优点？MCS—51单片机的可位寻址单元有哪些？

(6) MCS—51单片机的存储器采用什么配置方案？这种方案具体如何配置存储器？

(7) 在一个扩展了片外存储器的 MCS—51 单片机系统中，如何区分片外的程序存储器和数据存储器？

(8) 特殊功能寄存器和普通寄存器有什么区别？它和内部功能部件有什么关系？

(9) 程序状态字 PSW 有什么作用？各位的含义是什么？

(10) 什么是并行口？传统的 MCS—51 单片机有几个并行口？每个口是多少位？

(11) P1 口内部有哪些器件？如何和外部器件进行数据输入/输出？

(12) 什么是准双向口？准双向口在输入/输出切换时应如何操作？

(13) 程序计数器 PC 有什么作用？能否人为修改 PC 的值？

(14) 参考图 2—4 和图 2—5，画出向下增长型满栈和向下增长型空栈的操作示意图。

第3章 MCS-51单片机引脚及最小系统

3.1 MCS-51单片机引脚介绍

MCS-51单片机的封装方式有多种，如双列直插式封装（Dual In-line Package，DIP）、表面贴装技术（Surface Mount Technology，SMT）等，如图3-1所示。双列直插式芯片的引脚间距较大，便于手工焊接，一般在进行样机设计、调试时使用。表面贴装式芯片的引脚间距小、体积小，无须在印刷电路板上钻孔，便于电路板背面布线，但一般需机器焊接。定型产品中多用表面贴装式芯片。表面贴装式又分为小外形封装（Small Out-line Package，SOP）、薄的缩小型小外形封装（Thin Shrink Small Out-line Package，TSSOP）、薄型四方扁平式封装（Low-profile Quad Flat Package，LQFP）、方形扁平无引脚（Quad Flat No-leads Package，QFN）封装、带引线的塑料芯片载体型（Plastic Leaded Chip Carrier，PLCC）封装等多种形式。

图3-1 MCS-51单片机常用封装形式

MCS-51单片机封装形式多样，不同型号的引脚数量及排列方式也不完全相同。本节以最基本的8031/8051/8751型号为例介绍其引脚功能。图3-2所示为双列直插式8031/8051/8751单片机的引脚排列及逻辑符号。

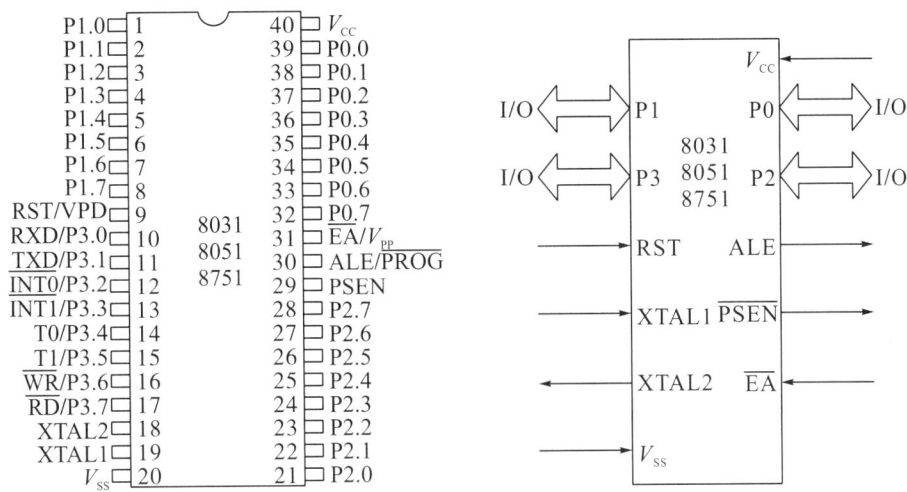

图 3-2 双列直插式 8031/8051/8751 单片机的引脚排列及逻辑符号

芯片共 40 个引脚，按功能可将这些引脚分为几组：

1. 电源引脚

V_{CC}：电源端，单片机的工作电源，接 +5V 电源。

V_{SS}：接地端。

V_{PP}：与 $\overline{EA}$ 引脚复用，对内部有 EPROM 的芯片（如 8751）编程时的编程电压输入端。

$\overline{PROG}$：与 ALE 引脚复用，对内部有 EPROM 的芯片编程时的编程脉冲输入端。

VPD：与 RST 引脚复用，备用电源输入端。当主电源下降或断电时，VPD 可为片内数据存储器提供电源，实现掉电保护。

2. 控制信号引脚

ALE（Address Latch Enable）：地址锁存允许信号输出端。访问片外存储器时，该信号用于锁存 P0 口输出的低 8 位地址，实现 P0 口地址/数据信号分离。单片机正常工作过程中，除执行个别特殊指令外，ALE 端以固定频率（振荡频率×1/6）输出周期信号，可作为精度要求不高的定时信号。

$\overline{PSEN}$（Program Select Enable）：外部程序存储器输出允许控制信号（读外部程序存储器信号）。

RST：复位信号输入端。

$\overline{EA}$：程序存储器低端部分选择控制端。当 $\overline{EA}=0$ 时，程序存储器低端部分在片外；当 $\overline{EA}=1$ 时，程序存储器低端部分在片内。

3. 并行 I/O 接口引脚

P0.0~P0.7：P0 口，0 号通用并行输入/输出端口，也是数据/低 8 位地址总线复用端口。

P1.0~P1.7：P1 口，1 号通用并行输入/输出端口。

P2.0~P2.7：P2 口，2 号通用并行输入/输出端口，也是高 8 位地址总线端口。

P3.0~P3.7：P3 口，3 号通用并行输入/输出端口，也是部分控制信号输入/输出端口。

4. 时钟电路引脚

XTAL1：内部振荡电路输入端。

XTAL2：内部振荡电路输出端。

采用内部时钟时，在 XTAL1 和 XTAL2 之间接入石英晶体振荡器（晶振）即可使内部振荡电路起振，产生单片机工作所需的时钟脉冲，如图 3－3 所示。

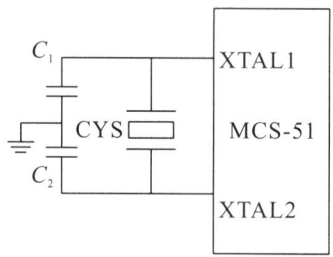

图 3－3 MCS－51 内部振荡方式

MCS－51 单片机的时钟脉冲也可由外部电路产生，但外部时钟源的输入方法会因芯片制造工艺不同而有所不同。对于 HMOS 型芯片，外部振荡信号接至 XTAL2 引脚，XTAL1 接地，XTAL2 引脚对电源接入上拉电阻，如图 3－4（a）所示；而对于 CHMOS 型芯片，外部振荡信号接至 XTAL1，XTAL2 悬空，如图 3－4（b）所示。

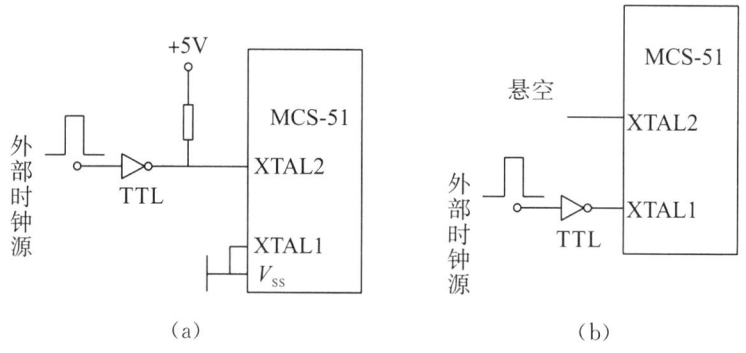

图 3－4 MCS－51 外部时钟源接入方式

本节所介绍的引脚数量及排列方式是针对 MCS－51 系列最基本的 8031/8051/8751 型号而言的。引脚是单片机内部功能器件与外部器件进行信息传输的通道，不同型号单片机内部的功能部件不尽相同，引脚数量、功能自然也不尽相同。此外，随着技术的发展，制造工艺越来越先进，集成度越来越高，大部分新型号的 MCS－51 单片机内部都直接集成了 64KB 程序存储器，不再需要进行程序存储器低端部分选择和访问外部程序存储器，相应地，芯片不再有 $\overline{EA}$ 和 $\overline{PSEN}$ 引脚。因此，在使用某一具体型号的单片机时需根据芯片手册的引脚介绍进行电路设计，不能照搬本节的介绍。

例如，我国深圳宏晶科技公司生产的 PLCC－44 STC12C5A60S2 单片机，与传统 MCS－51 单片机完全兼容，但增加了第二串口、P4 口以及 PWM/PCA 和 A/D 转换模块，芯片共有44个引脚，采用贴片封装。图3-5所示是该型单片机的引脚图，其引脚排列和定义就与传统MCS-51单片机有所不同。

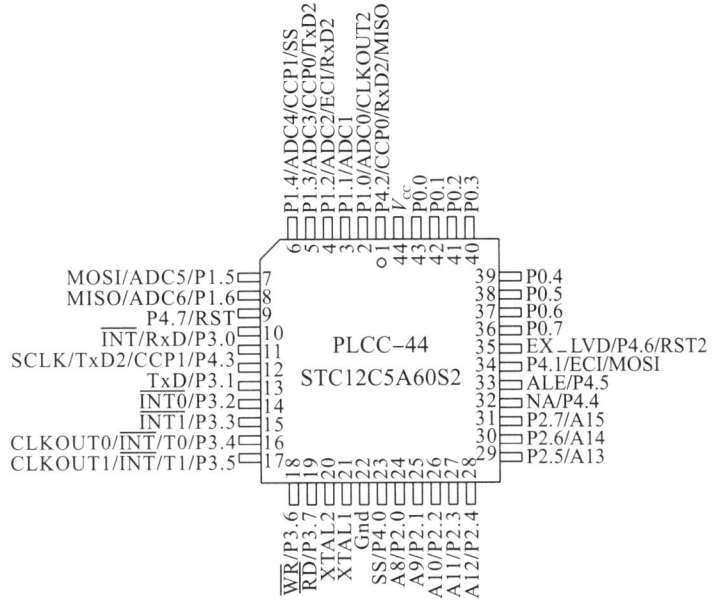

图3-5 PLCC-44 STC12C5A60S2 引脚排列

3.2 MCS-51单片机时序基本概念

在计算机系统运行过程中，CPU不间断地从存储器中取出指令，经分析译码后，根据指令要求指挥相关部件协调工作，最终完成指令功能，其速度可达每秒数万到上亿条指令。因此，CPU及相关部件必须按照一个统一的节拍协调运行。为此，CPU的一个重要功能就是在指令执行过程中，发出控制信号统一相关部件的运行节拍，保证各部件同步协调工作。

把CPU发出的相关信号（部分信号会反映在单片机相应管脚上）的电压波形以相同的时间横轴绘在同一个波形图中，称为时序图，简称时序。通过时序图可以了解CPU发出的控制信号电压什么时候升高、什么时候降低，信号持续时间多长，以及相关信号之间的超前/滞后关系等，以便采用相关信号控制外部器件。

时序一般分为内部时序和外部时序。内部时序用于协调单片机内部各功能部件的工作，时序信号只在单片机内部传递，并不输出到引脚上，而且各信号的作用、时间长短及相互关系在单片机设计时就已经确定且验证无误。对这类时序信号我们稍作了解即可，无须特别关注。

外部时序则是为实现单片机CPU及其他功能部件与外部器件（如用于数模/模数转换的AD/DA芯片）的通信联络或数据交换而给出的信号，这类信号将直接反映在单片机的相关引脚上，如$\overline{PSEN}$引脚给出的读外部程序存储器的控制信号、P3.6引脚给出的写外部数据存储器的控制信号（$\overline{WR}$）等。

如果要用单片机或其他类型的嵌入式系统去控制、联络外部设备/器件/芯片，这些外部设备/器件/芯片就必须在指定时刻使用/响应 CPU 发出的控制信号或向 CPU 反馈相关信号。例如，单片机要读取 AD 芯片的转换结果时，读取指令会从 P3.7 引脚发出 $\overline{RD}$ 信号，那么在电路设计时就应该用 $\overline{RD}$ 信号控制 AD 芯片的结果输出，并且保证 $\overline{RD}$ 信号到来时，AD 转换已经完成，转换结果已经准备好。这类设计需求是单片机或其他类型的嵌入式控制系统设计需满足的最基本需求。显然，要实现这种目的，就必须清楚 CPU 会发出哪些信号，什么时候发出这些信号，以及信号之间的相互关系。而解决这些问题的唯一途径就是掌握 CPU 时序。

如前所述，计算机要执行一条指令，必须由 CPU 指挥相关部件协调工作。显然，要"协调"，就必须有一个时间基准，这个时间基准就是计算机内部或外部振荡电路产生的振荡脉冲或称时钟脉冲。

上一节介绍了 MCS-51 单片机产生振荡脉冲的方法，本节将介绍有关单片机时序的一些基本概念和术语，而对于时序的深入分析和使用将在后续章节中介绍。

1. 振荡周期

振荡周期是指单片机的振荡电路产生的振荡信号的周期。振荡信号是单片机所有信号的基准。振荡周期是所有信号的最小时间单位，其他信号的起止都将同步于某一个振荡周期。MCS-51 单片机将振荡周期信号从 XTAL2 引脚送出，经驱动后可作为其他部件的时钟信号。

2. 状态周期

状态周期又称为时钟周期或 S 周期，一个状态周期包括两个振荡周期，分别称为 P1 和 P2 节拍。P1 节拍通常完成算术逻辑操作，P2 节拍通常完成内部寄存器和 CPU 之间的数据传送。

3. 机器周期

一个机器周期由 6 个状态周期即 12 个振荡周期组成，它是指令执行的时间单位。一条指令可能包括几个基本操作，每个基本操作都需要一个机器周期，因此一条指令执行的时间是若干个机器周期。

4. 指令周期

执行一条指令所需的时间称为指令周期。不同指令的指令周期长度不一样。MCS-51 单片机的指令有单（机器）周期指令、双（机器）周期指令和四（机器）周期指令 3 种。

MCS-51 单片机有关周期信号的关系如图 3-6 所示。

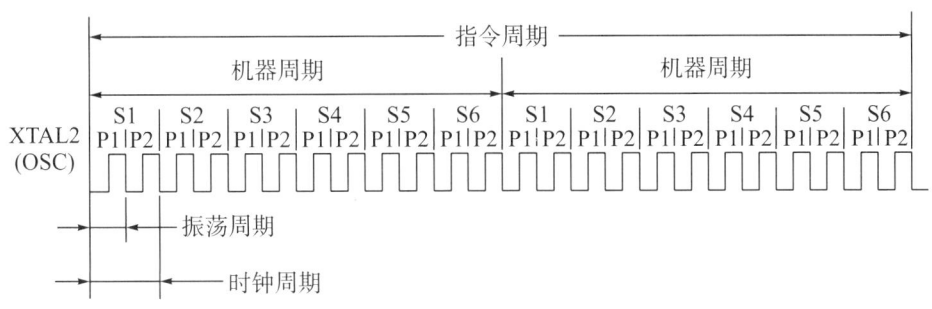

图 3-6　MCS-51 单片机有关周期信号的关系

3.3　MCS-51 单片机复位及初始状态

单片机的运行过程就是 CPU 不断地从存储器中取指令、译码，然后执行的过程，要保证单片机正确地运行，首先要保证 CPU 能正确地取指令。因此，CPU 从什么地方取指令，尤其是上电开机时，从哪个地址单元取出第一条指令必须是确定的，这样我们才能将程序存储于这个确定的地址单元，使 CPU 能按预先编好的程序运行，从而完成编程人员所要求的任务；否则，编写得再完美的程序也可能因"无人问津"而无用武之地。

保证单片机上电以后从确定的地址开始执行指令，这一任务是由复位过程完成的。具体方法是赋予程序计数器 PC 一个确定的初值，保证单片机每次开机后都从这个确定的地址单元开始执行程序。MCS-51 单片机的复位过程除完成设置程序计数器 PC 初值这一根本任务外，还要设置有关特殊功能寄存器的初值，使相关功能部件复位后有一个确定的初始状态。

使 MCS-51 单片机系统复位的方法是在 RST 引脚上施加两个机器周期以上的高电平。根据这一原理，常用上电复位电路如图 3-7 所示。这一电路在电源接通后的供电电压上升过程中对电容 C_1 进行充电，电源电压稳定后电容 C_1 经电阻 R_1 对地放电，于是 RST 引脚上将出现一个一定宽度的正脉冲，脉冲宽度由 R_1、C_1 的值决定，只要大于两个以上的机器周期即可对单片机复位。

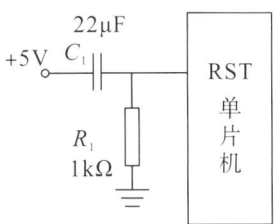

图 3-7　上电复位电路

另外，如果程序本身有错误或者受到外部干扰，程序计数器 PC 可能指向错误的地址或者程序陷入死循环而"死机"，这时也需要对系统进行复位，使其回到起始状态，重新开始运行。为此，系统一般应有复位按键，通过按下复位按键，给 RST 引脚提供一正脉冲来实现对单片机的复位。图 3-8 所示电路可实现上电复位和按键复位。

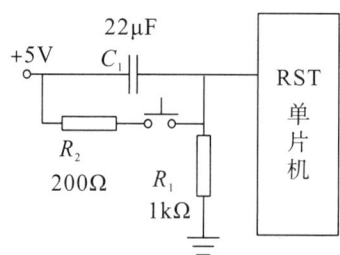

图 3-8 上电复位和按键复位电路

MCS-51 单片机复位后，程序计数器 PC=0000H，即单片机将从程序存储器 0000H 单元开始执行指令。因此，用户程序的第一条指令必须存放在 0000H 单元，之后可根据需要进行转移、循环等，让 CPU 按设计的流程往下执行。

其他特殊功能寄存器复位后的初值如表 3-1 所示。

表 3-1 特殊功能寄存器复位初值

特殊功能寄存器	初始状态	特殊功能寄存器	初始状态
A	00H	TMOD	00H
B	00H	TCON	00H
PSW	00H	TH0	00H
SP	07H	TL0	00H
DPL	00H	TH1	00H
DPH	00H	TL1	00H
P0~P3	FFH	SBUF	××××××××B
IP	×××00000B	SCON	00H
IE	0××00000B	PCON	0×××××××B

从表 3-1 中可以看出，复位后：

（1）PSW 的值为 00H，即 RS1 和 RS0 位均为 0，此时的工作寄存器组是第 0 组工作寄存器，R0~R7 寄存器分别对应片内数据存储器的 00H~07H 单元。

（2）SP 的值为 07H，堆栈数据从片内数据区 08H 单元开始存放，而该地址是第 1 组工作寄存器的 R0，因此，如果程序要使用第 1 组及其他组工作寄存器，初始化时必须修改 SP 的值，将堆栈设置到片内数据区其他合适的地方。

（3）P0~P3 的值是 FFH，4 个 8 位并行 I/O 口内部的 32 个锁存器都是输出高电平，每位内部对地的场效应管都是截止的，此时每个引脚都可以直接作为输入口使用。

3.4 MCS-51 单片机最小系统

所谓最小系统，是指在不附加（或附加很少量的）外部电路的前提下，利用单片机内部的功能部件，实现所需的控制功能的系统。由于无扩展的外部电路，最小系统电路简单、体积小。更重要的是，单片机内部功能部件和处理器集成在一个芯片中，出厂时已经过严格测试，其可靠性和兼容性远比扩展的电路高，而且可避免因器件间连接不当引起的故障。因此，最小系统器件少、电路简单、可靠性高，是嵌入式系统设计时优先采用的方案。

图 3-9 所示是典型的 MCS-51 单片机最小系统。该系统采用外接晶体振荡器产生振荡脉冲（某些新型号的 MCS-51 单片机甚至无须外接晶体振荡器，内部即可起振），可完成开关量的输入检测和输出控制，完成外部脉冲的计数，可通过串行口与上位机通信或连接其他外部设备的串行口进行数据交互，并可接收外部设备的中断请求。这种系统体积小、功耗低、可靠性高，可满足控制任务不太复杂的系统的需求。

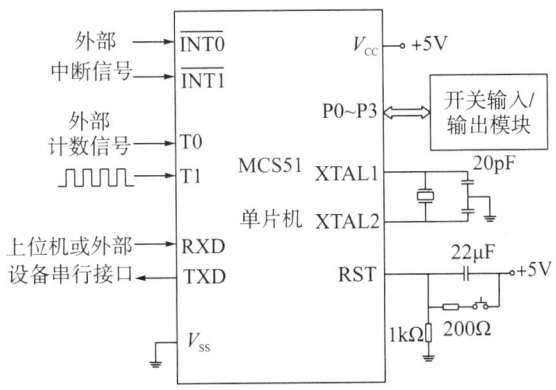

图 3-9　MCS-51 单片机最小系统

图 3-10 所示是电磁铁性能测试（上电过程中衔铁行程－吸力－线圈电流检测）系统原理图。该系统丝杆前端连接压力传感器，与衔铁保持接触；控制模块控制程控电源向电磁铁线圈提供额定的工作电压。通电后，衔铁受铁芯磁力作用，始终与压力传感器接触，吸力大小由压力传感器输出。系统工作时，压力传感器在控制模块控制下后退，连续采集铁芯吸力大小；压力传感器后退过程中，光栅位移传感器同步输出位移量；再配合程控电源反馈的线圈电流信号，即可实现衔铁行程－吸力－线圈电流的动态测量。

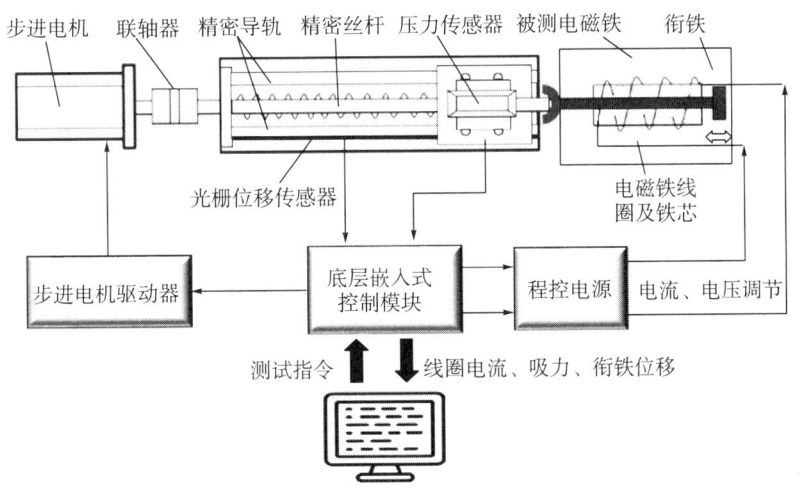

图 3-10　电磁铁性能测试系统原理图

根据这一检测原理，设计了如图 3-11 所示的单片机最小系统，以实现衔铁行程－吸力－线圈电流检测。

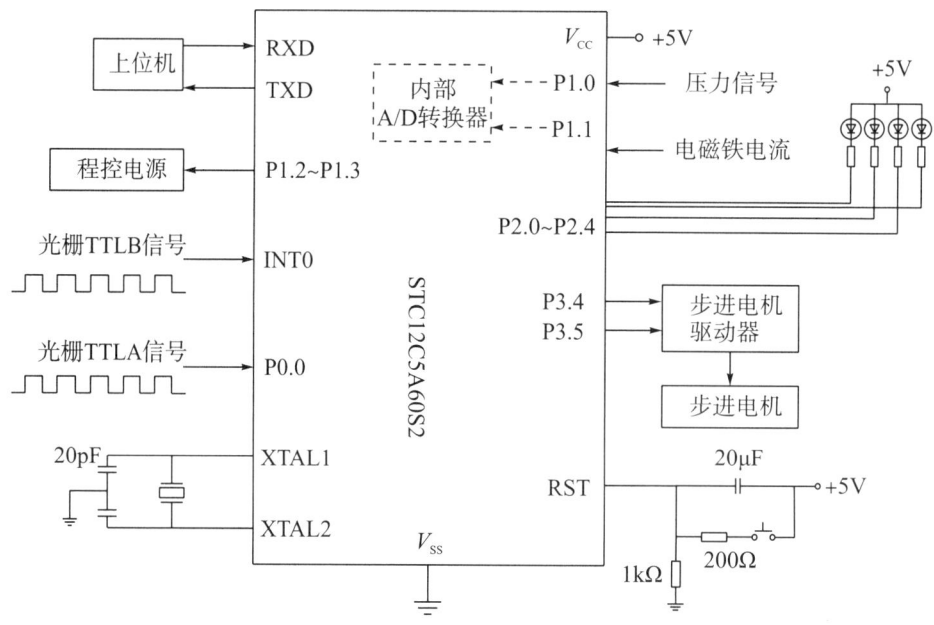

图 3-11 电磁铁性能测试系统底层嵌入式控制模块

系统采用 STC12C5A60S2 型单片机作为核心，该型号单片机是我国宏晶科技公司生产的 MCS-51 兼容型单片机，指令系统与传统 MCS-51 单片机完全兼容，但速度快 8～12 倍。其内部集成了 8 路 10 位高速 A/D 转换器（250kS/s），因此底层嵌入式控制模块除振荡和复位电路外，无须增加其他外部电路，可充分利用单片机内部资源，有利于保证系统的可靠性，并降低功耗和成本。

MCS-51 单片机型号众多，内部资源非常丰富，很多新型号 51 系列单片机除包含第 2 章所介绍的内部功能部件，还新增了 AD/DA 转换器、PWM 电路、SPI/I²C 总线，且片内数据存储器和程序存储器容量大幅增加，执行速度也更快，能满足大部分一般复杂度的控制需求。进行嵌入式系统设计时，可根据输入/输出信号数量、种类以及控制功能的需求，选择合适型号的单片机，尽量少扩展外部电路，以体现嵌入式系统的优点。

不扩展或少扩展外部电路，利用单片机片内集成的功能模块完成系统的控制功能可以显著提高控制系统/模块的可靠性，并减小体积、降低功耗，这是单片机在嵌入式系统中大量应用的原因。单片机的成功开发奠定了嵌入式技术及其应用的基础，而后者越来越高的需求又推动着单片机技术的不断发展，两者相辅相成，共同推动着嵌入式控制技术的发展。

复习思考题

（1）MCS-51 单片机有哪些常见的封装形式？不同型号的 MCS-51 单片机的封装形式和引脚排列是否一样？使用时应注意哪些问题？

(2) 什么是计算机时序？其有什么重要作用？

(3) MCS—51 单片机最基本的振荡信号有哪些产生方法？内部有哪几种周期信号？各是什么含义？

(4) 复位的目的是什么？MCS—51 单片机如何复位？

(5) 单片机复位后，内部功能部件是否有确定的状态？具体系统中是否需要关注这些初始状态？为什么？

(6) 单片机上电开机后，4 个并行 I/O 口是否可以直接作为输入使用？为什么？

(7) 什么是单片机最小系统？使用最小系统有什么优点？

第4章 MCS-51单片机指令系统及汇编基础

指令是由 CPU 发出,指示计算机某部分完成某种操作的命令。一个型号的处理器有许多指令,作用也各不相同,所有指令的集合称为计算机的指令系统。计算机之所以能实现一系列计算、控制功能,是因为编程人员按照任务的要求,利用指令系统中的相关指令,预先编制好了一系列指令(即程序)并存放于计算机的存储器中,CPU 则从存储器中逐条取出指令,并按指令要求指挥相应部件进行规定操作,从而完成预期的计算、控制任务。因此,掌握计算机的指令系统并能编制相应的程序(相关指令的组合),是利用计算机完成任何一个任务的基础。

本章首先介绍机器语言和汇编语言的特点和关系,然后介绍 MCS-51 单片机指令系统的格式、标识及其助记符,该指令系统的寻址方式,以及该指令系统的分类和每条指令的意义。

4.1 机器语言和汇编语言

在介绍 MCS-51 单片机的指令系统之前,本节先简要介绍计算机语言的有关概念。

如前所述,计算机完成的一系列计算、控制功能,是执行编程人员预先编制的程序的结果。也就是说,编程人员将自己的设想通过程序告知计算机,并通过计算机执行得到预期的结果。显然,计算机程序会涉及数字、字符及相应语法规则。按照特定的语法规则书写的数字、字符的组合就是计算机指令(或语句),这些指令(或语句)就是计算机能识别的语言。使用计算机语言编写的完成特定功能的计算机指令(或语句)组合就是计算机程序。由此可见,计算机语言是人与计算机沟通的工具,人们自然希望它阅读理解方便,尽量接近自然语言,而针对这类需求开发的计算机语言称为高级语言,如C、VC、Java、Python 等。

4.1.1 机器语言及其特点

由于计算机 CPU 只能识别、处理二进制代码,其存储器也只能存储二进制数据,所以计算机最终执行的指令都是以二进制表示的。这种计算机能够直接执行的指令称作机器指令,编写这种程序的语言称为机器语言(machine language)。

机器指令通常包含操作码(operation code)和操作数(operand)两部分:操作码指明所执行的操作的性质与功能,即指示计算机执行何种操作;操作数指明参加操作的数据或数据所在地址单元。机器语言直接操作相关硬件，具有存储空间使用灵活、代码量小且执行效率高等优点，但不同型号计算机的机器语言是专用的，按照一种计算机的机器指令编写的程序，不能在另一种计算机上执行，使得机器语言程序不具备移植性。另外，由于机器指令中的操作码和操作数都是用二进制（或十六进制）数表示的，指令功能很难记忆，自然也难以理解。例如，"74 50 28 90 30 00 F0"是以十六进制数编写的 MCS-51 单片机机器指令，阅读者很难记住每个十六进制数所代表的功能，自然难以理解这条指令的功能；同理，编程者也很难用这样的形式写出完整的程序。

4.1.2 汇编语言及其特点

汇编语言（assembly language）是第二代计算机语言，是为提升机器语言的可读性而开发的，其特点是用容易理解和记忆的英文单词缩写来代表特定的指令，而这些英文单词缩写称为助记符。例如："ADD"代表加法操作指令，"SUB"代表减法操作指令，"INC"代表增加1，"DEC"代表减去1，"MOV"代表数据传送，等等。表4-1示意性地对比了汇编语言和机器语言对同一指令的表达方式，显然这种单词缩写相较二进制或十六进制代码可读性大为提高。

表 4-1　MCS-51 单片机汇编语言与机器语言指令对比示例

功能	汇编语言指令（助记符）	机器语言指令（二进制代码）	具体操作
加法	ADD　A，R0	28H	A 和 R0 内容相加，结果存于 A
减法	SUBB　A，R0	98H	A 和 R0 内容相减，结果存于 A
加 1	INC　A	04H	A 内容增 1
减 1	DEC　A	14H	A 内容减 1
数据传送	MOV A，R0	E8H	R0 内容送入 A，R0 内容不变

从表 4-1 中可以看出，汇编语言和机器语言的指令是一一对应的，所以汇编语言在提升程序可读性的同时，保持了机器语言的执行效率，但通用性差、移植难的缺陷依然存在。在要求操作底层硬件、关注程序执行效率的场合，汇编语言依然是常用的编程语言，如驱动程序、嵌入式系统控制程序和实时运行程序一般采用汇编语言编写。

如前所述，计算机只能识别、处理机器语言指令，因此，用汇编语言编写的程序还需翻译/编译为机器语言指令才能被计算机执行。由于汇编语言指令和机器语言指令是一一对应的，因此翻译/编译是一种简单但繁杂的工作，早期一般由人工对照指令表逐条翻译，现在一般由计算机编译程序完成。编译完成后，以二进制形式表示的机器语言程序即可存入存储器，被 CPU 执行。当然芯片内的机器语言程序也可读出后反编译为汇编语言程序，供编程者修改完善。汇编语言程序与机器语言程序的关系如图 4-1 所示。

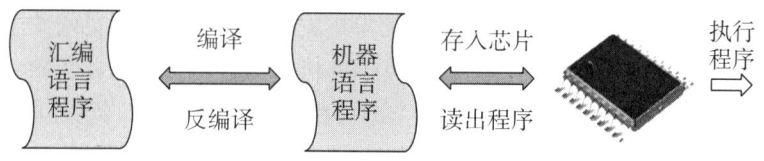

图 4-1 汇编语言程序与机器语言程序的关系

4.2 MCS-51 单片机指令系统的特点

MCS-51 单片机的指令系统包含 5 种类型的指令和 7 种寻址方式，其机器语言共有 255 种操作代码，即机器码。基于 MCS-51 指令系统的汇编语言使用 42 种助记符表示指令的功能，每种功能的指令所涉及的操作数可能有不同的寻址方式。因此，各种功能的指令与该指令所涉及的操作数可能有的寻址方式相组合，一共构造出 111 条指令。也就是说，MCS-51 单片机的指令系统一共有 111 条汇编语言指令，并用 255 个机器码表示。汇编语言指令数量与机器码数量不一致，是因为有些汇编语言指令虽有不同的操作数但功能一样，这在汇编层级被看作一条指令，而用机器语言表示这些功能时会因操作数不同而机器码不同，因此在指令系统中，机器码的数量比汇编语言指令条数多。例如，把 R0 的内容送入累加器 A 和把 R1～R7 的内容送入累加器 A，在汇编语言这一层级，这几个操作的功能类似，指令字节数、执行时间以及寻址方式都相同，所以将其看作一条指令，表示为"MOV A, Rn （n=0～7）"，但由于送入累加器 A 的数据来源不同，必须用不同的机器码来区分，因而会有 E8H～EFH 八个不同的机器码。

由于绝大多数情况下，编制 MCS-51 单片机程序是使用汇编语言，因此，对其指令系统的讲解也基于汇编语言进行。

在 MCS-51 单片机指令系统的 111 条指令中，有单字节指令 49 条，双字节指令 45 条，三字节指令 17 条；从指令执行时间来看，有单机器周期指令 64 条，双机器周期指令 45 条，只有乘、除两条指令需要 4 个机器周期。由此可见，MCS-51 单片机指令系统对存储空间要求较少且执行速度较快，正好弥补了单片机由于内部要集成较多的功能部件以致片内存储器容量相对较小的不足，使得单片机可以以较小的存储空间存放完成较复杂功能的控制程序。不难看出，MCS-51 单片机的指令系统精简而高效，这也是 MCS-51 单片机适于在嵌入式系统中使用的重要原因之一。

4.3 MCS-51 单片机指令系统的汇编语言格式及机器码表示方法

4.3.1 指令系统的汇编语言格式

MCS-51 单片机指令系统的汇编语言格式为：

［标号：］操作助记符［目的操作数］［，源操作数］［；注释］

一条指令中，操作助记符、目的操作数和源操作数是核心部分。标号代表该指令的符号地址，便于从别处转移到该处时确定该指令的地址；注释是对该指令功能的解释。这两部分的作用主要是使编程方便和增强程序可读性，与程序的执行没有直接关系。另外，方括号中的内容因指令不同而不同，即有的指令有该部分内容，有的指令则没有，并非每条指令都必须包含全部内容。

例如：

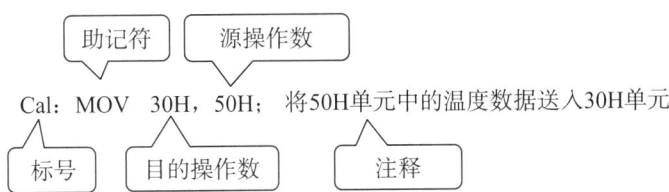

这条汇编语言指令的功能是将片内数据区 50H 单元的内容传送（复制）至片内数据区 30H 单元（指令执行完成后 50H 单元内容不变，30H 单元内容与 50H 单元内容相同）。指令中 Cal 为标号，便于其他指令跳转到该处或调用该指令时明确目的地，其作用与高级语言中的标号作用相同或类似；MOV 为操作助记符，用以说明这条指令的功能是完成数据传送；30H 是目的操作数，说明本条指令被传送的数据最终存放的地方，即指令执行结果的存放单元；50H 是源操作数，说明本条指令要传送的数据所在的单元，即数据来源；最后是注释，说明指令功能。需要注意的是，注释一般应说明这条指令在该程序中的作用，而不是对指令本身功能的说明。例如，注释可以是"进行温度补偿""设置 PID 系数""保存传感器检测数据"等，而非"将 50H 单元的数据送入 30H 单元"，后面这类注释是毫无用处的。当然，注释是根据需要添加的，以便理解程序，并非每条指令都需要注释。

4.3.2 源操作数和目的操作数

1. 源操作数

所谓源操作数，是指参与操作、运算的数据的来源。例如指令：

  MOV　30H，50H

其功能是把 50H 单元的内容传输至 30H 单元，被传输的数据存于 50H 单元，即数据来源于 50H 单元，所以 50H 是源操作数。再看如下指令：

  MOV　30H，#50H

其功能是把数据 50H 传输至 30H 单元，所以 50H 是源操作数。

两条指令的区别在于前一条指令中的 50H 是一个地址，而后一条指令中的 50H 是一个数据（称作"立即数"，后文将详细介绍）。由此可见，源操作数既可以是地址，也可以是数据。

2. 目的操作数

所谓目的操作数，是指令执行结果存储的地方。例如指令：

MOV　30H，50H

其功能是进行数据传输（复制），执行结果是 50H 单元的内容被传输至 30H 单元，即 30H 单元是指令执行结果的存储单元，所以 30H 是目的操作数。需要注意的是，指令执行结果只能存储在某个地址单元或寄存器中，所以目的操作数只能是存储器单元地址或寄存器，而不能是数据。另外，在有两个操作数的汇编指令中，第一个操作数是目的操作数，第二个是源操作数。

4.3.3　MCS-51 单片机指令系统的机器码表示方法

MCS-51 单片机指令系统的机器码以字节为单位，有单字节、双字节和三字节 3 种指令。

1. 单字节指令

单字节指令中既包含操作码的信息，也包含操作数的信息，即一个字节就指明了进行何种操作以及对哪里的数据进行操作。MCS-51 单片机的指令系统中有 49 条单字节指令。单字节指令包括以下两种情况：

一种是指令的含义和对象都很明确，不必再用另一个字节来表示操作数。这类指令只有一个字节的操作码，而没有操作数字节，亦即操作码完全说明了进行什么操作，以及对什么数据进行操作。

例如，将累加器 A 的内容加 1 的指令"INC　A"即单字节指令，指令的编码为：0000 0100B，其十六进制表示为 04H。执行时，CPU 对 04H 译码后，就能明确是加 1 操作，且操作对象是累加器 A，不再需要其他信息。

另一种情况是 8 位编码中同时含有操作码和寄存器编码，既指明了进行什么操作，又说明了操作的对象。例如，将当前工作寄存器 R0 中的数据传送到累加器 A 中的指令"MOV　A，R0"，其机器码为 1110 1000B，其十六进制表示为 E8H。

在这个字节中，高 5 位为操作码，表示指令功能，低 3 位为存放操作数的寄存器编码，即操作数。

这类指令的机器码编码格式如表 4-2 所示。

表 4-2　单字节指令机器码的编码格式

位号	7 6 5 4 3	2 1 0
字节	opcode	rrr

注：rrr 表示寄存器编码。

单字节指令所需存储空间少、译码时间短、执行速度快，那么能不能将指令系统的所有指令都设计为单字节指令呢？显然，这是不行的，其原因和电话号码位数的设计原则类似：大部分的电话号码是 8 位，但也有"110""12345"等 3 位和 5 位号码，为什么不全用 3 位号码？为什么在大部分电话号码是 8 位的情况下还要采用一些 3 位、5 位号码？这就是指令系统的机器码有单字节、双字节和三字节多种长度的原因，请读者自行思考，此处不再赘述。

2. 双字节指令

双字节指令用第一个字节表示操作码，用第二个字节表示参与操作的数据或数据存放的地址。MCS—51 单片机的指令系统中有 45 条双字节指令。这类指令的机器码编码格式如表 4-3 所示。

表 4-3　双字节指令机器码的编码格式

位号	7 6 5 4 3 2 1 0
字节 1	opcode
字节 2	立即数或操作数地址

由于一条指令必须说明进行什么操作以及对什么数据或哪个地址的数据进行操作，所以不是所有指令都可以用一个字节表示——尽管用一个字节最为便利。例如，将数据 00 送入累加器 A，该指令的机器码是"74 00"，第一字节 74H 表示将一个数据送入累加器 A，第二个字节 00H 表示送入累加器 A 的数据。由于送入累加器 A 的数据可以是 00H~FFH，这部分必须用一个字节表示，无法像"8 位编码中同时含有操作码和寄存器编码"（工作寄存器只有 8 个，只需 3 位即可编码）一样，将操作码和操作数归并到一个字节中。因此，指令系统中会有两字节指令，同理还有三字节指令。

3. 三字节指令

三字节指令的第一个字节是操作码，后两个字节是操作数。操作数可以是数据（立即数），也可以是存放数据的地址。因此，三字节指令的编码形式理论上有 4 种。但实际上，由于立即数不能作为目的操作数，所以三字节指令的编码形式只有 2 种，如表 4-4 所示。

表 4-4　三字节指令机器码的编码格式

类型	第一字节	第二字节	第三字节
1	操作码	地址	立即数
2	操作码	地址	地址

4.3.4　指令中的符号标识

为了方便讲解指令系统，本书将用到一些符号标识，即用一条"指令"代表若干条同类指令。现对后续章节中将用到的符号标识的含义约定如下：

  Rn（n=0~7）　　当前选中的工作寄存器组中的寄存器 R0~R7 之一；
  Ri（i=0，1）　　当前选中的工作寄存器组中的寄存器 R0 或 R1；
  @间址　　　　　（间接寻址）寄存器前缀；
  #data　　　　　8 位立即数；
  #data16　　　　16 位立即数；
  direct　　　　　片内数据存储器地址及 SFR 地址（可用符号名称表示）；

addr11	11 位目的地址；
addr16	16 位目的地址；
rel	以补码形式表示的 8 位地址偏移量，取值范围为 −128～+127；
bit	片内数据存储器可位寻址单元的位地址、SFR 的位地址（可用符号名称表示）；
/	位操作数的取反操作前缀；
(×)	表示×地址单元或寄存器中的内容；
←	将箭头右边的内容送入箭头左边的单元中；
→	将箭头左边的内容送入箭头右边的单元中。

4.4 MCS-51 单片机指令系统的寻址方式

4.4.1 寻址方式的含义及作用

首先看以下两条指令：

①将片内数据区 30H 单元的内容送入片内数据区 20H 单元，机器指令为：75 20 30。

②将数据 30H 送入片内数据区 20H 单元，机器指令为：85 20 30。

因为 CPU 只能执行机器码指令，而"75 20 30"和"85 20 30"这些十六进制数在本质上都是"数据"，因此当 CPU 解析这两条指令时，必须清楚第一个"20"是地址还是数据，如果是地址，是哪个区间（片内数据区/片外数据区/程序存储区）的地址；同样也必须清楚第二个"30"是地址还是数据，如果是地址，是哪个区间的地址。如果这个问题没搞清楚，执行后不可能得到想要的结果。在指令系统中，这个问题是靠"寻址方式"（addressing mode）的约定（也可理解为规定、协议）来解决的，即指令码"75"说明（约定）了第一条指令中的"20"是片内数据区的地址，"30"也是片内数据区的地址，因此完成的功能是将片内数据区 30H 单元的内容送入片内数据区 20H 单元；指令码"85"说明了第二条指令中的"20"是片内数据区的地址，"30"是要传送的数据，因此完成的功能是将数据 30H 送入片内数据区 20H 单元。

现举一例来加深对"寻址方式"的理解。假设有一间编号为 101 的办公室，同时有一名学号为 101 的同学，那么，"请把这本书送到 101"和"请把这本书送给 101"这两句话要实现的目的显然是不一样的，而达成不同目的的方法是基于我们的表达习惯或者约定（相当于寻址方式）：送书人（CPU）接到指令后，根据表达习惯认为"送到"这个指令（类似于前述语句①中的 75）后面的数字 101（类似于前述语句①中的 20）是房间号，而"送给"这个指令（类似于前述语句②中的 85）后面的数字 101（类似于前述语句②中的 20）是学号，如此一来，两条指令都能被正确执行。

由此可见，寻址方式是获取最终要操作的数据的方法，而且应注意：

（1）不同的指令有不同的寻址方式，每一条指令的寻址方式是固定的。正如上文所说，"送到"指令后面是房间号，而"送给"指令后面是学号，只有如此，执行者

(CPU)才能正确完成发令者（编程者）所需要的操作。

（2）完成同一操作可以用不同的指令，也可采用不同的寻址方式。例如：

请把这本书送到 101。

请把这本书送到 102 隔壁。

请把这本书送到 1 楼第 1 间办公室。

请把这本书送到张老师办公室。

请把这本书送到张老师告诉你的办公室。

……

在不同情况下，我们会采取不同的方式给出房间号，方式越多，越容易送达。寻址方式的作用也是如此。

因此，"寻址方式"可以理解为对指令中的操作数是数据还是地址以及是哪个区间的地址的一种约定（协议）。同一指令采用不同的寻址方式时，即使操作数的数值（如前面的"30"）一样，其含义也不一样，最终实现的功能也不一样。因此，编程人员必须通过"寻址方式"这种约定，才能向 CPU 准确说明所要实现的功能。当然，这种约定要基于 CPU 的能力，因此"寻址方式"也可理解为 CPU 获取参与操作的数据或者数据所在地址单元的方法。不同系列的 CPU 有一些相同或相似的寻址方式，也有不同的寻址方式，而且寻址方式的数量也不同。显然，CPU 获取数据或者数据所在地址单元的方法越多，即寻址方式越多，操作也越灵活，指令系统的功能也越强。

综上，一条指令除了要指明完成何种功能（即进行何种操作，如算术、逻辑运算或者存储、读取数据等），还要指明是对哪个数据或者哪个区间的哪个地址单元中的数据完成这种操作，而得到参与操作的这个数据或者数据所在地址单元的方法就是寻址方式。

MCS-51 单片机指令系统的寻址方式有 7 种，包括立即寻址、直接寻址、寄存器寻址、寄存器间接寻址、变址寻址、相对寻址和位寻址。一条指令执行时，对源操作数和目的操作数都需要寻址，本节仅以源操作数为例对各种寻址方式的含义进行介绍，目的操作数的寻址方式与之类似。

4.4.2 立即寻址

在指令中直接给出操作数的寻址方式称为立即寻址。在这种寻址方式中，紧跟在操作码之后的操作数称为立即数。立即数可以是一个字节，也可以是两个字节，并要用符号"♯"来标识。由于立即数是一个常数，所以只能作为源操作数。立即寻址所对应的寻址空间为程序存储器。

例如：

MOV A，♯5AH

该指令的功能是把数据♯5AH 直接送到累加器 A 当中。指令执行过程如图 4-2 所示。

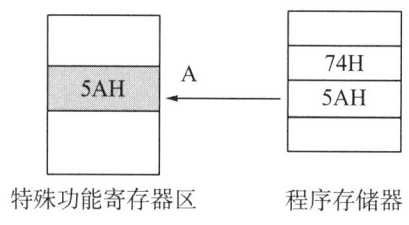

图4-2 立即寻址示意图

4.4.3 直接寻址

在指令中直接给出操作数的地址,即指令中的操作数部分是存放操作数的地址,这种寻址方式称为直接寻址。直接寻址中的寻址空间为片内数据存储区,即地址为00H~7FH 的 128 字节 RAM 单元和地址在 80H~0FFH 范围内的 21 个特殊功能寄存器。对特殊功能寄存器寻址时,一般采用其符号名称,这主要是为了使程序可读性更好——不论是使用符号名称还是具体地址,指令的功能和对应的机器码都完全一样,在编译机器码时会用具体地址代替特殊功能寄存器的符号名称。另外,直接寻址还可用于对片内数据区中可位寻址单元的位和可位寻址的特殊功能寄存器的位进行寻址。后者的位地址表示方法与特殊功能寄存器地址的表示方法类似,既可用位名称也可用位地址,但为了提高程序可读性,一般使用位名称。

例如:

  MOV A,30H

该指令的功能是将片内数据存储区 30H 单元的内容传送到累加器 A。其机器码是 E5 30H,其中 E5H 是操作码,而操作数 30H 代表将被传送的数据的地址(片内数据存储区的 30H 单元),即操作数部分是存放操作数的地址。该指令执行过程如图 4-3 所示。

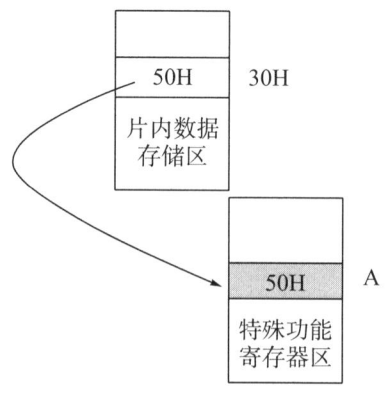

图4-3 直接寻址示意图

  MOV A,SBUF

该指令的功能是将特殊功能寄存器 SBUF 的内容传送到累加器 A,操作数部分以特殊功能寄存器符号名称的形式给出了操作数的地址。特殊功能寄存器 SBUF 的地址是 99H，因此该指令与 MOV A，99H 完全等价。

　　MOV　C，05H

　　该指令的功能是将片内数据存储区可位寻址区中位地址为 05H 的位（即 20H 字节单元的第 5 位）的内容传送到进位标志 C 中。操作数直接给出了位地址，因此该指令也是直接寻址。

　　MOV　C，EA

　　该指令的功能是将特殊功能寄存器中位名称为 EA 的位的内容传送到进位标志 C 中。EA 是特殊功能寄存器 IE 的第 7 位，位地址为 AFH，因此该指令与 MOV　C，AFH 完全等效。

　　使用直接寻址要注意操作数给出的地址的类型，即操作数是字节地址还是位地址。例如：

　　MOV　A，30H
　　MOV　C，30H

　　两条指令给出的直接地址均为 30H，但前一个是字节地址，后一个是位地址。因为第一条指令的目的操作数是累加器 A，它存储的是字节，传送给它的也应该是字节，因此源操作数 30H 是字节地址；第二条指令的目的操作数是进位标志 C，它只能存储一位二进制数，传送给它的只能是位，因此源操作数 30H 是位地址。由此可见，直接寻址指令中的地址到底是字节地址还是位地址，可以根据另一个操作数或指令本身的功能判断。例如，指令 SETB　30H 的功能是将 30H 位置 "1"，因此，这里的 30H 当然是位地址。

4.4.4　寄存器寻址

　　寄存器寻址是指操作数存放在寄存器中，指令中直接给出该寄存器名称的寻址方式。寄存器可以是 R0~R7、A、B（以 AB 寄存器对形式出现）、DPTR。由于寄存器在单片机内部，无需和外部进行信息交换，因此这种寻址方式具有较高的传送和运算速度。需要注意的是，有些指令中会出现特殊功能寄存器，如 MOV　A，PSW，这不是寄存器寻址，而是直接寻址（如前节所述），因为指令中的特殊功能寄存器名称完全等价于特殊功能寄存器的地址。这条指令其实就是 MOV　A，D0H，只是为了便于理解而将地址 D0H 写成 PSW，在编译机器码的时候会用 D0H 代替 PSW。

　　例如：

　　MOV　A，R0

　　该指令的功能是将寄存器 R0 的内容传送到累加器 A。假设 R0 的内容为 50H，指令执行过程如图 4-4 所示。

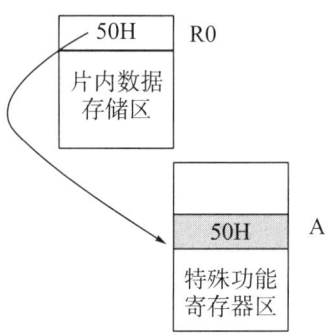

图 4-4　寄存器寻址示意图

4.4.5　寄存器间接寻址

指令中给出寄存器名，以该寄存器中的内容为地址，从该地址取操作数的寻址方式，称为寄存器间接寻址。其寻址的存储空间为片内数据存储器或片外数据存储器。

寻址片内数据存储器时，数据传送指令采用助记符"MOV"，相应地，CPU 不产生访问外部数据存储器的读/写信号，间接寻址寄存器采用寄存器 R0 或 R1（R0、R1 前面加@符号，以便和寄存器寻址相区别；堆栈操作时采用 SP 作为间接寻址寄存器）。

例如：以 R0 内容为地址，将片内数据存储器该地址中的内容送入 A，指令为

　　MOV　A，@R0

寻址片外数据存储器时，数据传送指令采用助记符"MOVX"，相应地，CPU 将产生访问外部数据存储器的读/写信号（由 P3.7/P3.6 引脚输出），用于控制外部存储器芯片的输入/输出。间接寻址寄存器有两种选择：一是采用 R0 和 R1，这时 R0 或 R1 提供低 8 位地址（外部数据存储器多于 256 字节而采用页面方式访问时，可由 P2 口未使用的 I/O 引脚提供高位地址）；二是采用数据指针 DPTR，提供 16 位地址，可访问整个片外数据存储器的 64KB 空间。

例如，假设 DPTR 内容为 2000H，片外数据存储器 2000H 单元内容为 30H，执行指令 MOVX　A，@DPTR 后，将以 DPTR 的内容 2000H 为地址（片外数据存储器的地址），把片外数据存储器 2000H 单元的内容 30H 传送到累加器 A。指令执行过程如图 4-5 所示。

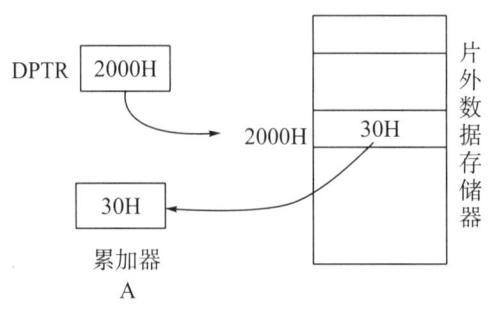

图 4-5　寄存器间接寻址示意图

4.4.6 变址寻址

以一个基地址加上一个偏移量形成操作数地址的寻址方式，称为变址寻址。在这种寻址方式中，以数据指针 DPTR 或程序计数器 PC 作为基址寄存器，基地址则是基址寄存器的内容；累加器 A 作为偏移量寄存器，偏移量为累加器 A 的内容；基址寄存器的内容与累加器 A 的内容之和为操作数地址。变址寻址的寻址空间为程序存储器。变址寻址的指令只有两条，即

  MOVC A，@A+PC
  MOVC A，@A+DPTR

由于程序存储器只能读出，不能写入，所以两条指令均是将程序存储器某个单元的内容送到累加器 A 当中。

指令 MOVC A，@A+PC 用 PC 作为基址寄存器，CPU 在读取本条指令时，PC 已执行加 1 操作，指向了下一条指令的首字节，所以基地址不是本条指令的 PC 值，而是本条指令的 PC 值加 1（因为这条指令是单字节指令）。例如，有如下程序段：

地址	机器码	汇编指令
0200	7402	MOV A，#02H
0202	83	MOVC A，@A+PC
0203	00	NOP
0204	00	NOP
0205	10	DB 10H

当执行 MOVC A，@A+PC 时，(A)=2，(PC)=0203，于是@A+PC 指向 0203H+02H=0205H 单元，该指令将把程序存储器 0205H 单元的内容 10H 送入累加器 A。

指令 MOVC A，@A+DPTR 用 DPTR 作为基址寄存器，A 为变址寄存器，由@A+DPTR 形成操作数地址，参考如下程序段：

  MOV A，#01H
  MOV DPTR，#TABLE
  MOVC A，@A+DPTR
    ⋮
TABLE：DB 40H
    DB 51H
    ⋮

在这段程序中，从地址 TABLE 开始，在程序存储器中预置了一段常数表。执行这段程序时，表首址 TABLE 送到 DPTR 中作基地址，偏移量为 1，因此操作数地址为 TABLE+1，执行结果是将地址 TABLE+1 处的数据 51H 送入 A 中。

假设（DPTR）=2000H，(A)=10H，程序存储器 2010H 单元的内容为 64H，指

令 MOVC A，@A+DPTR 的执行过程及结果如图 4-6 所示。

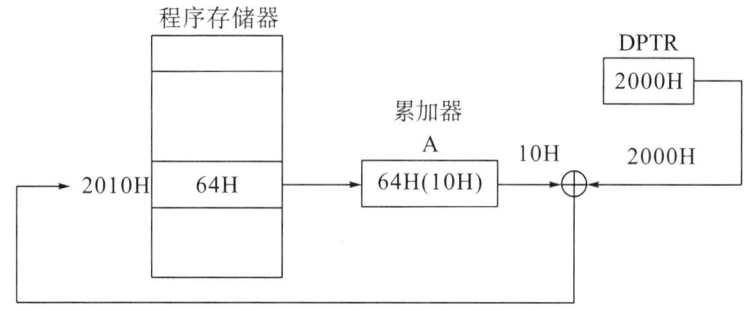

图 4-6 变址寻址示意图

4.4.7 相对寻址

相对寻址用于转移类指令，该寻址方式以程序计数器 PC 的当前值（指读出该 2 字节或 3 字节的转移指令后，PC 指向的下一条指令的地址）为基准，加上指令中给出的相对偏移量 rel 形成目标地址，并将目标地址送入 PC，使程序转移到目标地址继续执行。如果将转移指令所在的地址称为源地址，则源地址和目标地址之间的关系为：

目标地址＝源地址＋转移指令的字节数＋rel

指令中的偏移量 rel 是一个带符号的 8 位二进制数，取值范围是 $-128\sim+127$，以补码形式置于操作码之后存放。假设转移指令 SJMP 08H 从程序存储器 2000H 单元开始存放，因为这条指令是两字节指令，所以

目标地址＝2000H＋2＋08H＝200AH

于是，程序不再顺序执行，而将转移到 200AH 处继续执行。指令执行过程如图 4-7 所示。

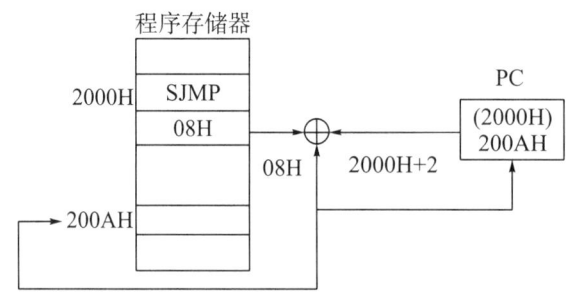

图 4-7 相对寻址示意图

4.4.8 位寻址

MCS-51 单片机为了更好地面向控制，其内部专门设置了一个独立的位处理器——布尔处理器，并在片内数据区中安排了若干可直接存取的位，且赋予相应的位地

址。与硬件结构相对应,指令系统中设有 17 条独立的位处理指令。对位地址中的内容进行操作的寻址方式称为位寻址。采用位寻址指令的操作数是 8 位二进制数中的某一位。下列指令均是位寻址指令:

    MOV   C,20H
    SETB   30H
    CLR   RI

通过上述指令可以看出,指令的操作数直接给出了要操作的数的位地址,因此,位寻址实质上是针对位的直接寻址。

在 MCS−51 单片机指令系统中,位地址可用以下几种方式表示:

(1) 用位名称(限特殊功能寄存器),例如:

    CLR   RS0

(2) 用位地址(通用),例如:

    CLR   0D3H

(3) 用"字节地址.位"的形式(通用),例如:

    CLR   0D0H.3

(4) 对于可位寻址的特殊功能寄存器,可用"特殊功能寄存器名.位"的形式,例如:

    CLR   PSW.3

(5) 通过伪指令赋予位地址名称,然后使用该名称对位进行操作,类似于高级语言中给常量赋变量名的做法。例如:

    FLAG   BIT   30H
    MOV   C,FLAG

4.5 MCS−51 单片机指令介绍

MCS−51 单片机指令系统的 111 条指令,按照功能可大致分为数据传送类指令、算术运算类指令、逻辑操作类指令、控制转移类指令和位操作指令等类型。

需要注意的是,在学习和使用指令时,要清楚指令中源操作数和目的操作数对应三个逻辑存储区的哪一个。也就是说,不同的指令寻址的存储区是不一样的,要操作某个地址单元中的数据,不仅地址要正确,还必须保证所使用的指令能寻址数据所在的那个逻辑存储区。

下面对 MCS−51 单片机的指令分类进行介绍。

4.5.1 数据传送类指令

数据传送类指令是指令系统中最基本、使用最频繁的一类指令,可实现数据传送、存储和交换等操作。这类指令一般不影响程序状态字 PSW 的状态，只在将数据传送到累加器 A 时，会影响奇偶标志 P。数据传送类指令可进一步分为以下几种：

1. 以累加器 A 为目的操作数的指令

    MOV A，Rn   ;（A）←（Rn）
    MOV A，direct   ;（A）←（direct）
    MOV A，@Ri   ;（A）←（(Ri)）
    MOV A，#data   ;（A）←#data

这组指令的功能是把源操作数的内容送入累加器中。在这 4 条指令中，源操作数的寻址方式分别为寄存器寻址、直接寻址、寄存器间接寻址和立即寻址。指令中@Ri 及 direct 指向的单元均为片内数据存储器单元。例如，已知（A）=30H，（R0）=40H，片内数据存储器 40H 单元的内容为（40H）=50H，则相应指令的执行结果如下：

    MOV A，R0   ;将 R0 中的数据取出送入 A，(A)=40H
    MOV A，40H   ;将 40H 单元中的数据取出送入 A，(A)=50H
    MOV A，@R0   ;以 R0 为间址寄存器，先将它的内容（R0）=40H
                                   作为地址，再把该地址单元即片内数据存储器 40H
                                   单元的内容送入 A，(A)=50H

2. 以寄存器 Rn 为目的操作数的传送指令

    MOV Rn，direct   ;Rn ←（direct）
    MOV Rn，#data   ;Rn ← #data
    MOV Rn，A   ;Rn ← A

这组指令的功能是把源操作数送入寄存器 Rn 中。源操作数的寻址方式分别为直接寻址、立即寻址和寄存器寻址（由于目的操作数为工作寄存器，所以源操作数不能是工作寄存器及其间址方式寻址，即 MOV Rn₁，Rn₂ 是错误指令）。当采用直接寻址方式时，direct 为片内数据存储器地址。

例如，若片内数据存储器 50H 单元的内容（50H）=40H，执行指令 MOV R6，50H 后，(R6)=40H。

3. 以直接地址为目的操作数的传送指令

    MOV direct，A   ;（direct）←（A）
    MOV direct，Rn   ;（direct）←（Rn）
    MOV direct，direct1   ;（direct）←（direct1）
    MOV direct，@Ri   ;（direct）←（(Ri)）
    MOV direct，#data   ;（direct）← #data

这组指令的功能是把源操作数送入直接地址 direct 所指示的单元。直接地址 direct 所指示的单元为片内数据存储器单元或特殊功能寄存器单元。源操作数的寻址方式分别为寄存器寻址、直接寻址、寄存器间接寻址和立即寻址。

例如，若（R1）=50H，（50H）=18H，执行指令 MOV 40H，@R1 后，片内数据存储器 40H 单元的内容为（40H）=18H。指令中@R1 指示的单元 50H 是片内数据存储器单元。

4. 以间接地址为目的操作数的传送指令

    MOV   @Ri，A   ；（(Ri)）← (A)
    MOV   @Ri，direct   ；（(Ri)）← (direct)
    MOV   @Ri，#data   ；（(Ri)）← #data

这组指令把源操作数指定的内容送到以 Ri 的内容为地址的片内数据存储器中，源操作数的寻址方式分别为寄存器寻址（只能是累加器 A）、直接寻址和立即寻址。

5. 查表指令

查表指令有两条，均采用变址寻址，寻址空间为程序存储器，目的操作数为累加器 A，即两条指令都是将程序存储器某一地址单元的内容传送到累加器 A。第一条查表指令以 DPTR 为基址寄存器：

    MOVC   A，@A+DPTR   ；(A) ← ((A) + (DPTR))

该指令首先执行基址寄存器内容与变址寄存器内容的 16 位无符号数加法，将获得的基址与变址之和作为 16 位的程序存储器地址，然后将该地址单元的内容传送到累加器 A。指令执行后 DPTR 的内容不变。

第二条查表指令以 PC 为基址寄存器：

    MOVC   A，@A+PC   ；(PC) ← (PC) +1，(A) ← ((A) + (PC))

取出该指令（单字节）后 PC 内容增 1，以增 1 后的值为基地址，先与 A 的内容进行 16 位无符号数加法，再将结果作为 16 位的程序存储器地址，然后将该地址单元的内容传送到累加器 A。指令执行后 PC 的内容不变。

这两条指令主要用于对存放于程序存储器中的常数表格进行查找，使用变址寻址方式。

6. 外部数据存储器传送指令

    MOVX   A，@DPTR   ；(A) ← ((DPTR))
    MOVX   @DPTR，A   ；((DPTR)) ← (A)
    MOVX   A，@Ri ；(A) ← ((P2Ri))
    MOVX   @Ri，A   ；((P2Ri)) ← (A)

在这组指令中，DPTR 是 16 位地址指针，可访问外部数据存储器整个 64KB 空间；Ri 是 8 位地址指针，只能寻址外部数据存储器指定页面内的 256 个单元，具体访问哪个页面，由 P2 确定。需要注意的是，DPTR 和 Ri 的内容是片外数据存储器的地址。

与外部数据存储器以及 I/O 口交换数据时，必须使用上述 4 条外部数据存储器传送指令。

7. 数据交换类指令（5 条）

```
XCH     A，Rn          ;（A）<=>（Rn）
XCH     A，direct      ;（A）<=>（direct）
XCH     A，@Ri         ;（A）<=>（(Ri)）
XCHD    A，@Ri         ;（A$_{0\sim3}$）<=>（(Ri)$_{0\sim3}$）
SWAP    A              ;（A$_{0\sim3}$）<=>（A$_{4\sim7}$）
```

前三条指令把累加器 A 的内容和源操作数所寻址的地址的内容交换；第四条指令将累加器 A 的低 4 位与以 Ri 的内容为地址的片内数据存储器某单元的内容的低 4 位相交换；最后一条指令把累加器 A 的高 4 位与低 4 位内容相交换，如图 4-8 所示。后两条指令也称为半字节交换指令。这类指令有寄存器寻址、直接寻址和寄存器间接寻址 3 种寻址方式。

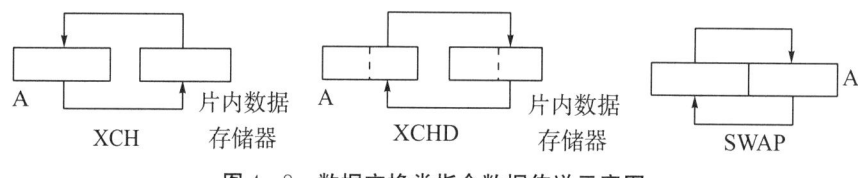

图 4-8 数据交换类指令数据传送示意图

8. 16 位数据传送指令

```
MOV  DPTR，#data16    ;（DPTR）← #data16
```

该指令把 16 位常数送入数据指针寄存器 DPTR，使用立即寻址方式。

9. 堆栈操作类指令

这类指令的功能是把直接地址指定的片内数据存储器单元的内容送入堆栈指针 SP 指示的片内数据存储器单元，或者把堆栈指针 SP 指示的片内数据存储器单元的内容送入直接地址指定的片内数据存储器单元。

```
PUSH  direct     ;（SP）←（SP）+1，((SP))←（direct）
POP   direct     ;（direct）←((SP))，（SP）←（SP）-1
```

这两条指令除了完成数据传送，还要改变堆栈指针 SP 的内容。前一条指令称为压栈指令，执行时堆栈指针 SP 先加 1，然后进行数据传送；后一条指令称为弹栈指令，执行时先进行数据传送，然后堆栈指针 SP 减 1。堆栈指针 SP 在压栈和弹栈时的这种加减规律是为了保证顺序压入的数据能正确地依次弹出。由于堆栈数据的进出栈总是从栈顶一端进行，因此，堆栈指针 SP 总是指向栈顶单元。另外，当 MCS-51 单片机复位时，SP 的初值为 07H，因此压入的数据从片内数据存储器 08H 单元开始存放，而这里正好是工作寄存器 1 区，为了避免堆栈和工作寄存器冲突，在实际系统中，一般需要在初始化程序中重置 SP，以将堆栈移到片内数据存储器中合适的区间。

10. 数据传送类指令小结

表 4-5 是数据传送类指令汇总表,共计 29 条。

表 4-5 数据传送类指令汇总表

机器码	助记符	功能	对标志位的影响 P	OV	AC	CY	字节数	周期数
E8~EF	MOV A, Rn	Rn→A	√	×	×	×	1	1
E5	MOV A, direct	(direct)→A	√	×	×	×	2	1
E6, E7	MOV A, @Ri	(Ri)→A	√	×	×	×	1	1
74	MOV A, #data	data→A	√	×	×	×	2	1
F8~FF	MOV Rn, A	A→Rn	×	×	×	×	1	1
A8~AF	MOV Rn, direct	(direct)→Rn	×	×	×	×	2	2
78~7F	MOV Rn, #data	data→Rn	×	×	×	×	2	1
F5	MOV direct, A	A→(direct)	×	×	×	×	2	1
88~8F	MOV direct, Rn	Rn→(direct)	×	×	×	×	2	2
85	MOV direct1, direct2	(direct2)→(direct1)	×	×	×	×	3	2
86, 87	MOV direct, @Ri	(Ri)→(direct)	×	×	×	×	2	2
75	MOV direct, #data	data→(direct)	×	×	×	×	3	2
90	MOV DPTR, #data16	data16→DPTR	×	×	×	×	3	2
F6, F7	MOV @Ri, A	A→(Ri)	×	×	×	×	1	1
A6, A7	MOV @Ri, direct	(direct)→(Ri)	×	×	×	×	2	2
76, 77	MOV @Ri, #data	data→(Ri)	×	×	×	×	2	1
93	MOVC A, @A+DPTR	(A+DPTR)→A	√	×	×	×	1	2
83	MOVC A, @A+PC	PC+1→PC,(A+PC)→A	√	×	×	×	1	2
E2, E3	MOVX A, @Ri	(Ri)→(A)	√	×	×	×	1	2
E0	MOVX A, @DPTR	(DPTR)→(A)	√	×	×	×	1	2
F2, F3	MOVX @Ri, A	A→(Ri)	×	×	×	×	1	2
F0	MOVX @DPTR, A	A→(DPTR)	×	×	×	×	1	2
C0	PUSH direct	SP+1→SP,(direct)→(SP)	×	×	×	×	2	2
D0	POP direct	SP→(direct),SP-1→(SP)	×	×	×	×	2	2
C8~CF	XCH A, Rn	A↔Rn	√	×	×	×	1	1
C5	XCH A, direct	A↔(direct)	√	×	×	×	2	1
C6, C7	XCH A, @Ri	A↔(Ri)	√	×	×	×	1	1
D6, D7	XCHD A, @Ri	A.0~A.3↔(Ri).0~(Ri).3	√	×	×	×	1	1
C4	SWAP A	A.0~A.3↔A.4~A.7	×	×	×	×	1	1

数据传送类指令是 MCS-51 单片机指令系统中最基础、数量最多、使用最频繁的一类指令。其操作数可能来自不同的存储空间，正确掌握每条指令中源操作数和目的操作数所在的存储空间至关重要。可按如下规律掌握、使用数据传送类指令：

（1）片内数据存储器数据传送使用 MOV、XCH、XCHD、SWAP、PUSH、POP 等助记符。

（2）片外数据存储器数据传送使用 MOVX 助记符，共 4 条指令。

（3）程序存储器数据传送（或称查表指令）使用 MOVC 助记符，共 2 条指令。

（4）数据传送类指令中，片内数据存储器之间的数据传送相对复杂一些，需注意源操作数和目的操作数不同的寻址方式。内部数据传送路径如图 4-9 所示。

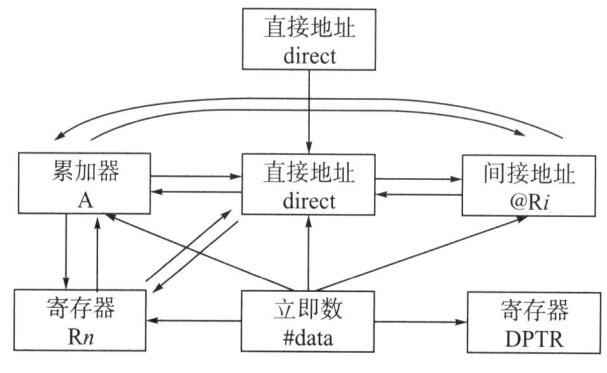

图 4-9 内部数据传送路径

4.5.2 算术运算类指令

算术运算类指令可以完成加、减、乘、除以及加 1、减 1 和十进制调整等运算。这类指令多数以 A 为源操作数之一，同时又以 A 为目的操作数。各条指令的功能根据其助记符及注释很容易理解，此处不再赘述。

1. 加法指令

```
ADD   A, Rn           ;(A) ← (A) + (Rn)
ADD   A, direct       ;(A) ← (A) + (direct)
ADD   A, @Ri          ;(A) ← (A) + ((Ri))
ADD   A, #data        ;(A) ← (A) + #data
```

2. 带进位加法指令

```
ADDC  A, Rn           ;(A) ← (A) + Rn + (CY)
ADDC  A, direct       ;(A) ← (A) + (direct) + (CY)
ADDC  A, @Ri          ;(A) ← (A) + ((Ri)) + (CY)
ADDC  A, #data        ;(A) ← (A) + #data + (CY)
```

3. 带借位减法指令

SUBB　A，Rn	;（A）← （A）＋ Rn－（CY）
SUBB　A，direct	;（A）← （A）＋（direct）－（CY）
SUBB　A，@Ri	;（A）← （A）＋（（Ri））－（CY）
SUBB　A，♯data	;（A）← （A）＋ ♯data －（CY）

4. 加 1 和减 1 指令

INC　A	;（A）← （A）＋ 1
INC　Rn	;（Rn）← （Rn）＋ 1
INC　direct	;（direct）← （direct）＋ 1
INC　@Ri	;（（Ri））← （（Ri））＋ 1
INC　DPTR	;（DPTR）← （DPTR）＋ 1
DEC　A	;（A）← （A）－ 1
DEC　Rn	;（Rn）← （Rn）－ 1
DEC　direct	;（direct）← （direct）－ 1
DEC　@Ri	;（（Ri））← （（Ri））－ 1

5. 十进制调整指令

DA　A　　　　　　　　　　;把 A 中的二进制数调整为 BCD 码

这条指令只能用于加法指令 ADD 和 ADDC 之后进行 BCD 码调整。调整要完成的任务是：

（1）当累加器 A 中的低 4 位数出现了非 BCD 码（1010～1111）或低 4 位产生进位（AC＝1）时，则应在低 4 位加 6 调整，以产生低 4 位正确的 BCD 码结果。

（2）当累加器 A 中的高 4 位数出现了非 BCD 码（1010～1111）或高 4 位产生进位（CY＝1）时，则应在高 4 位加 6 调整，以产生高 4 位正确的 BCD 码结果。

执行十进制调整指令后，PSW 中的 CY 表示结果的百位值。

【例 4-1】设 A 的内容为 BCD 码 56，R3 的内容为 BCD 码 69，执行指令

　　ADD　A，R3
　　DA　A

计算过程如下：

```
     01010110
    +01101001
    ─────────
     10111111
调整+01100110
    ─────────
   1←00100101
```

第一条指令执行后,结果为 BFH,虽然(CY)=0,(AC)=0,但高半字节和低半字节均是非 BCD 码,因此 DA A 指令对结果加 66H 调整后,(CY)=1,(A)=25,即和为 BCD 码 125。

6. 乘除指令

MCS-51 单片机指令系统提供了一条 8 位乘 8 位的无符号乘法指令,产生一个 16 位的积,且高 8 位存于 B,低 8 位存于 A。指令形式为:

    MUL   AB   ;$(B)_{15\sim 8}(A)_{7\sim 0}\leftarrow (A)\times (B)$

两个乘数分别存放于 A 和 B。如果乘积大于 0FFH,即高字节不为零时,溢出标志置"1",否则溢出标志清零。进位标志 CY 总是为 0。因此,执行乘法指令后,需用溢出标志判断乘积是一个字节还是两个字节。

7. 除法指令

    DIV   AB   ;$(A)_{商}(B)_{余数}\leftarrow (A)/(B)$

该指令以 A 的内容为被除数,B 的内容为除数,运算后商存于 A,余数存于 B。进位标志 CY 清零。若除数为 0,溢出标志 OV 置"1",否则 OV 清零。

8. 算术运算类指令小结

表 4-6 汇总了算术运算类指令,对这类指令除了要掌握其功能外,还必须了解每条指令对标志位的影响以及利用情况。例如,ADD 指令将根据运算结果置位或清零进位标志 CY,而 ADDC 和 SUBB 指令不仅会根据运算结果置位或清零进位标志 CY,还会把 CY 的状态(指令执行以前的状态)加入运算过程,其目的是完成多字节的加减运算。

表 4-6 算术运算类指令汇总表

机器码	助记符	功能	对标志位的影响				字节数	周期数
			P	OV	AC	CY		
28~2F	ADD A, Rn	A+Rn→A	√	√	√	√	1	1
25	ADD A, direct	A+(direct)→A	√	√	√	√	2	1
26,27	ADD A, @Ri	A+(Ri)→A	√	√	√	√	1	1
24	ADD A, #data	A+data→A	√	√	√	√	2	1
38~3F	ADDC A, Rn	A+Rn+CY→A	√	√	√	√	1	1
35	ADDC A, direct	A+(direct)+CY→A	√	√	√	√	2	1
36,37	ADDC A, @Ri	A+(Ri)+CY→A	√	√	√	√	1	1
34	ADDC A, #data	A+data+CY→A	√	√	√	√	2	1
98~9F	SUBB A, Rn	A-Rn-CY→A	√	√	√	√	1	1
95	SUBB A, direct	A-(direct)-CY→A	√	√	√	√	2	1

续表

机器码	助记符	功能	对标志位的影响				字节数	周期数
			P	OV	AC	CY		
96~97	SUBB A，@Ri	A－(Ri)－CY→A	√	√	√	√	1	1
94	SUBB A，#data	A－data－CY→A	√	√	√	√	2	1
04	INC A	A+1→A	√	×	×	×	1	1
08~0F	INC Rn	Rn+1→Rn	×	×	×	×	1	1
05	INC direct	(direct)+1→(direct)	×	×	×	×	2	1
06，07	INC @Ri	(Ri)+1→(Ri)	×	×	×	×	1	1
A3	INC DPTR	DPTR+1→DPTR	×	×	×	×	1	2
14	DEC A	A－1→A	√	×	×	×	1	1
18~1F	DEC Rn	Rn－1→Rn	×	×	×	×	1	1
15	DEC direct	(direct)－1→(direct)	×	×	×	×	2	1
16，17	DEC @Ri	(Ri)－1→(Ri)	×	×	×	×	1	1
A4	MUL AB	A·B→AB	√	√	×	0	1	4
84	DIV AB	A/B→AB	√	√	×	0	1	4
D4	DAA	对A进行十进制调整	√	×	√	√	1	1

4.5.3 逻辑操作类指令

这类指令涉及与、或、异或三类逻辑运算，每类有6条指令，具体功能根据下文中的注释即可了解。此外，逻辑操作类指令还包括对累加器A清零、取反和移位操作等指令。

1. 逻辑与指令

```
ANL    A，Rn          ;(A) ← (A)∧(Rn)
ANL    A，dirrect     ;(A) ← (A)∧(direct)
ANL    A，@Ri         ;(A) ← (A)∧((Ri))
ANL    A，#data       ;(A) ← (A)∧#data
ANL    direct，A      ;(direct) ← (direct)∧(A)
ANL    direct，#data  ;(direct) ← (direct)∧#data
```

2. 逻辑或指令

```
ORL    A，Rn          ;(A) ← (A)∨(Rn)
ORL    A，dirrect     ;(A) ← (A)∨(direct)
ORL    A，@Ri         ;(A) ← (A)∨((Ri))
ORL    A，#data       ;(A) ← (A)∨#data
```

ORL   direct，A   ;(direct) ← (direct) ∨(A)
ORL   direct，#data   ;(direct) ← (direct) ∨#data

3. 逻辑异或指令

XRL   A，Rn   ;(A) ← (A) ⊕ (Rn)
XRL   A，direct   ;(A) ← (A) ⊕ (direct)
XRL   A，@Ri   ;(A) ← (A) ⊕ ((Ri))
XRL   A，#data   ;(A) ← (A) ⊕ #data
XRL   direct，A   ;(direct) ← (direct) ⊕ (A)
XRL   direct，#data   ;(direct) ← (direct) ⊕ #data

上述三类指令都是按位进行逻辑运算，不影响 CY、AC 和 OV 标志位，以 A 为目的操作数的指令影响 P 标志位。

如果操作数 direct 或@Ri 是并行 I/O 口地址，则所取内容是 I/O 口锁存器而非引脚内容，即这类指令是"读—修改—写"指令。

4. 累加器取反及清零指令

CPL   A   ;(A) ← ($\overline{A}$)
CLR   A   ;(A) ← 0

这两条指令只影响 P 标志位。

5. 移位指令

MCS-51 单片机指令系统的移位指令只能对累加器 A 的内容进行操作。

(1) 循环左移指令：

RL   A   ;$(A_{n+1}) ← (A_n)$，$(A_0) ← (A_7)$

指令功能如图 4-10 所示。

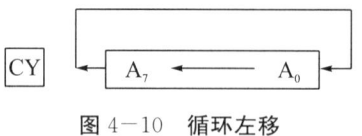

图 4-10 循环左移

(2) 循环右移指令：

RR   A   ;$(A_n) ← (A_{n+1})$，$(A_7) ← (A_0)$

指令功能如图 4-11 所示。

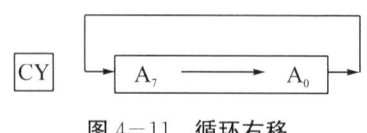

图 4-11 循环右移

(3) 带进位位循环左移指令：

RLC　　A　　　　　；$(A_{n+1}) \leftarrow (A_n)$，$(CY) \leftarrow (A_7)$，$(A_0) \leftarrow (CY)$

指令功能如图 4－12 所示。

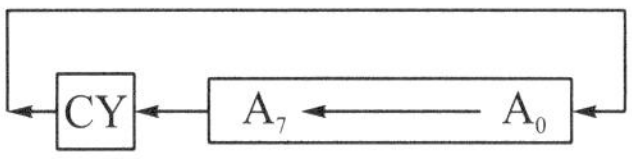

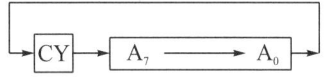

图 4－12　带进位位循环左移

(4) 带进位位循环右移指令：

RRC　　A　　　　　；$(A_n) \leftarrow (A_{n+1})$，$(CY) \leftarrow (A_0)$，$(A_7) \leftarrow (CY)$

其指令功能如图 4－13 所示。

图 4－13　带进位位循环右移

逻辑操作类指令汇总如表 4－7 所示。

表 4－7　逻辑操作类指令汇总表

机器码	助记符	功能	对标志位的影响				字节数	周期数
			P	OV	AC	CY		
58~5F	ANL　A，Rn	(A)∧Rn→(A)	√	×	×	×	1	1
55	ANL　A，direct	(A)∧(direct)→(A)	√	×	×	×	2	1
56，57	ANL　A，@Ri	(A)∧((Ri))→(A)	√	×	×	×	1	1
54	ANL　A，#data	(A)∧#data→(A)	√	×	×	×	2	1
52	ANL　direct，A	(direct)∧(A)→(direct)	×	×	×	×	2	1
53	ANL　direct，#data	(direct)∧#data→(direct)	×	×	×	×	3	2
48~4F	ORL　A，Rn	(A)∨Rn→(A)	√	×	×	×	1	1
45	ORL　A，direct	(A)∨(direct)→(A)	√	×	×	×	2	1
46，47	ORL　A，@Ri	(A)∨((Ri))→(A)	√	×	×	×	1	1
44	ORL　A，#data	(A)∨data→(A)	√	×	×	×	2	1
42	ORL　direct，A	(direct)∨(A)→(direct)	×	×	×	×	2	1
43	ORL　direct，#data	(direct)∨#data→(direct)	×	×	×	×	3	2
68~6F	XRL　A，Rn	(A)⊕Rn→(A)	√	×	×	×	1	1
65	XRL　A，direct	(A)⊕(direct)→(A)	√	×	×	×	2	1
66，67	XRL　A，@Ri	(A)⊕((Ri))→(A)	√	×	×	×	1	1
64	XRL　A，#data	(A)⊕#data→(A)	√	×	×	×	2	1

续表

机器码	助记符	功能	对标志位的影响				字节数	周期数
			P	OV	AC	CY		
62	XRL　direct,A	(direct)⊕(A)→(direct)	×	×	×	×	2	1
63	XRL　direct,♯data	(direct)⊕♯data→(direct)	×	×	×	×	3	2

4.5.4 控制转移类指令

控制转移类指令可改变程序执行的顺序,是实现判断、分支以及循环等程序结构的必需指令,使程序可以根据某种条件有选择地执行不同的功能模块,从而具有一定的"智能"。MCS-51单片机具有较丰富的控制转移类指令,可分为无条件转移指令、条件转移指令、调用子程序及返回指令和空操作指令。

1. 无条件转移指令

```
LJMP   addr16        ;PC ← addr16
SJMP   rel           ;PC ← PC + 2 + rel
AJMP   addr11        ;PC10~0 ← addr11
JMP    @A+DPTR       ;PC ← A + DPTR
```

第一条称为长转移指令,操作数直接给出16位目标地址。本指令可以转移到64KB程序存储器的任何单元。

第二条为相对转移指令,操作数为偏移量,即目标地址与相对转移指令（源地址）的下一条指令地址之间的差值。由于相对转移指令 SJMP rel 本身是一条两字节指令,所以

目标地址＝源地址＋2＋rel

rel 以补码形式表示偏移量,取值范围为-128～+127,负数表示向后转移,正数表示向前转移。编写汇编语言程序时,rel 可以直接写为目标地址的标号,由汇编程序在汇编过程中自动计算偏移地址,并填入指令代码中。在手工汇编时,可用转移目标地址减转移指令所在的源地址,再减转移指令本身的字节数2,得到偏移字节数 rel。

【例4-2】

　　SJMP　dest

假设该指令存于程序存储器2000H处；dest 为程序标号,位于200AH处。汇编时,汇编程序将计算偏移量 rel＝200AH-2000H-2＝08H,并得到该指令的机器码：80H,08H。指令执行后,程序转移到200AH处执行。该指令执行过程如图4-14所示。

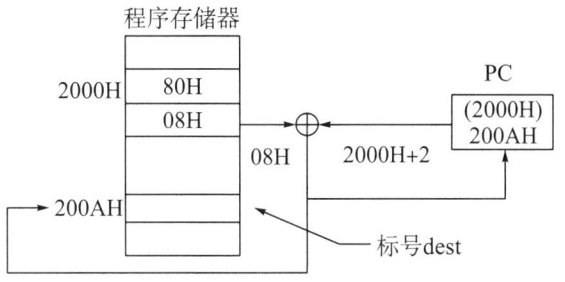

图 4-14 相对转移指令执行过程

第三条称为短跳转指令,它是双字节指令,指令中给出 11 位目标地址。11 位目标地址由操作码的高 3 位和一字节操作数构成,如图 4-15 所示。

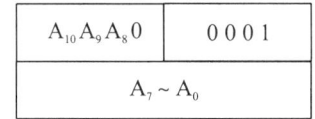

图 4-15 短跳转指令 11 位地址的构成

第一字节低 5 位 00001 为 AJMP 指令操作码。该指令执行时,PC 加 2,指向下一条指令(它本身是一条双字节指令),然后由新的 PC 值的高 5 位和指令给出的 11 地址组合成 16 位目标地址,控制程序的转向。

$$目标地址 = PC_{15\sim 11} A_{10\sim A0}$$

由于短跳转指令只给出了 11 位目标地址,它只能在 2KB 范围内转移,而且这一范围与相对寻址方式范围的意义不一样。后者是以相对寻址指令(如 SJMP)的下一条指令为中心的前后范围,这一范围随指令位置不同而浮动;而短跳转指令的跳转范围是其下一条指令所在的从程序存储器 0000H 单元开始依次划分的 2KB 区域,即这个区域是固定的。程序存储器的区域划分如表 4-8 所示。

表 4-8 程序存储器区域划分

序号	地址范围	序号	地址范围	序号	地址范围	序号	地址范围
1	0000H~07FFH	9	4000H~47FFH	17	8000H~87FFH	25	C000H~C7FFH
2	0800H~0FFFH	10	4800H~4FFFH	18	8800H~8FFFH	26	C800H~CFFFH
3	1000H~17FFH	11	5000H~57FFH	19	9000H~97FFH	27	D000H~D7FFH
4	1800H~1FFFH	12	5800H~5FFFH	20	9800H~9FFFH	28	D800H~DFFFH
5	2000H~27FFH	13	6000H~67FFH	21	A000H~A7FFH	29	E000H~E7FFH
6	2800H~2FFFH	14	6800H~6FFFH	22	A800H~AFFFH	30	E800H~EFFFH
7	3000H~37FFH	15	7000H~77FFH	23	B000H~B7FFH	31	F000H~F7FFH
8	3800H~3FFFH	16	7800H~7FFFH	24	B800H~BFFFH	32	F800H~FFFFH

在编写汇编语言程序时，可以直接给出目标地址的 16 位地址或其标号地址，由汇编程序在汇编过程中自动提取目标地址或标号地址的低 11 位生成指令代码。

使用该指令一定要注意目标地址应与下一条指令在同一 2KB 区间内，否则将出错。

【例 4-3】假设在程序存储器 2FFDH 处有指令 AJMP　dest，且标号 dest 的地址在 3001H 处，则指令给出 11 位目标地址为 00000000001B，而指令所在地址加 2 后为 2FFFH，其高 5 位为 00100B，组合在一起为 2001H，于是，程序将会转向 2001H 而不是希望的 3001H。

由此可见，虽然短转移指令和目标地址只相隔 4 个单元，但若它们不在同一个 2KB 区域，就会出错。由于编写程序时很难确定目标地址是否与 AJMP 指令地址+2 后在同一个 2KB 区间，一旦出现上例情况，编译后将不能转至期望地址，会导致程序执行出错，且这种错误不易被发现，故建议尽量使用 SJMP 或 LJMP 指令代替 AJMP 指令。

最后一条为间接转移指令。转移的目标地址为 A 的内容和 DPTR 的内容按无符号数相加而得到的 16 位值。这条指令一般用于多分支转移（也称为散转）：由 DPTR 决定散转表首址，由 A 确定具体的分支。

【例 4-4】当（A）=0 时，执行 PRG0 段程序；当（A）=1 时，执行 PRG1 段程序；当（A）=n 时，执行 PRGn 段程序（n=0，1，2，3，…）。

```
        MOV   DPTR,#TABLE      ;表首址送 DPTR
        JMP   A,@A+DPTR        ;散转
TABLE:  AJMP  PRG0             ;(A)=0 时，转向 PRG0 执行
        AJMP  PRG0
        ……
        AJMP  PRGn
```

2. 条件转移指令

```
JZ   rel               ;若 A=0 则转移（PC← PC+2+rel），
                        若 A≠0 则程序顺序执行

JNZ  rel               ;若 A≠0 则转移（PC← PC+2+rel），若 A=0 则程序
                        顺序执行

DJNZ Rn,rel            ;Rn← Rn-1,若 Rn≠0 则转移（PC← PC+2+rel），
                        若 Rn=0 则程序顺序执行

DJNZ direct,rel        ;(direct)← (direct)-1,若 (direct)≠0 则转移
                        （PC←PC+3+rel），若 (direct)=0 则程序顺序执行

CJNE A,direct,rel      ;若 A≠(direct) 则转移（PC←PC+3+rel），否则程
                        序顺序执行

CJNE A,#data,rel       ;若 A≠#data 则转移（PC←PC+3+rel），否则程
                        序执行

CJNE Rn,#data,rel      ;若 Rn≠#data 则转移（PC← PC+3+rel），否则程序顺序
                        执行
```

CJNE @Ri，♯data，rel ；若（(Ri)）≠ ♯data 则转移（PC← PC+3+rel），
　　　　　　　　　　　否则程序顺序执行

前两条指令的功能是对累加器 A 的内容是否为"0"进行检测，当不满足相应的条件时，程序继续往下执行；当满足相应条件时，程序转向指定的目标地址执行。目标地址的计算与 SJMP 指令情况相同。

中间两条 DJNZ 指令每执行一次，便将目的操作数的内容减 1，并判断其是否为"0"。若不为"0"，则转移到目标地址继续循环；若为"0"，程序往下执行。这组指令主要用于循环控制。

【例 4-5】1~100 逐个累加程序。

```
        MOV    R0,    ♯64H
        CLR    A
        MOV    30H，A
        MOV    31H，A
LOOP：MOV    A，30H
        ADD    A，R0
        MOV    30H，A
        MOV    A，31H
        ADDC   A，♯00H
        MOV    31H，A
        DJNZ   R0，LOOP
        SJMP   $
```

该程序执行后：(31H)(30H)＝100+99+…+1=13BAH

最后 4 条 CJNE 指令为比较转移指令。这组指令的功能是对指定的目的操作数和源操作数进行比较，若目的操作数的内容等于源操作数的内容，程序将继续往下执行；若它们的值不相等则转移，转移的目标地址为当前的 PC 值加 3 后，再加指令的第三字节偏移量 rel。

另外，指令执行后若第一操作数的内容大于或等于第二操作数的内容，则进位标志 CY 清零；反之，则进位标志 CY 置"1"。

例如，CJNE A，♯data，rel，如果（A）≥♯data，则 CY=0；反之，如果（A）<♯data，则 CY=1。

3. 调用子程序及返回指令

```
LCALL   addr16       ；PC←PC+3，SP←SP+1，(SP)←PC7~10
                        SP←SP+1，(SP)←PC15~8，PC←addr16
ACALL   addr11       ；PC←PC+2，SP←SP+1，(SP)←PC7~0
                        SP←SP+1，(SP)←PC15~8，PC10~0←addr11
RET                  ；PC15~8←(SP)，SP←SP-1
```

RETI   PC7~0 ← (SP)，SP←SP−1
        ；PC15~8 ← (SP)，SP←SP−1
        PC7~0 ← (SP)，SP←SP−1

  LCALL 指令称为长调用指令，执行时，将其下一条指令的地址（断点地址）压入堆栈。压栈的顺序是先压地址低字节，再压地址高字节。被调用的子程序的首址可以设在程序存储器空间 64KB 范围内的任何位置。

  ACALL 指令称为短调用指令，指令码的高 4 位为 "$A_{10}A_9A_8 1$"，低 8 位为 A_7~A_0，A_0~A_{10}为目标地址的低 11 位。执行时与 LCALL 指令一样，先压断点地址入栈，然后转向指令给出的低 11 位地址与下一条指令地址的高 5 位构成的 16 位的调用地址。同样要保证被调用的子程序的首址与 ACALL 指令的下一条指令的第一个字节在同一个 2KB 区域内。

  RET 指令的功能是从堆栈中弹出由调用指令压入堆栈保护的断点地址。弹栈的顺序是先弹地址高字节，再弹地址低字节，并送入程序计数器 PC，从而结束子程序的执行，使程序返回到断点处继续执行。

  RETI 指令是专用于中断服务程序返回的指令，除完成与 RET 指令相同的功能外，还清除内部相应的中断状态寄存器，以保证正确的中断逻辑。

4. 空操作指令

  NOP   ；PC ← (PC) + 1

  这条指令不产生任何控制操作，只是将程序计数器 PC 的内容加 1。该指令在执行时间上要消耗 1 个机器周期，在存储空间上可以占用一个字节。该指令常用来实现较短时间的延时。

  控制转移类指令汇总如表 4−9 所示。

表 4−9 控制转移类指令汇总表

机器码	助记符	功能	字节数	周期数
*1	ACALL addr11	PC+2→PC，SP+1→SP，PCL→(SP) SP+1→SP，PCH→(SP)，addr11→PC10~0	2	2
12	LCALL addr16	PC+3→PC，SP+1→SP，PCL→(SP) SP+1→SP，PCH→(SP)，addr16→PC	3	2
22	RET	(SP)→PCH，SP−1→SP， (SP)→PCL，SP−1→SP	1	2
32	RETI	(SP)→PCH，SP−1→SP， (SP)→PCL，SP−1→SP， 从中断返回	1	2
♯1	AJMP addr11	PC+2→PC，addr11→PC10~0	2	2
02	LJMP addr16	addr16→PC	3	2
80	SJMP rel	PC+2→PC，PC+rel→PC	2	2
73	JMP @A+DPTR	(A+DPTR)→PC	1	2

续表

机器码	助记符	功能	字节数	周期数
60	JZ rel	PC+2→PC，若A=0，则PC+rel→PC	2	2
70	JNZ rel	PC+2→PC，若A≠0，则PC+rel→PC	2	2
B5	CJNE A，direct，rel	PC+3→PC，若A不等于(direct)，则PC+rel→PC，若A<(direct)，则1→CY	3	2
B4	CJNE A，#data，rel	PC+3→PC，若A≠data，则PC+rel→PC，若A<data，则1→CY	3	2
B8～BF	CJNE Rn，#data，rel	PC+3→PC，若Rn≠data，则PC+rel→PC；若Rn<data，则1→CY	3	2
B6，B7	CJNE @Ri，#data，rel	PC+3→PC，若Ri≠data，则PC+rel→PC；若Ri<data，则1→CY	3	2
D8～DF	DJNZ Rn，rel	Rn-1→Rn，PC+2→PC，若Rn≠0，则PC+rel→PC	3	2
D5	DJNZ direct，rel	PC+2→PC，(direct)-1→(direct)，若(direct)≠0，则PC+rel→PC	3	2
00	NOP	空操作	1	1

注：ACALL指令码中"＊"为"$A_{10}A_9A_8 1$"，其中"$A_{10}A_9A_8$"为子程序地址的8～10位，因此，根据子程序所在地址不同，可能的指令码为11H，31H，51H，…，F1H；AJMP指令码中"♯"为"$A_{10}A_9A_8$"，同理，可能的指令码为01H，21H，41H，…，E1H。

4.5.5 位操作指令

这类指令中的位如果是并行I/O口的某一位，其内容均是从锁存器读回。

1. 位变量传送指令

MOV　　C，bit　　；C←(bit)
MOV　　bit，C　　；(bit)←C

这2条指令实现指定位的内容和累加器C的内容相互传送。

2. 位状态修改指令

CLR　　bit　　；(bit)←0，对直接位地址中的内容清零
CPL　　bit　　；(bit)←$\overline{(bit)}$，对直接位地址中的内容取反，"读—修改—写"指令
SETB　　bit　　；(bit)←1，对直接位地址中的内容置"1"
CLR　　C　　；C←0，对C清零
CPL　　C　　；C←$\overline{C}$，对C取反
SETB　　C　　；C←1，对C置位

前3条指令对直接位地址的内容进行清零、取反和置位操作，为两字节指令。除前3条指令外，MCS-51单片机指令系统还专门构造了后3条指令对累加器C进行清零、

取反和置位操作,这3条是单字节指令。

3. 位变量逻辑操作指令

ANL　　C,bit　　　　;C←C∧(bit)
ANL　　C,/bit　　　 ;C←C∧$\overline{(bit)}$
ORL　　C,bit　　　　;C←C∨(bit)
ORL　　C,/bit　　　 ;C←C∨$\overline{(bit)}$

上述4条指令将位累加器C的内容与直接位地址的内容或直接位地址内容的非进行逻辑与、或操作,结果仍送回C。

4. 位转移指令

JB　　bit,rel　　;若(bit)=1则转移(PC←PC+3+rel),否则顺序执行
JNB　 bit,rel　　;若(bit)=0则转移(PC←PC+3+rel),否则顺序执行
JC　　rel　　　　;若C=1则转移(PC←PC+2+rel),否则顺序执行
JNC　 rel　　　　;若C=0则转移(PC←PC+2+rel),否则顺序执行
JBC　 bit,rel　　;若(bit)=1则转移(PC←PC+3+rel),(bit)←0;
　　　　　　　　　 否则顺序执行

前2条指令是三字节指令,根据直接位地址的内容是"1"还是"0"决定程序是顺序执行还是跳转。

中间2条指令专门针对位累加器C设计,功能和前2条指令一样,但是双字节指令。

最后一条指令的功能是:如果直接位地址的内容是"1"则转移,并将该位清零,否则顺序执行。

位操作类指令汇总如表4-10所示。

表4-10 位操作类指令汇总表

机器码	助记符	功能	对标志位的影响				字节数	周期数
			P	OV	AC	CY		
C2	CLR bit	0→(bit)	×	×	×	×	2	1
D2	SETB bit	1→(bit)	×	×	×	×	2	1
B2	CPL bit	$\overline{(bit)}$→(bit)	×	×	×	×	2	1
D3	SETB C	1→C	×	×	×	√	1	1
B3	CPL C	$\overline{C}$→C	×	×	×	√	1	1
C3	CLR C	0→C	×	×	×	√	1	1
82	ANL C,bit	C∧(bit)→C	×	×	×	√	2	2
B0	ANL C,/bit	C∧$\overline{(bit)}$→C	×	×	×	√	2	2
72	ORL C,bit	C∨(bit)→C	×	×	×	√	2	2
A0	ORL C,/bit	C∨$\overline{(bit)}$→C	×	×	×	√	2	2

续表

机器码	助记符	功能	对标志位的影响				字节数	周期数
			P	OV	AC	CY		
A2	MOV C, bit	(bit)→C	×	×	×	√	2	1
92	MOV bit, C	C→(bit)	×	×	×	×	2	2
40	JC rel	PC+2→PC，若 C=1，则 PC+rel→PC	×	×	×	×	2	2
50	JNC rel	PC+2→PC，若 C=0，则 PC+rel→PC	×	×	×	×	2	2
20	JB bit, rel	PC+3→PC，若（bit）=1，则 PC+rel→PC	×	×	×	×	3	2
30	JNB bit, rel	PC+2→PC，若（bit）=0，则 PC+rel→PC	×	×	×	×	3	2
10	JBC bit，rel	PC+3→PC，若（bit）=1，则 0→（bit），PC+rel→PC	×	×	×	×	3	2

4.6 汇编程序设计基础

用汇编语言进行应用程序设计，是以 MC-51 单片机为核心的嵌入式系统开发的必需环节，因为硬件系统只有在软件的配合下，才能完成指定的控制任务。进行汇编语言程序设计时，首先要对应用系统预期完成的任务进行深入分析，明确系统的设计任务、功能要求和技术指标。其次，要对系统的硬件资源和工作环境进行分析，了解系统的存储器配置和接口地址分布等情况。这是单片机应用系统程序设计的基础和条件。

一般来说，编写汇编语言程序有以下几个步骤：

（1）根据任务要求和系统硬件情况确定控制流程，划分程序模块，并画出程序框图；

（2）为程序模块分配数据存储单元，确定与其他模块交换、共享数据的存储单元，设计计算和控制算法；

（3）根据算法逐个编写模块程序，并调试；

（4）全部模块脱机联调、修改，最后进入实际工作状态调试。

需要注意的是，解决同一个问题的算法可能有多种，结果也可能不尽相同，所以在编写汇编语言程序时，应对各种算法进行对比分析。不同的算法不仅编写难度不同，而且运算的速度和所需的存储空间也不同。一般情况下，运算速度和存储空间总是矛盾的，因此在选择算法时，应在兼顾任务的实时性要求和系统存储器容量大小的基础上，进行合理的优化。

4.6.1 常用伪指令

用汇编语言编写的源程序所使用的助记符有两类：一类在汇编过程中可以一一对应地生成机器码，如 4.5 节所列出的助记符；另一类不产生对应的机器码，只是为汇编过程提供控制信息，以便汇编时执行一些特殊操作，同时为程序书写和阅读提供方便，这类指令称为伪指令。需要注意的是，有些伪指令会因编译系统不同而在功能和用法上略有区别，具体以编译程序的说明为准。

常用伪指令有以下几种：

1. 设置起始地址伪指令 ORG（Origin）

指令格式：

ORG nn

该伪指令向编译程序说明下面的程序段或数据段在存储器中存放的起始地址，nn 通常为 16 位地址值，也可以是已定义的标号。

【例 4-6】

```
ORG    2000H
MOV    A，R0
ADD    A，#20H
……
```

ORG 伪指令规定该段程序的机器码从地址 2000H 单元开始存放。

汇编语言源程序的开始，一般都要设置一条 ORG 伪指令来指定该程序在存储器中存放的起始位置。若省略 ORG 伪指令，则程序从 0000H 单元开始存放。另外，在一个源程序中，可以多次使用 ORG 伪指令规定不同程序段或数据段存放的起始地址，但要求地址值由小到大依序排列，不允许空间重叠。

2. 汇编结束伪指令 END

指令格式：

END

该伪指令的功能是结束汇编。编译程序遇到 END 伪指令后即结束汇编。处于 END 之后的程序，编译程序将不处理。

3. 字节数据定义伪指令 DB（Define Byte）

指令格式：

［标号：］DB 字节数据表

该伪指令的功能是从某一地址单元开始，在程序存储器中定义数据字节。编译程序将字节数据表中的数据按从左到右的顺序依次存放在指定的存储单元中。一个数据占一个存储单元。标号用于查表时确定表首址。一条 DB 语句定义的数据字节个数没有限制，书写、阅读方便即可，若字节太多，也可以分作几行。

字节数据表中的数据可以是十六进制数据、十进制数据，也可以是字母。对于十六进制数据，编译程序原样存放；对于十进制数据，转换为十六进制数据存放；对于字母，则存放其 ASCII 码的十六进制值。

【例 4-7】

DB 0AH，09H，0A4H，0B3H

```
DB    19H，92H，33H
DB    80H，99H，84H，83H，0CH
DB    'A'，'bz'，100，88H
```

4. 字数据定义伪指令 DW（Define Word）

指令格式：

[标号:] DW 字数据表

该伪指令的功能是从某一地址单元开始,在程序存储器中定义数据字。该伪指令将字或字表中的数据按从左到右的顺序依次存放在指定的存储单元中。应特别注意:16位的二进制数,高 8 位存放在低地址单元,低 8 位存放在高地址单元。与 DB 语句类似,标号用于查表时确定表首址。一条 DW 语句可以定义若干个数据字,若要定义的数据字太多,最好分作几条 DW 语句。

【例 4-8】

```
        ORG   1000H
DATA： DW    123AH，30H，…
```

编译后数据存储情况如图 4-16 所示。

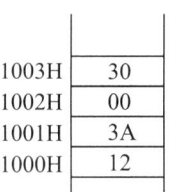

图 4-16 例 4-8 编译后数据存储情况

5. 赋值伪指令 EQU

指令格式：

符号名 EQU 表达式

该伪指令的功能是将表达式的值或某个特定的汇编符号定义为一个指定的符号名。

【例 4-9】

```
LEN         EQU  0AH
SUM         EQU  30H
BLOCK       EQU  40H
    CLR     A
    MOV     SUM，A          ;"和"低位清零
    MOV     R7，#LEN
    MOV     R0，#BLOCK
    MOV     R1，#SUM
```

```
            INC     R1
            MOV     @R1,A           ;"和"高位清零
    LOOP:   MOV     A,SUM
            ADD     A,@R0           ;累加
            MOV     SUM,A           ;回存"和"低位
            JNC     LP1
            INC     @R1             ;有进位,"和"高位加1
    LP1:    INC     R0              ;指向下一数据
            DJNZ    R7,LOOP         ;未完,继续循环
            END
```

该程序的功能是把 BLOCK 单元（40H）开始存放的 LEN（10）个无符号数进行求和，并将结果高位存入 SUM+1（31H）单元，低位存入 SUM（30H）单元。

EQU 伪指令只需位于使用该标号的指令之前即可，但一般集中放在程序开始处。该伪指令的作用有两个：一是类似于高级语言中用变量代替常量，只要修改伪指令中表达式的值，就可以改变所有指令中该符号名代表的值，便于程序调试和修改；二是给某个常数或存放某类数据的地址赋予名称，使程序可读性更强。

6. 位地址符号定义伪指令 BIT

指令格式：

  符号名 BIT 位地址表达式

该伪指令的功能是将位地址赋给指定的符号名。其中，位地址表达式可以是绝对地址，也可以是符号地址。这条伪指令的功能与 EQU 伪指令相似，只是它针对位地址。

例如：

```
        REDLED      BIT     P1.0
        GREENLED    BIT     P1.1
        SWITCH      BIT     P1.2
            JB          P1.2,RED
            CLR         REDLED
            STEB        GREENLED
            SJMP        PR1
    RED:    CLR         GREENLED
            STEB        REDLED
    PR1:    ……
```

将 P1.0、P1.1、P1.2 等位地址分别赋给符号名 REDLED、GREENLED 和 SWITCH 后，在其后的编程中就可以用这些符号名来代替 I/O 引脚，使程序具有更强的可读性，而且编程时不易混淆各引脚的功能。

4.6.2 汇编语言程序基本结构

1. 顺序结构

顺序结构是最简单、最基本的程序结构,是指无分支、无循环结构的程序。其执行流程是依指令在存储器中的存放顺序进行的,或者说程序完全按照指令的编排顺序执行。

【例 4-10】内部数据存储器的 2AH~2EH 单元中存储的数据如图 4-17 所示。试编写程序实现图示的数据传送结果。

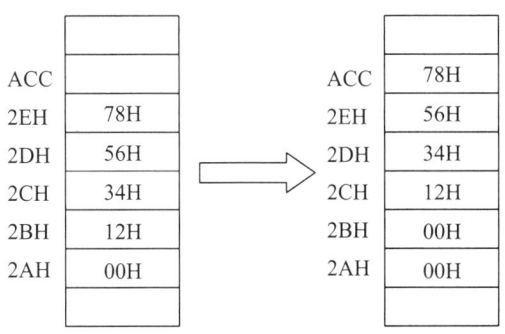

图 4-17 数据存储方式及传输结果

程序如下(流程图如图 4-18 所示):

    MOV A,2EH
    MOV 2EH,2DH
    MOV 2DH,2CH
    MOV 2CH,2BH
    MOV 2BH,2AH

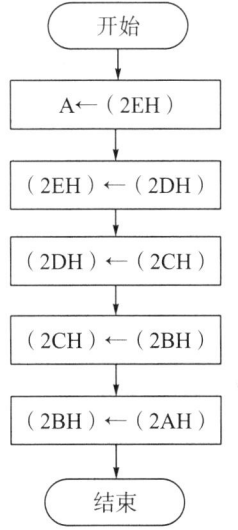

图 4-18 顺序结构程序流程图

2. 分支结构

分支结构可根据程序的要求，无条件或有条件地改变程序的执行顺序。为了实现程序分支，需正确使用无条件转移、条件转移以及散转指令。根据分支的不同处理情况，分支结构又可分为单分支结构、双分支结构和多分支结构，如图4-19所示。

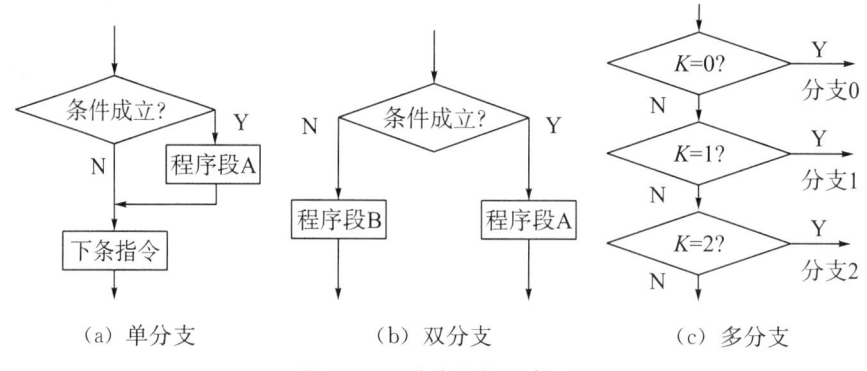

图4-19 分支结构示意图

下面通过相应的程序段加以说明。

【例4-11】编程实现将DPTR内容减1。程序流程图如图4-20所示。

```
        DEC     DPL
        CJNE    DPL, 0FFH, NEXT
        DE      CDPH
NEXT:   ……
```

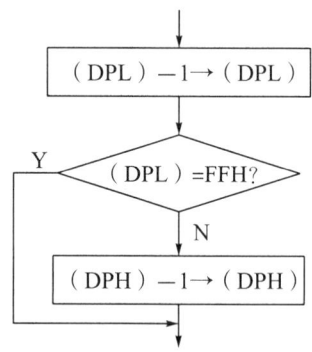

图4-20 单分支程序流程图

【例4-12】某测温系统测得温度值后存于片内数据存储器30H单元。若温度高于60℃则亮红灯，否则亮绿灯。红灯由P1.0控制，绿灯由P1.1控制，都是高电平亮，低电平灭。

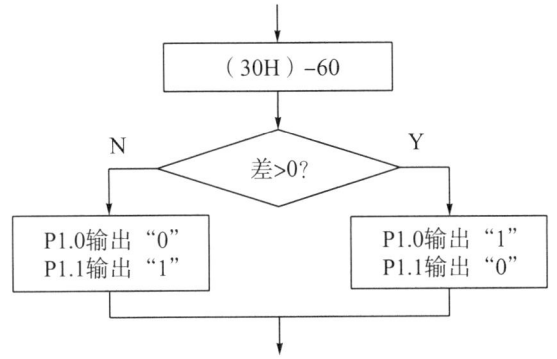

图 4-21 双分支程序流程图

```
        MOV     A，30H
        CLR     C
        SUBB    A，#60
        JC      SML
        SETB    P1.0
        CLR     P1.1
        SJMP    NXT
SML：   SETB    P1.1
        CLR     P1.0
NXT：……
```

【例 4-13】某系统有 20 个键，经键盘扫描后，键号（0～19）存于 R0，编程实现根据键号转移到相应的处理程序。

这是一个多分支程序，一般通过散转实现。为了避免 AJMP 指令使用的局限，用 LJMP 指令构建散转表。由于 LJMP 是三字节指令，因此须将键号乘以 3，作为分支转移指令在散转表中的偏移量。程序如下：

```
KEYP：  MOV     A，R0
        RL      A
        ADD     A，R0            ;键号乘以 3
        MOV     DPTR，#JMPTAB
        JMP     @A+DPTR
        ……
JMPTAB：LJMP    KEY0             ;20 个处理程序入口
        LJMP    KEY1
        ……
        LJMP    KEY19
        ……
```

3. 循环结构

按某种控制规律重复执行的程序称为循环程序。循环程序有先判断后执行和先执行后判断两种基本结构：第一种先判断是否满足循环条件，如不满足，就不执行循环，多以循环条件控制；第二种先执行一遍循环后，再判断下一轮还需不需要循环，多以循环次数控制。循环结构可以有单重循环和多重循环。在多重循环中，内外循环一般不能交叉，也不能从外循环跳入内循环，否则逻辑将十分复杂。这虽然不是强制性规定，但如果不是万不得已，建议不要交叉。

采用循环结构可以使程序缩短，节省存储单元，但执行时间略有增加，在实时性要求特别高的情况下，要注意因为循环而带来的额外时间开销。

【例 4－14】设计一个延时 10ms 的延时子程序，已知单片机使用的晶振频率为 6MHz。

延时时间与晶振频率和循环次数两个因素有关。晶振频率为 6MHz，一个机器周期是 $2\mu s$，可以采用双重循环实现 10ms 延时：用内循环实现 1ms 延时，外循环 10 次即可达 10ms 延时。程序如下：

```
            ORG    1000H
            MOV    R0, #0AH      ; 外循环 10 次
    DEL2:   MOV    R1, #7DH      ; 内循环 7DH 次
    DEL1:   NOP
            NOP                  ; 空操作指令，延时 2μs
            DJNZ   R1, DL1
            DJNZ   R0, DL2
            RET
```

内循环时间：（1+1+2）$\times 2\mu s \times 7DH = 1000\mu s$

总的延时时间：（1+[1+（1+1+2）$\times 125 + 2$]$\times 10$）$\times 2\mu s = 10062\mu s = 10.062ms$

误差为 0.062ms，相对误差 = $0.062 \div 10 \times 100\% = 0.62\%$，这一精度能满足绝大多数的延时要求。如果有必要，可对程序进行进一步修改以达到更高精确。

4. 子程序

在应用程序中，经常有一些程序段在不同地方要多次使用，这时可以将其设计成通用的子程序供随时调用。使用子程序可节省存储单元，使程序简短、清晰。善于灵活地使用子程序，是程序设计的重要技巧之一。由于子程序要增加额外的调用和返回指令，多数情况下还要进行现场保护和恢复，因此，其和循环程序一样，会使程序执行的时间略有增加。

在调用子程序时，应注意以下几点：

（1）保护现场。

如果在调用前主程序已经使用了某些存储单元或寄存器，且在调用时这些存储单元和寄存器又有其他用途，就应先把这些存储单元或寄存器中的内容压入堆栈保护，调用完后再从堆栈中弹出加以恢复。如果有较多的寄存器要保护，可对主、子程序设置不同

的当前工作寄存器区，以达到现场保护的目的。

（2）设置入口参数和出口参数。

调用之前主程序要按子程序的要求将参与运算的数据存放于指定的地址单元或存储器（称为入口参数），以便子程序获得输入数据；子程序经运算或处理后也要将结果存放到指定的地址单元或寄存器（称为出口参数），以便主程序读取运算或处理后的结果。

（3）子程序中可包括对其他子程序的调用，称为子程序嵌套。

【例4-15】用程序实现 $c=a^2+b^2$，设 a、b 均小于10。a 存放在31H单元，b 存放在32H单元，把 c 存入34H和33H单元。（要求和为BCD码）。

算法分析：因该算式两次用到平方值，所以可以把求平方编为子程序供主程序调用，以减少代码量。求平方采用查表法。主程序和子程序如下：

```
主程序：
        ORG     1000H
        MOV     34H, #00     ;和高位清零
        MOV     A, 31H       ;取a
        LCALL   SQU          ;求a的平方
        MOV     R1, A
        MOV     A, 32H       ;取b
        LCALL   SQU          ;求b的平方
        ADD     A, R1        ;求和
        DA      A            ;BCD调整
        MOV     33H, A
        JNC     LL
        MOV     34H, #01
LL:     SJMP    $
子程序：
        ORG     1100H
SQU:    INC     A
        MOVC    A, @A+PC
        RET
TAB:    DB      00H, 01H, 04H
        DB      09H, 16H, 25H,
        DB      36H, 49H, 64H, 81H
        END
```

4.6.3 编程示例

本节的目的在于以实际例子展示编程的方法、思路及技巧，同时这些示例也可作为具体应用程序中的子程序使用。

1. 数据拼装

【例4-16】将两个半字节数合并为一个一字节数。将内部数据存储器 ADDR、ADDR+1 单元中数据的低半字节合并成一个字节,且原 ADDR 单元中的低半字节为合并后的高半字节,结果存入 RESU 单元。

```
START:  MOV    R1,#ADDR
        MOV    A,@R1        ;取第1个数
        ANL    A,#0FH       ;只保留低半字节
        SWAP   A            ;存入A高半字节
        INC    R1
        XCHD   A,@R1        ;第2个数与A进行低半字节交换
        MOV    RESU,A
        END
```

【例4-17】用片内数据存储器 30H 单元数据的低 3 位、31H 单元数据的中间 2 位和 32H 单元数据的高 3 位组合成一个新数据,结果存于 33H 单元。

```
        MOV    33H,30H
        ANL    33H,#00000111B    ;保留30H低3位
        MOV    A,31H
        ANL    A,#00011000B      ;保留31H中间2位
        ORL    33H,A
        MOV    A,32H
        ANL    A,#11100000B      ;保留32H高3位
        ORL    33H,A
        END
```

【例4-18】将片内数据存储器 20H 单元低 4 位反序装入 21H 低 4 位,21H 单元高 4 位置"1",即设 (20H) = $X_7X_6X_5X_4X_3X_2X_1X_0$,完成拼装后,(21H) = $1111X_0X_1X_2X_3$。

程序如下:

```
        MOV    21H,#0FFH
        MOV    C,20H.0
        MOV    21H.3,C
        MOV    C,20H.1
        MOV    21H.2,C
        MOV    C,20H.2
        MOV    21H.1,C
        MOV    C,20H.3
        MOV    21H.0,C
        END
```

2. 算术运算与数制转换

【例 4-19】多字节无符号数加法。设两个 N 字节的无符号数分别存放在内部数据存储器以 DATA1 和 DATA2 开始的单元中，低位在前。要求相加后的结果存放在 DATA2 数据区。

```
        MOV   R0, #DATA1
        MOV   R1, #DATA2    ;置两加数指针
        MOV   R7, #N        ;字节数
        CLR   C
LOOP:   MOV   A, @R0
        ADDC  A, @R1        ;求和
        MOV   @R1, A        ;存结果
        INC   R0            ;修改指针
        INC   R1
        DJNZ  R7, LOOP
        END
```

本例完成两个多字节无符号数相加，其实只要在最后加上 RET 指令，则从第 4 条指令 CLR C 到最后就是一个相对独立的子程序。前 3 条指令位于主程序，用于设置入口条件。

【例 4-20】多字节有符号数减法。设两个 N 字节的有符号数分别存放在内部数据存储器以 DATA1 和 DATA2 开始的单元中，低位在前。要求相减后的结果存放在 DATA2 数据区。

```
        MOV   R0, #DATA1    ;被减数指针
        MOV   R1, #DATA2    ;减数指针
        MOV   R3, #N        ;字节数
MUSUB:  MOV   A, R0
        PUSH  ACC           ;保存被减数指针
        MOV   A, R3
        MOV   R7, A         ;保存字节数
        CLR   C
LP0:    MOV   A, @R0
        SUBB  A, @R1
        MOV   @R0, A
        INC   R0
        INC   R1            ;指向下一单元
        DJNZ  R7, LP0
        JB    OV, ERR       ;溢出，转出错处理
        POP   ACC
```

	MOV	R0，A	；差值低位指针
LEND：	END		
ERR：	……		
	SJMP	LEND	

本例从第 4 条指令到最后，同样是一个相对独立的两个多字节有符号数相减的子程序。前 3 条指令位于主程序，用于设置入口条件。子程序结束时，通过指令 MOV R0，A 使 R0 指向差的低位字节，R3 为差值字节数。

【例 4-21】单字节有符号数乘法。将 R2、R3 中的两个有符号数相乘，结果存于 R3（乘积高字节）和 R2（乘积低字节）。

编程思路：先把补码形式的两个因数转化为原码，做无符号数乘法，然后再把积转换为补码。程序如下：

	MOV	A，R2	
	ANL	A，#80H	
	MOV	R4，A	
	JZ	NEXT	
	MOV	A，R2	；被乘数补码转原码
	CPL	A	
	INC	A	
	MOV	R2，A	
NEXT：	MOV	A，R3	
	ANL	A，#80H	
	MOV	R5，A	
	JZ	MULX	
	MOV	A，R3	；乘数补码转原码
	CPL	A	
	INC	A	
	MOV	R3，A	
MULX：	MOV	A，R4	；求积的符号
	XRL	A，R5	
	MOV	R4，A	
	MOV	A，R2	；求积的绝对值
	MOV	B，R3	
	MUL	AB	
	MOV	R3，B	
	MOV	R2，A	
	MOV	A，R4	
	JZ	LEND	

```
        MOV    A，R2
        CPL    A
        ADD    A，#01
        MOV    R2，A
        MOV    A，R3
        CPL    A
        ADDC   A，#00
        MOV    R3，A
LEND：  END
```

【例 4-22】十六进制数存放在 R0 中，将其转换成相应的 ASCII 码，并将转换后的 ASCII 码存放于 R2 中。

编程思路：1 位十六进制数与 ASCII 码的对应关系是，当十六进制数在 0～9 之间时，其对应的 ASCII 码值为该十六进制数加 30H；当十六进制数在 A～F 之间时，其对应的 ASCII 码值为该十六进制数加 37H。因此，可先判断十六进制数的取值范围，通过分支程序在原值基础上加上相应的修正量即可。

程序如下：

```
HASC：MOV    A，R0          ；取 4 位二进制数
     ANL    A，#0FH        ；屏蔽掉高 4 位
     PUSH   ACC            ；4 位二进制数入栈
     CLR    C              ；清除进（借）位标志
     CJNE   A，#0AH，LP    ；判断该数取值范围
LP： JC     LOOP           ；在 0～9 之间，跳转至 LOOP
     ADD    A，#07H        ；该数在 A～F 之间，先加 07H
LOOP：ADD    A，#30H        ；加 30H
     MOV    R2，A          ；ASCII 码存于 R2
     END
```

【例 4-23】片内数据存储器的 addr～addr+3 四个单元中存放有 4 个 BCD 码，如图 4-22 所示。编程将这 4 个 BCD 码转换为二进制数，将结果存入 addr+4、addr+5 单元。设高地址单元存放高位。

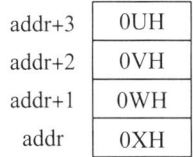

图 4-22　例 4-23 数据存放示意图

编程思路：

十六进制数 = [(U×10+V)×10+W]×10+X

显然，转换过程是一个迭代过程，迭代的内核是"高位乘10加低位"。由于4位十进制数最大是9999，即270FH，因此迭代过程是2位十六进制数乘10，且低字节乘10的结果是两个字节，高字节乘10的结果是一个字节，应该把低字节乘10的积的高字节和高字节乘10的积的低字节相加作为"高位乘10"的结果。程序如下：

```
        MOV    R7，#03          ;迭代次数
        MOV    R0，#addr+3      ;BCD码最高位
        MOV    addr+5，#00      ;参与第一次迭代的2位
                                 十六进制数的高字节为0
        MOV    A，@R0
        MOV    addr+4，A        ;参与第一次迭代的2位
                                 十六进制数的低字节
LOOP：  MOV    A，addr+4        ;开始"高位乘10"
        MOV    B，#10
        MUL    AB
        MOV    addr+4，A        ;低字节乘10的积的低位
        MOV    A，B
        XCH    A，addr+5        ;暂存低字节乘10的积的高位
        MOV    B，#10
        MUL    AB               ;高字节乘10
        ADD    A，addr+5        ;低字节乘10的积的高位加
                                 高字节乘10的积的低位
        MOV    addr+5，A        ;完成"高位乘10"
        DEC    R0
        MOV    A，@R0           ;取相邻BCD码
        ADD    A，addr+4
        MOV    addr+4，A
        MOV    A，addr+5
        ADDC   A，#00           ;加低字节进位位
        MOV    addr+5，A
        DJNZ   R7，LOOP         ;继续迭代
        END
```

【例4-24】二进制转换成BCD码。假设两字节十六进制数（也就是16位二进制数）存于R3、R2中，现将其转换为BCD码存于59H~55H单元，如图4-23所示。

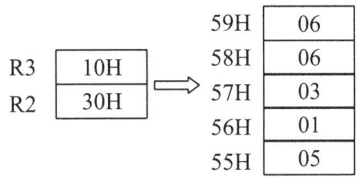

图 4-23 例 4-24 数据转换示意图

编程思路：16 位二进制数最大为 FFFFH，即十进制 65535，需 5 个单元存放。转化可采用连减法，即从二进制数中连续减去 1 万，每减 1 万，万位加一；小于一万后，连续减一千……直至只剩个位。编程前先计算出十进制万、千、百、十的十六进制值，即

$10000 = 2710H$

$1000 = 03E8H$

$100 = 0064H$

$10 = 000AH$

程序略。

3. 控制转移与接口操作

【例 4-25】无符号数排序。在片内数据存储器中，起始地址为 ADDR 的连续单元中存放有 N 个无符号数。要求对这些无符号数进行升序排序。

数据排序常用的方法是"冒泡排序法"，即从第 1 个数据开始，依次和后继的相邻数两两比较，如数据的大小次序与要求的顺序不符就将这两个数互换，否则不互换。因此第一轮冒泡时，共进行 $N-1$ 次比较，将最大的数换到最后。而第二轮冒泡，只进行 $N-2$ 次比较。照此执行，每轮比较的数据减少一个，共进行 $N-1$ 轮冒泡可完成全部排序。

编程思路：设寄存器 B 存放比较次数初值，R7 为每轮比较次数计数器，F0 为数据互换标志位。如果某轮比较后，一次交换都未进行，说明排序已经完成，不必进行 $N-1$ 轮冒泡。比如本来就是按升序排列的数据，只进行一轮冒泡就可结束排序。

```
        MOV   B, #N          ;冒泡比较次数初值
START:  CLR   F0             ;清 F0 标志，没有数据交换
        DEC   B
        MOV   R7, B          ;各次冒泡比较次数
        MOV   R0, #ADDR      ;数据区首址
LOOP:   MOV   A, @R0         ;取前数
        MOV   R1, A          ;暂存
        INC   R0
        CLR   C
        SUBB  A, @R0         ;前数减后继数
        JC    NEXT           ;前数小于后数，不互换
```

```
              MOV    A, R1           ;恢复前数
              XCH    A, @R0
              DEC    R0
              MOV    @R0, A          ;两数交换
              INC    R0              ;准备下一次比较
              SETB   F0H             ;置位F0，进行了数据互换
       NEXT:  DJNZ   R7, LOOP        ;进行下一次比较
              JB     F0, START       ;未进行交换，排序结束
              SJMP   $
```

复习思考题

（1）判断下列指令的正误：

  MOV 29H, R7   MOV 25H, P1   MOV 56H, #70H

  MOV 34H, 28H   MOV R3, R7   MOV @R3, #00H

  MOV R3, #D2H   MOV #34H, 28H MOV A, #280H

  CLR R0   MOVC @DPRA+A, A ADD R1, #10H

（2）若（CY）=1，（P1）=0E3H，（P3）=5CH。试指出执行下列程序段后，CY、P1口及P3口内容的变化情况。

  MOV P1.2, C

  MOV P1.4, C

  MOV C, P1.6

  MOV P3.5, C

  MOV P3.0, C

  MOV C, P1.3

（3）编程将片外数据存储器1050H～1070H单元的数据块，传送到片内数据存储器40H开始的单元中，并将源数据块区域清零。

（4）假如程序存储器2000H单元开始存放1～10的平方表，试编程查出1～10中某数的平方值，并将其送入片内数据存储器45H单元存放。

（5）编程实现(C∨P1.0)∧(C∨P1.5∨20H)，并将结果送到P3.2。

（6）编程实现片外数据存储器2051H单元、2052H单元内容相乘，结果送片外数据存储器2060H单元、2061H单元，高字节存于2060H单元。

第 5 章 定时/计数器原理及应用

5.1 定时/计数器内部结构及工作原理

MCS-51 单片机内部集成了两个 16 位定时/计数器，分别称为定时/计数器 0 (T0) 和定时/计数器 1 (T1)。两个定时/计数器的结构一样，根据定时器工作方式寄存器 TMOD 的设置，都有 4 种工作方式，且除方式 3 外，其他 3 种工作方式的原理一样。定时/计数器的核心部件是一个 16 位的加 1 计数器，它由 2 个 8 位的特殊功能寄存器构成。因此，2 个定时/计数器的加 1 计数器共由 4 个特殊功能计数器构成，它们分别是：

TH0：T0 加 1 计数器的高 8 位。

TL0：T0 加 1 计数器的低 8 位。

TH1：T1 加 1 计数器的高 8 位。

TL1：T1 加 1 计数器的低 8 位。

对定时/计数器进行相应的设置并启动后，加 1 计数器可对规定脉冲源的脉冲数进行计数而不需要 CPU 的干预和管理。TLx（x 可为 0 或 1，分别对应 T0 或 T1 的相应特殊功能寄存器或特殊功能寄存器中的位，下同）计数满后自动向相应的 THx 进位，当 THx 也计数满后，将置位特殊功能寄存器 TCON 中的 TFx 位，供程序查询或向 CPU 发出中断请求。

定时/计数器 THx 和 TLx 均可按字节读写，对其写入特定的数值，可控制从开始计数到计数溢出置位 TFx 所需计数的脉冲个数；而对其读出，则可了解从启动定时器到现在所计的脉冲个数。

定时/计数器能够计数的"规定脉冲源"有两个：一个是内部振荡源 12 分频后形成的脉冲，即对机器周期进行计数；另一个是从 T0（或 T1）引脚输入的外部脉冲。对外部脉冲计数时，计数器在每个机器周期的 S5P2 节拍期间采样外部输入信号，若一个周期的采样值为"1"，下一个周期的采样值为"0"，则计数器加 1，所以对外部信号的最高计数率是振荡频率的 1/24，且要求外部输入信号的高、低电平时间均保持一个机器周期以上。

由于单片机振荡频率是已知的，因此对内部振荡源 12 分频后形成的脉冲进行计数时，通过所计脉冲个数很容易计算出计数所经历的时间，即实现定时。

定时的具体方法是，向 THx、TLx 写入特定的基数，预先确定从定时/计数器开

始运行到 TH_x、TL_x 溢出所需的计数脉冲,亦即定时时间,然后启动定时器运行,TF_x 置位时,则完成了预定个数脉冲的计数,亦即经历了预定的时间,从而完成定时。

图 5-1 展示了加 1 计数器的工作原理,以及特殊功能寄存器 TMOD 和 TCON 对定时/计数器控制和管理的实现方法。

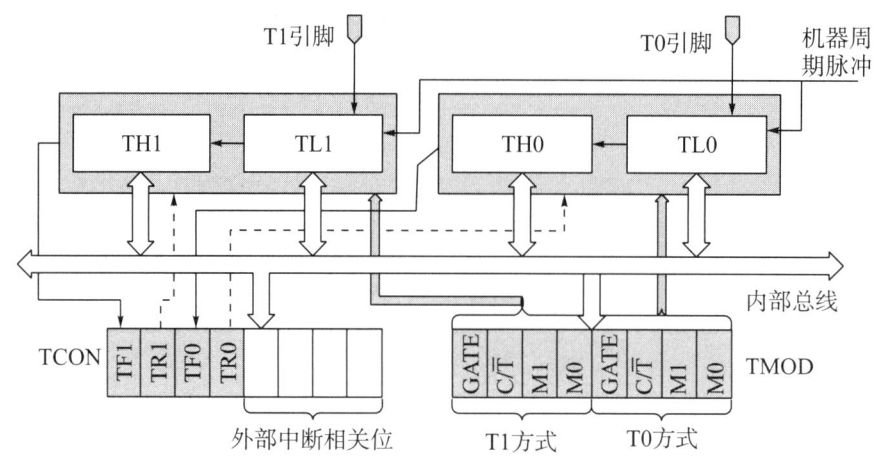

图 5-1 定时/计数器内部结构示意图

1. 定时器工作方式寄存器 TMOD

TMOD 用于控制 T0 和 T1 的工作方式,字节地址为 89H,高半字节定义 T0 的工作方式,低半字节定义 T1 的工作方式。TMOD 不能位寻址,复位后,所有位均为零。各位定义如图 5-2 所示。

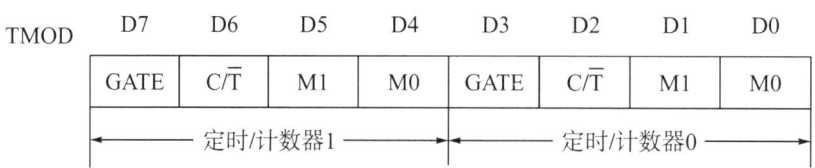

图 5-2 TMOD 各位的定义

(1) M1、M0:工作方式选择位,其功能说明如表 5-1 所示。

表 5-1 工作方式选择位的功能说明

M1	M0	工作方式	说明
0	0	方式 0	13 位定时/计数器
0	1	方式 1	16 位定时/计数器
1	0	方式 2	自动重装载 8 位定时/计数器
1	1	方式 3	T0:拆分为两个 8 位定时/计数器 T1:工作于方式 2 或停止工作

(2) C/$\overline{T}$:定时/计数功能选择位。

C/$\overline{T}$=0 为定时模式;C/$\overline{T}$=1 为计数模式。

(3) GATE：门控位。

当 GATE=0 时，只要用软件置位 TCON 中的 TRx，就可以启动相应的定时/计数器工作。

当 GATA=1 时，软件置位 TRx 后，外部中断引脚 $\overline{\text{INT}x}$ 也必须同时为高电平，才能启动定时/计数器 Tx 工作。即此时定时器的启动条件，加上了外部中断引脚为高电平这一条件，一旦 $\overline{\text{INT}x}$ 引脚变为低电平，定时器停止工作。

2. 定时器控制寄存器 TCON

TCON 用于控制定时/计数器的启动、停止，并寄存定时器的溢出状态，另有 4 位与中断系统有关。TCON 的字节地址为 88H，可位寻址。各位定义如图 5-3 所示。

TCON	D7	D6	D5	D4	D3	D2	D1	D0
	TF1	TR1	TF0	TR0	IE1	IT1	IE0	IT0
位地址	8FH	8EH	8DH	8CH	8BH	8AH	89H	88H

图 5-3 TCON 各位的定义

(1) TF1：定时/计数器 1 溢出中断标志。

TF1=1：定时/计数器 1 有溢出中断请求。

TF1=0：定时/计数器 1 无溢出中断请求。

定时/计数器 1 溢出时，由硬件将此位置"1"，并请求中断。中断得到响应，进入中断服务程序后，TF1 由硬件自动清零。如果定时/计数器 1 工作于查询状态，也可用软件清除该位。

(2) TR1：定时/计数器 1 运行控制位。

TR1=1，启动定时/计数器 1 工作。

TR1=0，停止定时/计数器 1 工作。

通过软件对该位置"1"或清零，可控制定时/计数器 1 的启停。

(3) TF0：定时/计数器 0 溢出中断标志。

功能与 TF1 相同。

(4) TR0：定时/计数器 0 运行控制位。

功能与 TR1 相同。

5.2 定时/计数器工作方式

两个定时/计数器都有 4 种工作方式，其中工作方式 0～方式 2 的原理完全相同，只是相关的加 1 计数器和 TCON 中对应的控制、溢出标志位不同，以及对应的外部计数脉冲输入引脚不同。4 种工作方式中，方式 0 主要是为与早期的 MCS-48 单片机兼容而设计，采用 13 位基数计数器；方式 3 是为了增加一个 8 位定时器而设计的，但新型号的机型普遍有 3 个 16 位定时器而无需增加 8 位定时器。这两种方式使用不便且有诸多限制，现已基本不再使用，本书也不作详细介绍，如有需要可参考早期教材。

本节以 T1 为例介绍其工作方式 1 和工作方式 2。

5.2.1 工作方式 1

工作方式 1 的逻辑结构如图 5-4 所示。

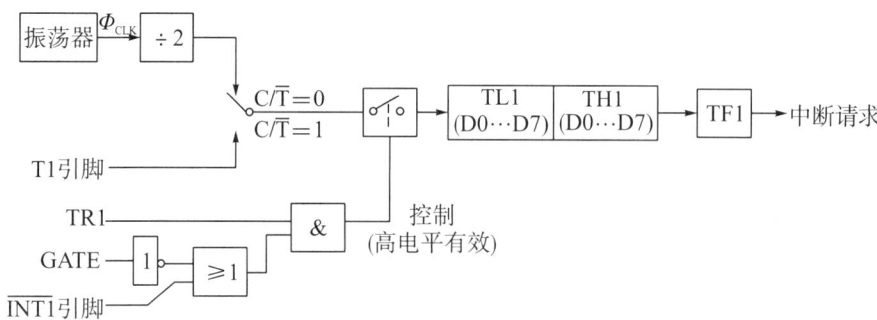

图 5-4 定时/计数器工作方式 1

本工作方式加 1 计数器长度为 16 位，由 TL1 作为低 8 位、TH1 作为高 8 位。TL1 溢出时向 TH1 进位，TH1 溢出时置位 TCON 中相应的 TF1 标志，向 CPU 发出中断请求或供程序查询。

1. $C/\overline{T}$ 位功能

$C/\overline{T}$ 决定对哪一个脉冲源计数，如果 $C/\overline{T}=0$，控制开关接通内部振荡源，定时器对机器周期计数。当 TH1 和 TL1 各位全为"1"时，加 1 计数器将产生溢出，并置位 TF1。从启动到溢出的定时时间为：

$$T = [2^{16} - (TH1TL1)\text{初值}] \times 机器周期$$

时间单位为机器周期的时间单位，一般为微秒（μs）。

最长定时时间为：

$$T = 2^{16} \times 机器周期$$

若需定时 T，则计数器初值为：

$$(TH1TL1)\text{初值} = 2^{16} - T/机器周期$$

当 $C/\overline{T}=1$ 时，控制开关接通 T1 引脚的外部输入信号，当外部输入信号电平发生从"1"到"0"的跳变时，计数器加 1，实现对外部脉冲信号计数。通过设置 TH1 和 TL1 的初值，可设定计数多少个外部脉冲后置位 TF1。

从启动到溢出所计的脉冲数为：

$$X = 2^{16} - (TH1TL1)\text{初值}$$

最大脉冲计数个数为：

$$N = 2^{16} = 65536$$

若需计数 X 个脉冲，则计数器初值为：

(TH1TL1) 初值 $= 2^{16}-X$

2. GATE 位功能

当 GATE=0 时，反相后使或门常通，屏蔽了 $\overline{INT1}$ 信号的作用，定时/计数器的启停仅受 TR1 的控制。

当 GATE=1 时，定时/计数器的启停取决于 TR1 和 $\overline{INT1}$ 相与的结果。这时，可方便地用定时器测量外部中断引脚上高电平的持续时间；配以适当电路，也可测量外部中断引脚上低电平的持续时间，从而测量出外部中断引脚上脉冲的周期及占空比。

5.2.2 工作方式 2

若用工作方式 1 进行重复定时/计数，每次溢出后，加 1 计数器 TH1 和 TL1 均为 0，因此必须重新装入初值。而工作方式 2 在溢出后可自动重新加载初值，无须软件干预。这样不仅可使软件简单，更重要的是省去了重置初值指令的执行时间，定时更为准确。因此，工作方式 2 特别适合用于需要连续高精度定时的场合（如串口波特率发生器）。

工作方式 2 自动重新加载初值的具体实现方法如图 5-5 所示：把 16 位加 1 计数器拆分为两个独立的 8 位计数器 TH1 和 TL1，定时/计数时仅用 TL1 作加 1 计数器，TL1 不再向 TH1 进位，TH1 用于保存初值，当 TL1 溢出后，置位 TF1 的同时自动将 TH1 中的值再装入 TL1，重新开始定时/计数。

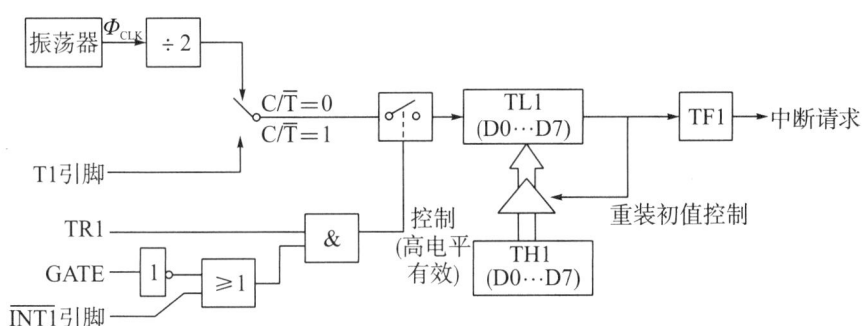

图 5-5 定时/计数器工作方式 2

由于工作方式 2 的加 1 计数器是 8 位，因此，定时时间为：

$T = [2^8 - TL1\text{初值}] \times$ 机器周期

最长定时时间为：

$T = 2^8 \times$ 机器周期

所计的脉冲数为：

$X = 2^8 - $ (TH1TL1) 初值

最大脉冲计数个数为：

$N = 2^8 = 256$

5.3 定时/计数器使用方法及应用举例

正确使用定时/计数器的实质是解决两个问题：其一是通过写入控制字，对定时/计数器初始化，确定所需的工作方式；其二是计算加1计数器的初值，以确定定时时间或计数的脉冲数。

1. 定时/计数器初始化步骤

（1）向 TOMD 写入工作方式控制字；

（2）向 THx、TLx 装入初值；

（3）如果要使用中断，则置 EA=1（总的中断允许）和 $ETx=1$（允许定时器中断）；

（4）置 $TRx=1$，启动定时/计数器。

2. 初值的计算

设计数器模值（THx、TLx 记满时的值）为 M，计数脉冲个数为 N，计数器初值为 TC，则有：$TC=M-N$ 或 $N=M-TC$。

在定时模式下，计数脉冲是单片机主脉冲的12分频，设周期为 $T_{计数}$，则定时器定时时间 T 与其他参数的关系为：

$$T = N \times T_{计数} = (M-TC) \times T_{计数}$$

即 $TC = M - T/T_{计数}$

显然，当 $TC=0$ 时，定时时间最长。若主频为12MHz，则工作方式1和工作方式2的最大定时时间分别为：

工作方式1：$T_{max} = 2^{16} \times 1\mu s = 65.536 ms$

工作方式2：$T_{max} = 2^8 \times 1\mu s = 0.256 ms$

【例5-1】利用定时/计数器 T0 的方式1，产生 10ms 的定时，并使 P1.0 引脚上输出周期为 20ms 的方波。设系统时钟频率为 12MHz。

（1）计算定时器初值 TC。

系统时钟频率为 12MHz，所以计数脉冲周期 $T_{计数} = 12 \times 1/12MHz = 1\mu s$。方波周期为 20ms，则高低电平时间分别为 10ms。

选择工作方式1，则计数脉冲数

$$N = T/T_{计数} = 10 \times 10^{-3}/(1 \times 10^{-6}) = 10000$$

注意上式中定时时间单位是毫秒（ms），机器周期单位是微秒（μs），需统一单位。

定时器初值

$$TC = 2^{16} - 10000 = 55536 = D8F0H$$

即应将 D8H 送入 TH0 中，F0H 送入 TL0 中。

(2) 设定 T0 的方式控制字 TMOD。

M1M0=01，GATE=0，C/$\overline{\text{T}}$=0，于是方式控制字为 01H。

(3) 程序如下：

```
        ORG   0000H
MAIN:   MOV   TMOD,#01H    ;设置 T0 工作于方式 1
        MOV   TH0,#0D8H    ;装入计数初值
        MOV   TL0,#0F0H
        SETB  TR0          ;启动 T0
        JNB   TF0,$        ;等待定时时间到
        CPL   P1.0         ;P1.0 取反输出
        SJMP  MAIN         ;循环，输出方波
        END
```

【例 5-2】设系统时钟频率为 12MHz，利用定时/计数器 T0 进行定时，由 P1 口控制 8 个指示灯，要求 8 个指示灯依次闪动，闪动频率为 20 次/秒（8 个灯依次亮一遍为一个周期）。

每个灯亮的时间为：

$T=1/(20\times 8)=6250\ (\mu s)$

系统时钟频率为 12MHz，机器周期 $T_{\text{计数}}=1\mu s$，所以计数脉冲数为

$N=T/T_{\text{计数}}=6250$

选择工作方式 1，则定时初值为

$X=2^{16}-6250=59286=\text{E796H}$

设定 T0 的方式控制字：M1M0=01，GATE=0，C/$\overline{\text{T}}$=0，于是方式控制字为 01H。

根据题意，可先向 P1 口送亮灯特征字 0FEH，使最低位为"0"，指示灯亮，定时时间到后，将特征字循环左移一位，再送 P1 口，如此循环，8 只指示灯就会依次闪动。

程序如下：

```
        ORG   0000H
MAIN:   MOV   TMOD,#01H    ;设置 T0 工作于方式 1
        MOV   TH0,#0E7H    ;装入计数初值
        MOV   TL0,#096H
        SETB  TR0          ;启动 T0
        MOV   A,#0FEH
        MOV   P1,A
        JNB   TF0,$        ;等待定时时间到
```

```
        RL      A
        SJMP    MAIN
        END
```

【例 5-3】利用定时/计数器 T0 测试 $\overline{INT0}$ 引脚上正脉冲的宽度,并将测量值存于 R1、R0。

分析:将门控位置"1",定时器的启停可由 $\overline{INT0}$ 引脚的电平状态控制,$\overline{INT0}$ 为高时开始定时,变低后停止定时。如果将初值设为 0,则定时器停止后,TH0、TL0 的值就是 $\overline{INT0}$ 高电平持续的机器周期数,结合主频可计算出高电平持续时间。

为了准确测量 $\overline{INT0}$ 高电平持续时间,需要在 $\overline{INT0}$ 为低时启动 TR0,保证 $\overline{INT0}$ 变高时,开始定时。检测时序如图 5-6 所示。

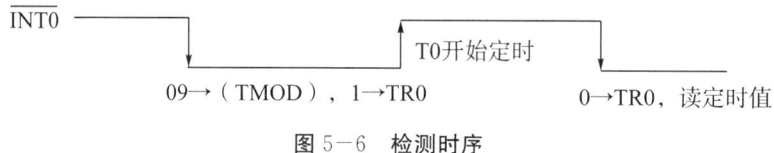

图 5-6 检测时序

程序如下:

```
        ORG     0000H
MAIN:   MOV     TMOD,#09H    ;设置 T0 工作于方式 1,GATE=1
        MOV     TH0,#00H     ;装入计数初值
        MOV     TL0,#00H
        JB      P3.2,$       ;等待 INT0 变低
        SETB    TR0          ;启动 T0
        JNB     P3.2,$       ;等待 INT0 变高
        JB      P3.2,$       ;等待 INT0 变低
        CLR     TR0          ;已完成高电平测量,停止定时
        MOV     R1,TH0       ;测量值送 R1、R0
        MOV     R0,TL0
        SJMP    MAIN
        END
```

复习思考题

(1) 与定时/计数器有关的特殊功能寄存器有哪些?

(2) 不同主频下,如何确定定时分辨率和最大计数速率?

(3) 简述定时/计数器工作方式 1 的工作原理。

(4) 设单片机主频为 8MHz,要求用 T0 定时 150μs,分别计算工作方式 1 和工作方式 2 的定时初值。

(5) 设单片机主频为 12MHz,编程实现从 P1.1 输出 10kHz 方波,占空比为 3∶1。

(6) 如果定时时间超过定时器的最长定时时间,该如何处理?

第6章 中断系统

6.1 中断的目的及实现方式

众所周知，一个计算机系统运行时，不仅要按照设计好的程序一步一步地执行，还要接收外部的输入信号，并根据输入信号的不同做出相应处理进而输出处理结果。这些输入信号有的是计算机主动从外部采集而来的，即信号的输入时刻是已知的、确定的，还有一些信号是外部设备主动发送给计算机的，也就是说，信号的输入时刻是未知的、随机的。例如一台个人计算机运行时，操作者通常会通过敲击键盘或点击鼠标进行输入，这些输入信号的产生时刻对计算机而言是随机的，计算机必须有相应的方法去处理这些随机信号的请求（比如将键盘上敲击的字符显示到屏幕上）。要完成这些工作，当然可以采用查询的方法，即CPU在按计划执行程序的时候，每隔一定时间检测一下键盘、鼠标是否有输入。显然，采用这种方式，程序执行会被频繁打断。而且操作键盘的时刻是随机的，相比计算机执行指令的速度而言其间隔也很长，结果很可能是CPU查询了千百次，浪费了大量的时间，但键盘没有输入，而有输入时又恰好在查询的间隙。当然，对于键盘输入这类信号，CPU延迟几微秒乃至零点几秒都无关紧要，然而，在实时控制过程中，一个信号被延迟处理几毫秒则可能达不到控制效果，甚至出现严重后果。另外，主程序被频繁打断去查询外部信号将严重影响执行效率，往往也是不允许的。不难看出，采用查询方式处理外部随机产生的信号时，既浪费时间还不能保证响应及时。因此，必须有更合理的方法来解决主程序的流畅执行与外部信号的实时响应之间的矛盾。

MCS-51单片机利用集成在片内的中断系统来解决上述矛盾。具体说来，中断系统的功能就是在程序执行过程中，实时地、不间断地监测外部信号状态，一旦有外部信号发出请求，中断系统便按照既定规则对外部信号进行判断和处理：如果符合规则便暂停主程序执行，让CPU处理外部信号的请求，处理完成后再返回主程序继续执行。不难看出，中断系统类似CPU的"秘书"，对"来访"请求进行预处理而不需要频繁干扰CPU，使CPU可以"专心"执行主程序。这样既保证了主程序的执行效率，又可以及时地发现外部信号请求并进行处理。也就是说，主程序执行和外部信号检测可以并行进行，究其原因在于有CPU和中断系统两套系统在同时工作。

中断系统包括采集外部输入信号并进行判断和处理的硬件系统，以及对外部信号进行处理、响应的相关规则。学习中断系统的工作原理，采用中断方式处理外部信号，则需了解外部信号传送至 CPU 所要经过的硬件电路及电路对信号的处理规则。

其实我们在日常生活中处理很多事情时，采用的方法都类似于计算机的中断处理过程。从另一个角度来说，计算机的中断处理系统和中断处理过程是参照人类处理外部事件的方式研发出来的。

我们首先来看看在日常生活中是如何采用"中断"方式处理外部事件的：假如学生 A 正在看书，这时有人打电话找他。他听到电话铃声后，先记住当前看到的页码，然后暂停看书，开始接听电话。电话接听完毕，回到先前记住的页码，继续看书。整个过程可以用图 6-1 所示流程来表示。

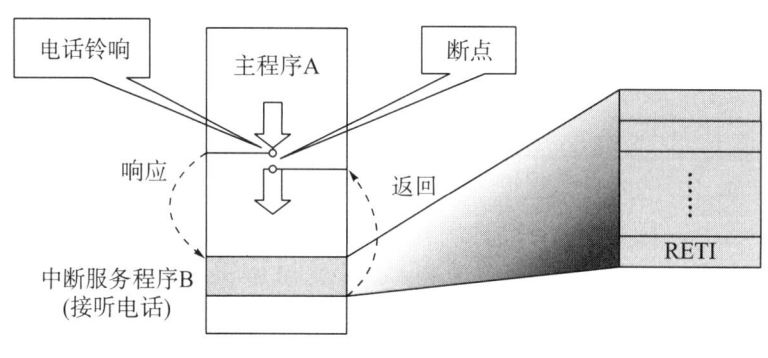

图 6-1 中断过程示意图

关于这一过程，我们需要注意几个事项：连续的看书过程、电话铃响、记住页码后暂停看书、与来电者交谈、回到之前页码继续看书。通过恰当处理上述事项，可以"近乎同时"地完成看书和接电话两项工作。计算机的中断系统正是参照这一处理方法对外部事件进行响应。

6.2 MCS-51 单片机中断系统组成及工作原理

6.2.1 MCS-51 单片机的中断源

在前述事例中，学生 A 在看书过程中没有主动查看是否有来电，却能及时接听电话，是因为电话机在不停地监测是否有来电，并在来电时响铃以打断看书过程。与此类似，计算机中断系统的一个任务就是随时监听外部请求，在有外部请求时"打断"CPU 的正常执行流程，让 CPU 及时处理外部请求，从而用区别于查询的另一种方式实现正常流程和外部请求的"近乎同时"执行。

需要注意的是，并非任何信号都能打断 CPU 的正常执行。正如不是所有声音都能打断看书过程（比如超声或次声信号，人类就听不见），一个具体型号的计算机的 CPU 正常执行过程也只能被特定的外部信号所中断，这些特定的外部信号称为该型计算机的中断源。

MCS-51 单片机的中断系统有 5 个中断源，包括 2 个优先级，可实现两级中断嵌套。5 个中断源均是可屏蔽中断源，分为外部中断和内部中断两类，且外部中断源有不同的触发方式。图 6-2 所示是 MCS-51 单片机中断系统结构，最左侧信号即 MCS-51 单片机的 5 个中断源，下面逐一详述。

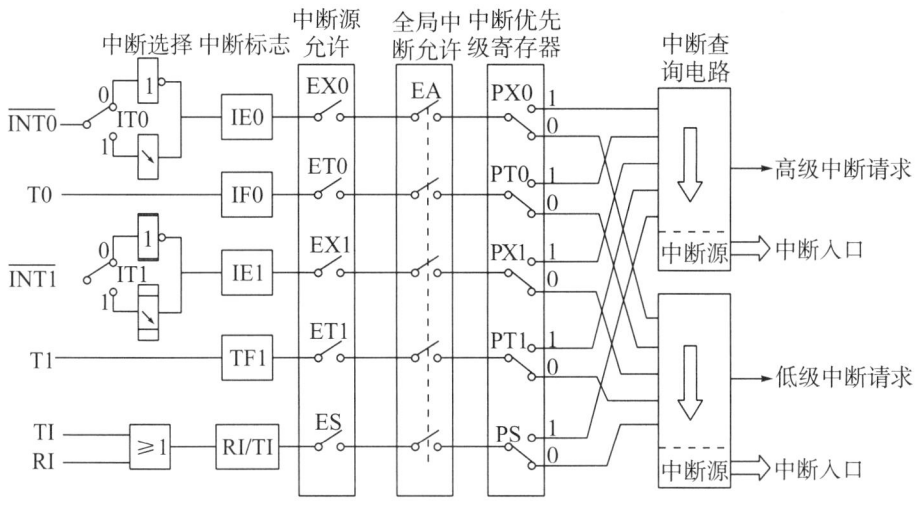

图 6-2 MCS-51 单片机中断系统结构

1. 外部中断源

外部中断源有 $\overline{INT0}$ 和 $\overline{INT1}$ 两个：

(1) $\overline{INT0}$（外部中断 0）：由 P3.2 引脚输入，低电平或下降沿触发。

(2) $\overline{INT1}$（外部中断 1）：由 P3.3 引脚输入，低电平或下降沿触发。

系统掉电、设备故障等信号可接至 P3.2 和 P3.3 引脚，通过 $\overline{INT0}$ 和 $\overline{INT1}$ 向 CPU 发出中断请求。

2. 内部中断源

内部中断源有三个：

(1) 定时/计数器 T0 溢出中断请求：当定时/计数器 T0 发生溢出时产生。

(2) 定时/计数器 T1 溢出中断请求：当定时/计数器 T1 发生溢出时产生。

(3) 串行口中断请求：当串行口接收完一帧串行数据或发送完一帧串行数据时产生该中断请求。

6.2.2 中断触发方式及中断请求的撤销

所谓中断触发方式，是指外部信号以什么电平状态作为有效信号向中断系统发出中断请求。

外部中断 0（$\overline{INT0}$）和外部中断 1（$\overline{INT1}$）的触发方式有低电平和下降沿触发两种，分别由 IT0（TCON.0）和 IT1（TCON.2）控制。

(1) IT0（IT1）＝0：外部中断为电平触发方式，当引脚 P3.2（$\overline{INT0}$）或 P3.3（$\overline{INT1}$）引脚出现低电平时，由硬件置位相应的中断标志 IE0（TCON.1）或 IE1（TCON.3），向 CPU 发出中断请求。由于该信号由外部电路发出，单片机无法改变其电平状态，因此必须设计相应的电路使 CPU 响应中断后可改变 P3.2 或 P3.3 引脚的电平状态（变为高电平），以撤销该请求信号，避免 CPU 重复响应。

(2) IT0（IT1）=1，外部中断为下降沿触发方式，当 P3.2（$\overline{INT0}$）或 P3.3（$\overline{INT1}$）引脚出现负跳变，并被边沿检测器检测到后，置位相应的中断标志 IE0 或 IE1，向 CPU 申请中断。CPU 响应中断后自动清除 IE0 或 IE1 标志。CPU 在每个机器周期对 P3.2 和 P3.3 引脚信号采样，为了保证检测到负跳变，引脚上的高、低电平应分别保持一个机器周期以上。

定时/计数器 0（T0）和定时/计数器 1（T1）发生溢出时，分别置位 TF0 和 TF1，向 CPU 申请中断。在中断请求得到响应后，由 CPU 自动清除 TF0 和 TF1 标志。

当串行口接收完一帧串行数据时，置位 RI，向 CPU 申请中断。而串行口发送完一帧串行数据时，置位 TI，向 CPU 申请中断。CPU 响应请求后不清除 RI 和 TI 标志，必须由用户用软件清除。

6.2.3 中断允许和中断优先级

1. 中断允许寄存器

MCS-51 单片机中，是否允许各中断源向 CPU 发出中断请求，由中断允许寄存器 IE 控制。IE 可位寻址，字节地址为 A8H，位地址为 A8H~AFH。系统复位时 IE 清零，即禁止所有中断。IE 各位的名称及地址如图 6-3 所示。

IE	EA	—	ET2	ES	ET1	EX1	ET0	EX0
位地址	AF	AE	AD	AC	AB	AA	A9	A8

图 6-3 IE 位名称及位地址

各位的具体含义如下：

- EA：中断总允许位。

EA=0，禁止一切中断；EA=1，各中断源是否被允许分别由各自的允许位确定。

- ET2：内部定时器 2（T2）中断允许位（52 子系列使用）。

ET2=0，禁止 T2 中断；ET2=1，允许 T2 中断。

- ES：串行口中断允许位。

ES=0，禁止串行口中断；ES=1，允许串行口中断。

- ET1：内部定时器 1（T1）中断允许位。

ET1=0，禁止 T1 中断；ET1=1，允许 T1 中断。

- EX1：外部中断 1 允许位。

EX1=0，禁止 $\overline{INT1}$ 中断；EX1=1，允许 $\overline{INT1}$ 中断。

- ET0：内部定时器 0（T0）中断允许位。

ET0=0，禁止 T0 中断；ET0=1，允许 T0 中断。

- EX0：外部中断 0 允许位。

EX0=0，禁止 $\overline{INT0}$ 中断；EX0=1，允许 $\overline{INT0}$ 中断。

2. 中断优先级寄存器

MCS-51 单片机中断系统的 5 个中断源有高和低两个优先级，可通过中断优先级寄存器 IP 中的相关位进行设置。中断优先级寄存器 IP 的字节地址为 B8H，可位寻址，位地址为 B8H～BFH，只有低 6 位有效。系统复位时，IP 清零，即所有中断源为低优先级。IP 各位的名称及地址如图 6-4 所示。

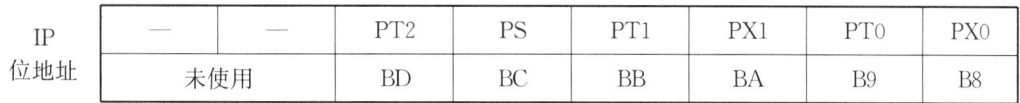

图 6-4　IP 位名称及位地址

各位的具体含义如下：

- PT2：内部定时器 2（T2）中断优先级设定位（52 子系列使用）。

PT2=1，T2 为高优先级中断；PT2=0，T2 为低优先级中断。

- PS：串行口中断优先级设定位。

PS=1，串行口为高优先级中断；PS=0，串行口为低优先级中断。

- PT1：内部定时器 1（T1）中断优先级设定位。

PT1=1，T1 为高优先级中断；PT1=0，T1 为低优先级中断。

- PX1：外部中断 1 优先级设定位。

PX1=1，$\overline{\mathrm{INT1}}$ 为高优先级中断；PX1=0，$\overline{\mathrm{INT1}}$ 为低优先级中断。

- PT0：内部定时器 0（T0）中断优先级设定位。

PT0=1，T0 为高优先级中断；PT0=0，T0 为低优先级中断。

- PX0：外部中断 0 优先级设定位。

PX0=1，$\overline{\mathrm{INT0}}$ 为高优先级中断；PX0=0，$\overline{\mathrm{INT0}}$ 为低优先级中断。

由于 MCS-51 单片机有多个中断源，实际应用中可能出现多个中断源在同一时刻向 CPU 提出中断申请的情况，即出现"中断竞争"。此时，中断系统必须有一套机制来确定到底响应哪一个请求。通过设置中断优先级寄存器 IP 可部分解决中断竞争的问题，即优先响应高优先级中断请求。更进一步，MCS-51 单片机中断系统设置了以下三条具体的响应原则：

（1）CPU 同时接收到几个中断请求时，首先响应优先级别最高的中断请求；

（2）正在进行的中断过程不能被新的同级或低优先级的中断请求中断；

（3）正在进行的低优先级中断服务，能被高优先级中断请求中断。

为了实现上述第（2）（3）条原则，中断系统内部设有两个用户不能寻址的优先级状态触发器。其中一个置 1，表示正在响应高优先级的中断，它将阻断后来所有的中断请求；另一个置 1，表示正在响应低优先级中断，它将阻断后来所有的低优先级中断请求。

上述规定不仅解决了不同优先级的中断请求的响应顺序问题，而且保证了高优先级请求可以中断已开始的低优先级服务。但是，如果有多个同级中断源同时提出中断请求，到底先响应哪一个？这就需要一套规则来解决，这套规则被称为"硬件查询顺序"机制。

所谓"硬件查询顺序"，就是单片机对同级中断源的请求按一种固定的顺序查询，一旦查询到某个中断源发出中断请求则不再往下查询，在其他条件（详见"6.3.1　中断响应过程")满足的情况下,执行该请求对应的中断服务。硬件查询顺序如表 6-1 所示。

表 6-1 硬件查询顺序

查询顺序	中断源	硬件优先级别
1	外部中断 0	最高
2	定时/计数器 0 中断	
3	外部中断 1	↓
4	定时/计数器 1 中断	最低
5	串行口中断	

综上所述,MCS-51 单片机中断系统采用软件优先级和硬件优先级两套机制来解决中断竞争问题,即先通过设置 IP 寄存器将中断源分为两个优先级组,CPU 先按固定顺序对高优先级中断源的中断请求进行硬件查询,如果高优先级组无中断请求,则转向低优先级组按固定顺序查询。无论是在高优先级组还是在低优先级组,一旦查询到某个中断源有请求,则准备响应该请求;如果两个组均没有中断请求,则重复上述过程。

6.3 中断响应过程和响应时间

6.3.1 中断响应过程

某一中断源的请求要得到 CPU 的响应,有一个先决条件,即中断允许寄存器 IE 的 EA 位为 "1",且相应的中断允许位也为 "1",只有满足这个条件时,其中断请求才可能使相应的中断标志置 "1",进入后续响应过程。

CPU 在执行程序过程中,每个机器周期的 S5P2 期间,对各个中断源顺序采样,并在下一个机器周期的 S6 期间先后对高优先级组和低优先级组按优先级顺序查询中断标志。如果某个中断标志为 "1",且不存在下述情况,则接受该中断请求:

(1) CPU 正在处理同级或高优先级中断;

(2) 完成当前查询的机器周期不是所执行指令的最后一个机器周期;

(3) 正在执行的指令为 RETI 或任何访问 IE 或 IP 寄存器的指令(只有在这些指令后面至少再执行一条指令时才能接受中断请求)。

上述第(2)条规则保证了在执行完一条指令前,不会响应中断,从而确保指令在执行过程中不被打断。换句话说,中断只能"中断程序",不能"中断指令"。

第(3)条规则保证了对 IE、IP 的修改及时生效。例如,开始时允许 T0 中断,而查询到 T0 中断请求并准备响应的机器周期正好是修改中断允许寄存器 IE 的指令的机器周期,而这条指令又恰巧禁止了 T0 中断,按照本条规则,将继续执行下一条指令,且重新查询中断请求,而此时 ET0 已被硬件清除,自然不再会得到响应,由此可见,对定时/计数器 0 的中断禁止及时生效了。

而修改中断优先级寄存器IP更会直接影响中断源的优先级别,有可能与刚才的响应顺序相悖,因此,和修改IE寄存器一样,本次查询结果被取消,该请求是否被响应将在下一机器周期重新查询后,视新的中断允许和优先级情况再作定论。

另外,RETI指令除了使程序返回断点处,还标志着中断服务完成,从而引起中断系统内部用户不能寻址的优先级状态触发器的改变,影响到是否再阻止其他中断源的请求,这也需要重新查询后再决定是否响应中断请求。

需要说明的是,如果某个中断标志已经置位,但由于存在上述阻止条件,该中断请求没能得到及时响应,那么当阻止条件解除后,若中断请求信号或标志也消失了(如电平触发方式下,外部中断的高电平信号已变低),则这个被拖延的中断请求也不再会得到响应。

如果不存在上述阻止情况,CPU在下一机器周期S1期间执行一条由中断系统提供的跳转指令(硬件LCALL指令),转向被称作中断入口地址(也称中断向量或中断矢量)的特定地址单元,执行预置于该处的中断服务程序(详见6.4节)。中断标志及入口地址如表6-2所示。

表6-2 中断标志及入口地址表

分类	中断源		中断标志位	中断入口地址
外部中断	外部中断0		IE0(TCON.1)	0003H
	外部中断1		IE1(TCON.3)	000BH
内部中断	定时/计数器0中断		TF0(TCON.5)	0013H
	定时/计数器1中断		TF1(TCON.7)	001BH
	串口中断	接收中断	RI(SCON.0)	0023H
		发送中断	TI(SCON.0)	

中断得到响应后,中断系统硬件执行以下功能:

(1)将相应的优先级状态触发器置"1",以阻断后来的同级或低级的中断请求。

(2)保留断点地址,把当前程序计数器PC的内容(断点地址)压入堆栈保存,以备中断服务完成后返回断点处继续执行。需要注意的是,其他需保护的寄存器内容要靠用户程序加以保护。

(3)根据中断源不同,对中断标志进行不同处理:自动清除T0、T1以及边沿触发方式下外部中断0和外部中断1的中断标志;不能自动清除串行口中断标志,必须用软件清除;更不能自动清除电平触发方式下外部中断0和外部中断1的中断标志,且这两个标志也无法用软件清除,必须通过外加相应电路改变$\overline{INT0}$和$\overline{INT1}$引脚的输入电平,这一点要特别注意。

(4)将相应的中断服务程序的入口地址送入PC,执行一条目的地址为中断入口地址的硬件LCALL指令,开始执行中断服务程序。

6.3.2 中断响应时间

从中断标志建立到被响应并开始执行相应的中断服务程序，这段时间称为中断响应时间。不同情况下，中断响应时间长短不同。首先看最顺利的情况，如图6-5所示。

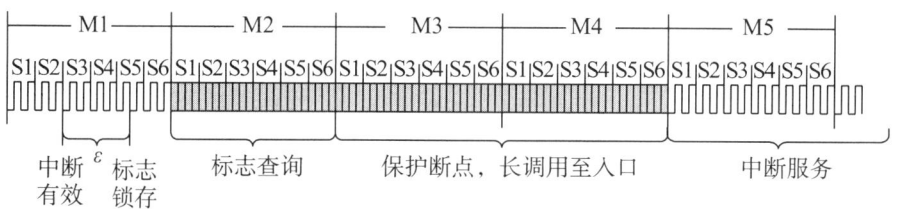

图6-5 中断响应时间

若M1周期的S5P2前某中断生效，在S5P2期间其中断请求被锁存到相应的标志位中；M2周期恰逢指令的最后一个机器周期，且该指令不是RETI指令或访问IE、IP的指令，于是，M3和M4周期便可以执行硬件LCALL指令，M5周期将开始执行中断服务程序。在这种最顺利情况下，MCS-51单片机的中断响应时间（从标志置"1"到进入相应的中断服务），最快需要3个完整的机器周期。

而最不利的情况是，查询到中断标志的机器周期是RETI指令或修改IE、IP指令的第一个机器周期，此时需等待两个机器周期让上述指令执行完成，然后再等待下一条指令执行完成，如果下一条指令正好是执行周期最长的乘除法指令，则需继续等待4个机器周期，加上硬件LCALL指令本身的两个执行周期，则从中断标志置"1"到进入相应的中断服务需要8个完整的机器周期。

综上所述，如果一个中断标志建立后，CPU没有正在处理同级或高优先级中断，则中断响应时间为3~8个完整的机器周期。如果一个中断标志建立后，CPU正在处理同级或高优先级中断，则额外的等待时间取决于正在执行的中断服务程序所需的时间。由此可见，中断服务程序应该尽量简短，以避免长时间阻止其他中断而带来不良后果。

6.4 中断服务程序编写和中断嵌套

6.4.1 中断服务程序编写

中断服务程序，即中断请求得到响应后将执行的程序，其功能是完成随机出现的中断请求所对应的预定任务。例如，如果采用查询方式获取键盘输入，CPU会每隔一定时间扫描一次键盘，当检测到有键按下时，则确定其键号，然后将对应字符保存下来或显示于屏幕上；而采用中断方式获取键盘输入，则是在有键按下后，键盘发出中断请求，如果该请求得到响应，CPU将转到中断入口执行该处的中断服务程序。显然，中断服务程序的功能应该是：扫描键盘→确定被按键的键号→将该键对应字符保存下来或显示于屏幕上。不难看出，查询程序和中断服务程序的功能基本相似，区别在于查询程序在主程序中，由 CPU 按预定时间间隔主动执行，而中断服务程序放于中断入口处，响应中断请求时由 CPU 执行。因此，中断服务程序与主程序并没有本质区别，编写方法也基本相同，需要注意的是如何保证中断服务程序与主程序（被中断程序）的正确衔接。要实现这一点，应该注意以下问题：

（1）中断服务程序是由硬件生成的 LCALL 指令调用的，断点地址自动压入堆栈，返回时由 RETI 指令从堆栈中弹出断点地址，因此，为了保证能正确返回主程序断点处，在整个中断服务程序执行期间必须保证堆栈平衡。

（2）中断请求的产生具有随机性，中断服务程序中需要使用的寄存器和存储器单元都可能是主程序（被中断程序）正在使用的，因此，对这些寄存器和存储器单元都必须加以保护（高优先级中断服务程序还要考虑低优先级中断服务程序中使用的寄存器和存储器单元），这一过程称为"保护现场"。其一般方法是，进入中断服务程序后，先将前述中断服务程序和被中断程序都要使用的寄存器和存储器单元压入堆栈，然后执行核心功能指令，在功能指令执行完成后，将压入堆栈的数据有序弹出（恢复现场），最后通过 RETI 指令进行中断返回。

（3）由于 MCS-51 单片机指令系统中工作寄存器使用很频繁，为了减少压栈数据量，节约压栈和弹栈的执行时间，一般采用主程序和各中断服务程序使用不同的工作寄存器区的方法，通过改变特殊功能寄存器 PSW 中 RS1 和 RS0 的值即可快速实现对工作寄存器的保护。同时，要尽量避免主程序和中断服务程序使用相同的存储器单元暂存数据，以减少保护量。另外，由于保护现场要进行多个数据的压栈/弹栈，程序设计时要根据需压栈的数据量估计堆栈区需要的存储空间，以便初始化时正确设置堆栈指针 SP。

（4）中断返回指令 RETI 除了具有子程序返回指令 RET 的功能外，还标志着中断服务已完成，中断系统将在执行该指令时改变内部中断优先级状态触发器的设置。因此，不能用 RET 指令代替 RETI 指令，否则会因为没有改变优先级状态触发器而影响 CPU 对下一轮中断请求的响应。

（5）因为几个中断源的入口地址相对集中，仅仅几个字节的地址空间一般不足以容纳完整的中断服务程序，因此一般在中断入口地址放一条长转移指令 LJMP，使中断服务程序可以被灵活地安排在 64KB 程序存储器的任何地方。

6.4.2 中断嵌套

通过设置优先级寄存器 IP，MCS-51 单片机中断系统可将全部中断源分为两个优先级组，而且规定高优先级中断可以中断低优先级中断，从而实现中断嵌套（如图6-6所示）。中断嵌套功能在实际系统中很有用，它可以保证紧急事件（如系统故障等）得到及时处理，避免事故扩大、危及人身、设备安全。

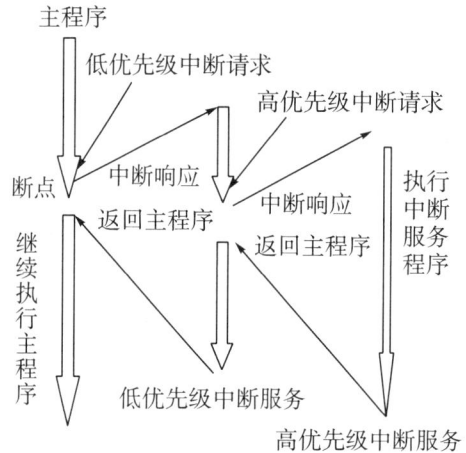

图 6-6 中断嵌套示意图

但在有些场合，所有中断源的重要性没有太大的区别，通常期望每个中断源都能中断正在执行的中断服务而得到及时的响应。这种情况下，使用单片机固有的优先级管理方式就不能满足要求，一种可行的方案是使用"浮动优先级"，或称为"相对优先级方案"。

浮动优先级的实现方法是：初始化时，将所有中断源都设置为高优先级，当某个中断源得到响应后，在中断服务程序中将自己的优先级改为低优先级，这样，后来的任何中断请求均可中断正在执行的中断服务而得到及时响应；当一个中断源的服务完成后，在用 RETI 指令返回前，再将其优先级设置为高级，保证其后续再发出中断请求时又可及时得到响应。

浮动优先级方案将所有中断源放在同等地位，且可互相中断，使中断响应显得更加"公平"。但要注意的是，这种方案会使嵌套层次增多，相应地，需压栈保护的断点地址及寄存器也增多，因此要预留足够的堆栈空间以免堆栈溢出，而且中断服务程序复杂度增高。中断源越多，上述问题越突出，因此浮动优先级方案一般在系统只有两三个中断源的情况下使用，或者根据需要仅让两三个中断源的优先级浮动。

小结

计算机在执行一段程序时（或完成某项功能的时候）往往需要监测其他事件的发生，如果需要还应该做出响应。CPU 在执行程序时监测其他事件发生的常用方法有两种：查询和中断。

查询就是每执行若干条指令或经过一段时间后就检查一遍是否有其他事件发生——就像我们将手机设为静音后，每隔几分钟就查看一下是否有来电。显然，依靠查询方式很难及时发现其他事件的请求，即使将查询的周期缩短到极限——每执行一条指令就查询一遍，仍然难以保证及时"感知"其他事件的发生，因为其他事件的请求很可能产生于查询程序段执行期间；而更普遍的情况可能是，要经过成百上千次查询才能"很不及时"地检测到某个其他事件的请求。显然，采用查询方式时，实时性和效率的矛盾难以调和。另外，查询的极限速率是每执行一条指令就查询一次，而这个速率几乎是不可能达到的。

通过本章的学习不难看出，采用中断方式监测其他事件发生的方法在本质上仍然是"查询"，与通常意义上的查询的区别在于，中断是每个机器周期查询一次，因此可实时检测到其他部件的重点请求且不影响正常程序的执行。中断系统的根本作用就是实现每个机器周期查询且不影响正常程序的执行，该系统无须CPU干预或指挥，可独立地对所有中断源的中断请求进行监测，对中断源的中断请求是否可以得到响应等一系列问题进行处理，并在满足响应条件的情况下生成硬件LCALL指令，使CPU转去执行中断服务程序，使得主程序的执行和响应外部中断请求可以"并行"进行。从某种意义上讲，中断系统可被看作一个功能相对单一的专用处理器。但需注意，这里提到的"并行"只是宏观意义上的，因为主程序和中断服务程序都是由CPU执行的，而CPU在任一时刻只能执行一条指令，因此主程序和中断服务程序在微观上仍然是串行执行的。要实现真正意义上的并行处理，只能采用多CPU系统或多核处理器。

复习思考题

(1) MCS-51单片机有哪些中断源？各中断源的中断标志是什么？如何清除？

(2) 哪些情况下中断请求不能得到及时响应？

(3) 编写中断服务程序需注意哪些问题？

(4) "保护现场"的目的是什么？如何"保护现场"？

(5) RETI指令和RET指令在功能上有何异同？

(6) 如果采用中断方式响应外部请求，应该如何估算堆栈空间大小？主程序中应该如何设置堆栈位置？

(7) 什么叫中断嵌套？如果不允许嵌套怎么处理？

(8) 为什么中断服务程序执行完成后能正确返回被中断处？

(9) 中断和查询两种方式对其他事件的监测有哪些不同？

(10) 编程实现如下功能：采用定时中断方法设计一个分秒脉冲发生器，设单片机主频为8MHz。具体要求是每分钟从P1.0引脚输出一个占空比1:1的脉冲，每秒钟从P1.1输出一个占空比1:1的脉冲。

第7章 MCS-51单片机串行口及其应用

本章将介绍串行通信原理，以及 MCS-51 单片机串行口的结构、工作原理和工作方式，重点在于不同工作方式下各有关特殊功能寄存器的设置、波特率计算以及发送/接收中断服务程序的编写。

7.1 串行通信基本概念

计算机与计算机之间或计算机与外部设备之间实现通信的基本方法有两种：并行通信和串行通信。

并行通信通常是将数据字节的各位用多条数据线同时进行传输，如图 7-1 所示。由于并行通信是一个字节（8 位）或一个字（16 位）同时传输，因此传输速度快，且控制简单。但同样是因为一个字节同时传输，因此传输线较多且平行排列，线间存在电耦合，长距离传输时成本高且容易出错。

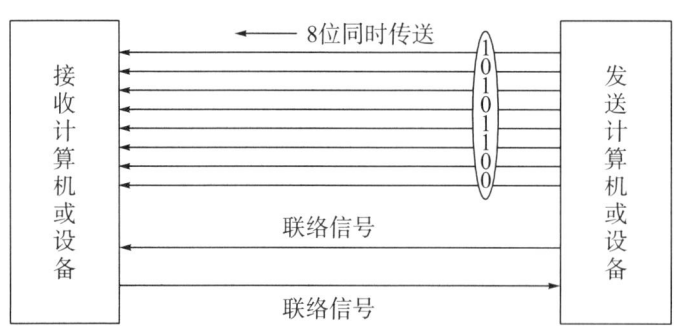

图 7-1 并行通信原理示意图

由于上述原因，并行通信适合于处理速度快且距离较近（一般不超过 2m）的场合。

MCS-51 单片机的 P0~P3 口即 4 个 8 位并行口，每个口有 8 个引脚，可将一个字节的 8 位同时传输，通常用于与板卡上的其他芯片通信。

串行通信的特点正好与并行通信相对，它是将数据字节分成位，在一条传输线上逐位传输，其原理如图 7-2 所示。

图 7-2 串行通信原理示意图

由于串行通信按位传输，一个字节的所有位都可以在一根数据线上分时传输，因此所需传输线少，且可以利用电话网等现成设备，长距离传输时成本低。

图 7-3 所示为两种通信方式传输示意图。

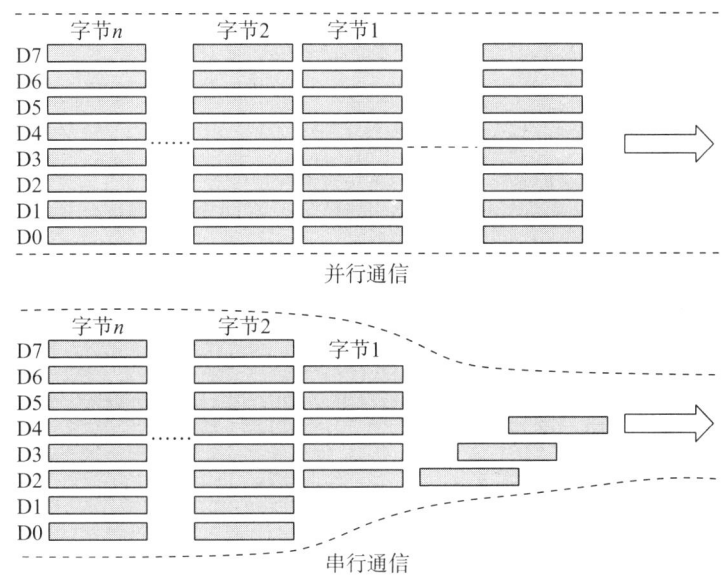

图 7-3 并行、串行通信传输示意图

由于串行通信采用各位分时传输，因此传输速度较并行通信低，而且传输前要进行并-串转换，实现字节到位的拆分；而接收后要再进行串-并转换，将位组装成字节，如图 7-4 所示。另外，发送一位的时间必须和接收一位的时间相同，这样才能保证正确接收，即发送和接收需要同步，因此串行通信的收发控制比并行通信复杂。

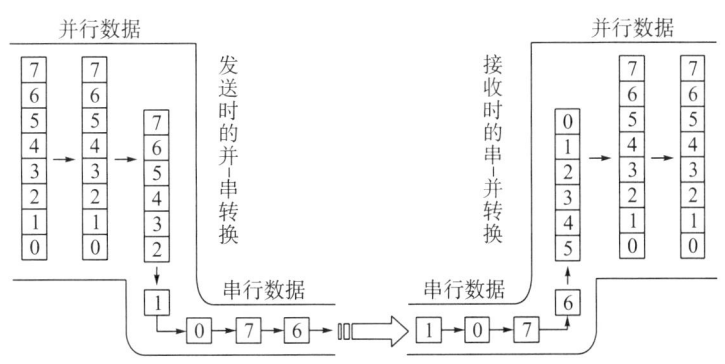

图 7-4 串行通信传输并-串/串-并转换示意图

下面介绍有关串行通信的几个基本概念。

7.1.1 串行通信的传输方式

1. 单工、半双工和双工

串行通信的传输方式包括单工、半双工和双工3种方式。

如果某通信口只能发送或只能接收数据，则称为单工通信方式，即以单工方式通信时，数据只能向一个方向传输。如果数据在两台设备之间可以分时双向传送，则称为半双工通信方式，这种方式也只需一根信号传输线。两种通信方式的原理如图7-5所示。

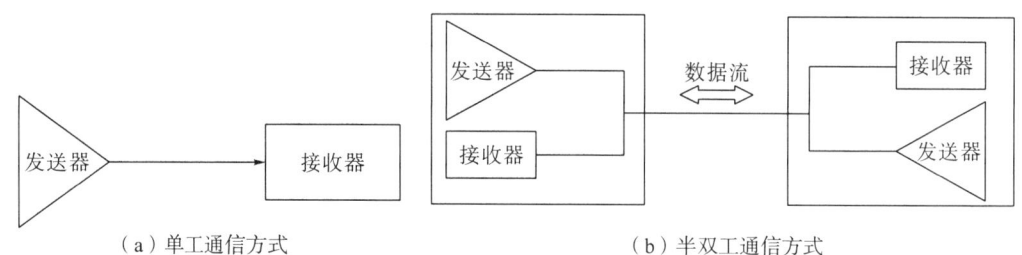

（a）单工通信方式　　　　　　（b）半双工通信方式

图7-5　单工和半双工通信

如果数据可同时双向传送，则称为双工通信方式，此时需两根独立的传输线。其原理如图7-6所示。

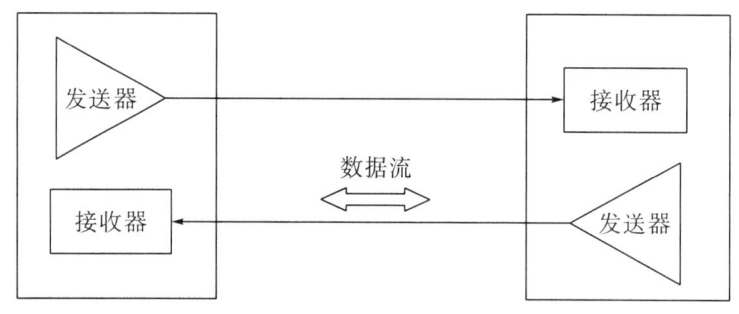

图7-6　双工通信

2. 同步与异步通信

同步通信时，将要传输的数据按约定分成数据块，数据块之间用同步字符隔离。所传输数据的二进制位之间没有间隔，因此传输时数据位是同步的，而且字符也是同步的。

要实现同步通信，需要建立发送方时钟对接收方时钟的直接控制，以保证收发双方达到完全同步。发送方对接收方的同步可采用"外同步"和"自同步"两种方法实现。

异步通信以帧（帧的主体是一个要传送的字节）为单位进行传输。一帧数据包含起始位、数据位和停止位几部分。用起始位"0"（低电平）表示一次串行通信的开始，然后从低到高逐位传送数据，最后用停止位"1"（高电平）表示一次串行通信结束，其实质是利用起始位和停止位来建立发送和接收的同步。

一次异步通信一般传送一帧数据。通信时一帧数据中的各位是以固定的时间片传送,即帧内各位是同步的,而帧与帧之间的时间间隔是随机的,即帧之间是异步的。异步通信原理如图 7-7 所示。

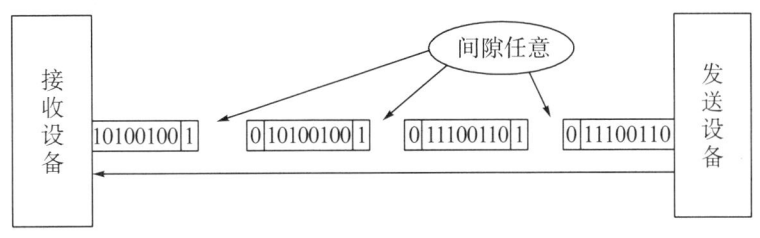

图 7-7 异步通信原理

在不同的异步通信协议中,起始位、数据位和停止位的长度不同。

同步传输和异步传输作为串行通信的两种基本方式,各有优缺点。同步传输速度快,但要通过硬件建立收发双方的同步时钟,控制较复杂。另外,同步传输时要将传输的数据分成固定字节数的数据块,而要传输的数据往往不能恰好划分为整数个数据块,那么最后一个数据块需用无用数据凑整。采用同步传输时,如果数据块太小,块间收发双方同步状态建立花费时间多;如果数据块太大,最后一个数据块凑整量大。这两种情况都将影响通信效率。因此,同步传输时如何确定数据块大小是涉及通信效率的重要问题。

异步传输实质上是以软件代替硬件实现收发双方的同步,而起始位和停止位对于通信内容来说是"冗余"的,帧的最常见构成形式是"1 位起始位+8 位数据位(1 字节)+1 位停止位"。这种 10 位帧中冗余通信量为两位,即 20%,占有效数据的 1/4,因此通信效率较同步传输低,尤其是连续大量传输数据时,这一缺陷更为突出。

一般来说,进行连续大量数据传输时采用同步传输方式,而传输数据量较小且传输时间较随机时采用异步传输方式。

7.1.2 比特率和波特率

比特率用来表示同步传输和异步传输时串行通信的传输速率。比特率是每秒钟传输二进制代码的位数,单位是位/秒(b/s)。如每秒钟传送 360 帧,而每帧包含 10 位(1 个起始位、8 个数据位和 1 个停止位),则比特率为:

10 位/帧×360 帧/秒=3600b/s

波特率是指调制信号每秒钟变化的次数,单位是波特(Baud)。在基带传输中,数字信号"1"和"0"直接用高低两种电压表示,这种情况下比特率和波特率是相同的,所以串行通信的传输速率也经常用波特率来表示。

7.1.3 信号的调制与解调

当异步通信的距离在 30m 以内时,计算机之间可直接进行串行通信。当传输距离更远时,可利用电话网等现成设备进行串行通信。利用电话网进行通信时,由于电话线带宽限制,以及信号长距离传输时本身的衰减和其他信号的干扰,信号会发生畸变。为了保证通信的正确率，发送时需先用调制器（modulator）把数字信号转换成模拟信号（调制），放大后送到通信线路上，而接收端则由解调器（demodulator）把从通信线路上收到的模拟信号转换成数字信号（解调），再送入计算机或接收设备。由于通信是双向的，调制器和解调器一般合并在一个装置中，称为调制解调器（MODEM）。

利用电话网进行串行通信的原理如图7-8所示。

图7-8 基于电话网的串行通信模型

7.2 MCS-51单片机串行口基本原理

MCS-51单片机内部集成了一个全双工通用同步/异步串行通信口（Universal Synchronous/Asynchronous Receiver/Transmitter，USART），通过P3口的两个引脚与外部设备进行串行通信。其中，P3.1为串行数据发送端TXD，P3.0为串行数据接收端RXD。通过串行口，单片机可以方便地与其他计算机实现双机和多机通信，或者与外部设备进行串行数据交换。

与串行口操作有关的特殊功能寄存器有SCON、PCON和SBUF三个。此外，串行口内部还有发送控制器、接收控制器、移位寄存器等不可访问寄存器共同实现串行数据的输入/输出。串行口组成原理如图7-9所示。

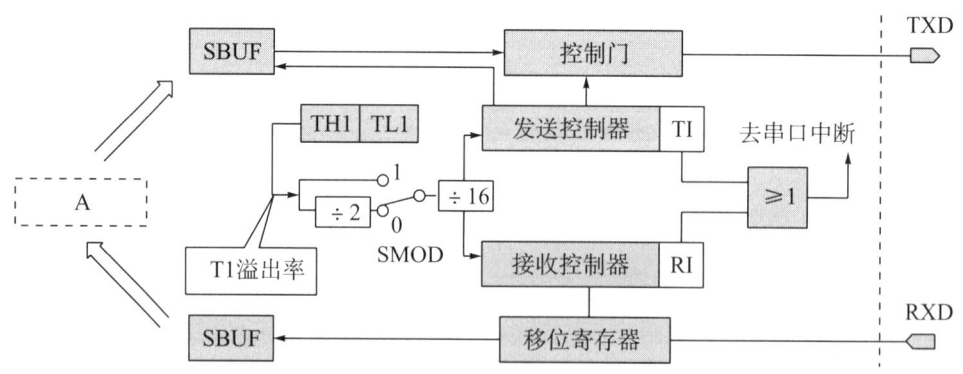

图7-9 MCS-51单片机串行口组成原理

无论是同步传输还是异步传输，收发双方都必须位同步，即发送和接收的波特率应该一致。因此，波特率发生器也是串行口的一个重要组成部分。传统MCS-51单片机的波特率发生器由定时器1构成，52子系列也可用定时器2构成波特率发生器，其他型号的MCS-51兼容单片机还可能有独立的波特率发生器而不影响定时器的使用。

下面先介绍与串行口操作有关的特殊功能寄存器，再介绍串行口的工作方式及波特率计算方法。

7.2.1 与串行口操作有关的特殊功能寄存器

1. 串行口控制寄存器 SCON

串行口控制寄存器 SCON 的字节地址为 98H，可位寻址。系统复位时，SCON 清零。各位的名称及地址如图 7-10 所示。

SCON	D7	D6	D5	D4	D3	D2	D1	D0
	SM0	SM1	SM2	REN	TB8	RB8	T1	RI
位地址	9FH	9EH	9DH	9CH	9BH	9AH	99H	98H

图 7-10 SCON 各位的名称及地址

（1）SM0 和 SM1：工作方式选择位。通过设置 SM0 和 SM1 可使串行口工作于 4 种不同的工作方式，如表 7-1 所示。

表 7-1 串行口工作方式

SM0	SM1	方式	功能说明
0	0	0	同步移位寄存器方式，波特率为 $f_{osc}/12$（多用于扩展 I/O 口）
0	1	1	10 位异步传输方式，波特率为 $2^{SMOD}/32 \times T1$ 溢出率，可变
1	0	2	11 位异步传输方式，波特率为 $2^{SMOD} \times f_{osc}/64$，固定
1	1	3	11 位异步传输方式，波特率为 $2^{SMOD}/32 \times T1$ 溢出率，可变

（2）SM2：在不同工作方式下其作用不同。

①当工作于方式 0 时，SM2 必须是 0。

②当工作于方式 1 时，若 SM2=1，则只有接收到有效停止位时，RI 才置 1。

③当工作于方式 2 和方式 3 时，通过和 RB8 配合，主要用作多机通信控制位：

• 当接收机的 SM2=1 时，如果收到的 RB8 位为 "0"，不激活 RI，收到的信息被丢弃；如果收到的 RB8 位为 "1"，收到的数据进入 SBUF，并激活 RI，发出串行口接收中断请求。

• 当 SM2=0 时，不论收到的 RB8 位为 "0" 还是 "1"，收到的数据均进入 SBUF，并激活 RI。通过控制 SM2，可以实现多机通信（后续章节详细介绍）。

（3）REN：允许串行接收位。如果软件对 REN 置 "1"，则启动串行口接收数据；若将 REN 清零，则禁止接收。

（4）TB8：在方式 2 或方式 3 中，是发送数据的第 9 位，可以用软件规定其作用。

①一般情况下，TB8 可以用作数据的奇偶校验位一同发送，在一定程度上起检错的作用。

②在多机通信中，作为地址帧/数据帧的标志位：TB8=1，可使所有计算机接收到发送的字符（地址）；TB8=0，则只有 SM2=0 的计算机能收到发送的字符（数据）。

③在方式 0 和方式 1 中，该位未用。

(5) RB8：在方式2或方式3中，是接收到数据的第9位，其作用视发送方TB8的作用而定。

①可作为奇偶校验位，对接收到的数据进行检错。

②进行多机通信时，作为地址帧/数据帧的标志位。

③在方式1中，若SM2=0，则RB8是接收到的停止位。

(6) TI：发送中断标志位。在方式0中第8位数据发送结束时，或在其他方式中开始发送停止位时，由内部硬件将TI置"1"，向CPU发中断申请，表明一帧数据发送完成。在中断服务程序中，必须用软件将其清零，取消此中断申请。

(7) RI：接收中断标志位。在方式0中接收完第8位数据时，或在其他方式中接收到停止位时，由内部硬件将RI置"1"，向CPU发出中断申请，表明接收到一帧数据。在中断服务程序中，也必须用软件将其清零，取消此中断申请。

2. 电源控制寄存器PCON

PCON的字节地址为87H，不可位寻址。该寄存器中只有最高位SMOD与串行口工作有关：定时器T1溢出率相同的情况下，当SMOD=1时，波特率比SMOD=0时的波特率大一倍（见表7-1中波特率计算公式），因此SMOD称为波特率倍增位。复位时，SMOD=0。

3. 数据缓冲器SBUF

在串行口内部，物理上有两个独立的缓冲器，分别负责接收和发送数据，它们占用同一地址99H，编程时使用同样的寄存器名称SBUF。

执行写SBUF指令，如MOV SBUF，A时，硬件自动将数据送入发送缓冲器，而执行读SBUF指令，如MOV A，SBUF时，硬件自动将接收缓冲器的内容送入累加器A。

串行口接收数据时，数据逐位进入移位寄存器，一帧数据接收完成后，整体装入SBUF，并向CPU发出中断请求。如果在CPU读走SBUF数据之前，又有串行数据输入，则新的数据仍逐位进入移位寄存器，在新数据接收完成之前，SBUF的内容不受影响。因此，接收缓冲器和移位寄存器结合，使MCS-51单片机的串行口在接收数据时具有双缓冲功能。由于发送过程是CPU主动发起和控制的，能根据TI判断前一数据是否发送完成，从而决定何时发送第二个数据，因此发送缓冲器不需要双缓冲功能。

7.2.2 串行口的工作方式

如前所述，通过对工作方式选择位SM0和SM1的设置，可使串行口工作于4种不同的方式。现分述如下：

1. 方式0

串行口的工作方式0为同步移位寄存器的输入输出方式。数据由RXD（P3.0）引脚输入或输出，同步移位脉冲由TXD（P3.1）引脚输出。发送和接收均为8位数据，低位在先，高位在后。波特率固定为$f_{osc}/12$。方式0多用于扩展并行输入/输出口。

(1) 用方式 0 发送：

串行口工作于方式 0 时，将一个数据写入 SBUF 后，数据开始从 RXD 端串行发送，顺序是低位在前，高位在后，同时同步移位脉冲从 TXD 端输出。同步移位脉冲频率即波特率为 $f_{osc}/12$，发送时序如图 7-11 所示。一字节数据发送完成后，中断标志 TI 置"1"，向 CPU 发出中断请求。如果要继续发送下一字节，必须用软件将 TI 清零。

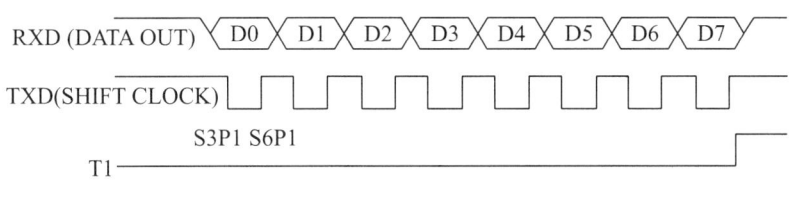

图 7-11　方式 0 发送时序

由于方式 0 发送的波特率固定为单片机主频的 1/12，因此，在用方式 0 进行双机通信时，为了保证收发双方波特率一致，双方应该使用相同频率的晶体振荡器。

(2) 用方式 0 接收：

将 REN 置"1"，且 RI=0 的条件下，将启动一个接收过程。此时 RXD 为串行输入端，TXD 输出同步脉冲。方式 0 接收的波特率也固定为单片机主频的 1/12，接收时序如图 7-12 所示。当接收完一帧数据后，各控制信号复位，RI 变为高电平，向 CPU 请求中断。要再次接收，也必须用软件将 RI 清零。

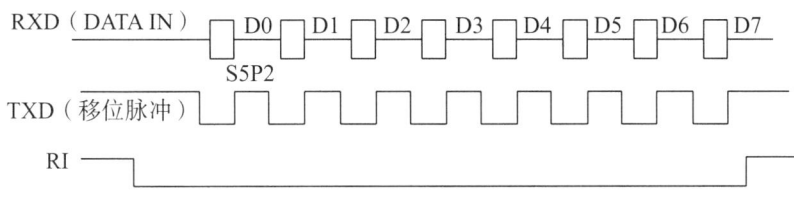

图 7-12　方式 0 接收时序

2. 方式 1

方式 1 是异步传输方式。该方式下，一帧数据为 10 位，包括 1 位起始位（0）、8 位数据位和 1 位停止位（1），如图 7-13 所示。TXD 为数据发送引脚，RXD 为数据接收引脚。

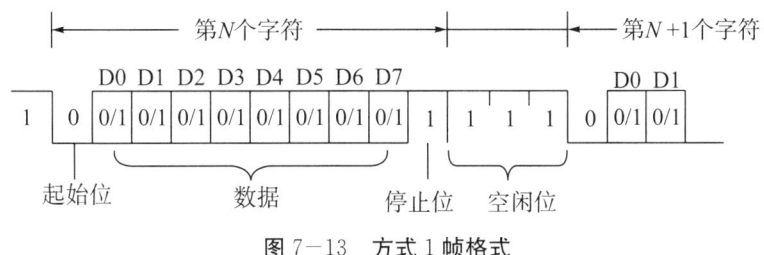

图 7-13　方式 1 帧格式

(1) 用方式 1 发送：

CPU 执行一条写 SBUF 指令后，便开始一次发送过程，数据逐位从 TXD 端送出，发送时序如图 7-14 所示。发送所用移位脉冲是定时器 1 溢出信号经 16 或 32 分频信号，即波特率为 $2^{SMOD}/32 \times T1$ 溢出率，是可变的。一帧数据发送完后，TI 置"1"，请求中断。TI 标志也只能用软件清除。

当一帧数据发送完成，且没有开始发送下一帧数据时，TXD 引脚一直保持停止位（"1"），即高电平状态。无论什么时候，当开始发送下一帧数据时，TXD 总是先送起始位"0"，即低电平，因此在 TXD 引脚上将出现一个下降沿，用于通知接收方接收新一帧数据。

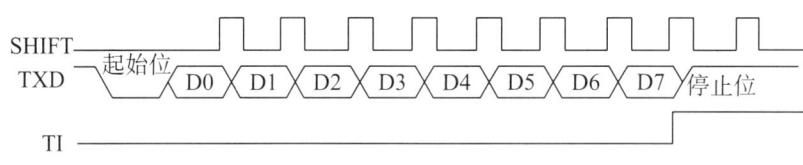

图 7-14　方式 1 发送时序

（2）用方式 1 接收：

用软件将 REN 置为"1"后，接收器以所选择波特率的 16 倍速率采样 RXD 引脚电平，当检测到 RXD 引脚输入电平发生负跳变时（即发送方的 TXD 端在发出前一帧的停止位"1"并经过任意时长以后，发出了新一帧数据的起始位"0"），则说明起始位有效，将其移入输入移位寄存器，并开始接收这一帧信息的其余位。接收过程中，数据从输入移位寄存器右边移入，起始位移至输入移位寄存器最左边时，控制电路进行最后一次移位。9 位数据接收完以后，如果满足下列条件，则将接收到的前 8 位数据装入接收 SBUF，第 9 位（停止位）进入 RB8，并置 RI=1，向 CPU 请求中断：①RI=0；②SM2=0，或 SM2=1 且接收到的停止位为 1。

如果不满足上述两个条件，不再对收到的数据进行处理，继续监测 RXD 引脚上的下一次负跳变。

方式 1 接收时序如图 7-15 所示。

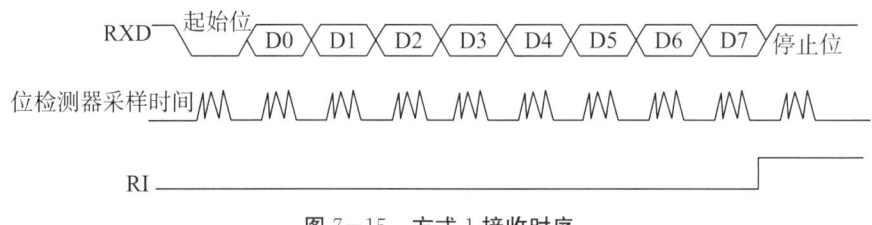

图 7-15　方式 1 接收时序

3. 方式 2 和方式 3

方式 2 和方式 3 均为异步传输方式。这两种方式下，一帧数据由 11 位构成，即 1 位起始位（0）、8 位数据位、1 位可编程位和 1 位停止位（1），如图 7-16 所示。TXD 为数据发送端，RXD 为数据接收端。

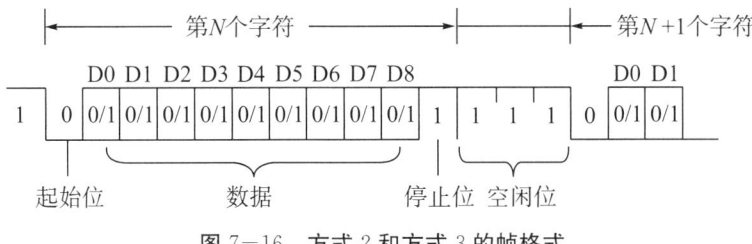

图 7-16 方式 2 和方式 3 的帧格式

方式 2 和方式 3 的收发操作完全一样，不同之处在于方式 2 的波特率仅受波特率倍增位的影响，为 $2^{SMOD} \times f_{osc}/64$，而方式 3 的波特率为 $2^{SMOD}/32 \times T1$ 溢出率，与定时器 T1 溢出率有关，是可变的。

（1）用方式 2 或方式 3 发送：

方式 2 或方式 3 中，一帧数据包括 9 位有效位，发送前必须将要发送的第 9 位数据装入 SCON 寄存器的 TB8 中。常用方法是使用指令 SETB　TB8 或 CLR　TB8 对该位置"1"或清零。至于第 9 位数据的作用，在串行口中不作规定，完全由用户程序决定，通常可作为奇偶校验位或多机通信中的地址/数据标志位。

第 9 位数据准备好后，执行一条写 SBUF 寄存器的指令即开始发送：首先把起始位"0"输出到 TXD 引脚，然后在移位脉冲作用下，输出移位寄存器的各位依次右移一位，移出位由 TXD 引脚输出。

第一次移位时，停止位"1"移入输出移位寄存器的最后一位，以后每次移位，左边都移入 0。当停止位移至输出位时，左边其余位全为 0，检测电路检测到这一条件时，使控制电路进行最后一次移位，并置 TI=1，向 CPU 请求中断。发送时序如图 7-17 所示。

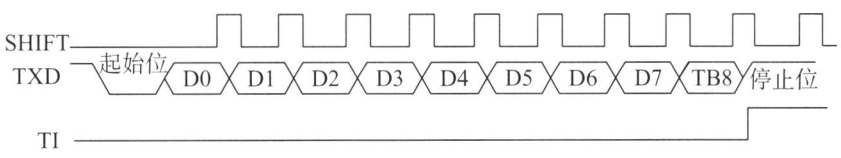

图 7-17 方式 2、3 发送时序

（2）用方式 2 或方式 3 接收：

REN 置"1"后，开始接收。与方式 1 相同，接收方以所选择波特率的 16 倍速率采样 RXD 引脚电平，当检测到 RXD 引脚输入电平发生负跳变时，则说明起始位有效，将其移入输入移位寄存器，后续数据继续从右边移入输入移位寄存器。在起始位 0 移到最左边时，控制电路进行最后一次移位。当 RI=0，且 SM2=0（或接收到的第 9 位数据为 1）时，接收到的 8 数据装入接收缓冲器 SBUF，第 9 位装入 RB8，置位 RI，向 CPU 请求中断。如果条件不满足，则数据丢失，且不置位 RI，继续监测 RXD 引脚的负跳变。接收时序如图 7-18 所示。

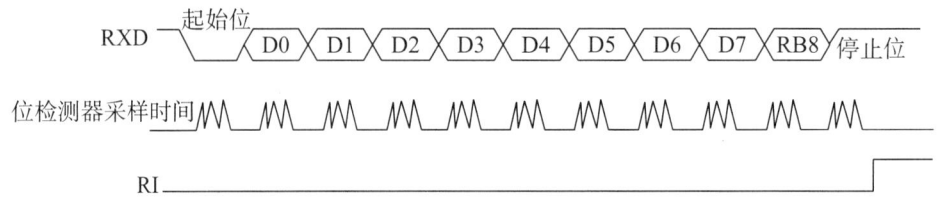

图 7-18 方式 2、3 接收时序

7.2.3 波特率计算

在串行通信中,收发双方发送或接收数据的速率应该相同,这样才能保证接收一位的时间正好是发送一位的时间,否则可能漏掉或者重复接收数据位,甚至引起混乱而不能正确接收。MCS-51 单片机的串行口可编程设定为 4 种工作方式,其中方式 0 和方式 2 的波特率是固定的,这时要求收发双方主频一致或相差一倍(此时通过设置 SMOD 位使波特率一致);而方式 1 和方式 3 的波特率是可变的,由定时器 T1 的溢出率来决定,这种情况下,必须对双方的定时器进行正确的设置以保证波特率一致。

串行口的 4 种工作方式对应 3 种波特率。由于输入的移位时钟的来源不同,所以各种方式的波特率计算公式也不相同:

方式 0 的波特率 $= f_{osc}/12$

方式 1 的波特率 $= 2^{SMOD}/32 \times$ T1 溢出率

方式 2 的波特率 $= 2^{SMOD} \times f_{osc}/64$

方式 3 的波特率 $= 2^{SMOD}/32 \times$ T1 溢出率

方式 0 和方式 2 的波特率是固定的,如果固定波特率不能满足通信要求,则应采用方式 1 或方式 3,通过设置定时器的溢出率来得到需要的波特率。

定时器的溢出率与其采用的工作方式有关,可表示为:

定时器溢出率 $= f_{osc}/[12 \times (2^K - 初值)]$

当用定时器 1 作为波特率发生器时,最典型的做法是使 T1 工作在自动重装载的 8 位定时器方式(即方式 2),这样一旦将 TR1 置 "1" 启动定时器后,可以让其自动运行,而不必对其定时中断进行处理。这时溢出率取决于 TH1 中的计数值。

T1 溢出率 $= f_{osc}/\{12 \times [256 - (TH1)]\}$

当波特率较低时,定时器可采用方式 1。

串行口方式 1、3 的常用波特率及各参数的关系如表 7-2 所示。

表 7-2 常用的波特率及各参数

波特率/Baud	f_{osc}/MHz	SMOD	定时方式	定时器初值
62500	12	1	2	FFH
19200	11.0592	1	2	FDH
9600	11.0592	0	2	FDH

续表

波特率/Baud	f_{osc}/MHz	SMOD	定时方式	定时器初值
4800	11.0592	0	2	FAH
2400	11.0592	0	2	F4H
1200	11.0592	0	2	E8H
110	6	0	2	72H
110	12	0	1	FEEBH

7.3 串行口应用举例

7.3.1 利用串行口实现单片机之间通信

两台单片机利用串行口进行通信的硬件连接非常简单，只需将 TXD 和 RXD 交叉相连即可，当然，两台单片机必须共地，以保证能正确识别"0"和"1"。

硬件连接完成后，两台计算机之间采用什么规则传送数据（即通信协议）需要由软件约定。在如图 7-19 所示的系统中，需要约定的内容有波特率、一帧数据的格式、发送开始和接收完成后是否需要应答、是否需要检错以及发生通信错误时如何处理等。

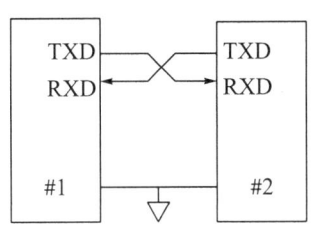

图 7-19 串行口连接图

【例 7-1】设两台单片机主频均为 12MHz，1 号机用串行口工作方式 1 将片内数据存储器 30H~50H 共 21H 个数据发送给 2 号机。波特率为 2400 波特。1 号机每发送一个字节，计算一次检验和。数据发送完成后，发检验和字节。2 号机每收到一个字节便将其保存至设定位置并计算检验和，数据接收完后向 1 号机回送检验和。1 号机收到 2 号机回送的检验和字节后进行判断，如果与本机计算的检验和相同，清零 20H 位，否则置位 20H，主程序根据 20H 位状态结束传输或进行错误处理。

【编程步骤】

（1）计算波特率。

采用方式 1 发送，则有

   波特率 = $2^{SMOD}/32 \times$ T1 溢出率 = 2400 波特

SMOD 取 0，则

   T1 溢出率 = 2400×32　　　　　　　　　　　①

   T1 定时时间 = 1/(2400×32)　　　　　　　　②

采用定时器 1 的工作方式 2 作波特率发生器,则

$$T1 \text{ 定时时间} = (256-N) \times 12/12\text{MHz} \times 10^{-6} \qquad ③$$
$$= 1/(2400 \times 32)$$

所以 $N = 256 - 10^6/(2400 \times 32) = 243 = F3H$

特别提示:注意计算过程中单位的统一。由于计算波特率所用时间单位是秒(s),因此①式中计算 T1 溢出率所用时间单位也应该是秒(s),②式中 T1 定时时间的单位自然也必须是秒。由于主频单位是兆赫兹(MHz),所以③式要乘以系数 10^{-6},否则结果错误。

(2) 设置工作单元及标志位。

10H——待发送字节数;

11H——发送单元地址指针;

12H——检验和存放单元;

F0——数据块发送完成标志;

20H 位——通信错误标志;

21H 位——检验和发送标志。

(3) 设置特殊功能寄存器。

①设置 TMOD:根据 TMOD 各位的定义(见图 5-2),定时器 1 工作于定时模式方式 2,于是 TMOD 初值为 00100000B(定时器 0 未用,其控制位任意设置)。

②设置 SCON:根据 SCON 各位的定义(见图 7-10),串口工作于方式 1,允许接收,于是 SCON 初值为 01010000B。

③设置 IE 及 IP:根据 IE 各位的定义(见图 6-3)及本系统功能要求,应打开总的中断允许位 EA 及串行口中断允许位 ES,采用位指令将这两位置"1"即可。定时器 1 采用自动重装载方式,无需中断,对应位保持复位值"0"。另外,系统中只有串口中断,可不设置其优先级,IP 无需修改。

根据系统功能,可在主程序中从串行口发送第一个字节,待发送完成引起串行口发送中断后,在串行口中断服务程序中继续发送后续字节并完成相应判断。1 号机主程序框图如图 7-20 所示。

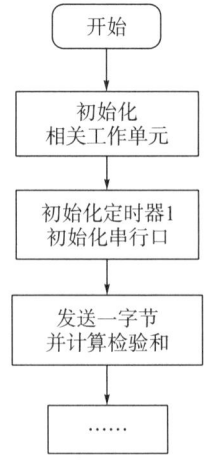

图 7-20 1 号机主程序框图

【程序示例】

1号机主程序：

```
            ERR     BIT    20H          ;定义位
            CHKSUM  BIT    21H
            ORG     0000H
            SJMP    MAIN
            ORG     0023H               ;串行口中断入口
            LJMP    SPORT               ;转串行口中断服务程序
     MAIN:  MOV     SP,#6FH             ;设置堆栈从70H单元开始
            MOV     10H,#21H            ;待发送字节数
            MOV     11H,#30H            ;首字节地址
            MOV     12H,#00H            ;检验和清零
            CLR     F0                  ;清数据块发送完成标志
            CLR     ERR                 ;清通信错误标志
            CLR     CHKSUM              ;清检验和发送标志
            MOV     TMOD,#00100000B     ;定时器1工作于方式2
            MOV     TH1,#0F3H           ;定时器初值
            MOV     TL1,#0F3H
            MOV     SCON,#01010000B     ;串行口方式1，REN=1
            SETB    EA
            SETB    ES                  ;允许串行口中断
            SETB    TR1                 ;启动定时器1
            ;初始完成
            MOV     R0,11H              ;待发送字节地址送R0
            MOV     A,@R0               ;取发送内容
            MOV     SBUF,A              ;发送第一字节
            DEC     10H                 ;待发送字节数减1
            MOV     12H,A               ;存检验和
            ……                          ;其他程序
```

主程序实现将堆栈指针SP设为6FH，使堆栈区位于70H~7FH区间，既保证堆栈有足够深度，又避免与其他数据存储单元冲突。在完成相关工作单元及定时器、串行口工作方式初始化后，将第一个字节通过指令MOV SBUF,A从串行口开始发送（注意：是开始发送，该指令执行完后发送并未完成），并继续执行主程序的后续指令。后续指令执行过程中，第一个字节从串行口发送完成，引起串行口发送中断请求，进入串行口中断服务程序。

串行口中断包括发送和接收两种情况。发送中断服务程序的任务是先判断发送是否完成，若未完成则继续发送后续字节，计算检验和并保存；若发送完成则结束本轮数据

传输。需要注意的是，发送完成是指所有数据和检验和字节均已发送，所以程序中要判断数据及检验和的发送情况。接收中断服务程序用于接收 2 号机返回的检验和。因此，串行口中断服务程序包括发送和接收两个程序模块，在进入中断服务程序后根据中断标志选择要执行的模块。根据中断服务程序的功能，其流程如图 7-21 所示。

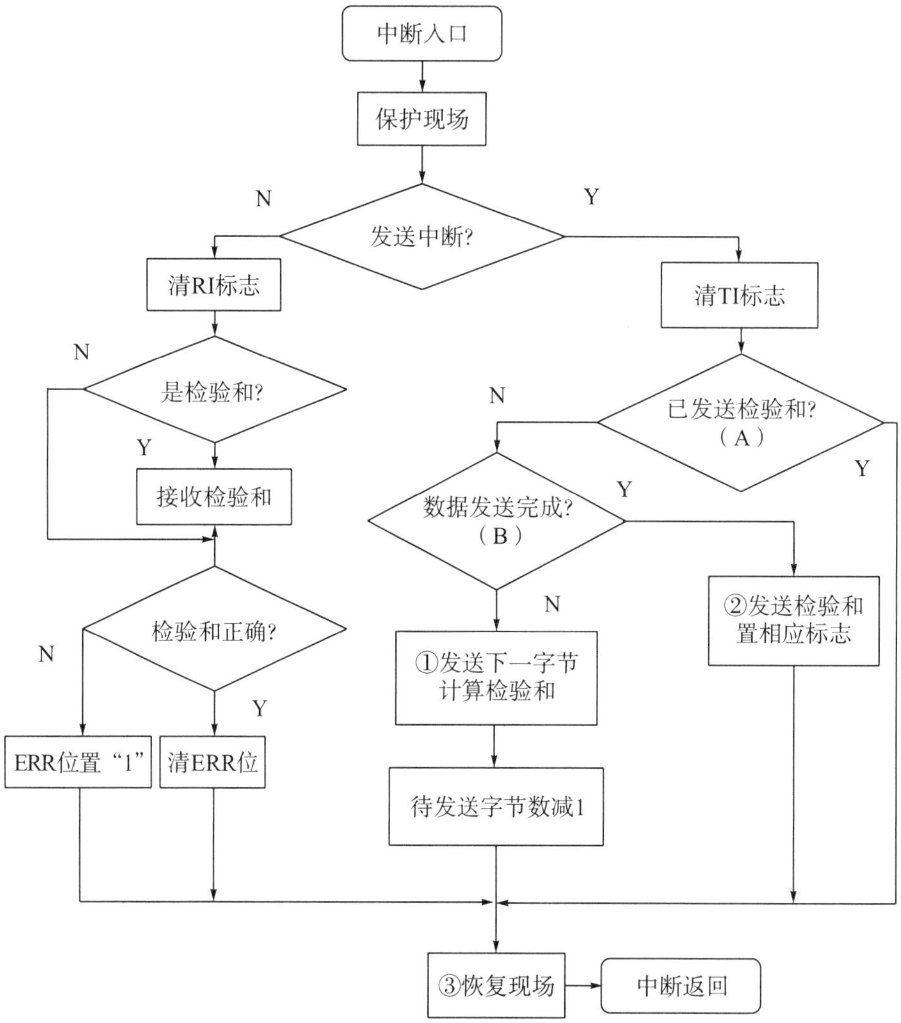

图 7-21　1号机中断服务程序框图

【程序示例】

1号机串行口中断服务程序：

```
SPORT:  PUSH   ACC
        PUSH   PSW              ;保护现场
        JBC    TI, SP1          ;发送中断，转 SP1
        CLR    RI               ;接收中断
        JNB    CHKSUM, SEND     ;未发送检验和，接收无效
        MOV    A, SBUF
```

```
              CJNE    A, 12H, TXERR
              CLR     ERR                 ;清通信错误标志
              SJMP    SEND
TXERR:        SETB    ERR                 ;置通信错误标志
              SJMP    SEND                ;发送中断服务程序
SP1:          JB      CHKSUM, SEND        ;检验和已发送，返回——③
              MOV     A, 10H
              JNZ     GOON                ;数据块未完，转 GOON——①
              MOV     A, 12H              ;
              MOV     SBUF, A             ;发送检验和
              SETB    CHKSUM              ;置发送检验和标志——②
              SJMP    SEND
GOON:         CLR     RS1
              SETB    RS0                 ;修改工作寄存器区
              INC     11H                 ;指向下一单元
              MOV     R0, 11H
              MOV     A, @R0
              MOV     SBUF, A
              ADD     A, 12H              ;计算检验和
              MOV     12H, A
              DEC     10H                 ;待发送字节数减1
SEND:         POP     PSW
              POP     ACC
              RETI
```

以上两段程序涉及主程序、中断服务程序的编写，以及两个程序模块如何切换和信息交互。具体执行过程及程序模块间的信息交互方式如下：

主程序完成初始化后，通过串行口发送第一个字节，并将待发送字节数减1，然后继续执行其他功能模块，不再干预数据块传输问题；当主程序发送的第一个字节经串行口逐位发送完成后，置位 TI 标志，发出中断请求。中断响应后进入中断服务程序，由中断服务程序完成后续发送任务——通过串行口中断标志 TI 完成了主程序与中断服务程序的切换，发送工作从主程序转移至中断服务程序。

中断服务程序要完成后续字节的发送，并在全部字节发送完成后发送检验和，最终在检验和发送完成后退出本轮数据块传输过程，因此中断服务程序对当前状态的判断及程序流程的控制是保证程序正确运行的关键。对当前状态进行判断的思路是：每次进入发送中断时首先判断是否已将检验和发送完毕（判断框 A，根据 CHKSUM 位状态判断），如是则整个发送过程结束，否则根据待发送字节数（10H 单元值）判断数据是否已发送完成（判断框 B）；若已完成则发送检验和，并置位 CHKSUM 位（流程框②），供下一次判断（判断框 A）使用，若未完成则根据发送指针（11H）继续发送后续字节

(流程框①），然后将待发送字节数减1，供下次判断（判断框B）使用。

通过以上分析可以看出，中断服务程序执行过程中，既要判断检验和及数据发送情况，又要修改检验和及数据发送情况，当检验和发送完成后不再发送新数据，因此不再产生发送中断，从而结束了发送过程。中断服务程序流程控制如图7-22所示。

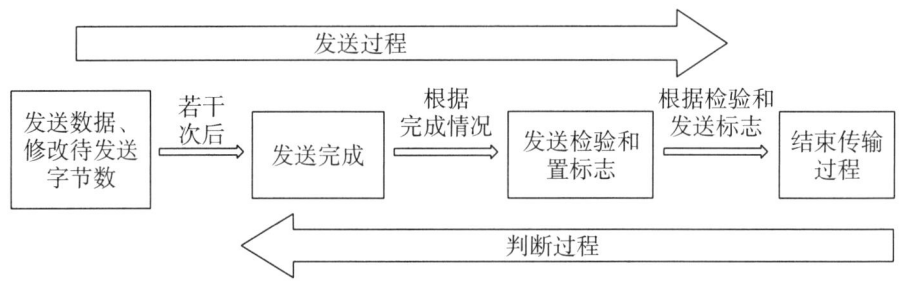

图7-22 中断服务程序流程控制示意图

2号机初始化时设置一个检验和存储单元，并将其清零，同时设置定时器1、串行口工作方式及与1号机相同的波特率。串行口中断服务程序中，每收到一个字节，将其转存到适当单元后，将接收到的字节与检验和单元值累加，计算出新的检验和，待接收完规定字节数后将检验和回送1号机。程序略。

7.3.2 多机通信的实现

通过串行口构建多机通信系统常采用主从式结构，即在数个单片机中有一个是主机，其余的是从机，从机服从主机的调度、支配。采用MCS-51单片机的串行口工作方式2和方式3可方便地构成这种主从式的多机通信系统。图7-23所示为主从式多机通信系统示意图。

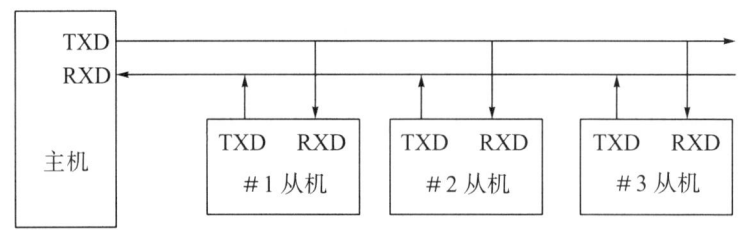

图7-23 主从式多机通信系统原理图

从图7-23可以看出，从机地位相同，收发线路共用，主机发送的信息每个从机均能收到，而从机向主机发送信息必须分时。因此，在这类通信系统中要解决的关键问题有两个：其一，主机能够指定收发从机，主机可以把信息发送到所有从机，也可以发送到指定从机；其二，任意时刻只能有一台从机可以向主机发送信息，可发送信息的从机由主机指定和切换。

为实现上述功能，可令主从机均工作于方式2或方式3，主机发送的信息分为地址帧和数据帧两类，而每台从机预置一个区别于其他从机的地址（一个字节，取值00H～FFH）。初始化时，主机SM2位清零，所有从机的SM2位置"1"，处于接收地址帧状态。主机需要指定或切换从机时,先发送一地址帧,内容为所指定的从机地址。地址帧第 9 位 TB8 置 "1",表示该帧为地址帧。由于 TB8 为 1,所有从机都可接收到该地址帧,然后将接收的地址与本机的地址比较。地址相符的从机,在串行口接收中断服务程序中将 SM2 位清零(以接收主机随后发来的数据帧),并把本机地址发回主机作为应答;其余从机仍保持 SM2=1,也无须返回信号。

主机接收到从机的应答后,即可向从机发送数据帧(8 位数据,第 9 位 TB8 为 0),由于 TB8 为 0,其他从机将不接收该数据;主机也可以通过向从机发送约定的"命令字"要求从机回传数据,从机回传数据时也是以 TB8 为 0 的格式发送,其他从机同样接收不到该数据。当主机与从机完成一次通信后,主机可再发一"命令字",令从机置位 SM2,重新回到待命状态。

主机向从机发送的"命令字"可以采用数据帧格式,也可以采用地址帧格式。如果"命令字"无法与普通数据区别,则通常以地址帧的格式发送。这种情况下,地址帧将分为两部分,一部分是从机机号(地址),另一部分是命令。当然,采用这种方式的前提是系统中从机数量较少,用少数几位即可表示机号。表 7-3 示例了一种以 4 位表示机号(可有 16 个从机)、4 位表示命令的地址帧形式。

表 7-3 地址帧示例

地址帧	命令含义
××××0000	呼叫从机,通信状况检测
××××0001	主机将向从机发送数据
××××0010	主机要求从机回送数据
……	……
××××1111	通信结束,要求从机复位

表 7-3 中,"××××"代表从机机号,从机收到该地址帧后,先将高 4 位与本机机号比较,相符再进行命令识别。在实际系统中可根据从机数量和命令数量灵活调整机号和命令的位数。如果机号加命令的位数超过一个字节,还可以用两个或更多字节的地址帧来表示,当然接收方的机号、命令识别程序要与之相匹配。

7.3.3 单片机系统串行口扩展

图 7-24 所示是一个测量设备位置的闭环运动控制系统示意图,需要控制工作台绕 X 和 Y 轴转动。控制系统由上位机与嵌入式运动控制器组成,嵌入式运动控制器作为底层控制前端,通过串行口接收上位计算机指令并控制两台步进电机驱动工作台转动,转动角度由与电机同轴安装的角度检测元件经位置反馈模块反馈至控制器,实现闭环控制。

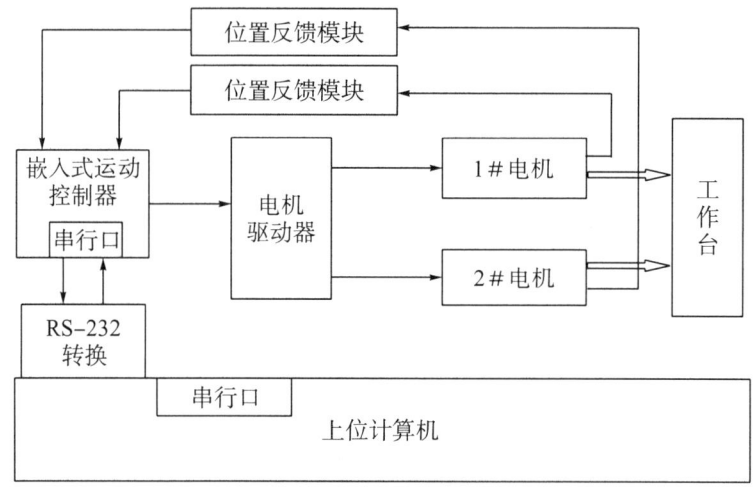

图 7-24 多串行通道系统示例

运动控制器是以 MCS-51 系列中的 89C52 单片机为核心嵌入式模块，而位置反馈模块也是以 MCS-51 单片机为核心的智能模块。上电复位后，将检测到的角度值以 AAH 为前导字节，按串行方式依次送出 2 字节度数值、1 字节分值和 1 字节秒值。显然，这一系统中有多个串行设备，运动控制器应该有 3 个串行口才能满足系统需要，如何简单方便地进行串行口扩展，是运动控制器设计的一个关键问题。

本例使用 89C2051 作为扩展芯片，对 89C52 进行串行口扩展。89C2051 本身也是 MCS-51 系列单片机，但它仅有 20 个引脚，价格便宜，体积小。根据图 7-24 的要求，可将 89C2051 串行口与位置反馈模块相连，实时接收角度数据，并存于内部 RAM；89C52 和 89C2051 的 P0 口相连，可进行数据并行传输。为了避免两片 89C2051 的 P0 口输出数据相互干涉，采用两片 74LS245 进行数据缓冲隔离。其串行口扩展原理如图 7-25 所示。

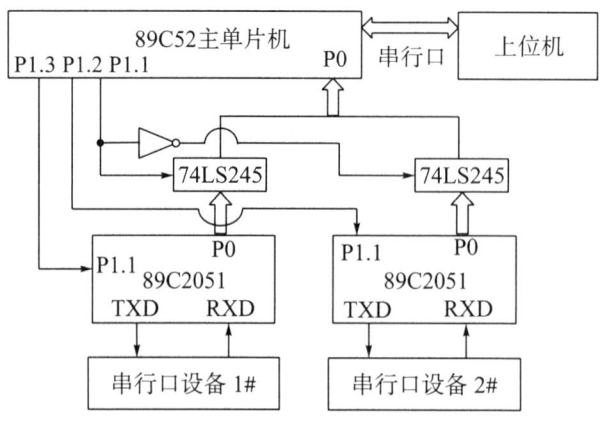

图 7-25 串行口扩展原理

主单片机用 P1.1 控制两片 74LS245 的选通，在需要时切换 P1.2 或 P1.3 状态，轮流读取两个模块的反馈角度值。

89C2051 上电复位后即开启串行口，由中断服务程序接收反馈模块数据，判别出前导字后,将后续角度值存于内部数据存储器 30H~33H 四个连续单元。主程序则扫描主单片机发送至 P1.1 的读取请求信号,一旦与 Send_sta 状态相反则从 P0 口并行送出数据。程序流程如图 7-26 所示。

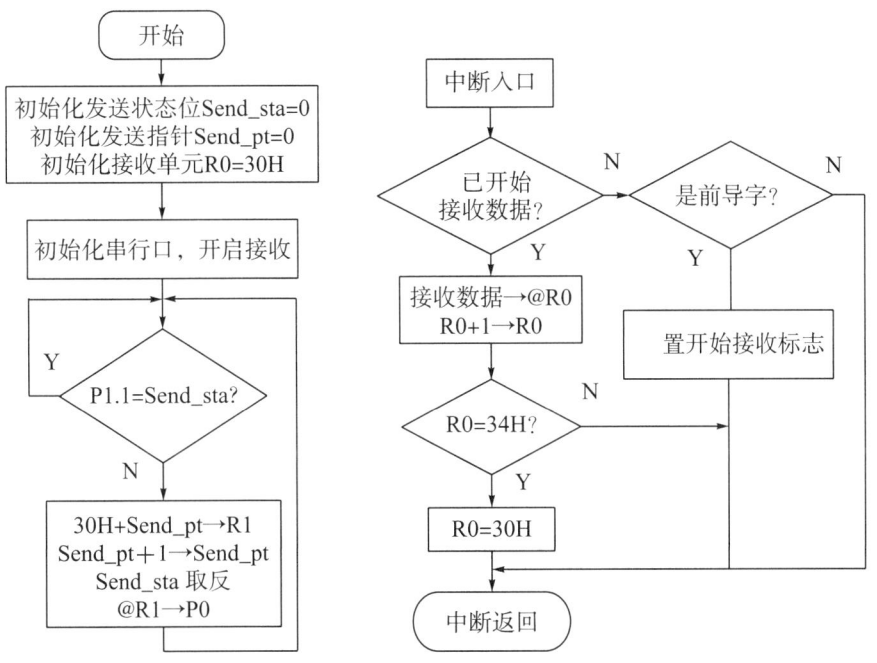

图 7-26 89C2051 接口单片机主程序及中断服务程序流程图

复习思考题

(1) 串行通信相较于并行通信有何优缺点?

(2) 同步传输和异步传输各有什么优缺点?

(3) 简述 MCS-51 串行口各种工作方式的原理和特点。

(4) 用方式 1 接收时,接收方采样 RXD 引脚电平的最高频率是多少?能不能以大于 16 倍波特率的速率采样?

(5) 简述 MCS-51 单片机多机通信的实现方法。

(6) 简述 SM2 位在多机通信中的作用。

(7) 在 7.3.1 节的 1 号机主程序中,当 MOV SBUF,A 指令执行完成后,该字节是否发送完成?为什么?如果没有,主程序大概还要执行多少条后续指令该字节才能发送完成?

(8) 在 7.3.1 节的 1 号机中断服务程序中,是如何保护工作寄存器的?中断返回时又是如何恢复的?

(9) 根据 7.3.1 节程序示例编写 2 号机主程序及中断服务程序。

(10) 图 7-25 所示系统中,如何保证 89C2051 和 89C51 发送和接收速度匹配?

(11) 根据图 7-26 编写 89C2051 接口单片机的主程序及中断服务程序。

第 8 章 接口技术基础

8.1 接口技术研究的内容

如第 1 章所述,一台具有最基本功能的微机系统起码应该包含中央处理器(CPU)、存储器(RAM/ROM/EPROM)、输入/输出接口(I/O 接口)等功能部件,即使单片机已经把上述部件集成到了一个芯片当中,它仍然需要与外部被测/被控对象相连,否则一个孤立的 CPU 或单片机芯片是完成不了任何工作的。如何将 CPU 或单片机与其他功能部件以及被测/被控对象有机地连接起来,就是接口技术所要研究的内容和解决的问题。

"接口"一词由英文单词"interface"翻译而来,也可翻译为"界面",如"software interface"即常说的"软件界面",其作用是方便操作人员与计算机之间进行信息交互:计算机的处理结果显示在界面上,操作人员的指令或输入数据也通过界面传递给计算机。同理,接口是指处理器或计算机系统与外部芯片/器件/设备(以下统称为设备)连接的中间环节,具体表现为两者之间的线缆连接,计算机系统与外部设备的信息交互则是通过这些线缆完成的,如常见的 USB 接口、VGA 接口以及 HDMI 接口等。接口技术则是研究计算机系统与外部设备如何正确连接、如何利用计算机(CPU)的相关信号控制外部设备以及外部设备的信号如何反馈回计算机系统的相关技术。

一般说来,要把 CPU 或单片机与其他功能部件有机地连接起来,需要实现逻辑、电气和物理层次的正确连接,或者说需要 3 个层次的接口。接口层次如图 8-1 所示。

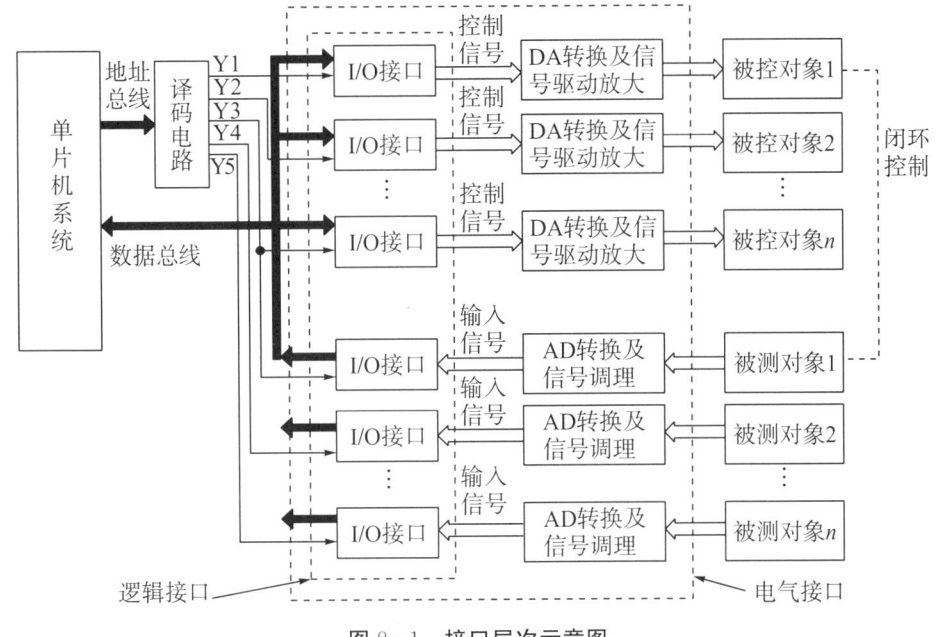

图 8-1 接口层次示意图

8.1.1 逻辑层的连接（逻辑接口）

为了控制外部器件，单片机在运行期间会产生众多的控制信号，这些信号都会从相应的引脚上输出。相应的，外部器件要正常运行，正确接收单片机信息或向单片机发送数据，需要有相应的信号加以控制。如何将两方面的信号相匹配就是逻辑层的连接要解决的问题。

实现逻辑层连接的一般方法是通过分析单片机和外部器件的时序图，搞清楚单片机可以输出哪些控制信号，外部器件需要哪些控制信号，以及信号之间的超前、滞后关系，从而选择合适的单片机信号，直接或经过变换后间接控制外部器件。

8.1.2 电气层的连接（电气/功率接口）

电气层的连接主要解决单片机与外部器件的功率匹配问题。单片机给出的控制信号是 TTL 电平信号，低电平为 0V，高电平为 5V，输出的电流也在毫安（mA）级，而外部器件需要的控制电流、电压可能要高得多。此外，外部器件输出信号也可能与单片机能接收的电压、电流等级不匹配。

例如，用单片机控制一台两相交流电机的启停，从逻辑上看，只要单片机通过一根 I/O 线给出一个开关信号就可实现启停控制，但由于电机的工作电压是交流 220V，电流需要几安甚至十几安，显然单片机输出的信号是不能直接驱动电机，实现启停控制的。实现的方法是将单片机给出的 TTL 电平控制信号通过相应的电路加以放大，用放大后的信号去控制外部器件。同理，外部器件的输出信号也可能需要整流、降压后再送给单片机。这类功率转化的问题是电气层次的连接需要解决的问题。

另外，单片机输入/输出的信号均是数字信号，而外部器件输入/输出的信号除了数字信号,还可能是模拟信号,因此,进行数/模或模/数转换是电气接口所要解决的另一个问题。

8.1.3 物理层的连接(物理接口)

在逻辑层和电气层的接口设计完成后,要解决的最后一个问题就是如何将单片机与外部器件在物理上连接起来。物理层连接的常用方法有印刷电路连接、电线电缆连接以及采用红外、蓝牙等技术实现无线连接。

一般来讲,TTL 或 CMOS 电平器件多采用印刷电路连接;而功率大、体积大或对安装位置有要求的器件多采用电线电缆连接,此时需要注意的是,所选择的电线电缆应有足够的电压/电流承受能力、足够的机械强度、良好的屏蔽和抗干扰性能,同时还要充分考虑长导线对信号的衰减。

在上述 3 个层次的连接技术中,逻辑层连接是接口技术的基础。不是所有接口都需要 3 个层次的连接,但逻辑层连接是所有接口都必须解决的问题。在这个层次上,地址译码是关键环节,可以说地址译码是接口技术中基础的基础。

尽管 MCS-51 单片机片内已集成了一定数量的程序存储器和数据存储器,尤其新型号的单片机片内程序存储器已达 64KB,无需再进行外部扩展,但数据存储器一般只有十多 KB,特殊情况下需进行外部扩展。此外,一个单片机应用系统中,一般还需要连接一些外部器件,如 AD/DA 转换模块、电机驱动模块等,接口技术仍然是单片机应用必须掌握的内容。

更进一步地讲,其他型号的单片机,甚至其他型号的微处理器在进行外部器件扩展时,要解决的关键问题仍然是如何实现 CPU 信号与外部器件输入/输出信号的匹配。所以说,虽然接口设计与系统的 CPU 型号有关,但接口技术本身并不依赖于 CPU 型号,其基本原理对各种单片机和微处理器具有普遍适应性。理解和掌握这一点对灵活应用本书所讲的接口技术基础极其重要,本书增加这部分内容,也是为了达到授人以渔的目的。

基于上述目的,本章以扩展外部数据存储器为例介绍地址译码的目的和方法,以及外部器件与单片机的接口技术。

8.2 地址译码的目的和方法

8.2.1 地址译码的目的

在一个可运行的计算机系统中,除 CPU 外,一般还有多个存储器单元和 I/O 接口部件(统称为单元)。系统运行期间,CPU 将会在不同时刻与某一存储器单元或 I/O 接口部件进行数据交换,为了明确 CPU 的数据送往哪一个单元或者从哪一个单元读取信息,必须给每个单元赋予不同的名称,即地址。CPU 有多根地址线,以 MCS-51 单片机为例,其 CPU 有 16 根地址线,每根地址线的电平有"0"和"1"两种状态,因此 16 根地址线上的电平共有 64K(即 65536)种组合,每种组合称为一个地址,即单片机可寻址 64K 个地址单元。通过硬件连线（辅以必要的逻辑器件）的方法，给每一个单元分配一个或多个地址称为地址译码。

译码的基本方法是用全部或部分地址线进行逻辑组合，组合得到的信号将代表一个或一段连续的地址单元，而不同组合得到的信号是互斥的，可以用于区分不同的单元。译码的主要任务即设计合适的逻辑电路（译码电路），组合出系统所需的地址信号。

地址译码的目的就是给每个单元分配一个或多个地址，以便相互区别。这就好像一个班中每个学生都要有一个名字，以便区别。当然，如果某个学生有"曾用名""笔名"等多个名字也是可以的（同理，一个单元可以有多个地址），但如果多个人共用一个名字则会带来不便。因此，一般情况下不能多个单元共用同一地址（个别特殊情况除外，如一个单元只能读出，而另一单元只能写入，这两个单元可共用同一地址）。

8.2.1.1 MCS-51 单片机系统的地址分配规则

对 MCS-51 单片机系统进行外部存储器扩展或连接外部设备时，需要为扩展的器件分配相互独立的地址，以便 CPU 识别。由于 MCS-51 单片机系统的存储器体系结构为哈佛结构，系统地址分配规则如下：

（1）程序存储器与数据存储器地址重叠使用。

（2）外围扩展 I/O 芯片与片外数据存储器统一编址。它们不仅占用数据存储器地址单元，而且读/写控制信号与读/写指令与数据存储器相同。

（3）片外程序存储器与数据存储器可直接寻址范围各为 64KB。

8.2.1.2 MCS-51 单片机总线时序及结构

所谓译码，实际上就是将计算机的地址线进行逻辑组合，而组合所得的逻辑信号就代表一个或一组地址单元，再配以其他控制信号，CPU 就可以和指定单元进行数据传输。因此，进行译码前首先应该了解计算机系统的总线时序及结构。

MCS-51 单片机地址总线宽度为 16 位，P2 口提供高 8 位地址（A8~A15），且在指令执行的整个周期有效；P0 口是分时复用的低 8 位地址总线和数据总线，既要输出外部器件的低 8 位地址，又要完成 8 位数据的输入输出，因此必须将 P0 口上的地址信号和数据信号分离。读写外部数据存储器的总线信号时序如图 8-2 所示（读外部程序存储器的时序与图 8-2 基本相同）：在一个机器周期的 S5 至 S6 的 P1 节拍之间给出低 8 位地址，ALE 信号在 S4 的 P2 节拍到 S5 的 P1 节拍之间给出一个正脉冲，因此，可利用 ALE 信号的下降沿将 P0 口给出的低 8 位地址锁存，使其在 CPU 和外部设备传输数据的整个期间有效，为外部器件提供稳定的 16 位地址信号。

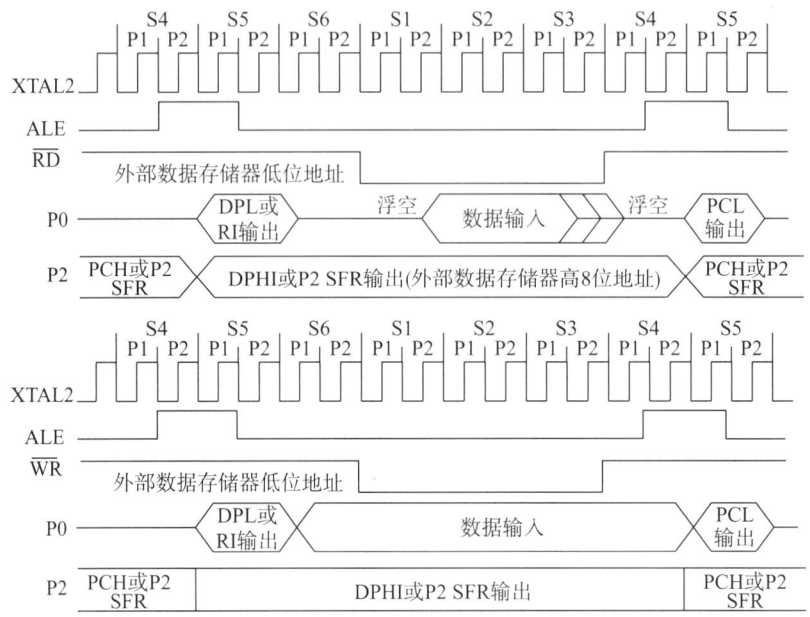

图 8-2 读写外部数据存储器时低 8 位地址与 ALE 信号时序图

根据以上分析，MCS-51 单片机的 3 总线构成方式如图 8-3 所示，这是采用总线方式进行外部设备扩展最基本的电路。所有扩展的外部器件都将"挂在"这 3 条总线上，与 CPU 进行信息交互，如图 8-4 所示。接下来的问题是 CPU 如何区分挂在总线上的不同设备。

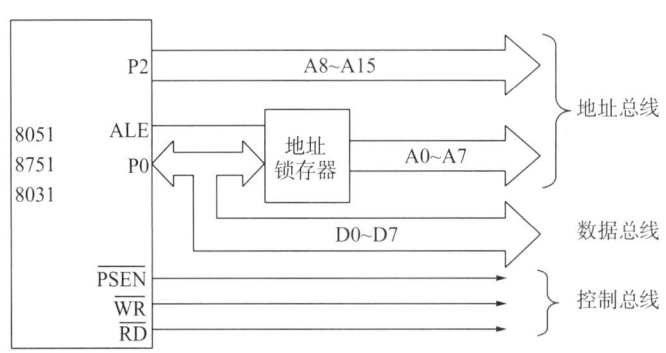

图 8-3 MCS-51 单片机总线结构

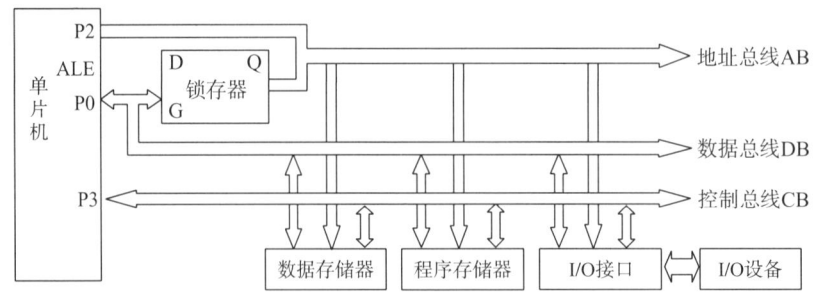

图 8-4 单片机与外部设备总线连接方式

8.2.2 地址译码方法

如图 8-4 所示，计算机系统中的部件归结起来可分为存储器和 I/O 设备两大类，对存储器和 I/O 设备都需赋予不同的地址，以便相互区别。由于存储器和 I/O 设备占用地址单元的数量以及内部结构不同，具体的译码方法有所不同，但译码的基本原理在本质上是一样的。

8.2.2.1 存储器译码的特点

一片存储器芯片内部有若干存储单元（几 KB 到几十 KB 甚至数 MB），并有与其容量匹配的地址线。根据地址线上电平状态的组合，存储器芯片可自动选中相应的存储单元，即芯片本身可完成内部译码。

图 8-5 是容量为 16KB 的随机存储器（RAM）62128 的引脚图。62128 有 A0～A13 共 14 根地址线，根据这组地址线的状态组合可选中内部 0000H～3FFFH 共 16K 个单元，因此译码时，首先将单片机的低位地址总线 A0～A13 与 62128 的 A0～A13 相连，由 62128 内部译码逻辑选择指定单元；D0～D7 八个引脚用于内部单元数据输入/输出，可将其与单片机 8 位地址总线对应相连。设计接口时还要用到读/写控制信号$\overline{WE}$/$\overline{OE}$和片选控制信号$\overline{CE}$，这些信号的作用稍后介绍。

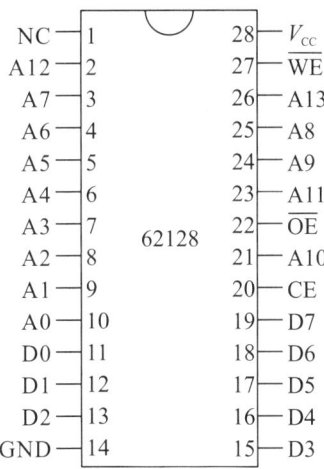

图 8-5　16KB RAM 62128 的引脚信号

如果系统中只有 62128 这一个器件，经过上述连接就可以使用了。但是，如果系统中有多个器件，例如用两个 62128 为单片机扩展 32KB 外部数据存储器，则仅完成上述连接还不够。

图 8-6 是两片 62128 与单片机地址/数据总线连接示意图（为讲解方便，其他信号未画），图中单片机的数据总线 D0～D7 与 62128 的 D0～D7 引脚相连，这是实现单片机与 62128 数据互传所必需的。不难看出，两片 62128 与单片机的连线完全相同，这意味着单片机无法对两个芯片进行区分，当单片机从 A0～A13 地址线上给出一个地址，试图从 1 号芯片的某个单元读出数据时，2 号芯片的相同地址也同时被选中，于是两个芯

片都送出数据,且每位的 I/O 状态(高/低电平)在数据总线上混叠,单片机无法正确识别数据总线上的电平状态而不能读到数据;写入时同样无法区分 1 号和 2 号芯片。

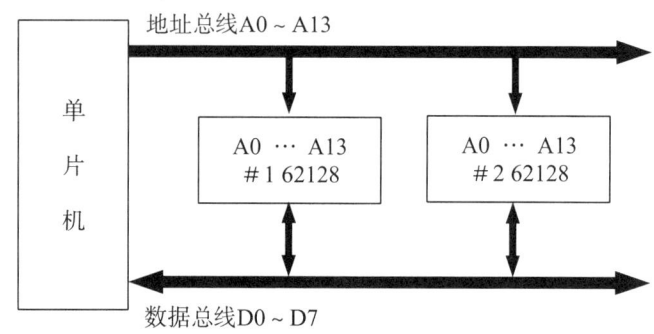

图 8-6 两片 62128 与单片机地址/数据总线连接示意图

显然,单片机要正确读取数据,就不能让两片 62128 同时送出数据。62128 芯片有一 $\overline{CE}$ 引脚(其他芯片也有类似功能引脚),它是芯片的片选端,即只有当这个引脚接收到低电平后,芯片才能工作,否则 D0~D7 引脚为高阻状态(即相当于引脚与数据总线物理断开),因此可利用这个引脚将两个芯片区分开,如图 8-7 所示。

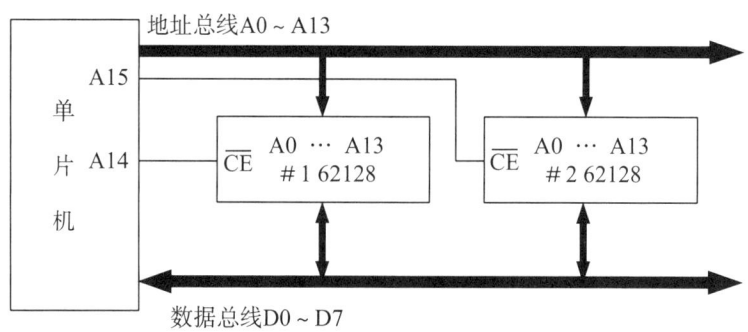

图 8-7 两片 62128 译码示意图

在图 8-7 中,分别用地址线 A15 和 A14 控制两片存储器的片选端,因此,只要保证 A15 和 A14 不同时为低,两片 62128 就不会同时工作,前述数据混叠的错误就可避免。

单片机在访问外部数据存储器时,将给出 16 位地址,于是,A15 和 A14 的电平决定哪一片 62128 工作,低 13 位地址用于选择芯片的内部具体单元。换句话说,存储器某个单元在该系统中的地址由其内部地址(低 13 位地址线选择)和 A15 或 A14 的状态共同决定。另一方面,要保证所要访问的存储器 $\overline{CE}$ 端对应的地址线为低,且 A15 和 A14 不同时为低。因此,访问 1 号存储器时应该 A15=0、A14=1,于是 1 号存储器的地址为 4000H~7FFFH,即

```
A15  A14  A13   …    A0      ~   A15  A14  A13   …    A0
 0    1    0  0,0000,0000,0000  ~    0    1    1  1,1111,1111,1111
```

同理,2 号存储器的地址范围为 8000H~83FFH。

8.2.2.2 I/O口地址译码的特点

I/O口地址译码和存储器译码的基本原理是一样的,但一个I/O设备一般只有1个或少数几个单元,只需要1个或少数几个地址,因此不能将大量低位地址线直接与I/O口相连,而用高位地址线控制其片选。此外,有的I/O口没有片选控制端,只有读/写控制端,这种情况下,需要将译码信号与单片机读/写信号组合在一起,使得单片机读/写I/O口(数据存储器)指令产生的地址和读/写信号能作用于I/O设备,从而实现数据传输。

由于I/O口只需要1个或少数几个地址,从理论上讲应该用全部地址线进行译码才能得到一个确定的地址,但这样译码电路很复杂,因此实际应用中仍然只用部分高位地址线进行译码。这样做的前提是系统中地址单元够用,因为一个I/O口将占用几个甚至几K个地址单元。

另外,由于I/O口地址与数据存储器统一编址,所以数据存储器与外围芯片的地址译码要相互兼顾,以防地址冲突。也正因如此,数据存储器(包括I/O口)译码较程序存储器译码复杂。

8.2.2.3 线选译码法

进一步分析图8-7可知,62128为16KB存储器,整个系统共扩展了32KB数据存储器,但已无地址可用。究其原因在于,直接用一根地址线选择一个器件,虽然A15和A14共有4种组合状态,但11和00两种状态不能使用,由此造成了地址空间的浪费。

这种直接用一根地址线选择一个器件的方法称为线选译码法。根据上述分析可知,线选译码法电路简单,无需额外的电路和器件,缺点是会造成地址空间浪费。如果系统只需扩展少数器件,地址空间足够,则可采用线选译码法,否则需采用全地址译码。另外需特别注意的是,当采用线选译码时,由于某些地址不能使用,程序中不能有访问禁用地址的指令。以图8-7为例,程序中不能通过指令访问0000H~3FFFH的外部数据存储器,否则会因译码方式的原因出现数据混乱。

用线选译码法进行外部器件扩展的基本方法是,如果系统中有需要若干个地址单元的器件(如存储器),首先将与需要地址单元数相匹配的低位地址线与器件的地址引脚相连。假设器件内部有M个单元,则根据$2^K=M$可知,应该用K根地址线选择其内部M个单元,于是一般将$A_0 \sim A_{K-1}$与器件相连,然后用剩余的高位地址线(共$16-K$根)连接器件的片选端,用以选择器件,整个系统可扩展$16-K$个器件。

对剩余高位地址线的理解要注意以下问题:如果系统中有若干个芯片内部有多个单元,并且分别连接了K_1、K_2,…,K_N根低位地址线,则剩余高位地址线数量$=16-\max(K_1, K_2, …, K_N)$。

8.2.2.4 全地址译码法

采用线选法译码时,用于片选的高位地址线不能有2根以上同时为低,这会造成地址空间浪费，而且软件中也不能有访问禁用地址的情况。当扩展的外部器件较多，不允许浪费地址空间时，则可采用全地址译码法。全地址译码法是用高位地址线组合出所有的可能信号，并且保证这些信号互斥，用每一种组合情况作为一个片选信号，这样就可使用到全部地址空间。对高位地址线信号进行组合以得到所有互斥的组合信号，可以由专门的逻辑电路实现，译码器则是这种专门的逻辑电路。图 8-8 所示是 74139 译码器的引脚图、逻辑框图和内部结构。

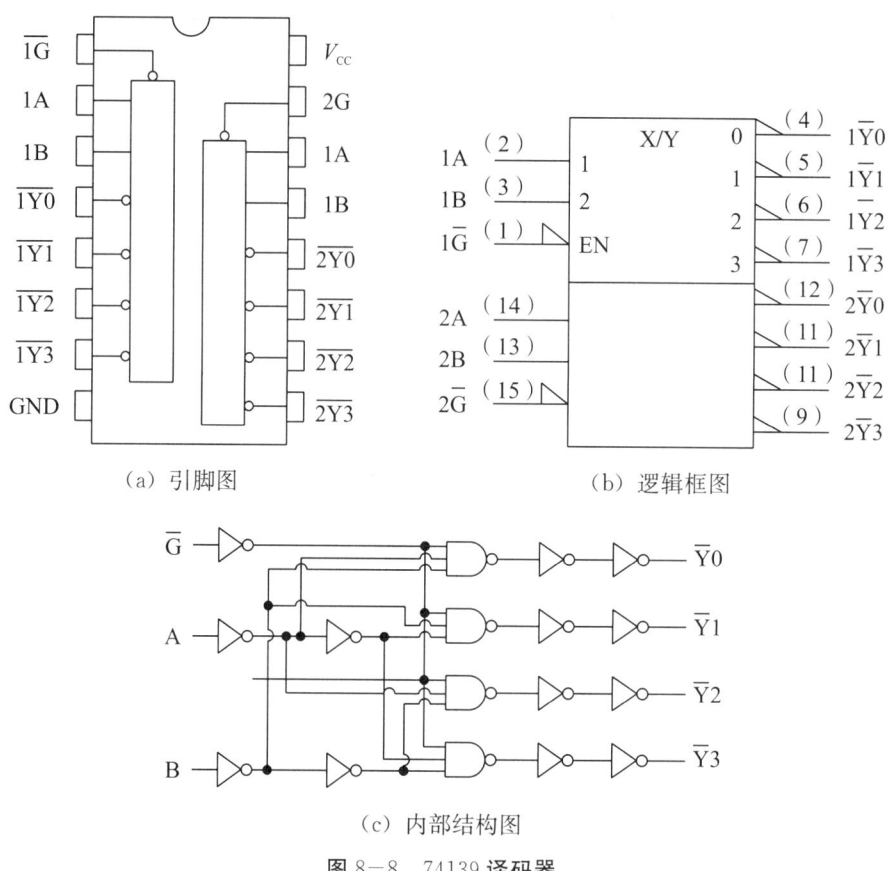

图 8-8 74139 译码器

74139 内部包含 2 个 2-4 译码器，可对 B 和 A 两个引脚上的电平进行逻辑组合，得到 4 个的互斥的输出信号，即以 B 为高位、A 为低位，根据 00、01、10 和 11 四种状态在 $\overline{Y0} \sim \overline{Y3}$ 引脚输出低电平。表 8-1 是其逻辑功能表。

表 8-1 74139 逻辑功能表

输入			输出			
$n\overline{G}$	nB	nA	$n\overline{Y0}$	$n\overline{Y1}$	$n\overline{Y2}$	$n\overline{Y3}$
H	×	×	H	H	H	H
L	L	L	L	H	H	H
L	L	H	H	L	H	H
L	H	L	H	H	L	H

续表

输入			输出			
L	H	H	H	H	H	L

注：H 表示逻辑高电平；L 表示逻辑低电平；×表示可为任意电平。

从表 8-1 中可以看出，任意时刻 $\overline{Y0} \sim \overline{Y3}$ 只有一个信号为低，整个系统可以有 4 个器件。图 8-9 扩展了 4 片 62128，避免了地址空间的浪费。实现译码逻辑的常用集成电路芯片还有 3-8 译码器 74138 和 4-16 译码器 74154 等，可根据需要选用。

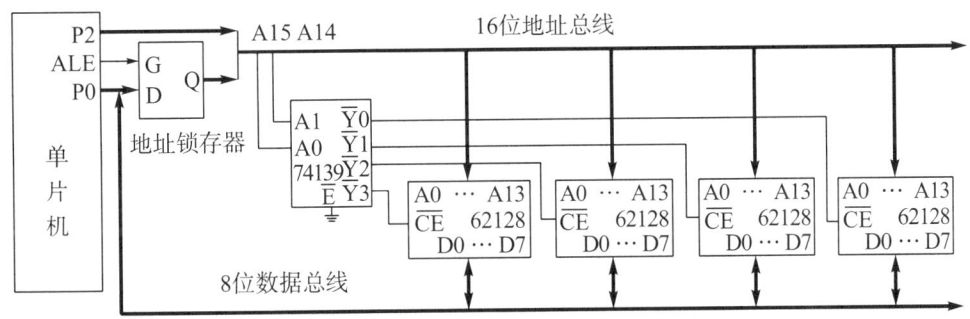

图 8-9　全地址译码示意图

图 8-10 说明了数据存储器与 I/O 接口的扩展方法。该系统共扩展 1 片 62128 作为数据存储器，另扩展了 3 个 I/O 接口。3 个 I/O 接口内部分别有 8、4、2 个单元。首先为每个器件连接所需的地址线，由于 62128 容量为 16KB，所有器件最多需 13 根低位地址线，还剩余 A13、A14 和 A15 三根高位地址线可用于译码。但整个系统只有 4 个器件，因此使用 2-4 译码器 74139 对任意两根高位地址线（一般用 A14 和 A15）进行译码即可，而不一定非要将所有高位地址线使用完。

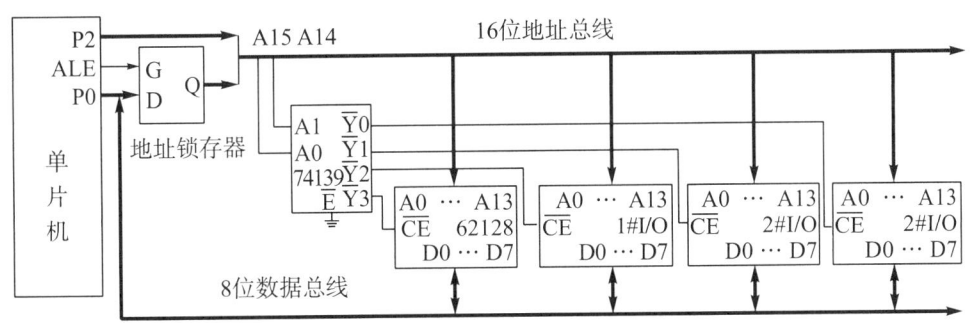

图 8-10　数据存储器与 I/O 接口综合扩展全地址译码电路

总之，译码的方法是灵活的，只要保证系统中各器件的地址不冲突，且任一时刻只有一个单元（通过外部译码和片内译码共同选定）能与 CPU 进行数据交换即可。在满足这一要求的前提下，应使译码电路尽量简单。

8.3 接口设计的时序基础

在一个单片机系统或者其他微型计算机系统中,需要扩展的器件不外乎存储器和 I/O 接口两类。而对于 MCS-51 单片机系统,由于其采用的是程序存储器与数据存储器相互独立的哈佛结构,所以对 MCS-51 单片机系统的外部扩展问题可以归结为对程序存储器和数据存储器的扩展问题。由于新型号 MCS-51 单片机片内程序存储器容量已足够大(最大的达 64KB),实际应用中已无需再扩展片外程序存储器。前一节针对数据存储器的扩展(包括 I/O 接口),介绍了器件译码的目的和方法,在此基础上,本节从接口技术逻辑连接的层面介绍数据存储器(包括 I/O 接口)与 MCS-51 单片机的连接方法。

所谓接口设计,就是将 CPU 与外部器件恰当地连接起来,用 CPU 的信号去控制外部器件的运行,并接收外部器件的反馈信号,以实现信息交互。例如,系统中扩展一个 AD 芯片,将外部模拟信号转换为数字信号以便 CPU 读取,这种接口电路就需要通过译码得到地址信号用以选择 AD 芯片,然后将 AD 转换器的数字信号输出连接至 CPU 的数据线,用 CPU 的相关信号控制 AD 转换的启停并接收 AD 转换完成信号。软件上可以采用 MOVX @DPTR,A(DPTR 为 AD 芯片地址)这类指令将转换结果读入 CPU。

由此可见,进行接口设计时,必须清楚 CPU 可以给出哪些信号以及这些信号的时间关系,被扩展器件需要哪些信号以及能反馈哪些信号。这些问题都必须利用 CPU 和器件的信号时序图来解决。因此,进行接口设计时,必须深入了解 CPU 和器件的信号时序,否则只能知其然而不知其所以然,换一个其他类型的 CPU 就无从下手。本节将以 CPU 和器件的信号时序为基础,说明 MCS-51 单片机的每一个信号引脚"为什么要"以及"怎么样"与外部器件的某一个引脚相连,它们在逻辑上是如何匹配的。

8.3.1 单片机读写外部数据存储器时序

如前所述,要完成外部数据存储器的扩展,需要从分析单片机读写外部数据存储时序和存储器芯片对控制信号的需求这两个方面入手。下面首先给出 MCS-51 单片机读写外部数据存储器的时序和存储器芯片进行数据输入/输出的信号要求。

单片机 CPU 访问外部数据存储器时,将通过地址总线给出要访问的外部数据存储器某单元的 16 位地址,以及相应的控制信号。接口设计时则需要利用这些信号与存储器连接,保证 CPU 能从外部数据存储器中正确读取信息。

由于数据存储器主要用于暂存程序执行过程中的中间结果和临时数据等信息,故要求数据存储器的内容既可读出也可写入。因此,MCS-51 单片机分别提供了外部数据存储器的读时序和写时序,如图 8-11 所示。

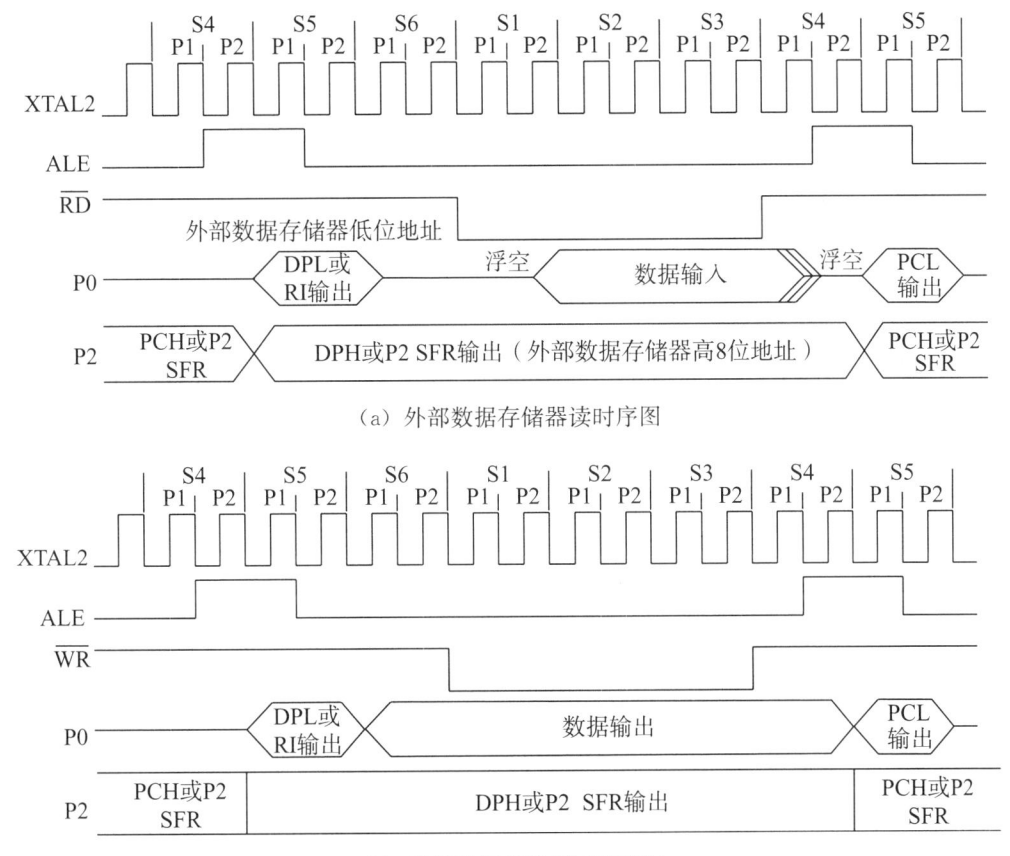

(a) 外部数据存储器读时序图

(b) 外部数据存储器写时序图

图 8-11 外部数据存储器读写时序图

MCS-51 单片机读外部数据存储器采用如下指令：

MOVX A，@Ri 和 MOVX A，@DPTR

而写外部数据存储器采用如下指令：

MOVX @Ri，A 和 MOVX @DPTR，A

即 CPU 送出的数据存储器地址可能是 DPTR 所指定的 16 位地址或 Ri 指定的低 8 位地址加上 P2 口的内容作为高 8 位地址。因此，从时序图可以看出，针对不同的读写指令 P0 口将输出 DPL 或 Ri 的内容，而 P2 口将输出 DPH 或 P2 口的内容。

其中，高 8 位地址在完成外部数据存储器读写之前一直保持在 P2 口上，但低 8 位地址在 P0 口上只保持一个状态左右时间（更精确的时间长度参见芯片手册），这是因为 P0 口是低位地址总线和数据总线复用口，将要读写的外部数据存储器的内容也将从 P0 口输入和输出，所以 CPU 在给出低位地址信号一段时间后将取消地址输出，为紧接着的数据输入和输出让出总线。与低位地址在 P0 口上的短暂保留时间相配合，CPU 给出了地址锁存允许信号 ALE。ALE 信号的下降沿出现在低 8 位地址信号中后部，此时地址信号已经过一段稳定时间，同时在 ALE 下降沿后仍会继续保持一段时间，这两组信号在时序上的这种配合为外部存储器芯片与单片机的连接提供了可能（具体设计方法详见下文分析)。

为了读取外部程序存储器内容,单片机 CPU 还提供了 $\overline{RD}$ 和 $\overline{WR}$ 信号。读外部数据存储器时,CPU 将会在 $\overline{RD}$ 信号的上升沿将 P0 总线上的内容作为外部数据存储器内容读入;写读外部数据存储器时,CPU 将在低 8 位地址输出后在 P0 总线上输出要写入的数据,并在 $\overline{WR}$ 信号上升沿后一定时间结束数据输出。

上述信号的起始和结束时刻以及相互间的超前/滞后时间都有严格的规定,具体参数参见 MCS-51 单片机芯片手册。

8.3.2 存储器所需控制信号

通过上述分析可以看出,为了正确读写外部数据存储器的内容,CPU 给出了相关信号。但存储器芯片毕竟是另一个独立的器件,与单片机是分离的,因此单片机给出的所有信号都只是提供了正确读写外部数据存储器内容的必需条件和可能性。而实现这种可能性,正是接口设计所要完成的工作,即利用这些信号将单片机和存储器芯片从逻辑和物理上正确地连接起来。为了更深入地理解如何实现逻辑和物理上的正确连接,本节从存储器芯片(RAM 芯片)的角度来考察存储器芯片是如何输入/输出其内部信息的。图 8-12 是 8KB 随机存储器 6264 引脚图及内部结构图。

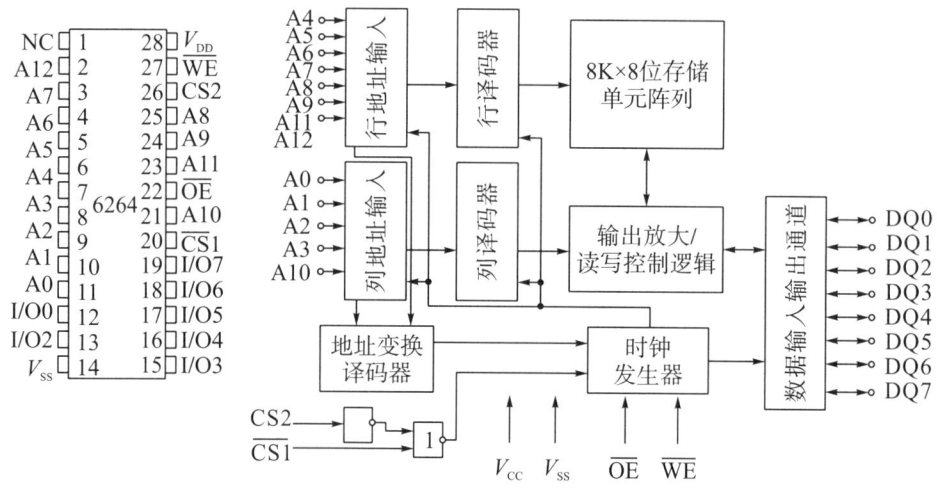

图 8-12　8KB 随机存储器 6264 引脚图及内部结构图

从图 8-12 中可以看出,随机存储器 6264 的核心是一个 8K×8 位存储单元阵列,A0~A12 为其地址信号输入端,经行/列译码器译码后选择存储阵列的某一单元;输入允许信号 $\overline{OE}$ 和写信号 $\overline{WE}$ 用于控制数据输入/输出通道的开闭,而片选信号 $\overline{CS1}$ 和 CS2 联合控制时钟发生器的运行,进而控制整个芯片是否工作。

表 8-2 是随机存储器 6264 的引脚定义。

表 8-2 随机存储器 6264 引脚定义

引脚	功能	引脚	功能
A0~A12	地址总线	$\overline{CS1}$	片选信号 1 输入，低电平有效
I/O0~I/O7	数据总线	CS2	片选信号 2 输入，高电平有效
V_{CC}	电源	$\overline{OE}$	读信号输入（输出允许）
V_{SS}	地	$\overline{WE}$	写信号输入

表 8-3 是随机存储器 6264 的工作模式及控制信号要求。

表 8-3 随机存储器 6264 工作模式及控制信号

$\overline{CS1}$	CS2	$\overline{WE}$	$\overline{OE}$	I/O0~I/O7 状态	模式
H	×	×	×	高阻	芯片未选中
×	L	×	×	高阻	芯片未选中
L	H	H	H	高阻	输出禁止
L	H	H	L	数据输出	读操作
L	H	L	H	数据输入	写操作
L	H	L	L	数据输入	写操作

1. 随机存储器 6264 数据输出信号时序

图 8-13 所示是随机存储器 6264 数据输出信号时序。

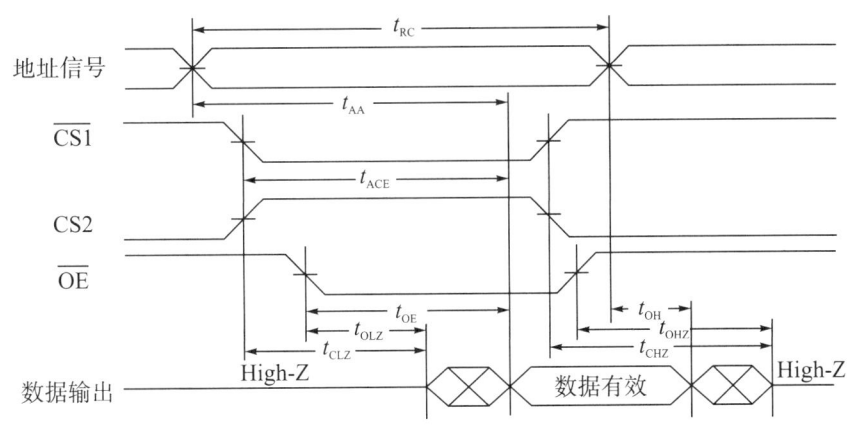

图 8-13 随机存储器 6264 数据输出（读数据）信号时序

表 8-4 是相关信号的时间参数。

表 8-4 随机存储器 6264 数据输出相关信号时间参数

参数	符号	最小值/ns	最大值/ns
读周期时间	t_{RC}	55	—
地址稳定至数据输出	t_{AA}	—	55

续表

参数	符号	最小值/ns	最大值/ns
片选信号有效至数据输出	t_{ACE}	—	55
输出允许有效至数据输出	t_{OE}	—	30
片选信号无效至输出高阻	t_{CHZ}	—	20
输出允许无效至输出高阻	t_{OHZ}	—	20

图 8-13 说明了存储器片内数据输出所需的控制信号以及时间上的相互关系。对照图 8-11 可以看出，当单片机读取外部数据存储器时，地址信号在整个指令周期有效（双周期指令，传统 51 系列最快 2μs），而片选信号由高位地址或译码电路提供，和地址信号同步，6264 在地址和片选信号有效后，最多经过 t_{ACE}（最长 55ns）即可输出数据，且在输出允许信号 $\overline{OE}$（接单片机 $\overline{RD}$ 信号）无效后，数据仍将保持 t_{OHZ}（最长 20ns）。因此，单片机可在 $\overline{RD}$ 信号上升沿正确读取存储器的输出数据。

2. 随机存储器 6264 数据输入信号时序

6264 完成数据输入的方式有两种：一种是由片选信号上升沿完成输入；另一种是由写信号 $\overline{WE}$ 的上升沿完成输入。在单片机系统中采用第二种方式扩展 6264 存储器更合适。图 8-14 是采用写信号 $\overline{WE}$ 的上升沿实现数据输入的相关信号时序。

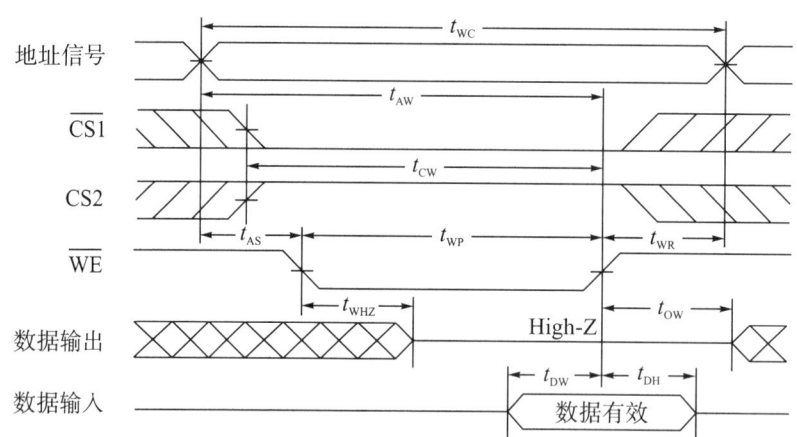

图 8-14 随机存储器 6264 数据输入（写数据）信号时序

有关的时间参数如表 8-5 所示。

表 8-5 随机存储器 6264 数据输出相关信号时间参数

参数	符号	最小值/ns	最大值/ns
写周期时间	t_{WC}	55	—
地址有效至数据写入完成	t_{AW}	50	—
片选信号有效至数据写入完成	t_{CW}	50	—
写信号脉冲宽度	t_{WP}	45	—

续表

参数	符号	最小值/ns	最大值/ns
写信号与数据同时有效时间	t_{DW}	25	—
写信号结束后数据保持时间	t_{DH}	0	—

表 8-5 给出的地址有效至数据写入完成的时间为 50ns,如果指令执行过快,在 55ns 内就结束,可能会导致写入失败。但 MCS-51 单片机写外部数据存储器指令是双周期指令,时间远大于 55ns,有充分的时间保持地址、片选和数据信号的稳定,完全能满足 6264 数据写入的时序要求。

本节介绍了随机存储器 6264 进行数据输入/输出时需要的控制信号及配合关系(其他型号随机存储器信号与之类似),在此基础上进行接口设计就是利用单片机相关信号与之匹配,以便正确读写外部数据存储器中的数据。

8.3.3 CPU 与存储器信号及时序匹配

通过对单片机读写外部数据存储器信号时序和随机存储器 6264 的工作方式及读写时序的分析,可以完成外部数据存储器扩展的以下工作:

(1) 单片机为了选中外部数据存储器的某一个单元,将在 P2 口和 P0 口上给出 16 位地址,显然应该将这 16 位地址的低 13 位送至 6264 芯片以选择其内部某个单元,而将其余高位地址用于译码以选择其他芯片。从读写外部数据存储器的时序图可以看出,单片机输出低 13 位地址的方式不一样:高 5 位地址 A8~A12 从 P2 口输出,且在整个读写操作期间有效,这一特点满足 6264 对输入地址的要求,因此可以将这 5 根地址线 P2.0~P2.4 与存储器的 A8~A12 地址线相连;剩下的问题是单片机输出的低 8 位地址信号只保持一段时间,在读写操作完成以前就消失了,这一特点不满足存储器芯片对输入地址的要求。因此单片机低 8 位地址线不能直接与 6264 的低 8 位地址线相连,而必须将这组信号延长至读写操作完成,也就是延长至 6264 的 $\overline{OE}$ 输入端和 $\overline{WE}$ 输入端信号的上升沿以后,具体方法稍后说明。

(2) 采用线选译码或全地址译码对高位地址线进行译码,将译码信号之一与 6264 片选端相连,保证存储器芯片在执行读写外部数据存储器时能被选中。如果系统只扩展 6264 一个器件,也可将 $\overline{CS1}$ 接地,CS2 经限流电阻接电源,使其处于常通状态。

(3) 将 6264 输出允许控制端 $\overline{OE}$ 与单片机控制信号 $\overline{RD}$ 相连,保证执行读外部数据存储器时由 $\overline{RD}$ 信号将 6264 的 $\overline{OE}$ 引脚置低,使其被选中单元的内容输出到它的数据输入/输出引脚 I/O0~I/O7;将 6264 写入控制端 $\overline{WE}$ 与单片机控制信号 $\overline{WR}$ 相连,保证执行写外部数据存储器时由 $\overline{WR}$ 信号将 6264 的 $\overline{WE}$ 引脚置低,符合 6264 写入数据时的信号要求。

(4) 因为在 $\overline{RD}$ 上升沿单片机将把 P0 口上的内容读入到 CPU,作为读取外部数据存储器的结果,所以应该将单片机数据总线 P0 口与 6264 数据输入/输出引脚 I/O0~I/O7 对应相连,保证单片机读入的内容是 6264 输出的数据,同时也保证写入时单片机输出数据能送达 6264 的输入通道。

至此，已完成单片机外部数据存储器扩展接口设计的大部分工作，最后一个问题是如何将单片机低 8 位地址信号延长。在数字电路中，将一个短周期信号延长可以通过锁存器方便地实现，当然还必须有相应的控制信号配合锁存器的状态切换。从单片机读写外部数据存储器的时序图可以看出，在低 8 位地址输出时，ALE 引脚将输出一个正脉冲，并在低 8 位地址信号中部变低，显然，这个信号是单片机给出的用于锁存低 8 位地址的。通过 ALE 的锁存作用，可将低 8 位地址这组短周期信号延长至 ALE 信号再次变高时，即 $\overline{RD}$ 和 $\overline{WR}$ 信号的上升沿之后，这样低 8 位地址信号的长度可以满足外部存储器读写的要求。

当然，要实现对低 8 位地址信号的锁存，必须使用相应的锁存器件。74373、74573、74273 以及 8282 等都是常用的锁存器。下面对 8D 锁存器 74373 的工作原理进行简单的介绍。74373 的内部结构及原理如图 8-15 所示。

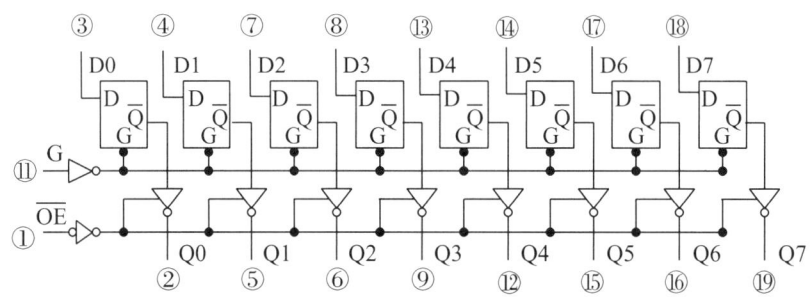

图 8-15　74373 内部结构及原理图

74373 内部集成了 8 个相同的 D-Q 触发器模块，具有共同的触发控制端 G，输入输出逻辑为：控制端 G 为高电平时，输出 Q0~Q7 复现输入端 D0~D7 的状态；G 信号下降沿时，D0~D7 的状态被锁存在 Q0~Q7 上，而 Q0~Q7 反相后分别经过 8 个三态门输出至引脚，且 8 个三态门共同受 $\overline{OE}$ 引脚信号控制。因此，74373 是具有三态输出的 8D 锁存器，输入输出信号逻辑如表 8-6 所示。

表 8-6　74373 输入输出信号逻辑表

$\overline{OE}$	G	D（输入）	Q（输出）	状态
L	H	H	H	跟随
L	H	L	L	
L	L	×	Q0	锁存
H	×	×	高阻	高阻

在了解了 74373 的原理以后，外部数据存储器扩展的最后一个问题也就迎刃而解，即将低 8 位地址总线（P0 口）与 74373 输入端 D 相连，把 ALE 与 74373 的 G 端相连，用 ALE 信号控制锁存的状态切换。锁存后的地址信号将出现在锁存器的 Q 端，且一直保持到本条指令执行完成，保证低 8 位地址在整个指令执行期间一直有效。再把锁存器的 Q 端与存储器的低 8 位地址输入引脚对应连接，同时锁存器的 $\overline{OE}$ 端接地，允许锁存信号输出。

复习思考题

(1) CPU 或器件的信号时序图有什么作用？

(2) 图 8-7 所示电路中，为什么地址 0000H～3FFFH 区间不能使用？

(3) 图 8-7 所示电路中，2 号存储器的地址范围为什么是 8000H～83FFH？

(4) P0 口输出低 8 位地址信号有什么特点？ALE 信号的作用是什么？

(5) 线译码和全地址译码各有什么优缺点？

(6) 什么情况下可优先使用线译码？

(7) 扩展一个 I/O 器件，接口设计要考虑哪些问题？

(8) 图 8-10 中各器件的地址范围是多少？

第 9 章　STC 系列 51 内核单片机简介

STC 系列单片机是我国宏晶科技公司生产的单时钟/机器周期（简称"1T"）的单片机，其一个机器周期的时间仅是一个晶体振荡周期，而传统的 MCS－51 单片机一个机器周期则包含 12 个振荡周期。STC 系列单片机是高速、低功耗、具有超强抗干扰能力的新一代 MCS－51 内核单片机，指令代码完全兼容传统 MCS－51 系列单片机（后文简称"传统 51 单片机"），大部分指令可在一个振荡周期完成，速度比传统 51 单片机快 8~12 倍，而且内部集成的功能部件更丰富。STC 系列单片机包含若干子系列，每个子系列又有若干具体型号，应用较多的有 STC32 系列、STC8A/C/G/H 系列、STC12C/H 系列、STC33F 系列等，不同系列均包含传统 51 单片机的内部功能部件，使用方法也完全相同，但新增的功能部件的数量、种类不同，所针对的应用场合也有所不同。

本章对适合机电控制场合的 STC12C 子系列的 STC12C5A60S2 单片机进行较为详细的介绍，最后一节对 STC 单片机的高端系列——STC32 系列的功能特点进行简要介绍。

本书前 7 章全面介绍了传统 51 单片机的基本原理、内部功能部件以及指令系统，这些知识在新型号的 51 内核单片机中完全适用，针对传统 51 单片机编写的汇编程序无须修改即可在新型号中直接运行。本章重点介绍 STC12C5A60S2 单片机的新增功能部件及其使用方法。学习本章内容，一方面可以兼顾单片机原理的系统性、基础性和单片机的技术发展，另一方面有利于提升基于已掌握的单片机基础知识学习和使用新型号 51 内核单片机甚至其他类型嵌入式处理器的能力。

9.1　STC12C5A60S2 单片机主要特点

STC12C5A60S2 单片机的主要特点如下：
- 采用增强型 MCS－51 CPU，一个振荡周期就是一个机器周期（1T），指令系统与传统 51 单片机完全兼容。
- 工作电压：STC12C5A60S2 系列的工作电压为 5.5~3.5V（5V 单片机），STC12LE5A60S2 系列的工作电压为 3.6~2.2V（3V 单片机）。
- 工作频率范围：0~35MHz，相当于 MCS－51 单片机的 0~420MHz。
- 片内程序存储器容量为 8~62KB（因具体型号而异）。
- 片内集成 1280B RAM（按片外数据存储器操作）。
- 具有通用 I/O 口 36/40/44 个（因具体型号而异），复位后为弱上拉准双向口（与传统 I/O 口相同）。可设置为准双向/弱上拉、强推挽/强上拉、仅为输入/输出高阻和开漏 4 种模式，每个 I/O 口驱动能力均可达 20mA，但整个芯片最大不超过 120mA。

• 具有 ISP（在系统可编程）/IAP（在应用可编程）功能，无需专用编程器和专用仿真器，可通过串口直接下载应用程序。

• 个别型号片内集成有 EEPROM。

• 集成可程控开启/关闭的看门狗电路。

• 内部集成有 MAX810 专用复位电路，无需外接复位电路。

• 内置低电压门槛比较器，可检测外部掉电。5V 单片机门槛值为 1.33V，误差 $\pm 5\%$；3V 单片机门槛值为 1.31V，误差 $\pm 3\%$。

• 片内集成 RC 振荡器，5V 单片机振荡频率为 11~17MHz，3V 单片机振荡频率为 8~12MHz。精度要求不高时可以此作为单片机时钟，要求高时可外接高精度晶体振荡器或外部时钟。

• 共有 4 个 16 位定时器，T0、T1 与传统 51 单片机兼容；两路 PCA（可编程计数器阵列）模块可实现两个 16 位定时器；另有独立的波特率发生器用于串行通信，无需占用其他定时器。

• 有 3 个时钟输出口。T0/T1 和独立的波特率的定时溢出可分别从 P3.4/P3.5 和 P1.0 引脚输出。

• 有 7 路外部中断，除支持传统的下降沿和低电平触发外，新增上升沿触发方式和 PCA 模块中断。

• 集成两路 PWM 模块和两路 PCA。PCA 可作为 DA 转换器使用，也可实现两个 16 位定时器，还可作为两路外部中断输入（可分别或同时支持上升沿/下降沿触发）。

9.2 STC12C5A60S2 单片机指令的执行速度

STC 系列单片机一个机器周期的时间仅是一个晶体振荡周期（时钟周期），不像传统 51 单片机一个机器周期包含 12 个振荡周期。其指令执行所需的机器周期与传统 51 单片机指令执行所需的机器周期也不完全相同。传统 51 单片机指令所需机器周期数有 1、2、4 三种，而 STC12C5A60S2 单片机指令所需机器周期数有 1~6 六种。其指令系统包括 111 条指令，执行指令所需机器周期的情况如下（具体指令见 STC12C5A60S2 芯片手册）：

• 1 个机器周期可执行完成的指令共 12 条；

• 2 个机器周期可执行完成的指令共 20 条；

• 3 个机器周期可执行完成的指令共 39 条；

• 4 个机器周期可执行完成的指令共 33 条；

• 5 个机器周期可执行完成的指令共 5 条；

• 6 个机器周期可执行完成的指令共 2 条。

从执行速度上讲，较传统 51 单片机指令执行速度的提升情况如下：

• 执行速度提升至 24 倍的共 1 条；

- 执行速度提升至 12 倍的共 12 条；
- 执行速度提升至 9.6 倍的共 1 条；
- 执行速度提升至 8 倍的共 19 条；
- 执行速度提升至 6 倍的共 39 条；
- 执行速度提升至 4.8 倍的共 4 条；
- 执行速度提升至 4 倍的共 21 条；
- 执行速度提升至 3 倍的共 14 条。

据统计，在同样的工作频率下，STC12 系列单片机的运行速度相比传统 51 单片机可提升 8~12 倍。STC12C5A60S2 单片机与传统 51 单片机执行同一指令所需时钟周期数的对比如表 9-1 所示（表中周期数 1 为传统 51 单片机所需时钟周期数，周期数 2 为 STC 单片机所需时钟周期数）。

表 9-1 指令执行时间对比表

指令	字节数	周期数1	周期数2	提升倍率	指令	字节数	周期数1	周期数2	提升倍率
数据传送类指令									
MOV A，Rn	1	12	1	12倍	MOV A，direct	2	12	2	6倍
MOV A，@Ri	1	12	2	6倍	MOV A，#data	2	12	2	6倍
MOV Rn，A	1	12	2	6倍	MOV Rn，direct	2	24	4	6倍
MOV Rn，#data	2	12	2	6倍	MOV direct，A	2	12	3	4倍
MOV direct，Rn	2	24	3	8倍	MOV direct，direct	3	24	4	6倍
MOV direct，@Ri	2	24	4	6倍	MOV direct，#data	3	24	3	8倍
MOV @Ri，A	1	12	3	4倍	MOV @Ri，direct	2	24	4	6倍
MOV @Ri，#data	2	12	3	4倍	MOV DPTR，#data16	3	24	3	8倍
MOVC A，@A+DPTR	1	24	4	6倍	MOVC A，@A+PC	1	24	4	6倍
MOVX A，@Ri	1	24	3	8倍	MOVX @Ri，A	1	24	4	6倍
MOVX A，@DPTR	1	24	3	8倍	MOVX @DPTR，A	1	24	3	8倍
PUSH direct	2	24	4	6倍	POP direct	2	24	3	8倍
XCH A，Rn	1	12	3	4倍	XCH A，direct	2	12	4	3倍
XCH A，@Ri	1	12	4	3倍	XCHD A，@Ri	1	12	4	3倍
算术运算类指令									
ADD A，Rn	1	12	2	6倍	ADD A，direct	2	12	3	4倍
ADD A，@Ri	1	12	3	4倍	ADD A，#data	2	12	2	6倍
ADDC A，Rn	1	12	2	6倍	ADDC A，direct	2	12	3	4倍
ADDC A，@Ri	1	12	3	4倍	ADDC A，#data	2	12	2	6倍
SUBB A，Rn	1	12	2	6倍	SUBB A，direct	2	12	3	4倍
SUBB A，@Ri	1	12	3	4倍	SUBB A，#data	2	12	2	6倍
INC A	1	12	2	6倍	INC Rn	1	12	3	4倍

续表

指令	字节数	周期数1	周期数2	提升倍率	指令	字节数	周期数1	周期数2	提升倍率
INC direct	2	12	4	3倍	INC @Ri	1	12	4	3倍
DEC A	1	12	2	6倍	DEC Rn	1	12	3	4倍
DEC direct	2	12	4	3倍	DEC @Ri	1	12	4	3倍
INC DPTR	1	24	1	24倍	MUL AB	1	48	4	12倍
DIV AB	1	48	5	9.6倍	DA A	1	12	4	3倍
逻辑操作类指令									
ANL A,Rn	1	12	2	6倍	ANL A,direct	2	12	3	4倍
ANL A,@Ri	1	12	3	4倍	ANL A,#data	2	12	2	6倍
ANL direct,A	2	12	4	3倍	ANL direct,#data	3	24	4	6倍
ORL A,Rn	1	12	2	6倍	ORL A,direct	2	12	3	4倍
ORL A,@Ri	1	12	3	4倍	ORL A,#data	2	12	2	6倍
ORL direct,A	2	12	4	3倍	ORL direct,#data	3	24	4	6倍
XRL A,Rn	1	12	2	6倍	XRL A,direct	2	12	3	4倍
XRL A,@Ri	1	12	3	4倍	XRL A,#data	2	12	2	6倍
XRL direct,A	2	12	4	3倍	XRL direct,#data	3	24	4	6倍
CLR A	1	12	1	12倍	CPL A	1	12	2	6倍
RL A	1	12	1	12倍	RLC A	1	12	1	12倍
RR A	1	12	1	12倍	RRC A	1	12	1	12倍
SWAP A	1	12	1	12倍					
布尔操作类指令									
CLR C	1	12	1	12倍	CLR bit	2	12	4	3倍
SETB C	1	12	1	12倍	SETB bit	2	12	4	3倍
CPL C	1	12	1	12倍	CPL bit	2	12	4	3倍
ANL C,bit	2	24	3	8倍	ANL C,/bit	2	24	3	8倍
ORL C,bit	2	24	3	8倍	ORL C,/bit	2	24	3	8倍
MOV C,bit	2	12	3	4倍	MOV bit,C	2	24	4	6倍
JC rel	2	24	3	8倍	JNC rel	2	24	3	8倍
JB bit,rel	3	24	4	6倍	JNB bit,rel	3	24	4	6倍
JBC bit,rel	3	24	5	4.8倍					
控制转移类指令									
ACALL addr11	2	24	4	6倍	LCALL addr16	3	24	4	6倍
RET	1	24	4	6倍	RETI	1	24	4	6倍
AJMP addr11	2	24	3	8倍	LJMP addr16	3	24	4	6倍
SJMP rel	2	24	3	8倍	JMP @A+DPTR	1	24	3	8倍

续表

指令	字节数	周期数1	周期数2	提升倍率	指令	字节数	周期数1	周期数2	提升倍率
JZ rel	2	24	3	8倍	JNZ rel	2	24	3	8倍
CJNE A，direct，rel	3	24	5	4.8倍	CJNE A，#data，rel	3	24	4	6倍
CJNE Rn，#data，rel	3	24	4	6倍	CJNE @Ri，#data，rel	3	24	5	4.8倍
DJNZ Rn，rel	2	24	4	6倍	DJNZ direct，rel	3	24	5	4.8倍
NOP	1	12	1	12倍					

9.3 STC12C5A60S2 单片机存储器配置

STC12C5A60S2 单片机的存储器体系结构同样采用哈佛结构，但全部程序存储器都在片内，采用闪存，无需访问外部程序存储器，芯片引脚中没有内/外部程序存储器选择信号 EA 和读外部程序存储器信号 PSEN。

内部数据存储器有 1280B，在物理上和逻辑上都分为内部数据存储器和内部扩展数据存储器两部分；同时还可在片外扩展 64KB 外部数据存储器。

9.3.1 程序存储器

STC12C5A60S2 系列不同型号的单片机内部集成了大小从 8KB 到 62KB 不等的闪存作为程序存储器，可根据使用要求选择合适型号，无需再扩展外部程序存储器，使用更加方便。需要注意的是，由于 STC12C5A60S2 单片机的中断源较传统 51 单片机增多，共有 9 个，因而中断入口地址也更多。中断入口具体地址如表 9-2 所示，编程时需合理安排程序地址。

表 9-2 STC12C5A60S2 单片机中断入口地址表

硬件优先级	中断源	中断入口地址
0（最高）	外部中断 0（INT0）	0003H
1	定时/计数器 0（T0）	000BH
2	外部中断 1（INT1）	0013H
3	定时/计数器 1（T1）	001BH
4	串口 1（UART1）	0023H
5	AD 转换器（ADC）	002BH
6	LVD（低电压）	0033H
7	PCA（可编程计数器阵列）	003BH
8	串口 2（UART2）	0043H
9（最低）	SPI	004BH

9.3.2 数据存储器

前已叙及，STC12C5A60S2 单片机内部数据存储器有 1280B，在物理上和逻辑上都分为内部数据存储器（RAM，256B）和内部扩展数据存储器（RAM，1024B）两部分；同时还可在片外扩展 64KB 外部数据存储器，扩展部分的访问方法和传统 51 单片机相同。

1. 内部数据存储器

内部数据存储器为 256B RAM，可分为 3 部分：低 128B RAM（与传统 51 单片机的 51 子系列兼容）、高 128B RAM（与传统 51 单片机的 52 子系列兼容）及特殊功能寄存器区。低 128B RAM 既可直接寻址也可间接寻址。高 128B RAM 与特殊功能寄存器区在物理上是独立的，但共用 80H~FFH 地址空间，使用时通过不同的寻址方式加以区分，即访问高 128B RAM 使用间接寻址，访问特殊功能寄存器区使用直接寻址。

低 128B RAM 同样分为工作寄存器区、位寻址区等，使用方法与传统 51 单片机相同。另外可将堆栈区设置在 80H 以后的单元，使常规数据存取操作更方便。

2. 内部扩展数据存储器

内部扩展数据存储器共 1024B，地址范围是 0000H~03FFH，访问方法和传统 51 单片机访问外部数据存储器的方法相同，即使用指令 MOVX @DPTR 或 MOVX @Ri 访问，但是无须从 P0 口、P2 口输出地址、数据信号，也无须从 P3.6、P3.7 引脚输出读写控制信号和 ALE 信号，可让 P0 口、P2 口、P3 口继续作为普通 I/O 口使用。

STC12C5A60S2 单片机内部扩展数据存储器是否可以访问，由辅助寄存器 AUXR（地址为 8EH）中的 EXTRAM 位控制，该位为内部/外部扩展数据存储器存取控制位。

• EXTRAM=0：内部扩展数据存储器可以存取，使用 MOVX @DPTR 指令访问时，地址 00H~3FFH 所对应单元为内部扩展数据存储器，超过 400H（含 400H 单元）的地址空间总是访问外部数据存储器；MOVX @Ri 只能访问内部扩展数据存储器 00H~0FFH 单元。

• EXTRAM=1：禁止访问内部扩展数据存储器，此时 MOVX @DPTR 和 MOVX @Ri 指令均访问外部数据存储器。

EXTRAM 位的作用类似于传统 51 单片机的 EA 引脚对低 4KB 程序存储器的选择。

9.3.3 特殊功能寄存器

特殊功能寄存器本身属于片内数据存储器。相较于传统 51 单片机，STC12C5A60S2 单片机的内部集成了更多的功能部件，因而其特殊功能寄存器也增加了很多，故本章将其作为一个单独的小节进行介绍。相关信息如表 9-3 所示。

表 9－3　STC12C5A60S2 系列特殊功能寄存器

名称/功能	地址	位地址及位名称 D7	…	…	…	…	…	…	D0	复位值
P0/P0 口	80H	P0.7	P0.6	P0.5	P0.4	P0.3	P0.2	P0.1	P0.0	FFH
SP/堆栈指针	81H									07H
DPL/数据指针低位	82H									00H
DPH/数据指针高位	83H									00H
PCON/电源控制寄存器	87H	SMOD	SMOD0	LVDF	POF	GF1	GF0	PD	IDL	30H
TCON/定时器控制寄存器	88H	TF1	TR1	TF0	TR0	IE1	IT1	IE0	IT0	00H
TMOD/定时器方式寄存器	89H	定时计数器1 GATE	C/$\overline{T}$	M1	M0	定时计数器0 GATE	C/$\overline{T}$	M1	M0	00H
TL0/T0 低 8 位寄存器	8AH									00H
TL1/T1 低 8 位寄存器	8BH									00H
TH0/T0 高 8 位寄存器	8CH									00H
TH1/T1 高 8 位寄存器	8DH									00H
AUXR/辅助寄存器	8EH	T0x12	T1x12	UART_M0x6	BRTR	S2SMOD	BRTx12	EXTRAM	S1BRS	00H
WAKE_CLKO/掉电唤醒和时钟输出寄存器	8FH	PCAWAKEUP	RXD_PIN_IE	T1_PIN_IE	T0_PIN_IE	LVD_WAKE	BRT_CLKO	T1_CLKO	T0_CLKO	00H
P1/P1 口	90H	P1.7	P1.6	P1.5	P1.4	P1.3	P1.2	P1.1	P1.0	FFH
P1M1/P1 口模式配置寄存器 1	91H	P1M1.7	P1M1.6	P1M1.5	P1M1.4	P1M1.3	P1M1.2	P1M1.1	P1M1.0	00H
P1M0/P1 口模式配置寄存器 0	92H	P1M0.7	P1M0.6	P1M0.5	P1M0.4	P1M0.3	P1M0.2	P1M0.1	P1M0.0	00H
P0M1/P0 口模式配置寄存器 1	93H	P0M1.7	P0M1.6	P0M1.5	P0M1.4	P0M1.3	P0M1.2	P0M1.1	P0M1.0	00H
P0M0/P0 口模式配置寄存器 0	94H	P0M0.7	P0M0.6	P0M0.5	P0M0.4	P0M0.3	P0M0.2	P0M0.1	P0M0.0	00H
P2M1/P2 口模式配置寄存器 1	95H	P2M1.7	P2M1.6	P2M1.5	P2M1.4	P2M1.3	P2M1.2	P2M1.1	P2M1.0	00H
P2M0/P2 口模式配置寄存器 0	96H	P2M0.7	P2M0.6	P2M0.5	P2M0.4	P2M0.3	P2M0.2	P2M0.1	P2M0.0	00H
CLK_DIV/时钟分频寄存器	97H	—	—	—	—	—	CLKS2	CLKS1	CLKS0	××××
×000B
SCON/串口 1 控制寄存器	98H	SM0/FE	SM1	SM2	REN	TB8	RB8	TI	RI	00H
SBUF/串口 1 数据缓冲器	99H									××
S2CON/串口 2 控制寄存器	9AH	S2SM0	S2SM1	S2SM2	S2REN	S2TB8	S2RB8	S2TI	S2RI	00H
S2BUF/串口 2 数据缓冲器	9BH									××
BRT/独立波特率发生器	9CH									00H
P1ASF/P1 口模拟功能配置寄存器	9DH	P17ASF	P16ASF	P15ASF	P14ASF	P13ASP	P12ASF	P11ASF	P10ASF	00H
P2/P2 口	A0H	P2.7	P2.6	P2.5	P2.4	P2.3	P2.2	P2.1	P2.0	FFH
BUS_SPEED/总线速度控制寄存器	A1H	—	—	ALES1	ALES0	—	RWS2	RWS1	RWS0	××10
×011B
AUXR1/辅助寄存器 1	A2H	—	PCA_P4	SPI_P4	S2_P4	GF2	ADRJ	—	DPS	00H
IE/中断允许寄存器	A8H	EA	ELVD	EADC	ES	ET1	EX1	ET0	EX0	00H
SADDR/从机地址寄存器	A9H									00H
IE2/中断允许寄存器 2	AFH	—	—	—	—	—	—	ESPI	ES2	××××
××00B
P3/P3 口	B0H	P3.7	P3.6	P3.5	P3.4	P3.3	P3.2	P3.1	P3.0	FFH

续表

名称/功能	地址	位地址及位名称								复位值
		D7			...				D0	
P3M1/P3口模式配置寄存器1	B1H	P3M1.7	P3M1.6	P3M1.5	P3M1.4	P3M1.3	P3M1.2	P3M1.1	P3M1.0	00H
P3M0/P3口模式配置寄存器0	B2H	P3M0.7	P3M0.6	P3M0.5	P3M0.4	P3M0.3	P3M0.2	P3M0.1	P3M0.0	00H
P4M1/P4口模式配置寄存器1	B3H	P4M1.7	P4M1.6	P4M1.5	P4M1.4	P4M1.3	P4M1.2	P4M1.1	P4M1.0	00H
P4M0/P4口模式配置寄存器0	B4H	P4M0.7	P4M0.6	P4M0.5	P4M0.4	P4M0.3	P4M0.2	P4M0.1	P4M0.0	00H
IP2/第2中断优先级低字节寄存器	B5H	—	—	—	—	—	—	PSPI	PS2	××××××00B
IP2H/第2中断优先级高字节寄存器	B6H	—	—	—	—	—	—	PSPIH	PS2H	××××××00B
IPH/中断优先级高字节寄存器	B7H	PPCAH	PLVDH	PADCH	PSH	PT1H	PX1H	PT0H	PX0H	00H
IP/中断优先级寄存器	B8H	PPCA	PLVD	PADC	PS	PT1	PX1	PT0	PX0	00H
SADEN/从机地址掩模寄存器	B9H									00H
P4SW/P4口第二功能设置寄存器	BBH	—	LVD P4.6	ALE P4.5	NA P4.4					×000××××B
ADC_CONTR/A/D转换控制寄存器	BCH	ADC_POWER	SPEED1	SPEED0	ADC_FLAG	ADC_START	CHS2	CHS1	CHS0	00H
ADC_RES/A/D转换结果高位寄存器	BDH									00H
ADC_RESL/A/D转换结果低位寄存器	BEH									00H
P4/P4口	C0H	P4.7	P4.6	P4.5	P4.4	P4.3	P4.2	P4.1	P4.0	FFH
WDT_CONTR/看门狗控制寄存器	C1H	WDT_FLAG	—	EN_WD	CLR_WDT	IDLE_WDT	PS2	PS1	PS0	0×00 0000B
IAP DATA/ISP/IAP数据寄存器	C2H									FFH
IAP_ADDRH/ISP/IAP高8位地址寄存器	C3H									00H
IAP_ADDRL/ISP/IAP低8位地址寄存器	C4H									00H
IAP_CMD/ISP/IAP命令寄存器	C5H	—	—	—	—	—	—	MS1	MS0	××××××00B
IAP_TRIG/ISP/IAP命令触发寄存器	C6H									XX
IAP_CONTR/ISP/IAP控制寄存器	C7H	IAPEN	SWBS	SWRST	CMD_FAIL	—	WT2	WT1	WT0	0000×000B
P5/P5口	C8H	—	—	—	—	P5.3	P5.2	P5.1	P5.0	×FH
P5M1/P5口模式配置寄存器1	C9H	—	—	—	—	P5M1.3	P5M1.2	P5M1.1	P5M1.0	×0H
P5M0/P5口模式配置寄存器0	CAH	—	—	—	—	P5M0.3	P5M0.2	P5M0.1	P5M0.0	×0H
SPSTAT/SPI状态寄存器	CDH	SPIF	WCOL	—	—	—	—	—	—	00×× ××××B
SPCTL/SPI控制寄存器	CEH	SSIG	SPEN	DORD	MSTR	CPOL	CAPHA	SPR1	SPR0	04H
SPDAT/SPI数据寄存器	CFH									00H
PSW/程序状态字寄存器	D0H	CY	AC	F0	RS1	RS0	OV	F1	P	00H
CCON/PCA控制寄存器	D8H	CF	CR	—	—	—	—	CCF1	CCF0	00×× ××00B
CMOD/PCA模式寄存器	D9H	CIDL	—	—	—	CPS2	CPS1	CPS0	ECF	0××× 0000B
CCAPM0/PCA Module0模式寄存器	DAH	—	ECOM0	CAPP0	CAPN0	MAT0	TOG0	PWM0	ECCF0	×000 0000B
CCAPM1/PCA Module1模式寄存器	DBH	—	ECOM1	CAPP1	CAPN1	MAT1	TOG1	PWM1	ECCF1	×000 0000B
ACC/累加器	E0H									00H

续表

| 名称/功能 | 地址 | 位地址及位名称 ||||||||| 复位值 |
		D7				...			D0	
CL/ PCA 基本定时器低位	E9H									00H
CCAP0L/ PCA Module0 捕获寄存器低位	EAH									00H
CCAP1L/ PCA Module1 捕获寄存器低位	EBH									00H
B/B 寄存器	F0H									00H
PCA_PWM0/PCA_ PWM 模式辅助寄存器 0	F2H	—	—	—	—	—	—	EPC0H	EPC0L	×××× ××00B
PCA_PWM1/PCA_ PWM 模式辅助寄存器 1	F3H	—	—	—	—	—	—	EPC1H	EPC1L	×××× ××00B
CH / PCA 基本定时器高位	F9H									00H
CCAP0H/ PCA_ Module0 捕获寄存器高位	FAH									00H
CCAP1H/ PCA_ Module1 捕获寄存器高位	FBH									00H

STC12C5A60S2 单片机相较于传统 51 单片机新增的特殊功能寄存器主要用于控制新增的功能部件，相关内容将在后续章节与功能部件的结构、原理一同介绍。本节主要介绍新增的特殊功能寄存器中的数据指针 1（DPTR1）。

传统 51 单片机的数据指针（DPTR）是一个 16 位专用寄存器，由 DPL（低 8 位）和 DPH（高 8 位）组成，DPL 的地址是 82H，DPH 的地址是 83H。在访问片外数据存储器和程序存储器时，DPTR 是一个关键寄存器，用于存储 16 位地址。如果数据在两个 16 位地址单元之间传送，源地址和目标地址都用到了 DPTR，为了避免 DPTR 内容被覆盖，需反复地保存、恢复，使用十分不便。为此，STC12C5A60S2 单片机设计了两个 16 位的数据指针 DPTR0 和 DPTR1，这两个数据指针共用同一个地址空间，编程时名称都是 DPTR，通过辅助寄存器 AUXR1 的第 0 位（DPS 位）的状态来选择当前使用的数据指针是 DPTR0 还是 DPTR1。具体方法是：

DPS（AUXR1.0）=0，当前使用 DPTR0；
DPS（AUXR1.0）=1，当前使用 DPTR1。

辅助寄存器 AUXR1 的地址为 A2H，是不可位寻址寄存器。但由于 DPS 是第 0 位，故执行 INC　AUXR1 指令时，DPS 位便会反转，由 0 变成 1 或由 1 变成 0，可方便地实现双数据指针的快速切换（AUXR1 加 1 后需注意对高位的影响）。以下程序示例了双数据指针的使用方法。

【例 9-1】双数据指针使用方法示例程序。

```
        AUXR1   EQU     0A2H
        MOV     AUXR1, #0       ; DPS=0，选择 DPTR0
        MOV     DPTR, #100H     ; 置 DPTR0 为 100H
        MOV     A, #00H
L1:     MOVX    @DPTR, A        ; 00H 送 100H 单元
S1:     MOV     DPTR, #200H     ; 置 DPTR0 为 200H
```

```
        MOV     A，#0FFH
        MOVX    @DPTR，A         ;FFH 送 200H 单元
        INC     AUXR1           ;DPS=1；选择 DPTR1
        MOV     DPTR，#100H      ;置 DPTR1 为 100H
L2：    MOVX    A，@DPTR         ;读 100H 内容，A=00H
        INC     AUXR1           ;DPS=0，选择 DPTR0，DPTR0 内容为 200H
L3：    MOVX    A，@DPTR         ;读 200H 内容，A=FFH
        INC     AUXR1           ;DPS=1，选择 DPTR1，DPTR1 内容为 100H
        MOVX    A，@DPTR         ;读 100H 内容，A=00H
        END
```

例 9-1 程序说明：

(1) DPTR0 和 DPTR1 虽然在程序中都写作 DPTR，但相互独立，其内容不会相互覆盖。S1 行将 DPTR0 置为 200H，虽然其后修改了 DPTR1 的值，但执行 L3 行指令时 DPTR0 的值仍然为 200H。

(2) 当前使用的是哪一个 DPTR，由 AUXR1 第 0 位状态决定。

(3) DPTR0 和 DPTR1 只要内容相同，它们指向的是同一个单元。L1 行以 DPTR0 为间址寄存器向 100H 单元存入数据 00，而 L2 行以 DPTR1 为间址寄存器从 100H 单元读出数据结果为 00，说明这两条语句中，DPTR0 和 DPTR1 指向的是同一个单元。

【例 9-2】将内部扩展数据存储器 200H 开始连续 10 个单元内容传送至 200H 开始单元。

```
        AUXR1   EQU     0A2H
        MOV     A，AUXR1
        ANL     A，#11111100B
        MOV     R1，A            ;保留 AUXR1 其他位状态
        MOV     AUXR1，A         ;DPS=0，选择 DPTR0
        MOV     DPTR，#200H      ;DPTR0 为源地址指针
        INC     AUXR1           ;DPS=1，选择 DPTR1
        MOV     DPTR，#300H      ;DPTR1 为目标地址指针
        MOV     R0，#10
LOOP：  MOV     AUXR1，R1        ;DPS=0，选择 DPTR0
        MOVX    A，@DPTR         ;读源数据
        INC     DPTR            ;指向下一个源数据单元
        INC     AUXR1           ;DPS=1，选择 DPTR1
        MOVX    @DPTR，A         ;传送到目标地址
        INC     DPTR            ;指向下一个目标单元
        DJNZ    R0，LOOP
        END
```

例 9-2 演示了用两个 16 位指针分别指向源地址和目标地址，通过切换 DPS 位状态方便地切换指针，进而完成 16 位地址单元内数据传输的方法。另外，该程序示例了保存 AUXR1 其他位内容，只切换 DPS 位状态以免影响 AUXR1 其他位状态的方法。

思考 讨论

根据 STC12C5A60S2 单片机芯片手册介绍，DPRT0 和 DPTR1 两个数据指针共用同一个地址空间，这一说明似有不妥：如果两个数据指针共用同一个地址空间，其内容势必会相互覆盖，也失去了设置双指针的意义。更可能的情况是 DPTR0 和 DPTR1 存储单元是相互独立的，虽然寄存器名一样，但通过其他信息（DPS 位状态）进行区分，类似于串行口发送/接收缓冲器名称相同，都称为 SBUF，但对应两个独立的存储器，使用时根据读或者写来区分两个寄存器；更类似于不同工作寄存器组中的 Rn，虽然名称一样，但对应的单元是不一样的，到底使用的是哪个单元由 Rn 和 PSW 寄存器的 RS1 和 RS0 共同决定。至于为什么不直接增加一个特殊功能寄存器 DPTR1（STC12C5A60S2 单片机已经增加了很多特殊功能寄存器），避免使用中频繁切换 DPS 状态的麻烦，是因为其他新增的特殊功能寄存器使用直接寻址访问，不会增加新的指令，而 DPTR 主要作为间址寄存器，一般采用间接寻址或变址寻址，如果增加特殊功能寄存器 DPTR1，MOVX @DPTR0，A 和 MOVX @DPTR1，A 就会成为两条不同指令，需要增加指令，涉及修改指令系统，不易实现且与传统 51 单片机的兼容性也会受到影响。因此，STC12C5A60S2 单片机采用了共用寄存器名、共用指令，而通过 DPS 状态访问不同单元的折中方案。以上内容仅为个人观点，感兴趣的读者可以深入思考研究，如有谬误，也请 STC 单片机的研发专家指正。

9.4 I/O 口特点及使用方法

STC12C5A60S2 单片机除了有和传统 51 单片机兼容的 P0～P3 口外，还新增了 P4 和 P5 口，所有 I/O 口均可位寻址。P5 口只有低 4 位有效，P4 口某些引脚具有第二功能。

9.4.1 工作模式及配置方法

STC12C5A60S2 单片机所有 I/O 口均可通过软件配置为准双向/弱上拉、强推挽/强上拉、仅为输入/输出高阻和开漏四种模式之一，每个口均由特殊功能寄存器 PxM1（x 为 0～5，对应 P0～P5 口，下同）和 PxM0 的相同位设置 Px 口对应位的工作模式，例如 P0M1 第 0 位和 P0M0 第 0 位的组合状态决定 P0.0 的工作模式。STC12C5A60S2 单片机复位后所有 I/O 口均为准双向/弱上拉模式，与传统 51 单片机 I/O 口复位后状态相同。2V 以上为高电平，0.8V 以下为低电平，每个 I/O 口驱动能力均可达 20mA，但整个芯片最大不超过 120mA。

1. P5口工作模式设置

P5口的输入/输出状态由特殊功能寄存器 P5 控制，地址为 C8H，可位寻址。P5口只有低 4 位可用，即 P5 寄存器中只有 P5.0～P5.3 四位有效。其工作模式由特殊功能寄存器 P5M1 和 P5M0 设置，这两个寄存器相同位的组合状态决定了 P5 口的对应位的工作模式。具体配置方法如表 9-4 所示。

表 9-4　P5 口工作模式配置

P5M1[0:3]	P5M0[0:3]	P5.[0:3] 模式
0	0	准双向口/弱上拉模式 灌电流可达 20mA，拉电流 150～250μA
0	1	强推挽输出（强上拉输出电流可达 20mA，需加限流电阻）
1	0	仅为输入/输出高阻
1	1	开漏，内部上拉高阻断开，需外加

例如：MOV　P5M1，#××××0101B
　　　MOV　P5M0，#××××0011B

则 P5.0 为开漏模式；P5.1 为强推挽输出模式；P5.2 仅作输入，输出高阻；P5.3 为与传统 51 单片机兼容的弱上拉准双向口。

2. P4口工作模式设置

P4 口的设置方式与 P5 口类似，区别在于 P4 口 8 位均有效，因此特殊功能寄存器 P4M1 和 P4M0 的 0～7 位均会用到。具体配置方法如表 9-5 所示。

表 9-5　P4 口工作模式配置

P4M1[0:7]	P4M0[0:7]	P4.[0:7] 模式
0	0	准双向口/弱上拉模式 灌电流可达 20mA，拉电流 150～250μA
0	1	强推挽输出（强上拉输出电流可达 20mA，需加限流电阻）
1	0	仅为输入/输出高阻
1	1	开漏，内部上拉高阻断开，需外加

例如：MOV　P4M1，#00000011B
　　　MOV　P4M0，#00000101B

则 P4.0 为开漏模式；P4.1 仅作输入，输出高阻；P4.2 为强推挽输出模式；P4.3～P4.7 均为弱上拉准双向口。

3. P0～P3口工作模式设置

P0～P3 口工作模式设置方法与 P4 设置方法类似，只是涉及的特殊功能寄存器不同。

P0～P5 口相关的特殊功能寄存器如表 9-6 所示。

表9-6 P0~P5口相关的特殊功能寄存器

端口	端口寄存器（可位寻址）		模式设置寄存器高字节（不可位寻址）		模式设置寄存器低字节（不可位寻址）	
	寄存器名称	地址	寄存器名称	地址	寄存器名称	地址
P0口	P0	80H	P0M1	93H	P0M0	94H
P1口	P1	90H	P1M1	91H	P1M0	92H
P2口	P2	A0H	P2M1	95H	P2M0	96H
P3口	P3	B0H	P3M1	B1H	P3M0	B2H
P4口	P4	C0H	P4M1	B3H	P4M0	B4H
P5口	P5	C8H	P5M1	C9H	P5M0	CAH

9.4.2 P4/P5口使用方法

对P4/P5口的访问与访问P1/P2/P3口相同，P4口地址为C0H，P5口地址为C8H，各位的地址如表9-7所示。

表9-7 P4/P5口位地址

P4口地址C0H	位	P4.7	P4.6	P4.5	P4.4	P4.3	P4.2	P4.1	P4.0
	位地址	C7H	C6H	C5H	C4H	C3H	C2H	C1H	C0H
P5口地址C8H		—	—	—	—	P5.3	P5.2	P5.1	P5.0
						CBH	CAH	C9H	C8H

P4口的P4.4~P4.6三个端口具有第二功能，由特殊功能寄存器P4SW设置，具体功能及设置方法如表9-8所示。

表9-8 P4口第二功能

寄存器	地址	位	7	6	5	4	3~0
P4SW	BBH	功能	—	LVD_P4.6	ALE_P4.5	NA_P4.4	—

复位后P4SW的第4~6位均为0，通过设置，可确定P4.4~P4.6的具体功能，设置方法如表9-9所示。

表9-9 P4口第二功能设置方法

P4SW位	6		5		4	
对应引脚	LVD_P4.6		ALE_P4.5		NA_P4.4	
设置值	0	1	0	1	0	1
引脚功能	外部低电压检测脚，可用查询方式或中断方式进行检测	I/O口P4.6	用MOVX指令访问片外扩展器件时，输出ALE信号	I/O口P4.5	弱上拉，引脚无任何功能	I/O口P4.4

9.4.3 I/O 口不同工作模式

1. 准双向口输出模式

准双向口可用作输出和输入功能而无须重新配置口线输出状态。该模式下，引脚输出 1 时驱动能力很弱，允许外部装置将其拉低；当引脚输出低电平时，可承受 20mA 灌电流，驱动能力很强。准双向口有 3 个上拉晶体管以适应不同的需要。

在 3 个上拉晶体管中，有 1 个上拉晶体管称为"弱上拉"，当口线寄存器为 1 且引脚本身也为 1 时打开。此上拉提供基本驱动电流，使准双向口输出为 1。如果一个引脚输出为 1 而由外部装置下拉到低电平状态时，"弱上拉"关闭而"极弱上拉"维持开状态，为了把这个引脚强拉为低电平，外部装置必须有足够的灌电流能力使引脚上的电压降到门槛电压以下。

第 2 个上拉晶体管，称为"极弱上拉"，当口线锁存为 1 时打开。当引脚悬空时，这个极弱的上拉源产生很弱的上拉电流，将引脚上拉为高电平。

第 3 个上拉晶体管称为"强上拉"。当口线锁存器由 0 到 1 跳变时，这个上拉用来加快准双向口由逻辑 0 到逻辑 1 转换。当发生这种情况时，"强上拉"打开约 2 个时钟周期以使引脚能够迅速地上拉到高电平。

准双向口输出模式内部电路如图 9-1 所示。

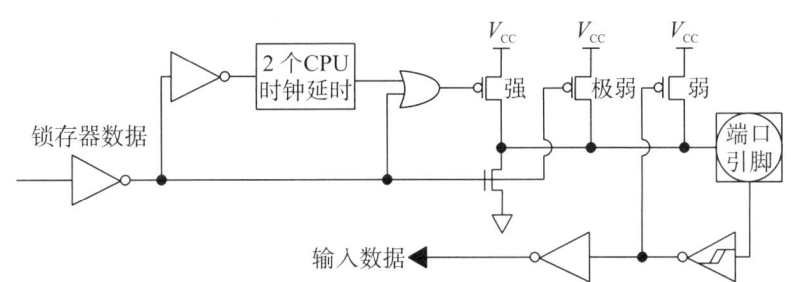

图 9-1 准双向口输出模式内部电路

STC12LE5A60S2 的准双向口带有一个施密特触发输入电路进行干扰抑制，与传统 51 单片机一样，读外部状态前，要先向引脚输出"1"，以保证正确读取外部状态。

2. 强推挽输出模式

强推挽输出配置的下拉结构与开漏输出以及准双向口的下拉结构相同，但当锁存器为 1 时提供持续的强上拉，拉电流最大可达 20mA，而输出低电平时可承受 20mA 灌电流。强推挽模式一般用于需要更大驱动电流的情况。

强推挽输出模式内部电路如图 9-2 所示。

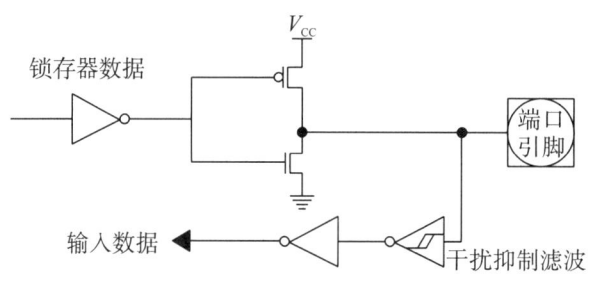

图 9-2　强推挽输出模式内部电路

3. 仅为输入（高阻）模式

该方式不提供吸入 20mA 电流的能力，内部电路如图 9-3 所示。

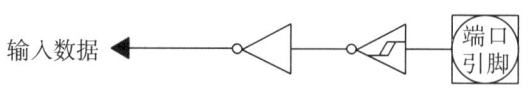

图 9-3　仅为输入（高阻）模式内部电路

4. 开漏输出模式（若外加上拉电阻，也可读）

当口线锁存器为 0 时，开漏输出关闭所有上拉晶体管。当作为一个逻辑输出时，这种配置方式必须有外部上拉，一般通过电阻外接到 V_{CC} 以实现高电平输出，输出低电平时可承受 20mA 灌电流。如果外部有上拉电阻，开漏的 I/O 口还可读外部状态，即还可作为输入口。这种方式的下拉与准双向口相同。其内部电路如图 9-4 所示。

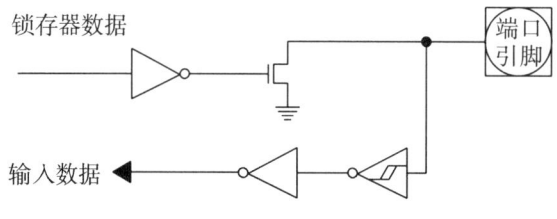

图 9-4　开漏输出模式内部电路

上述 4 种方式下，输入口均带有一个施密特触发输入以及干扰抑制电路，提升单片机的抗干扰能力。

9.5　STC12C5A60S2 单片机中断系统

9.5.1　中断源

STC12C5A60S2 单片机较传统 51 单片机有更多的功能部件，相应地，中断源也更多，共有 14 个。原有中断源的中断标志分布情况不变，新增中断源的中断标志分布在不同的特殊功能寄存器中，共有 14 个中断标志，如表 9-10 所示。

表 9-10 STC12C5A60S2 单片机中断标志分布情况

寄存器	TCON				SCON		S2CON		PCON	ADC_CONTR	CCON			SPSTAT
位	D7	D5	D3	D1	D1	D0	D1	D0	D5	D4	D7	D1	D0	D7
中断源	定时器1	定时器0	外部中断1	外部中断0	串口1发送	串口1接收	串口2发送	串口2接收	低电压	AD转换	PCA计数器	PCA模块1	PCA模块0	SPI
中断标志	TF1	TF0	IE1	IE0	TI	RI	S2TI	S2RI	LVDF	ADC_FLAG	CF	CCF1	CCF0	SPIF

9.5.2 中断允许

STC12C5A60S2 单片机的 14 个中断源中，TI 和 RI 合并为一个中断请求信号向 CPU 申请中断，统称为串口 1 中断。类似的，S2TI 和 S2RI 统称为串口 2 中断，CF、CCF1 和 CCF0 统称为 PCA 中断。

STC12C5A60S2 单片机的中断允许机理与传统 51 单片机一样，即总的中断允许位 EA 和相应的中断允许位必须同时为"1"，中断源才能发出中断请求信号。新增中断源的中断允许控制位分布在不同的特殊功能寄存器中，如表 9-11 所示。

表 9-11 STC12C5A60S2 单片机中断允许控制位

寄存器	IE								IE2		CMOD	CCAPM0	CCAPM1
位	D7	D6	D5	D4	D3	D2	D1	D0	D1	D0	D0	D0	D0
中断源	总控	低电压	AD转换	串口1	定时器1	外部中断1	定时器0	外部中断0	SPI	串口2	PCA定时器	PCA模块0	PCA模块1
位名称	EA	ELVD	EADC	ES	ET1	EX1	ET0	EX0	ESPI	ES2	ECF	ECCF0	ECCF1

设置中断允许时，串口的收发中断统一设置，而 PCA 的 3 个中断请求分别处理。因此，除总的中断允许位外，共有 12 个独立的中断允许控制位。

9.5.3 中断优先级

STC12C5A60S2 单片机虽然有 14 个中断源，但由于 TI 和 RI、S2TI 和 S2RI 以及 CF、CCF1 和 CCF0 中断信号进行了合并，变成了 3 个中断请求信号，因此中断优先级按 10 个中断源进行设置，同时中断优先级较原来的 2 级扩展为 4 级。为此，单片机内部在已有的 IP 寄存器基础上增加了 3 个寄存器，共有 4 个特殊功能寄存器用于中断优先级控制，分别是 IP、IP2、IPH 和 IP2H。

其中 IP 每位均有效（传统 51 单片机已有的中断优先级控制位位置不变，原保留位用作新增中断源优先级控制位），IP2 低两位有效，共 10 位，对应 10 个中断源的优先级。IP 和 IPH 的相同位共同设置一个中断源的优先级；IP2 和 IP2H 的相同位共同设置一个中断源的优先级，但这两个寄存器只有低两位有效，如表 9-12 所示。

表9-12 中断优先级控制寄存器组合情况

优先级寄存器	IP (B8H)								IP2 (B5H)	
位	D7	D6	D5	D4	D3	D2	D1	D0	D1	D0
中断源	PPCA	PLVD	PADC	PS	PT1	PX1	PT0	PX0	PSPI	PS2
优先级高字节寄存器	IPH (B7H)								IP2H (B6H)	
位	D7	D6	D5	D4	D3	D2	D1	D0	D1	D0
中断源	PPCAH	PLVDH	PADCH	PSH	PT1H	PX1H	PT0H	PX0H	PSPIH	PS2H

每个中断源的优先级设置有2种方案:

(1) 2优先级方案：只使用IP、IP2这2个优先级控制寄存器，每个中断源可设置为高、低2个优先级，与传统51单片机中断源优先级设置方法相同。

(2) 4优先级方案：使用全部4个优先级控制寄存器，每个中断源的优先级由2个寄存器的对应位决定，可分为4个优先级，如表9-13所示。

表9-13 中断源优先级设置方法

中断源对应位状态		优先级
IPH/IP2H 状态	IP/IP2 状态	
0	0	最低优先级（优先级0）
0	1	较低优先级（优先级1）
1	0	较高优先级（优先级2）
1	1	最高优先级（优先级3）

9.5.4 中断系统结构

STC12C5A60S2单片机中断系统结构如图9-5所示，其工作原理与传统51单片机相似，略有不同之处在于每个中断源可设置为4个软件优先级，同级中断请求按硬件优先级依次响应。硬件优先级顺序如表9-14所示。

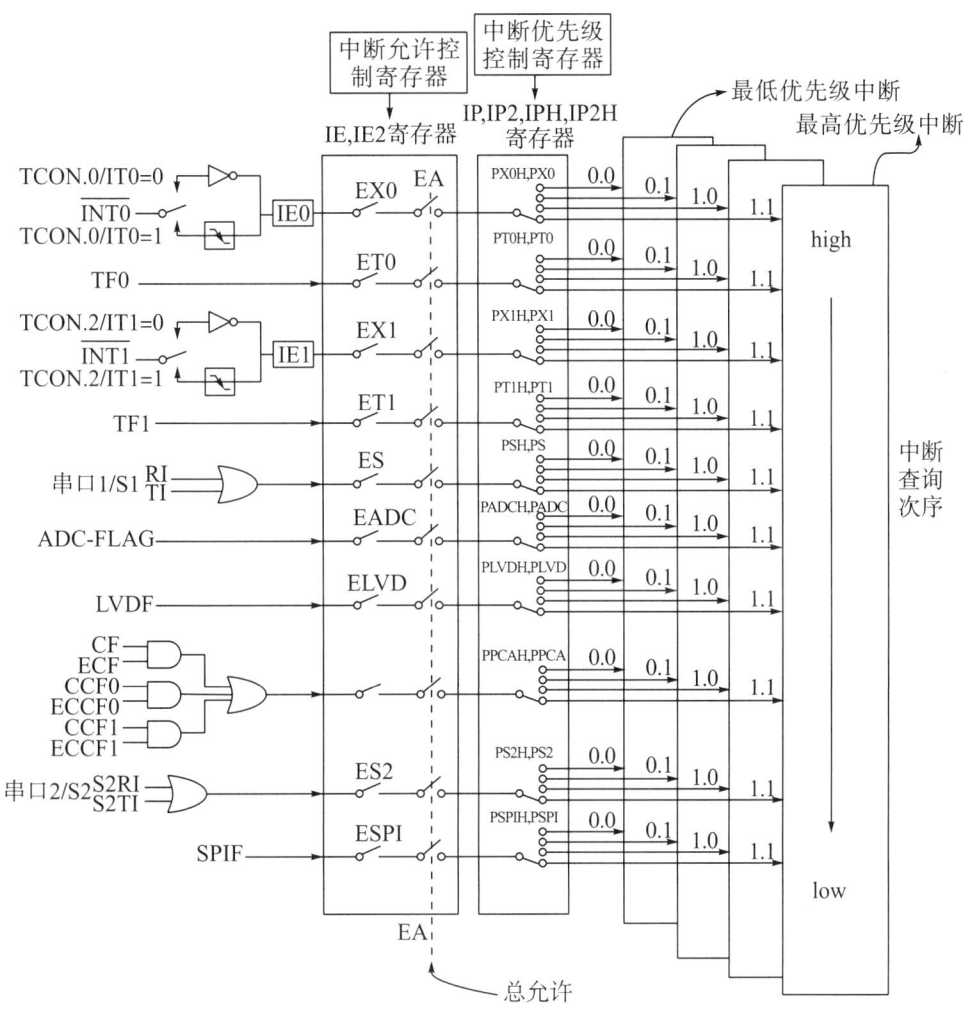

图 9-5 STC12C5A60S2 单片机多中断系统结构

表 9-14 中断系统硬件优先级

硬件优先级	中断源
0（最高）	外部中断 0（INT0）
1	定时/计数器 1（T0）
2	外部中断 1（INT1）
3	定时/计数器 1（T1）
4	串口 1（UART1）
5	AD 转换器（ADC）
6	LVD（低电压）
7	PCA（可编程计数器阵列）
8	串口 2（UART2）
9（最低）	SPI

9.6 定时/计数器应用

STC12C5A60S2 单片机有 4 个定时器,其中定时器 0 和定时器 1 为 16 位定时器,与传统 51 单片机的定时器完全兼容,但可以设置为 1T 模式。另外,内部集成的两路可编程计数器阵列(PCA)模块,可作为软件定时器使用,再构成两个 16 位定时器。

本节主要介绍 STC12C5A60S2 单片机新增的与定时/计数器有关的特殊功能寄存器及其使用方法。

9.6.1 辅助寄存器 AUXR

STC12C5A60S2 单片机是 1T 的 51 内核单片机,为兼容传统 51 单片机,定时器 0 和定时器 1 复位后是传统 51 单片机的速度,即计数频率为系统时钟的 12 分频。通过设置新增加的特殊功能寄存器 AUXR,可选择 T0、T1 的计数脉冲是采用系统时钟的 12 分频信号还是直接采用系统时钟信号。

AUXR 地址为 8EH,各位的名称如表 9-15 所示,其中 D7 位和 D6 位与定时/计数器有关。

表 9-15 AUXR 寄存器位名称

AUXR (辅助寄存器)	位	D7	D6	D5	D4	D3	D2	D1	D0
	名称	**T0x12**	**T1x12**	UART_M0x6	BRTR	S2SMOD	BRTx12	EXTRAM	SIBRS

(1) D7 位(T0x12):定时器 0 速度控制位。

• T0x12=0,定时器 0 计数速度与传统 51 单片机相同,即计数频率为系统时钟的 12 分频;

• T0x12=1,定时器 0 计数速度是传统 51 单片机的 12 倍,即直接对系统时钟信号进行计数。

(2) D6 位(T1x12):定时器 1 速度控制位。

• T1x12=0,定时器 1 计数速度与传统 51 单片机相同,即计数频率为系统时钟的 12 分频;

• T1x12=1,定时器 1 计数速度是传统 51 单片机的 12 倍,即直接对系统时钟信号进行计数。

9.6.2 时钟输出和掉电唤醒寄存器 WAKE_CLKO

WAKE_CLKO 地址为 8FH,各位的名称如表 9-16 所示,其中 D5、D4、D1、D0 位与定时/计数器有关。

表 9-16 WAKE_CLKO 寄存器位名称

WAKE_CLKO（掉电唤醒和时钟输出寄存器）	位	D7	D6	**D5**	**D4**	D3	D2	**D1**	**D0**
	名称	PCA WAKEUP	RXD_PIN_IE	**T1_PIN_IE**	**T0_PIN_IE**	LVD_WAKE	BRT CLKO	**T1CLKO**	**T0CLKO**

（1）D5 位（T1_PIN_IE）：掉电模式下，T1/P3.5 引脚下降沿功能设置位。

• T1_PIN_IE=0：禁止 T1/P3.5 引脚下降沿置位 T1 中断标志，也禁止 T1 引脚信号唤醒掉电模式；

• T1_PIN_IE=1：允许 T1/P3.5 引脚下降沿置位 T1 中断标志，也允许 T1 引脚信号唤醒掉电模式。

（2）D4 位（T0_PIN_IE）：掉电模式下，T0/P3.4 引脚下降沿功能设置位。

• T0_PIN_IE=0：禁止 T0/P3.4 引脚下降沿置位 T0 中断标志，也禁止 T0 引脚信号唤醒掉电模式；

• T0_PIN_IE=1：允许 T0/P3.4 引脚下降沿置位 T0 中断标志，也允许 T0 引脚信号唤醒掉电模式。

（3）D1 位（T1CLKO）：定时器 T1 的时钟输出配置位。

• T1CLKO=0：P3.5/T1 引脚不作为定时器 T1 的时钟输出；

• T1CLKO = 1：将 P3.5/T1 引脚配置为定时器 T1 的时钟输出引脚（CLKOUT1），此时定时器 T1 只能工作在 8 位自动重装载模式（模式 2），CLKOUT1 输出时钟频率＝T1 溢出率/2。

（4）D0 位（T0CLKO）：定时器 T0 的时钟输出配置位。

• T0CLKO=0：P3.4/T0 引脚不作为定时器 T0 的时钟输出；

• T0CLKO = 1：将 P3.4/T0 引脚配置为定时器 T0 的时钟输出引脚（CLKOUT0），此时定时器 T0 只能工作在 8 位自动重装载模式（模式 2），CLKOUT0 输出时钟频率＝T0 溢出率/2。

9.6.3 定时/计数器编程示例

设系统主频 f_{osc}=18.432MHz，要求使用 T0 定时，1T 速度，在 CLKOUT0/P3.4 引脚输出频率为 38.4kHz 的时钟信号。

根据要求，T0 应工作于模式 2，先计算定时器初值 X。因为 CLKOUT0 输出时钟频率＝T0 溢出率/2，则

T0 溢出率＝2×38.4kHz

而定时速度为 1T 时，定时时间＝$(256-X)/f_{osc}$，于是有

$f_{osc}/(256-X)=2\times 38.4\text{kHz}$

整理得：

$X=256-f_{osc}/(2\times 38.4)=256-18432000/(2\times 38400)=10\text{H}$

本例涉及与定时器模式、1T 方式及 CLKOUT0 输出配置相关的 3 个特殊功能寄存器 TMOD、AUXR 和 WAKE_CLKO，程序的主要功能就是正确设置相关特殊功能寄存器，并启动定时器无中断运行。程序如下：

```
        AUXR        EQU     8EH
        WAKE_CLKO   EQU     8FH
        ORG         0000H
MAIN:   MOV         TMOD，#02          ；T0 工作于模式 2
        MOV         AUXR，#80H         ；T0 计数脉冲源为系统时钟源（1T）
        MOV         WAKE_CLKO，#01H    ；CLKOUT0 引脚输出 T0 时钟
        MOV         TL0，#10H
        MOV         TH0，#10H
        SETB        TR0
        SJMP        $
```

9.7 串行口原理及应用

STC12C5A60S2 单片机具有两个全双工串行通信接口（USART），称为串口 1 和串口 2。每个串行口由两个数据缓冲器、一个移位寄存器、一个串行控制寄存器和一个波特率发生器等组成。串口 1 的内部结构及工作方式与传统 51 单片机相同，只是在设置上略有不同。串口 2 的工作方式也与传统 51 单片机相同，但使用另外一套特殊功能寄存器设置和控制串口 2 工作，对应的输入输出引脚是 TxD2 和 RxD2。

本节主要介绍串口 1 在设置和使用方面与传统 51 单片机有所区别的部分（相同部分不再赘述），以及串口 2 相关特殊功能寄存器、工作方式设置和收发控制方法。

9.7.1 串口 1 相关特殊功能寄存器

与串口 1 相关的特殊功能寄存器与传统 51 单片机基本相同，本节介绍新增的特殊功能寄存器及新增的控制位的相关功能。

1. 串口 1 的电源控制寄存器 PCON 和控制寄存器 SCON

PCON 和 SCON 寄存器各位的名称如表 9-17 所示。

表 9-17 PCON 和 SCON 寄存器位名称

PCON （电源控制寄存器）	位	D7	**D6**	D5	D4	D3	D2	D1	D0
	名称	SMOD	**SMOD0**	LVDF	POF	GF1	GF0	PD	IDL
SCON （串口 1 控制寄存器）	位	**D7**	D6	D5	D4	D3	D2	D1	D0
	名称	**SM0/FE**	SM1	SM2	REN	TB8	RB8	TI	RI

PCON 寄存器新增了 D6 位，即 SMOD0（PCON.6）位。传统 51 单片机中 SCON

最高位为 SM0，是串口工作模式选择位，现变为 SM0/FE，其功能由 SMOD0（PCON.6）位状态决定：

• SMOD0（PCON.6）=1：SM0/FE 位用于帧错误检测，当检测到一个无效停止位时，串口接收器置位 SM0/FE 位，可用于检测接收数据的正确性。它必须由软件清零。

• SMOD0（PCON.6）=0：SM0/FE 和 SM1 一起设置串口 1 的工作方式，保持传统 51 单片机原功能。

2. 辅助寄存器 AUXR

表 9-18　AUXR 寄存器位名称

AUXR（辅助寄存器）	位	D7	D6	**D5**	D4	D3	**D2**	D1	**D0**
	名称	T0x12	T1x12	**UART_M0x6**	**BRTR**	S2SMOD	**BRTx12**	EXTRAM	**S1BRS**

如表 9-18 所示，AUXR 寄存器中和串口 1 相关的位有 D5、D4、D2、D0 位。

(1) UART_M0x6：串口模式 0 通信速度设置位。

• UART_M0x6=0，串口模式 0 波特率与传统 51 单片机相同；

• UART_M0x6=1，串口模式 0 波特率是传统 51 单片机的 6 倍，时钟脉冲 2 分频后作为移位脉冲。

(2) BRTR：独立波特率发生器运行控制位。

• BRTR=0，停止独立波特率发生器；

• BRTR=1，启动独立波特率发生器。

(3) BRTx12：独立波特率发生器计数控制位。

• BRTx12=0，独立波特率发生器每 12 个时钟周期计数一次；

• BRTx12=1，独立波特率发生器每 1 个时钟周期计数一次。

(4) S1BRS：串口 1 波特率发生器选择位。

• S1BRS=0，选择定时器 1 作为串口 1 的波特率发生器，缺省为 0；

• S1BRS=1，选择独立波特率发生器作为串口 1 的波特率发生器，此时定时器 1 可以作为独立定时器使用。

3. 独立波特率发生器寄存器 BRT

BRT 地址为 9CH，复位值为 00H，用于保存重装时间常数。

• 当 BRTx12=0 时，独立波特率发生器的溢出率=SYSclk/12/（256-BRT）；

• 当 BRTx12=1 时，独立波特率发生器的溢出率=SYSclk/（256-BRT）。

4. 从机地址控制寄存器 SADEN 和 SADDR

为了方便多机通信，STC12C5A60S2 单片机设置了从机地址控制寄存器 SADEN 和 SADDR。其中，SADEN 是从机地址掩模寄存器，地址为 B9H，复位值为 00H；SADDR 是从机地址寄存器，地址为 A9H，复位值为 00H。

STC12C5A60S2 单片机的芯片手册未提供从机地址控制寄存器的具体设置和使用方法，其功能也是非必需的，对从机地址的管理可根据需要编程实现。进一步的问题可关注芯片手册的更新。

5. 和串口 1 相关的中断优先级寄存器 IP 和 IPH

IPH 和 IP 的 D4 位分别为 PSH 和 PS，两位共同设置串口 1 的中断优先级，如表 9-19 所示。

表 9-19 PSH 位和 PS 位与串口 1 中断优先级的关系

位状态		串口 1 优先级
PSH	PS	
0	0	最低优先级（优先级 0）
0	1	较低优先级（优先级 1）
1	0	较高优先级（优先级 2）
1	1	最高优先级（优先级 3）

9.7.2 串口 2 相关特殊功能寄存器

与串口 2 相关的特殊功能寄存器如表 9-20 所示。

表 9-20 串口 2 相关特殊功能寄存器

名称/功能	地址	位地址及位名称								复位值
		D7			...				D0	
S2CON/串口 2 控制寄存器	9AH	**S2SM0**	**S2SM1**	**S2SM2**	**S2REN**	**S2TB8**	**S2RB8**	**S2TI**	**S2RI**	00H
S2BUF/串口 2 数据缓冲寄存器	9BH									××H
BRT/独立波特率发生器寄存器	9CH									00H
AUXR/辅助寄存器	8EH	T0x12	T1x12	**UART_M0x6**	**BRTR**	**S2SMOD**	**BRTx12**	EXT RAM	SIBRS	××××××00B
IE/中断允许寄存器	A8H	**EA**	ELVD	EADC	ES	ET1	EX1	ET0	EX0	00H
IE2/中断允许寄存器 2	AFH	—	—	—	—	—	—	ESPI	**ES2**	00H
IP2/中断优先级寄存器 2 低位	B5H	—	—	—	—	—	—	PSPI	**PS2**	×000 0000B
IP2H/中断优先级寄存器 2 高位	B6H	—	—	—	—	—	—	PSPIH	**PS2H**	00H
AUXR1/辅助寄存器 1	A2H	—	PCA_P4	SPI_P4	**S2_P4**	GF2	ADRJ	—	DPS	×000 00×0B

1. S2CON 和 S2BUF

S2CON 是串口 2 控制寄存器，各位名称见表 9-20，功能与 SCON 对应位相同，只是控制对象为串口 2。

S2BUF 是串口 2 数据缓冲寄存器，物理上对应发送和接收两个寄存器，共用一个名称和地址，原理和使用方法与 SBUF 相同。

2. 独立波特率发生器寄存器 BRT

地址为 9CH，复位值为 00H，用于保存重装时间常数。串口 2 只能使用独立波特率发生器作为波特率发生器，不能选择定时器 1 作波特率发生器。

3. 串口 2 中断允许控制

IE2（中断允许寄存器 2）中，ES2 位用于允许/禁止串口 2 中断，与 IE（中断允许寄存器）中 EA 位配合完成串口 2 中断允许控制。

4. 串口 2 中断优先级控制

中断优先级寄存器 IP2H 和 IP2 中的 PS2H 位和 PS2 位，共同设置串口 2 的中断优先级，具体如表 9-21 所示。

表 9-21 PS2H 位和 PS2 位与串口 2 中断优先级的关系

位状态		串口 2 中断优先级
PS2H	PS2	
0	0	最低优先级（优先级 0）
0	1	较低优先级（优先级 1）
1	0	较高优先级（优先级 2）
1	1	最高优先级（优先级 3）

5. 辅助寄存器 AUXR

如表 9-22 所示，辅助寄存器 AUXR 中和串口 2 相关的位有 D5、D4、D3、D2 位。

表 9-22 AUXR 寄存器位名称

AUXR（辅助寄存器）	位	D7	D6	**D5**	**D4**	**D3**	**D2**	D1	D0
	名称	T0x12	T1x12	**UART_M0x6**	**BRTR**	**S2SMOD**	**BRTx12**	EXTRAM	SIBRS

(1) S2SMOD：串口 2 的波特率加倍控制位。
- S2SMOD=0，串口 2 的波特率不加倍；
- S2SMOD=1，串口 2 的波特率加倍。

(2) UART_M0x6：串口模式 0 通信速度设置位。
- UART_M0x6=0，串口模式 0 波特率与传统 51 单片机相同；
- UART_M0x6=1，串口模式 0 波特率是传统 51 单片机的 6 倍，时钟脉冲 2 分频后作为移位脉冲。

(3) BRTx12 与 BRTR 位：见串口 1 部分介绍。

6. 辅助寄存器 1（AUXR1）

AUXR1 各位名称如表 9-23 所示。

表 9-23 AUXR1 寄存器位名称

AUXR1 （辅助寄存器 1）	位	D7	D6	D5	**D4**	D3	D2	D1	D0
	名称	—	PCA_P4	SPI_P4	**S2_P4**	GF2	ADRJ	—	DPS

AUXR1 中只有 S2_P4 位与串口 2 工作状态有关，其作用是切换 TxD2 和 RxD2 信号的输入输出引脚。

- S2_P4=0：缺省状态，串口 2 在 P1 口，TxD2 信号在 P1.3 引脚，RxD2 信号在 P1.2 引脚；
- S2_P4=1：串口 2 从 P1 口切换到 P4 口，TxD2 信号在 P4.3 引脚，RxD2 信号在 P4.2 引脚。

9.7.3 串行口波特率设置

两个串行口工作于模式 1 和模式 3 时，波特率都是可变的。

串口 1 既可用定时器 1 做波特率发生器，也可使用独立波特率发生器，波特率计算公式为：

$$波特率 = 2^{SMOD}/32 \times （T1 溢出率或独立波特率发生器溢出率）$$

串口 2 只能使用独立波特率发生器，波特率计算公式为：

$$波特率 = 2^{S2MOD}/32 \times （独立波特率发生器溢出率）$$

与传统 51 单片机的不同之处在于，定时器和独立波特率发生器的计数脉冲有 12 个时钟脉冲和 1 个时钟脉冲两种，因此，根据相关特殊功能寄存器的设置情况，溢出率计算公式有所不同：

- 当 T1x12=0 时，T1 溢出率=SYSclk/12/(256−TH1)；
- 当 T1x12=1 时，T1 溢出率=SYSclk/256−TH1)。
- 当 BRTx12=0 时，独立波特率发生器溢出率=SYSclk/12/(256−BRT)；
- 当 BRTx12=1 时，独立波特率发生器溢出率=SYSclk/(256−BRT)。

通过设置特殊功能寄存器 AUXR1 中的 S2_P4 位，串口 2 的输入输出信号可以在 P1 口和 P4 口之间切换。

当串口 2 输入输出信号在 P1 口时，对应的管脚是 P1.2/RxD2 和 P1.3/TxD2。当串口 2 输入输出信号在 P4 口时，对应的管脚是 P4.2/RxD2 和 P4.3/TxD2。

9.8 A/D 转换器原理及应用

9.8.1 A/D 转换器的结构

STC12C5A60S2 系列单片机内部有 8 路 10 位高速 A/D 转换器，模拟信号从 P1 口（P1.7~P1.0）输入，转换速度可达到 250kHz。上电复位后 P1 为弱上拉型 I/O 口，用户可以通过软件将 8 路中的任何一路设置为 A/D 转换，不需要用作 A/D 转换的口可继续作为 I/O 口使用。

STC12C5A60S2 单片机 A/D 转换器结构如图 9-6 所示。

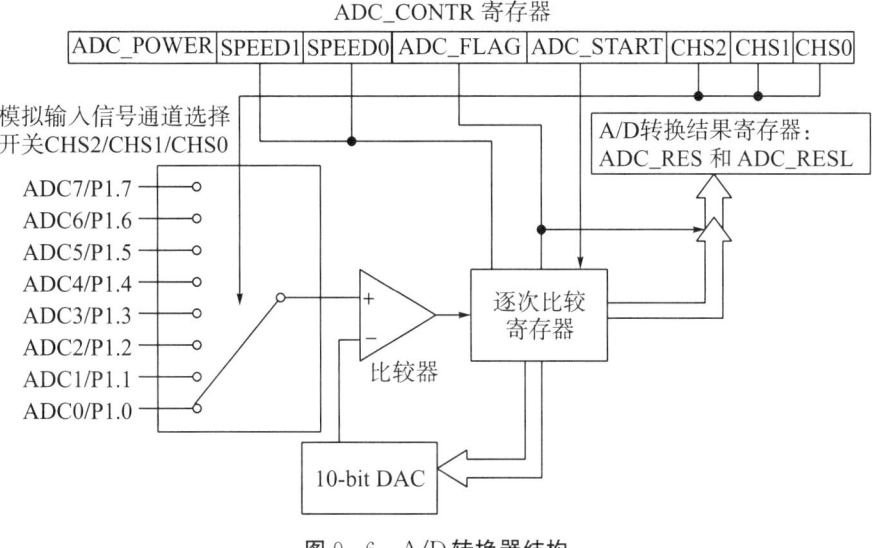

图 9-6 A/D 转换器结构

STC12C5A60S2 单片机 A/D 转换器由多路选择开关、比较器、逐次比较寄存器、10 位 D/A 转换器、转换结果寄存器（ADC_RES 和 ADC_RESL）和 A/D 转换控制寄存器（ADC_CONTR）构成。

STC12C5A60S2 单片机的 A/D 转换器是逐次比较型 A/D 转换器，具有速度高、功耗低等优点。其典型应用电路如图 9-7 所示。

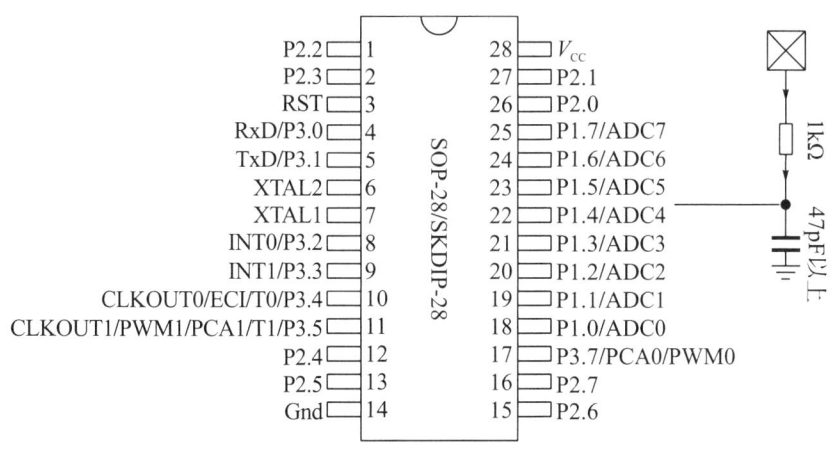

图 9-7 A/D 转换器典型应用电路

9.8.2　与 A/D 转换相关的寄存器

1. P1 口模拟功能设置寄存器 P1ASF

STC12C5A60S2 单片机的 A/D 转换通道与 P1 口（P1.7~P1.0）复用，上电复位

后 P1 口为弱上拉型 I/O 口,用户可以通过软件置位/清零特殊功能寄存器 P1ASF 中的相应位将 P1 口 8 路中的任何一路设置为 A/D 转换,不需要作为 A/D 转换使用的 P1 口可继续作为 I/O 口使用(建议只作为输入)。P1ASF 寄存器是只写寄存器,读无效,地址为 9DH,各位名称如表 9-24 所示。

表 9-24 P1ASF 寄存器位名称

位	D7	D6	D5	D4	D3	D2	D1	D0
位名	P17ASF	P16ASF	P15ASF	P14ASF	P13ASF	P12ASF	P11ASF	P10ASF

注:位状态为 1,P1 口对应位作为 A/D 转换使用;位状态为 0,P1 口对应位作为 I/O 口使用。

2. A/D 转换控制寄存器 ADC_CONTR

ADC_CONTR 寄存器地址为 BCH,各位名称如表 9-25 所示。

表 9-25 ADC_CONTR 寄存器位名称

位	D7	D6	D5	D4	D3	D2	D1	D0
位名	ADC_POWER	SPEED1	SPEED0	ADC_FLAG	ADC_START	CHS2	CHS1	CHS0

(1) ADC_POWER:A/D 转换器电源控制位。

- ADC_POWER=0:关闭 A/D 转换器电源;
- ADC_POWER=1:打开 A/D 转换器电源。

启动 A/D 转换前,须确认 A/D 转换器电源已打开;A/D 转换结束后关闭 A/D 转换器电源可降低功耗,也可不关闭。初次打开模拟电源需适当延时,等内部模拟电源稳定后,再启动 A/D 转换。

(2) SPEED1、SPEED0:A/D 转换器转换速度控制位。

A/D 转换模块使用的时钟是内部 RC 振荡器所产生的系统时钟,不使用时钟分频寄存器 CLK_DIV 对系统时钟分频后供给 CPU 工作的时钟,这样可以让 A/D 转换器用较高的频率工作,提高 A/D 转换速度,同时可以让 CPU 用较低的频率工作,降低系统的功耗。具体转换速度受 ADC_CONTR 寄存器中 SPEED1 和 SPEED0 位控制,如表 9-26 所示。

表 9-26 A/D 转换速度选择

SPEED1	SPEED0	A/D 转换所需时间
1	1	90 个时钟周期转换一次,CPU 工作频率为 21MHz 时,A/D 转换速度约为 250kHz
1	0	180 个时钟周期转换一次
0	1	360 个时钟周期转换一次
0	0	540 个时钟周期转换一次

(3) ADC_FLAG:A/D 转换结束标志位。

当 A/D 转换完成后,ADC_FLAG=1,申请中断。无论采用中断还是查询方式,该标志位必须由软件清零。

（4）ADC_START：A/D 转换启动控制位。置"1"后开始转换，转换结束后为"0"。

（5）CHS2、CHS1、CHS0：模拟输入通道选择位。三位为 000～111 时，分别选择 P1.0～P1.7 引脚信号进行 A/D 转换，如表 9-27 所示。

表 9-27　CHS2、CHS1、CHS0 与模拟输出通道选择的关系

CHS2	CHS1	CHS0	模拟输出通道选择
0	0	0	对 P1.0 引脚信号进行 A/D 转换
0	0	1	对 P1.1 引脚信号进行 A/D 转换
……			
1	1	0	对 P1.6 引脚信号进行 A/D 转换
1	1	1	对 P1.7 引脚信号进行 A/D 转换

设置时应注意：模拟功能设置寄存器 P1ASF 与 CHS2、CHS1、CHS0 功能有区别，前者是设置 P1 口的哪些引脚可以输入模拟信号，以及进行 A/D 转换功能与普通 I/O 口功能的切换，使引脚输入的信号进入内部不同的部件；CHS2、CHS1、CHS0 是确定对哪个引脚的模拟信号进行 A/D 转换，完成多路转换器的通道选择，实现 8 路模拟信号分时复用一套 A/D 转换电路。

另外，编程时需要注意：由于 A/D 转换和 CPU 执行程序采用不同的时钟且频率不同，设置 ADC_CONTR 寄存器后，要经过 4 个 CPU 时钟的延时后，才能够保证 ADC_CONTR 寄存器设置完成，因此，一般加 4 个空操作延时后再执行后续操作。例如：

```
MOV    ADC_CONTR，♯DATA
NOP
NOP
NOP
NOP
;经过 4 个时钟延时后，才能正确读到 ADC_CONTR 寄存器的值
MOV    A，ADC_CONTR
```

3. A/D 转换结果寄存器 ADC_RES、ADC_RESL

ADC_RES 和 ADC_RESL 用于保存 A/D 转换结果，地址分别是 BDH 和 BEH。A/D 转换的具体数值与辅助寄存器 1（AUXR1，地址为 A2H）中的 D2 位（ADRJ 位）状态有关。

• 当 ADRJ=0 时，10 位 A/D 转换结果的高 8 位存放在 ADC_RES 中，低 2 位存放在 ADC_RESL 的低 2 位中，可根据 10 位 A/D 转换值按如下公式计算输入电压 V_{in}：

$$V_{in} = (ADC\_RES[7:0], ADC\_RESL[1:0]) \times V_{CC}/1024$$

如果只取 8 位 A/D 转换值，则按以下公式计算输入电压 V_{in}：

$$V_{in} = (ADC\_RES[7:0]) \times V_{CC}/256$$

• 当 ADRJ=1 时，10 位 A/D 转换结果的高 2 位存放在 ADC_RES 的低 2 位中，低 8 位存放在 ADC_RESL 中，可根据 10 位 A/D 转换值按如下公式计算输入电压 V_{in}：

$$V_{in} = (ADC\_RES[1:0], ADC\_RESL[7:0]) \times V_{CC}/1024$$

4. 与 A/D 转换中断有关的寄存器

（1）原 IE 中断允许寄存器中新增 EADC 位（D5 位），用于控制是否允许 A/D 转换中断：EADC=1，允许 A/D 转换中断；EADC=0，禁止 A/D 转换中断。

（2）A/D 转换中断标志为 ADC_FLAG，需要用软件清除。

（3）新增的中断优先级高字节寄存器（IPH）的 D5 位（PADCH 位）和原中断优先级寄存器（IP）的 D5 位（PADC 位）用于设置 A/D 中断的优先级，具体设置方法如表 9-28 所示。

表 9-28 A/D 转换中断优先级设置方法

PADCH	PADC	A/D 转换中断优先级
1	1	最高优先级中断（优先级 3）
1	0	较高优先级中断（优先级 2）
0	1	较低优先级中断（优先级 1）
0	0	最低优先级中断（优先级 0）

9.8.3 A/D 转换模块的参考电压源

STC12C5A60S2 单片机的参考电压源是输入工作电压 V_{CC}，所以一般不用外接参考电压源。如果要求的转换精度比较高，可在系统出厂时将实际测出的工作电压值记录在单片机内部的 EEPROM 中，以供计算。

如果 V_{CC} 不固定，如用电池供电时电压会在 4.2~5.3V 之间漂移，此时可以在 8 路 A/D 转换通道的一个通道外接一个稳定的参考电压源，根据参考电压源的转换结果计算出此时的工作电压 V_{CC}，再以实际 V_{CC} 计算其他几路 A/D 转换通道的电压。如可在 A/D 转换通道的第七通道外接一个 1.25V（或 1V）的基准参考电压源，由此求出此时的工作电压 V_{CC}，再根据实时 V_{CC} 计算出其他几路 A/D 转换通道的电压（因为在极短时间之内 V_{CC} 不变）。

9.8.4 A/D 转换示例程序

以下是 STC12C5A60S2 单片机芯片手册提供的 A/D 转换示例程序（略有修改）。

```
; 定义 ADC 相关特殊功能寄存器
    ADC_CONTR    EQU    0BCH    ; ADC 控制寄存器
    ADC_RES      EQU    0BDH    ; 转换结果高 8 位寄存器
```

```
        ADC_LOW2        EQU     0BEH            ;转换结果低2位寄存器
        P1ASF           EQU     09DH            ;P1口第2功能控制寄存器
;定义 ADC CONTR 控制寄存器各位的操作常数
        ADC_POWER       EQU     80H             ;开电源
        ADC_FLAG        EQU     10H             ;中断标志位
        ADC_START       EQU     08H             ;转换开始
        ADC_SPEEDLL     EQU     00H             ;转换频率,540个时钟周期转换一次
        ADC_SPEEDL      EQU     20H             ;360个时钟周期转换一次
        ADC_SPEEDH      EQU     40H             ;180个时钟周期转换一次
        ADC_SPEEDHH     EQU     60H             ;90个时钟周期转换一次
        ADCCH           EQU     20H             ;模拟通道存储单元
;------程序入口------
        ORG     0000H
        LJMP    MAIN
        ORG     002BH
        LJMP    ADC_ISR
;------主程序------
        ORG     0100H
MAIN:   MOV     SP,#80H
        MOV     ADCCH,#0
        LCALL   INIT_UART       ;串口初始化
        LCALL   INIT_ADC        ;A/D转换初始化
        MOV     IE,#0A0H        ;允许 ADC 中断
        SJMP    $
;------ADC 中断服务程序------
ADC_ISR:
        PUSH    ACC
        PUSH    PSW
        MOV     A,ADC_CONTR
        CLR     ACC.7
        MOV     ADC_CONTR,A     ;清除 ADC 中断标志
        MOV     A,ADCCH         ;获取通道号
        LCALL   SEND_DATA       ;通过串口发送 A/D 通道号
        MOV     A,ADC_RES
        LCALL   SEND_DATA       ;通过串口发送 A/D 值高 8 位
        MOV     A,ADC_LOW2      ;通过串口发送 A/D 值低 2 位
        LCALL   SEND_DATA
        MOV     A,ADCCH
```

```
            INC     A
            ANL     A, #07
            MOV     ADCCH, A
            ORL     A, #ADC_POWER
            ORL     A, #ADC_START
            ORL     A, #ADC_SPEEDLL
            MOV     A, ADC_CONTR    ;启动下一通道 A/D 转换
            POP     PSW
            POP     ACC
            RETI
;――――――AD 转换器初始化程序――――――
   INIT_ADC:
            MOV     P1ASF, #0FFH    ;P1 口 8 位均为 A/D 转换输入端
            MOV     ADC_RES, #0     ;清除转换结果寄存器
            MOV     A, ADCCH
            ORL     A, #ADC_POWER
            ORL     A, #ADC_SPEEDLL
            ORL     A, #ADC_START
            MOV     ADC_CONTR, A    ;启动 0 通道 A/D 转换
            RET
;――――――串口初始化程序――――――
   INIT_UART:
            MOV     SCON, #50H      ;串口方式 1, 8 位数据, 波特率可变
            MOV     TMOD, #20H      ;定时器方式 2, 自动重装载
            MOV     A, #251         ;主频 18.432MHz, 波特率 9600
            MOV     TH1, A
            MOV     TL1, A
            SETB    TR1             ;启动波特率发生器
            RET
;――――――串口发送程序――――――
   SEND_DATA:
            JNB     TI, $
            CLR     TI
            MOV     SBUF, A
            RET
            END
```

9.9 PCA/PWM 模块原理及应用

STC12C5A60S2 单片机集成了两路可编程计数器阵列（PCA）模块，可作为软件定时器或外部脉冲捕捉、高速输出以及脉宽调制（PWM）输出。

PCA 模块功能较为复杂，所对应的特殊功能寄存器也较多，如表 9-29 所示。9.9.1 节将简单介绍相关的特殊功能寄存器的作用，9.9.3 节将详细介绍各特殊功能寄存器的应用方法。

表 9-29 PCA/PWM 相关特殊功能寄存器

名称	功能	地址
CCON	PCA 控制寄存器	D8H
CMOD	PCA 模式寄存器	D9H
CCAPM0	PCA 模块 0 模式寄存器	DAH
CCAPM1	PCA 模块 1 模式寄存器	DBH
CL	PCA 基础定时器低字节	E9H
CH	PCA 基础定时器高字节	F9H
CCAP0L	PCA 模块 0 捕获寄存器低字节	EAH
CCAP0H	PCA 模块 0 捕获寄存器高字节	FAH
CCAP1L	PCA 模块 1 捕获寄存器低字节	EBH
CCAP1H	PCA 模块 1 捕获寄存器高字节	FBH
PCA_PWM0	PWM 模式辅助寄存器 0	F2H
PCA_PWM1	PWM 模式辅助寄存器 1	F3H
AUXR1	辅助寄存器 1	A2H

9.9.1 PCA/PWM 模块结构及工作原理

STC12C5A60S2 单片机内部有两路 PCA 模块，如图 9-8 所示。由 16 位 PCA 定时/计数器作为其公共时间基准，PCA 模块信号默认从 P1.3 和 P1.4 引脚输入输出。改变 AUXR1 寄存器 D6 位的状态，可将输入输出引脚切换至 P4.2 和 P4.3。

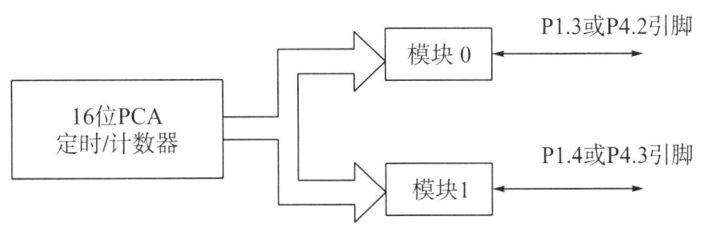

图 9-8 PCA/PWM 模块内部结构

单片机内部特殊功能寄存器 CCAPM0 和 CCAPM1 为模式寄存器，分别与 PCA 模块 0 和模块 1 对应，可设置相应模块的工作模式。

当 PCA 模块发生匹配或比较时，ECCFn 位（CCAPMn.0，n=0 或 1，下同）控制特殊功能寄存器 CCON 的 CCFn 标志是否可产生中断请求，相当于中断允许控制位。

16 位 PCA 定时/计数器是两路 PCA 模块的公共时间基准，和传统 51 单片机定时工作方式类似，可对多个计数信号源进行计数，在计数溢出后可发出中断请求信号。其内部结构如图 9-9 所示。

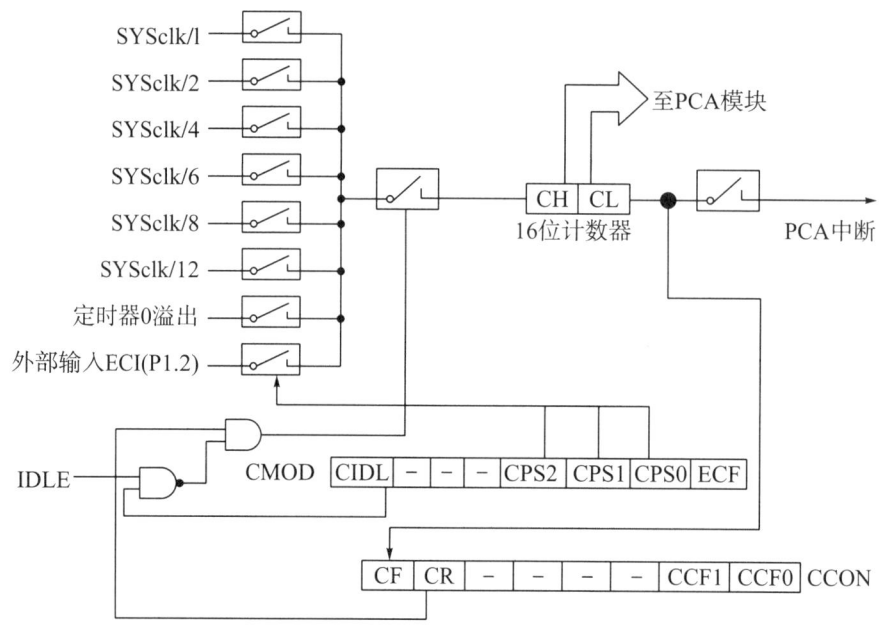

图 9-9 PCA 定时/计数器内部结构

和 16 位 PCA 定时/计数器相关的特殊功能寄存器有 CMOD、CCON 以及 CH 和 CL，其中：

• CCON 中的 CR 是运行控制位，CF 和 CCF1/CCF0 是 16 位定时器和两路 PCA 模块的中断标志位（注意 CF 标志和 CCF1/CCF0 标志的区别），这 3 个标志位能否置位或产生中断请求还受特殊功能寄存器 CMOD 和 CCAPM1/CCAPM0 中相关位的控制（详见 9.9.3 节）。

• CMOD 中的 CIDL 位用于空闲模式下 PCA 启停控制。ECF 位是 PCA 定时器中断允许控制位，ECF=1 时，若 PCA 定时器溢出，将置位 PCA 定时器计数溢出标志 CF（CCON.7）。

• CMOD 中的 CPS2、CPS1 和 CPS0 三位用来确定 PCA 定时器的计数信号源。可用计数信号源有 1/12 系统时钟、1/8 系统时钟、1/6 系统时钟、1/4 系统时钟、1/2 系统时钟、系统时钟、定时器 0 溢出和 ECI 脚的输入（STC12C5A60S2 系列在 P1.2 口）等 8 种。

• 特殊功能寄存器 CH 和 CL 的内容是正在递增计数的 PCA 定时器的值。

9.9.2 PCA 模块的工作模式

1. 捕获模式

特殊功能寄存器 CCAPMn 中的 CAPNn 和 CAPPn 两位或其中任何一位置"1"，可使 PCA 模块工作于捕获模式。PCA 模块工作于捕获模式时，将对 CCPn 引脚输入（CCP0/P1.3，CCP1/P1.4）的跳变进行采样，当采样到有效跳变时，PCA 模块硬件将计数寄存器 CH 和 CL 的值装载到模块的捕获寄存器 CCAPnL 和 CCAPnH 中。PCA 模块工作于捕获模式的工作原理如图 9-10 所示。

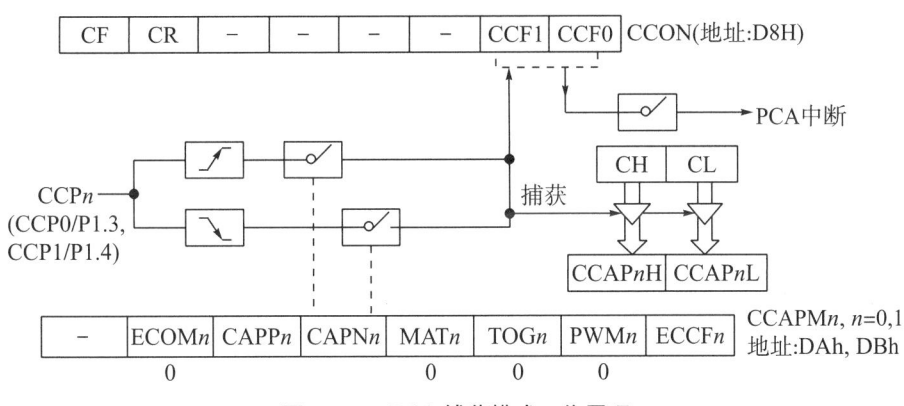

图 9-10 PCA 捕获模式工作原理

在采样到有效跳变后，PCA 模块除了装载 CCAPnL 和 CCAPnH 外，还将置位 CCFn。如果此时 CCAPMn 的 ECCFn=1，将向 CPU 发出中断请求。由于两路 PCA 模块共用一个中断请求信号，中断服务程序可以通过判断 CCF0 和 CCF1 的状态确定是哪个 PCA 模块的请求。另外需注意 CCFn 位必须用软件清零。

2. 16 位软件定时器模式

通过置位 CCAPMn 寄存器的 ECOMn 和 MATn 位，可使 PCA 模块工作于 16 位软件定时器模式。启动后，PCA 定时器的值与模块捕获寄存器的值相比较，当两者相等时，置位特殊功能寄存器 CCON 中 CCFn 位，如果 CCAPMn 特殊功能寄存器中的 ECCFn 为 "1"，则发出中断请求信号（和捕获模式原理相同）。软件定时器模式的工作原理如图 9-11 所示。

当 PCA 模块工作于 16 位软件定时器模式时，[CH，CL] 每隔一定的时间自动加 1，其时间间隔取决于选择的时钟源。例如，当选择的时钟源为 SYSclk/12，每 12 个时钟周期 [CH，CL] 加 1。当 [CH，CL] 增加到等于 [CCAPnH，CCAPnL] 时，CCFn 置 "1"，可产生中断请求。如果在 PCA 模块中断服务程序中给 [CCAPnH，CCAPnL] 增加一个相同的数值，那么下次中断来临的间隔时间 T 也是相同的，从而实现了定时功能。定时时间的长短取决于时钟源的选择以及 PCA 计数器计数值的设置。下面举例说明 PCA 计数器计数值的计算方法。

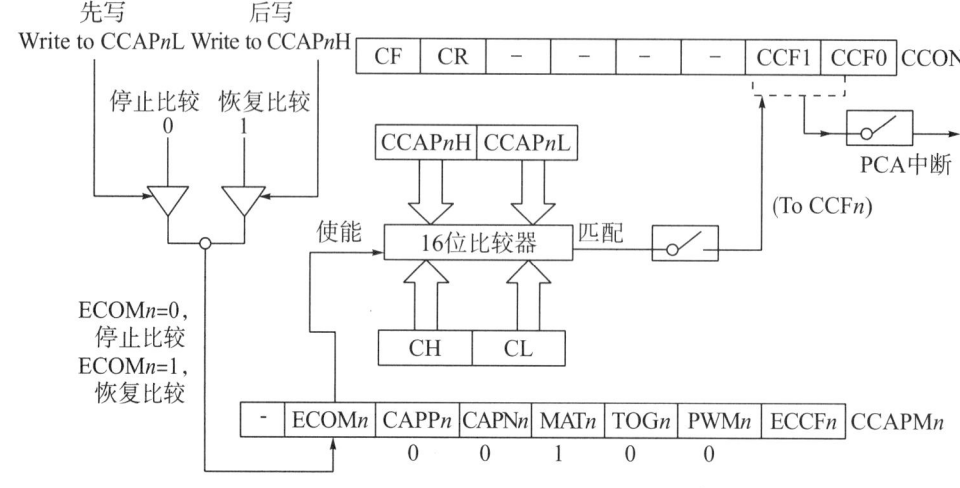

图 9-11 16 位软件定时器模式工作原理

假设系统时钟频率 SYSclk = 18.432MHz，选择的时钟源为 SYSclk/12，定时时间 T 为 5ms，则 PCA 计数器计数值为：

$$\begin{aligned}
\text{PCA 计数器计数值} &= T/[(1/\text{SYSclk}) \times 12] \\
&= 0.005/[(1/18432000) \times 12] \\
&= 7680 = 1\text{E00H}
\end{aligned}$$

即 PCA 定时器计数 1E00H 次，定时时间为 5ms，每次给 [CCAPnH，CCAPnL] 增加 1E00H（步长）即可实现 5ms 间隔的定时中断。

3. 高速输出模式

当特殊功能寄存器 CCAPMn 的 TOGn、MATn 和 ECOMn 位均置位后，PCA 模块将进入高速输出模式。该模式下，当 PCA 计数器 CH、CL 的计数值与捕获寄存器 CCAPnH、CCAPnL 的值相匹配时，单片机 CCPn 引脚（CCP0/P1.3，CCP1/P1.4）的输出将发生翻转，实现脉冲高速输出。其工作原理如图 9-12 所示。

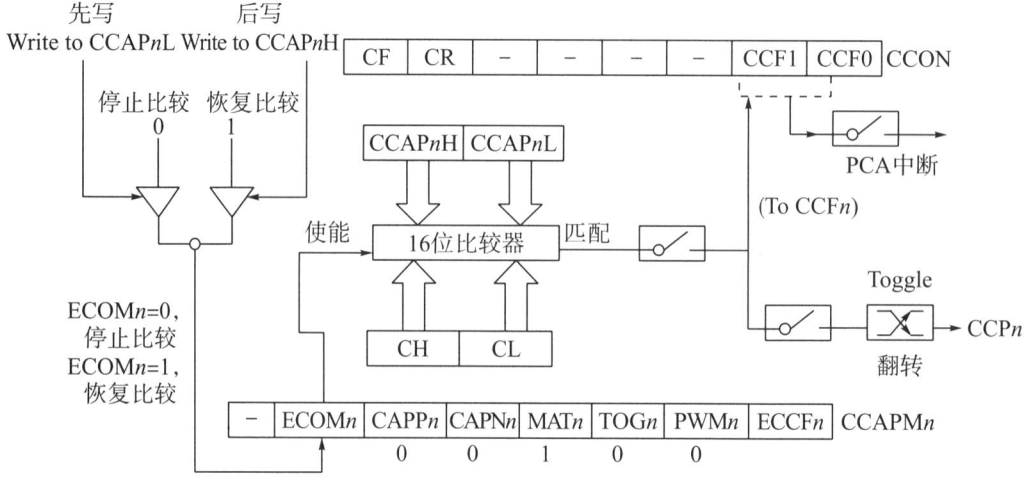

图 9-12 高速输出模式工作原理

CCAPnL 的值决定了 PCA 模块 n 的输出脉冲频率。当 PCA 时钟源是 SYSclk/2 时，输出脉冲的频率 f 为：

$$f = \text{SYSclk} / (2 \times 2 \times \text{CCAP}n\text{L})$$

式中，SYSclk 为系统时钟频率。由于 CCPn 引脚翻转两次为一个脉冲，因此输出脉冲的频率是翻转频率的 1/2。

根据上式，可得到 CCAPnL 的值为：

$$\text{CCAP}n\text{L} = \text{SYSclk} / (4 \times f)$$

如果计算出的结果不是整数，则进行四舍五入取整。

例如，假设 SYSclk = 20MHz，要求 PCA 高速脉冲输出 125kHz 的方波，则 CCAPnL 中的值应为：

$$\text{CCAP}n\text{L} = \text{INT}\,[20000000/(4\times125000)+0.5] = \text{INT}\,(40+0.5) = 40 = 28\text{H}$$

4. 脉宽调制模式（PWM）

脉宽调制（PWM）是一种使用程序来控制波形占空比、周期、相位的技术，在三相电机驱动、D/A 转换等场合有广泛的应用。STC12C5A60S2 单片机的 PCA 模块可以通过程序设定，使其工作于 8 位 PWM 模式。具体方式是将比较/捕获寄存器 CCAPMn 中的 PWMn 和 ECOMn 位同时置位。PWM 模式的工作原理如图 9-13 所示。

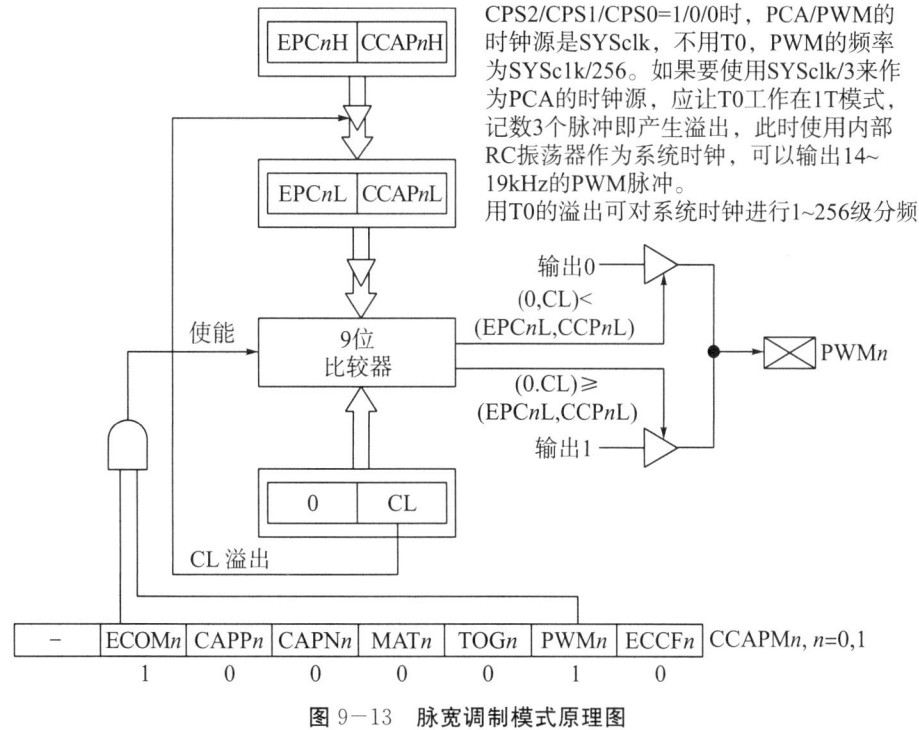

图 9-13 脉宽调制模式原理图

所有 PCA 模块都可用作 PWM 输出，输出频率取决于 PCA 定时器的时钟源。可选时钟源有以下 8 种：SYSclk，SYSclk/2，SYSclk/4，SYSclk/6，SYSclk/8，SYSclk/

12、定时器0的溢出及ECI/P3.4输入。

当PCA定时器的时钟源确定且PCA内部定时器启动后，在CL的值由00增加到FFH，再从FFH变为00的时间段里，PWMn引脚（默认状态下模块0为P1.3、模块1为P1.4）输出一个PWM脉冲。由于两路模块共用一个PCA定时器，所以它们的PWM脉冲输出频率相同。由于PWM脉冲的周期是CL的值由00增加到FFH，再从FFH变为00的计数时间，即对时钟源脉冲计数256次，所以有

PWM脉冲频率＝PCA时钟源频率/256

虽然两路PCA模块的PWM脉冲输出频率是相同的，但在内部定时器计数过程中，当寄存器CL的值小于［EPCnL，CCAPnL］时，输出为低；当寄存器CL的值大于或等于［EPCnL，CCAPnL］时，输出为高。因此，改变［EPCnL，CCAPnL］的值即可改变PWM脉冲占空比。又因为两路PCA模块有各自独立的EPCnL位和捕获寄存器CCAPnL，因此各个模块的PWM脉冲占空比可独立变化。

特殊情况：
- 当EPCnL=0及CCAPnL=00H时，PWM固定输出高；
- 当EPCnL=1及CCAPnL=0FFH时，PWM固定输出低。

另外，当CL的值由FFH变为00溢出时，［EPCnH，CCAPnH］的内容自装载到［EPCnL，CCAPnL］中，因此，改变占空比时只需修改［EPCnH，CCAPnH］的值，以实现无干扰地更新PWM占空比。

例如：要求PWM输出频率为38kHz，选SYSclk为PCA/PWM时钟源，求SYSclk的值。

由计算公式38000＝SYSclk/256，得到外部时钟频率为

SYSclk＝38000×256＝9728000

另外，如果选择与SYSclk相关的信号作为PCA定时器的时钟源，PWM输出频率是固定的。如果要实现可调频率的PWM输出，可选择T0定时器的溢出率或ECI引脚的输入信号作为PCA定时器的时钟源。

9.9.3 与PCA/PWM应用有关的特殊功能寄存器

表9-29列出了与PCA/PWM应用有关的特殊功能寄存器，共13个。本节对各特殊功能寄存器的应用方法进行详细介绍。

1. PCA模式寄存器CMOD

PCA模式寄存器CMOD各位名称如表9-30所示。

表9-30 CMOD寄存器位名称

CMOD （PCA模式寄存器）	位	D7	D6	D5	D4	D3	D2	D1	D0
	名称	CIDL	—	—	—	CPS2	CPS1	CPS0	ECF

（1）CIDL：空闲模式下是否停止PCA计数的控制位。

- CIDL=0，空闲模式下 PCA 计数器继续工作；
- CIDL=1，空闲模式下 PCA 计数器停止工作。

（2）CPS2、CPS1、CPS0：PCA/PWM 时钟源选择控制位。通过设置 CPS2、CPS1、CPS0，可选 8 种时钟源，如表 9-31 所示。

表 9-31　CPS2、CPS1、CPS0 与 PCA/PWM 时钟源的关系

CPS2	CPS1	CPS0	PCA/PWM 时钟源
0	0	0	系统时钟/12，SYSclk/12
0	0	1	系统时钟/2，SYSclk/2
0	1	0	定时器 0 的溢出脉冲。由于定时器 0 可以工作在 1T 模式，所以可以实现计一个时钟就溢出，从而达到最高频率 CPU 工作时钟 SYSclk。通过改变定时器 0 的溢出率，可以实现可调频率的 PWM 输出
0	1	1	ECI/P1.2（或 P4.1）引脚输入的外部时钟（最大速率=SYSclk/2）
1	0	0	系统时钟，SYSclk
1	0	1	系统时钟/4，SYSclk/4
1	1	0	系统时钟/6，SYSclk/6
1	1	1	系统时钟/8，SYSclk/8

（3）ECF：PCA 计数溢出中断使能位。
- ECF =0，禁止寄存器 CCON 中 CF 位的中断；
- ECF =1，允许寄存器 CCON 中 CF 位的中断。

2. PCA 控制寄存器 CCON

PCA 控制寄存器 CCON 各位名称如表 9-32 所示。

表 9-32　CCON 寄存器位名称

CCON （PCA 控制寄存器）	位	D7	D6	D5	D4	D3	D2	D1	D0
	名称	CF	CR	—	—	—	—	CCF1	CCF0

（1）CF：PCA 计数器阵列溢出标志位。

当 PCA 计数器溢出时，CF 由硬件置位。如果 CMOD 寄存器的 ECF 位置位，则 CF 标志可用来产生中断。CF 位可通过硬件或软件置位，但只能通过软件清零。

（2）CR：PCA 计数器阵列运行控制位。

该位通过软件置位/清零，用来启动/关闭 PCA 计数器阵列计数。

（3）CCF1：PCA 模块 1 中断标志。

当出现匹配或捕获时该位由硬件置位。该位必须通过软件清零。

（4）CCF0：PCA 模块 0 中断标志。

当出现匹配或捕获时该位由硬件置位。该位必须通过软件清零。

3. PCA 比较/捕获寄存器 CCAPM0 和 CCAPM1

PCA 模块 0 的比较/捕获寄存器 CCAPM0 各位名称如表 9-33 所示。

表 9-33 CCAPM0 寄存器位名称

CCAPM0	位	D7	D6	D5	D4	D3	D2	D1	D0
	名称	—	ECOM0	CAPP0	CAPN0	MAT0	TOG0	PWM0	ECCF0

(1) ECOM0：使能比较器功能控制位。ECOM0=1，使能比较器功能。

(2) CAPP0：正捕获控制位。CAPP0=1，允许上升沿捕获。

(3) CAPN0：负捕获控制位。CAPN0=1，允许下降沿捕获。

(4) MAT0：匹配控制位。当 MAT0=1 时，若 PCA 计数值与模块的比较/捕获寄存器的值匹配，将置位 CCON 寄存器的中断标志位 CCF0。

(5) TOG0：翻转控制位。当 TOG0=1 时，工作在 PCA 高速输出模式，若 PCA 计数器的值与模块的比较/捕获寄存器的值匹配，将使 CCP0 脚（CCP0/PCA0/PWM0/P1.3 或 CCP0/PCA0/PWM0/P4.2）翻转。

(6) PWM0：脉宽调制模式。PWM0=1，允许 CEX0 引脚（CCP0/PCA0/PWM0/P1.3 或 CCP0/PCA0/PWM0/P4.2）用作脉宽调制输出。

(7) ECCF0：使能 CCF0 中断。使能寄存器 CCON 的比较/捕获标志 CCF0，用来产生中断。

CCAPM1 和 CCAPM0 各位功能相同，只是管理的 PCA 模块不同，以及对应的翻转引脚和脉宽调节输出引脚不同。

综上，PCA/PWM 工作模式的设定方法如表 9-34 所示。

表 9-34 PCA/PWM 工作模式设定（CCAPMn，n=0/1）

ECOMn	CAPPn	CAPNn	MATn	TOGn	PWMn	ECCFn	模块功能
1	0	0	0	0	1	0	8 位 PWM，无中断
1	1	0	0	0	1	1	8 位 PWM 输出，由低变高可产生中断
1	0	1	0	0	1	1	8 位 PWM 输出，由高变低可产生中断
1	1	1	0	0	1	1	8 位 PWM 输出，由低变高或者由高变低均可产生中断
×	1	0	0	0	0	×	16 位捕获模式，由 CCPn/PCAn 的上升沿触发
×	0	1	0	0	0	×	16 位捕获模式，由 CCPn/PCAn 的下降沿触发
×	1	1	0	0	0	×	16 位捕获模式，由 CCPn/PCAn 的跳变触发
×	0	0	1	0	0	×	16 位软件定时器
×	0	0	1	1	0	×	16 位高速输出

4. PCA 的 16 位计数器 CL 和 CL

CL 地址为 E9H，CH 地址为 F9H，分别是计数器的低 8 位和高 8 位，复位值均为 00H，用于保存 PCA 的装载值。

5. PCA 捕捉/比较寄存器 CCAPnL 和 CCAPnH

CCAPnL 和 CCAPnH 分别是捕获/比较寄存器的低位字节和高位字节，其中，$n=$ 0 或 1，分别对应模块 0 和模块 1。当 PCA 模块用于捕获或比较时，它们用于保存各个模块的 16 位捕获计数值；当 PCA 模块用于 PWM 模式时，它们用来控制输出的占空比。复位值均为 00H。它们对应的地址分别为：

- CCAP0L——EAH，CCAP0H——FAH：模块 0 的捕获/比较寄存器。
- CCAP1L——EBH，CCAP1H——FBH：模块 1 的捕获/比较寄存器。

6. PCA 模块 PWM 辅助寄存器 PCA_PWMn

PCA_PWM0 和 PCA_PWM1 是模块 0 和模块 1 对应的 PWM 辅助寄存器，两寄存器各位功能相同。以 PCA_PWM0 为例，各位名称如表 9-35 所示。

表 9-35 PCA_PWM0 寄存器位名称

PCA_PWM 0	位	D7	D6	D5	D4	D3	D2	D1	D0
	名称	—	—	—	—	—	—	EPC0H	EPC0L

(1) EPC0H：在 PWM 模式下，与 CCAP0H 组成 9 位数。
(2) EPC0L：在 PWM 模式下，与 CCAP0L 组成 9 位数。

7. 辅助寄存器 AUXR1 中与 PCA 相关的位

辅助寄存器 AUXR1 中的低位 PCA_P4 与 PCA 模块有关，具体作用如下：

- PCA_P4=0：PCA 在 P1 口，PCA_P4 默认为 0。
- PCA_P4=1：PCA/PWM 从 P1 口切换到 P4 口，ECI 从 P1.2 引脚切换到 P4.1 引脚，PCA0/PWM0 从 P1.3 引脚切换到 P4.2 引脚，PCA1/PWM1 从 P1.4 引脚切换到 P4.3 引脚。

9.9.4 PCA/PWM 模块示例程序

以下两例是 STC12C5A60S2 单片机芯片手册中提供的 PCA/PWM 模块示例程序（略有修改）。

【例 9-3】PCA 输出 PWM 脉冲。

```
    ；定义 PCA 模块相关特殊功能寄存器
    CCON    EQU     0D8H        ；PCA 控制寄存器
    CCF0    BIT     CCON.0      ；PCA 模块 0 中断标志
    CCF1    BIT     CCON.1
    CR      BIT     CCON.6      ；PCA 定时器启停控制位
    CF      BIT     CCON.7      ；PCA 定时器溢出标志位
```

CMOD	EQU	0D9H	;PCA 模式寄存器
CL	EQU	0E9H	;PCA 定时器低字节
CH	EQU	0F9H	;PCA 定时器高字节
CCAPM0	EQU	0DAH	;PCA 模块 0 模式寄存器
CCAP0L	EQU	0EAH	;PCA 模块 0 捕获寄存器低位
CCAP0H	EQU	0FAH	
CCAPM1	EQU	0DBH	
CCAP1L	EQU	0EBH	
CCAP1H	EQU	0FBH	

```
;------------------------
        ORG    0000H
;初始化 PCA 控制寄存器
        MOV    CCON，#0       ;停 PCA 定时器
                              ;清除 PCA 定时器及两路模块的中断标志
        CLR    A
        MOV    CL，A
        MOV    CH，A
        MOV    CMOD，#02      ;PCA 定时器时钟源为 SYSclk/2
                              ;禁止 PCA 定时器中断
        MOV    A，#80H
        MOV    CCAP0L，A      ;模块 0 输出占空比 50%的 PWM 脉冲
        MOV    CCAP0H，A
        MOV    CCAPM0，#42H   ;PCA 模块 0 工作于 PWM 模式
                              ;禁止 PCA 定时器中断
        MOV    A，#0C0H
        MOV    CCAP1L，A      ;模块 1 输出占空比 25%的 PWM 脉冲
        MOV    CCAP1H，A
        MOV    CCAPM1，#42H   ;PCA 模块 1 工作于 PWM 模式
                              ;禁止 PCA 定时器中断
;------------------------
        SETB   CR             ;启动 PCA 定时器
        SJMP   $
;------------------------
        END
```

【例 9-4】用 PCA 功能扩展外部中断。

;定义 PCA 模块相关特殊功能寄存器
CCON   EQU   0D8H   ;PCA 控制寄存器

```
CCF0      BIT     CCON.0      ;PCA模块0中断标志
CCF1      BIT     CCON.1
CR        BIT     CCON.6      ;PCA定时器启停控制位
CF        BIT     CCON.7      ;PCA定时器溢出标志位
CMOD      EQU     0D9H        ;PCA模式寄存器
CL        EQU     0E9H        ;PCA定时器低字节
CH        EQU     0F9H        ;PCA定时器高字节
CCAPM0    EQU     0DAH        ;PCA模块0模式寄存器
CCAP0L    EQU     0EAH        ;PCA模块0捕获寄存器低位
CCAP0H    EQU     0FAH
CCAPM1    EQU     0DBH
CCAP1L    EQU     0EBH
CCAP1H    EQU     0FBH
PCA       BIT     P1.0
;--------------
          ORG     0000H
          LJMP    MAIN
          ORG     003BH
PCA_ISR:                      ;PCA中断入口
          CLR     CCF0
          CPL     PCA_LED
          RETI
;--------------
          ORG     0100H
MAIN: CLRA
          MOV     CCON, A     ;停PCA定时器
                              ;清除PCA定时器及两路模块的中断标志
          MOV     CL, A
          MOV     CH, A
          MOV     CMOD, A     ;PCA定时器时钟源为SYSclk/12
                              ;禁止PCA定时器中断
          MOV     CCAPM0, #11H ;PCA工作于比较/捕获模式
                              ;CEX0 (P1.3) 引脚信号下降沿有效
                              ;允许PCA模块0中断
        ; MOV     CCAPM0, #21H ;PCA工作于比较/捕获模式
                              ;CEX0 (P1.3) 引脚信号上升沿有效
                              ;允许PCA模块0中断
```

```
        ; MOV   CCAPM0, #31H    ; PCA 工作于比较/捕获模式
                                ; CEX0（P1.3）引脚信号上升/下降沿有效
                                ; 允许 PCA 模块 0 中断
; ——————————
        SETB   CR
        SETB   EA
        SJMP   $
; ——————————
        END
```

9.10 同步串行外围接口（SPI 接口）

STC12C5A60S2 单片机内部除了集成有两个全双工通用同步异步串行通信接口（USART）外，还集成了一个同步串行外围接口（SPI）。SPI 是一种全双工、高速、同步的通信总线，有主/从两种操作模式，具有传输完成标志和写冲突标志保护；在主模式下支持高达 3 Mb/s 的传输速率（工作频率为 12MHz 时，如果 CPU 主频为 20～36MHz，则可更高），但从模式速度不能太快，一般控制在 SYSclk/8 以内。

9.10.1 SPI 模块内部结构及工作原理

SPI 的核心是一个 8 位移位寄存器和数据缓冲器，数据可以同时发送和接收。其内部结构如图 9-14 所示。

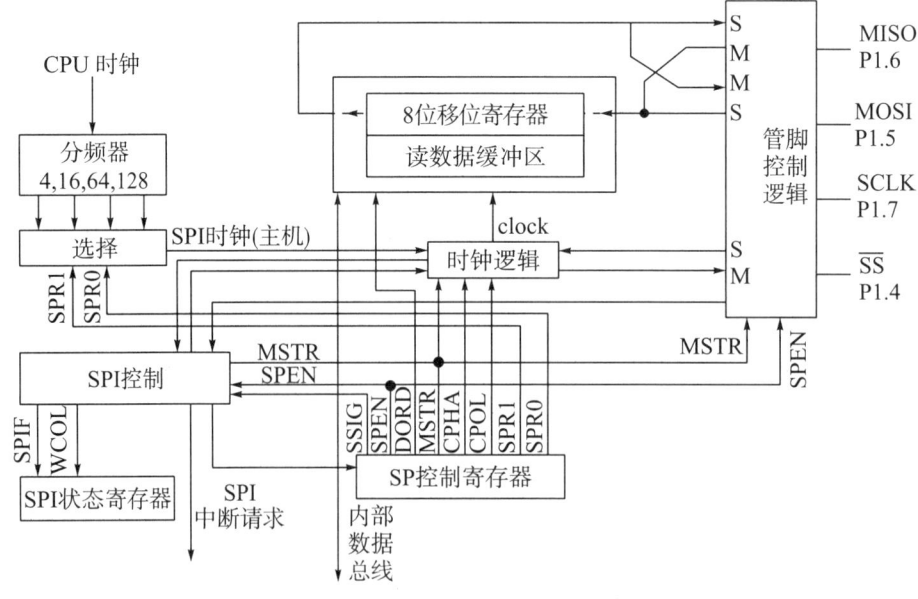

图 9-14 SPI 模块内部结构

在 SPI 数据的传输过程中，发送和接收的数据都存储在数据缓冲器中。和 SPI 接口

有关信号有 SCLK、MOSI、MISO 和 $\overline{SS}$ 等 4 个，当 SPI 配置在 P1 口时，P1.7~P1.4 引脚分别是 SCLK、MOSI、MISO 和 $\overline{SS}$ 信号。

SPI 模块同样需通过相关特殊功能寄存器设置其工作模式并控制其运行，从而通过上述 4 个引脚信号，实现 SPI 模块之间的数据传输。

9.10.2 引脚信号功能

1. MOSI（Master Out Slave In，主出从入）

MOSI 即主机的输出和从机的输入，用于主机到从机的串行数据传输。根据 SPI 规范，多个从机共享一根 MOSI 信号线。在时钟边界的前半周期，主机将数据放在 MOSI 信号线上，从机在该边界处获取该数据。

2. MISO（Master In Slave Out，主入从出）

MISO 即从机的输出和主机的输入，用于实现从机到主机的数据传输。根据 SPI 规范，一个主机可连接多个从机，因此，主机的 MISO 信号线会连接到多个从机上，或者说，多个从机共享一根 MISO 信号线。当主机与一个从机通信时，其他从机应将其 MISO 引脚驱动置为高阻状态。

3. SCLK（SPI Clock，串行时钟信号）

串行时钟信号是主机的输出和从机的输入，用于同步主机和从机之间在 MOSI 和 MISO 线上的串行数据传输。当主机启动一次数据传输时，自动产生 8 个 SCLK 时钟周期信号给从机。在 SCLK 的每个跳变处（上升沿或下降沿）移出一位数据。所以，一次数据传输可以传输一个字节的数据。

SCLK、MOSI 和 MISO 通常和两个或更多 SPI 器件连接在一起。数据通过 MOSI 引脚由主机传送到从机，通过 MISO 引脚由从机传送到主机。SCLK 信号在主模式时为输出，在从模式时为输入。如果 SPI 系统被禁止，即 SPEN（SPCTL.6）=0（复位值），这些引脚都可作为配套 I/O 口使用。

4. $\overline{SS}$（Slave Select，从机选择信号）

这是一个从机输入信号，该信号有效（低电平）时，从机可以与主机通信。该信号无效时，从机应将其 MISO 引脚置为高阻状态，以免影响其他主从机之间的通信。主机通过向某个从机的 $\overline{SS}$ 引脚输出低电平信号，选择与该从模式 SPI 模块进行通信。

主模式和从模式下，$\overline{SS}$ 的使用方法不同：

在主模式下，$\overline{SS}$ 不是必需的，为避免该信号变低出现意外情况，将主机的 $\overline{SS}$ 引脚通过 10kΩ 的电阻上拉。

在从模式下，不论是发送还是接收，$\overline{SS}$ 信号必须有效。因此每一个从机的 $\overline{SS}$ 需由主机控制电平高低，以便主机选择从机，典型方法是 SPI 主机使用不同的 I/O 口线与不同从机的 $\overline{SS}$ 引脚相连。在一次数据传输开始之前，SPI 主机通过 I/O 口输出低电平，将某个 SPI 器件的 $\overline{SS}$ 引脚拉低，以选择该器件作为当前的从机。

SPI 从机通过其 $\overline{SS}$ 引脚输入信号确定是否被选中。

如果满足下面的条件之一，$\overline{SS}$ 引脚信号就被忽略（该引脚信号不用作从机选择信号）：

- SPI 系统被禁止，即 SPEN（SPCTL.6）=0（复位值）。
- SPI 配置为主机，即 MSTR（SPCTL.4）=1，并且 P1.4 配置为输出（通过 P1M0.4 和 P1M1.4）。
- 如果 SS 引脚被忽略，即 SSIG（SPCTL.7）=1，该引脚可配置为用于 I/O 口功能。

注意：即使 SPI 器件被配置为主机（MSTR=1），它仍然可以通过拉低 SS 引脚配置为从机（如果 P1.4 配置为输入且 SSIG=0）。要使能该特性，应当置位 SPIF（SPSTAT.7），将该标志清零以免引起中断误判（参见 9.10.3 节关于"SPI 状态寄存器"的说明）。

9.10.3 与 SPI 相关的特殊功能寄存器

与 SPI 相关的特殊功能寄存器共有 4 个，如表 9-36 所示。

表 9-36 SPI 相关特殊功能寄存器

名称	功能	地址	复位值
SPCTL	SPI 控制寄存器	CEH	0000 0100B
SPSTAT	SPI 状态寄存器	CDH	00×× ××××B
SPDAT	SPI 数据寄存器	CFH	0000 0000B
AUXR1	辅助寄存器 1	A2H	×000 00×0B

1. SPI 控制寄存器 SPCTL

SPCTL 寄存器的格式如表 9-37 所示。

表 9-37 SPCTL 寄存器的格式

SPCTL	位	D7	D6	D5	D4	D3	D2	D1	D0
	名称	SSIG	SPEN	DORD	MSTR	CPOL	CPHA	SPR1	SPR0

(1) SPEN：SPI 使能位。
- SPEN=1，SPI 使能；
- SPEN=0，SPI 被禁止，所有 SPI 引脚都作为 I/O 口使用。

(2) DORD：设定 SPI 数据发送和接收的位顺序。
- DORD=1，数据字的 LSB（最低位）最先发送；
- DORD=0，数据字的 MSB（最高位）最先发送。

(3) CPOL：SPI 时钟极性。
- CPOL=1，SPICLK 空闲时为高电平。SPICLK 时钟的前沿为下降沿而后沿为上升沿。
- CPOL=0，SPICLK 空闲时为低电平。SPICLK 时钟的前沿为上升沿而后沿为下降沿。

(4) SSIG：$\overline{SS}$ 引脚忽略控制位，用于选择本模块的主从性由什么因素决定。
- SSIG=1，忽略 $\overline{SS}$ 引脚，MSTR（D4 位）确定器件为主机还是从机；MSTR=

1，本模块为主机；MSTR=0，本模块为从机。
- SSIG=0，$\overline{SS}$ 引脚状态确定器件为主机还是从机（见表 9-38）。

(5) MSTR：主/从模式选择位（见表 9-38）。

表 9-38　SPCTL 位状态与 SPI 主从模式选择

SPEN	SSIG	$\overline{SS}$ 引脚	MSTR	SPI 模式	MISO	MOSI	SCLK	功能
0	×	无关	×	禁止 SPI	不变	不变	不变	禁止 SPI，P1.4~P1.7 作普通 I/O 口使用
1（允许 SPI）	0（$\overline{SS}$ 有效）	0	0	从模式	输出	输入	输入	选择作为从机
		1	0	从模式、未选中	高阻	输入	输入	未被选中，MISO 为高阻，避免总线冲突
		0	1→0	从模式（模式改变）	输出	输入	输入	$\overline{SS}$ 被拉低时，被选择作为从机。当 $\overline{SS}$ 变为低电平时，MSTR 自动清零
		1	1	主模式（空闲）	输入	高阻	高阻	MOSI 和 SCLK 为高阻，以避免总线冲突。用户必须根据 CPOL 位状态将 SCLK 上拉或者下拉，以避免 SCLK 处于悬空状态
				主模式（活动）	输入	输出	输出	作为主机激活时，MOSI 和 SCLK 为推挽输出
	1（忽略 $\overline{SS}$）	无关	0	从模式	输出	输入	输入	P1.4 作普通 I/O 口使用
		无关	1	主模式	输入	输出	输出	

从表 9-38 中可以看出，当 SSIG=1 时，主从模式的确定最为简单，仅受 MSTR 位的控制，忽略 $\overline{SS}$ 引脚信号的作用。当 SSIG=0 时，主从模式由 MSTR 位和 $\overline{SS}$ 引脚信号状态联合确定：如果 MSTR=0，则 $\overline{SS}$ 引脚信号决定该模块是否被选中；如果 MSTR=1 且 $\overline{SS}$ 引脚信号=1，则该模块为主模式；如果 MSTR=1 但 $\overline{SS}$ 引脚信号=0，则强制转变为从模式，即 $\overline{SS}$ 引脚信号有更高的优先级。

(6) CPHA：SPI 时钟相位选择。
- CPHA=1，数据在 SPICLK 时钟的前沿驱动，并在后沿采样；
- CPHA=0，数据在引脚信号为低（此状态 SSIG 必须为"0"，不能忽略 $\overline{SS}$ 信号作用）时被驱动，在 SPICLK 时钟的后沿被改变，并在前沿被采样，SSIG=1 时的操作未定义。

(7) SPR1、SPR0：SPI 时钟频率选择控制位。其与时钟频率的对应关系如表 9-39 所示。

表 9-39　SPR1、SPR0 与时钟频率的关系

SPR1	SPR0	时钟频率（SCLK）
1	1	CPU_CLK/128
1	0	CPU_CLK/64
0	1	CPU_CLK/16
0	0	CPU_CLK/4

注：CPU_CLK 是 CPU 时钟频率。

2. SPI 状态寄存器 SPSTAT

SPSTAT 寄存器的格式如表 9-40 所示。

表 9-40 SPSTAT 寄存器的格式

SPSTAT	位	D7	D6	D5	D4	D3	D2	D1	D0
	名称	SPIF	WCOL	—	—	—	—	—	—

(1) SPIF：SPI 传输完成标志。

当一次串行传输完成后，SPIF 置位。此时，如果 SPI 中断被打开，即 ESPI (IE2.1) 和 EA 都置位，则产生中断。当 SPI 处于主模式且 SSIG=0 时，如果 $\overline{SS}$ 引脚为输入并被驱动为低电平，SPIF 也将置位，表示"模式改变"。SPIF 标志必须通过软件向其写入"1"进行清零。

(2) WCOL：SPI 写冲突标志。

在数据传输的过程中，如果对 SPI 数据寄存器 SPDAT 执行写操作，WCOL 将置位。WCOL 标志也必须通过软件向其写入"1"进行清零。

3. SPI 数据寄存器 SPDAT

该寄存器用于存储传输的数据字节。

4. 辅助寄存器 AUXR1

AUXR1 中只有 SPI_P4 位与 SPI 工作状态有关（见表 9-41），其功能是将 SPI 相关信号在 P1 和 P4 口之间切换。SPI_P4 状态与 SPI 信号所在引脚的关系如表 9-42 所示。

表 9-41 AUXR1 寄存器的格式

AUXR1	位	D7	D6	D5	D4	D3	D2	D1	D0
	名称	—	PCA_P4	**SPI_P4**	S2_P4	GF2	ADRJ	—	DPS

表 9-42 SPI_P4 状态与 SPI 信号所在引脚的关系

SPI 信号	SPI_P4 状态	
	0（缺省状态）	1
	所在引脚	
SPICLK	P1.7	P4.3
MISO	P1.6	P4.2
MOSI	P1.5	P4.1
$\overline{SS}$	P1.4	P4.0

5. 中断允许与中断优先级

SPI 是 STC12C5A60S2 单片机的中断源之一，中断标志是 SPI 状态寄存器

(SPSTAT)中的 SPIF 位。中断允许受控于 IE 寄存器的 EA 位和 IE2 寄存器的 ESPI 位；中断优先级由 IP2 寄存器的 PSPI 位和 IP2H 的 PSPIH 位共同决定。详细介绍参见 9.5 节。

9.10.4 SPI 接口的通信方式

STC12C5A60S2 单片机的 SPI 接口的数据通信方式有 3 种：单主机－单从机方式、互为主从机方式和单主机－多从机方式。现以 SPI 接口配置在 P1 口为例，介绍 3 种方式的工作原理。

1. 单主机－单从机方式

该方式连接图如图 9-15 所示。

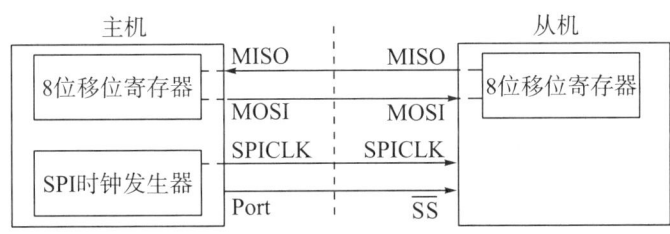

图 9-15　单主机－单从机方式

从机的 SSIG（SPCTL.7）=0，$\overline{SS}$ 引脚用于选择从机。SPI 主机可使用任何端口（包括 P1.4/$\overline{SS}$）来驱动从机 $\overline{SS}$ 引脚。主机 SPI 与从机 SPI 的 8 位移位寄存器连接成一个循环的 16 位移位寄存器。当主机程序向 SPDAT 寄存器写入一个字节时，立即启动一个连续的 8 位移位通信过程：主机的 SCLK 引脚向从机的 SCLK 引脚发出一串脉冲，在这串脉冲的驱动下，主机 SPI 的 8 位移位寄存器中的数据移动到从机 SPI 的 8 移位寄存器中。与此同时，从机 SPI 的 8 位移位寄存器中的数据移动到了主机 SPI 的 8 位移位寄存器中。由此，主机既可向从机发送数据，又可读从机中的数据。

2. 互为主从方式

互为主从方式连接图如图 9-16 所示。其与单主机－单从机方式的区别在于主从机的 $\overline{SS}$ 引脚直接相连。

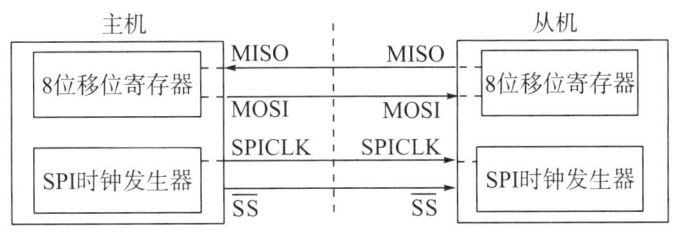

图 9-16　互为主从方式

没有发生 SPI 操作时，两个器件都可配置为主机（MSTR=1），将 SSIG 清零并将 P1.4（$\overline{SS}$ 引脚）配置为准双向模式。当其中一个器件启动传输时，它可将 P1.4 配置为输出并驱动为低电平，这样就强制另一个器件变为从机。

3. 单主机－多从机方式

单主机－多从机方式连接图如图 9-17 所示。

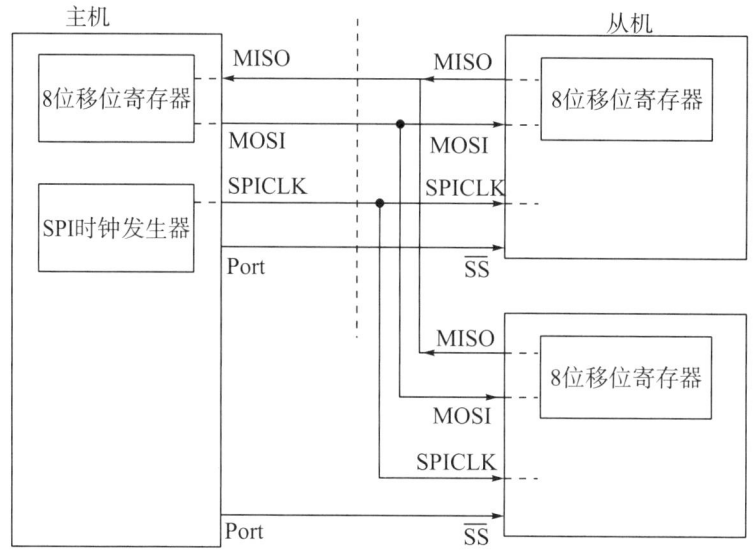

图 9-17　单主机－多从机方式

该方式是对单主机－单从机方式的扩展，从机 SSIG（SPCTL.7）＝ 0，$\overline{SS}$ 引脚信号有效，且 MSTR 位清零，确定本机为从模式，是否被选中由 $\overline{SS}$ 引脚信号决定。SPI 主机可使用任一 I/O 口（包括本身的 P1.4/$\overline{SS}$）来控制从机 $\overline{SS}$ 引脚状态，决定选择与哪个从机通信。在这种方式下，主机一般使用不同的 I/O 口与不同的从机 $\overline{SS}$ 引脚相连，实现对从机的单独控制。

9.11　STC32G 系列单片机简介

STC32G 系列是 STC 单片机的高端系列，是单时钟（1T）单片机，即一个机器周期只有一个振荡周期，在相同的工作频率下，比传统的 51 单片机快约 70 倍。STC32G 系列单片机内部有 4 个不同频率的可选时钟源，用户程序中可自由选择。时钟源选定后可再经过 8 位的分频器分频后将时钟信号提供给 CPU 和定时器、串行口、SPI 等外设。

STC32G 系列单片机内部集成高精度 RC 时钟和高可靠复位电路，一般情况下不需要外部晶振电路和外部复位电路即可正常工作，具有超强抗干扰能力。

该系列单片机有两种低功耗模式：IDLE（空闲）模式和 STOP（掉电）模式。在 IDLE 模式下，单片机停止给 CPU 提供时钟，CPU 停止执行指令，但所有的外设仍处于工作状态，此时工作电流约为 1.3mA（6MHz 工作频率）。STOP 模式即主时钟停振/省电模式，即传统的掉电模式/停电模式/停机模式，此时 CPU 和全部外设都停止工作，维持电流可降到 1μA 以下。

STC32G12K128 是 2022 年开发的基于 51 内核的 32 位单片机，是 STC32G 系列的最新机型。其功能框图如图 9-18 所示。

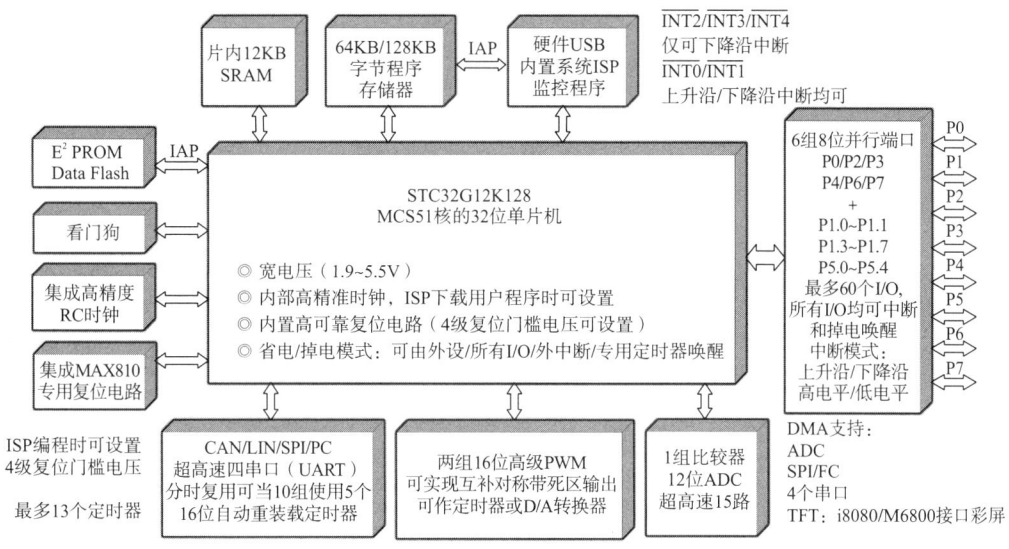

图 9-18　STC32G12K128 功能框图

9.11.1　STC32G 系列单片机主要特点

STC32G 系列是基于 51 内核的 32 位单片机，其基本原理和传统 51 单片机相同，指令完全兼容，也包含了传统 51 单片机的功能部件且使用方法相同。只要掌握了 51 单片机的相关理论，就可驾轻就熟地使用该增强系列单片机。

该系列单片机在与传统 51 单片机完全兼容的基础上，在存储器容量、功能部件种类和数量上进行了大幅提升，运行速度也得到大幅提高，弥补了传统 51 单片机功能部件较少的不足，可满足较为复杂控制任务的需求。其主要特点如下：

（1）运行速度大幅提高：高速内核，多条流水线，绝大部分指令只需一个振荡周期即可完成，相同时钟频率下比传统 51 单片机快约 70 倍。

（2）无需外部晶振电路：内部集成高精度 RC 时钟，常温（+25℃）下温漂±0.3%；−20~65℃ 时温漂 −0.88%~1.05%；−40~85℃ 时温漂 −1.38%~1.42%；−40~125℃ 范围内温漂为±3%，可满足绝大多数情况下对时钟精度的要求。时钟信号可对外输出，用于驱动需要时钟信号的外部部件。

（3）无需外部复位电路：内部集成 MAX810 专用复位电路，低电平复位信号可对外输出，可供外围 FPGA/DSP/GPU/CPU/MCU 使用，最大限度简化外围电路。

（4）宽电压：工作电压范围为 1.9~5.5V，与传统芯片的工作电压（5V）和当前芯片的主流工作电压（3.3V）兼容。

（5）超低功耗：掉电模式典型工作电流 0.4μA；空闲模式典型工作电流<1mA；正常工作典型工作电流<2mA。空闲/掉电模式可由多种方式唤醒。

（6）32 位宽度寄存器：内核用于算术逻辑运算和数据传输的寄存器均为 32 位，通过 32 位寄存器，可对内部 EDATA 区域内数据在单振荡周期内进行 32 位读写操作。

（7）32 位加减法操作：支持在一个振荡周期内完成 32 位加减法操作的指令。

（8）硬件 32 位乘除法运算单元：扩展了完成有符号数和无符号数的 32 位乘除法的

运算单元。

（9）支持位操作，端口操作更灵活：相较部分没有位操作功能的 32 位机，对整组端口中的部分端口进行操作更加灵活，指令更少，速度更快。

（10）高速 12 位 ADC：转换速率 800kS/s，外部第 15、16 通道用于测量内部参考电压，可反推工作电压，支持外部参考源。

（11）并行口、同步/异步串行通信口（与 MCS-51 单片机原理相同）、定时器数量增多，新增同步串行接口（SPI）、I²C、USB、CAN 总线接口等功能部件。

另外，与传统 51 单片机相比，STC32G 系列单片机在存储器结构和算术运算功能等方面均有较大改进和升级。相应的，指令系统也增加了若干新指令。本节将对上述内容进行简要介绍。

9.11.1.1 STC32G12K128 单片机存储器结构

STC32G 系列单片机的程序存储器和数据存储器是统一编址的（即程序存储器和数据存储器的地址不再相同）。STC32G 系列单片机提供 24 位寻址空间，最多能够访问 16MB 的存储空间（8MB 数据存储器＋8MB 程序存储器）。由于没有提供访问外部程序存储器的总线，所以单片机的所有程序存储器都是片上闪速存储器，不能访问外部程序存储器。存储器结构及地址分布如图 9-19 所示。

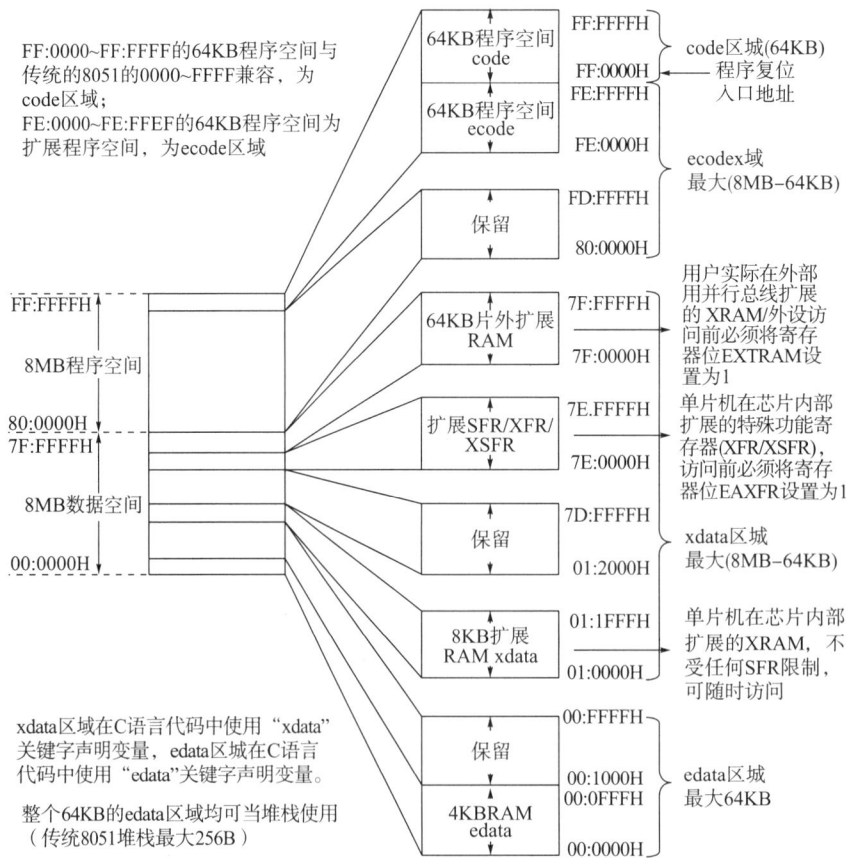

图 9-19 STC32G 系列单片机存储器结构

1. 程序存储器

STC32G系列单片机的程序存储器容量为8MB，地址范围为80：0000H～FF：FFFFH，其中FF：0000H～FF：FFFFH的64KB程序空间与传统51单片机程序存储器的0000H～FFFFH兼容，为code区域；FE：0000H～FE：FFFFH的64KB程序空间为扩展程序空间，为ecode区域；80：0000H～FD：FFFFH保留。

单片机复位后，程序计数器（PC）的内容为FF：0000H，CPU将从FF：0000H单元开始执行程序。中断服务程序的入口地址同样位于程序存储区，具体入口地址如表9-43所示。

表9-43 STC32G系列单片机与MCS-51系列单片机中断入口地址

中断源	入口地址	
	STC32G系列	MCS-51系列
复位入口地址	FF：0000H	0000H
INT0中断	FF：0003H	0003H
T0中断	FF：000BH	000BH
INT1中断	FF：0013H	0013H
T1中断	FF：001BH	001BH
串口中断	FF：0023H	0023H

由于STC32G系列单片机的工作频率较高（STC32G12K128子系列的工作频率可达36MHz，而STC32F12K60子系列的工作频率可达72MHz），为了与存储器芯片的传输速度相匹配，STC32G系列单片机新增了程序读取等待控制寄存器（WTST）和程序存储器高速缓存控制寄存器（ICHECR）两个特殊功能寄存器。前者用于设置CPU读取程序存储器的等待时间，后者记录了CPU访问程序存储器内容的错过次数或命中次数，可通过程序连续读取4次获得错过次数或命中次数的32位统计值。

2. 数据存储器

STC32G系列单片机的数据存储器共8MB，地址范围为00：0000H～7F：FFFFH，在物理和逻辑上分为内部数据区（edata）和内部扩展数据区（xdata）两个地址空间。

内部数据区共64KB，地址范围为00：0000H～00：FFFFH。这64KB地址范围中有一部分保留区域。对于STC32G12K128子系列，00：1000H～00：FFFFH为保留区域，可用区域为00：0000H～00：0FFFH，共4KB。内部扩展数据区（xdata）最多有8MB-64KB，位于01：0000H～7F：FFFFH地址空间，但也有一部分区域保留。由于STC32G系列单片机的功能部件更多，所对应的特殊功能寄存器自然也需要更多，因此，7E：0000H～7E：FFFFH范围为新的特殊功能寄存器区。

STC32G系列单片机的edata区域的最大存储容量设计为64KB，xdata区域的最大存储容量设计为8MB。但目前推出的子序列均未达到最大容量，具体容量如表9-44所示。

表 9-44　STC32G 系列单片机数据存储器容量

子系列	内部数据存储器（edata）（单时钟周期存取）	内部扩展数据存储器（xdata）（存取时间 2~3 个时钟周期）
STC32G12K128	4KB	8KB
STC32G8K64	2KB	6KB
STC32F12K60	8KB	4KB

CPU 可以按 32bit/16bit/8bit（即双字/字/字节）方式对 edata 区域的数据进行单周期读写访问。而对于 xdata 区域的数据，CPU 则可按 16bit/8bit 方式进行读写访问，但存取时间为 2~3 个时钟周期。

STC32G 系列单片机的堆栈需安排在 edata 区，理论深度可达 64KB。内部 edata 区低端的 256B 与 MCS-51 单片机的片内数据存储器完全兼容，可分为低 128B 和高 128B 两个部分。低 128B 数据存储器既可直接寻址也可间接寻址。高 128B 数据存储器（MCS-52 子系列中扩展了高 128B 数据存储器）只能间接寻址。特殊功能寄存器分布在 80H~FFH 区域，只可直接寻址。

3. STC32G 系列单片机寄存器堆

STC32G 系列单片机的寄存器堆由 40 个单元（每个单元存储一个字节）组成，单元号为 0~31 和 56~63。这些单元的访问方式分为 3 类：第一类可按字节/字/双字访问，第二类可按字/双字访问，第三类只能按双字访问。寄存器单元及访问方式如图 9-20 所示。

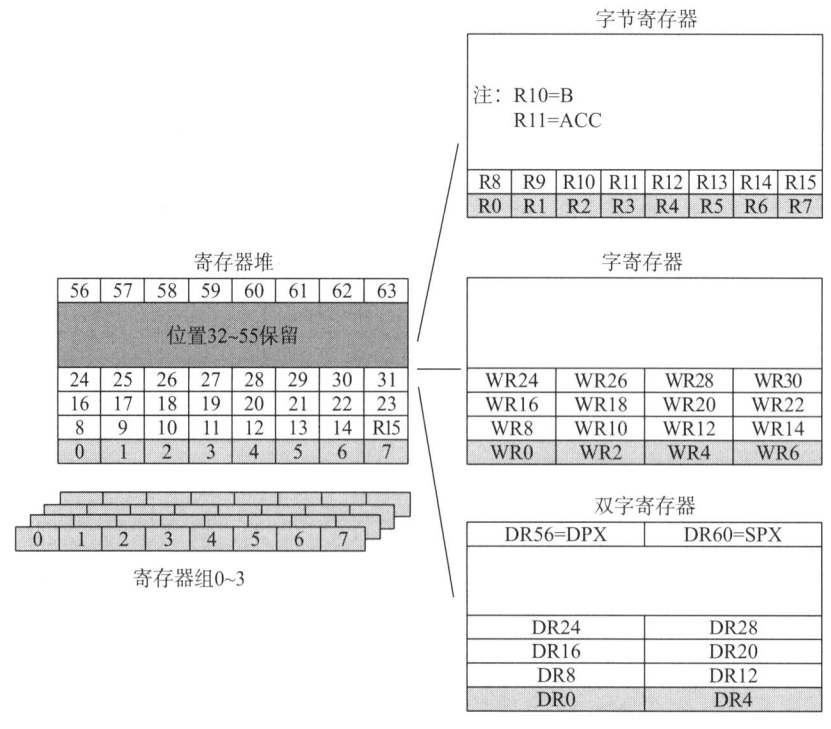

图 9-20　寄存器单元及访问方式

单元0~7的寄存器堆实际上由4个可切换组组成，每个组有8个寄存器。这4个组使用片上内存的前32B，并且始终可在存储地址空间的00：0000H~00：001FH单元访问。通过PSW寄存器的RS1和RS0位选择4个组中的一个进行访问，和MCS－51单片机的R0~R7兼容。

单元8~31和56~63的寄存器组始终可以访问。这些单元在CPU中作为寄存器使用。它们不是片上数据存储器的一部分，而是由专门的存储器件实现存储功能。现有型号中单元32~55的寄存器堆保留，不能访问。

单元0~15可按字节访问，访问名称为R0~R15；单元0~31可按字访问，访问名称为WR0，WR2，WR4，…，WRn，…，WR30，WRn由第n和$n+1$两个单元组成；单元0~31和56~63可按双字访问，访问名称为DR0，DR4，…，DRn，…，DR28，DR56，…，DR60，DRn由第n、$n+1$、$n+2$和$n+3$共4个单元组成。

需要注意的是，上述单元号并非地址号，连续的单元其地址不一定连续（有些单元由专门的存储器件实现存储功能，与内部数据存储单元没有对应关系），但作为字或双字访问时，CPU会自动进行单元号和地址的匹配。例如寄存器DR60（只能按双字访问）是扩展堆栈指针（SPX），包括60~63四个单元。其中，60和61单元保留，62单元为堆栈指针高字节，其物理地址为85H；63单元为堆栈指针低字节，其物理地址为81H（与传统MCS－51兼容）。访问DR60或SPX时，CPU自动访问85H和81H单元的内容。

9.11.1.2 STC32G系列单片机部分新增指令

Binary模式和Source模式是指令集提供操作码的两种方式。Binary模式是指MCU51的标准操作码；Source模式是指MCU251特定的操作码集，它通过额外的操作和寻址模式扩展指令集。特殊助记符0xA5用于区分每种模式下的具体指令。STC32G采用的是Source模式。

表9-45列出了新增指令所用的指令集标记（和MCS－51单片机指令集相同的标记不再列出）。下面分别介绍。

表9-45 STC32G系列单片机指令中的部分指令标记

Rm	字节寄存器，R0，R1，…，R15
WRj	字寄存器，WR0，WR2，…，WR30
DRk	双字寄存器，DR0，DR4，…，DR28，DR56，DR60
#short	等于1、2或者4的常数，包含在指令中

1. 算术运算类新增指令

```
ADD    Rm，Rm         ;将两个字节寄存器内容相加
ADD    WRj，WRj       ;将两个字寄存器内容相加
ADD    reg，op2       ;将操作数加到Rm、WRj或者DRk
ADD    DRk，DRk       ;将两个双字寄存器内容相加
```

SUB	Rm，Rm	;将两个字节寄存器内容相减	
SUB	WRj，WRj	;将两个字寄存器内容相减	
SUB	reg，op2	;从 Rm、WRj 或者 DRk 中减去操作数	
SUB	DRk，DRk	;将两个双字寄存器内容相减	
CMP	Rm，Rm	;比较两个字节寄存器的内容	
CMP	WRj，WRj	;比较两个字寄存器的内容	
CMP	reg，op2	;将 Rm、WRj 或者 DRk 与操作数进行比较	
CMP	DRk，DRk	;比较两个双字寄存器的内容	
INC	reg，♯short	;递增 Rm、WRj 或者 DRk	
DEC	reg，♯short	;递减 Rm、WRj 或者 DRk	
MUL	Rm，Rm	;将两个字节寄存器内容相乘	
MUL	WRj，WRj	;将两个字寄存器内容相乘	
DIV	Rm，Rm	;将两个字节寄存器内容相除	
DIV	WRj，WRj	;将两个字寄存器内容相除	

2. 逻辑运算类新增指令

ANL	Rm，Rm	;将两个字节寄存器内容逻辑与
ANL	WRj，WRj	;将两个字寄存器内容逻辑与
ANL	reg，op2	;操作数和 Rm、WRj 或者 DRk 逻辑与
ORL	Rm，Rm	;将两个字节寄存器内容逻辑或
ORL	WRj，WRj	;将两个字寄存器内容逻辑或
ORL	reg，op2	;操作数和 Rm、WRj 或者 DRk 逻辑或
XRL	Rm，Rm	;将两个字节寄存器内容逻辑异或
XRL	WRj，WRj	;将两个字寄存器内容逻辑异或
XRL	reg，op2	;操作数和 Rm、WRj 或者 DRk 逻辑异或
SRA	reg	;通过 MSB 右移 Rm 或者 WRj
SRL	reg	;右移 Rm 或者 WRj
SLL	reg	;左移 Rm 或者 WRj

3. 数据传输类新增指令

MOV	Rm，Rm	;将字节寄存器内容传输到另一字节寄存器
MOV	WRj，WRj	;将字寄存器内容传输到另一字寄存器
MOV	reg，op2	;将操作数传输到 Rm、WRj 或者 DRk
MOV	DRk，DRk	;将双字寄存器内容传输到另一双字寄存器
MOV	WRj，@DRk	;将间接（24 位）内存传输到 WRj
MOV	@DRk，WRj	;将 WRj 内容传输到间接（24 位）内存
MOV	Rm，@WRj+dis	;将 16 位偏移的间接（16 位）内存传输到 Rm
MOV	@WRj+dis，Rm	;将 Rm 内容传输到 16 位偏移的间接（16 位）内存

MOV	Rm，@DRk+dis	；将 16 位偏移的间接（24 位）内存传输到 Rm
MOV	@DRk+dis，Rm	；将 Rm 内容传输到 16 位偏移的间接（24 位）内存
MOV	WRj，@WRj+dis	；将 16 位偏移的间接（16 位）内存传输到 WRj
MOV	@WRj+dis，WRj	；将 WRj 内容传输到 16 位偏移的间接（16 位）内存
MOV	WRj，@DRk+dis	；将 16 位偏移的间接（24 位）内存传输到 WRj
MOV	@DRk+dis，WRj	；将 WRj 内容传办理到 16 位偏移的间接（24 位）内存
MOV	op1，reg	；将 Rm、WRj 或 DRk 内容传输到操作数
MOV	HDRk，#data16	；将 16 位立即数传输到双字寄存器的高位字
MOV	ZWRj，Rm	；将字节寄存器传输到零扩展的字寄存器
MOV	SWRj，Rm	；将字节寄存器传输到带符号扩展的字寄存器

本节只简单列举了部分新增的算术运算指令，关于指令的详细介绍请参阅深圳国芯人工智能有限公司发行的《STC32G 系列技术手册》（官方网站为：www.STCAI.com）。

从所列指令可以看出，算术运算指令不再必须有累加器 A 参与，运算的两个操作数可以是两个字节、字寄存器或双字寄存器。STC32G 系列单片机可以直接完成 8/16/32 位的加减运算和 8/16 位的乘除运算；逻辑运算可以在两个寄存器间进行，并可完成 8/16/32 位的逻辑运算；传输指令的方式更多，寻址范围覆盖 24 位地址空间，可以实现字节/字/双字寄存器之间的直接传输。这些新增功能和指令极大地降低了累加器 ACC 的瓶颈效应，可有效提高编程效率和执行速度。

9.11.2 STC32 系列单片机功能部件简介

单片机的功能强大程度与其所集成的功能部件的多少和性能有直接关系。STC32 系列单片机作为最新推出的 32 位 51 内核单片机，相较传统 51 单片机而言新增了众多功能部件，使其足以胜任复杂的嵌入式控制任务。本节对其新增功能部件进行简要介绍。

9.11.2.1 并行 I/O 口

STC32G 系列单片机有 8 个并行 I/O 口。根据具体型号不同，个别 I/O 口的位数有所不同，其中 STC32G12K128 子系列最多有 60 个 I/O 口，STC32G8K64 和 STC32F12K60 子系列最多有 45 个 I/O 口。

1. 并行 I/O 口工作模式

所有 I/O 口均有 4 种工作模式：

（1）准双向口（与传统 51 单片机的并行 I/O 口相同）：弱上拉，灌电流可达 20mA，拉电流为 270~150μA。

（2）推挽输出：强上拉输出，输出电流可达 20mA，但需要加限流电阻。

（3）高阻输入：电流既不能流入也不能流出。

(4) 开漏模式：内部上拉电阻断开（类似于 MCS-51 单片机无内部上拉的 P0 口），既可读外部状态也可对外输出，但需外加上拉电阻，否则读不到外部状态，也不能对外输出高电平。

每个 I/O 口有两个对应的配置寄存器 PnM0（$n=0\sim7$，下同）和 PnM1，用于设置每一位的工作模式。具体设置方法为用 PnM1 的第 x 位（$x=0\sim7$，下同）和 PnM0 的第 x 位组合起来设置 Pn.x 口的工作模式，如表 9-46 所示。

表 9-46　并行 I/O 口工作模式配置方法

PnM1.x	PnM0.x	Pn.x 口工作模式
0	0	准双向口
0	1	推挽输出
1	0	高阻输入
1	1	开漏模式

2. 可设置输出速度和驱动电流大小

STC32G 系列单片机为每个 I/O 口增加了 PxSR（$x=0\sim7$）和 PxDR 两个特殊功能寄存器。前者用于控制 I/O 口电平转换速度，某位为 0 时对应的 I/O 口为快速翻转（输出），为 1 时为慢速翻转；后者用于控制 I/O 口驱动电流大小，某位为 0 时对应的 I/O 口的输出为强驱动电流，为 1 时为一般驱动电流。

通过降低 I/O 口电平转换速度和驱动电流，可降低 I/O 口的对外电磁辐射，从而减小对其他器件的电磁干扰。这个功能在对电磁辐射有要求的系统中有较高的实用价值。

3. 所有 I/O 口均可中断

STC32G 系列单片机所有 I/O 口均可产生中断请求，且支持下降沿中断、上升沿中断、低电平中断和高电平中断 4 种中断模式。每组 I/O 口都有独立的中断入口地址。为了支持 I/O 口中断功能，增加了端口中断使能寄存器（PnNTE，$n=0\sim7$，下同）、端口中断标志寄存器（PnINTF）、端口中断模式配置寄存器（PnIM0，PnIM1）和端口中断优先级控制寄存器（PINIPL，PINIPH）4 类特殊功能寄存器。

PnNTE 寄存器的 x 位（$x=0\sim7$，下同）置位时，使能 Pn.x 口中断功能，清零则关闭 Pn.x 口中断功能。PnINTF 寄存器的 x 位为 Pn.x 口的中断标志位，为 1 是有中断请求。I/O 口中断标志需软件清零。PnIM0.x 和 PnIM1.x 用于设置 Pn.x 口的中断模式，具体模式配置方法如表 9-47 所示。

表 9-47　I/O 口中断模式配置方法

PnIM1.x	PnIM0.x	Pn.x 口中断模式
0	0	下降沿中断
0	1	上升沿中断

续表

PnIM1.x	PnIM0.x	Pn.x 口中断模式
1	0	低电平中断
1	1	高电平中断

每个并行口（8位）的中断优先级相同，PINIPH.x 和 PINIPL.x 组合可将 Px 口设置为 4 个不同的优先级。优先级配置方法如表 9-48 所示。

表 9-48　I/O 口中断优先级配置方法

PINIPH.x	PINIPL.x	Px 口中断优先级
0	0	0 级（最低级）
0	1	1 级（较低级）
1	0	2 级（较高级）
1	1	3 级（最高级）

9.11.2.2　定时/计数器

STC32G 系列单片机内部集成了 5 个 24 位定时/计数器（8 位预分频＋16 位计数，从计数值长度的角度也可称为 16 位定时器），称为 T0、T1、T2、T3 和 T4。这 5 个 16 位定时器都具有计数和定时两种工作方式。T0 和 T1 定时/计数模式选择与传统 51 单片机相同；T2 用特殊功能寄存器 AUXR 中 T2_C/T 控制位来选择定时/计数模式；T3 和 T4 分别用特殊功能寄存器 T4T3M 中的 T3_C/T 和 T4_C/T 控制位来选择。定时/计数器的核心部件是一个加法计数器，对脉冲进行计数。如果计数脉冲来自系统时钟，则为定时方式，此时定时/计数器每 12 个时钟或者每 1 个时钟计数值加 1；如果计数脉冲来自单片机外部引脚，则为计数方式，每来一个外部脉冲加法计数器加 1。

特殊功能寄存器 AUXR 中的 T0x12、T1x12 和 T2x12 位分别决定 T0、T1 及 T2 工作在定时模式时，是用 12 个系统时钟脉冲（12T 模式）还是用 1 个系统时钟脉冲（1T 模式）作为一个计数脉冲。如果用 12 个系统时钟脉冲作为一个计数脉冲，则与传统 51 单片机定时器的计数方式相同，即一个机器周期（12 个时钟周期）计数器（THxTLx）加 1。特殊功能寄存器 T4T3M 中的 T3x12 和 T4x12 位则用于选择 T3 和 T4 工作于定时模式时是用系统时钟的 12 分频（12T 模式）还是直接用系统时钟（1T 模式）作为计数脉冲。

T0 有 4 种工作模式：

- 模式 0——16 位自动重装载模式；
- 模式 1——16 位不可重装载模式；
- 模式 2——8 位自动重装载模式；
- 模式 3——不可屏蔽中断的 16 位自动重装载模式。该中断源中断优先级最高，并且不可屏蔽，可用作操作系统的系统节拍定时器，或者系统监控定时器。

T1 除模式 3 外，其他工作模式与定时/计数器 0 相同。T1 在模式 3 时无效，停止计数。

T2、T3 和 T4 的工作模式固定为 16 位自动重装载模式。它们可以当定时器使用，也可以当串行口的波特率发生器和可编程时钟输出。

1. T0 模式 3 的特点

该模式下不需要置位 EA/IE.7（总中断允许位），只需置位 ET0/IE.1（T0 中断允许位）就能打开 T0 的中断允许。一旦 T0 中断被打开，该中断优先级就是最高的，它不能被其他任何中断所打断，并且既不受 EA/IE.7 控制也不再受 ET0/IE.1 的控制，清零 EA 或 ET0 都不能关闭此中断。

2. 16 位自动重装载实现原理

定时器 0 有两个隐藏的寄存器 RL_TH0 和 RL_TL0。RL_TH0 与 TH0 共有同一个地址，RL_TL0 与 TL0 共有同一个地址。当 TR0=0（T0 被禁止工作时），对 TL0 写入的内容会同时写入 RL_TL0，对 TH0 写入的内容也会同时写入 RL_TH0。当 TR0=1 时，对 TH0 和 TL0 写入内容，实际上没有写入寄存器 TH0 和 TL0 中，而是写入隐藏寄存器 RL_TH0 和 RL_TL0 中。而读 TH0 和 TL0 的内容时，所读的内容是 TH0 和 TL0 的内容，而不是隐藏寄存器的内容。当 TH0 和 TL0 溢出后，RL_TH0 和 RL_TL0 的内容自动重装载到 TH0 和 TL0，以此实现 16 位自动重装载。

T1、T2、T3 和 T4 的 16 位自动重装载的实现原理与 T0 相同，只是各自的隐藏寄存器分别是 RL_TH1 和 RL_TL1、RL_T2H 和 RL_T2L、RL_T3H 和 RL_T3L、RL_T4H 和 RL_T4L。其实，隐藏寄存器到底叫什么名字并不重要，因为指令中不会出现隐藏寄存器名称，而所读写的值到底来自/去往哪个寄存器，CPU 会自动判别。

3. T0 模式 0 工作原理

T0 模式 0 是 16 位自动重装载计数器。TM0PS 是定时器 0 的 8 位预分频寄存器，其值用于对系统时钟进行 1~256 分频。即

T0 的时钟＝SYSclk÷（TM0PS+1）

模式 0 工作原理如图 9-21 所示。

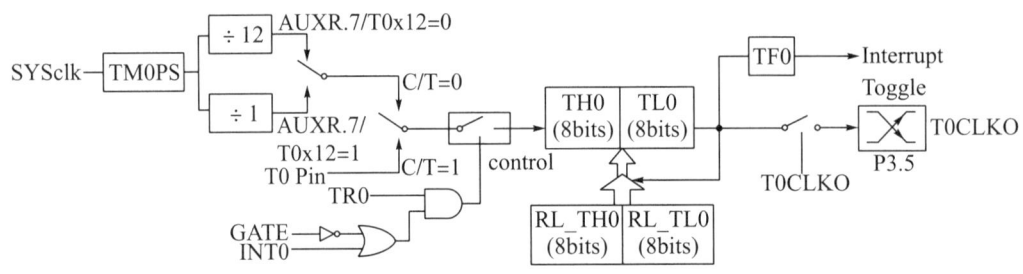

图 9-21　T0 模式 0 工作原理图

T0 模式 0 工作原理与 MCS-51 单片机定时器工作原理类似，区别在于：

（1）首先用特殊功能寄存器 TM0PS 的值对系统时钟进行预分频。

(2) 预分频后的时钟再经过 12 分频或者不分频作为计数器 TH0 和 TL0 的加一脉冲。当特殊功能寄存器 AUXR 的 T0x12=0，则进行 12 分频（12T 模式），反之不分频（1T 模式）。

$$1T 模式定时时间 = \frac{65536-[TH0，TL0]}{SYSclk/(TM0PS+1)}$$

$$12T 模式定时时间 = \frac{65536-[TH0，TL0]}{SYSclk/(TM0PS+1)} \times 12$$

(3) 隐藏寄存器 RL_TH0 和 RL_TL0 寄存重装载值，保证重装载值不受 TH0 和 TL0 值变化的影响。

(4) 当中断与时钟输出控制寄存器 INTCLKO 的 T0CLKO 位为"1"时，允许定时器 0 时钟分频输出，P3.5/T1 引脚被配置为 T0 的时钟输出脚 T0CLKO。输出时钟频率为 T0 溢出率/2。

其他定时器及其他模式的工作原理与 T0 模式 0 工作原理类似，具体可参考《STC32G 系列技术手册》。

9.11.2.3 通用串行通信

STC32G 系列单片机具有 4 个通用串行通信接口，其中 USART1 和 USART2 是全双工同步/异步串行通信接口，UART3 和 UART4 是全双工异步串行通信接口。

每个串行口由 2 个数据缓冲器、1 个移位寄存器、1 个串行控制寄存器和 1 个波特率发生器组成。每个串行口的数据缓冲器由 2 个互相独立的接收、发送缓冲器构成，可以同时发送和接收数据。

USART1 和 USART2 有 4 种工作方式，其中两种方式的波特率是可变的，另两种是固定的（与 MCS-51 单片机的串行口工作模式相同）。为了控制 USART2，增加了 S2CON 和 S2BUF 两个特殊功能寄存器。USART3 和 USART4 只有两种工作方式，这两种方式的波特率都是可变的。各串行接口工作模式与波特率发生器的关系如表 9-49 所示。

表 9-49 通用串行接口工作模式及波特率发生器

串口号	工作模式		波特率发生器	发送引脚	接收引脚
USART1	4 种工作模式：与 MCS-51 单片机相同		定时器 1 或定时器 2	TxD	RxD
USART2			定时器 2	TxD2	RxD2
USART3	模式 0：8 位数据，可变波特率	模式 1：9 位数据，可变波特率	定时器 2 或定时器 3	TxD3	RxD3
USART4			定时器 2 或定时器 4	TxD4	RxD4

用户可用软件设置不同的波特率和选择不同的工作方式，并可通过查询或中断方式对接收/发送进行程序处理。

USART1~USART4 均可以通过特殊功能寄存器 P_SW1 和 P_SW2 的相关控制位将接收和发送端口切换到多组引脚，从而可以将一个通信口分时复用为多个通信口。

另外，STC32G 系列除了 STC32G12K128 子系列外，其余子系列的 4 个串口均增加了相应的接收超时控制寄存器（URxTOCR，$x=1\sim4$，下同）、超时状态寄存器（URxTOSR）和超时长度控制寄存器（URxTOTH 和 URxTOTL）4 个特殊功能寄存器，可以禁止/使能接收超时功能和接收超时中断。当接收超过设置的超时时间时，如果使能了接收超时功能，超时标志 TOIF 将被硬件置位；如同时使能了接收超时中断，将产生超时中断，中断入口地址为对应的串口中断入口地址，因此，在串口中断服务程序中可通过 TOIF 标志判断中断类型。

9.11.2.4 比较器

STC32G 系列单片机内部集成了一个比较器。比较器的正极可以是 P3.7/P5.0/P5.1 引脚或者 ADC 的模拟输入通道，而负极可以是 P3.6 或者内部带隙（Bandgap）电压放大后的 REFV 电压（内部固定比较电压）。其内部结构如图 9-22 所示。

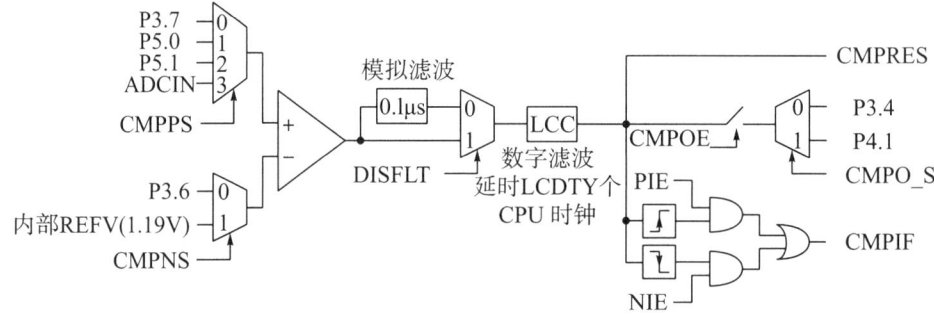

图 9-22 比较器内部结构

比较器内部有可通过程序进行控制的模拟和数字两级滤波。模拟滤波可以过滤掉输入信号中的毛刺信号，数字滤波可以等输入信号更加稳定后再进行比较。比较结果可直接通过读取内部寄存器位获得，也可将比较器结果正向或反向输出到外部端口，用作外部事件的触发信号和反馈信号。通过多路选择器和分时复用可实现多个比较器的应用。

比较器可用作外部掉电检测以便及时保存用户数据（一般可保存到 EEPROM 中），或用于电池供电系统的工作电压检测。

9.11.2.5 其他功能部件

STC12C 系列单片机内部还集成了众多功能部件：

（1）A/D 转换器：一个 15 通道的 12 位高速 A/D 转换器，时钟频率可通过 ADC 配置寄存器（ADCCFG）对 2 分频后的系统时钟频率进行再次分频设置为 16 级，最终频率可设置为系统时钟频率的 $1/32\sim1/2$。

（2）同步串行接口（SPI）：SPI 的功能引脚可切换到不同的 I/O 口上，可工作于主模式和从模式，并具有高速模式（HSSPI）。当系统运行在较低工作频率时，高速 SPI 可工作在高达 144MHz 的频率下，从而降低内核功耗，提升外设性能。另外 USART1 和 USART2 也可工作于 SPI 模式。

（3）I²C 串行总线控制器：通过端口切换功能，可将 I²C 总线的 SCL（时钟线）和

SDA（数据线）切换到不同的 I/O 口上，以便分时复用。

（4）PWM 定时器：内部集成了 8 通道 16 位高级 PWM 定时器，分成两组周期可不同的 PWM。第一组可进行 4 路互补/对称/死区控制的 PWM 信号输出和外部信号捕获，第二组可进行 4 路 PWM 信号输出和外部信号捕获。

（5）USB 接口：全速 USB 接口，兼容 USB2.0/USB1.1，6 个双向端点，支持控制传输、中断传输、批量传输和同步传输 4 种传输模式，每个端点拥有 64 字节的缓冲区。

（6）CAN 总线接口：两组独立的 CAN 总线功能单元，支持 CAN2.0A 和 CAN2.0B 协议。波特率范围：10kb/s～1Mb/s。

（7）LIN 总线接口：支持 LIN1.3 和 LIN2.1 协议，具有帧头自动处理、超时检测和错误分析功能，可以在主、从模式之间切换。

除以上功能部件，STC32G 系列单片机还有一些功能部件，限于篇幅不再一一介绍。这些功能部件仍是通过相应的特殊功能寄存器设置其功能，其状态或数据也是通过相应的特殊功能寄存器反馈，掌握和应用某个功能部件就是了解其对应的特殊功能寄存器，并正确地设置和读取。另外，并不是所有功能部件都有相关性，应用时有针对性地学习相关的特殊功能寄存器的知识即可。因此，本教材的重点在于介绍基础的、常用的功能部件，并说明学习和使用功能部件的方法，而不是无一遗漏地进行详细介绍。

复习思考题

（1）在 STC12C 系列单片机中，使用 DPTR0 和 DPTR1 双指针将内部扩展数据存储器 0100H 开始的 50 个字节复制到 0200H 开始的单元。

（2）9.6.3 节示例程序中无指令禁止定时器中断，是如何实现定时器无中断运行的？

（3）9.8.4 节示例程序中 ANL　A，#07 指令的作用是什么？

（4）简述 STC32G 系列单片机并行口的功能特点。

（5）简述 STC32G 系列单片机定时器 16 位自动重装载模式的工作原理。

（6）如果 STC32G 系列单片机主频为 36MHz，定时器最长定时时间是多少？

（7）如何利用 USART1～USART4 接收和发送端口切换功能将一个通信口分时复用为多个通信口？

提高篇

——ARM单片机原理及应用

虽然 MCS—51 单片机能满足一般复杂度控制系统的功能要求，在中低端嵌入式系统中仍有广泛应用，但其设计理念源自 20 世纪 80 年代，8 位机的架构和较低的时钟频率制约了其功能的突破性增强，运算速度和内存容量难以满足复杂运算的要求。特别是 MCS—51 单片机不能搭载操作系统，不具备多任务并发执行能力，使其难以胜任复杂度越来越高、实时性要求越来越强的控制需求。而基于 ARM 技术的新一代单片机则在技术上有了革命性的发展。ARM 公司最新推出的 ARM 处理器采用 64 位架构，可寻址空间高达 4GB；主频超过 1GHz，指令系统采用 3 级流水线，支持多任务并发操作；内部功能部件数量、性能大幅提升，能满足生产过程控制、高速数据采集以及通信的大部分功能需求；可搭载实时操作系统，内存管理、任务调度以及应用软件开发更高效便捷。凭借这些特点以及对传统功能部件使用方法的继承，ARM 处理器理所当然地成为高端嵌入式处理器的主流，与 MCS—51 单片机一起，在不同复杂度的嵌入式控制系统中各领风骚。

本篇将以基于 ARM 公司 Cortex—M3 内核设计的 STM32 系列单片机为例，介绍 ARM 单片机的内部结构、工作原理、编程基础及开发环境。由于 STM32 系列单片机功能部件众多，限于篇幅，本书重点对 GPIO 并行口、USART 串行口和定时及中断系统等基础且常用的功能部件进行详细介绍，而对其他功能部件的介绍相对简略。特别要强调的是，与 MCS—51 单片机一样，其功能部件也是通过相应的功能寄存器（或称控制寄存器）设置功能并反馈工作状态或数据，要应用某个功能部件，首先需要了解其功能和工作原理，明确由哪些功能寄存器控制其运行并反馈结果。因此，学习时可以借鉴学习 MCS—51 单片机的方法，以达到事半功倍的效果。

第 10 章 ARM 技术基础

10.1 ARM 发展历程

ARM 这一英文缩写有多种含义，第一种含义是指 ARM 公司，该公司是 1990 年成立的一家半导体器件设计公司，是以 Acorn 公司的 ARM 部门为基础成立的，全称是 Advanced RISC Machines Ltd，总部位于剑桥。而 Acorn 又是由 1978 年创立的 CPU (Cambridge Processing Unit) 公司改名而来。ARM 公司的主要业务是处理器芯片设计并进行专利授权或技术转让，而不进行芯片生产。

ARM 的第二种含义是指 ARM 指令集架构。Advanced RISC Machines 直译为先进的精简指令集架构处理器，其中 RISC 是 Reduced Instruction Set Computer 的缩写，意为精简指令集计算机。指令涉及指令集（instruction set）和架构（architecture）两个概念。指令集是计算机硬件与软件之间的接口规范，定义了计算机可以执行的操作，包括运算、存储、传输等。指令集是计算机硬件设计的基础，也是软件开发的基础。架构是计算机系统的总体设计，包括计算机硬件的组成、互连方式、指令集、操作系统、编译器等。计算机架构决定了计算机系统的处理性能以及可靠性、扩展性和兼容性等性能。可以说，指令集定义了计算机可以执行的操作，规定了指令的编码格式和执行方式，而架构则根据指令集所定义的操作，决定计算机硬件的结构和组成方式，以保证指令集的实现。指令集是一种抽象的概念，而架构是具体的硬件方案。实际上指令集和架构是相辅相成的，没有绝对的从属关系：指令集是计算机架构设计的重要依据，它会影响到架构的性能、可编程性和复杂度等，新的指令集出现会对计算机架构设计产生影响；另一方面，当计算机架构设计发生变化时，则需要更新指令集以适应架构的变化。指令集与架构的协同设计是一种先进、高效的设计方法，可以提高计算机系统的性能和可靠性，并且降低设计成本，因此通常将指令集和架构作为一个整体进行研究和使用，这也是 ARM 指令集架构这种说法的由来。

与 RISC 相对的是 CISC（Complex Instruction Set Computer，复杂指令集计算机），X86 处理器的指令集就是一种 CISC 指令集。RISC 指令集针对 CISC 指令集指令种类太多、指令格式不规范、寻址方式太多的缺点，通过减少指令种类、规范指令格式和简化寻址方式，方便处理器内部的并行处理，可大幅度提高处理器的性能。ARM 指令集是 RISC 指令集的突出代表，其他比较有名的 RISC 指令集有 MIPS、PowerPC、SPARC 和 RISC-V 等。

ARM 的第三种含义是指 ARM 内核或 ARM 处理器。内核是处理器的核心部分，在此基础上还可增加其他功能电路。ARM 公司将内核设计完成后，授权给其他芯片设计、生产厂商，其他厂商可根据授权方式进行更改或直接使用，然后发布自己的芯片，这些芯片就是基于 ARM 内核的处理器。ARM 内核有多种类型，如 ARM6、ARM7、Cortex-M、Cortex-R 等。目前，ARM 微处理器的应用已遍及工业控制、消费电子产品、通信系统、网络系统、汽车电器等领域，占据了 32 位 RISC 微处理器 75% 以上的市场份额。

ARM 的第四种含义是指 ARM 芯片，即其他芯片公司根据 ARM 授权，基于 ARM 架构或内核最终设计出的芯片。

综上，ARM 既是公司名称，也是一类微处理器的统称，还可认为是一种技术体系。本篇将对基于 ARM 公司 Cortex-M3 内核设计的 STM32 微控制器（STM32 单片机）进行介绍。

10.2 ARM 处理器内核简介

ARM 处理器内核的体系结构从最初的版本开始，一直在不断发展完善。为了对每个 ARM 应用实例所使用的指令集进行清晰分类，ARM 公司目前已定义了 8 种主要的 ARM 指令集体系架构版本，并以版本号 V1~V8 表示。

1. V1 版架构

V1 版架构只在原型机 ARM1 中使用过，只有 26 位寻址空间，作为验证型号，没有进行商业产品的生产。

2. V2 版架构

该版架构对 V1 版进行了扩展，对应芯片为 ARM2。V2 版增加了 32 位乘法指令和协处理器操作指令。版本 V2a 是 V2 版的变种，ARM3 芯片采用了 V2a 版架构，是第一片具有片上缓存的 ARM 处理器。该版本同样为 26 位寻址空间，现在已经废弃，不再使用。

3. V3 版架构

1990 年 ARM 公司成立后，设计的第一个微处理器是采用 V3 版架构的 ARM6。它作为 IP 核（intellectual property core，知识产权核或知识产权模块）和独立的处理器，是具有片上高速缓存、MMU（Memory Management Unit，负责虚拟地址与物理地址的转换，提供硬件机制的内存访问授权）和写缓冲的集成 CPU。其变种版本有 3G 版本和 3M 版本。3G 版本是不与 2a 版本向前兼容的版本，3M 版本引入了有符号和无符号数乘法和乘加指令，这些指令产生全部 64 位结果。V3 版架构（目前已废弃）对 ARM 体系结构做了如下较大的改动：

（1）寻址空间增至 32 位（4GB）；

（2）当前程序状态信息从原来的 R15 寄存器移到当前程序状态寄存器 CPSR（Current Program Status Register）中；

（3）增加了程序状态保存寄存器 SPSR（Saved Program Status Register）；

（4）增加了两种异常模式，使操作系统代码可方便地使用数据访问中止异常、指令预取中止异常和未定义指令异常；

（5）增加了MRS/MSR指令，以访问新增的CPSR/SPSR寄存器；

（6）增加了从异常处理返回的指令功能。

4. V4版架构

V4版架构在V3版上做了进一步扩充，是目前应用最广的ARM体系结构，如ARM7、ARM8、ARM9和StrongARM都采用该架构。V4版架构不仅不再强制要求与26位地址空间兼容，而且明确了哪些指令会引起未定义指令异常。

其指令集中增加了以下功能：

（1）符号化和非符号化半字及符号化字节的存取指令；

（2）增加了T变种，处理器可工作在Thumb状态，增加了16位Thumb指令集；

（3）完善了软件中断（SWI）指令的功能；

（4）处理器系统模式引进特权方式时使用用户寄存器操作。

5. V5版架构

V5版架构在V4版架构基础上增加了一些新的指令，ARM10和Xscale都采用该版架构。

6. V6版架构

V6版架构是2001年发布的，首先在2002年春季发布的ARM11处理器中使用。该架构在降低耗电量的同时，还强化了图形处理性能；通过增加有效进行多媒体处理的SIMD（Single InstructionMultiple Data，单指令多数据）功能，将语音及图像的处理功能提高到了原型机的4倍。

此架构在V5版的基础上增加了以下功能：

（1）THUMBTM：35%代码压缩。

（2）DSP扩充：高性能定点DSP功能。

（3）JazelleTM：Java性能优化，可提高8倍。

（4）Media扩充：音/视频性能优化，可提高4倍。

7. V7版架构

V7版架构采用了Thumb-2技术，它是在ARM的Thumb代码压缩技术的基础上发展起来的，并且保持了对现存ARM解决方案的完整代码兼容性。Thumb-2技术比纯32位代码少使用31%的内存，减小了系统开销，同时其性能比基于Thumb技术的解决方案高出38%。

V7版架构还采用了NEON（ARM高级SIMD技术的昵称）技术，将DSP和媒体处理能力提高了近4倍，并支持改良的浮点运算，满足下一代3D图形、游戏以及传统嵌入式控制应用的需求。此外，该版本还支持改良的运行环境，以适应不断增加的JIT（Just In Time，即时编译）和DAC（Dynamic Adaptive Compilation，动态自适应编译）技术的使用需求。

另外，自2002年春季发布ARM11之后，ARM公司的处理器内核分成了3个系列,即 A 系列、R 系列和 M 系列,并且不再采用 ARM 序号命名,而使用了新名字 Cortex。Cortex-A 系列面向尖端的基于虚拟内存的操作系统和用户应用,智能手机和掌上电脑基本都使用这个系列;Cortex-R 系列专门针对实时系统,比如汽车电子系统使用的就是该系列;Cortex-M 系列专门针对微控制器。

V7 版架构增加了以下功能:

(1) 使用主频 1.5~2.5 GHz 的四核、八核或更高配置。
(2) 设备特性:高端整数浮点数性能。
(3) 可伸缩性:"大集成">4 个核,系统构建成本更低。
(4) 大内存设备:支持最高 1TB 内存,硬件虚拟化支持。
(5) 可靠性:错误纠正、软故障恢复、设备完整性监视。

8. V8 版架构

V8 版架构是在 32 位 ARM 架构上进行开发的,用于对扩展虚拟地址和 64 位数据处理技术有更高要求的产品领域,如企业应用、高档消费电子产品。V8 版架构包含 AArch64 和 AArch32 两种执行状态。AArch64 执行状态针对 64 位处理技术,引入了一个全新指令集 A64;而 AArch32 执行状态将支持现有的 ARM 指令集。V8 版架构保留或进一步拓展了 V7 版架构的主要特性,如 TrustZone(ARM 公司提出的一种硬件级的安全运行解决方案)技术、虚拟化技术及 NEON 技术等。

ARM 内核与架构版本的对应关系如表 10-1 所示。

表 10-1 ARM 内核与架构版本对应关系

内核	版本
ARM1	V1
ARM2	V2
ARM2AS、ARM3	V2a
ARM6、ARM600、ARM610、ARM7、ARM700、ARM710	V3
StrongARM、ARM8、ARM810	V4
ARM7TDMI、ARM710T、ARM720T、ARM740T、ARMTDMI、ARM920T、ARM940T	V5T
ARM9E-S、ARM10TDMI、ARM1020E	V5TE
ARM1136J(F)-S、ARM1176JZ(F)-S、ARM11、MPCore	V6
ARM1156T2(F)-S	V6T2
ARM Cortex-M、ARM Cortex-R、ARM Cortex-A	V7

据相关资料介绍,全世界 99% 的智能手机和平板电脑都采用 ARM 架构,所有的 iPhone 和 iPad 都使用 ARM 的芯片,多数电子阅读器和 Android 设备也都采用这一架构。搭载 ARM 芯片的设备数量是搭载英特尔芯片的设备数量的 25 倍,每天约有 43 亿人会接触到搭载 ARM 芯片的设备,占全球总人口的 60%。由此可见,ARM 芯片的应用极为广泛,有理由相信 ARM 在今后的嵌入式领域将继续扮演极为重要的角色。

第 11 章　Cortex－M3 微控制器基本原理

如前所述，自 2002 年春季 ARM11 发布之后，ARM 公司的处理器内核不再采用 ARM 序号命名，而改称 Cortex，并有 Cortex－A、Cortex－R 和 Cortex－M 三个系列。其中，Cortex－M 系列又包括 M0、M0+、M3、M4 和 M7 几个具体型号。具体型号的 ARM 单片机是在某个型号内核的基础上根据应用场景不同增加其他功能电路而设计出来的。本章将要介绍的 STM32 系列 ARM 单片机采用的是 Cortex－M3 内核，是专为要求高性能、低成本、低功耗的嵌入式应用而开发设计的。

从 ARM 提供的处理器内核（如 Cortex－M3）到某一具体型号的单片机，一般有如图 11-1 所示的关系。因此，ARM 处理器内核、ARM 微处理器的内部组件及基本原理都是后续将要介绍的 STM32 系列 ARM 单片机技术的基础内容。

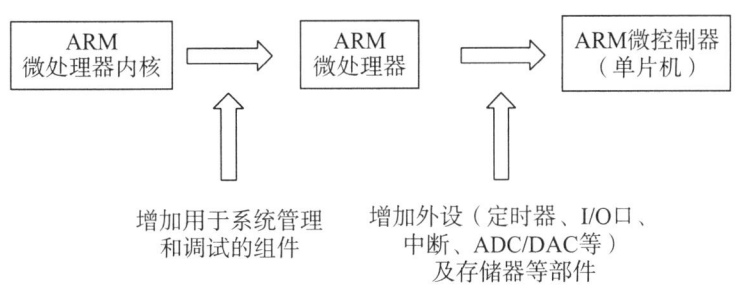

图 11-1　ARM 单片机构成示意图

下面先逐一介绍 Cortex－M3 微处理器内核、Cortex－M3 微处理器以及 Cortex－M3 微控制器的内部结构。

11.1　Cortex－M3 内核、微处理器及微控制器的关系

11.1.1　Cortex－M3 内核结构

Cortex－M3 是一个 32 位处理器内核，内部的地址和数据总线宽度为 32 位，寻址空间为 4GB。与之相匹配，寄存器和存储器接口均是 32 位。

11.1.1.1　Cortex－M3 内核内部组件

Cortex－M3 内核包括中断控制器、取指单元、指令解码器、寄存器组、算术逻辑

单元（ALU）、存储器接口和跟踪接口等部件，如图 11-2 所示。

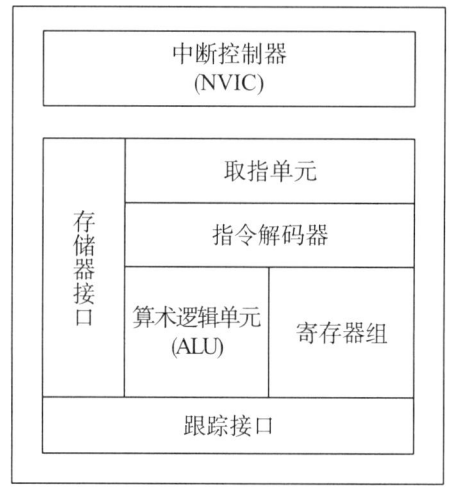

图 11-2 Cortex-M3 内核构成示意图

1. 内部寄存器

内部寄存器包括由 16 个寄存器构成的寄存器组及一些特殊功能寄存器。寄存器组及特殊功能寄存器组成情况将在 11.3 节详细介绍。

2. 中断控制器

为了加快 ARM 处理器的中断响应时间，Cortex-M3 内核首次集成了嵌套向量中断控制器（Nested Vectored Interrupt Controller，NVIC），使得 Cortex-M3 的中断延迟只有 12 个时钟周期（ARM7 需要 24~42 个时钟周期）。另外，通过使用尾链技术，背靠背（back-to-back）中断的响应只需要 6 个时钟周期（ARM7 需要大于 30 个时钟周期）。

Cortex-M3 的中断控制器称为嵌套向量中断控制器。其中，"嵌套"是指 Cortex-M3 的高优先级中断可以打断正在响应的低优先级中断，实现中断嵌套。而"向量"是指中断向量表，其中存储的是中断服务函数的地址。当有中断信号产生时，CPU 从中断向量表中找到相应的中断函数的地址，然后跳转到该函数执行。中断向量表使得从断点到中断函数的跳转是有方向的，因而称为向量。

11.1.1.2 Cortex-M3 内核的存储器体系结构与指令预取技术

Cortex-M3 内核的存储器体系结构与 MCS-51 单片机一样采用哈佛结构，拥有独立的指令总线和数据总线，数据访问不再占用指令总线，取指与数据访问可以同时进行。为实现这个特性，Cortex-M3 内部设有几个总线接口，每个都针对相应的应用场合进行了优化，并且可以并行工作。指令总线和数据总线共享一个存储器空间（一个统一的存储器系统，这一点和 MCS-51 单片机有区别），可寻址空间仍然是 4GB。另外，Cortex-M3 内核采用了适合于微控制器应用的三级流水线，并增加了分支预测功能。

现代处理器大多采用指令预取和流水线技术，以提高处理器的指令执行速度。但流水线处理器在执行分支（跳转）指令时，由于指令执行的顺序可能会发生变化，指令预取队列和流水线中的部分指令就可能作废，而需要从新的地址重新取指、执行，这样就会使流水线"断流"，使指令预取和流水线技术的优势大打折扣。特别是现代 C 语言程序经编译器优化生成的目标代码中，分支指令的比例可达 10%~20%，对流水线处理器的影响会更大。为此，现代高性能流水线处理器中一般都加入了分支预测部件，在处理器从存储器预取指令时，能自动预测分支（跳转）指令是否会发生跳转，再从预测的方向进行取指，尽量保证流水线不"断流"，从而为流水线提供连续的指令流，保证处理器性能的发挥。

Cortex－M3 内核通过分支预测部件的分支预测功能，可以预取分支目标地址的指令，使分支延迟减少到一个时钟周期。

11.1.1.3 存储空间功能划分映射

Cortex－M3 内核的各条总线都是 32 位的，可在 4GB 的地址范围内寻址，可进行 32 位指令和 32 位数据传输。Cortex－M3 内核为 4GB 空间划定了基本框架，定义了不同区域的用途，并规定了不同区域使用不同总线，以保证取指和数据访问并行进行。具体框架结构在 11.5 节中介绍。

11.1.2 Cortex－M3 微处理器结构

Cortex－M3 微处理器是在 Cortex－M3 内核基础上增加用于系统管理和调试的部件构成的。图 11－3 是 Cortex－M3 微处理器的系统框图。

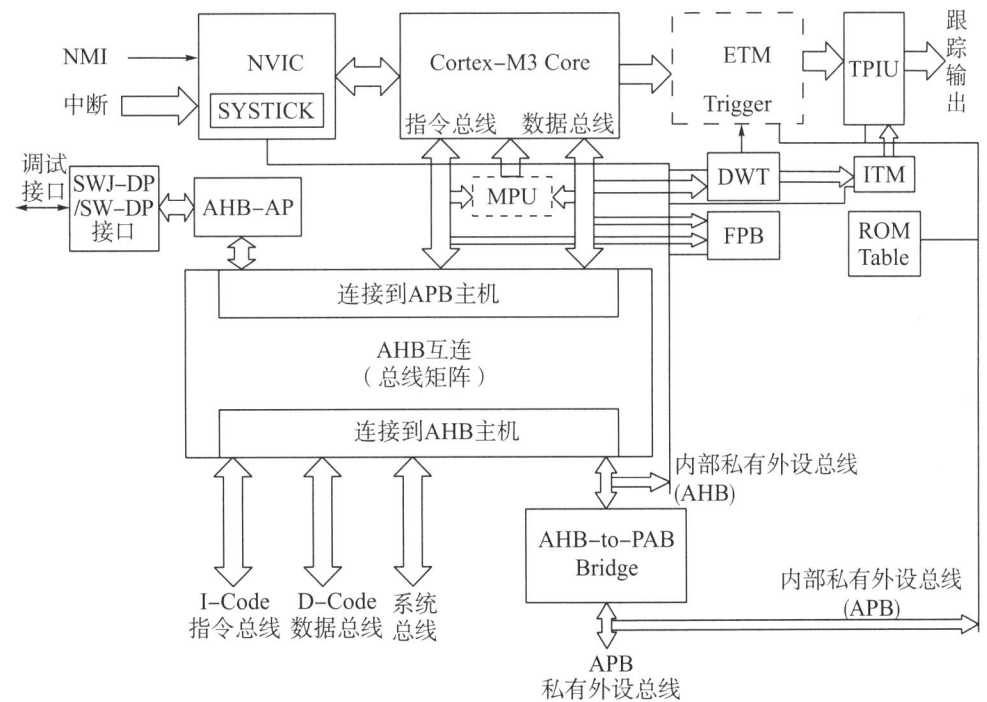

图 11－3 Cortex－M3 微处理器系统框图

为了满足比较复杂的应用对存储系统功能的需要，Cortex-M3 微处理器提供一个可选的 MPU（存储器保护单元）和 ETM（嵌入式跟踪宏单元），但并不是所有的 Cortex-M3 微处理器都有这两个组件，在具体型号的 ARM 单片机开发时应根据需要选配。表 11-1 列出了 Cortex-M3 微处理器各组件的名称及其含义。

表 11-1 Cortex-M3 微处理器各组件的名称及其含义

名称	含义
Cortex-M3 Core	Cortex-M3 内核
NVIC	嵌套向量中断控制器
SYSTICK	简易的周期定时器，用于提供时基，多为操作系统所使用
MPU	存储器保护单元（可选）
总线矩阵	内部的 AHB 互连
AHB to APB Bridge	AHB 转换为 APB 的总线桥
SW-DP/SWJ-DP 端口	串行线/串行线 JTAG 调试端口（DP）。通过串行线调试协议或者传统的 JTAG 协议（专用于 SWJ-DP）都可以实现与调试接口的连接
AHB-AP	AHB 访问端口，它把 SW/SWJ 接口的命令转换成 AHB 数据传送
ETM	嵌入式跟踪宏单元（可选），调试时用于处理指令跟踪
DWT	数据观察点及跟踪单元，调试用
ITM	指令跟踪宏单元
TPIU	跟踪端口的接口单元。所有跟踪端口发出的调试信息都要先送给它，再由它转发给外部跟踪捕获硬件
FPB	FLASH 地址重载及断点单元
ROM Table	存储配置信息的小型查找表

11.1.3　Cortex-M3 微控制器结构

微控制器即常说的单片机。Cortex-M3 微控制器是芯片制造商在得到 ARM 公司关于 Cortex-M3 内核的使用授权后，根据不同的应用需求添加存储器、外设、I/O 部件以及其他模块而开发的 ARM 单片机。图 11-4 是 Cortex-M3 微控制器（ARM 单片机）的组成示意图。不同厂家、不同型号的 ARM 单片机在存储器容量和类型、外设种类和数量等方面有不同的配置，以满足不同的应用场景的需求。

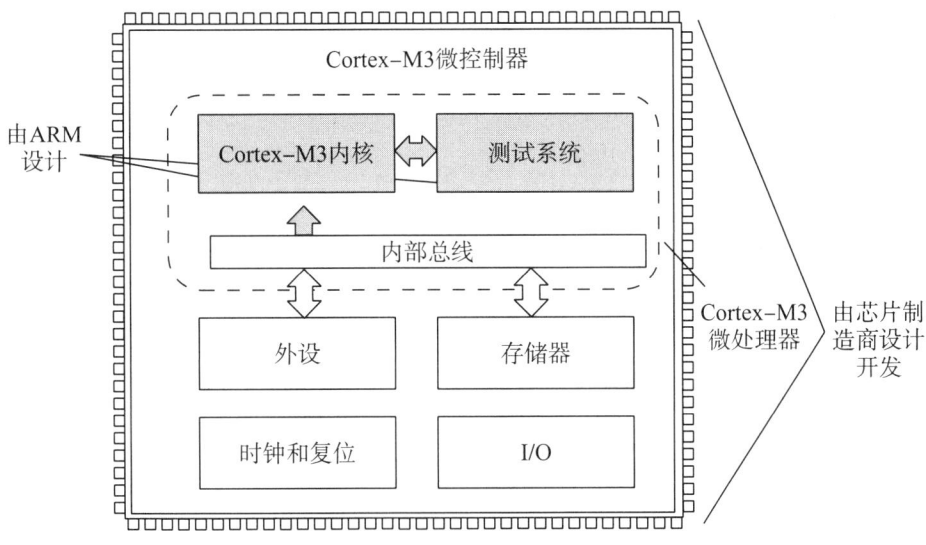

图 11-4　Cortex-M3 微控制器组成示意图

之所以称图 11-4 是基于 Cortex-M3 内核的 ARM 单片机的组成示意图，是因为图中并没有标明存储器容量和类型以及外设种类和数量等具体配置参数，这些器件的具体配置会因不同芯片开发商生产的不同型号而不同。本篇后续章节将以采用 Cortex-M3 内核的 STM32 系列单片机为对象介绍其具体配置及定时器、并行口等功能部件的使用方法。

11.2　处理器工作模式和特权级别

Cortex-M3 处理器支持两种操作模式和两种特权级别。两种操作模式分别为处理者模式（handler mode）和线程模式（thread mode）。引入两个模式的目的是区别普通应用程序的代码和异常服务例程的代码——包括中断服务例程的代码。

Cortex-M3 处理器的另一个特点是特权的分级，分为特权级和用户级（非特权级）。用户级程序代码不能意外地或恶意地执行涉及要害的操作，从而提供了一种存储器访问的保护机制。处理器支持两种特权级，这也是一个基本的安全模型。

在 Cortex-M3 处理器运行主应用程序时（线程模式），既可以使用特权级，也可以使用用户级。处理者模式只有特权级，而且异常服务例程必须在处理者模式下执行。工作模式与特权级别及执行代码类型的关系如表 11-2 所示。

表 11-2　不同类型代码的执行模式与特权级别

工作模式	执行代码类型	特权级别
线程模式	应用程序	特权级或用户级
处理者模式	异常/中断服务程序	特权级

复位后处理器默认进入线程模式，以特权级的方式访问。在特权级下程序可以访问全部存储空间（如果有 MPU，则要在 MPU 规定的禁止区域之外），并且可以执行所有指令。可以在特权级下置位特殊功能寄存器 CONTROL 的 D0 位进入用户级，但反之则不行。

在"线程模式＋用户级"状态下，禁止对系统控制空间（SCS）的访问，也禁止使用 MRS/MSR 访问除 APSR 之外的特殊功能寄存器。如果要从用户级切换到特权级，唯一途径是触发异常：如果在程序执行过程中触发了一个异常，处理器总是先切换到处理者模式特权级执行异常服务例程，在异常服务例程执行完毕退出时，由于此时是特权级，在返回前既可不修改特殊功能寄存器 CONTROL 的 D0 位，直接返回原来的特权级，也可清零 CONTROL 寄存器的 D0 位，实现从用户级到特权级的改变。图 11-5 是特权级与用户级转换示意图。

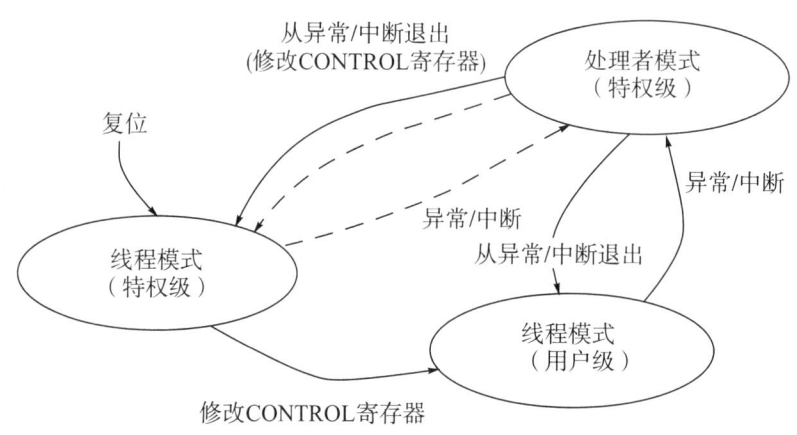

图 11-5　特权级与用户级转换示意图

处理者模式执行异常服务例程过程中和返回后的工作模式和特权级的改变，有以下 3 种情况：

1. 线程模式特权级与处理者模式特权级相互切换

当 CONTROL [0] ＝0 时，运行于线程模式特权级，异常处理过程中不改变 CONTROL [0]，则异常处理过程只发生了处理器模式的切换，如图 11-6 所示。

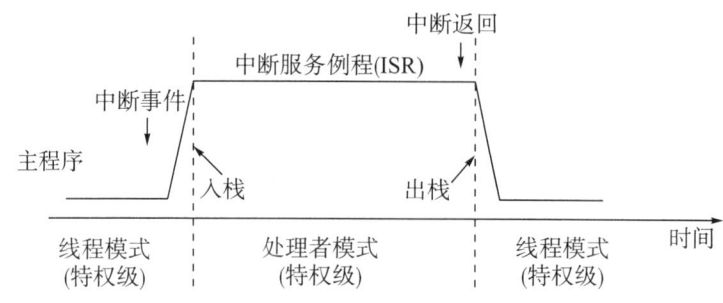

图 11-6　中断例程只有工作模式切换

2. 线程模式用户级与处理者模式特权级相互切换

当CONTROL [0] =1 时，运行于线程模式用户级，异常处理过程中不改变CONTROL [0]，则在异常处理过程中，处理器模式和特权级都发生了变化，如图11-7所示。

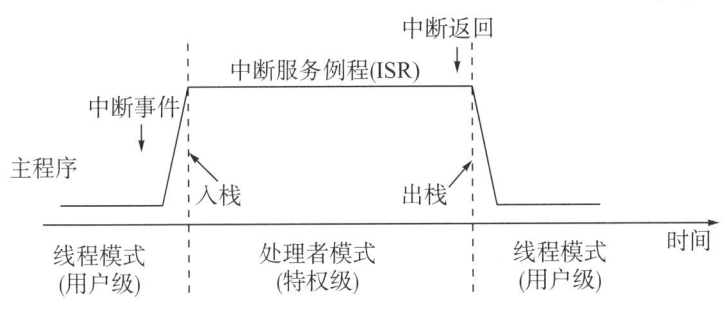

图 11-7　工作模式和特权级均有变化

3. 线程模式用户级与线程模式特权级及处理者模式特权级切换

当处理器工作于线程模式用户级时，产生异常后处理器总是先切换到处理者模式特权级执行异常服务例程，在异常服务例程执行完毕退出时，既可不修改特殊功能寄存器CONTROL [0] 直接返回原来的用户级，也可清零CONTROL [0]，切换到线程模式特权级，如图11-8所示。

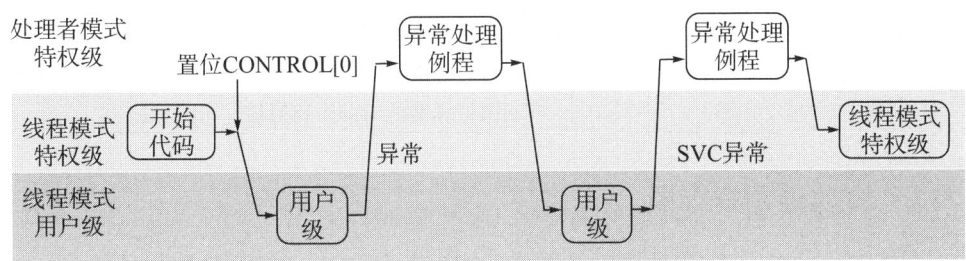

图 11-8　线程模式从用户级切换到特权级

通过引入特权级和用户级，Cortex-M3 处理器能够在硬件水平上限制某些不受信任的或者还没有调试的程序，不让它们随意地配置涉及要害的寄存器，因而系统的可靠性得到了提高。进一步，如果配置了MPU，它还可以作为特权机制的补充：保护关键的存储区域不被破坏，这些区域通常是操作系统的区域。举例来说，操作系统的内核通常在特权级下执行，所有没有被 MPU 禁止访问的存储器都可以访问。操作系统开启一个用户程序时，通常让它在用户级下执行，从而使系统不会因某个程序的崩溃或恶意破坏而受损。

11.3　Cortex-M3 微处理器的寄存器

现代的计算机主要包括寄存器、内部存储器和外部存储器三级存储，数据存取的速率也依次递减。计算机中的寄存器通常有不同的类型，如通用寄存器、指令寄存器、程序计数寄存器等。寄存器的数量和大小会直接影响计算机的性能。

Cortex-M3 微处理器的内部寄存器包括由 16 个寄存器构成的寄存器组及一些特殊功能寄存器。16 个寄存器又分为通用寄存器（R0~R12）和专用寄存器（R13~R15）。寄存器组及特殊功能寄存器组成情况如图 11-9 所示。

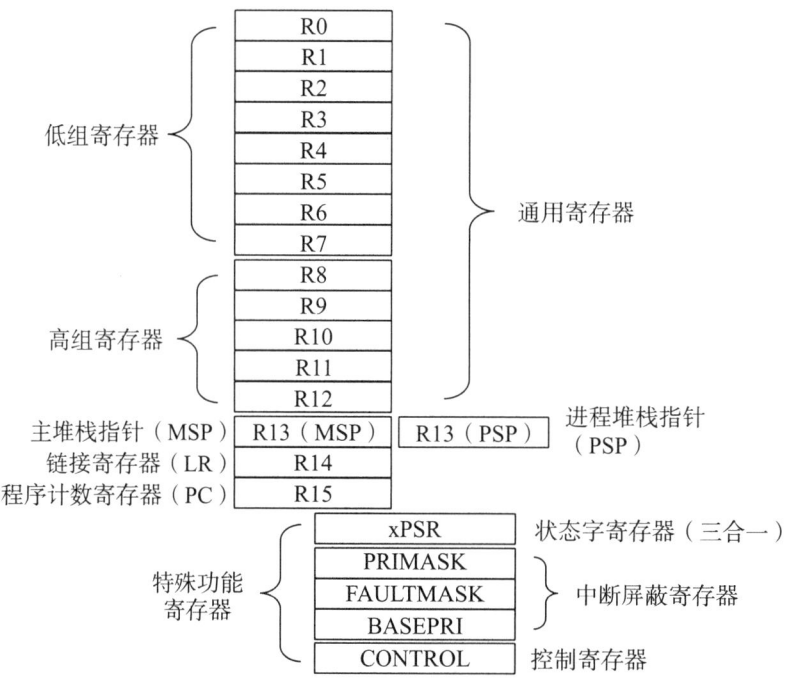

图 11-9 Cortex-M3 微处理器的内部寄存器组

11.3.1 32 位通用寄存器

寄存器组中的 R0~R12 是通用寄存器，用于数据存取，复位后的初始值是不确定的。其中 R0~R7 称为低组寄存器，R8~R12 称为高组寄存器。绝大多数的 16 位 Thumb 指令只能访问 R0~R7，而 32 位 Thumb-2 指令可以访问所有寄存器。

11.3.2 分组堆栈指针

在 Cortex-M3 中，寄存器 R13 是堆栈指针 SP，在汇编程序中可以把 R13 写作 SP，并且 PUSH 指令和 POP 指令也默认使用 SP。Cortex-M3 处理器内核中共有两个堆栈指针，相应地，系统有两个堆栈，但是任一时刻只能使用其中的一个，这种寄存器称为"banked"（分组）寄存器。当引用 R13 时，引用到的是当前正在使用的那一个，另一个必须用特殊的指令来访问，如通过 MRS/MSR 指令来访问指定的堆栈（当前或非当前堆栈）。这种操作类似于 MCS-51 单片机中 R0~R7 访问的是当前工作寄存器区，而另外的区可以通过直接寻址方式访问。

Cortex-M3 的两个堆栈指针分别是：

- 主堆栈指针（MSP）：也可写作 SP_main。复位后默认使用主堆栈指针，用于操作系统内核以及异常处理例程（包括中断服务例程）。
- 进程堆栈指针（PSP）：也可写作 SP_process，用于普通的用户线程中（不处于异常服务例程中）。

需要注意的是，并不是每个程序都需要使用两个堆栈指针，简单的应用程序只使用主堆栈指针 MSP 就够了。另外，Cortex-M3 堆栈指针的最低两位永远是 0，这意味着堆栈总是 4 字节对齐的，即它们的地址必须是 0x4, 0x8, 0xc……事实上，R13 的最低两位被硬件线路连接到 0，因此读出值总是为 0。

11.3.3 链接寄存器

R14 是链接寄存器（LR），在汇编程序中可以写作 R14 或 LR。LR 用于在调用子程序时存储返回地址。例如，在使用 BL（分支并链接）指令时，就自动填充 LR 的值，以便返回时使用。与大多数其他处理器不同，ARM 为了减少访问内存的次数（访问内存的操作往往需要 3 个以上指令周期，如果芯片带 MMU 和 Cache 则访问内存的时间更长且不确定），把返回地址直接存储在链接寄存器中，这样足以使很多只有 1 级子程序调用的代码无须访问内存（堆栈内存），从而提高了子程序调用的效率。如果是多级子程序调用（子程序再调用子程序），则需要把前一级的 R14 值压到堆栈里。

11.3.4 程序计数寄存器

R15 为程序计数寄存器（PC），指向当前程序取指地址，修改该寄存器的值，可以改变程序的执行流程。在汇编程序中也可以使用名称 PC 来访问它。

Cortex-M3 内部使用了指令流水线，读 PC 时返回的值是当前指令的地址+4。例如：

  0x1000：MOV R0，PC ；指令执行结果 R0=0x1004

如果向 PC 中写数据就会引起一次程序的分支（但不更新链接寄存器 LR）。Cortex-M3 中的指令至少是半字（16 位）对齐的，所以 PC 的最低位总是 0。然而在分支时，无论是直接写 PC 的值还是使用分支指令，都必须保证加载到 PC 的数值是奇数（即最低位为 1），用以表明这是在 Thumb 状态下执行的。如果写为 0，则视为企图转入 ARM 模式，Cortex-M3 将产生一个故障异常。

11.3.5 特殊功能寄存器组

Cortex-M3 中的特殊功能寄存器包括：

（1）程序状态寄存器组（PSRs 或 xPSR）；

（2）中断屏蔽寄存器组（PRIMASK、FAULTMASK、BASEPRI）；

（3）控制寄存器（CONTROL）。

特殊功能寄存器只能被专用的 MSR 和 MRS 指令访问，而且它们也没有对应的存储器地址。

```
MRS <gp_reg>,<special_reg>    ;读特殊功能寄存器的值到通用寄存器
MSR <special_reg>,<gp_reg>    ;写通用寄存器的值到特殊功能寄存器
```

下面对各特殊功能寄存器的功能进行介绍。

1. 程序状态寄存器组

程序状态寄存器 PSR（Program Status Register）包括：

（1）APSR（Application PSR，应用程序状态寄存器）；

（2）EPSR（Execution PSR，执行状态寄存器）；

（3）IPSR（Interrupt PSR，中断状态寄存器）。

这三个寄存器可以组合为一个寄存器一起访问，访问时使用 xPSR 或 PSR 名称，也可以单独访问每个状态寄存器。但需要注意的是，EPSR 是不能够直接通过 MRS 和 MSR 指令读写的，而 IPSR 则是一个只读的寄存器。以下是访问程序状态寄存器的示例语句：

```
MRS   R0，PSR      ;读组合寄存器的值到 R0 中
MSR   PSR，R0      ;写 R0 的值到组合寄存器中
MRS   R0，APSR     ;读应用程序状态寄存器的值到 R0 中
MSR   APSR，R0     ;写 R0 的值到应用程序状态寄存器中
```

Cortex-M3 中的程序状态寄存器各位定义及合体后的程序状态寄存器（xPSR）各位定义如表 11-3 所示。

表 11-3 程序状态寄存器各位定义及合体后各位定义

	31	30	29	28	27	26:25	24	23:16	15:10	9	8:0
APSR	N	Z	C	V	Q						
IPSR											Exception Number
EPSR						ICI/IT	T		ICI/IT		
合体后程序状态寄存器各位定义											
xPSR	N	Z	C	V	Q	ICI/IT	T		ICI/IT		Exception Number

程序状态寄存器的各位定义如下：

- N：负数标志位（Negative flag）。
- Z：零标志位（Zero flag）。
- C：进位或者无借位标志位（Carry or not borrow flag）。
- V：溢出标志位（Overflow flag）。
- Q：黏着饱和标志（Sticky saturation flag）。
- GE：大于等于标志位（Greater-than or Equal flags for each byte lane）。
- ICI/IT：中断可继续指令位（ICI）标志/IF-THEN 指令状态位（IT）标志（Interrupt-Continuable Instruction bits/IF-THEN instruction status bit for conditional execution）。ICI 标志和 IT 标志是重叠的，前者用于被打断的多寄存器加载

和存储指令（批量处理指令），如果在执行 LDM 或 STM 操作时产生一次中断，则 LDM 或 STM 操作暂停。EPSR 用其 [15:12] 位来保存该操作中下一个寄存器操作数的编号，在中断响应之后，处理器返回由 [15:12] 位指向的寄存器并恢复操作。如果 ICI 区指向的寄存器不在指令的寄存器列表中，则处理器对列表中的下一个寄存器（如果有）继续执行 LDM/STM 操作。IT 标志 [15:10] 位和 [26:25] 位用于标识 IF—THEN 指令的执行状态。

- T：Thumb 状态标志位，始终为 1，清除该位将触发一个错误异常。
- Exception Number：异常代号，标志着正在处理的异常。

2. 中断屏蔽寄存器组

中断屏蔽寄存器组包括 PRIMASK、FAULTMASK 和 BASEPRI 三个寄存器，用于控制异常的使能和除能。具体功能如表 11-4 所示。

表 11-4 中断屏蔽寄存器组功能说明

名称	功能说明
PRIMASK	该寄存器只有 1 位。置"1"时关掉所有可屏蔽的异常，只剩下 NMI 和硬件故障（hard fault）可以响应。其缺省值为 0，表示没有关中断
FAULTMASK	该寄存器只有 1 位。置"1"时只有 NMI 才能响应，所有其他的异常包括中断和故障全部关闭。其缺省值也是 0，表示没有关异常
BASEPRI	该寄存器最多有 9 位（由表达优先级的位数决定）。它定义了被屏蔽优先级的阈值。当它被设成某个值后，所有优先级号大于等于此值的中断都被关闭（优先级号越大，优先级越低）。但若被设成 0，则不关闭任何中断。其缺省值也是 0

当执行对时间要求很严苛的关键任务时，可通过 PRMASK 和 BASEPRI 暂时关闭中断，以保证关键任务不被打断。而 FAULTMASK 则可被操作系统用于暂时关闭错误处理功能，这种处理在某个任务崩溃时可能需要。

只有在特权级下才允许访问 PRIMASK、FAULTMASK 及 BASEPRI 寄存器，而且需要使用 MRS/MSR 指令，如：

```
MRS    R0，PRIMASK         ;读取 PRIMASK 到 R0
MRS    R0，FAULTMASK       ;读取 FAULTMASK 到 R0
MRS    R0，BASEPRI         ;读取 BASEPRI 到 R0
MSR    PRIMASK，R0         ;写 R0 的值到 PRIMASK
MSR    FAULTMASK，R0       ;写 R0 的值到 FAULTMASK
MSR    BASEPRI，R0         ;写 R0 的值到 BASEPRI
```

3. 控制寄存器（CONTROL）

控制寄存器用于定义特权级别和选择当前使用的堆栈指针，其功能如表 11-5 所示。

表 11-5　控制寄存器功能说明

位	功能说明
CONTROL [1]	堆栈指针选择： 　　CONTROL [1] =0：选择主堆栈指针 MSP（复位后缺省值）； 　　CONTROL [1] =1：选择进程堆栈指针 PSP。 在普通的用户线程（没有响应异常），可以使用 PSP。在处理者模式下只允许使用 MSP，所以此时不得往该位写 "1"
CONTROL [0]	线程模式特权级选择： 　　CONTROL [0] =0：特权级的线程模式； 　　CONTROL [0] =1：用户级的线程模式。 处理者模式永远都是特权级的

在 Cortex-M3 的处理者模式中，CONTROL [1] 总是 0，在线程模式中则可以为 0 或 1。只有处于特权级线程模式时此位才可写，其他情况下禁止写此位。CONTROL [0] 也仅在特权级下操作时才允许写该位，一旦进入用户级，返回特权级的唯一途径是通过触发一个异常（如软中断）进入处理者模式，再由服务例程改写该位。

CONTROL 寄存器也是通过 MRS 和 MSR 指令来操作的，例如：

　　MRS　R0，CONTROL
　　MSR　CONTROL，R0

在复位后，处理器进入特权级线程模式。在特权级下的代码可以通过置位 CONTROL [0] 来进入用户级。但不管因何种原因产生异常，处理器都将以特权级来运行其服务例程，如果服务例程中没有修改 CONTROL [0]，异常返回后将回到产生异常之前的特权级别。用户级下的代码不能通过修改 CONTROL [0] 来回到特权级，要回到特权级则必须触发一个异常，由异常服务例程来清零 CONTROL [0]，才能在返回线程模式后进入特权级。用户级的代码如想进入特权级，通常使用一条系统服务调用指令（SVC）来触发 "SVC 异常"，该异常的服务例程可以选择修改 CONTROL [0]。

特权级和处理器模式的切换过程如 11.2 节中图 11-5 所示。

11.4　Cortex-M3 微处理器的总线接口

11.4.1　AHB、AHB-Lite 及 APB 总线协议

AHB（Advanced High-performance Bus）总线协议是 ARM 公司于 1999 年制定的第 2 代 AMBA（Advanced Microcontroller Bus Architecture）协议的一部分，用于高性能、高时钟频率模块之间的连接，它支持突发数据传输（连续传输）方式及单个数据传输方式，所有时序参考同一个时钟沿，可以连接多个主器件（master）和多个从器件（slave）。其架构如图 11-10 所示。

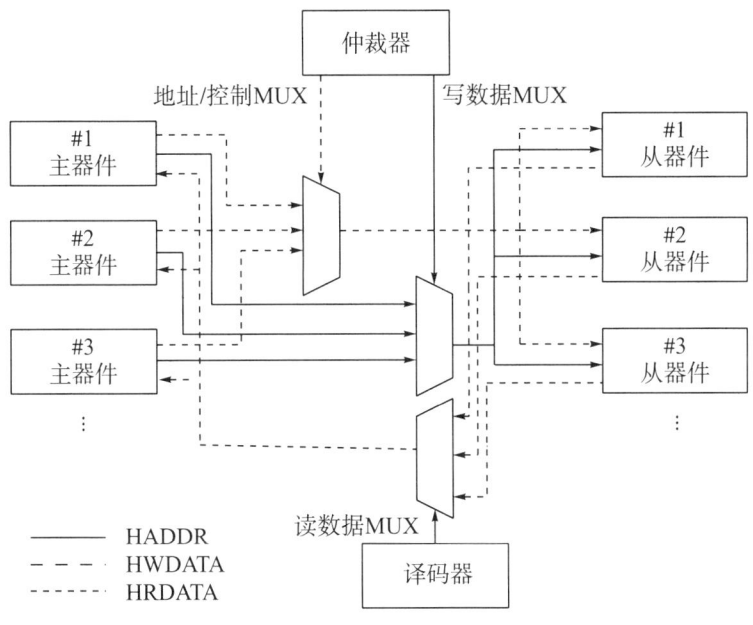

图 11-10 AHB 总线架构图

AHB 协议通过仲裁器对多个主器件进行选择，任意时刻总线上只有一个主器件在工作。译码器对从器件进行选择，以完成完整的通信过程。此外，从器件必须按 1KB 边界对齐。

ARM 公司在 2006 年又推出了 AMBA3 总线协议，其中的 AHB-Lite 协议针对的是单个主器件和多个从器件之间的连接。它可以看作是 AHB 协议的简化版本，因为在很多场景中只有一个 AHB 的主器件，采用 AHB-Lite 协议可以简化逻辑设计，因此，Cortex-M3 的总线接口大多采用 AHB-Lite 协议。

APB（Advanced Peripheral Bus）总线协议也是 AMBA 总线协议的组成部分，主要用于连接慢速外设模块，没有 AHB 总线体系中的仲裁器和译码器。

11.4.2 Cortex-M3 总线接口

Cortex-M3 微控制器内部有若干个总线接口，以便同时取指和访问内存。总线框图如图 11-11 所示。

内部总线接口分别是：

（1）指令存储区总线（2 条）：负责对代码存储区的访问，分别是 I-Code 总线和 D-Code 总线。前者用于取指，后者用于查表等操作，它们按最佳执行速度进行优化。

（2）系统总线：用于访问内存和外设，覆盖的区域包括 SRAM、片上外设、片外 RAM、片外扩展设备，以及系统级存储区的部分空间。上述外设属于 Cortex-M3 微控制器组成部分，不同型号有所不同，但都通过系统总线与内核进行交互。

（3）私有外设总线：负责一部分私有外设的访问，主要是访问调试组件。它们也在系统级存储区。

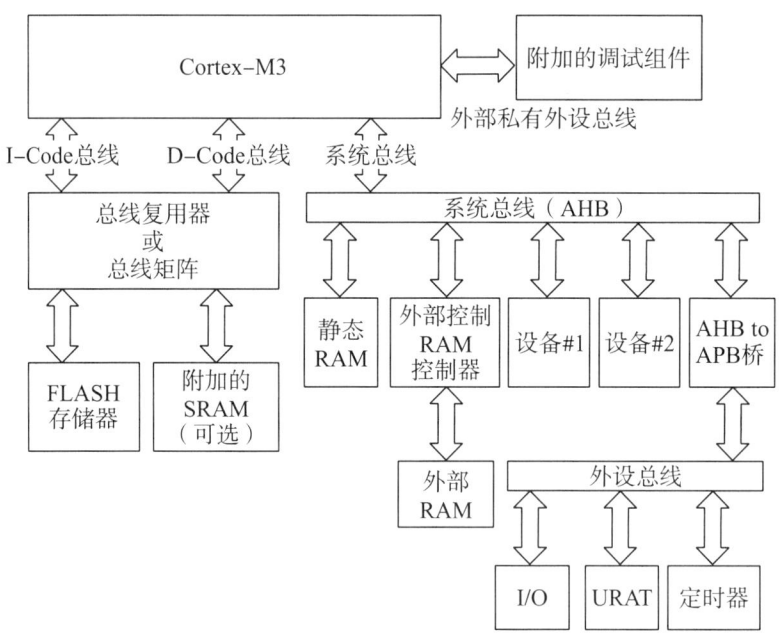

图 11-11　Cortex-M3 内部总线框图

（4）外部私有外设总线：通过 AHB 与 APB 的转换桥转换为 APB 协议，用于访问 Cortex-M3 内核的外部组件，如 ETM、TPIU、ROM 表等。

11.4.3　总线协议与具体功能

I-Code 总线是一条基于 AHB-Lite 总线协议的 32 位总线，负责 0x0000 0000~0x1FFF FFFF 区间的取指操作，取指以字的长度执行，即使是对于 16 位指令也如此。因此 CPU 内核可以一次取出两条 16 位 Thumb 指令。

D-Code 总线也是一条基于 AHB-Lite 总线协议的 32 位总线，负责在 0x0000 0000~0x1FFF FFFF 之间的数据访问操作。尽管 Cortex-M3 支持非对齐访问，但该总线上不会出现非对齐的地址，这是因为处理器的总线接口会把非对齐的数据传送都转换成对齐的数据传送。因此，连接到 D-Code 总线上的任何设备都只需支持 AHB-Lite 的对齐访问，不需要支持非对齐访问。

系统总线和前两条总线一样，也是一条基于 AHB-Lite 总线协议的 32 位总线，负责 0x2000 0000~0xDFFF FFFF 和 0xE010 0000~0xFFFF FFFF 之间的所有数据传送，取指和数据访问都使用这条总线。和 D-Code 总线一样，所有的数据传送都是对齐的。

外部私有外设总线是一条基于 APB 总线协议的 32 位总线，用来负责 0xE004 0000~0xE00F FFFF 之间的私有外设访问。由于 APB 存储空间的一部分已经被 TPIU、ETM 以及 ROM 使用，就只留下了 0xE004 2000~0xE00F F000 这个区间用于配接附加的（私有）外设。

除了总线接口，Cortex-M3 还有若干个用于其他目的的接口，这些接口的信号一般不引出到引脚上，而只用于连接 SoC 不同的部分，有些还未使用。

11.5 存储器的组织与映射

11.5.1 ARM 数据存储格式

ARM 支持大端格式（big-endian）和小端格式（little-endian）两种数据存储格式。所谓大端格式，是指数据的高位保存在内存的低地址中，而数据的低位则保存在内存的高地址中。而小端格式的存储顺序与大端格式相反：数据的高位保存在内存的高地址中，数据的低位则保存在内存的低地址中。

大端格式的存储模式类似于把数据当作字符串顺序处理：地址由小变大，而数据从高位往低位放；小端格式的存储模式将地址的高低和数据位权有效地结合起来，高地址部分权值高，低地址部分权值低。可以这样记忆：第一个字节（小地址）中的数据位权大的是大端格式；反之，小地址中的数据位权小的是小端格式。假如一个 16bit 的数据 0x1234 采用不同存储格式，存储情况如表 11-6 所示。

表 11-6 不同存储格式下 16bit 数据存放方式

内存地址	0x4000	0x4001
小端格式存放	0x34	0x12
大端格式存放	0x12	0x34

假如一个 32bit 的数据 0x12345678 采用不同存储格式，存储情况如表 11-7 所示。

表 11-7 不同存储格式下 32 bit 数据存放方式

内存地址	0x4000	0x4001	0x4002	0x4004
小端格式存放	0x78	0x56	0x34	0x12
大端格式存放	0x12	0x34	0x56	0x78

存储器映射是指把 Cortex-M3 微控制器芯片中或芯片外的 FLASH、RAM、外设、BOOTBLOCK 等进行统一编址，即用地址来表示对象。这些地址中绝大多数是由厂家规定好的，用户只能用而不能改。用户只有在外部增加 RAM 或 FLASH 的情况下，可通过地址译码对增加器件的地址进行自定义。

图 11-12 所示是 Cortex-M3 存储器映射结构图。

Cortex-M3 是 32 位的内核，因此其 PC 指针可以指向 2^{32}=4G 的地址空间，也就是 0x0000 0000～0xFFFF FFFF 这一空间范围。Cortex-M3 内核将 0x0000 0000～0xFFFF FFFF 共 4G 空间分成代码区、SRAM 区、片上外设区、外部 RAM 区、外部设备区、内部私有外设总线区、外部私有外设总线区、特定厂商使用区等 8 大块。芯片开发商在使用该内核进行具体型号单片机设计时，必须按照这一划分进行相应的存储器结构设计。这一特性极大地方便了软件在各 Cortex-M3 单片机间的移植，因为不同型号的 Cortex-M3 单片机的寄存器等功能部件都在相同地址，无需修改程序即可正常运行。下面对各区功能进行介绍。

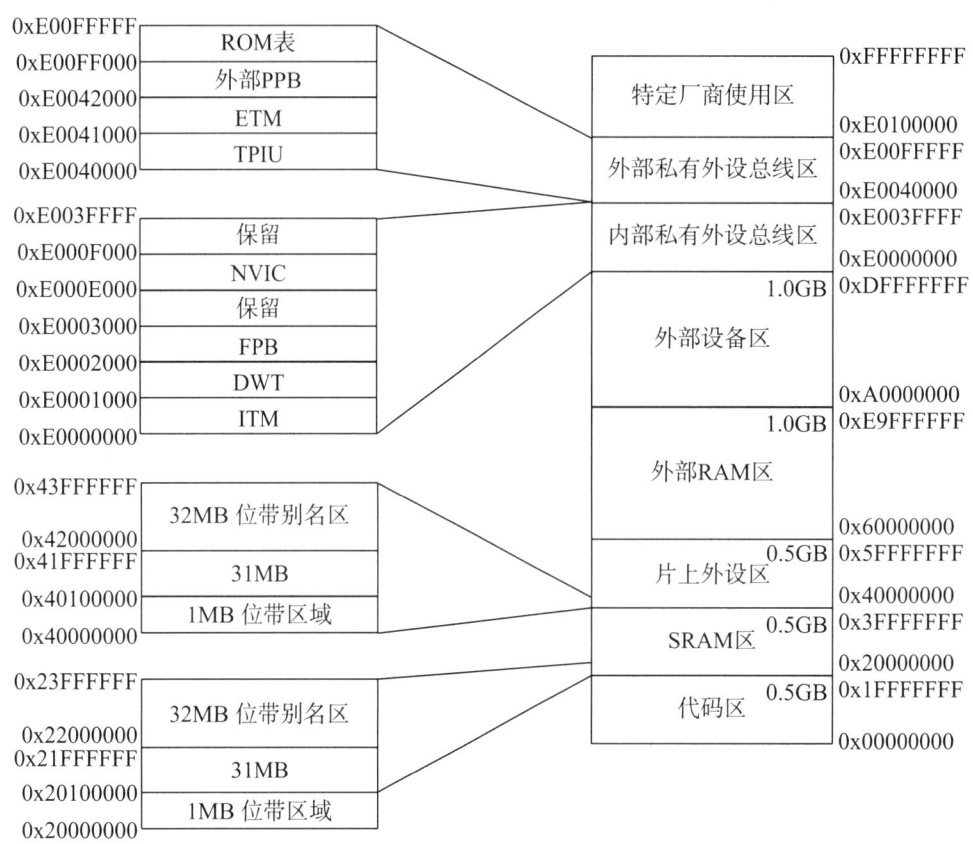

图 11-12 Cortex-M3 存储器映射结构图

1. 代码区

地址范围 0x0000 0000～0x1FFF FFFF，共 512MB。该区域为 Code 区（FLASH 区），供指令总线与数据总线取指取数使用，可以执行指令。

2. SRAM 区

地址范围 0x2000 0000～0x3FFF FFFF，共 512MB。该区域为片上 SRAM 区，芯片制造商可在此布设 RAM。该区域也是可以执行指令的，使用时可以将代码复制到此处运行。

低 1MB 空间（0x2000 0000～0x200F FFFF）可位寻址（称为位带），共 8M 个可寻址位（每个字节 8 位），类似于 MCS-51 单片机有 16 字节共 128 个可寻址位。上述 1MB 位带中的 8M 个可寻址位通过位带别名扩展为 32MB 的"位带别名（bit-band alias）区"。每个位带别名是一个字地址（4 字节），即用一个字地址对应一位。

通过位带的功能，可以把多个布尔型数据打包在一个字节中，但依然可以从位带别名区中像访问普通内存一样读写它们，避免对字节或字进行"读—改—写"才能修改某一位的值，起到 MCS-51 单片机位寻址的作用。位带操作的具体方法在 11.5.2 节中详细介绍。

3. 片上外设区（片上、片外是针对 Cortex－M3 内核而言）

地址范围 0x4000 0000~0x5FFF FFFF，共 512MB。该区域主要为片上外设的相关寄存器，即特殊功能寄存器区。低 1MB 同样也可位寻址，也对应 32MB 的位带别名区。该区域不可执行代码。

4. 外部 RAM 区

地址范围 0x6000 0000~0x9FFF FFFF，共 1G。该区域为片外 RAM 区，可执行代码。

5. 外部设备区

地址范围 0xA000 0000~0xDFFF FFFF，共 1G。该区域为片外外设区及片外外设的特殊功能寄存器区。该区域不可执行代码。

6. 系统区

地址范围 0xE0000000~0xFFFFFFFF，共 512MB。该区域为系统区，不可执行代码。该系统区又分为三部分：

• 内部私有外设区，地址范围 0xE000 0000~0xE003 FFFF，共 256KB，也称为"系统控制空间（SCS）"，主要有 NVIC、FPB、DWT 及 ITM 等。

• 外部私有外设区，地址范围 0xE004 0000~0xE00F FFFF，共 768KB，有 ROM 表、ETM 及 TPIU 等。

• 特定厂商使用区，地址范围 0xE010 0000~0xFFFF FFFF，由特定厂商使用。该区域也通过系统总线来访问，但不允许在其中执行指令。

上述存储器映射只是一个框架式的定义，具体的微控制器（单片机）会由芯片制造商根据需要配置不同的外设以及不同容量的 RAM 和 ROM，具体的容量及位置等详尽信息将在对应的芯片手册中说明。

11.5.2 位带操作及其优点

Cortex－M3 在两个区中实现了位带（可位寻址），一个是 SRAM 区最低的 1MB 范围，另一个是片上外设区最低的 1MB 范围。这两个区中的单元除了可以像普通的 RAM 一样按字节或字操作，还可通过"位带别名区"使用普通的加载/存储指令来对一个比特进行读写。

其实，位带操作的概念和方法来源于 MCS－51 单片机的位寻址和位操作，只是 Cortex－M3 进一步增强了该功能。

Cortex－M3 使用如下术语来表示位带存储的相关地址：

• 位带区：支持位带操作的地址区。

• 位带别名：对别名地址的访问最终作用到位带区某一位的访问上（访问过程中处理器将进行位带别名到位带区某一位的地址映射）。

位带别名区把位带中的每个位映射成一个 4 字节的地址——该地址只有 LSB 有效（类似于 MCS－51 单片机中对每个可寻址位都赋予了一个与字节地址形式相同的位地址）。当一个别名地址被访问时，会先把该地址变换成位带地址，对于读操作，先读取位带地址中的字,再把需要的位右移到 LSB,并把 LSB 返回。对于写操作,把需要写的值(0 或 1)左移至对应的位序号处,然后执行一个"原子"的"读—改—写"过程(关于"原子操作",将本节后面说明)。也就是说,通过对位带别名区某个地址的读写,就可以达到访问原始比特的目的。

位带操作和 MCS-51 单片机中的位寻址一样,在进行开关量存储时既可节约存储单元又可使操作简单,代码功能清楚。此外,位带操作还能用来简化跳转的判断。当需要根据某个位的状态跳转时,无位带操作的步骤为:

①读取整个寄存器;
②屏蔽不需要的位;
③比较并跳转。

通过位带操作的步骤为:

①从位带别名区读取状态位;
②比较并跳转。

通过位带操作简化程序只是位带操作优越性的初等体现,仅仅在于方便编程,对处理器性能并没有实质性的改善。位带操作对处理器性能的实质性的改善体现在多任务并行处理时实现共享资源在任务间的"互锁"访问。多任务的共享资源必须满足一次只有一个任务访问它,即所谓的"原子操作"。以前的"读—改—写"过程需要 3 条指令,而指令与指令之间可能出现中断,于是可能出现如图 11-13 所示的混乱现象。

如图 11-13 所示,假设某端口的值原为 0x01,主程序清零 bit0,不采用位带操作时,将经过"读—改—写"过程。即先将端口值读入寄存器,修改寄存器 bit0,使寄存器值为 0x00,然后将 0x00 写回端口。如果在寄存器值写回端口前发生中断,将进入中断服务例程。如果中断服务例程的功能是置位 bit1,则经过同样的"读—改—写"过程后,0x03 被写到端口上并退出中断服务。需要注意的是,中断服务退出后,将执行被打断的主程序,于是 0x00 被写回端口。最终的结果是中断服务例程所作的修改未能实现,导致端口状态的混乱。

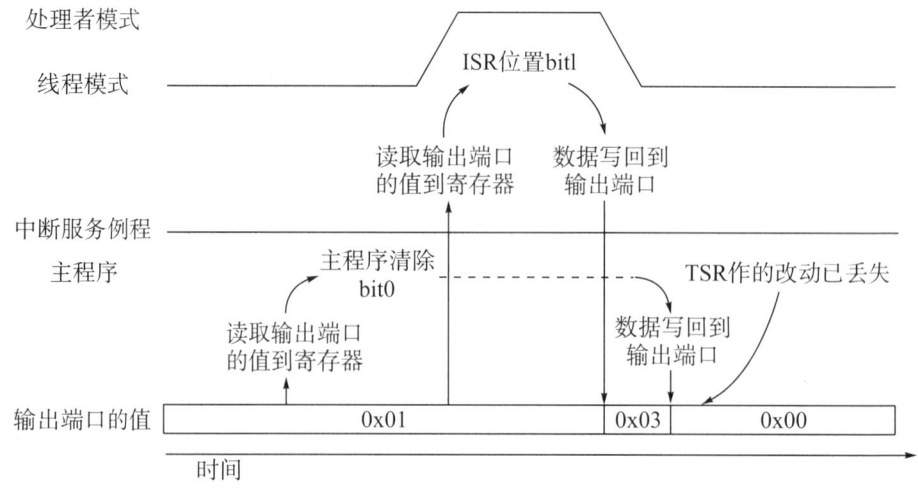

图 11-13 "读—改—写"操作可能使端口状态混乱

之所以出现这样的混乱，是因为多任务（图 11-13 中，主程序是一个任务，ISR 是另一个任务）并发执行而未能实现任务间的"互锁"访问。

通过使用 Cortex-M3 的位带操作，就可以避免上例中的混乱现象。位带操作把"读—改—写"过程变成一个硬件级别支持的"原子操作"，不能被中断，避免了主程序和中断服务例程功能的相互覆盖。前述的端口状态修改执行过程如图 11-14 所示。

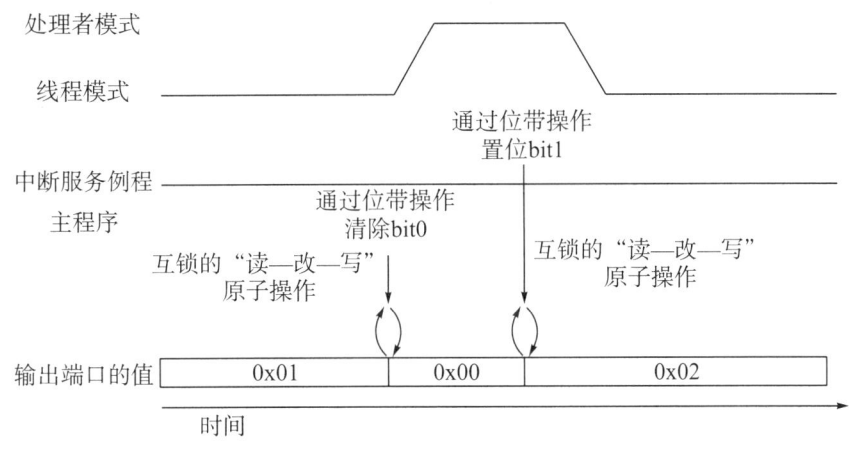

图 11-14 位带操作实现互锁访问

主程序通过位带"原子操作"将 0x00 写回端口后才可能被中断，中断服务例程同样通过位带"原子操作"将端口值由 0x00 修改为 0x02 并写回端口，由此主程序和中断服务例程的功能都得以实现。同时，中断服务例程中的"原子操作"还可避免被更高级的中断所中断，彻底避免混乱的产生。

11.5.3 位带区位与位带别名地址的映射方法

支持位带操作的内存区有两个：

SRAM 区中的最低 1MB：0x2000 0000～0x200F FFFF。

片上外设区中的最低 1MB：0x4000 0000～0x400F FFFF。

SRAM 位带区的某个比特，如果其所在字节地址为 X，位序号为 n（$0 \leqslant n \leqslant 7$），则该比特对应的别名区地址为：

$$\text{AliasAddr} = 0\text{x}2200\ 0000 + [(X - 0\text{x}2000\ 0000) \times 8 + n] \times 4$$
$$= 0\text{x}2200\ 0000 + (X - 0\text{x}2000\ 0000) \times 32 + n \times 4$$

式中，"×4"表示一个别名地址为 4 个字节；"×8"表示一个字节中有 8 个比特。

片上外设位带区的某个比特，如果其所在字节的地址为 A，位序号为 n（$0 \leqslant n \leqslant 7$），则该比特对应的别名区地址为：

$$\text{AliasAddr} = 0\text{x}4200\ 0000 + [(A - 0\text{x}4000\ 0000) \times 8 + n] \times 4$$
$$= 0\text{x}4200\ 0000 + (A - 0\text{x}4000\ 0000) \times 32 + n \times 4$$

位带区位与位带别名地址的映射关系如图 11-15 所示。

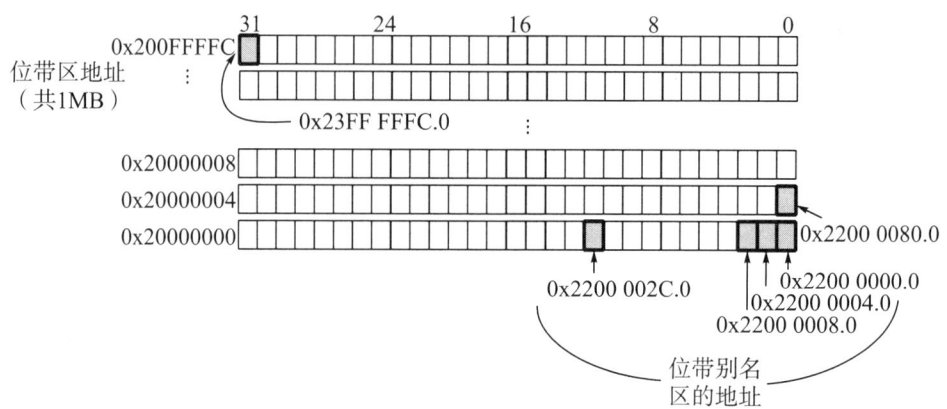

图 11-15 位带区位与位带别名地址的映射关系

SRAM 区中的位带区位与位带别名地址的映射关系如表 11-8 所示。

表 11-8 SRAM 区中的位带区位与位带别名地址映射表

位带区的位	映射的别名地址
0x2000 0000.0	0x2200 0000.0
0x2000 0000.1	0x2200 0004.0
0x2000 0000.2	0x2200 0008.0
……	……
0x2000 0000.31	0x2200 007C.0
0x2000 0004.0	0x2200 0080.0
0x2000 0004.1	0x2200 0084.0
0x2000 0004.2	0x2200 0088.0
……	……
0x200F FFFC.31	0x23FF FFFC.0

片上外设区中的位带区位与位带别名地址的映射关系如表 11-9 所示。

表 11-9 片上外设区中的位带区位与位带别名地址映射表

位带区的位	映射的别名地址
0x4000 0000.0	0x4200 0000.0
0x4000 0000.1	0x4200 0004.0
0x4000 0000.2	0x4200 0008.0
……	……
0x4000 0000.31	0x4200 007C.0
0x4000 0004.0	0x4200 0080.0
0x4000 0004.1	0x4200 0084.0

续表

位带区的位	映射的别名地址
0x4000 0004.2	0x4200 0088.0
……	……
0x400F FFFC.31	0x43FF FFFC.0

11.5.4 位带别名使用示例

1. 修改位带区位值

【例 11-1】欲设置地址 0x2000 0000 中的 bit2 位，则使用位带功能与不使用位带功能的设置过程如图 11-16 所示。

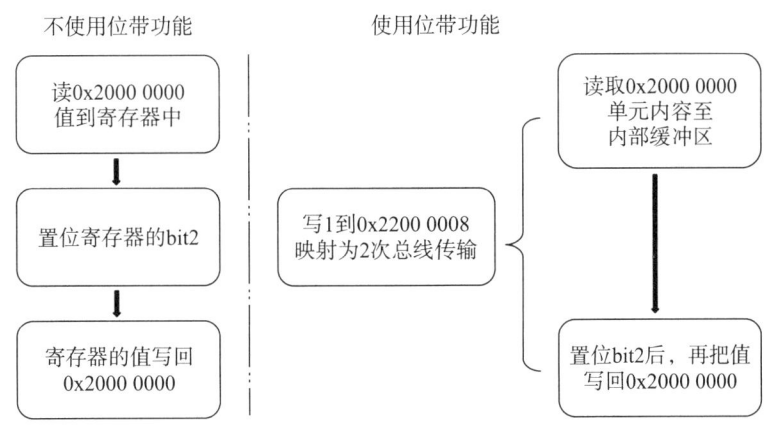

图 11-16 修改位带区某位的值

不使用位带功能对应的汇编代码如下：

LDR	R0，=0x20000000	
LDR	R1，[R0]	；读 0x20000000 开始一个字到 R1
ORR.W	R1，#0x4	；修改 R1 第 2 位
STR	R1，[R0]	；结果写回 0x20000000

使用位带功能对应的汇编代码如下：

LDR	R0，=0x22000008	；0x20000000 第 2 位的位带别名
MOV	R1，#1	；设置要写入的内容
STR	R1，[R0]	；#1 写入

注：LDR——从存储器中加载字到一个寄存器中。
    STR——把一个寄存器的内容按字存储到存储器中。

2. 读位带区位值

读位带区操作相对简单，如从位带区 0x2000 0000 中读取 bit2 位的操作如图 11-17 所示。

图 11-17 读位带区某位的值

不使用位带功能对应的汇编代码如下：

  LDR   R0，=0x20000000 ;设置地址
  LDR   R1，[R0]   ;读内存值到寄存器
  UBFX.W R1，R1，#2，#1 ;提取 bit2

使用位带功能对应的汇编代码如下：

  LDR   R0，=0x22000008 ;设置地址
  LDR   R1，[R0]   ;提取 bit2

11.6 Cortex-M3 微处理器的流水线处理机制

Cortex-M3 处理器使用了 3 级流水线，如图 11-18 所示。

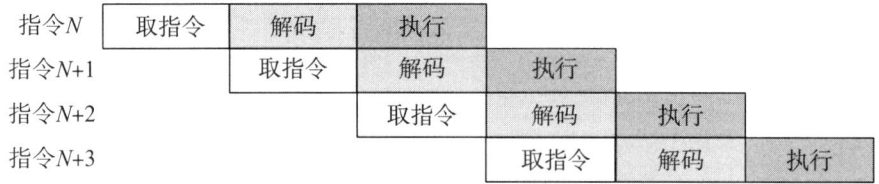

图 11-18 Cortex-M3 处理器流水线结构

流水线的 3 个级分别是：
（1）取指：从存储器读取一条指令。
（2）解码（译码）：识别将要执行的指令。
（3）执行：执行指令并将结果写回寄存器组。
当执行第 N 条指令时，同时对第 $N+1$ 条指令进行解码，而第 $N+2$ 条指令正在取指，即处理器内部取指、解码、执行是同时进行的。

流水线处理过程中，PC 总是指向正在取指的指令，即指向图 11-18 中第 $N+2$ 条指令。每次取指的指令长度都是 32 位，而 Thumb 指令是 16 位的，因此一次可以取一条 ARM 指令或两条 Thumb 指令。

• 当处理器处于 ARM 状态时，每条指令为 4 个字节，PC 为当前执行的指令地址+8 字节；

- 当处理器处于 Thumb 状态时，每条指令为 2 字节，PC 为当前执行的指令地址+4 字节。

为了保证 Thumb-2 指令集与 Thumb 指令集（详见第 13 章）的一致性，不管 Cortex-M3 是执行 16 位还是 32 位指令，PC 总为当前执行的指令地址+4 字节。当运行的指令大多为 16 位时，处理器会每隔一个周期做一次取指，因为此时 Cortex-M3 一次可取 2 条指令（一次能取 32 位），总线接口就可先"休息"一个周期再取指。若有些指令需要执行多个周期，在这期间流水线会暂停。而当执行到跳转指令时，需要清空流水线，处理器会不得不从跳转目的地重新取指。因此，尽量少使用跳转指令可以提高程序的执行效率。

此外，在处理器内核的预取单元中设置了一个指令缓冲区，允许后续指令在执行前先在里面排队，且在执行未对齐的 32 位指令时，避免流水线"断流"。图 11-19 为指令缓冲区示意图。

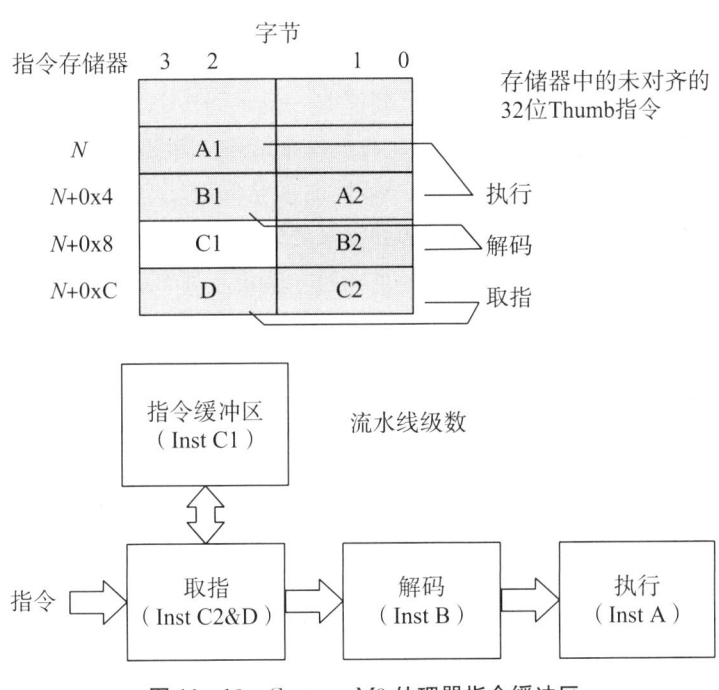

图 11-19　Cortex-M3 **处理器指令缓冲区**

未对齐 32 位的 Thumb-2 指令在缓冲区中的状态为：

(1) N：执行 A1。

(2) N+0x4：解码 B1，在指令缓冲区中执行 A2。

(3) N+0x8：在指令缓冲区中解码 B2，避免流水线"断流"。

(4) N+0xC：取指 D，在指令缓冲区中取指 C2。

由于增加了指令缓冲区，A2、B2 和 C2 在指令缓冲区中执行，避免了流水线"断流"。

11.7 存储器保护单元

11.7.1 MPU 功能及分区

在 Cortex-M3 中,设计了一个可选的存储器保护单元(MPU),它可以实施对存储器(主要是内存和外设寄存器)的保护,提高软件的鲁棒性和可靠性。在使用前,应根据需要对其编程并启动,否则等同于系统中没有配 MPU。MPU 有以下功能:

(1) 阻止用户程序修改操作系统使用的数据;
(2) 将不同任务的数据分开;
(3) 允许内存区域被设置为只读,从根本上消除关键数据被破坏的可能;
(4) 发现异常的内存访问,如堆栈溢出、数组越界;
(5) 定义内存访问特征,如是否有缓冲区、是否缓冲等。

MPU 在执行存储器保护时,是以"区"(region)为单位的。一个区其实就是一段连续的地址,只是它们的位置和范围都要满足一定要求(对齐方式、最小容量等)。Cortex-M3 的 MPU 共支持 8 个区,并允许把每个区进一步划分成更小的"子区"。此外,还允许启用一个"背景区"(即没有 MPU 时的全部地址空间),不过它只能在特权级下使用。在启用 MPU 后,就不得再访问定义之外的地址区间,也不得访问未经授权的区,否则将触发存储器管理错误(MemManage fault)异常。

MPU 定义的区可以相互交叠。如果某块内存落在多个区中,则访问属性和权限将由编号最大的区来决定。比如,若 1 号区与 4 号区交叠,则交叠的部分受 4 号区控制。

典型情况下,在启用 MPU 的系统中都会有下列区:

(1) 特权级的程序代码区(如 OS 内核和异常服务例程);
(2) 用户级的程序代码区;
(3) 特权级程序的数据存储器,位于代码区中(data_stack);
(4) 用户级程序的数据存储器,位于代码区中(data_stack);
(5) 通用的数据存储器,位于其他存储器区域中(如 SRAM);
(6) 系统设备区,只允许特权级访问,如 NVIC 和 MPU 的存储器所有的地址区间;
(7) 常规外设区,如 UART、ADC 等。

11.7.2 MPU 的寄存器组

操作 MPU 是通过访问相关的寄存器来实现的,相关寄存器名称及地址如表 11-10 所示。

表 11-10　MPU 相关寄存器名称及地址

名称	访问方式	地址	初值
MPU 类型寄存器 MPUTR	只读	0xE000 ED90	0 或 0x0000 0800
MPU 控制寄存器 MPUCR	读写	0xE000 ED94	0x0000 0000
MPU 区号寄存器 MPURNR	读写	0xE000 ED98	0x4200 0008.0
MPU 区基址寄存器 MPURBAR	读写	0xE000 ED9C	—
MPU 区属性及容量寄存器 MPURASR	读写	0xE000 EDA0	—
MPU 区基址寄存器的别名 1	MPURBAR 别名	0xE000 EDA4	—
MPU 区属性及容量寄存器的别名 1	MPURASR 别名	0xE000 EDA8	—
MPU 区基址寄存器的别名 2	MPURBAR 别名	0xE000 EDAC	—
MPU 区属性及容量寄存器的别名 2	MPURASR 别名	0xE000 EDB0	—
MPU 区基址寄存器的别名 3	MPURBAR 别名	0xE000 EDB4	—
MPU 区属性及容量寄存器的别名 3	MPURASR 别名	0xE000 EDB8	—

各寄存器具体功能如表 11-11 所示。

表 11-11　MPU 相关寄存器功能说明

位段	名称	类型	复位值	功能
MPU 类型寄存器 MPUTR				
23:16	IREGION	R	0	被该 MPU 支持的指令区域数
15:8	DREGION	R	0 或 8	被该 MPU 支持的区域数
0	SEPARATE	R	0	始终为 0，当 MPU 是唯一的
MPU 控制寄存器 MPUCR				
2	PRIVDEFENA	R/W	0	使能特权级默认内存映射。当该寄存器设为 1 且 MPU 使能时，默认的内存映射将被用作背景区域的特权级访问
1	HFNMIENA	R/W	0	当该值被设为 1，且硬故障和 NMI 处理程序执行时，它将使能 MPU
0	ENABLE	R/W	0	如果被设为 1，将使能 MPU
MPU 区号寄存器 MPURNR				
7:0	REGION	R/W	—	选择被编程的区域
MPU 区基址寄存器 MPURBAR				
31:N	ADDR	R/W	—	区域的基地址。N 和具体的区域有关
4	VALID	R/W	—	如果该值被设为 1，那么比特 [3:0] 中定义的区域将在编程步骤中使用
3:0	REGION	R/W	—	如果 VALID 值为 1，这个区域覆盖 MPU 区基地址寄存器

续表

位段	名称	类型	复位值	功能
MPU 区属性及容量寄存器 MPURASR				
31:29	保留	—	—	—
28	XN	R/W		禁用指令访问
27	保留	—	—	—
26:24	AP	R/W		数据可访问区域
23:22	保留	—	—	—
21:19	TEX	R/W		类型扩展区域
18	S	R/W		可共享
17	C	R/W		可缓存（cache）
16	B	R/W		可缓存（buffer）
15:8	SRD	R/W		禁用子区域
7:6	保留	—	—	—
5:1	REGIONSIZE	R/W	—	MPU 保护区域大小
0	SZENABLE	R/W	—	区域使能

复习思考题

（1）Cortex-M3 处理器有哪两种操作模式和特权级别？这样设计有什么好处？

（2）Cortex-M3 微控制器内部有哪些总线？各有什么功能？

（3）程序状态寄存器组中有哪些寄存器？可记录哪些运行状态？

（4）中断屏蔽寄存器组中有哪些寄存器？其作用是什么？

（5）Cortex-M3 有几个堆栈指针？如何选择/切换堆栈指针？

（6）什么是大端/小端格式？如果将 0x3576 8190 存入 0x4000 0000，大端/小端格式的存储情况分别是怎样的？

（7）位带操作有什么优点？如何使用位带区？

（8）在位带区 0x2000 0000 处写入 0x1234 5678，读取地址 0x2200 0008，得到的值是多少？向地址 0x2200 0020 处写 0x0123 4567，再读取 0x2000 0000，得到的值变为多少？

第 12 章　Cortex-M3 异常与中断处理系统

12.1　异常与中断的基本概念

在 ARM 单片机中，凡是可以打断当前程序执行流程的事件均称为异常。异常包括系统异常和外部中断两类。对于 Cortex-M3 内核来说，"异常"属于内核里面的行为，如指令执行了"非法操作"或者访问被禁止的内存区间等产生的各种错误，以及不可屏蔽中断发生等，与内核保持"同步"；而"中断"则是片上的各种外设产生的信号，对内核来说属于"外面"，与内核"异步"。

Cortex-M3 支持 256 个异常和外部中断（包括 5 个目前没定义的异常），其中已定义的系统异常 11 个，最多可有 240 个外部中断（IRQ）。这 240 个中断源中具体使用多少个由芯片制造商在研发不同型号的 ARM 单片机时视需要而定。由外设产生的中断信号，除了 SysTick 外，全都连接到 NVIC 的中断输入信号线。除个别例外，大多数处理器支持 16~32 个中断。

作为中断功能的强化，NVIC 还有一条 NMI 输入信号线，NMI 可以在任何时间被激活，甚至是在处理器刚刚复位之后。在多数情况下，NMI 会被连接到一个看门狗定时器，有时也会被连接到电压监视功能模块，以便在电压掉至危险级别时警告处理器。但 NMI 的具体作用视处理器的设计而定，不同型号并不完全相同。Cortex-M3 的异常与中断构成情况如图 12-1 所示。

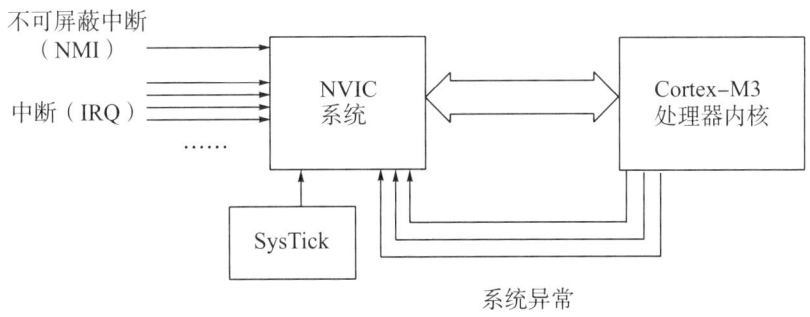

图 12-1　Cortex-M3 异常与中断

12.1.1　异常类型

异常响应系统内置于 Cortex-M3 内核，支持最多 256 个系统异常和外部中断。编号 0～15 的为系统异常，编号大于 16 的为外部中断。除了复位、NMI 以及硬异常（hard fault）有固定的（均为负值）优先级且不能改变，其他异常和中断的优先级都是可编程的。优先级数值越小，级别越高。异常和中断在处理机制上没有本质区别，后续介绍中若没有特殊说明，异常和中断两个词均为一个意思——可以打断当前程序执行流程的事件。

表 12-1 所示为 1～15 号系统异常（注意：没有编号为 0 的异常）。

表 12-1 编号为 1～15 的系统异常

编号	类型	优先级	异常原因
0	N/A	N/A	没有异常在运行
1	复位	-3（最高）	复位
2	NMI	-2	不可屏蔽中断（来自外部 NMI 输入脚）
3	硬错误（hard fault）	-1	所有被除能的错误，都将"升级"（escalation）成硬错误。只要 FAULTMASK 没有置位，硬错误服务例程就被强制执行。错误被除能的原因包括被禁用，或者 FAULTMASK 被置位
4	存储器管理错误	可编程	MPU 访问违规以及访问非法位置均可引发存储器管理错误，企图在"非执行区"取指也会引发此错误
5	总线错误	可编程	从总线系统收到了错误响应，原因可以是预取中止（abort）或数据中止，或者企图访问协处理器
6	用法（usage）错误	可编程	程序错误导致的异常通常是使用了一条无效指令，或者是非法的状态转换，例如尝试切换到 ARM 状态
7～10	保留	N/A	
11	SVCall	可编程	执行系统服务调用指令（SVC）引发的异常
12	调试监视器	可编程	调试监视器（断点、数据观察点或者是外部调试请求）
13	保留	N/A	
14	PendSV	可编程	为系统设备而设的"可悬挂请求"（pendable request）
15	SysTick	可编程	系统滴答定时器（即周期性溢出的时基定时器）

表 12-2 所示为 16 号及其后的外部中断类型。

表 12-2 编号 16 及其后的中断类型

编号	类型	优先级	中断源
16	IRQ#0	可编程	外部中断#0
17	IRQ#1	可编程	外部中断#1
……			
255	IRQ#239	可编程	外部中断#239

在 NVIC 中断控制及状态寄存器的 VECTACTIVE 位段及特殊功能寄存器 IPSR

中，都记录了当前正处理的异常的编号。

一个异常不能立刻被响应时，称为被"悬起"（pending）。不过，少数错误异常是不允许被悬起的。一个异常被悬起的原因可能是系统当前正在执行一个更高优先级异常的服务例程，或者因相关屏蔽位的设置导致该异常被除能。对于每个异常源，在被悬起的情况下，都会有一个对应的"悬起状态寄存器"保存其异常请求。待到该异常能够响应时，执行其服务例程。

以往，一个异常被悬起时，是由产生中断的设备保持请求信号（MCS-51 单片机即是如此），如果下一轮扫描中断请求信号时该信号已经消失，则外部设备的中断请求将得不到响应。现在，NVIC 的悬起状态寄存器解决了这个问题，即使设备的请求信号经过一段时间后消失，曾经的中断请求也不会被错过。

另外，需要注意的是，VECTACTIVE 位段及特殊功能寄存器 IPSR 中记录的中断号，是指 NVIC 所使用的中断号，即表 12-1 和表 12-2 所列编号与某些芯片引脚所标类似"IRQ#"的名称并不相同，二者之间没有必然联系。常见的情况是编号靠前的几个中断源被指定到片上外设，后续中断源编号才给外部中断引脚使用，中断引脚所对应的中断号需参阅芯片的数据手册来确定。

12.1.2 Cortex-M3 错误异常

在 Cortex-M3 中断系统中，定义了硬错误、存储器管理错误、总线错误和用法错误 4 类错误（fault）异常及相应的管理机制。相应的异常号及优先级见表 12-1。本节将对 4 类异常的相关内容进行简要介绍。

1. 存储器管理错误

存储器管理错误往往是因为触发了 MPU 的保护设置中的保护规范，例如访问空地址、往只读区域写数据、用户级下访问只有特权级下才能访问的地址都可能触发存储器管理错误。若产生存储器管理错误异常且其优先级为当前最高，则立即执行，否则被悬起。若硬错误和 NMI 的执行也导致了存储器管理错误，那内核将被锁定。

如果存储器管理错误被除能，或者存储器管理错误是由同优先级或者更高优先级中断所引发的，那么存储器管理错误会升级成硬错误。具体错误如表 12-3 所示。

表 12-3 存储器管理错误寄存器 MFSR（0xE000 ED28）

位段	名称	类型	复位值	功能说明
7	MMARVALID	—	0	=1 时表示 MMAR 有效
6:5	—	—	—	未定义
4	MSTKERR	R/W	0	入栈时发生错误
3	MUNSTKERR	R/W	0	出栈时发生错误
2	—	—	—	未定义
1	DACCVIOL	R/W	0	数据访问冲突
0	IACCVIOL	R/W	0	取指访问冲突

2. 总线错误

在 AHB 接口数据传输过程中，如果回复了一个错误信号，则会产生总线错误。总线错误一般是在取指和数据读写时发生错误导致的，可能由以下原因引起：

(1) 访问地址没有相应寄存器；

(2) SDRAM 还未初始化就对其进行访问；

(3) 数据类型不匹配；

(4) 设备不能被用于传送数据（如用户级下试图访问特权级下才能访问的设备）。

如果要使能总线错误（允许该异常中断），需要置位 NVIC 的"系统 Handler 控制及状态寄存器"的 BUSFAULTENA 位；发生了总线错误后，处理方法和存储器管理错误异常相同。

总线错误的具体类型可通过 NVIC 的"总线错误状态寄存器"（BFSR）的相关位确定（见表 12-4），以便通过中断服务例程进行相应处理。

表 12-4 总线错误状态寄存器 BFSR（0xE000 ED29）

位段	名称	类型	复位值	功能说明
7	BFARVALID	—	0	=1 时表示 BFAR 有效
6:5	—	—	—	未定义
4	STKERR	R/W	0	入栈时发生错误
3	UNSTKERR	R/W	0	出栈时发生错误
2	IMPREISERR	R/W	0	不精确的数据访问冲突
1	PRECISERR	R/W	0	精确的数据访问冲突
0	IBUSERR	R/W	0	指令访问冲突

3. 用法错误

可能引起用法错误的原因有：

(1) 执行了协处理器指令。Cortex-M3 本身并不支持协处理器，但是通过错误异常机制，可以建立一套"软件模拟"的机制来执行一段程序，模拟协处理器的功能，从而使程序可以方便地移植到其他 Cortex 处理器。

(2) 执行了未定义的指令。原因同上，也可以用软件模拟未定义指令的功能。

(3) 试图进入 ARM 状态。因为 Cortex-M3 不支持 ARM 状态，所以用法错误会在切换时产生。软件可以利用此机制来测试某处理器是否支持 ARM 状态。

(4) 无效的中断返回（LR 中包含了无效/错误的值）。

(5) 使用多重加载/存储指令时，地址没有对齐。

另外，可以让 Cortex-M3 在遇到除数为零或未对齐访问的时候也产生用法错误。

在 NVIC 中有两个控制位分别与它们对应，通过设置这两个控制位，就可以激活它们。同样，产生用法错误异常后，处理方式和存储器管理错误异常相同。

NVIC 的用法错误状态寄存器（UFSR）用于说明错误原因，错误异常服务程序可以根据（UFSR）的值确定错误原因。用法错误状态寄存器 UFSR 的功能如表 12-5 所示。

表 12-5　用法错误状态寄存器 UFSR（0xE000 ED2A）

位段	名称	类型	复位值	功能说明
9	DIVBYZERO	—	0	除法运算时除数为零（只有在 DIV_O_TRP 置位时才会发生）
8	UNALIGNED	R/W	0	未对齐访问导致的错误
7:4	—	—	—	未定义
3	NOCP	R/W	0	试图执行协处理器相关指令
2	INVPC	R/W	0	在异常返回时试图非法地加载 EXC RETURN 到 PC。EXC RETURN 值非法或堆栈被破坏导致
1	INVSTATE	R/W	0	试图进入 ARM 状态
0	UNDEFINSTR	R/W	0	执行的指令是未定义的指令

4. 硬错误

硬错误是上述 3 种错误升级的结果。另外，取向量产生的总线错误也按硬错误处理。NVIC 也有一个硬错误状态寄存器（HFSR）用于指明产生硬错误的原因，具体如表 12-6 所示。

表 12-6　硬错误状态寄存器 HFSR（0xE000 ED2C）

位段	名称	类型	复位值	功能说明
31	DEBUGEVT	R/W	0	硬错误因调试事件而产生
30	FORCED	R/W	0	硬错误是总线错误、存储器管理错误或用法错误升级而产生的
29:2	—	—	—	未定义
1	VECTBL	R/W	0	硬错误是在取向量时发生的
0	—	—	—	未定义

12.1.3　异常向量表

当发生了异常并且要响应它时，Cortex-M3 需要定位其处理例程的入口地址，这些入口地址称为异常（中断）向量，被存储于"（异常）向量表"中，各向量占用 4 个字节。中断向量表存储的是中断服务例程入口地址的存储地址。要注意的是，0 地址的内容不是异常处理例程的入口地址，而是复位后 MSP 的初值，即向量表中的数值是堆栈栈顶的 32 位地址。

复位后，中断向量表位于 0 地址处，但可通过 NVIC 中的重定位寄存器来重新指出向量表的地址，也就是说，向量表的存储位置是可以设置的。复位后，各向量的存储情况如表 12-7 所示。

表 12-7 复位后的向量表

异常编号	异常类型	表项地址偏移量	复位后处理例程入口地址存储地址
0	MSP 的初始值	0x00	0x0000 0000
1	复位（PC 初始值）	0x04	0x0000 0004
2	NMI	0x08	0x0000 0008
3	硬错误	0x0C	0x0000 000C
4	存储器管理错误	0x10	0x0000 0010
5	总线错误	0x14	0x0000 0014
6	用法错误	0x18	0x0000 0018
7~10	保留	0x1C~0x2B	
11	SVC	0x2C	0x0000 002C
12	调试监视器	0x30	0x0000 0030
13	保留	0x34	
14	PendSV	0x38	0x0000 0038
15	SysTick	0x3C	0x0000 003C
16	IRQ#0	0x40	0x0000 0040
……			
255	IRQ#239	0x3FF	0x0000 03FF

由表 12-7 可以看出，Cortex-M3 的复位过程为：

(1) 从地址 0x0000 0000 处取出 MSP 的初始值；

(2) 从地址 0x0000 0004 处取出 PC 的初始值——这个值是复位向量，然后从这个值所对应的地址处取指。

这与传统的 ARM 架构不同，也和其他绝大多数单片机不同。传统的 ARM 架构总是从 0 地址开始执行第一条指令，该地址处一般是一条跳转指令。但 Cortex-M3 中，0 地址处存储的是 MSP 的初始值，紧接着是向量表，向量表的第二项指向复位后应执行的第一条指令的地址。

因为 0 地址处应该存储引导代码，所以它通常是 FLASH 或者 ROM 器件，并且它们的值不得在运行时改变。为了动态重分发中断，即重新确定异常服务例程的入口地址，Cortex-M3 允许重定位向量表。重定位时向量表可以设置在代码区，也可以在 RAM 区，以便在 RAM 区修改向量的入口地址。为了实现这个功能，NVIC 中有一个"向量表偏移量寄存器"（在地址 0xE000 ED08 处），通过修改它的值就能定位向量表。该寄存器的定义如表 12-8 所示。

表 12-8 向量表偏移量寄存器位段定义

位段	名称	类型	复位值	功能
29	TBLBASE	RW	0	向量表位置：0——在 Code 区；1——在 RAM 区
15	ENDIANESS	R	—	向量表的起始地址

向量表的起始地址是需要计算的，必须先算出系统中共有多少个向量，再把这个数值增大到 2 的整次幂，而起始地址必须对齐到后者的边界上。例如，系统共有 32 个中断，则共有 32＋16（系统异常）＝48 个向量，向上增大到 2 的整次幂后值为 64，因此地址必须能被 64×4＝256 整除，从而合法的起始地址可以是 0x00、0x100、0x200 等。

如果需要动态地更改向量表，则向量表的起始处必须包含以下内容：
①主堆栈指针（MSP）初始值；
②复位向量；
③NMI 向量；
④硬错误向量。

因为有可能在引导过程中发生 NMI 和硬错误异常，因此③④是必需的。而向量动态重定位可采用在 SRAM 中开辟一片内存区用于存储向量表，在引导完成后启用内存中的向量表的方法予以实现。

12.2 NVIC 相关寄存器及中断管理机制

Cortex－M3 的异常通过 NVIC 进行管理和控制。NVIC 包括若干个中断控制寄存器和状态寄存器，通过对中断控制寄存器的设置，实现中断优先级管理、中断的使能（允许）与除能（禁止）以及悬起与解悬等控制。通过读取相应状态寄存器的值，可了解中断请求以及相应的情况。

NVIC 的相关寄存器设置在 0xE000 0000 开始的内部私有外设区，大多数中断控制/状态寄存器只能在特权级下访问，但软件触发中断寄存器是一个例外，它可以在用户级下访问以产生软件中断。另外，所有的中断控制/状态寄存器均可按字/半字/字节的方式访问。

每个外部中断是否响应以及如何响应，会受控于以下寄存器的设置和状态：
（1）中断使能和除能寄存器；
（2）中断悬起状态寄存器和中断悬起清除寄存器；
（3）优先级寄存器。

外部中断的响应状态也将反映在活动状态寄存器中。另外，下列寄存器也与中断处理相关：
（1）异常屏蔽寄存器（PRIMASK、FAULTMASK 以及 BASEPRI）；
（2）向量表偏移寄存器；
（3）软件触发中断寄存器；
（4）应用程序中断及复位控制寄存器的优先级分组位段。

下面对 NVIC 实现 Cortex-M3 中断管理的相关寄存器及使用方法进行介绍，优先级管理较为复杂，在 12.3 节中单独介绍。

12.2.1 异常/中断屏蔽寄存器

NVIC 的中断屏蔽寄存器 PRIMASK、FAULTMASK 和 BASEPRI 用于对异常和中断允许与禁止的总体控制。

- PRIMASK：当它置"1"时，关闭所有可屏蔽的异常，只剩下 NMI 和硬错误可以响应。缺省值为 0，表示没有关中断。
- FAULTMASK：当它置"1"时，只有 NMI 才能响应，所有其他异常（包括中断和错误）全部关闭。缺省值也是 0，表示没有关异常。
- BASEPRI：最多有 9 位（由表达优先级的位数决定），用于定义被屏蔽优先级的阈值。当它被设成某个值后，所有优先级号大于等于此值的中断都被关闭，但若被设成 0，则不关闭任何中断。其缺省值也是 0。

例如，如果需要屏蔽所有优先级不高于 0x60 的中断，则可执行如下代码：

```
MOV     R0，#0x60
MSR     BASEPRI，R0
```

如果需要取消 BASEPRI 对中断的屏蔽，则可执行如下代码：

```
MOV     R0，#0
MSR     BASEPRI，R0
```

上述 3 个特殊功能寄存器相当于 MCS-51 单片机中断允许寄存器 IE 的 EA 位，但功能更强。

12.2.2 中断的使能与除能寄存器

如需对某个外部中断的使能与除能进行单独控制，可分别使用 NVIC 的使能或除能寄存器来控制。Cortex-M3 中有 8 个 32 位使能寄存器 ISER（地址范围 0xE000 E100~0xE000 E11C）和 8 个 32 位除能寄存器 ICER（地址范围 0xE000 E180~0xE000 E19C）。最后一个使能寄存器和除能寄存器只使用了 16 位，因此共 240 个使能（SETENA）位和 240 个除能（CLRENA）位，每个中断源对应一个使能位和除能位。欲使能一个中断，需将使能寄存器的对应位置"1"；欲除能一个中断，需将除能寄存器的对应位置"1"。往使能/除能寄存器写 0，则不会有任何效果。使能/除能寄存器功能如表 12-9 所示，每位可读写，复位值为 0。

表 12-9 使能/除能寄存器功能说明

名称	类型	地址	功能
使能寄存器 ISER			
SETENA0	RW	0xE000 E100	共 32 个使能位，外部中断 0~31 的使能寄存器位 [n]，外部中断 n 使能（异常号=n+16）

续表

名称	类型	地址	功能
SETENA1	RW	0xE000 E104	外部中断32～63的使能寄存器，共32个使能位
……			
SETENA7	RW	0xE000 E11C	外部中断224～239的使能寄存器，共16个使能位
除能寄存器 ICER			
CLRENA0	RW	0xE000 E180	共32个除能位，外部中断0～31的除能寄存器位[n]，外部中断n除能（异常号=n+16）
CLRENA1	RW	0xE000 E184	外部中断32～63的除能寄存器，共32个除能位
……			
CLRENA7	RW	0xE000 E19C	外部中断224～239的除能寄存器，共16个除能位

中断请求信号传输到Cortex－M3内核的过程如图12－2所示。

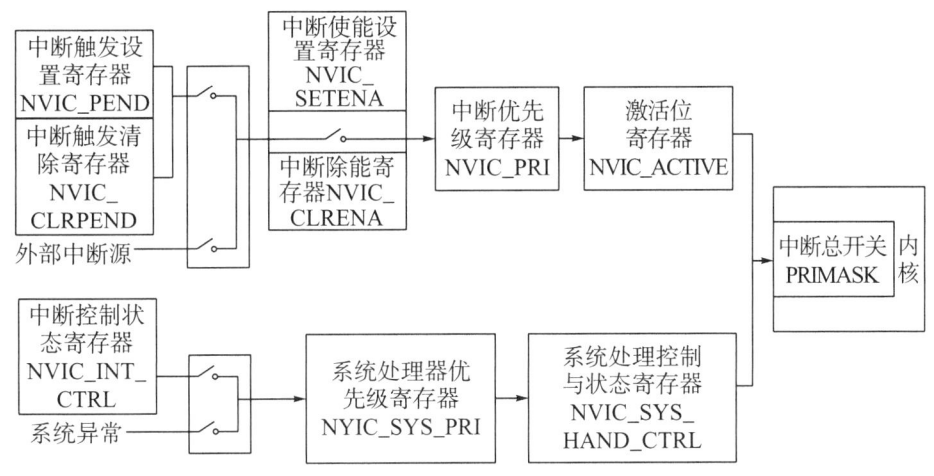

图12－2 中断请求信号传输过程

12.2.3 中断悬起和清除寄存器

如果一个中断发生，但由于某种原因不能立刻执行，称为中断悬起（也称为中断挂起）；如果过一段时间悬起的请求得到响应，称为悬起清除（解悬）。中断悬起和悬起清除时，Cortex－M3将设置悬起状态寄存器（SETPEND）和中断悬起清除寄存器（CLRPEND）的相关位，以记录悬起或清除状态，也可以编程修改悬起状态寄存器状态，使某个中断悬起。和中断使能/除能控制类似，NVIC中有8个32位的中断悬起状态寄存器和中断悬起清除寄存器。中断悬起状态寄存器的地址范围为0xE000 E200～0xE000 E21C。中断悬起清除寄存器的地址范围为0xE000 E280～0xE000 E29C。

中断悬起状态寄存器（SETPEND）和中断悬起清除寄存器（CLRPEND）各位含义如表12－10所示。

表12-10 悬起状态/中断悬起清除寄存器各位含义

名称	类型	地址	含义
悬起状态寄存器			
SETPEND0	RW	0xE000 E200	共32个悬起位，外部中断0~31的悬起状态寄存器位[n]，外部中断n悬起（异常号=n+16）
SETPEND1	RW	0xE000 E204	外部中断32~63的悬起寄存器，共32个悬起位
……			
SETPEND7	RW	0xE000 E21C	外部中断224~239的悬起寄存器，共16个悬起位
中断悬起清除寄存器			
CLRPEND0	RW	0xE000 E280	共32个解悬位，外部中断0~31的解悬寄存器位[n]，外部中断n解悬（异常号=n+16）
CLRPEND1	RW	0xE000 E284	外部中断32~63的解悬寄存器，共32个解悬位
……			
CLRPEND7	RW	0xE000 E29C	外部中断224~239的解悬寄存器，共16个解悬位

12.2.4 中断活动状态寄存器

每一个外部中断都对应NVIC中断活动状态寄存器（ACTIVE）中的一个活动状态位。当处理器开始执行中断处理程序时，该位置"1"，中断返回时清零。中断活动状态寄存器同样有8个，地址范围为0xE000 E300~0xE000 E31C，各位含义如表12-11所示。

表12-11 中断活动状态寄存器各位含义

名称	类型	地址	含义
ACTIVE0	R	0xE000 E300	共32位，外部中断0~31的活动状态寄存器位[n]，外部中断n活动（异常号=n+16）
ACTIVE1	R	0xE000 E304	外部中断32~63的活动状态寄存器，共32位
……			
ACTIVE7	R	0xE000 E31C	外部中断224~239的活动状态寄存器，共16位

12.2.5 其他异常的配置寄存器

1. 系统处理控制和状态寄存器

系统处理控制和状态寄存器用于用法错误、内存管理错误和总线错误的使能以及这3个异常的状态标识，地址为0xE000 ED24，复位值为0，各位含义如表12-12所示。

表 12-12　系统处理控制和状态寄存器各位含义

位	名称	类型	含义
31:19	—	—	保留，未定义
18	USGFAULTENA	R/W	用法错误服务例程使能位
17	BUSFAULTENA	R/W	总线错误服务例程使能位
16	MEMFAULTENA	R/W	存储器管理错误服务例程使能位
15	SVCALLPENDED	R/W	SVC 悬起中，中断请求被更高优先级异常抢占
14	BUSFAULTPENDED	R/W	总线错误悬起中，原因同上
13	MEMFAULTPENDED	R/W	存储器管理错误悬起中，原因同上
12	USGFAULTPENDED	R/W	用法错误悬起中，原因同上
11	SYSTICKACT	R/W	SysTick 异常活动中（中断服务例程执行中）
10	PENDSVACT	R/W	PendSV 异常活动中
9	—	—	保留，未定义
8	MONITORACT	R/W	Monitor 异常活动中
7	SVCALLACT	R/W	SVC 异常活动中
6:4	—	—	保留，未定义
3	USGFAULTACT	R/W	用法错误异常活动中
1	BUSFAULTACT	R/W	总线错误异常活动中
0	MEMFAULTACT	R/W	存储器管理错误异常活动中

2. 中断控制和状态寄存器

中断控制和状态寄存器地址为 0xE000 ED04，复位值为 0，各位含义如表 12-13 所示。

表 12-13　中断控制和状态寄存器各位含义

位	名称	类型	含义
31	NMIPENDSET	R/W	写 1 以悬起 NMI
28	PENDSVSET	R/W	写 1 以悬起 PendSV，读取它则返回 PendSV 的状态
27	PENDSVCLR	W	写 1 以清除 PendSV 悬起状态
26	PENDSTSET	R/W	写 1 以悬起 SysTick，读取它则返回 PendSV 的状态
25	PENDSTCLR	W	写 1 以清除 SysTick 悬起状态
23	ISRPREEMPT	R	=1，表示一个悬起的中断将在下一步时进入活动状态（用于单步执行时的调试目的）
22	ISRPENDING	R	=1，表示当前正有外部中断被悬起（不包括 NMI）
21:12	VECTPENDING	R	悬起的 ISR 的编号
11	RETTOBASE	R	如果异常返回后将回到基级（base level），并且没有其他异常悬起时，此位为 1
9:0	VECTACTIVE	R	当前活动的 ISR 编号

12.3 异常优先级管理

12.3.1 异常优先级

在 Cortex-M3 中,优先级会影响一个异常是否能被响应以及何时被响应,优先级的数值越小,级别越高。Cortex-M3 支持中断嵌套,高优先级可以抢占(preempt)低优先级异常。复位、NMI 以及硬错误等 3 个系统异常有固定的优先级,并且它们的优先级是负数。其他所有异常的优先级都是可编程的(但不能编程为负数),因此上述 3 个系统异常的优先级高于其他所有异常。

NVIC 有一个中断优先级寄存器组(Interrupt Priority Registers,IP 寄存器组),该寄存器组由 240 个 8 位寄存器组成,每个 8 位寄存器设置一个可屏蔽中断的优先级,总共可以对 240 个可屏蔽中断进行优先级设置。

理论上,Cortex-M3 支持 3 个固定的高优先级和最多 256 级(因为 IP 寄存器为 8 位)的可编程优先级,并且支持 128 级抢占优先级。但绝大多数 Cortex-M3 芯片都会精简设计,实际上支持的优先级数会减少,一般为 8 级、16 级或 32 级等。芯片设计时会裁掉表达优先级字节 8 位中的若干个低位,以减少优先级的级数。由于裁掉的低位数不同,因此不管使用多少位来表达优先级,都是以 MSB 对齐的。

表达优先级的二进制位越多,则优先级越多,但同时需要的门电路也更多,由此会增加成本和功耗,因此具体设计多少优先级需根据实际情况确定。Cortex-M3 允许最少使用 3 位表达优先级,即至少支持 8 级优先级。

例如,使用 3 位来表达优先级时,优先级配置寄存器的结构如图 12-3 所示。

bit7	bit6	bit5	bit4	bit3	bit2	bit1	bit0
用于表达优先级			没有实现,读回为0				

图 12-3 3 位优先级配置寄存器的结构

通过让优先级以 MSB 对齐,可以简化程序的跨器件移植。比如,一个程序早先在支持 4 位优先级的器件上运行,在移植到只支持 3 位优先级的器件后,其功能不受影响。表 12-4 说明了优先级表达位减少后相应的优先级数减少,相邻的两个优先级合并为同一优先级,但相对级别没有出现混乱。

表 12-14 MSB 对齐优先级位数变化后优先级改变情况

4 位优先级表达			3 位优先级表达		
优先级值		优先级	优先级值		优先级
0000 0000	0x00	0	000 00000	0x00	0
0001 0000	0x10	1	000 00000	0x00	0
0010 0000	0x20	2	001 00000	0x20	1

续表

4 位优先级表达			3 位优先级表达		
0011 <u>0000</u>	0x30	3	001 <u>00000</u>	0x20	1
……					
1110 <u>0000</u>	0xE0	14	111 <u>00000</u>	0xE0	7
1111 <u>0000</u>	0xF0	15	111 <u>00000</u>	0xE0	7

注：带下划线的"<u>0</u>"表示硬件上没有存储单元，无论写入 0 或 1，读回均为 0。

但是若以 LSB 对齐，则会使 MSB 丢失，导致原本数值大于 7 的低优先级升高——高于原本数值小于等于 7 的优先级，即发生"优先级反转"，使移植后的程序不能正常运行。"优先级反转"情况如表 12-15 所示。

表 12-15 LSB 对齐优先级位数变化后"优先级反转"情况

4 位优先级表达			3 位优先级表达		
优先级值		优先级	优先级值		优先级
<u>0000</u>0000	0x00	0	<u>00000</u>000	0x00	0
<u>0000</u>0001	0x01	1	<u>00000</u>001	0x01	1
<u>0000</u>0010	0x02	2	<u>00000</u>010	0x02	2
<u>0000</u>0011	0x03	3	<u>00000</u>011	0x03	3
……					
<u>0000</u>1000	0x08	8	<u>00000</u>000	0x01	0
<u>0000</u>1001	0x09	9	<u>00000</u>001	0x02	1
……					
<u>0000</u>1110	0x0E	14	<u>00000</u>110	0xE0	6
<u>0000</u>1111	0x0F	15	<u>00000</u>111	0xE0	7

注：带下划线的"<u>0</u>"表示硬件上没有存储单元，无论写入 0 或 1，读回均为 0。

从表 12-15 可以看出，LSB 对齐的情况下，如果 4 位优先级变为 3 位优先级，原来优先级为 8、9 的中断，优先级变成了 0、1，比原来的 2~7 级的优先级还高，改变了原来对中断优先级的安排。类似的改变还很多，这势必导致对中断响应的混乱，程序运行将出现不可预测的后果。

表 12-16 列出了使用 3 位、5 位和 8 位来表达优先级时各优先级的取值情况。

表 12-16 3/5/8 位优先级表达时各优先级的取值情况

优先级	异常类型	3 位表达值 （8 个优先级）	5 位表达值 （32 个优先级）	8 位表达值 （256 个优先级）
−3（最高）	复位	−3	−3	−3
−2	NMI	−2	−2	−2

续表

优先级	异常类型	3位表达值 (8个优先级)	5位表达值 (32个优先级)	8位表达值 (256个优先级)
-1	硬错误	-1	-1	-1
0, 1, 2, … 0xFF	其他优先级 可编程的异常/ 外部中断	0x00, 0x20, 0x40, … 0xE0	0x00, 0x08, 0x10, … 0xF8	0x00, 0x01, 0x02, … 0xFF

12.3.2 优先级分组

前面提到Cortex-M3支持256个优先级,但只有128个抢占级,是为了使抢占机制更可控。另外,Cortex-M3还把256级优先级按位分成高低两段,分别是抢占优先级和亚优先级。NVIC中有一个寄存器是应用程序中断及复位控制寄存器(AIRCR),与优先级分组有关。其地址为0xE000 ED00,各位功能如表12-17所示。

表12-17 应用程序中断及复位控制寄存器各位功能

位段	名称	类型	复位值	功能
31:16	VECTKEY	R/W	—	访问钥匙:任何对该寄存器的写操作,都必须同时把0x05FA写入此段,否则写操作被忽略。若读取此半字,则为0xFA05
15	ENDIANESS	R	—	大/小端格式设置。=1代表大端(BE8),=0代表小端。此值是在复位时确定的,不能更改
10:8	PRIGROUP	R/W	0	优先级分组
2	SYSRESETREQ	W	—	请求芯片控制逻辑产生一次复位
1	VECTCLR ACTIVE	W	—	清零所有异常的活动状态信息。通常只在调试时或者在操作系统(OS)从错误中恢复时用
0	VECTRESET	W	—	复位Cortex-M3处理器内核(调试逻辑除外),但是此复位不影响芯片上在内核以外的电路

AIRCR寄存器中PRIGROUP(优先级组)位段的值用于对优先级可编程的外部中断的优先级进行分段——优先级的左段称为抢占优先级,而右段称为亚优先级。具体对应关系如表12-18所示。

表12-18 抢占优先级和亚优先级的表达以及位数与分组位置的关系

PRIGROUP 取值	优先级字节中 确定抢占优先级的位段	优先级字节中 确定亚优先级的位段
0	[7:1]	[0:0]
1	[7:2]	[1:0]
2	[7:3]	[2:0]

续表

PRIGROUP 取值	优先级字节中确定抢占优先级的位段	优先级字节中确定亚优先级的位段
3	[7:4]	[3:0]
4	[7:5]	[4:0]
5	[7:6]	[5:0]
6	[7:7]	[6:0]
7	无	[7:0]

抢占优先级决定了抢占能力：当系统正在响应某异常 L 时，如果来了抢占优先级更高的异常 H，则 H 可以抢占 L。亚优先级则处理"内务"：当抢占优先级相同的异常有不止一个悬起时，就优先响应亚优先级最高的异常。

从表 12-18 中可以看出，至少有 1 位表示亚优先级，因此抢占优先级最多是 7 位，最多有 128 级抢占优先级。

Cortex-M3 在处理多个中断请求时采用抢占优先级和亚优先级的处理机制，这和 MCS-51 单片机使用软件优先级和硬件优先级的机制类似：MCS-51 单片机的软件优先级可程控，且高优先级的中断可中断（抢占）正在执行的低优先级中断，和抢占优先级的作用相同，而同级中断的响应顺序由硬件优先级决定，起到和亚优先级一样的作用。只是 MCS-51 单片机的软件优先级只有两级，硬件优先级的顺序也是固定的。因此，Cortex-M3 对多个中断请求的处理能力更强，方式更灵活。

Cortex-M3 允许从表示优先级字节的 bit7 处分组，此时所有的位都用于确定亚优先级，没有任何位表达抢占优先级。在这种情况下，所有优先级可编程的异常的抢占优先级相同，不会发生抢占，相当于禁止了中断嵌套。但是复位、NMI 和硬错误不受优先级分组情况的影响，它们无论何时出现，都立即无条件抢占所有优先级可编程的异常。

在计算或设置某个中断源的抢占优先级和亚优先级的值时，必须先确定以下设置：
①芯片实际用来表示优先级的位数；
②优先级组的分组方式。

假设某芯片使用 [7:4] 共 4 个位来表达优先级，程序设置优先级组（AIRCR 寄存器中 PRIGROUP 位段）的值是 5，即从 bit5 处分组，于是该系统有 4 级抢占优先级，并且在每个抢占优先级的内部有 4 个亚优先级。中断优先级的表示方式如图 12-4 所示。

bit7	bit6	bit5	bit4	bit3	bit2	bit1	bit0
抢占优先级		亚优先级		没有实现，读回为0			
用于表达优先级							

图 12-4 4 位优先级，从 bit5 处分组的优先级分段情况

在这种情况下,每个优先级可编程中断的优先级可能的取值情况如表12-19所示。

表12-19 4位优先级,从bit5处分组的优先级设置情况

优先级寄存器值	优先级	抢占优先级	亚优先
0000 0000	0x00	0x00	0x00
0001 0000	0x10		0x10
0010 0000	0x20		0x20
0011 0000	0x30		0x30
0100 0000	0x40	0x01	0x00
0101 0000	0x50		0x10
0110 0000	0x60		0x20
0111 0000	0x70		0x30
......			
1100 0000	0xC0	0x03	0x00
1101 0000	0xD0		0x10
1110 0000	0xE0		0x20
1111 0000	0xF0		0x30

需要注意的是:虽然[3:0]未使用,但允许从它们中分组。例如,如果从bit1处分组,则16个可用优先级都是抢占优先级,如图12-5和表12-20所示。

bit7	bit6	bit5	bit4	bit3	bit2	bit1	bit0
抢占优先级				抢占优先级(未用)		亚优先级(未用)	

图12-5 4位优先级,从bit1处分组的优先级分段情况

表12-20 4位优先级,从bit1处分组的优先级设置情况

优先级寄存器值	优先级	抢占优先级	亚优先
0000 0000	0x00	0x00	0x00
0001 0000	0x10	0x10	0x00
0010 0000	0x20	0x20	0x00
0011 0000	0x30	0x30	0x00
0100 0000	0x40	0x40	0x00
0101 0000	0x50	0x50	0x00
0110 0000	0x60	0x60	0x00
0111 0000	0x70	0x70	0x00
......			

续表

优先级寄存器值	优先级	抢占优先级	亚优先
1100 0000	0xc0	0xc0	0x00
1101 0000	0xD0	0xD0	0x00
1110 0000	0xE0	0xE0	0x00
1111 0000	0xF0	0xF0	0x00

12.4 中断的响应过程

12.4.1 中断输入及悬起

如果一个异常发生后不能立即被响应，系统将置位悬起状态寄存器的相关位。一个异常被悬起的原因可能是系统当前正在执行一个更高优先级异常的服务例程，或者因相关掩蔽位的设置导致该异常被除能。大多数情况下，NMI 会立即无条件执行，但若出现以下特殊情况，则新的 NMI 请求也将被悬起：

- 当前已经在执行 NMI 服务例程；
- CPU 被调试器停止；
- 被一些严重的系统错误锁定。

悬起状态寄存器和中断悬起清除寄存器各位含义如表 12-10 所示。

中断悬起示意图如图 12-6 所示。

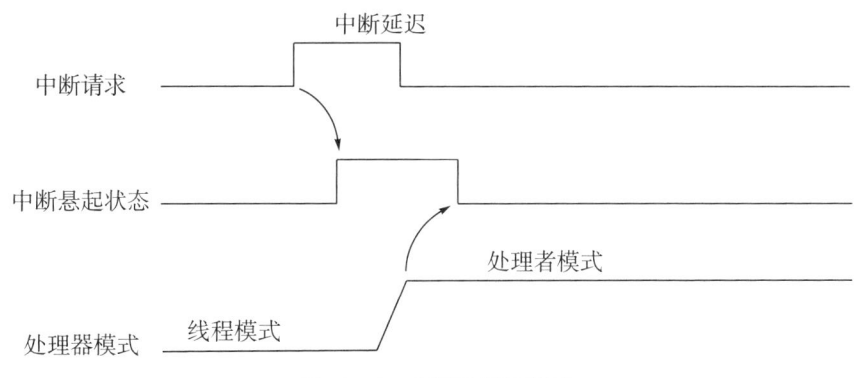

图 12-6　中断悬起示意图

每个中断请求被悬起时，悬起状态寄存器的对应位保存其异常请求，当该请求的优先级变成系统中最高优先级时，就会得到响应并执行其服务例程。这与传统的 ARM 芯片和其他大多数单片机不一样，不再需要由产生中断的设备保持请求信号，哪怕在被响应前设备已经释放了请求信号，曾经的中断请求也不会被错过，仍然会得到响应。但是，如果在某个中断得到响应之前，其悬起状态被清除了（例如，在 PRIMASK 或 FAULTMASK 置位时，软件清除了悬起状态标志），则这次中断请求被取消，不再对其进行响应，如图 12-7 所示。

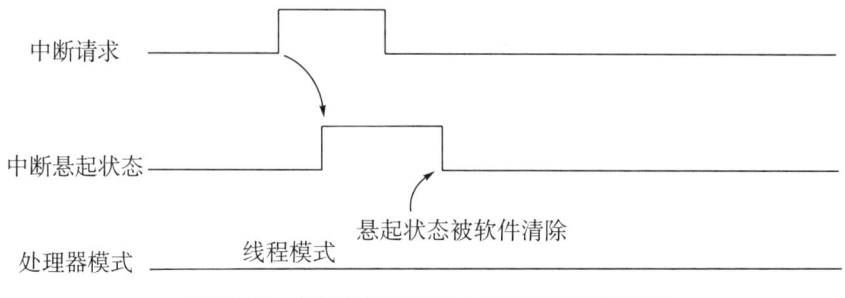

图 12-7 中断在得到响应之前被清除悬起状态

当开始执行某中断的服务例程后，此中断进入了"活跃"状态，系统置位中断活动状态寄存器的相关位，并且其悬起标志位由硬件自动清除，如图 12-8 所示。

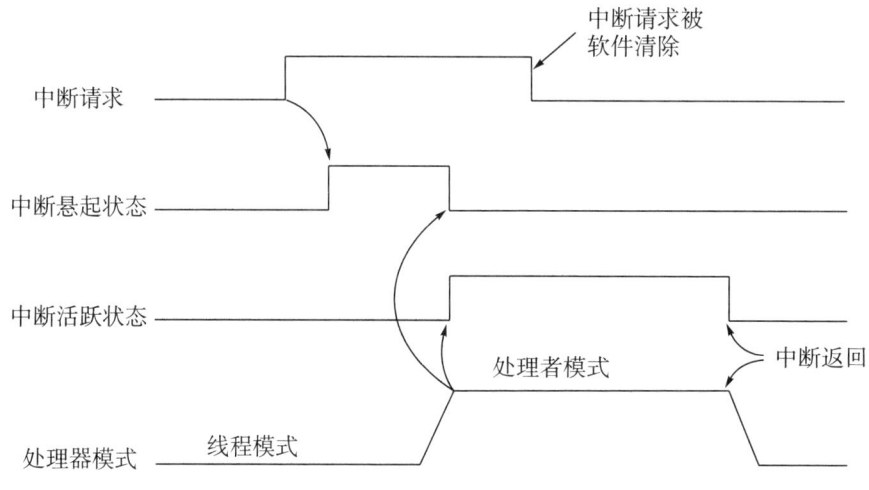

图 12-8 处理器进入服务例程后相关信号状态

一旦开始执行中断服务例程，需等到该例程执行完毕并且返回（也称为中断退出），才能对该中断源的新请求予以响应。请求被响应前，同样会置位悬起标志位，这是由"一个中断只能被比它更高级的中断所中断"的规则决定的。中断服务例程也可以在执行过程中把自己对应的中断重新悬起以实现某些特殊目的（但是使用时要注意避免进入"死循环"）。

如果中断源一直保持中断请求信号，则该中断就会在服务例程返回后再次被置为悬起状态，如图 12-9 所示，并在可能情况下再次被响应。因此，如果不是新一次的中断请求，应在进入中断服务例程后，通过软件或硬件方式清除中断请求信号。

此外，如果某个中断在得到响应之前，其请求信号以若干脉冲的方式多次出现，则被视为只有一次中断请求，多出的请求脉冲全部丢失而不会被悬起，这是因为中断请求太快，超出处理器的反应限度，如图 12-10 所示。

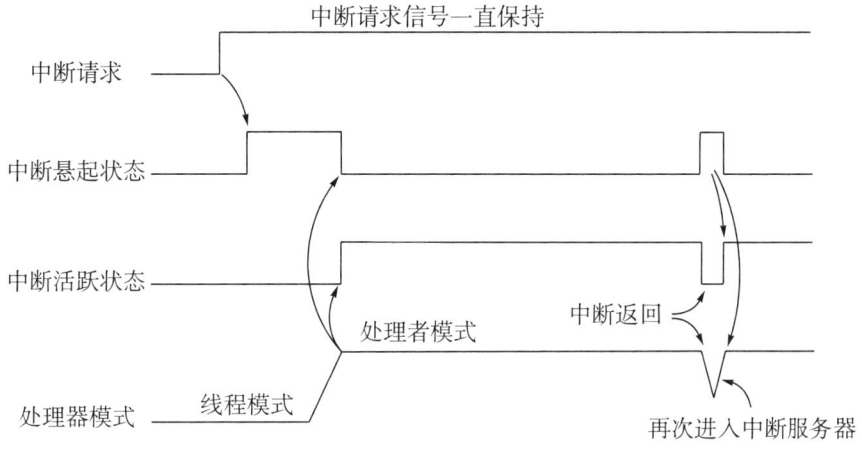

图 12-9 中断请求一直保持导致重复进入服务

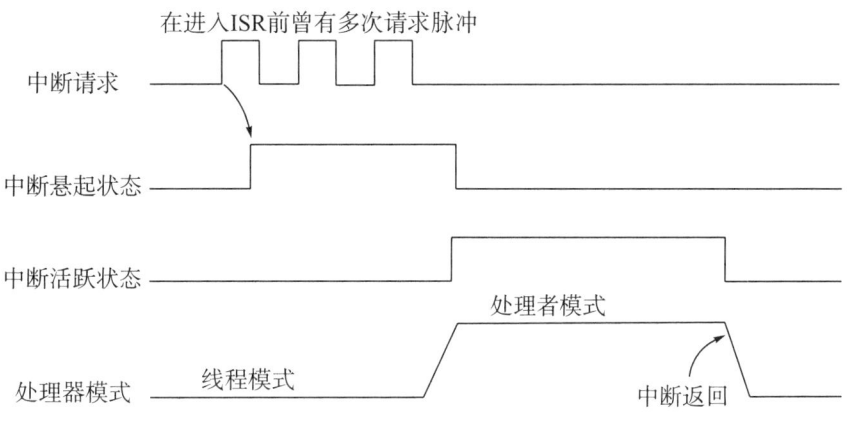

图 12-10 中断请求过快导致一部分请求丢失

12.4.2 中断进入步骤

当 Cortex-M3 开始响应一个中断时，会经历以下几个步骤：

①入栈：把 8 个寄存器的值压入堆栈。
②取向量：从向量表中找出对应的服务程序入口地址。
③选择堆栈指针 MSP/PSP，更新堆栈指针 SP，更新链接寄存器 LR，更新程序计数器 PC。

1. 入栈

入栈是响应异常的第一个步骤，将自动保存现场的必要部分：依次把 xPSR、PC、LR、R12 以及 R3~R0 由硬件自动压入适当的堆栈中。如果响应异常，当前的代码正在使用 PSP，则将 PSP 压栈；否则将 MSP 压栈。进入服务例程后，将一直使用主堆栈。

假设入栈开始时 SP 的值为 N，压栈完成后，堆栈各单元所存内容如表 12-21 所示。

表 12-21 压栈顺序以及压栈后堆栈中的内容

地址	压栈内容	压栈顺序
N（原 SP）	原先已压入的内容	—
N-4	xPSR	2
N-8	PC	1
N-12	LR	8
N-16	R12	7
N-20	R3	6
N-24	R2	5
N-28	R1	4
N-32（新 SP）	R0	3

入栈过程由内核自动完成，压栈顺序和存放地址并不一致，但是机器会保证寄存器被保存到正确的位置以及出栈的正确顺序。图 12-11 展示了入栈过程中各寄存器的压栈顺序。

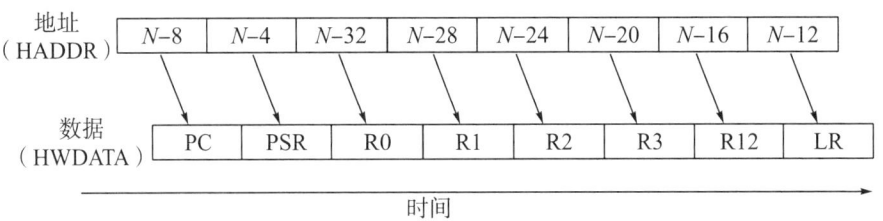

图 12-11 寄存器的压栈顺序

Cortex-M3 在进入中断例程前自动保护上述寄存器内容，并按图 12-11 所示的顺序压栈，主要基于以下两个原因：

（1）先把 PC 与 xPSR 的值保存，可以更早地启动服务例程指令的预取——因为预取指令需要修改 PC；同时，也便于在早期就更新 xPSR 中 IPSR 位段的值。

（2）只自动保护 R0~R3 和 R12 而忽略 R4~R11 是遵循 ARM 架构程序调用标准（Procedure Call Standard for the ARM Architecture，AAPCS）的相关规定。程序调用标准 AAPCS 规定了参数和返回值传递以及函数调用中的寄存器用法。

与入栈内容有关的规定有：

• 参数和返回值传递：对于简单的情况，输入参数由 R0~R3 分别记录第 1~4 个参数。当传递的参数超过 4 个时，则需借助堆栈来保存。函数的返回值通常保存在 R0 中，若返回值为 64 位的，R1 也用来保存返回值。

• 函数调用中的寄存器用法：函数或子程序应该保持 R4~R11、R13 和 R14 的数值，若这些寄存器在函数或子程序执行期间被修改，则函数应该将其保存在堆栈中并在返回调用代码前恢复。这几个寄存器也被称作"被调用者保存寄存器"，也就是需要被调用者（如子函数、中断等）进行保存的寄存器。而 R0~R3 和 R12 则属于"调用者保存寄存器"，这几个寄存器需要调用者做保存工作，因此进入中断服务例程前，硬件自动将 R0～R3 和 R12 压栈。

• 链接寄存器 LR 用于函数或子程序调用时保存返回地址，若某函数需要调用另外一个函数或子程序时，需要将 LR 的值保存至堆栈中。

2. 取向量

当数据总线（系统总线）在执行入栈操作时，指令总线（I-Code 总线）从向量表中找到异常向量（中断服务例程入口地址），然后在服务程序的入口处预取指。由于入栈和取指采用了不同的专用总线，入栈与取指可同时进行。

3. 更新寄存器

在入栈和取向量完成后，执行服务例程之前还要更新以下一系列的寄存器：

• 更新 SP：入栈时把堆栈指针（PSP 或 MSP）更新到新的位置，在执行服务例程时，将使用 MSP 作为堆栈指针。

• 更新 PSR：IPSR 位段（PSR 的最低部分）会被更新为目前响应的异常编号。

• 更新 PC：从向量表中取出中断向量后，PC 将指向服务例程的入口地址。

• 更新 LR：LR 的用法将被重新解释，其值也被更新成一种特殊的值——"EXC_RETURN"，并且在异常返回时使用。EXC_RETURN 的二进制值最低 4 位如果不全为 1，则有另外含义（见 12.4.3 节）。

以上是在响应异常时通用寄存器的变化。另外，在 NVIC 中的相关寄存器也随之更新，如新响应异常的悬起位将被清除，而其活动位将被置位。

12.4.3 异常退出步骤

当异常服务例程执行完毕后，需要执行异常退出步骤，恢复先前的系统状态，以便继续执行被中断的程序。从形式上看，有 3 种途径可以触发异常返回过程，如表 12-22 所示。不管使用哪一种返回方式，都需要用到入栈时保存的链接寄存器 LR 的值。

表 12-22 触发中断返回的指令

返回指令	工作原理
BX <reg>	当 LR 存储 EXC_RETURN 时，使用 BX LR 即可返回
POP│PC│和 POP│…，PC│	在服务例程中，LR 的值常会被压入堆栈。可使用 POP 指令把 LR 存储的 EXC_RETURN 值弹出至 PC，从而激起处理器进行中断返回
LDR 与 LDM	把 PC 作为目的寄存器，也可启动中断返回过程

有些处理器使用特殊的返回指令来实现中断返回，例如 MCS-51 单片机使用 RETI 指令进行中断返回。但是在 Cortex-M3 中，是通过把 EXC_RETURN 写入 PC 来实现中断返回。因此，可以使用上述常规返回指令，而无需特殊的编译器命令来编译 C 语言编写的服务例程。

在启动了中断返回过程后，将进行下述处理：

（1）出栈：恢复先前压入堆栈中的寄存器内容。

(2) 更新 NVIC 寄存器：伴随着异常的返回，它的活动位被硬件清除。对于外部中断，倘若中断输入再次被置为有效，悬起位也将再次置位，新一次的中断响应过程也可随之再次开始（如图 12-9 所示）。

前面提到在进入异常服务程序后，特殊功能寄存器 LR 的值被自动更新为特殊的 EXC_RETURN，EXC_RETURN 的高 28 位全为 1，只有 [3:0] 有特殊含义，如表 12-23 所示。当异常服务例程把这个值送往 PC 时，就会启动处理器的中断返回过程。因为 LR 的值是由 Cortex-M3 自动设置的，没有特殊需求不要修改。

表 12-23 EXC_RETURN 位段含义

位段	含义
[31:4]	EXC_RETURN 的标志，必须全为 1
3	=0，返回后进入处理者模式； =1，返回后进入线程模式
2	=0，从主堆栈中做出栈操作，返回后使用 MSP； =1，从进程堆栈中做出栈操作，返回后使用 PSP
1	保留，必须为 0
0	=0，返回 ARM 状态； =1，返回 Thumb 状态，在 Conex-M3 中须为 1

由表 12-23 可以得出，合法的 EXC_RETURN 值共 3 个，如表 12-24 所示。

表 12-24 合法的 EXC_RETURN 值及其功能

EXC_RETURN 值	功能
0xFFFF FFF1	返回处理者模式
0xFFFF FFF9	返回线程模式，使用主堆栈指针（SP = MSP）
0xFFFF FFFD	返回线程模式，使用进程堆栈指针（SP = PSP）

如果主程序在线程模式下运行，并且在使用 MSP 时被中断，则在服务例程中 LR=0xFFFF FFF9（主程序被中断前的 LR 已自动入栈）；如果主程序在线程模式下运行，并且在使用 PSP 时被中断，则在服务例程中 LR =0xFFFF FFFD。

LR 的值在异常期间被设置为 EXC_RETURN（线程模式使用主堆栈），如图 12-12 所示。

如果主程序在处理者模式下运行，则在服务例程中 LR =0xFFFF FFF1。这时的"主程序"更可能是被抢占的服务例程，也就是中断/异常嵌套。事实上，在嵌套时，进入高优先级的 ISR 前入栈的 LR 总是 0xFFFF FFF1，如图 12-13 所示。

第 12 章 Cortex—M3 异常与中断处理系统

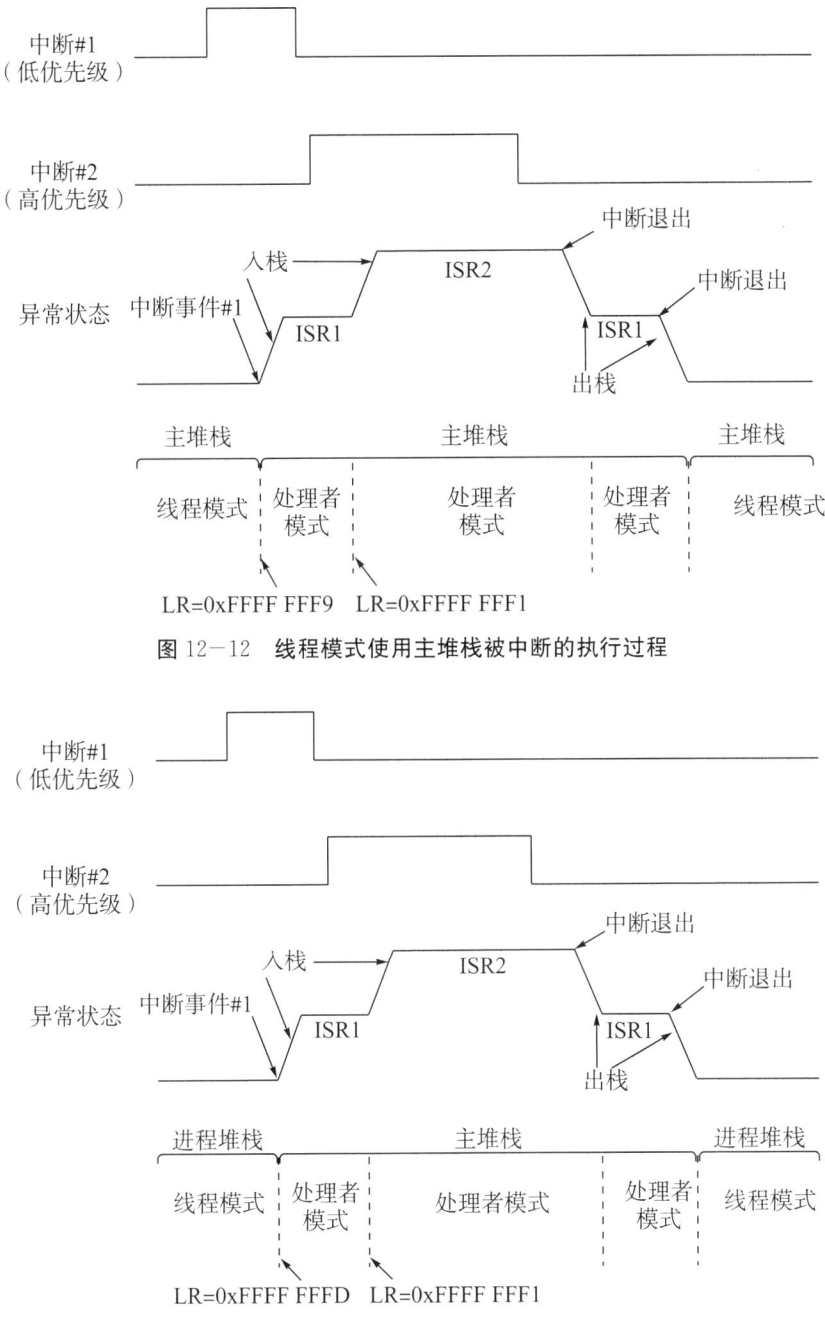

图 12-12 线程模式使用主堆栈被中断的执行过程

图 12-13 线程模式使用进程堆栈被中断的执行过程

需要注意的是，EXC_RETURN 并非返回地址，而是异常返回方式的说明。

12.5 中断系统的增强功能

12.5.1 中断嵌套

在 Cortex-M3 内核以及 NVIC 中,设计了完善的中断嵌套支持机制,使用时只需在程序中为每个中断设置合适的优先级。程序执行时,NVIC 和 Cortex-M3 处理器会排出优先级解码的顺序,在某个异常正在响应时,所有优先级不高于它的异常都不能抢占(打断)其响应过程,而且它自己也不能抢占自己。另外,中断例程执行前后,需保护的寄存器由硬件自动入栈和出栈,可以保证中断嵌套时寄存器的数据不会被覆盖。

为了避免功能紊乱甚至死机的危险,必须计算主堆栈容量的最小安全值。由于所有服务例程都只使用主堆栈,所以当中断嵌套加深时,对主堆栈的压力会增大:每嵌套一级,就至少需要 8 个字,即 32 字节的堆栈空间,这还没算上 ISR 对堆栈的额外需求,并且某一时刻可能嵌套多少级也是不可预料的。如果主堆栈的容量本来就所剩无几了,中断嵌套又继续加深,则有溢出的危险。堆栈溢出是很致命的,它会使入栈数据与主堆栈前面的数据区发生混叠,这样在执行中断返回时,系统极有可能出现功能紊乱,甚至程序跑飞、死机。

12.5.2 咬尾中断

Cortex-M3 为缩短中断延迟对中断系统进行了多方面优化,最主要的优化就是新增的"咬尾中断"(Tail Chaining)机制。

当处理器在响应某个异常时,如果又发生其他优先级不够高的异常,则它们会被阻塞。那么在当前的异常执行返回后系统将处理悬起的异常时,如果此时还是先出栈表 12-21 所列寄存器内容,然后又把出栈内容再入栈,就白白浪费了 CPU 时间。因此,Cortex-M3 不会出栈这些寄存器内容,而是继续使用上一个异常已经入栈的内容。这样看上去好像后一个异常把前一个异常"出栈"的尾巴咬掉了,两次异常只执行了一次入栈/出栈操作。于是,这两个异常之间的时间间隔变短了很多,如图 12-14 所示。

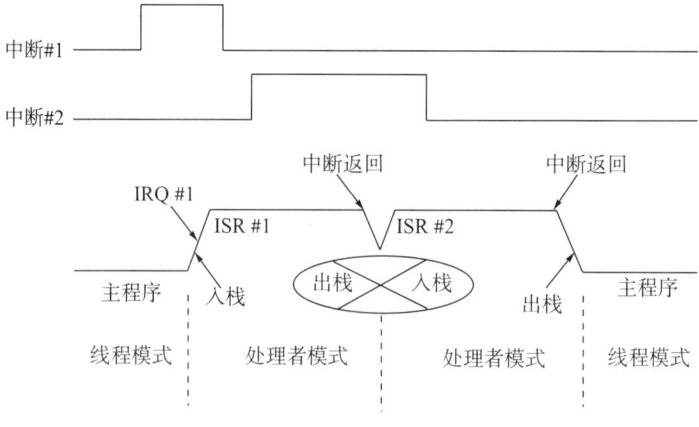

图 12-14 咬尾中断示意图

采用咬尾处理方式，节约了 xPSR、PC、LR、R12 以及 R3~R0 等 8 个寄存器的出栈和再次入栈时间，与 ARM7TDMI 型内核相比，节约了 40 个以上的周期，执行速度更快。两种处理方式的比较如图 12-15 所示。

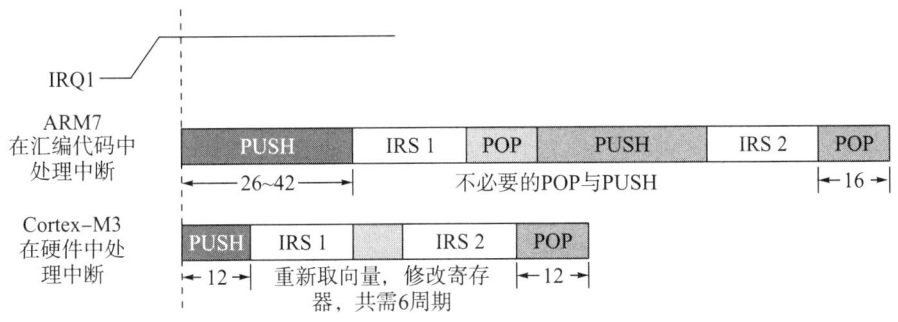

图 12-15　咬尾处理与常规处理的比较

12.5.3　晚到异常

Cortex-M3 关于中断处理的另一个优化是强调了优先级的作用，这就是"晚到的异常处理机制"：当 Cortex-M3 对某异常的响应过程还处在早期——入栈的阶段，尚未执行其服务例程时，如果此时收到了高优先级异常的请求，则本次入栈就成了为高优先级中断所做的了——入栈后将执行高优先级异常的服务例程。

比如，在响应某低优先级中断 1 的早期，检测到了高优先级中断 2，只要中断 2 没有太晚，就能以"晚到中断"的方式处理：入栈完毕后执行 ISR♯2。在 ISR♯2 以"晚到中断"的方式执行完毕后，再以"咬尾中断"方式来启动 ISR♯1 的执行。

如果中断 2 来得太晚，即已经开始执行 ISR♯1 的指令了，则按普通的抢占处理，这会需要更多的处理器时间和额外 32 字节（8 个寄存器）的堆栈空间。晚到异常处理方式如图 12-16 所示。

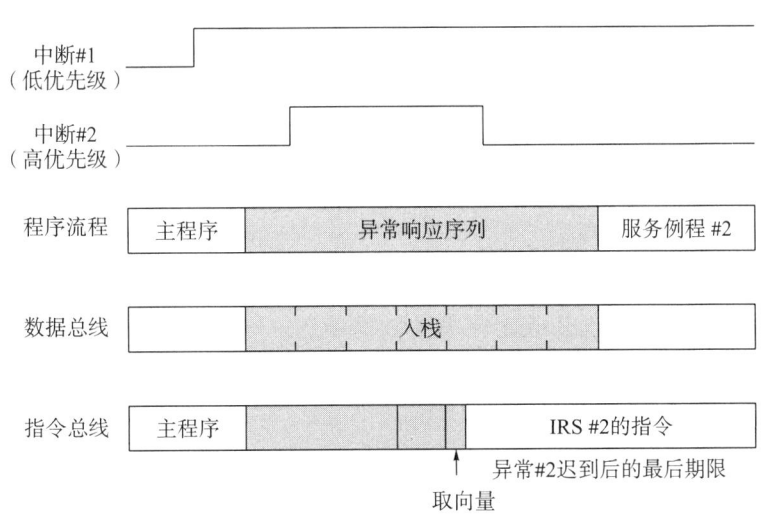

图 12-16　晚到异常处理方式

12.5.4 中断延迟

在实时系统中，外部中断都是需要及时处理的事件，但由于各中断请求优先级不同，发出请求被悬起是不可避免的，因此在系统设计时必须了解某个中断可能延迟的时间，并将其控制在可接受范围内。

中断延迟指从检测到某中断请求到执行完其服务例程的第一条指令时经过的时间。在 Cortex-M3 中，若存储器系统足够快，且总线系统允许入栈与取指同时进行，同时该中断可以立即响应，则中断延迟是固定的 12 个周期（满足硬实时所要求的确定性），这是中断请求得到响应的最短延时。在这 12 个周期里，处理器内部进行了入栈、取向量、更新寄存器以及服务例程取指等一系列操作。但若因存储器太慢而将引入等待周期，或者还有其他影响中断立即得到响应的因素，则会有额外的延时。可能引起中断延迟的原因有以下一些：

(1) 当处理咬尾中断时，省去了堆栈操作，因此切入新异常服务例程的耗时可以减少至 6 周期。

(2) 有些指令需要较长的周期才能完成，如双字传送指令 LDRD/STRD、除法指令以及多重数据传送指令（LDM/STM）。

①对于除法指令、双字传送指令，Cortex-M3 为了保证中断及时响应将取消它们的执行，待返回后重新开始。

②对于 LDM/STM 指令，为了加速中断的响应，Cortex-M3 支持 LDM/STM 指令的中止和继续。为此，Cortex-M3 在 xPSR 的 [26:25] 和 [15:10] 位段设置了 8 个"ICI 位"来记录下一个即将传送的寄存器的序号（LDM/STM 在编译时把寄存器号按升序排序）。在服务例程返回后 xPSR 被弹出，Cortex-M3 再从 ICI 位段中获取当时 LDM/STM 执行的进度，从而可以继续传送。但这种方式在 IF-THEN（IT）指令执行时有限制，因为 IF-THEN 指令的执行也需要使用 xPSR 的相同位做标志。所以，如果在 IF-THEN 中使用 LDM/STM 指令，则不记录 LDM/STM 的执行进度，若遇中断请求，将取消 LDM/STM，待中断返回后继续执行。程序状态寄存器 xPSR 各位定义如表 12-25 所示。

表 12-25 程序状态寄存器 xPSR 各位定义

位段	31	30	29	28	27	26:25	24	23:16	15:10	9	8:0
含义	N	Z	C	V	Q	ICI/IT	T		ICI/IT		Exception Number

(3) 如果在总线接口上还有未完成的数据传送，例如有一个带缓冲的写操作未完成，处理器也只能等待此传送完成。只有这样，才能保证在发生了总线错误时，其服务例程能够安全地抢占其他程序。

(4) 当多个中断同时请求时，也会发生中断延迟，因为只有优先级最高的中断能得到立即响应，其他中断将被延迟。另外，在中断嵌套时每个中断都会阻塞同级和低优先级的中断。最后，如果中断被屏蔽，则在屏蔽期间也会附加中断延迟。

复习思考题

(1) Cortex—M3 最多可以有多少个外部中断？中断优先级该如何设置？

(2) 什么叫抢占优先级？如何设置抢占优先级？

(3) 中断优先级寄存器高位对齐有什么好处？

(4) 进入中断服务例程前会入栈哪些寄存器的内容？如何保证入栈/出栈顺序匹配？

(5) 什么叫中断悬起？什么情况下中断悬起被解除？是否所有悬起的中断都会被响应？

(6) "咬尾中断"机制的本质是什么？有什么优点？

(7) "晚到异常"如何提高中断响应的效率？

(8) 哪些情况会引起中断延迟？

第 13 章　Cortex－M3 指令系统

13.1　Cortex－M3 指令集

在介绍 Cortex－M3 指令系统之前，首先对 Cortex－M3 内核使用的指令集进行简单介绍。由于 Cortex－M3 是 ARM 公司开发的处理器内核，其所采用的指令集也派生于 ARM 指令集，并根据 Cortex－M3 内核的特点设计了有针对性的指令集。下面对 Cortex－M3 指令集和 ARM 指令集的关系进行说明。

13.1.1　ARM 指令集与 Thumb 指令集

由于历史原因（从 ARM7TDMI 开始），ARM 处理器一直支持两种形式上相对独立的指令集，即 32 位的 ARM 指令集和 16 位的 Thumb 指令集，这两种指令集分别对应了处理器的 ARM 和 Thumb 两种状态。在程序的执行过程中，处理器可以动态地在两种执行状态之间切换。

ARM 指令集编码全部是 32 位的，每条指令能承载更多的信息，因此可使用更少的指令完成指定功能，且在相同频率下运行速度也更快。但也因为每条指令都是 32 位的，占用了更多的程序空间。

而 Thumb 指令集可以看作是 ARM 指令压缩形式的子集，是针对代码密度的问题而提出的，它具有 16 位的代码宽度。与等价的 32 位代码相比较，Thumb 指令集在保留 32 位代码优势的同时，大大节省了系统的存储空间，但指令效率不如 ARM 指令高。另外，Thumb 指令集不是一个完整的体系结构，主要支持通用功能，较特殊的功能需借助于完善的 ARM 指令集完成。比如所有异常自动进入 ARM 状态，在编写 Thumb 指令时，先要使用伪指令 CODE16 声明。而在 ARM 指令中要使用 BX 指令跳转到 Thumb 指令，以切换处理器状态。编写 ARM 指令时，则可使用伪指令 CODE32 声明。

Thumb 指令集与 ARM 指令集的区别一般有如下几点：

（1）Thumb 指令集没有协处理器指令、信号量（semaphore）指令以及访问 CPSR 或 SPSR 的指令，没有乘加指令及 64 位乘法指令。

（2）指令的第二操作数受到限制：除了跳转指令 B 有条件执行功能外，其他指令均为无条件执行；大多数 Thumb 数据处理指令采用 2 地址格式。

（3）跳转指令：程序相对转移，特别是条件跳转在跳转范围上比 ARM 代码有更多的限制。转向子程序是无条件的转移。

(4) 数据处理指令：Thumb 数据处理指令是对通用寄存器进行操作，在大多数情况下操作的结果须放入其中一个操作数寄存器中，而不是第 3 个寄存器中；数据处理操作比 ARM 状态下的更少，访问寄存器 R8～R15 受到一定限制。除 MOV 和 ADD 指令访问 R8～R15 外，其他数据处理指令总是更新 CPSR 中的 ALU 状态标志，访问寄存器 R8～R15 的 Thumb 数据处理指令不能更新 CPSR 中的 ALU 状态标志。

(5) 单寄存器加载和存储指令：在 Thumb 状态下，单寄存器加载和存储指令只能访问寄存器 R0～R7。

(6) 批量寄存器加载和存储指令：LDM 和 STM 指令可以将任何范围为 R0～R7 的寄存器子集加载或存储，PUSH 和 POP 指令使用堆栈指针 R13 作为基址，实现满递减堆栈。

13.1.2 Thumb2 指令集

随着架构版本号的更新，新的指令不断地加入 ARM 和 Thumb 指令集中。2003 年推出了 Thumb-2 指令集，它是 Thumb 的超集，功能接近于 ARM 指令集，但同时支持 16 位和 32 位指令。16 位指令与 32 位指令并存运行，使得在 Thumb 状态下能够完成更多工作，同时加快了速度。Thumb-2 指令集功能更强大且高效、易用，在 Thumb 指令集基础上有突破性发展。

在 Thumb-2 指令集诞生前，基于 ARM 内核的软件开发必须处理好 32 位的 ARM 状态和 16 位 Thumb 状态的切换。当处理器在 ARM 状态下时，所有指令均是 32 位的（即使"NOP"这样的简单指令），此时性能相当高；而在 Thumb 状态下，所有指令均是 16 位的，代码密度提高了一倍，但由于 Thumb 状态下的指令只是 ARM 指令的一个子集，可能需要更多条指令去完成相同的工作，导致处理性能下降。为了取长补短，很多应用程序都混合使用 ARM 和 Thumb 代码段，然而，这种混合使用因需要状态切换，会带来时间和空间上的额外开销（overhead）。此外，ARM 代码和 Thumb 代码需要以不同的方式编译，也增加了软件开发管理的复杂度。

随着 Thumb-2 指令集的出现，所有处理都可在单一的操作模式下完成，不再需要来回切换 ARM 状态和 Thumb 状态。而且 Cortex-M3 内核对于中断也在 Thumb 态下处理（以前需要在 ARM 状态下处理所有的中断和异常），这一改变使 Cortex-M3 在以下方面比传统的 ARM 处理器更先进：

(1) 不需要状态切换，节约了混合代码在执行时间和指令空间上的额外开销。

(2) 不再需要把源代码文件分成按 ARM 编译的和按 Thumb 编译的两部分，软件开发的管理更简便。

(3) 无需再反复地求证和测试究竟该在何时何地切换到何种状态下，程序才最有效率。

但是 Cortex-M3 并不支持所有的 Thumb-2 指令（如协处理器指令被裁掉，也没有实现 SIMD 指令集），Cortex-M3 指令集只是 Thumb-2 指令集的一个子集。抛弃 ARM 指令，意味着 Cortex-M3 处理器不是向后兼容的，为 ARM7 写的 ARM 汇编语言程序不能直接移植到 Cortex-M3 上来。Thumb-2、Cortex-M3 及 Thumb 指令集的关系如图 13-1 所示。

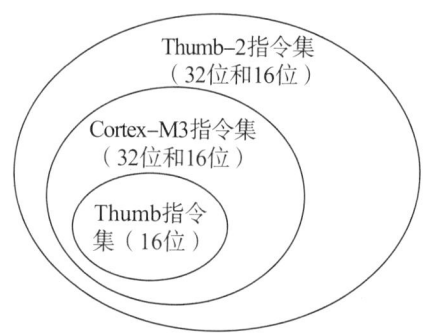

图 13-1　Thumb-2、Cortex-M3 及 Thumb 指令集的关系

13.2　Cortex-M3 指令寻址方式

上一节介绍了 ARM 指令集、Thumb 指令集、Thumb-2 指令集和 Cortex-M3 指令集的相互关系，这些指令集既有区别又相互联系，而且不同的指令都必须基于某种寻址方式来获取最终进行操作的数据。寻址方式的实现依赖于处理器本身的架构。在基础篇 4.4.1 节中已经对寻址方式的含义、目的进行了详细介绍，本节仅对 ARM 处理器的 8 种寻址方式进行针对性介绍。

1. 立即寻址

在立即寻址方式下，操作码字段后面的部分不是操作数地址而是操作数本身。例如：

　　MOV　R0，#0xAA　　　　；将立即数 0xAA 存放到寄存器 R0 中（见图 13-2）

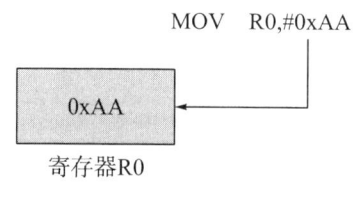

图 13-2　立即寻址示意图

2. 寄存器寻址

在寄存器寻址方式下，操作数的值存放在寄存器中，指令中的地址码字段指出的是寄存器编号，指令执行时直接取出寄存器值来操作。例如：

　　MOV　R1，R2　　　　；将 R2 寄存器中的值存放到 R1 寄存器中（见图 13-3）

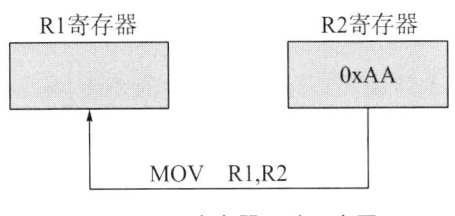

图 13-3 寄存器寻址示意图

3. 寄存器移位寻址

在寄存器移位寻址方式下，先对操作数 2 进行移位操作，然后再与第一个操作数进行操作。例如：

MOV　R0，R1，LSL ♯3　　　　;将 R1 的值左移三位，并将结果放入 R0 中，
等价于 $R0=R1\times 2^3$（见图 13-4）

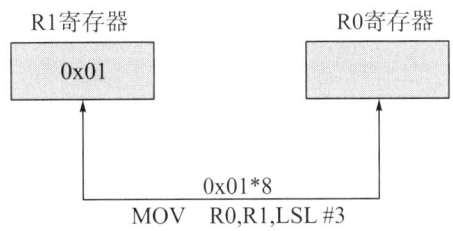

图 13-4 寄存器移位寻址示意图

4. 寄存器间接寻址

在寄存器间接寻址方式下，指令中的地址码给出的是一个通用寄存器的编号，指令所需的操作数保存在以寄存器内容为地址的存储单元中，即寄存器为操作数的地址指针。例如：

LDR　R1，[R2]　　　　;将 R2 指向的存储单元中的数据读出，保存在 R1 中
（见图 13-5）

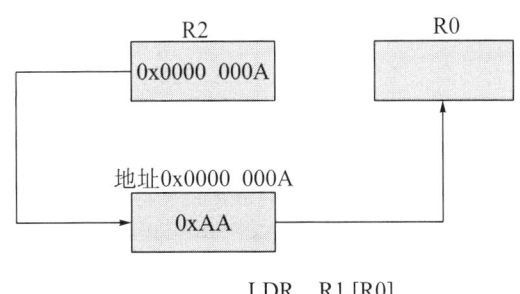

图 13-5 寄存器间接寻址示意图

5. 基址寻址

基址寻址就是将基址寄存器的内容与指令中给出的偏移量相加，形成操作数的有效地址（MCS-51 单片机中称为变址寻址，如 MOVC　A，@A+DPTR）。基址寻址用

于访问基址附近的存储单元，常用于查表和数组操作，例如：

LDR　R2，[R3，#0x0C]　　　　；读取 R3+0x0C 地址处的数据存入 R2（见图 13-6）

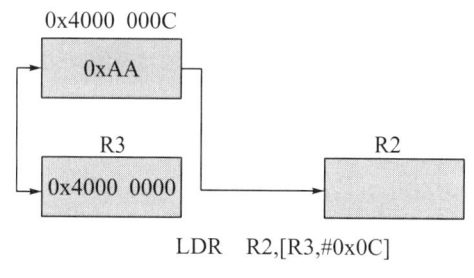

图 13-6　基址寻址示意图

6. 多寄存器寻址

多寄存器寻址一次可传送 n 个寄存器值，允许一条指令传送 16 个寄存器的任何子集或所有寄存器，例如：

LDMIA　R1!，{R2-R4，R6}　　；以 R1 的内容为地址，从该地址处读取多个字，并依次送到寄存器 R2~R4 和 R6 中。每读一个字后 R1 自增一次，R1 保留最终地址（见图 13-7）

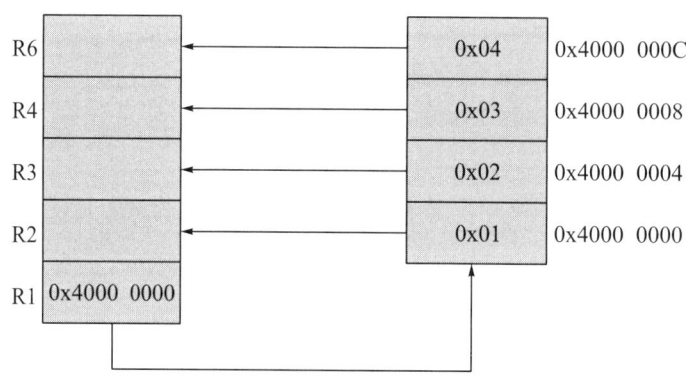

图 13-7　多寄存器寻址示意图

多寄存器寻址指令中，寄存器列表{R2-R4，R6}中的书写顺序较为灵活，只要说明有哪几个寄存器即可，可以一一列出，连续的也可用"-"连接。指令执行时，处理器将编号小的寄存器与内存的低地址相对应。

7. 堆栈寻址

堆栈寻址是隐含的，它使用堆栈指针指向一块存储区域（堆栈），指针所指向的存储单元即堆栈栈顶。由于 Cortex-M3 采用向下生长型满栈（满递减堆栈），因此数据入栈时，堆栈指针先减 4（32 位数据入栈需 4 字节），然后数据入栈；出栈时，数据先出栈，然后堆栈指针再加 4。其出栈、入栈过程如图 13-8 所示。

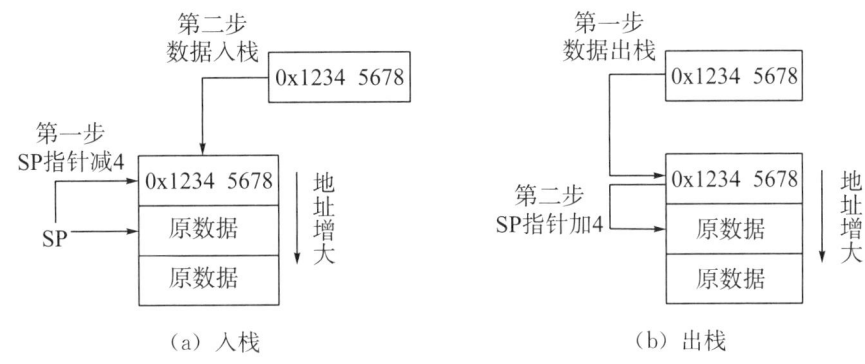

(a) 入栈 (b) 出栈

图 13-8 向下生长型满栈出栈、入栈过程示意图

堆栈寻址可以和多寄存器寻址联合使用，实现多个寄存器入栈和出栈，例如：

STMFD　　SP!，{R1-R7，LR}　　；将 R1~R7、LR 入栈，满递减堆栈
LDMFD　　SP!，{R1-R7，LR}　　；数据出栈，放入 R1~R7、LR 寄存器，满递减堆栈

由于堆栈有满递增/满递减和空递增/空递减 4 种类型，多寄存器出入栈时，如果使用 LDMxy 和 STMxy 指令会涉及先变地址还是后变地址，以及地址是增大还是减小的问题，稍不留神极易出错。为此，Cortex-M3 指令集中专门设计了针对 4 种堆栈类型的批量传送指令，如表 13-1 所列。

表 13-1　数据块传送指令与堆栈操作指令的对应关系

数据块传送		堆栈操作		适用堆栈类型
加载	LDMDA	出栈	LDMFA	满递增
	LDMIA		LDMFD	满递减
	LDMDB		LDMEA	空递增
	LDMIB		LDMED	空递减
存储	STMDA	入栈	STMED	空递减
	STMIA		STMEA	空递增
	STMDB		STMFD	满递减
	STMIB		STMFA	满递增

进行多寄存器出入栈时，表 13-1 第 1 列和第 2 列指令均可实现，但针对不同类型的堆栈，如果使用普通批量传送指令，"地址增还是减""先还是后"的问题颇费脑筋，且易出错。而使用堆栈传送指令则简单得多，只需清楚是哪类堆栈即可：堆栈传送指令中"F/E"代表"满栈（Full）/空栈（Empty）"，"A/D"代表"递增（Ascend）/递减（Descend）"。

8. 相对寻址

相对寻址是基址寻址的另一种形式。基地址由程序计数器 PC 提供，指令中的地址

码字段作为偏移量，两者相加后得到的地址即操作数的有效地址。

13.3 Cortex-M3 汇编语言基础

13.3.1 汇编语言基本格式及后缀的使用

Cortex-M3 汇编语言的书写格式和 MCS-51 汇编语言的格式基本相同。汇编指令的最典型书写模式如下：

{标号}
   <opcode> {cond} {S} <Rd>,<R*n*> {, op2}{; 注释}

语句中< >中的内容必不可少，{ }中的内容可省略。

opcode：指令助记符，是必需的，如 ADD 表示算术加法。

cond：指令的执行条件，是可选的，如 EQ、NE 等。缺省情况下表示使用默认条件 AL（无条件执行）。

S：决定指令的执行结果是否影响 APSR 的值。使用该后缀则指令执行的结果影响 APSR 的值，否则不影响。

Rd：目的寄存器。

R*n*：第一个操作数，为寄存器。

op2：第二个操作数，可以是立即数、寄存器和寄存器移位操作数。

例如：

  ADDEQS R0，R1，♯8

- 指令操作码为 ADD；
- 执行条件 cond 为 EQ；
- S 表示该指令的执行影响 APSR 寄存器的值；
- 目的寄存器 Rd 为 R0；
- 第一个操作数寄存器 R*n* 为 R1；
- 第二个操作数 op2 为立即数♯8。

条件后缀和 S 后缀的关系如下：

①如果既有条件后缀又有 S 后缀，则书写时 S 后缀放在后面，例如 ADDEQS R1，R0，R2，该指令在零标志位 Z=1 时执行，将 R0+R2 的值放入 R1，同时刷新条件标志位。

②条件后缀是要测试条件的标志位，而 S 后缀是要刷新条件的标志位。

③条件后缀要测试的是执行前的标志位，而 S 后缀是根据指令的执行结果改变条件标志。

指令书写的基本规则为：

①指令中的操作数一般可以分为立即数、寄存器操作数、存储器操作数 3 种类型。

②如果有标号，必须顶格写，供编译器计算程序转移地址使用。

③操作码前面必须有至少一个空白符。

④操作码后面可跟随若干个操作数（不仅是2个），而第1个操作数通常都作为本条指令执行结果的存储地。

⑤立即数必须以"#"开头，如

  MOV R0，#0x12 ;R0 ← 0x12

  MOV R1，#'A' ;R1 ← 字母A的ASCII码

⑥注释均以";"开头。

⑦可以使用EQU指示字来定义常数。

汇编指令最终编译成32位的二进制代码，格式如表13-2所示，其中各位段的取值是针对指令"ADDEQS R0，R1，#8"的编译结果。

表13-2　汇编指令的二进制代码编码格式

位段	31~28	27~25	24~21	20	19~16	15~12	11~0
域	cond	指令特征	opcode	后缀编码	Rn	Rd	op2
取值	0000	001	0100	1	0001	0000	000000001000

二进制代码一般可以分为5个域：

- 第1个是4位[31:28]条件码域，4位条件码共有16种组合；
- 第2个是指令代码域[27:20]，除了指令编码，还包含几个很重要的指令特征和可选后缀的编码；
- 第3个是4位[19:16]地址基址 Rn 域，4位值为R0~R15寄存器编码；
- 第4个是4位[15:12]目标或源寄存器 Rd 域，4位值为R0~R15寄存器编码；
- 第5个是地址偏移或操作寄存器、操作数域，[11:0]共12位。

除了上述语法规定，Cortex-M3的指令沿袭了ARM指令可以带后缀的使用规范，主要后缀及其含义如表13-3所示。

表13-3　Cortex-M3指令后缀及其含义

后缀名称	后缀形式	含义
状态后缀	S	要求更新APSR中的标志，例如： ADDS R0, R1　　;根据加法的结果更新APSR中的标志
基址寄存器变化值保留后缀（!后缀）	!	指令中的地址表达式中含有!后缀时，指令执行后，基址寄存器中保留变化后的地址值，变化的结果如下：基址寄存器中的值（指令执行后）=指令执行前的值+地址偏移。不含!后缀时，基址寄存器中的地址值在指令执行前后不变
条件后缀	EQ、NE、GT等	有条件地执行指令。EQ——Eugal；NE——Not Equal；GT——Greater Than。还有若干个其他条件（见表13-4）。例如： BEQ<Label>　　;仅当EQ满足时转移

在 Cortex-M3 中，对条件后缀的使用有限制，只有转移指令（B 指令）才可随意使用。而对于其他指令，在 IF-THEN 指令块中才可以加后缀，且必须加以后缀。

【例 13-1】下面两条指令执行后有何区别？

LDR　　R3，[R0，♯4]
LDR　　R3，[R0，♯4]!

第 1 条指令没有！后缀，指令执行的结果是把 R0 加 4 作为存储器地址，把这个地址单元所存储的数据读入 R3，R0 的值不变；第 2 条指除了实现以上操作，还把 R0+4 的结果送到 R0 中。

使用！后缀需要注意如下事项：

① ！后缀必须紧跟在地址表达式后面，而地址表达式要有明确的地址偏移量；

② ！后缀不能用在 R15（PC）后面；

③ 当用在单个地址寄存器后面时，这个寄存器必须有隐性的偏移量，例如指令 STMDB　R1!，{R3，R5，R7} 中的地址基址寄存器 R1 的隐性偏移量是 4。

另外，S 后缀可以和条件后缀在一起使用，共有 15 种不同的条件后缀，如表 13-4 所示。

表 13-4　条件后缀及其含义

条件码	后缀名	相关标志位状态	含义
0000	EQ	Z 置位	相等
0001	NE	Z 清零	不相等
0010	CS	C 置位	无符号数大于或等于
0011	CC	C 清零	无符号数小于
0100	MI	N 置位	负数
0101	PL	N 清零	正数或零
0110	VS	V 置位	溢出
0111	VC	V 清零	未溢出
1000	HI	C 置位，Z 清零	无符号数大于
1001	LS	C 清零，Z 置位	无符号数小于或等于
1010	GE	N 等于 V	带符号数大于或等于
1011	LT	N 不等于 V	带符号数小于
1100	GT	Z 清零且（N 等于 V）	带符号数大于
1101	LE	Z 置位或（N 不等于 V）	带符号数小于或等于
1110	AL	忽略	无条件执行

13.3.2 统一汇编语言（UAL）书写语法

为了更好地支持 Thumb-2 指令集，ARM 编译器引入了"统一汇编语言（UAL）"的语法机制。在这一机制支持下，对于 16 位指令和 32 位指令均能实现的一些操作（常见于数据处理操作），虽然有时指令的实际操作数不同，或者对立即数的长度有不同的限制，但是编译器允许开发者统一使用 32 位 Thumb-2 指令的语法格式书写，最终由编译器来决定是使用 16 位指令还是使用 32 位指令。以前，Thumb 的语法和 ARM 的语法不同，在有了 UAL 之后，两者的书写格式就统一了。例如：

```
ADD    R0，R1         ;使用传统的 Thumb 语法
ADD    R0，R0，R1     ;引入 UAL 后允许的等效写法（R0 = R0+R1）
```

虽然引入了 UAL，但是仍然允许使用传统的 Thumb 语法。不过有一项必须注意：如果使用传统的 Thumb 语法，即使没有加上 S 后缀，有些指令也会默认更新 APSR。如果使用 UAL 语法，则必须指定 S 后缀才会更新。例如：

```
AND    R0，R1         ;传统的 Thumb 语法
AND    SR0，R0，R1    ;等值的 UAL 语法（必须有 S 后缀）
```

在 Thumb-2 指令集中，有些操作既可以由 16 位指令完成，也可以由 32 位指令完成。例如 R0=R0+1 这样的操作，16 位和 32 位的指令都提供了助记符为"ADD"的指令。在 UAL 下，可以让编译器决定是使用 16 位还是 32 位指令，也可以在编程时指定，例如：

```
ADDS      R0，#1      ;编译器决定，为了节省空间使用 16 位指令
ADDS.N    R0，#1      ;指定使用 16 位指令（N=Narrow）
ADDS.W    R0，#1      ;指定使用 32 位指令（W=Wide）
```

".W"（Wide）后缀指定 32 位指令，如果没有给出后缀，编译器会先试着用 16 位指令以缩小代码体积，如果不行再使用 32 位指令。因此，使用".N"没有多大必要。

另外，绝大多数 16 位指令只能访问 R0~R7，32 位 Thumb-2 指令则可以随意访问 R0~R15。不过，把 R15（PC）作为目的寄存器既可能是一种巧妙的用法，也可能因不慎出错使程序跑飞，通常只有系统软件才会不惜冒险地做此高危行为，因此还需慎用。

13.4 Cortex-M3 常用指令介绍

Cortex-M3 支持的常用指令在表 13-5~表 13-8 中列出（全部指令见附录），其中既有 16 位指令，也有 32 位指令。有些操作既可以由 16 位指令完成，也可以由 32 位指令完成，一般编程时无须指定，在编译时由编译器按代码优化原则决定指令类型。

嵌入式处理器技术基础

表 13-5　16/32 位存储器数据传送指令

指令名称	指令功能	既是 16 位也是 32 位指令
LDR	从存储器中加载字到一个寄存器中	√
LDRH	从存储器中加载半字到一个寄存器中	√
LDRB	从存储器中加载字节到一个寄存器中	√
LDRSH	从存储器中加载半字，再经过带符号扩展后存储到一个寄存器中	√
LDRSB	从存储器中加载字节，再经过带符号扩展后存储到一个寄存器中	仅为 16 位指令
STR	把一个寄存器按字存储到存储器中	√
STRH	把一个寄存器的低半字存储到存储器中	√
STRB	把一个寄存器的低字节存储到存储器中	√
PUSH	将多个寄存器压入堆栈	√
POP	从堆栈中弹出多个值到寄存器中	√
LDMIA	加载多个字，并且在加载后自增基址寄存器	仅为 16 位指令
STMIA	存储多个字，并且在存储后自增基址寄存器	仅为 16 位指令
LDM	从一片连续的地址空间中加载若干个字并存入相同数目的寄存器	仅为 32 位指令
LDRD	从连续的地空间加载双字（64 位整数）到 2 个寄存器	仅为 32 位指令
STM	存储若干寄存器中的字到一片连续的地址空间中，占用相同数目的字	仅为 32 位指令
STRD	存储两个寄存器组成的双字到连续的地址空间中	仅为 32 位指令

表 13-6　16 位转移指令

指令名称	指令功能
B	无条件转移
B <cond>	条件转移
BL	转移并连接，用于呼叫一个子程序，返回地址被存储在 LR 中
CBZ	比较，如果结果为 0 就转移（只能跳到后面的指令）
CBNZ	比较，如果结果非 0 就转移（只能跳到后面的指令）
IT	IT 块指令

表 13-7　16 位数据操作指令

指令名称	指令功能
ADC	带进位加法
ADD	加法
AND	按位与。这里的按位与和 C 语言的 "&" 功能相同

续表

指令名称	指令功能
ASR	算术右移
BIC	按位清零（把一个数跟另一个无符号数的反码按位与）
CMN	负向比较（把一个数跟另一个数的二进制补码相比较）
CMP	比较（比较两个数并且更新标志）
CPY	把一个寄存器的值拷贝到另一个寄存器中
EOR	按位异或
LSL	逻辑左移（如无说明，所有移位操作都可以一次移动最多31格）
LSR	逻辑右移
MOV	寄存器加载数据，既能用于寄存器间的传输，也能用于加载立即数
MUL	乘法
MVN	加载一个数的 NOT 值（取逻辑非的值）
NEG	取二进制补码
ORR	按位或
ROR	循环右移
SBC	带借位的减法
SUB	减法
TST	测试（执行按位与操作，并且根据结果更新 Z 标志）
REV	在一个 32 位寄存器中反转字节序
REVH	把一个 32 位寄存器分成两个 16 位数，在每个 16 位数中反转字节序
REVSH	把一个 32 位寄存器的低 16 位半字进行字节反转，然后带符号扩展到 32 位
SXTB	带符号扩展一个字节到 32 位
SXTH	带符号扩展一个半字到 32 位
UXTB	无符号扩展一个字节到 32 位
UXTH	无符号扩展一个半字到 32 位

表 13-8 其他 16 位指令

指令名称	指令功能
SVC	系统服务调用
BKPT	断点指令。如果使能了调试，则进入调试状态（停机），否则产生调试监视器异常。在调试监视器被使能时，调用其服务例程；如果连调试监视器也被除能，则产生一个错误异常
NOP	无操作
CPSIE	使能 PRIMASK（CPSIEi）/FAULTMASK（CPSIEf）——清除相应位
CPSID	使能 PRIMASK（CPSID）/FAULTMASK（CPSID）——置位相应位

本节列出了 Cortex-M3 的主要指令，可以看出，由于 Cortex-M3 内核结构复杂，不仅要管理私有外设，还要管理芯片制造商增加的外设，同时要支撑更为复杂的中断管理系统，所以 Cortex-M3 的指令系统也更加复杂，完全使用汇编语言编写控制程序变得困难，且设计、调试将非常耗时耗力。因此，在进行基于 ARM 芯片的嵌入式系统开发时，主要采用 C 语言作为编程语言，其程序框架由 C 语言搭建。

众所周知，高级语言易于使用，但所编译出的机器码在效率和空间上都不如直接用汇编语言"量身定做"的程序好，因此，对于 MCS-51 这类单片机一般需要用汇编语言编程，以弥补内部资源较少、运行速度较慢的不足。而采用 32 位 Cortex-M3 内核的单片机最高工作频率可达 72MHz，最大寻址空间为 4GB，可执行代码的空间最多可达 2GB，因此高级语言所编译出的机器码对于代码空间的额外开销以及因精简程度不够而对执行效率的影响都是微不足道的。就像 X86 系列 CPU 也有其指令系统，其复杂程度更高、功能也更强大，但汇编语言除了供操作系统和高级语言编译器开发者使用外，在应用系统开发中鲜有使用。同理，开发基于 ARM 单片机的嵌入式控制系统时，更倾向于用 C 语言开发应用程序，让开发者把精力集中在算法和控制功能的设计上。

虽然用 C 语言开发应用程序更加方便，所带来的空间和时间的额外开销在大多数情况下可以接受，但是，在一些需要高执行效率的环节，C 语言程序的编译结果可能无法满足要求，这就需要用汇编语言编写部分程序模块，与 C 语言程序混合使用。为达到可编写汇编程序模块的目的，本节将介绍 Cortex-M 汇编程序中最常用的指令及其语法，并辅以一些例程加深对指令用法的理解。

13.4.1 数据传送类指令

1. 两个寄存器间传送数据——MOV 指令、MVN 指令

(1) MOV 指令格式：MOV {cond} {S}   Rd, op2

功能：将源操作数 op2 传送到目的寄存器 Rd 中。通常 op2 是一个立即数、寄存器 Rn 或被移位的寄存器。S 选项决定指令的操作是否影响 CPSR 中条件标志位的值，有 S 时指令执行后的结果影响 CPSR 中条件标志位 N 和 Z 值，在计算第 2 操作数时更新标志 C，不影响 V 标志。例如：

```
MOV    R8, R3           ；将寄存器 R3 的值传送到寄存器 R8
MOV    R1, R0, LSL#3    ；将寄存器 R0 的值左移 3 位后传送到 R1
MOV    R0, #5           ；将立即数 5 传送到寄存器 R0
```

(2) MVN 指令格式：MVN {cond} {S}   Rd, op2

MVN 指令的功能同样是将源操作数 op2 传送到目的寄存器 Rd 中。其与 MOV 指令的不同之处在于，数据在传送之前被按位取反了，即把一个被取反的值传送到目的寄存器中。"cond" 和 "S" 的功能与 MOV 指令中相同。例如：

```
MVN    R8, R3    ；将 R3 按位取反，结果送至 R8
MVN    R0, #0    ；将立即数 0 取反传送到寄存器 R0 中，完成后 R0=-1
```

2. 寄存器与存储器间传送数据

用于访问存储器的基础指令是"加载（Load）"和"存储（Store）"。加载指令 LDR 用于把存储器中的内容传送到寄存器中。存储指令 STR 用于把寄存器的内容传送至存储器中。

(1) 存储器到寄存器传送——LDRx 指令。

LDRx 指令的 x 可以是 B（byte）、H（half word）、D（double word）或者省略 （word）。其应用格式及功能如表 13-9 所示。

表 13-9 存储器到寄存器传送指令示例

指令示例	功能描述
LDRB Rd，[Rn，♯offset]	从存储器地址 Rn+offset 处读取一个字节送到 Rd
LDRH Rd，[Rn，♯offset]	从存储器地址 Rn+offset 处读取一个半字送到 Rd
LDR Rd，[Rn，♯offset]	从存储器地址 Rn+offset 处读取一个字送到 Rd
LDRD Rd1，Rd2，[Rn，♯offset]	从存储器地址 Rn+offset 处读取一个双字（64 位整数）送到 Rd1（低 32 位）和 Rd2（高 32 位）中

【例 13-2】LDR 指令的应用举例——链表操作。

链表的节点包括 2 个字：第一个字包含一个字节数据；第二个字为指向下一个链表下一节点的指针。执行前 R0 指向链表头，R1 放要搜索的数据；执行后 R0 指向第一个匹配的元素。

```
llsearch                    ;标号，代表入口
CMP       R0，♯0            ;①
LDRNEB    R2，[R0]          ;②R0 不为 0，地址有效，取数据
CMPNE     R1，R2            ;③判断是否找到
LDRNE     R0，[R0，♯4]      ;④没找到，取下一个元素的地址
BNE       llsearch          ;⑤重复找
MOV       PC，LR            ;返回
```

条件后缀根据标志位确定，如 CMPNE R1，R2 在 Z=0，即不相等时才执行比较。需要注意的是，指令判断的标志是上一条比较指令产生的，即第②条指令 LDRNEB R2，[R0] 和第③条指令 CMPNE R1，R2 中条件后缀 NE 判断的标志是第①条指令 CMP R0，♯0 产生的，而第④、⑤条指令判断的标志是第①条或第③条指令产生的，因为如果 R0 = ♯0，则第②、③条指令都不执行，第④条指令的条件自然是第①条指令的执行结果；反之，如果 R0≠0，则第③条指令执行后产生新的相等标志供第④条指令判断。

从这段程序可以看出，指令带了条件后缀后，可以决定本条指令是否执行，不满足条件则本条指令不执行，继续往下走，与以往的跳转有明显区别。显然，这种方式更适合有预取指的流水线处理方式。

【例 13-3】LDR 指令的应用举例——简单的串比较。

执行前 R0 指向第一个串，R1 指向第二个串，执行后 R0 保存比较结果。

Strcmp		；标号，代表入口
LDRB	R2，[R0]，#1	；R2←[R0]，R0←R0+1
LDRB	R3，[R1]，#1	；R3←[R1]，R1←R1+1
CMP	R2，#0	；判断是否取到结尾符 0
CMPNE	R3，#0	；串 1 未结束，判串 2 是否结束，否则本条指令不执行
BEQ	return	；串 1 或串 2 结束，转到 return
CMP	R2，R3	
BEQ	strcmp	
return		
SUB	R0，R2，R3	；R0 为 0，两个字符串相同
MOV	PC，LR	

(2) 存储器到寄存器传送——LDMxy 指令。

LDMxy 是存储器到寄存器的批量传送指令，可以一次传送多个字。xy 的取值及含义如下：

x 可以为 I 或 D：I 表示自增（Increment）；D 表示自减（Decrement）。

y 可以为 A 或 B：表示自增或自减的时机，A 表示在访问后（After），B 表示在访问前（Before）。

LDMxy 指令的应用格式及功能如表 13-10 所示。

表 13-10 存储器到寄存器批量传送指令示例

指令示例	功能描述
LDMIA Rd!，{寄存器列表}	以 Rd 内容为地址，从该地址处读取多个字，并依次送到寄存器列表中的寄存器中。每读一个字后 Rd 自增一次（加 4）。16 位指令
LDMIA.W Rd!，{寄存器列表}	以 Rd 内容为地址，从该地址处读取多个字，并依次送到寄存器列表中的寄存器中。每读一个字后 Rd 自增一次（减 4）。32 位指令
LDMDB.W Rd!，{寄存器列表}	以 Rd 内容为地址，从该地址处读取多个字，并依次送到寄存器列表中的寄存器中，每读一个字前 Rd 自减一次（减 4）

LDRx 和 LDMxy 指令都是存储器到寄存器的传送指令，除了传送数据量不同外，还需特别注意：LDRx 指令中，第 1 操作数为寄存器，第 2 操作数为存储器地址，即第 2 操作数的内容送到第 1 操作数；而 LDMxy 指令正好相反，第 1 操作数为存储器地址，第 2 操作数为寄存器，执行结果是把第 1 操作数的内容送到第 2 操作数。

另外，指令中 Rd 后面的"！"为可选后缀，如果指令中地址表达式中不含"！"后缀，则基址寄存器中的地址值在指令执行后不会发生变化。反之，如果含有"！"后缀，则在指令执行后，基址寄存器中的地址值将发生变化。变化的结果为：

基址寄存器中的值（指令执行后）＝指令执行前的值＋地址偏移

需要注意的是，表 13-10 所列指令中的地址基址寄存器有隐性的偏移量，因为是按字进行传送，所以隐性偏移量是 4（字节）。

（3）寄存器到存储器传送——STRx 指令。

STRx 指令的应用格式及功能如表 13-11 所示。

表 13-11 寄存器到存储器传送指令示例

指令示例	功能描述
STRB　Rd，[Rn，♯offset]	把 Rd 中的低字节存储到地址 Rn＋offset 处
STRH　Rd，[Rn，♯offset]	把 Rd 中的低半字存储到地址 Rn＋offset 处
STR　Rd，[Rn，♯offset]	把 Rd 中的字存储到地址 Rn＋offset 处
STRD　Rd1，Rd2，[Rn，♯offset]	把 Rd1（低 32 位）和 Rd2（高 32 位）表达的双字存储到地址 Rn＋offset 处

（4）寄存器到存储器传送——STMxy 指令。

STMxy 指令是寄存器到存储器的批量传送指令，可以一次传送多个字。xy 的取值及含义与 LDMxy 指令相同。其应用格式及功能如表 13-12 所示。

表 13-12 寄存器到存储器批量传送指令示例

指令示例	功能描述
STMIA　Rd!，{寄存器列表}	将寄存器列表中各寄存器的值依次存储到 Rd 给出的地址中，每存一个字后 Rd 自增一次，16 位指令
STMIA.W　Rd!，{寄存器列表}	同上，32 位指令
STMDB.W　Rd!，{寄存器列表}	将寄存器列表中各寄存器的值依次存储到 Rd 给出的地址中，每存一个字后 Rd 自减一次

注意：寄存器到存储器传送指令 STR 和寄存器到存储器批量传送指令 STM 有所不同，前者的目标地址是第 2 操作数，而后者的目标地址是第 1 操作数。

【例 13-4】批量传送指令应用举例——简单块复制。

```
loop
    LDMIA    R12!，{R0 － R11}      ；从源数据区读取 12 个字至 R0~R11，R12
                                    为存储器基地址
    STMIA    R13!，{R0 － R11}      ；将 R0~R11 内容保存到存储器目标区，R12
                                    为存储器基地址
    CMP      R12，R14              ；是否到达源数据尾，R14 存数据尾
    BLO      loop                  ；R12＜R14，循环
```

【例13-5】批量传送指令应用举例——子程序进入/退出的数据保护和恢复。

  Function
   STMFD R13!,{R4-R12,R14} ;保存寄存器数据到堆栈,FD表示满递
                  减堆栈
   ……
   函数体
   ……
   LDMFD R13!,{R4-R12,R14} ;从堆栈中恢复寄存器

寄存器与存储器之间数据传送方向如表13-13所示。

表13-13 寄存器与存储器之间数据传送方向

指令类型	传送方向	指令示例	功能描述
LDR op1, op2	op1←op2	LDR R0,[R1]	将R1指示的存储器单元内容读取到R0
LDM op1, op2	op1→op2	LDMIA R12!,{R0-R9}	从R12指示的存储器单元读取10个字至R0~R9
STR op1, op2	op1→op2	STR R0,[R1]	将R0存储到R1给出的地址中
STM op1, op2	op1←op2	STMIA R0!,{R1-R3}	将R1~R3的值依次存储到R0给出的地址中,每存一个字后Rd +4

（5）堆栈操作。

- 将部分或全部寄存器的值压入堆栈：
  PUSH {寄存器列表}

每压入一个寄存器的值,SP减4,压入LR意味着保存了返回地址。
  例如：PUSH {R1, R2, LR}

- 从堆栈中弹出部分或全部寄存器的值：
  POP {寄存器列表}

每弹出一个寄存器的值,SP加4。如果弹出的值送入PC,则当POP指令执行后程序将转移到新的PC位置处执行。

3. 寄存器与特殊功能寄存器间传送数据

(1) MRS指令。

MRS指令的格式为：

  MRS {cond} 通用寄存器,程序状态寄存器（CPSR或SPSR）

MRS指令用于将程序状态寄存器的内容传送到通用寄存器中。该指令一般用于以下两种情况：

①当需要改变程序状态寄存器的内容时,可用MRS将程序状态寄存器的内容读入通用寄存器,修改后再写回程序状态寄存器。

②当在异常处理或进程间切换时，需要保存程序状态寄存器的值，可先用该指令读出程序状态寄存器的值，然后保存。

指令示例：

  MRS R0，CPSR   ；传送 CPSR 的内容到 R0
  MRS R1，SPSR   ；传送 SPSR 的内容到 R1

（2）MSR 指令。

MSR 指令的格式为：

  MSR {cond} 程序状寄存器（CPSR 或 SPSR）_<域>，操作数

MSR 指令用于将操作数的内容传送到程序状态寄存器的特定域中。其中，操作数可以为用寄存器或立即数。<域>用于设置程序状态寄存器中需要操作的位。程序状态寄存器可分为以下 4 个域：

- 位 [31:24] 为条件位域，用 f 表示；
- 位 [23:16] 为状态位域，用 s 表示；
- 位 [15:8] 为扩展位域，用 x 表示；
- 位 [7:0] 为控制位域，用 c 表示。

该指令通常用于恢复或改变程序状态寄存器的内容，使用时一般要在 MSR 指令中指明将要操作的域。

指令示例：

  MSR CPSR，R0   ；传送 R0 的内容到 CPSR
  MSR SPSR，R1   ；传送 R1 的内容到 SPSR
  MSR CPSR_c，R2 ；传送 R2 的内容到 CPSR，但只修改控制位域

数据传送类指令的助记符及目的与源的关系如图 13-9 所示。

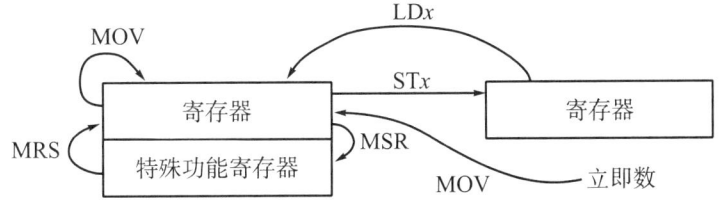

图 13-9 数据传送类指令示意图

4. 数据交换指令

功能：支持在存储器和寄存器之间交换数据，可进行字或字节的交换。

- SWP——字数据交换指令；
- SWPB——字节数据交换指令。

指令格式：

  交换指令 {cond} 目的寄存器，源寄存器 1，[源寄存器 2]

例如：

  SWP R0，R1，[R2]   ；将 R2 所指的存储器中的字数据传送到 R0，同时将
                R1 中的字数据传送到 R2 所指的存储器单元。

显然，当源寄存器 1 与目的寄存器是同一个寄存器时，就完成了寄存器与存储器间的交换操作。

SWPB 指令用于将源寄存器 2 所指向的存储器中的字节数据传送到目的寄存器中，目的寄存器的高 24 位清零，同时将源寄存器 1 中的低 8 位数据（低位字节）传送到源寄存器 2 所指向的存储器中。

13.4.2 传送指令基地址的预索引与后索引

数据传输类指令中，往往有基地址加偏移量形成新地址的情况。对于基地址加偏移量形成的新地址，指令有预索引与后索引两种处理方式。比较以下 3 条指令：

①LDR R0，[R1，#20]
②LDR R0，[R1，#20]!
③LDR R0，[R1]，#20

第 1 条指令是普通的带偏移量加载指令，功能是把地址 R1+offset 处的值加载到 R0 中，指令执行后 R1 的值不变。

第 2 条指令的功能同样是把地址 R1+offset 处的值加载到 R0 中，但指令执行后 R1=R1+20。两条指令的共同特点是先进行基地址与偏移量（可为负值）的运算，然后以运算结果为地址，取其内容加载到目标寄存器。这种先进行基地址与偏移量运算，再从新地址进行数据操作的方式称为预索引。

第 3 条指令是把 R1 的内容作为地址，将该地址内容加载到 R0 中，加载完毕后，修改 R1 内容为 R1= R1+20。这种先进行数据操作，再进行基地址与偏移量运算的方式称为后索引。后索引方式中基址寄存器是无条件被更新的，因此基址寄存器后面无需加"!"。

需要注意的是，第 2 条指令中的"!"是"基址寄存器变化值保留后缀"，很多教材和网络资料将"!"后缀与预索引绑在一块，其实二者没有必然联系，从指令形式上讲，只要基址寄存器和偏移量同在"[ ]"中，即为预索引，而"[ ]"中只有基址寄存器、偏移量在"[ ]"外则为后索引。因为后索引是在数据传送完成后再进行基地址与偏移量运算，因此其新的地址值必须保存，否则运算就没有意义了。

13.4.3 数据加载与存储指令中存储器地址表达形式

数据加载指令的基本格式为：

  LDR{cond} Rd，addr

其中，Rd 为目标寄存器，addr 为存储器的地址表达式，也称为第 2 操作数。addr 可表示为[Rn，offset]，其中 Rn 表示基址寄存器，offset 表示偏移量。

与数据加载指令格式类似，数据存储指令的基本格式为：

STR {cond}   Rd，addr

其中，addr 的含义与表示方法与数据加载指令相同。

addr 有以下几种表示形式：

1. 立即数

立即数可以是一个无符号的数值，这个数值既可以加到基址寄存器，也可以从基址寄存器中减去。例如：

    LDR   R5，[R6，# 0x08]   ;预索引
    STR   R6，[R7]，# −0x08   ;后索引

需要注意的是：立即数绝对值不得大于 4095，可使用带符号数，即取值在 −4095～ +4095 之间。

2. 寄存器

寄存器中的数值既可以加到基址寄存器，也可以从基址寄存器中减去。例如：

    LDR   R5，[R6，R3]   ;预索引
    STR   R6，[R7]，−R8   ;后索引

3. 寄存器移位

这种格式由一个通用寄存器和一个立即数组成，寄存器中的数值可以根据指令中的移位标志以及移位常数做一定的移位操作，生成一个地址偏移量。这个地址偏移量与基址寄存器值进行加/减运算形成存储器地址。例如：

    LDR   R3，[R2，R4，LSL#2]   ;R2 加上 R4 逻辑左移 2 位后的值
    LDR   R3，[R2]，−R4，LSR#3   ;R2 减去 R4 逻辑右移 3 位后的值

使用寄存器移位的方法计算偏移量时，移位的位数不能超过规定的数值。各类移位指令的移位位数规定如下：

    ASR   #n：算术右移（arithmetic shift right），$1<n<32$。
    LSL   #n：逻辑左移（logic shift left），$0<n<31$。
    LSR   #n：逻辑右移（logic shift right），$1<n<32$。
    ROR   #n：循环右移（rotate shift right），$1<n<31$。

4. 标号

这是一种简单的寻址方法。在这种方法中，程序计数器 PC 是隐含的基址寄存器，偏移量是语句标号所在的地址和 PC 所指向的当前正在执行指令的地址之间的差值。例如：

    LDR   R4，START

要注意语句标号不能指向程序存储器的程序存储区，可以指向程序存储器的数据存储区或数据存储器的数据存储区。另外，指向的区域是可修改的。

13.4.4 子程序调用和跳转指令

1. B 指令

指令格式:

 B {cond} Label

没有"cond"后缀时,是无条件跳转指令,跳转到 Label 对应的地址;有"cond"后缀时,满足条件则跳转到 Label 处。

2. BL 指令

指令格式:

 BL {cond} Label

BL 是另一个跳转指令,根据条件"cond"跳转到 Label 处,且跳转之前会将 PC 的当前内容保存到链接寄存器 LR(R14)中,因此,可以通过将 LR 的内容重新加载到 PC 来返回到跳转指令之后的那条指令处执行。该指令是实现子程序调用的一个基本且常用的手段。例如:

 BL Label ;程序无条件跳转到标号 Label 处,同时将当前的 PC 值保存到 LR 中

3. BX 指令

指令格式:

 BX reg

无条件跳转指令,跳转到由寄存器 reg 给出的地址。寄存器 reg 的 bit [0] 必须是 1,但跳转地址在创建时会把 bit [0] 置为 0。该指令根据 reg 的 LSB 切换处理器状态。

4. BLX 指令

指令格式:

 BLX Label

BLX 指令跳转到目标地址 Label,并将处理器的工作状态由 ARM 状态切换到 Thumb 状态,同时将 PC 的当前内容保存到寄存器 LR 中。因此,当子程序使用 Thumb 指令集而调用者使用 ARM 指令集时,可以通过 BLX 指令实现子程序的调用和处理器工作状态的切换。同时,可以通过将寄存器 LR 的值复制到 PC 中来完成子程序的返回。

例如:

 B loop ;无条件跳转到 loop 的位置
 BLE loop ;满足 LE 条件,则跳转到标号 loop
 B.W loop ;在 16 MB 内跳转到 loop

跳转指令的跳转范围如下：

操作数		跳转范围
B	lable	$-16\sim+16$MB
B{cond}	label（IF-THEN 块外）	$-1\sim+1$MB
B{cond}	label（IF-THEN 块内）	$-16\sim+16$MB
BL{cond}	label	$-16\sim+16$MB
BX{cond}	reg	寄存器可以表示任何值

5．条件执行指令——IT 块指令

IT 块指令是以 CPSR 中的相关标志为条件的一个 if-then-else 程序块。

指令格式：

IT{x{y{z}}} {cond}

其中：
- cond：指定 IT 块中第一个指令的条件。
- x：指定 IT 块中第二个指令的条件开关。
- y：指定 IT 块中第三个指令的条件开关。
- z：指定 IT 块中第四个指令的条件开关。

IT 块中的"x、y、z"条件开关可以是下列项之一：
- T：表示 Then，将条件 cond 应用于指令。
- E：表示 Else，将条件 cond 的相反条件应用于指令。

从指令格式可以看出，IT 块指令最多有 4 个条件，因此，一个块最多有 4 条指令，当然也可以少于 4 条。

【例 13-6】IT 块指令示例。

```
CMP     R0，R1          ；比较 R0 和 R1，CPSR 相关标志位记录比较结果
                         （相等、大于、小于……）
ITTEE   EQ             ；指令格式中 x=T、y=E、z=E、cond=EQ，即
                         其后的第 1、2 条语句在 R0=R1 时执行；第 3、
                         4 条语句在 R0≠R1 时执行
ADDEQ   R3，R4，R5      ；根据条件 cond，R0=R1 时 R3= R4+R5
ASREQ   R4，R3，#1      ；"x"开关，R0=R1 时 R3 算术右移一位送 R4
ADDNE   R3，R6，R7      ；"y"开关，R0≠R1 时 R3= R6+R7
ASRNE   R5，R3，#1      ；"z"开关，R0≠R1 时 R3 算术右移一位送 R5
```

相应的 C 语言程序为：

```
if(R0==R1)
   {  R3= R4+R5
      R4 = R3 / 2;
```

```
        }
     else
        {   R3= R6+R7
            R5 = R3 / 2;
        }
```

【例 13-7】R0 的内容为 0x00~0x0F,将其转换成 ASCII 码表示的 '0'~'9' 或（'A'~'F'）。

```
CMP     R0, #0x09
ITE     GT
ADDGT   R1, R0, #55    ; 大于 9 为字母, 'A' 的 ASCII 码为 65
ADDLE   R1, R0, #48    ; 不大于 9 为数字, '0' 的 ASCII 码为 48
```

【例 13-8】如果 R4 的内容为 0,则将 R1 的内容复制到 R0,且 R2 自增 10；否则 R3 高位清零,只保留最低位的值。

```
CMP     R4, #0
ITTE    EQ
MOVEQ   R0, R1         ; 满足 EQ 条件,则 R0=R1
ADDEQ   R2, R2, #10    ; 满足 EQ 条件, R2+=10
ANDNE   R3, R3, #1     ; 满足 NE 条件, R3&=1
```

IT 块指令使用注意事项：

• 分支指令和修改 PC 值的指令必须放在 IT 块外或 IT 块最后一条；

• IT 块里每条指令必须带条件码后缀,条件必须与 "cond" 相同或相反,且与 "x、y、z" 一致。

13.4.5 数据比较类指令

数据比较指令有 CMP、CMN、TST 和 TEQ 等 4 条。

1. CMP 指令

CMP 指令将两个操作数的值相减,结果不保存,但根据减法结果影响 CPSR 中相应标志位,供后续指令条件后缀使用。例如：

```
CMP     R1, R2         ; 做 R1-R2 操作,结果不保存,但影响相应标志位
CMP     R1, #10        ; 做 R1-10 操作,结果不保存,但影响相应标志位
```

2. CMN 指令

CMN 指令用于把一个寄存器的内容和另一个寄存器的内容或立即数取反后进行比较操作,根据运算结果影响 CPSR 中的标志位。该指令实际完成操作数 1 和操作数 2 相加,并根据结果更改条件标志位。

3. TST 指令

TST 是位测试指令，用于把一个寄存器的内容和另一个寄存器的内容或立即数进行按位的与运算，并根据运算结果更新 CPSR 中条件标志位的值。操作数 1 是要测试的数，而操作数 2 是一个位掩码。该指令一般用来检测是否设置了特定的位，格式如下：

  TST {cond}　　操作数 1，操作数 2

例如：

  TST　　R0，♯0x0000_0040　　　　　；测试 R0 的位 3 是否为 1

TST 指令通常和 EQ、NE 条件码配合使用，当所有测试位为 0 时，EQ 有效，而只要有一个测试位不为 0，则 NE 有效。

4. TEQ 指令

TEQ 是相等测试指令，该指令把一个寄存器的内容和另一个寄存器的内容或立即数进行按位异或运算，并根据运算结果更新 CPSR 中的条件标志位，用于比较两个操作数是否相等。如果相等，则 Z=1，否则 Z=0。该指令通常和 EQ、NE 条件码配合使用。例如：

  TEQ　　R1，R2
  TST　　R1，♯%1　　　　；测试 R1 中是否设置了最低位（%表示二进制数）

13.4.6　逻辑运算与移位指令

1. 逻辑运算类指令

逻辑运算类指令有 AND、ORR、EOR 和 BIC 等 4 条，指令格式为：

  逻辑类指令 {cond}{S}　　目的寄存器，操作数 1，操作数 2

有 S 选项，说明运算结果影响 CPSR 的条件标志位；没有 S 选项，则不影响 CPSR 的条件标志位。操作数 1 应该是一个寄存器，操作数 2 可以是一个寄存器、被移位的寄存器或一个立即数。

AND、ORR 和 EOR 三条指令将第 1 操作数和第 2 操作数进行按位与/或/异或操作，并把结果放入目的寄存器。AND 指令常用于将操作数 1 的某个位置"0"；ORR 指令常用于将操作数的某个位置"1"；EOR（异或）指令常用于将操作数 1 的某些位取反（与 1 异或），其他位保持不变（与 0 异或）。

BIC 指令用于清零操作数 1 的某些位，并把结果放入目的寄存器中；如在掩码中设置了某一位，则清除这一位，未设置掩码的位保持不变。例如：

  BIC　　R1，R1，♯0x0F　　　　；将 R1 的低四位清零，其他位不变

2. 移位指令

移位指令共有以下 5 条：

- 算术右移（arithmetic shift right）：ASR。
- 逻辑左移（logic shift left）：LSL。
- 逻辑右移（logic shift right）：LSR。
- 循环右移（rotate shift right）：ROR。
- 带扩展的循环右移（rotate shift right with extend）：RRX，指令中的扩展位指 CPSR 的 C 位。

指令格式为：

Rn，指令助记符♯n

指令中的 n 指定移动位数，既可以是 0～31 的立即数，也可以是内容为 0～31 的寄存器。例如：

R1， LSL♯3
R1， LSR R2 ；R2 的值为 0～31

逻辑左移按指令给出的位数向高有效位方向移位，最低有效位用零来填充。除概念上的第 33 位（就是被移出的最小的那位）之外，丢弃移出最左端的高位。如果指令带 S 后缀，则最后的移出位将成为退出时进位标志的值。

逻辑右移在概念上与左移相对：把所有位向更低有效位方向移动，左端用零来填充。如果指令带 S 后缀，则把最后被移出最右端的那位置于进位标志中。

各类移位指令的移位方式如图 13-10 所示。

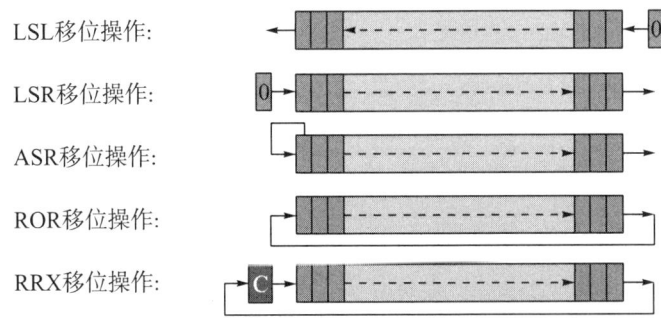

图 13-10 移位指令的移位方式

13.4.7 算术运算类指令

算术运算类指令包括加减指令、乘法指令、乘加指令几个小类。

1. 加减运算指令

指令格式为：

指令助记符 {cond} {S}　　目的寄存器，操作数 1，操作数 2

指令中目的寄存器以及操作数 1 和操作数 2 使用的寄存器必须在 R0～R7 之间。操作数 1 应该是一个寄存器，操作数 2 可以是一个寄存器、被移位的寄存器或一个立即数。例如：

  ADDS R1，R1，♯10   ；结果影响标志位
  ADD   R1，R1，R2   ；结果不影响标志位
  ADD   R3，R1，R2，LSL ♯2 ；R3 = R1 + (R2 << 2)

 • ADD 指令完成的功能是将操作数 1 加上操作数 2，结果送到目的寄存器。
 • ADC 指令完成的功能是将操作数 1 加上操作数 2，再加上标志位 C 的值，结果送到目的寄存器。
 • SUB 指令完成的功能是将操作数 1 减去操作数 2，结果送到目的寄存器。
 • SBC 指令完成的功能是将操作数 1 减去操作数 2，再减去标志位 C 的取反值（C 标志是进位或者无借位标志位，无借位为 1），结果送到目的寄存器。
 • RSB（逆向减法指令）完成的功能是将操作数 2 减去操作数 1，结果送到目的寄存器。
 • RSC（带借位的逆向减法指令）完成的功能是将操作数 2 减去操作数 1，再减去标志位 C 的取反值，结果送到目的寄存器。

【例 13-9】加减运算指令示例。

  SUB R0，R2，♯250   ；R0 = R2－250，结果不影响标志位
  SUB SR0，R2，R3，LSL ♯1 ；R0 = R2－(R3<<1)，结果影响标志位
  SUB SP，♯380   ；SP = SP－40
  SBC R0，R1，R2   ；R0 = R1－R2 － /C
  RSCS R0，R1，R2   ；R0 = R2－R1 － /C，结果不影响标志位

2. 乘法指令与乘加指令

Cortex-M3 微处理器支持的乘法指令与乘加指令共有 6 条，可分为运算结果为 32 位和运算结果为 64 位两类。与前面的数据处理指令不同，指令中的所有操作数、目的寄存器必须为通用寄存器，操作数不能使用立即数或被移位的寄存器。同时，目的寄存器和操作数 1 必须是不同的寄存器。

 • MUL 指令。
指令格式：

  MUL {cond} {S} Rd，op1，op2

功能：目的寄存器 Rd = op1×op2，同时可以根据运算结果设置 CPSR 中相应的条件标志位 N 和 Z。op1 和 op2 均为 32 位的有符号数或无符号数。

 • MLA 指令。
指令格式：

  MLA {cond} {S} Rd，op1，op2，op3

功能：目的寄存器 Rd = op1×op2 + op3，同时可以根据运算结果设置 CPSR 中相应的条件标志位 N 和 Z。op1 和 op2 均为 32 位的有符号数或无符号数。

- SMULL 指令（S——Signed，有符号）。

指令格式：

  SMULL { cond }{S} 目的寄存器 Low，目的寄存器 High，op1，op2

功能：目的寄存器 Low =（op1×op2）的低 32 位，目的寄存器 High =（op1×op2）的高 32 位，同时可以根据运算结果设置 CPSR 中相应的条件标志位。op1 和 op2 均为 32 位的有符号数。

例如：

  SMULL R0，R1，R2，R3 ；R0 =（R2×R3）的低 32 位
              ；R1 =（R2×R3）的高 32 位

- SMLAL 指令（S——Signed，有符号）。

指令格式：

  SMLAL {cond}{S} 目的寄存器 Low，目的寄存器 High，op1，op2

功能：目的寄存器 Low =（op1×op2）的低 32 位 + 目的寄存器 Low，目的寄存器 High =（op1×op2）的高 32 位 + 目的寄存器 High，同时可以根据运算结果设置 CPSR 中相应的条件标志位。op1 和 op2 均为 32 位的有符号数。

例如：

  SMLAL R0，R1，R2，R3 ；R0 =（R2×R3）的低 32 位 + R0
              ；R1 =（R2×R3）的高 32 位 + R1

- UMULL 指令（U——UnSigned，无符号）。

指令格式：

  UMULL {cond}{S} 目的寄存器 Low，目的寄存器 High，op1，op2

功能：目的寄存器 Low =（op1×op2）的低 32 位，目的寄存器 High =（op1×op2）的高 32 位，同时可以根据运算结果设置 CPSR 中相应的条件标志位。op1 和 op2 均为 32 位的无符号数。

例如：

  UMULL R0，R1，R2，R3 ；R0 =（R2×R3）的低 32 位
              ；R1 =（R2×R3）的高 32 位

- UMLAL 指令（U——UnSigned，无符号）

指令格式：

  UMLAL {cond}{S} 目的寄存器 Low，目的寄存器 High，op1，op2

功能：目的寄存器 Low =（op1×op2）的低 32 位+目的寄存器 Low，目的寄存器 High =（op1×op2）的高 32 位+目的寄存器 High，同时可以根据运算结果设置 CPSR 中相应的条件标志位。op1 和 op2 均为 32 位的无符号数。

例如：

　　UMLAL　R0，R1，R2，R3　　；R0 =（R2×R3）的低 32 位 + R0
　　　　　　　　　　　　　　　 ；R1 =（R2×R3）的高 32 位 + R1

Cortex-M3 指令系统还有许多其他指令，如异常产生指令、协处理器指令等。由于基于 ARM 处理器的系统的应用程序一般用 C 语言开发，这些指令在应用程序中少有用到，本书不再进行介绍，如有需要可参考 Cortex-M3 技术参考手册。

13.5　ARM 伪指令

ARM 的汇编语言编译系统一般支持符号定义伪指令、数据定义伪指令、汇编控制伪指令、宏指令以及其他伪指令。在汇编程序中使用伪指令可提高程序的可读性。

13.5.1　符号定义伪指令

符号定义伪指令用于定义 ARM 汇编程序中的变量、对变量赋值以及定义寄存器的别名等操作。常用的符号定义伪指令有如下几种：

1. 全局变量定义伪指令：GBLA、GBLL 和 GBLS

语法格式：

　　GBLA（GBLL 或 GBLS）　 全局变量名

上述 3 个伪指令均用于定义一个 ARM 程序中的全局变量，并将其初始化。由于这 3 个伪指令用于定义全局变量，因此在整个程序范围内变量名必须唯一。它们的区别在于：

- GBLA 用于定义一个全局的数字变量，并初始化为 0；
- GBLL 用于定义一个全局的逻辑变量，并初始化为 F（假）；
- GBLS 用于定义一个全局的字符串变量，并初始化为空。

使用示例：

　　GBLA　Tmp　　　　　　　　；定义一个全局的数字变量，变量名为 Tmp
　　Tmp　　SETA　0xFF　　　　；将该变量赋值为 0xFF
　　GBLL　Turnon　　　　　　 ；定义一个全局的逻辑变量，变量名为 Turnon
　　Turnon　SETL　{TRUE}　　 ；将该变量赋值为真
　　GBLS　Chars　　　　　　　；定义一个全局的字符串变量，变量名为 Chars
　　Chars　SETS　"Today"　　 ；将该变量赋值为"Today"

2. 局部变量定义伪指令：LCLA、LCLL 和 LCLS

语法格式：

　　LCLA（LCLL 或 LCLS）　 局部变量名

上述 3 个伪指令与全局变量定义伪指令作用相似，均用于定义一个局部变量，并将其初始化。初始化值与对应的全局变量定义伪指令初始化值相同。

3. 变量赋值伪指令：SETA、SETL、SETS

语法格式：

　　变量名　SETA（SETL 或 SETS）　表达式

这 3 个伪指令用于给一个已经定义的全局变量或局部变量赋值，变量类型分别为数字、逻辑变量和字符串变量。使用示例如上。

4. RLIST 伪指令

语法格式：

　　名称　RLIST　｛寄存器列表｝

RLIST 伪指令用于给一个通用寄存器列表定义名称，所定义的名称可在 LDM/STM 批量传送指令中使用，以简化书写，并避免多次使用过程中因疏忽造成寄存器列表内容不一致。

使用示例：

　　SpeedList　RLIST ｛ R10，R1－R3，R5－R7 ｝　　;将寄存器列表名称定义为 SpeedList
　　LDMIA　　R0!，SpeedList　　　　　　　　　　;从 R0 指示的存储单元读取多个字，并依次送到 R1～R3，R5～R7 和 R10 中

13.5.2　数据定义伪指令

数据定义伪指令一般用于为特定的数据分配存储单元，同时可完成已分配存储单元的初始化。常见的数据定义伪指令有以下几种：

（1）DDCB：分配一片连续的字节存储单元并用指定的数据初始化。

（2）DCW（DCWU）：分配一片连续的半字存储单元并用指定的数据初始化。

（3）DCD（DCDU）：分配一片连续的字存储单元并用指定的数据初始化。

（4）DCFD（DCFDU）：为双精度浮点数分配一片连续的字存储单元并用指定的数据初始化。

（5）DCFS（DCFSU）：为单精度的浮点数分配一片连续的字存储单元并用指定的数据初始化。

（6）DCQ（DCQU）：分配一片以 8 字节为单位的连续的存储单元并用指定的数据初始化。

（7）SPACE：分配一片连续的存储单元。

（8）MAP：定义一个结构化的内存表首地址。

（9）FIELD：定义一个结构化的内存表的数据域。

数据定义伪指令使用示例：

DStr	DCB	"This is a test"	；分配一片连续的字节存储单元，并依次存入"This is a test"各字母的 ASCII 码
SPData	DCW	1，2，3，5	；分配一片连续的半字存储单元并初始化
NumData	DCD	4，21，30	；分配一片连续的字存储单元并初始化
DFdata	DCFD	2e115，−3e4	；分配一片连续的字存储单元并初始化为指定的双精度数据。
SFdata	DCFS	2e5，−5e，8	；分配一片连续的字存储单元并初始化为指定的单精度数据
RecData	DCQ	200	；分配 200 个连续的存储单元。
StorSpace	SPACE	100	；分配 100 字节的连续存储单元并初始化为 0
MAP	0x100，R0		；定义结构化内存表首地址的值为 0x100+R0

MAP 与 FIELD 伪指令通常是配合使用的，典型用法如下：

MAP	0x2000		；定义结构化内存表的首地址为 0x2000
Speed	FIELD	16	；定义 Speed 数据域的长度为 16 字节，位置从 0x2000 开始
Counter	FIELD	32	；定义 Counter 数据域的长度为 32 字节，位置从 0x2010 开始
Data	FIELD	256	；定义 Data 数据域的长度为 256 字节，位置从 0x2030 开始

注意：

①MAP 伪指令的语法格式为：

MAP　表达式　{，基址寄存器}

表达式可以为程序中的标号或数学表达式；基址寄存器为可选项，如果有该选项，内存表的首地址为表达式的值与基址寄存器之值的和，否则表达式的值即为内存表的首地址。

②MAP 和 FIELD 伪指令仅用于定义数据结构，并不实际分配存储单元。

13.5.3　汇编控制伪指令

汇编控制伪指令用于控制汇编程序的执行流程。常用的汇编控制伪指令包括以下几条：

1. NOP

空操作，在 ARM 指令集中这是一条伪指令而不是指令。

2. LDR

这条指令本身是数据加载指令，用于将存储器某单元的字读取（加载）到寄存器中，如 13.4.1 节所介绍，但在读取地址的时候是一条伪指令。指令格式为：

①LDR　Rd，=const

例如：

　　LDR　R0，=0x1234　　　；R0 = 0x1234

②LDR　Rd，=label

例如：

　　LDR　R0，=label　　　；R0=label 的地址

3. IF—ELSE—ENDIF

语法格式：

　　IF 逻辑表达式
　　　指令序列 1
　　ELSE
　　　指令序列 2
　　ENDIF

这一组伪指令能根据条件的成立与否决定是否执行某个指令序列：若 IF 后面的逻辑表达式为真，则执行指令序列 1，否则执行指令序列 2。其中，ELSE 及指令序列 2 可以没有，此时，若 IF 后面的逻辑表达式为真，则执行指令序列 1，否则直接执行 ENDIF 后面的指令。另外，IF—ELSE—ENDIF 伪指令可以嵌套使用，与高级语言编程中的使用方法类似。

4. WHILE—WEND

语法格式：

　　WHILE 逻辑表达式
　　　　指令序列
　　WEND

该组伪指令根据逻辑表达式结果的"真/假"决定是否循环执行 WHILE—WEND 之间的指令序列。若 WHILE 后面的逻辑表达式为真，则执行指令序列。该指令序列执行完毕后，再判断逻辑表达式的值，若为真则继续执行，一直到逻辑表达式的值为假。等同于高级语言中的 WHILE 循环。

该伪指令也可以嵌套使用。

5. MACRO—MEND

语法格式：

　　MACRO
　　　　$标号 宏名 $参数 1，$参数 2，……
　　　　指令序列

MEND

该组伪指令可以将一段代码定义为一个整体，称为宏指令，程序中可以通过宏指令多次调用该段代码。其中，＄标号在宏指令被展开时，会被替换为用户定义的符号。宏指令可以使用一个或多个参数，当宏指令被展开时，这些参数被相应的值替换。

包含在 MACRO 和 MEND 之间的指令序列称为宏定义体，在宏定义体的第一行应声明宏的原型（包含宏名所需的参数），然后就可以在汇编程序中通过宏名来调用该指令序列。在源程序被编译时，汇编器将宏调用展开，用宏定义中的指令序列代替程序中的宏调用，并将实际参数的值传递给宏定义中的形式参数。

宏指令的功能和使用方式与子程序有些相似。子程序可以提供模块化的程序设计，节省存储空间并提高运行速度，但在使用子程序结构时需要保护现场，从而增加了系统的开销。而宏指令在编译时，其指令序列将复制到宏指令处（展开），因此，实际上没有调用—返回等操作，也不需要保护现场，因而执行速度更快，只是占用的程序空间增大。在代码较短且需要传递的参数较多时，可以使用宏指令代替子程序。本质上，使用宏指令只是为了避免在编程阶段多次重复书写相同程序段，但程序编译后，相同程序段却是多处存在的。

MACRO-MEND 伪指令可以嵌套使用——为了避免多次重复书写相同程序段。

6．MEXIT

语法格式：

MEXIT

MEXIT 伪指令用于从宏定义中跳转出去。

7．ENTRY

语法格式：

ENTRY

ENTRY 伪指令用于指定汇编程序的入口点。在一个完整的汇编程序中至少要有一个 ENTRY（也可以有多个，当有多个 ENTRY 时，程序的真正入口点由链接器指定），但是在一个源文件里只能有一个 ENTRY 伪指令或没有。

8．EQU

语法格式：

名称　EQU　表达式｛，类型｝

EQU 伪指令用于为程序中的常量、标号等定义一个等效的字符名称，类似于 C 语言 #define 和 MCS-51 的 EQU 伪指令。其中，EQU 可用"＊"代替。当表达式为 32 位常量时，可以指定表达式的数据类型，包括 CODE16、CODE32 和 DATA 三种。

使用示例：

Test　EQU　50　　　　　　　　;定义标号 Test 的值为 50d

Addr EQU 0x55，CODE32 ；定义 Addr 的值为 0x55，且该处为 32 位的 ARM 指令

9. AREA

语法格式：

AREA sectionName {，attr} {，attr}

AREA 伪指令用于定义一个代码段或者数据段。sectionName 为所定义的代码段或者数据段的名称，如果该名称以数字开头，则名称必须用"｜"括起来，如｜1_datasec｜。还有一些代码段具有约定的名称，如｜.text｜。

attr 是该代码段（或程序段）的属性，在 AREA 伪操作中，各属性间用逗号隔开，常用的属性有以下几种：

- CODE：定义代码段，默认属性为 READONLY。
- COMDEF：定义一个通用的段，该段可以包含代码或者数据，在各源文件中，同名的 COMDEF 段必须相同。
- DATA：定义数据段，默认属性为 READWRITE。
- READONLY：指定本地为只读，代码段的默认属性为 READONLY。
- READWRITE：指定本地为可读可写，是数据段的默认属性。

10. EXPORT

语法格式：

EXPORT symbol {[WEAK]}

EXPORT 伪指令用于声明一个源文件的符号，使得该符号能够被其他源文件引用。symbol 为声明的符号的名称，区分大小写；[WEAK] 选项声明其他的同名符号优先于本符号被引用。

11. IMPORT

语法格式：

IMPORT symbol{[WEAK]}

IMPORT 伪指令用于通知编译器当前的符号不是在本源文件中定义的，而是在其他源文件中定义的，但在本源文件中可能引用该符号，而且不论本源文件是否实际引用该符号，该符号都被加入本源文件的符号表中。其中：

- symbol 为声明的符号的名称，区分大小写。
- 有 [WEAK] 选项时，如果 symbol 在所有的源文件都没有定义，编译器也不会产生任何错误信息，同时编译器也不会到当前被嵌入（include）进来的库中去查找该符号。
- 如果 IMPORT 伪指令声明一个符号由其他源文件定义，而链接器进行链接处理时不能解析该符号，且没有指定 [WEAK] 选项，则链接器将会报告错误。
- 如果该符号被 B 或者 BL 指令引用，则符号被设置成下一条指令的地址。

还有一些伪指令在汇编程序中也会被用到，例如 ALIGN、CODE16、CODE32、RN、ROUT 以及 EXTERN 等，但 ARM 应用程序开发以 C 语言为主，使用复杂汇编结构编写完整应用程序的可能性较小，因此，本书对不常用的指令、伪指令不进行全面介绍，需要时可以参考相关指令系统和编译器的技术资料。

13.6　ARM 汇编与 C 语言混合编程

在基于 ARM 单片机的嵌入式系统开发中，应用程序主要用 C 语言和汇编语言编写。在稍大规模的嵌入式软件中，大部分的代码都是用 C 语言编写的，主要是因为 C 语言的结构比较好，作为高级语言的可读性好，编程难度较汇编语言小，而且有大量的支持库可以调用。

尽管如此，汇编语言效率更高，对硬件的支撑性更好，某些地方使用汇编语言更合适，例如硬件系统的初始化，包括 CPU 状态的设定、中断的使能、主频的设定、I/O 口使用，以及 RAM 的控制参数设置及初始化等，一些中断处理也可能涉及汇编。另外，一些对性能非常敏感的程序段依靠 C 编译器生成的代码不一定能满足要求，而需要手工编写汇编代码以达到优化的目的。因此，掌握汇编语言的编程方法，具有使用汇编语言编写性能敏感程序模块的能力也是必需的。

基于上述原因，本书不对纯粹的 C 语言或者汇编编程方法进行全面系统介绍（这类书籍很多，需要时可参考），而主要介绍 C 语言和汇编语言的混合编程及相互之间的函数调用方法。C 语言与汇编语言的函数调用涉及参数传递时需要按照 ATPCS（ARM Thumb Procedure Call Standard）的规定进行。

13.6.1　ATPCS 函数调用规则

为了使单独编译的 C 语言程序和汇编程序之间能够相互调用，必须为子程序之间的调用规定一定的规则。ATPCS 就是 C 语言模块（函数）和汇编模块（函数）相互调用的一套规则，按照该规定易于实现两种语言程序的模块化设计。ATPCS 规定了函数调用时参数传递和返回方式以及寄存器和堆栈使用规则，具体内容如下：

1. 参数的传递规则

（1）整数参数的前 4 个使用 R0~R3 传递，其他参数使用堆栈传递。

（2）浮点参数使用编号最小且能够满足需要的一组连续的浮点寄存器传递参数。

2. 子程序结果返回规则

（1）子程序的返回结果为一个 32 位整数时，通过 R0 返回；结果为一个 64 位整数时，通过 R0 和 R1 返回，依此类推。

（2）结果为浮点数时，通过浮点运算部件的寄存器 F0、D0 或者 S0 返回。

（3）结果为一个复合浮点数时，可以通过寄存器 F0~Fn 或者 D0~Dn 来返回。

（4）对于位数更多的结果，通过调用内存来传递。

3. 寄存器的使用规则

（1）子程序之间通过寄存器 R0~R3 来传递参数，当参数多于 4 个时使用堆栈来传递数。此时 R0~R3 可记作 A1~A4。

（2）在子程序中，使用寄存器 R4~R11 保存局部变量，因此进行子程序调用时要注意寄存器的保存和恢复。此时 R4~R11 可记作 V1~V8。

（3）寄存器 R12 用于保存堆栈指针 SP，当子程序返回时使用该寄存器出栈，记作 IP。

（4）寄存器 R13 用作堆栈指针，记作 SP。在子程序中寄存器 R13 不能用作其他用途，且 SP 在进入子程序时的值和退出子程序时的值必须相等。

（5）寄存器 R14 称为链接寄存器，记作 LR，用于保存子程序的返回地址。如果在子程序中保存了返回地址，则 R14 可用作其他的用途。

（6）寄存器 R15 称为程序计数器，记作 PC。

4．堆栈的使用规则

ATPCS 规定采用满递减型（Full Descending，FD）堆栈，即压栈时地址向下减小，弹栈时地址向上增大，堆栈指针指向内含有效数据项的最低地址。

C 语言和汇编混合编程主要涉及在 C 语言程序中内嵌汇编、在汇编程序中使用 C 语言程序定义的全局变量、在 C 语言程序中调用汇编程序（函数）以及在汇编程序中调用 C 语言程序的函数等情况。下面分别进行介绍。

13.6.2　在 C 语言程序中内嵌汇编

在 C 语言中可内嵌大部分的 ARM 和 Thumb 指令，但与汇编文件指令的使用有些不同，存在以下几个方面的限制：

①不能直接向 PC 寄存器赋值，程序跳转要使用 B 或者 BL 指令。

②在使用物理寄存器时，不要使用过于复杂的 C 表达式以避免物理寄存器冲突。

③R12 和 R13 可能被编译器用来存放中间编译结果，计算表达式值时可能将 R0~R3、R12 及 R14 用于子程序调用，因此要避免直接使用这些物理寄存器而由编译器统一安排。

④一般不要直接指定物理寄存器，而让编译器进行分配。

内嵌汇编使用的标记是_asm 或者 asm 关键字，使用方法如下：

（1）多条汇编指令：

```
_asm
{
    汇编指令    [；注释]
    汇编指令
    ……
}
```

（2）单条汇编指令：

```
asm（"汇编指令    [；注释]"）；
```

【例 13-10】C 程序中内嵌汇编示例。

```
#include <stdio.h>
void my_strcpy(const char * src, char * dest)
{
char ch;
_asm;
{
    loop
        LDRB    ch, [src], #1        ; 后索引
        STRB    ch, [dest], #1
        CMP     ch, #0
        BNE     loop
    }
}
int main()
{
char * a=" Hello World!";
char b[64];
my_strcpy(a, b);
printf("原串:%s", a);
 printf("复制串:%s", b);
return 0;
 }
```

本例中 C 语言程序和汇编程序之间的值传递是用 C 语言的指针来实现的,因为指针对应的是地址,所以汇编程序中也可以访问。

13.6.3　在 C 语言程序中调用汇编程序

在 C 语言程序中内嵌汇编不用单独编辑汇编语言文件,使用相对简单,但是有诸多限制。当汇编的代码较多时,一般放在单独的汇编文件中,通过在 C 语言程序中调用汇编文件中的程序(函数)实现 C 语言和汇编的混合编程。采用这种方法时,一方面需要在 C 语言程序中声明函数原型,并加 extern 关键字;另一方面需要在汇编程序中用 EXPORT 导出函数名并用该函数名作为汇编代码段的标识,汇编代码段最后用 MOV　PC, LR 指令返回调用者。经过这些处理,就可以在 C 语言程序中使用该函数了。从 C 语言程序的角度,并不知道该函数是用 C 语言还是汇编语言实现的,这是因为 C 语言程序的函数名起到表明函数代码起始地址的作用。

【例 13-11】C 语言程序调用汇编文件中的程序(函数)示例。

#include <stdio.h>

```
extern void asm_strcpy (const char * src, char * dest) //声明函数原型
int main ( )
  {
    const char * s = " Wellcome to ChengDu";
    char d [32];
    asm_strcpy (s, d);
    printf ("source: %s", s);
    printf ("destination: % s", d);
    return 0;
  }
; 汇编语言程序
  AREA asmfle, CODE, READONLY   ; 定义 "asmfle" 代码段
  EXPORT   asm_strcpy           ; 声明一个可全局引用的标号 "asm_strcpy"
asm_strcpy
  loop
    LDRB  R4, [R0], #1    ; 后索引, R0 为传递的第 1 个参数, 源串指针
    CMP   R4, #0
    BEQ   over
    STRB  R4, [Rl], #1    ; 后索引, R1 为传递的第 2 个参数, 目的串指针
    B     loop
over
    MOV   PC, LR
    END
```

本例中 C 语言程序和汇编程序之间的参数传递是按照 ATPCS 规则进行的, 即参数不多于 4 个时, 使用 R0~R3 来进行传递。函数的返回值通过 R0 来返回, 但本例中无返回值, 复制的字符串直接送入了 R1 指向地址, 即调用时 C 语言程序中的 dest 指针所指向的内存空间。

13.6.4　在汇编程序中使用 C 语言程序定义的全局变量

上节介绍了在 C 语言程序中调用汇编程序的方法, 参数传递按照 ATPCS 规则进行, 另一种简便的参数传递方法就是使用全局变量。

【例 13-12】在汇编程序中使用 C 语言程序定义的全局变量。

```
/* cfile.c
定义全局变量, 并作为主调程序 */
#include <stdio.h>
    int gVar = 12;
    extern   asmDouble (void); 声明函数原型
```

```
    int main ( )
    {
      printf ("全局变量 gVar 原值为：%d", gVar);
      asmDouble ();
      printf ("修改后的 gVar 值：%d", gVar);
      return 0;
    }
```

对应的汇编语言文件如下：

```
    AREA asmfle，CODE，READONLY    ;定义"asmfle"代码段
    EXPORT asmDouble              ;声明一个可全局引用的标号"asmDouble"
    IMPORT gVar                   ;引用其他源文件定义的标号
asmDouble
    LDR     R0，= gVar
    LDR     R1，[R0]
    MOV     R2，#2
    MUL     R3，R1，R2
    STR     R3，[R0]
    MOV     PC，LR
    END
```

上述汇编程序中，先用伪指令 EXPORT 声明一个可全局引用的标号（函数名）"asmDouble"，在 C 语言程序中就可以像调用其本身的函数一样调用该汇编程序。汇编程序用伪指令 IMPORT 引用 C 源文件定义的全局变量 gVar，然后将其地址赋给 R0，从其地址中取出数值并乘 2 后放回源地址，从而实现混合编程。最后，汇编程序通过链接寄存器 LR 保存的返回地址返回 C 语言主程序。

13.6.5 在汇编程序中调用 C 语言程序的函数

在汇编程序中调用 C 语言程序的函数时，需要在汇编程序中使用伪指令 IMPORT 引用其他源文件定义的标号，即需要调用的 C 语言程序函数名，然后将 C 语言程序代码放在一个独立的 C 文件中进行编译，最后由编译器进行连接。

【例 13-13】在汇编程序中调用 C 语言程序的函数。

```
    EXPORT    asmfile           ;声明一个可全局引用的标号"asmfile"
    AREA      asmfle，CODE，READONLY   ;定义"asmfle"代码段
    IMPORT    cFun              ;引用其他源文件定义的标号
    ENTRY
      MOV     R0，#50           ;传递的第 1 个参数
      MOV     R1，#70           ;传递的第 2 个参数
      MOV     R2，#65           ;传递的第 3 个参数
```

```
        BL          cFun
        END
/* 被 asmfile 调用的 C 语言程序 */
int cFun ( int a, int b, int c )
    {
        If (a>b)
           a=b;
        if (a>c)
           a=c;
        return a
    }
```

在汇编程序中调用 C 语言程序的函数, 参数的传递也是按照 ATPCS 规则进行的。需要注意的是, 当函数的参数多于 4 个时, 需借助堆栈进行传递, 具体方法见 ATPCS 规范。

复习思考题

(1) 分析下面三条指令的功能及区别:
```
ADD      R4, R3, #1
ADDEQ    R4, R3, #1
ADDS     R4, R3, #1
```
(2) 传送类指令中, 偏移量有哪几种形式? 各有什么限制?
(3) 简述 IT 块指令的使用方法。
(4) 判断以下指令的正误, 修改错误指令并解释指令功能。
```
LDR      R1, [R2, R5]!
STR      R2, [R3], #0x2000
STREQ    R4, [R0, R4, LSL#5]
LDR      R4, [R0, R1, LSL #35]
STREQ    R3, [R6], #-0x08
LDR      R0, [R2]!, -R6
LDR      R0, R6
LDR      R1, [R6]
```
(5) 什么是预索引? 什么是后索引? 二者有什么区别?
(6) "!" 后缀的作用是什么? 预索引是否一定要加 "!"? 后索引是否需要加 "!"? 为什么?
(7) 下面两条压栈/出栈指令是否满足先入后出原则? 出栈后, 各寄存器的值是否恢复原来的值? 为什么?
```
        STMFD  SP!, {R1-R7, LR}       ; 将 R1~R7、LR 入栈
        LDMFD  SP!, {R1-R7, LR}       ; 数据出栈, 放入 R1~R7、LR 寄存器
```

(8) 带借位减法中,为什么要减去 C 标志的反值?

(9) 如何实现寄存器与存储器之间的数据交换操作?

(10) C 语言和汇编语言混合编程时,参数如何传递?需要注意哪些问题?

第 14 章 STM32 最小系统及开发环境

以 ARM 内核为基础开发的单片机系列型号众多，应用场景和复杂程度有较大区别。其中，STM32 系列是专为要求高性能、低成本、低功耗的嵌入式应用设计的 ARM 单片机，不同子系列（F、L、G、H 等）、不同型号分别采用 Cortex－M0、M0＋、M3、M4 和 M7 内核，在实时控制和通信领域有广泛应用。本书以基于 Cortex－M3 内核的 STM32F 子系列 32 位单片机为对象介绍其内部功能部件及应用方法。

14.1 STM32 系列单片机概述

14.1.1 STM32 系列单片机发展历程

2007 年意法半导体公司（ST Microelectronics，简称 ST）推出了第一款基于 Cortex－M3 内核的 32 位单片机 STM32F1，这是首款搭载 ARM Cortex－M3 内核的 32 位单片机，采用 180nm 闪存工艺，配有 128KB 闪存和 20KB RAM，运行主频为 72MHz，在当时属于相当高的配置，至今仍因其性能卓越成为许多工程师的首选。经过十多年的发展，STM32 系列不断迭代，至今已发展为一个庞大的"家族"，在众多工业控制领域广泛应用。"STM32"的含义为：

"ST"——意法半导体；

"M"——Microelectronics，即微电子；

"32"——总线宽度。

图 14－1 展示了 STM32 单片机的发展历程。从图中可以看出，基本上每年都有技术更新或新型号推出。

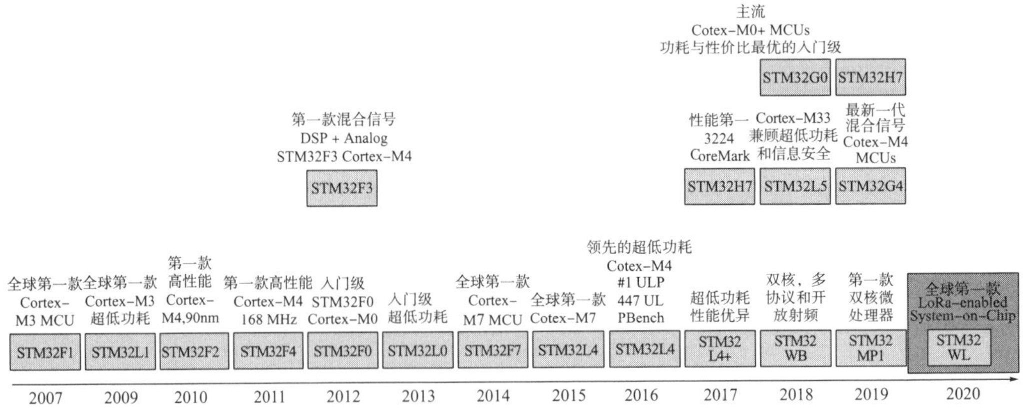

图 14－1 STM32 单片机的发展历程

(1) 2007 年：STM32 诞生。

这是首款搭载 ARM Cortex－M3 内核的 32 位 MCU，命名为 F 子系列，至今仍被广泛使用。这一时期，物联网（Internet of Things，IoT）技术的发展和成熟，进一步激发了对于高性能嵌入式处理器的需求，但 MCS－51 系列因寻址速度、寻址范围等方面的限制，难以满足新兴应用领域对处理器低功耗和高性能兼顾的要求，32 位单片机的出现顺应了技术发展的需求。

(2) 2009 年：发布 STM32L1 系列。

STM32L1 系列是 STM32 的第一个，也是全球第一个超低功耗子系列，采用了 Cortex－M3 内核，并提供了多种不同的型号。其为电池供电型设备和内嵌能量收集系统的应用提供了技术支撑，是燃气表、水表以及烟雾探测器和火灾报警器等长期工作的监控设备的首选嵌入式处理器。

其电流消耗参考值如下：

- 动态运行模式：低至 $49\mu A/MHz$（采用外部 DC/DC）和 $76\mu A/MHz$（采用 LDO）。
- 超低功耗模式＋全 RAM ＋ 低功耗定时器：340nA（16 根唤醒线）。
- 超低功耗模式＋备份寄存器：230nA（2 个唤醒引脚）。
- 唤醒时间：$3.5\mu s$。

(3) 2010 年：发布 STM32F2 系列。

2010 年发布了第一个基于 90nm 工艺、120MHz 的高性能 STM32F2 产品线。STM32F2 系列引入了更高性能的 Cortex－M3 处理器，以及更多的外设和存储器选项，使其适用于需要更多计算能力和存储空间的应用。

(4) 2011 年：发布 STM32F4 系列。

STM32F4 系列将性能提升到了一个新的水平，采用了 Cortex－M4 内核，具备浮点运算单元（FPU），可用于高性能计算和数字信号处理领域。

(5) 2012 年：发布 STM32F0 系列。

STM32F0 系列是 STM32 的低成本系列，适用于成本敏感的应用。它们采用了 Cortex－M0 内核，但性能和外设足以满足许多基本嵌入式系统的需求。

(6) 2014 年：发布 STM32F7 系列。

STM32F7 是全球第一款 Cortex－M7 内核的单片机。该系列引入了更多高级特性，包括更多的外设、更多的存储器和更高的性能，适用于要求高性能的应用。

(7) 2016 年：发布 STM32H7 系列。

这个系列同样采用了 Cortex－M7 内核，但片内有更多的外设和存储器，较 STM32H7 系列性能更高。该系列单片机通常用于高性能计算、图形处理和数字信号处理领域。

(8) 2018 年：STM32G0 系列＋STM32WB 系列。

STM32G0 系列是低功耗系列，旨在满足电池供电的应用需求。它们采用 Cortex－M0＋内核，提供了低功耗和高性能的平衡。

STM32WB 系列是针对物联网（IoT）应用的系列，具备双模式蓝牙（Bluetooth）

和无线网络（WiFi）连接能力，以及 Cortex-M4+M0 异构双内核。

(9) 2019 年：发布 STM32MP1 系列。

STM32MP1 系列不仅仅是微控制器，它还具备多核处理器，可用于高级嵌入式计算和 Linux 运行环境。

(10) 2020 年：发布 STM32WL 系列。

STM32WL 系列是全球第一款搭载 LoRa 无线通信模块的单片机，与 STM32WB 系列一样，主要服务于物联网应用。

(11) STM32 的最新研究：STM32Trust。

近几年，消费电子及区块链技术的兴起对信息安全的发展起到很重要的推动作用，这也促进了单片机的性能不断提升以满足这些领域在安全性方面的要求。

STM32Trust 是 ST 公司研发的一项关注设备安全性的多级综合策略，将安全知识、工具和 ST 原厂开箱可用软件包相结合，融合以往的行业实践经验，通过一整套软硬件解决方案，为新兴的物联网设备提供强大的信息安全保护。STM32Trust 拥有 12 项安全功能，提供来自 ST 和第三方的硬件、软件及设计服务，符合主要物联网认证方案的以下要求：

• 安全启动：确保设备中运行的应用程序的真实性和完整性。这个功能提供了信任的基础，是大多数嵌入式系统安全设计的基本要求。

• 安全固件安装与更新：安装或更新固件，在编程前对完整性和真实性进行初步检查。

• 安全存储：能够安全地存储数据或密钥，并在外部不可见的情况下访问它们。

• 隔离：将系统分为两个不同区域——可信区和不可信区，不可信区的代码不能访问可信区，起到安全隔离的作用。

• 异常情况处理：能够检测异常情况（包括硬件和软件异常）并采取适当的决策，如擦除关键数据或恢复系统配置等。

• 加密引擎：能够按照安全保证级别的建议处理加密算法。

• 审计/日志：以不变的方式跟踪安全事件。

• 身份标识/认证/证明：身份标识指设备或软件包需要有唯一标识，能够让通信的对方识别设备；认证指身份识别后能够确认是合法设备。

• 芯片生命周期管理：通过受限路径安全地管理芯片，从而保护设备。

• 软件 IP 保护：能够保护部分或整个软件包免受外部或内部读取。

• 安全生产：在生产线上可能出现数据盗取、修改、超量生产等安全风险的环境下，对设备进行初始烧录，也可用于设备个人化配置。

• 应用生命周期管理：定义不可更改的增量状态，以保护应用程序状态和资产安全。

14.1.2　STM32 单片机命名规则

STM32 单片机的子系列及具体型号众多，其型号名称由 7 部分组成。以 STM32F103RBT6 为例，各部分含义如表 14-1 所示。

表 14-1 STM32 单片机命名规则

序号	字母	含义
1	STM32	代表 ARM Cortex-M 内核的 32 位微控制器
2	F	代表芯片子系列： 　　F——主流产品； 　　L——低功耗产品； 　　G——通用型号； 　　H——高性能产品。 其他字母表示不同的功能特点： 　　C——具有 CAN 总线接口； 　　D——具有双精度浮点运算单元； 　　E——具有以太网接口； 　　P——具有 LCD 控制器； 　　S——具有安全功能
3	103	代表其性能等级。通常情况下，数字越大，性能越强。 030——低端产品；103——增强型系列，中端产品；407——高端产品
4	R	引脚数。T——36 脚；C——48 脚；R——64 脚；V——100 脚；Z——144 脚；I——176 脚
5	B	内嵌 FLASH 容量。6——32KB；8——64KB；B——128KB；C——256KB；D——384KB；E——512KB
6	T	封装形式。H——BGA 封装；T——LQFP 封装；U——VFQFPN 封装；Y——WLCSP64 封装
7	6	工作温度范围。6——-40~85℃；7——-40~105℃

14.1.3 STM32 单片机主要性能

STM32 单片机采用了 ARM Cortex-M 内核，不同型号分别采用 Cortex-M0、Cotex-M3、Cortex-M4 等，具有不同的性能和功能特点，可根据应用场景的需求进行选择。总体说来，STM32 单片机具有出色的处理性能和运行速度，还具有较大的 FLASH 存储器和 SRAM 存储器，可以轻松处理复杂的应用程序。其主要特点如下：

• 采用 32 位 Cortex-M 内核，CPU 运算能力为 1.25DMIPS/MHz，最高工作频率为 72MHz，支持单周期乘法和硬件除法。

注：DMIPS 为 "Dhrystone Million Instructions executed Per Second" 的缩写，即执行 Dhrystone 程序时，每秒执行指令条数（以百万为单位）。Dhrystone 是测量处理器运算能力的最常见基准程序之一，常用于处理器的整型运算性能的测量。

• 片上集成 32~512KB 的 FLASH 存储器，6~64KB 的 SRAM 存储器。

• 支持多种时钟源，包括内部 RC 振荡器、内部晶体振荡器、外部晶体振荡器等，可根据应用场景的需求进行选择。同时还支持多种时钟分频和时钟输出等功能。

• 复位和电源管理：采用 2.0~3.6V 的电源供电电压和 I/O 接口的驱动电压，支持上电复位（POR）、掉电复位（PDR）和可编程的电压探测器（PVD）。

• 具有低功耗设计，可以根据应用需求灵活地控制功耗。它提供了休眠、停止、待机3种低功耗模式,可以使处理器和外设进入低功耗状态,以延长电池寿命或降低功耗。

- 可通过串行调试(SWD)接口和JTAG接口进行调试。
- 外设接口丰富,包括通用I/O口、串行通信接口(UART、SPI、I^2C)、模拟输入输出、定时器、中断控制器、模拟转换器(ADC、DAC)等。这些外设可以与其他设备进行通信和交互,满足不同应用的需求。
- 配备3个12位的微秒(μs)级A/D转换器(16通道),A/D测量范围为0~3.6V。具有双采样和保持能力,片上集成一个温度传感器。
- STM32F103xC、STM32F103xD和STM32F103xE另有2通道12位D/A转换器。
- 多达112个引脚的快速I/O端口。根据型号的不同,I/O端口有26、37、51、80和112个等几种类型,所有端口都可以映射到16个外部中断向量。除了模拟输入,所有端口都可以接受5V以内的输入。
- 最多可有11个定时器:4个16位定时器,每个定时器有4个IC/OC/PWM或者脉冲计数器;2个16位的6通道高级控制定时器,最多可有6个通道用于PWM输出;2个看门狗定时器(独立看门狗和窗口看门狗);Systick定时器,为24位倒计数器;2个16位基本定时器,用于驱动DAC。
- 最多可有13个通信接口:2个I^2C接口(SMBus/PMBus);5个USART接口(ISO7816接口、LIN、IrDA兼容);3个SPI接口(18Mbit/s),其中2个和IIS复用;CAN接口(2.0B);USB 2.0全速接口;SDIO(Secure Digital Input and Output,安全数字输入输出)接口。
- ECOPACK封装:STM32F103系列微控制器采用ECOPACK(无铅球栅阵列封装)封装形式,更加环保。

14.1.4 STM32F103系列芯片的引脚介绍

STM32单片机不同型号的引脚数和封装形式可能不同,但设计上注重保持其兼容性。本节以STM32F103系列芯片为例,介绍其引脚分布。STM32F103系列有48脚、64脚、100脚和144脚等几种封装形式,引脚定义如图14-2所示。

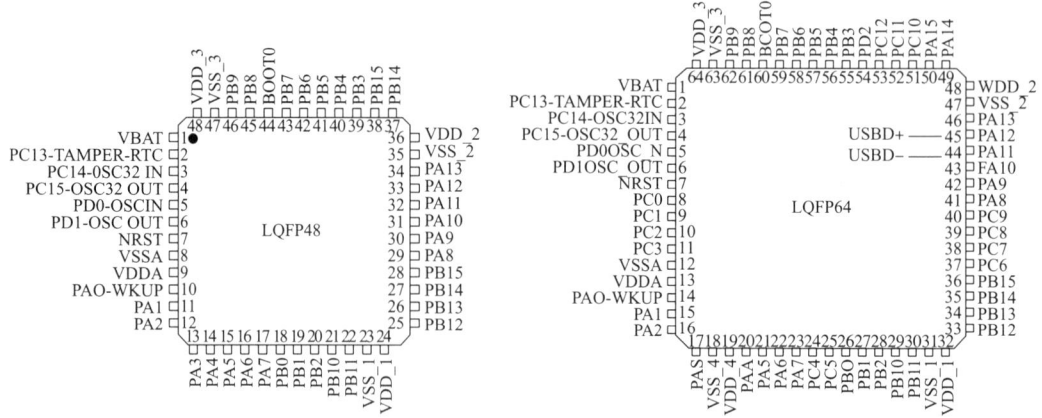

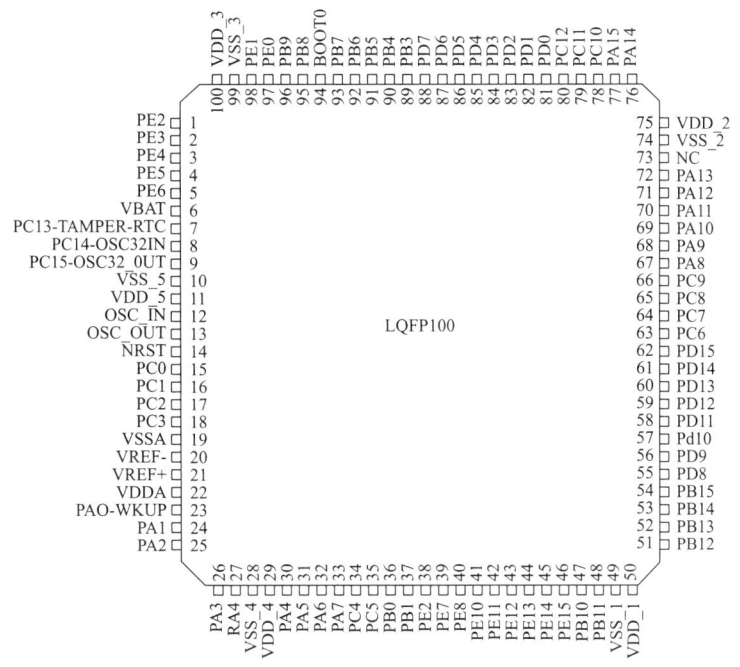

图 14-2　STM32F103 系列引脚图

STM32F103 系列不同封装形式的引脚数不同，因而引脚定义在尽量保持兼容的基础上有所不同。不同封装形式、不同型号的引脚功能定义可参考相应的技术手册。

14.2　STM32 单片机最小系统设计

和 MCS-51 单片机最小系统的含义类似，STM32 单片机最小系统也是指在不接或尽量少接外部器件的情况下，利用 STM32 单片机本身的功能部件构建的能完成某一任务的嵌入式控制系统。最小系统体积小，功耗低，可靠性和集成度高，更适合嵌入式应用场景，体现了单片机开发的初衷，也是嵌入式系统开发应该追求的目标。构建一个 STM32 单片机最小系统，除单片机自身外一般应包括时钟模块、复位模块、电源模块、调试系统及存储系统，如图 14-3 所示。

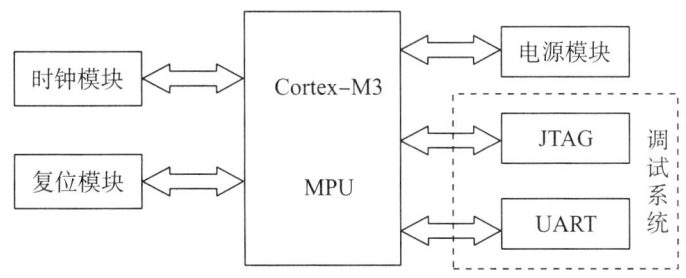

图 14-3　STM32103 单片机最小系统

各模块主要功能如下：
（1）电源模块：提供最小系统运行所需电源。

（2）复位模块：实现对系统的复位。

（3）时钟模块：由时钟电路产生时钟信号，经单片机内部锁相环进行相应的倍频，以提供单片机内部各模块所需的时钟频率。

（4）调试模块：一般包括 JTAG 模块和 UART 模块。前者用于实现程序代码的下载和调试，后者用于在终端显示调试和运行信息。如果系统不需要显示运行信息，则可以省略 UART 接口。

14.2.1 电源电路设计

Cortex－M3 的功耗与时钟频率有关，典型值为 0.19W/MHz，而运算能力为 1.25DMIPS/MHz。若达到 5DMIPS 的运算能力，Cortex－M3 工作频率只需 4MHz，功耗 0.76W。STM32F103 处理器系统频率最高为 72MHz，处理器性能可达到 90DMIPS，此时 Cortex－M3 功耗约 14W。STM32 单片机供电系统内部结构如图 14-4 所示。

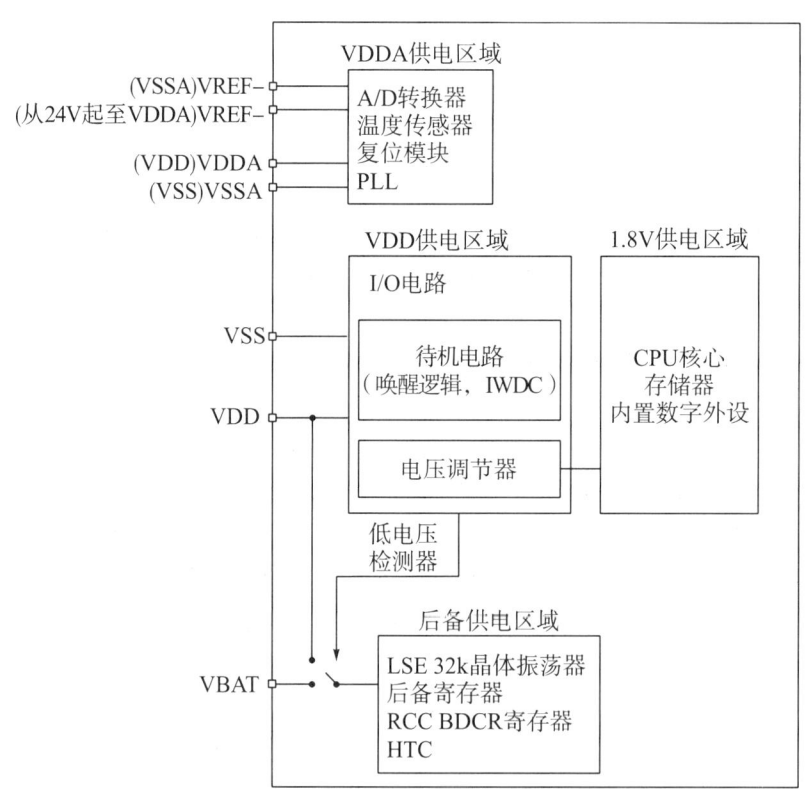

图 14-4　STM32 单片机供电系统内部结构

VDD 引脚必须连接到电源 V_{DD}，并外接 100nF 陶瓷电容作为退耦电容（每个 VDD 引脚都需要接一个退耦电容）。所有 VDD 引脚共需连接 1 个 $10\mu F$（最小 $4.7\mu F$）的钽电容或陶瓷电容。如果需要使用内部 A/D 转换部件，V_{DD} 的支持范围为 2.4～3.6V，或者支持 2.0～3.6V 的宽电压范围。在常规使用中，通常采用 3.3V 供电。

VBAT 引脚可以连接到外部后备电池（1.8～3.6V）。如果没有使用外部后备电池，建议将此引脚连接到电源 V_{DD} 并连接 1 个 100nF 陶瓷电容（起退耦作用）。VDDA 引脚必须连接两个外部退耦电容（100nF 陶瓷电容＋10μF 钽电容或陶瓷电容），并保持 VDDA 与 VDD 引脚供电电压相同。VREF＋引脚可以连接到电源 V_{DDA}。如果使用外部独立的参考电源为 VREF＋引脚供电，必须外接 1 个 100nF 和 1 个 10μF 电容。V_{REF+} 必须满足 $2.4V<V_{REF+}<V_{DDA}$。

与之相匹配，最小系统的外部供电电路如图 14-5 所示。

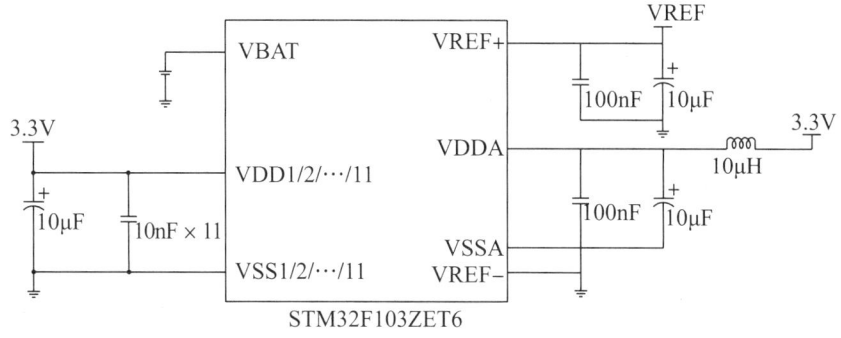

图 14-5　STM32 最小系统外部供电电路

14.2.2　低功耗模式及应用

为了降低功耗，适合电池供电的嵌入式应用场景，STM32 单片机支持 3 种低功耗模式：休眠模式、停机模式和待机模式。

1. 休眠模式

休眠模式仅关闭了内核时钟，内核停止运行，所有外设继续运行，在软件上表现为不再执行新的代码。休眠模式会保留休眠前内核的寄存器、内存的数据。在中断/事件发生时唤醒 CPU：若由中断唤醒，先进入中断服务程序，退出后接着执行 WFI（Wait For Interrupt）指令后的程序；若由事件唤醒，直接接着执行 WFE（Wait For Event）指令后的程序。

2. 停机模式

停机模式进一步关闭了其他时钟，所有的外设都停止工作，PLL、HSI 和 HSE 的 RC 振荡器被除能，但 1.8V 区域的部分电源没有关闭，还保留了内核的寄存器和内存的信息。当产生外部中断请求（16 个外部中断线之一）、PVD 输出、RTC（STM32 内部的一个独立定时器，通过软件设置，可提供时钟日历功能）闹钟或者 USB 唤醒信号时，退出停止模式，重新开启时钟后，可以从上次停止处继续执行代码。

3. 待机模式

待机模式追求最低的功耗，除了关闭所有的时钟，内部调压器也被关闭，1.8V 区域断电。除了备份寄存器和待机电路维持工作状态，SRAM 和寄存器的内容也会丢失。当外部复位（NRST 引脚）、IWDG 复位、WKUP 引脚出现上升沿或者 RTC 闹钟时间到时，退出待机模式。由于没有之前代码的运行记录，退出后只能对芯片复位，重新检测 BOOT 条件，从头开始执行程序。

14.2.3 复位电路设计

复位的目的是让单片机进入一个确定的初始状态,并且从地址 0x0000 0004 处取出 PC 的初始值,然后从这个值所对应的地址处取指,开始程序的正常运行。STM32 可通过三种方式复位,即系统复位、上电复位和备份区域复位。

1. 系统复位

当发生以下事件时,将产生一个系统复位:
- NRST 管脚收到低电平(外部复位);
- 窗口看门狗计数终止(WWDG 复位);
- 独立看门狗计数终止(IWDG 复位);
- 软件复位(SW 复位);
- 低功耗管理复位。

系统复位将复位除时钟控制寄存器 CSR 中的复位标志和备份区域中的寄存器以外的所有寄存器。在程序中,可通过查看 RCC_CSR 控制状态寄存器中的复位状态标志确定复位事件。

2. 电源复位

当发生以下事件时,将产生电源复位:
- 上电/掉电复位(POR/PDR 复位);
- 从待机模式中返回。

电源复位将复位除备份区域外的所有寄存器。

3. 备份区域复位

当发生以下事件时,产生备份区域复位:
- 软件复位,备份区域复位可通过设置备份区域控制器 RCC_BDCR 中的 BDRST 位产生。
- 在 VDD 和 VBAT 引脚均掉电的前提下,VDD 或 VBAT 引脚上电将引发备份区域复位。

STM32 单片机内部复位脉冲产生电路如图 14-6 所示。

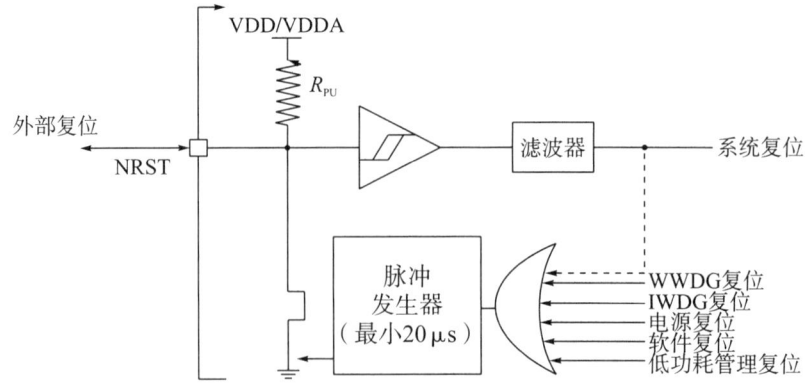

图 14-6 STM32 单片机内部复位脉冲产生电路

STM32 单片机内部集成了上电复位 POR（Power On Reset）和掉电复位 PDR（Power Down Reset）电路并始终处于工作状态，以保证系统在供电电压超过 2V 时工作。当 V_{DD} 低于设定的阈值（V_{POR}/V_{PDR}）时，置器件于复位状态，而不必使用外部复位电路。在 V_{DD} 升至超过规定的阈值 V_{POR} 之前，保持芯片复位状态，当越过这个阈值 $T_{Rsttempo}$ 秒（约 2.5ms，待电源可靠供电）后，开始取复位向量，并执行指令。在 V_{DD} 下降至越过规定的阈值 V_{PDR} 后，将在芯片内部产生复位。STM32 电源复位信号产生逻辑如图 14-7 所示。

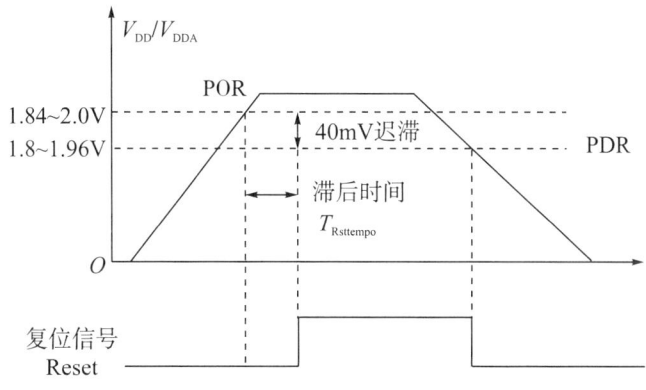

图 14-7　STM32 单片机电源复位信号产生逻辑

STM32 单片机内部配置有可编程电压监测器 PVD（Programmable Voltage Detector），监视供电电压 V_{DD} 并与阈值 V_{PVD} 比较。当 V_{DD} 低于或高于阈值 V_{PVD} 时，将根据外部中断第 16 线的上升/下降沿触发设置，产生 PVD 中断。上升和下降的阈值 V_{PVD} 有一个差值。

如果程序开启了 PVD，中断处理程序可以发出警告信息或将微控制器转入安全模式。电源控制/状态寄存器（PWR_CSR）中的 PVOD 标志位用来表明 V_{DD} 是否低于或高于阈值 V_{PVD}。

STM32 单片机 PVD 检测器工作原理如图 14-8 所示。

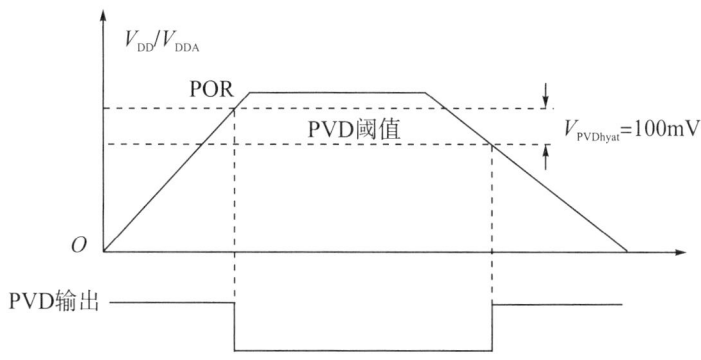

图 14-8　STM32 单片机 PVD 检测器工作原理

系统除了可根据供电情况以及软件设计实现系统复位外，一般还需具有外部复位功能，以便在系统故障或调试过程中程序跑飞的情况下通过按键使系统复位。根据图

14-6 可知，内部复位源通过脉冲发生器向场效应管施加一个正脉冲，使场效应管导通，从而提供一个负脉冲作为"系统复位"信号。因此，外部复位时也需从 NRST 引脚提供一个负脉冲经内部施密特触发器整形、滤波器滤波，作为"系统复位"信号。为此可采用如图 14-9 所示的外部复位电路。一般取 $R=10\mathrm{k}\Omega$，$C=10\mu\mathrm{F}$，上电复位时间约 10ms，可满足要求。

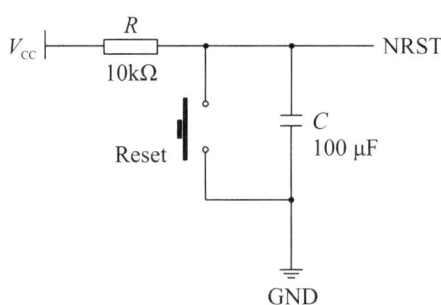

图 14-9　STM32 单片机外部复位电路

14.2.4　时钟电路设计

STM32 单片机有 3 种时钟可选作系统时钟源（SYSCLK）：HSI（内部振荡器时钟）、HSE（外部时钟，可以是时钟源输入或外部晶体振荡器）和 PLL 时钟。

STM32 单片机还具有以下 2 个二级时钟源：可用于独立看门狗和为 RTC 提供时钟源的 40kHz 内部低速 RC 振荡器（LSIRC），以及为 RTC 提供时钟源的 32.768kHz 低速外部晶体振荡器（LSE 晶体）。

在不需要精确定时的情况下，可选择内部时钟作系统时钟源。如果需要精确定时（如串行通信、系统精确定时），则需使用外部时钟源。系统时钟可采用外部时钟源输入或外部晶体振荡器时钟，RTC 使用外部 32.768kHz 晶体振荡器。最小系统典型时钟电路如图 14-10 所示。

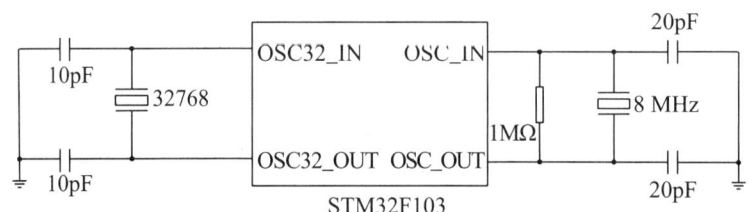

图 14-10　STM32 系统典型时钟电路

14.2.5　程序下载（调试）接口电路

STM32 单片机的应用程序可通过串口或 JTAG 接口两种方式下载（写入）到芯片里。如果选择通过串口下载，需设计和计算机通信的 USART 接口电路，并且需要设计切换开关用于更改 BOOT［1:0］引脚的电平，以便选择不同的启动方式。采用 JTAG 接口进行下载则需根据 JTAG 标准连接 JTAG 接口，其电路如图 14-11 所示。

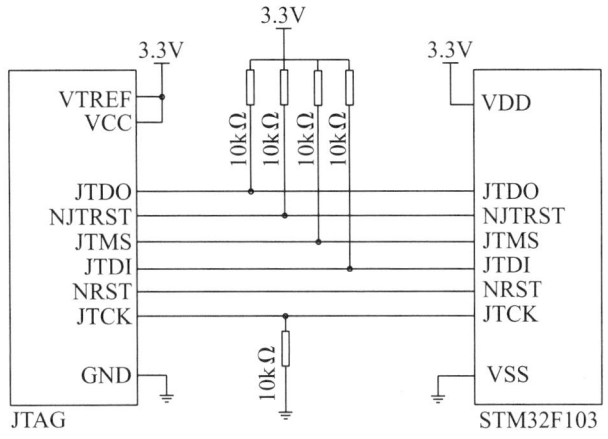

图 14-11　JTAG 接口电路

14.3　STM32 单片机的时钟系统

STM32 单片机为了实现低功耗，设计了一个功能完善却非常复杂的时钟系统。为了满足不同功能部件的需求，STM32 单片机包括以下 4 个时钟源：

（1）高速外部时钟（HSE）：外部晶振时钟源，晶振频率 4～16MHz，一般用 8MHz 晶振。

（2）高速内部时钟（HSI）：内部 RC 振荡器产生的频率为 8MHz 的时钟，但频率不够稳定。

（3）低速外部时钟（LSE）：外部晶振作为时钟源，主要提供给实时时钟（RTC）模块，一般采用 32.768kHz。

（4）低速内部时钟（LSI）：由内部 RC 振荡器产生，也主要提供给实时时钟模块，频率约为 40kHz。

高速时钟是提供给芯片主体的主时钟，低速时钟仅提供给芯片中的 RTC 及独立看门狗使用。内部时钟是由芯片内部 RC 振荡器产生的，起振较快，但有较大频率误差，芯片刚上电时使用内部高速时钟。外部时钟信号是由外部晶振输入的，精度高，稳定性好，上电之后可通过软件设置专用外部时钟信号。

图 14-12 展示了 STM32 单片机各时钟的形成方式。

STM32 单片机的时钟树较为复杂，但可将其分为两部分：以系统时钟 SYSCLK 为界，左边是系统时钟源的选择部分，这部分负责设置系统时钟使用哪个时钟源；而系统时钟 SYSCLK 的右边部分，则是系统时钟通过 AHB 预分频器，给不同的外设设置频率不同的对应时钟源。图 14-13 是 STM32 单片机时钟树的简化逻辑。

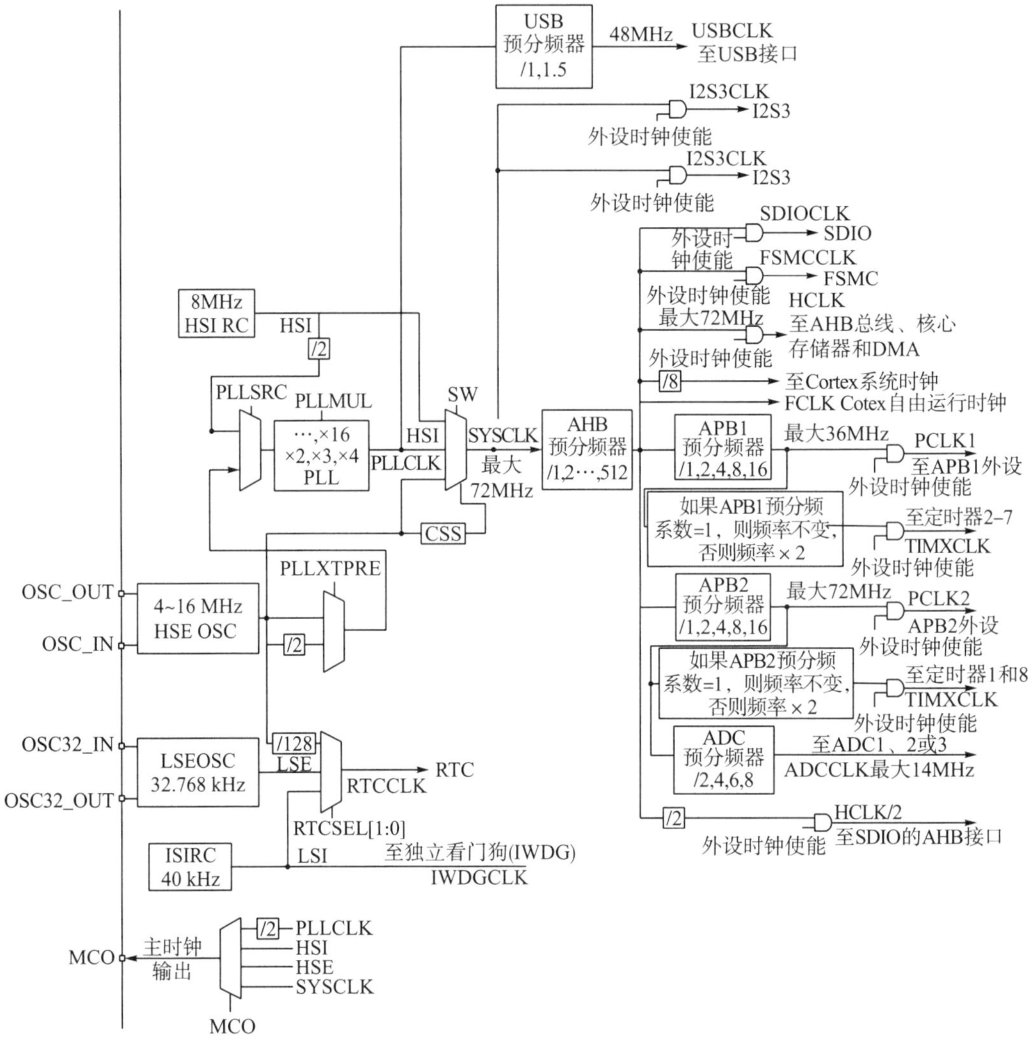

图 14-12 STM32 单片机时钟树

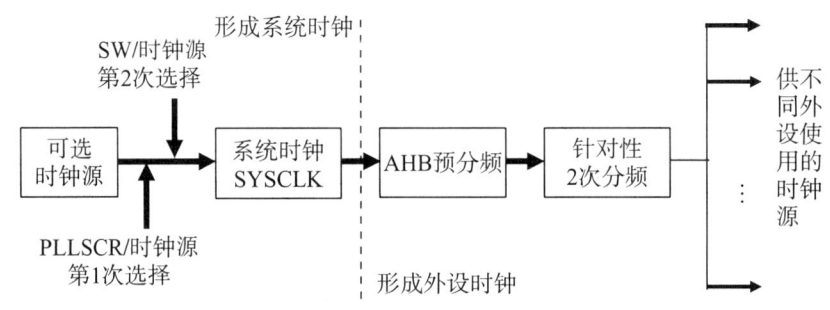

图 14-13 STM32 单片机时钟树的简化逻辑

以外部晶体振荡器做时钟源为例，各时钟源的形成方式为：外部晶体振荡器与 OSC_OUT 和 OSC_IN 两个引脚相连，提供 4~16MHz 高速外部时钟源。8MHz 晶体振荡器最常用，该时钟信号经第一个分频器 PLLXTPRE 时不进行 2 分频；经过外部 HSE 和内部 HSI 时钟选择开关 PLLSRC 后进入可倍频的锁相环 PLL，倍频因子

PLLMUL 为 2~16 倍可选，若 9 倍频则得到 72MHz 的 PLLCLK 时钟；继续经过时钟源选择开关 SW 之后成为 STM32 的系统时钟 SYSCLK。SYSCLK 信号先经过 AHB 预分频进行 1~1/512 分频后再经过不同的预分频器得到不同频率时钟源，如 USBCLK、HCLK、FCLK、SDIOCLK 等，供各种外设使用。

每个外设都配备了外设时钟的开关，当不使用某个外设时，可以把这个外设时钟关闭以降低功耗。当需要使用某个外设时，则需先开启该外设的时钟。

STM32 单片机时钟树的控制由 32 位时钟配置寄存器 RCC_CFGR 决定，具体控制方式见 15.1.2 节"典型寄存器介绍"。

14.4 MDK 开发环境简介

进行嵌入式系统开发时，除了要完成硬件设计、制作和软件编写，还必须有合适的软件开发工具，以进行程序代码的编辑、编译、下载和联机调试。MDK（Microcontroller Development Kit）是德国 Keil 公司研发的针对 ARM 处理器，尤其是 Cortex—M3 内核处理器的开发工具。MDK 使用 μVision5 IDE（Integrated Development Environment）集成开发环境，使用方便，可在 IDE 环境中完成程序编写、编译以及代码下载和跟踪调试等工作，是 STM32 系统开发的主流工具。目前的版本是 MDK5（可向后兼容 MDK4 和 MDK3 等版本），该版本加强了针对 Cortex—M3 微控制器开发的支持，并且对传统的开发模式和界面进行了升级。

MDK5 由 MDKCore 和 Software Packs 两部分组成。MDKCore 又分成 4 部分：μVision IDE with Editor（编辑器）、ARM C/C++Compiler（编译器）、Pack Installer（包安装器）和 μVision Debugger with Trace（调试跟踪器）。

STM32 嵌入式系统的开发环境硬件连接如图 14—14 所示，由开发主机、调试器和 STM32 单片机目标板组成。MDK 运行于 PC 主机上，负责软件系统的项目（project）建立及源程序编写，通过调试器（仿真器）下载并调试程序。调试正确后，将程序写入芯片的程序存储器并脱机运行。本节简要介绍 MDK 环境中源程序编辑、编译和下载方法。

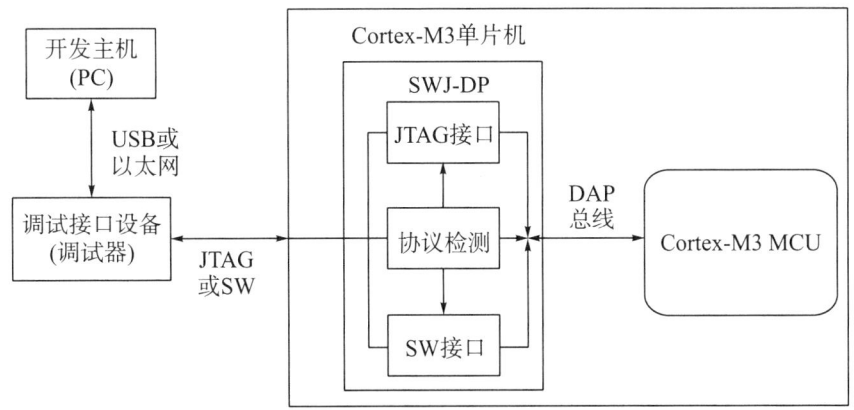

图 14—14 STM32 嵌入式系统的开发环境硬件连接示意图

14.4.1 MDK 的安装方法

安装 MDK 前需准备以下资料：
- V1.4.0 固件库包，即 STM32F4xx_DSP_StdPeriph_Lib_V1.4.0；
- MDK5 开发环境；
- MDK 注册机；
- 器件库安装包。

所需资料可以从 ARM 官方网站 https://www.keil.com/下载，安装步骤可参考正点原子、野火等厂商的官方资料（正点原子官方网站为：http://www.alientek.com/sy）。

14.4.2 新建项目模板

1. 建立项目目录结构

进行项目开发之前，需要建立一个存放项目各类文件的文件夹。假设建立的文件夹为"DATA1（D:）>STM32 测试项目>TEST"（文件夹名称和位置可根据需求调整），然后建立 5 个子文件夹——CORE、FWLIB、OBJ、SYSTEM、USER，以分类存放项目需要的其他文件。新建好的项目目录结构如图 14-15 所示。

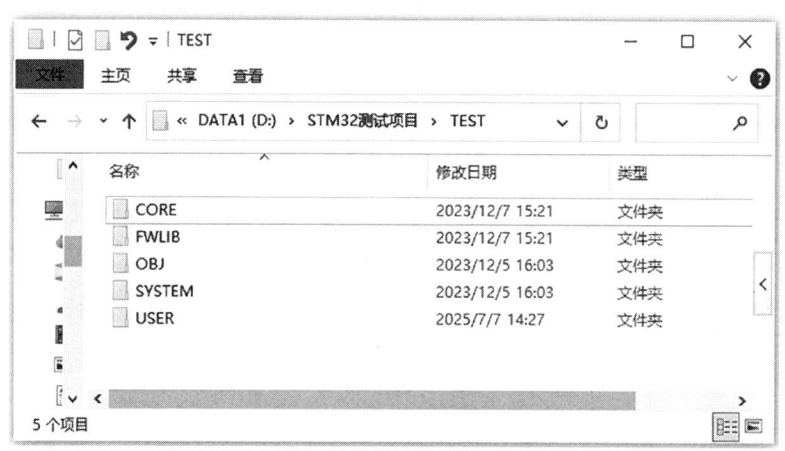

图 14-15 新建项目目录结构

2. 初步建立项目

打开 Keil5，点击菜单栏 Project→New μVision Project，将目录定位到文件夹 Test 之下的 USER 子目录，将项目取名为"Test"，点击保存。操作过程如图 14-16 所示。

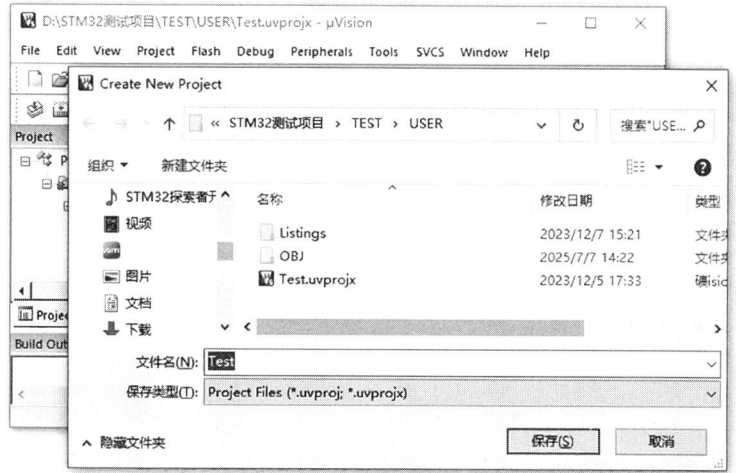

图 14－16 初步建立项目

3. Device 选择

根据所使用芯片型号选择芯片包，这里选择 ARM→ARM Cortex M3→ARMCM3。至此，一个基于 ARM Cortex－M3 的项目初步建立成功，如图 14－17 所示。

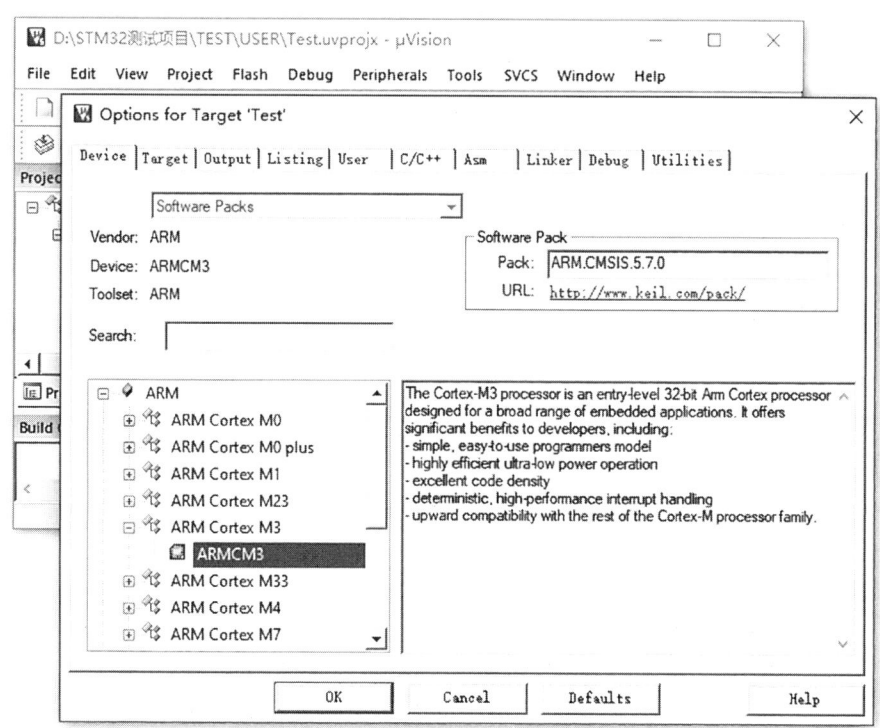

图 14－17 选择芯片，项目建立成功

4. 复制固件库

将需要的相关固件库文件从前面准备的固件库 STM32F4xx_DSP_StdPeriph_Lib_V1.4.0 中复制到项目目录下面。

• 固件库包中的源码复制到项目目录下：将 src、inc 文件夹复制到前面建立的 FWLIB 文件夹下。

• 固件库包里的启动文件复制到项目目录下：将 startup_stm32f40_41xxx.s、core_cm4.h、core_cm4_simd.h、core_cmFunc.h 以及 core_cmInstr.h 复制到 CORE 目录下。

• 项目文件需要的一些头文件和源文件复制到项目目录下：将 stm32f4xx.h、system_stm32f4xx.h、main.c、stm32f4xx_conf.h、stm32f4xx_it.c、stm32f4xx_it.h、system_stm32f4xx.c 复制到 USER 目录下。

5. 将固件库文件加入项目中

经过前面 4 个步骤，已经将需要的固件库相关文件复制到项目目录下面，接下来需要将这些文件加入所建立的项目中。右键点击 Target1，选择 Manage Project Items/Project Targets 一栏，将 Target 名称修改为 Test，建立三个分组（Group），分别为 USER、CORE、FWLIB，如图 14-18 所示。

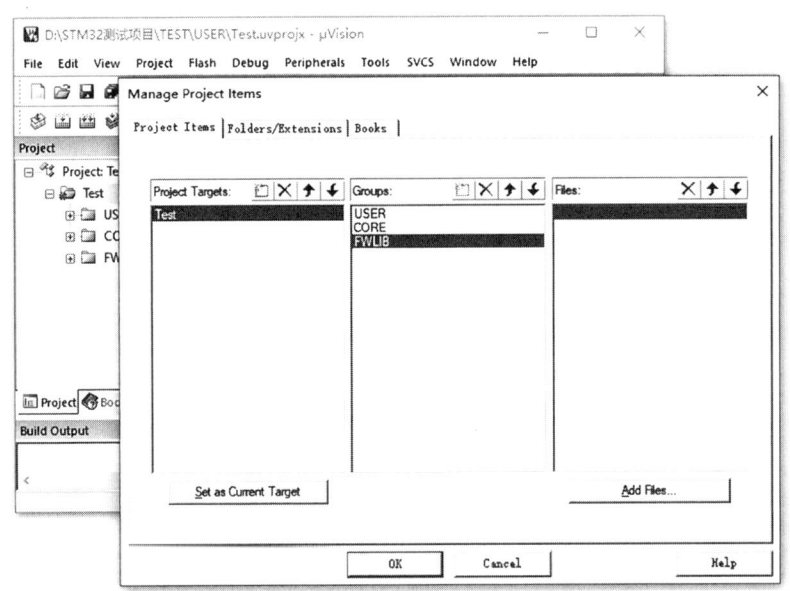

图 14-18　在项目中加入固件库文件

6. 添加文件

往分组中添加需要的文件。右键点击 Test，选择 Manage Project Items，然后选择需要添加文件的分组。首先选择 FWLIB，然后点击右边的 Add Files 按钮，定位到目录 \FWLIB\src 下面，添加需要的文件。用同样的方法，将分组定位到 CORE 和 USER 下面，添加需要的文件，如图 14-19 所示。

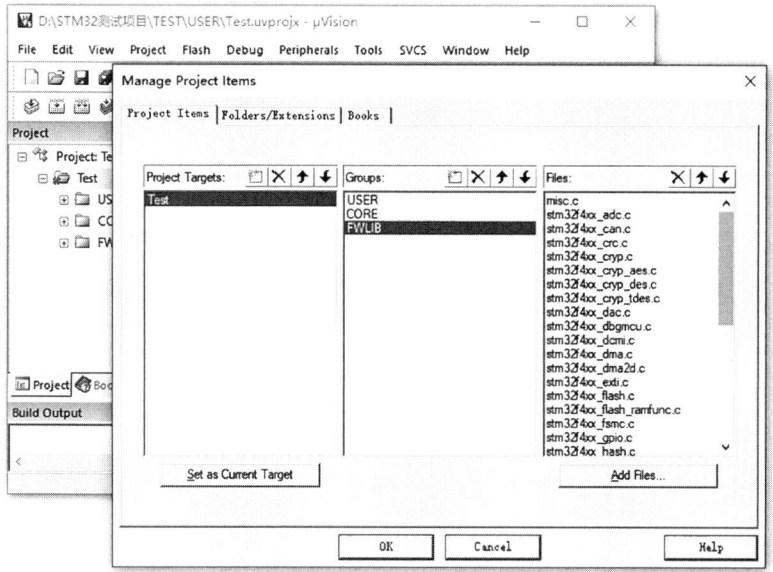

图 14-19 添加文件

7. 设置头文件路径

需要添加的头文件路径包括 \ CORE、\ USER \ 及 \ FWLIB \ inc。具体操作如图 14-20 和图 14-21 所示。

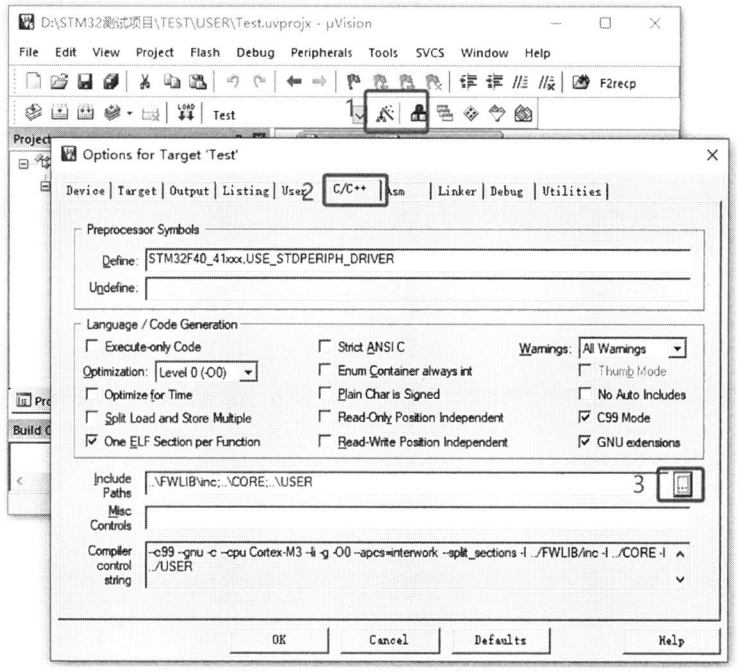

图 14-20 设置头文件路径（1）

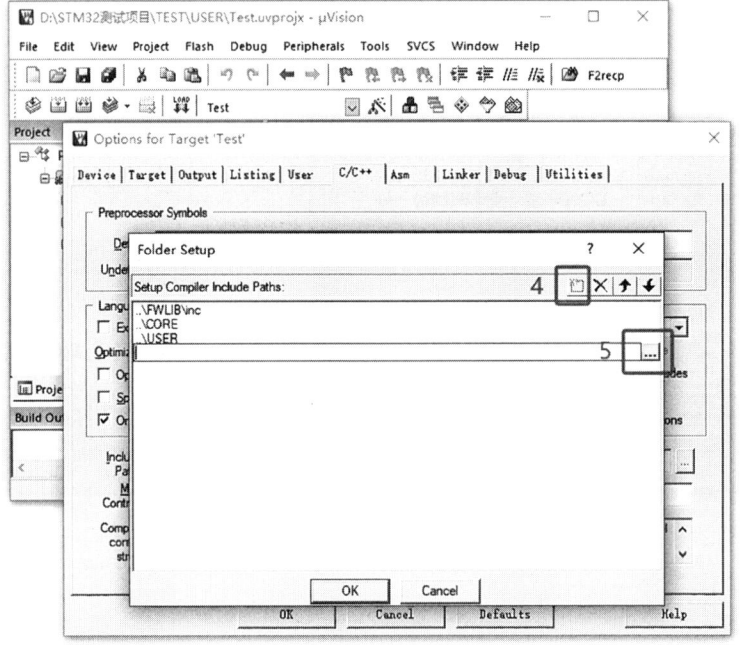

图 14-21　设置头文件路径（2）

8. 编译

在编译之前首先要选择中间文件存放目录。具体操作如图 14-22 所示，存放目录为 USER 文件夹下的 OBJ 文件夹。

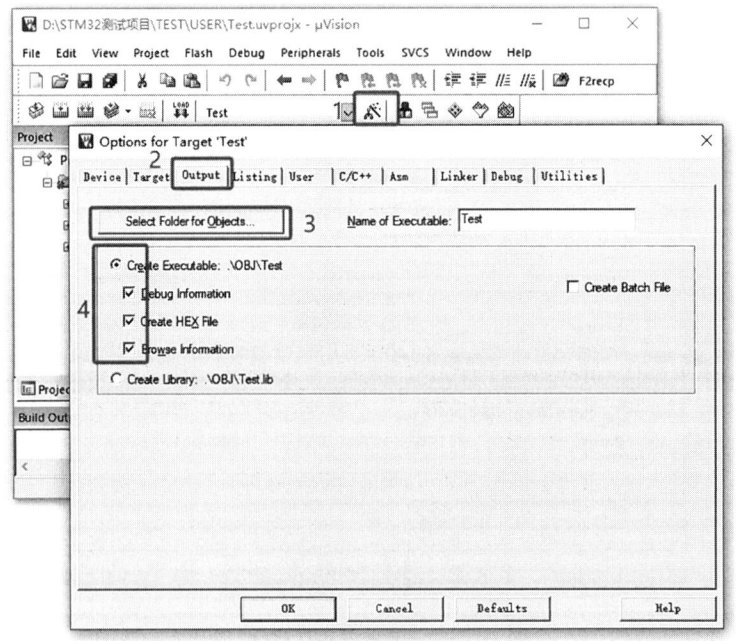

图 14-22　选择中间文件存放目录

在编译前,需要将 main.c 文件中的内容替换为如下内容:

♯include "stm32f4xx.h"
void Delay(__IO uint32_tnCount);
void Delay(__IO uint32_tnCount){
while(nCount－－){}
}
int main(void){
　GPIO_InitTypeDefGPIO_InitStructure;
　RCC_AHB1PeriphClockCmd(RCC_AHB1Periph_GPIOF,ENABLE);
　GPIO_InitStructure.GPIO_Pin = GPIO_Pin_9 | GPIO_Pin_10;
　GPIO_InitStructure.GPIO_Mode = GPIO_Mode_OUT;
　GPIO_InitStructure.GPIO_OType = GPIO_OType_PP;
　GPIO_InitStructure.GPIO_Speed = GPIO_Speed_100MHz;
　GPIO_InitStructure.GPIO_PuPd = GPIO_PuPd_UP;
　GPIO_Init(GPIOF,&GPIO_InitStructure);
　while(1){
　　GPIO_SetBits(GPIOF,GPIO_Pin_9 | GPIO_Pin_10);
　　Delay(0x7FFFFF);
　　GPIO_ResetBits(GPIOF,GPIO_Pin_9 | GPIO_Pin_10);
　　Delay(0x7FFFFF); }
}

将 USER 分组下面的 stm32f4xx_it.c 文件内容清空,然后点击编译按钮开始编译。编译成功后,一个项目模板就建立完成,如图 14－23 所示。

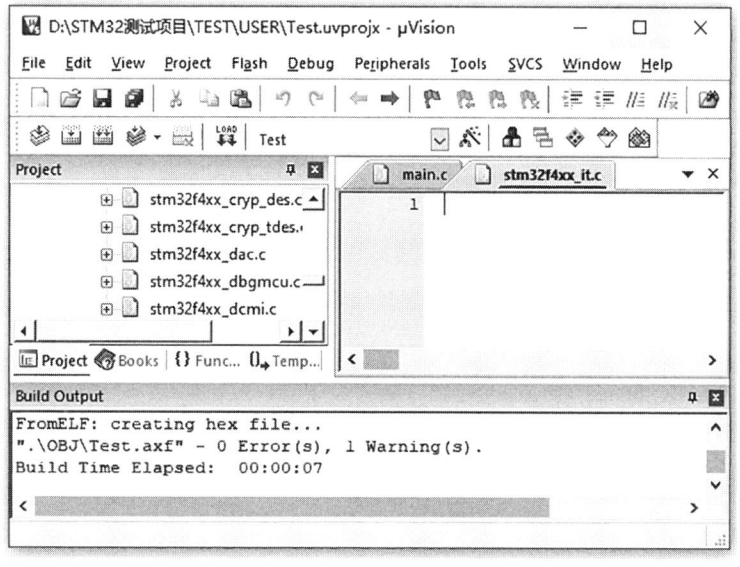

图 14－23　项目模板建立完成

第 15 章　STM32 的功能部件及应用

STM32 作为能满足复杂控制需求的单片机，内部功能部件众多，且和 MCS-51 一样，功能部件的运行受相应的专用寄存器控制。限于篇幅，本章仅对定时器、同步/异步串行通信接口及中断系统的工作原理及应用方法进行简要介绍，其目的在于帮助读者建立对 STM32 功能部件应用方法的初步了解，其他功能部件可参考技术手册，结合所涉及的专用寄存器及其设置方法进行应用。

15.1　STM32 寄存器

Cortex-M3 采用的是基于 RISC 的哈佛结构。为了减少 CPU 访问存储器的频率，提高处理速度，Cortex-M3 内部集成了更多的寄存器，总体上分为内核寄存器、片上外设寄存器和专用外设寄存器 3 类。

关于内核寄存器，已在 11.3 节中进行了介绍。STM32 在 Cortex-M3 内核基础上进行了二次开发，增加了构成单片机的各种功能部件，自然也增加了相应的寄存器以控制这些功能部件，本节重点介绍 STM32 的片上外设寄存器和专用外设寄存器。

15.1.1　片上外设寄存器

片上外设寄存器用于管理片上/片外各种设备，也就是说，这些寄存器都有对应的设备，甚至可以理解为这些寄存器就是设备。通过修改这些寄存器的内容就可以修改相应存储器的内容，也就修改了相应设备的工作方式或运行状态（与 MCS-51 的特殊功能寄存器作用类似）。

CPU 通过三类总线访问存储器和设备，这些存储器和设备就需要有相应的地址。片上外设寄存器和其所管理的存储器和设备一一对应，所以这些寄存器不同于内核寄存器，它们都有相应的地址。其地址分布如表 15-1 所示。

表 15-1　Cortex-M3 地址映射表

地址范围	功能区域	功能说明
0xE0000000~0xFFFFFFFF	512MB 系统区	服务于 Cortex-M3 的私有外设，包括 NVIC 寄存器、MPU 寄存器以及片上调试组件
0xA0000000~0xDFFFFFFF	1GB 外部设备区	主要用于扩展片外的外设

续表

地址范围	功能区域	功能说明
0x6000 0000~0x9FFF FFFF	1GB 外部 RAM 区	用于扩展外部存储器
0x4000 0000~0x5FFF FFFF	512MB 片上外设区	用于片上外设表
0x2000 0000~0x3FFF FFFF	512MB SRAM	用于片上静态 RAM
0x0000 0000~0x1FFF FFFF	512MB 代码区	代码区，也可以用于存储启动后缺省的中断向量表

由表 15-1 可以看出，0xE000 0000~0xFFFF FFFF 地址范围内的寄存器主要用于管理片上外设专用设备，其中重要的中断管理寄存器组 NVIC 就属于片上外设专用设备，其功能已在 12.2 节介绍过。其他 STM32F10x 中内置外设的存储器映像地址见书末附表 2。本节主要介绍 Cortex-M3 的时钟控制寄存器组和 STM32 的非内核寄存器。

从表 15-1 中可以看出，片上外设寄存器的地址范围是 0x4000 0000~0x5FFF FFFF，为位带区，因此这个区域的寄存器可以通过位带别名来操作。这 512MB 的地址范围中包括 APB1 设备、APB2 设备和 AHB 设备，即 14.3 节 STM32 时钟树中 APB1 总线、APB2 总线和 AHB 总线上所挂的相关设备。每个设备所对应的寄存器组的地址范围可以查阅 STM32 数据手册。

15.1.2 典型专用外设寄存器

15.1.2.1 时钟控制寄存器组 RCC

为了很好地实现低功耗，Cortex-M3 通过一个强大的时钟管理系统来控制内部各个时钟的频率和启停。应用程序可以根据运行情况，通过操作相应专用寄存器及时升高或降低某个区域时钟的工作频率，也可以关闭或暂停某个区域时钟，从而保证 Cortex-M3 始终工作在节能状态。RCC 寄存器组就是用来管理、控制时钟系统的专用寄存器组。

如 14.3 节所介绍，STM32 共有 4 个时钟源，即外部高速时钟（HSE）、内部高速时钟（HSI）、外部低速时钟（LSE）和内部低速时钟（LSI）。此外，内部还有一个锁相环 PLL 时钟，能够对 HSI 或 HSE 进行倍频。HSI、HSE 和 PLL 用来驱动系统时钟源 SYSCLK，后者经进一步分频后提供给不同外设使用；LSI 则作为看门狗时钟或者独立定时器 RTC 的时钟源，LSE 也可以选作 RTC 的时钟源。根据需要，任何一个时钟源都可被独立地启动或关闭，由此优化系统功耗。为阅读方便，这里再次给出整个系统的时钟树，如图 15-1 所示。

时钟控制寄存器组基地址为 0x4002 1000，主要包括时钟控制寄存器（RCC_CR）、时钟配置寄存器（RCC_CFCR）、APB1 外设时钟使能寄存器（RCC_APB1ENR）、APB2 外设时钟使能寄存器（RCC_APB2ENR）等 32 位专用寄存器。

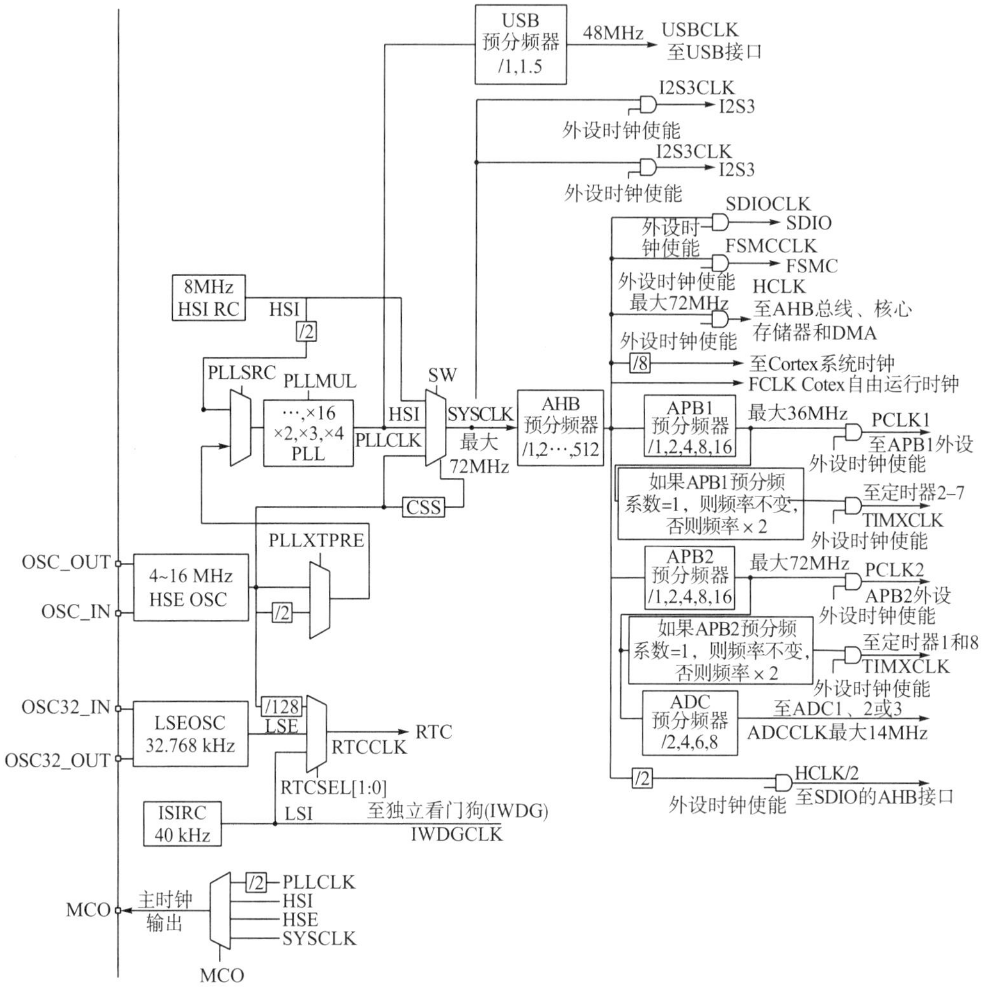

图 15-1 STM32 时钟树

1. 时钟控制寄存器（RCC_CR）

时钟控制寄存器 RCC_CR 用来控制时钟的打开和关闭，返回时钟就绪状态，以及用来对 HSI 的 RC 时钟进行校准。其复位值为：0x0000××83，其中×代表未定义，各位功能如表 15-2 所示。

表 15-2 时钟控制寄存器 RCC_CR 的位功能

位	31	30	29	28	27	26	25	24	23	22	21	20	19	18	17	16
功能	保留						PLL-RDY	PLL-ON	保留				CSS-ON	HSE-BYP	HSE-RDY	HSE-ON
读写							R	RW					RW	RW	R	RW
位	15	14	13	12	11	10	9	8	7	6	5	4	3	2	1	0
功能	HSICAL [7:0]								HSITRIM [4:0]					保留	HSI-RDY	HSI-ON
读写	R								RW						R	RW

- 时钟源开启控制位：HSION（位[0]）开启/关闭 HSI，HSEON（位[16]）开启/关闭 HSE。上电默认开启 HSI。

内部时钟源 HSI：HSION＝1（开）/0（关）。

外部时钟源 HSE：HSEON＝1（开）/0（关）。

例如，要开启 HSE，只需要把 CR 寄存器位[16]置 1，C 语言指令为：

RCC -> CR | =1<<16;

- 开启锁相环：置位位[24]开启锁相环，清零位[24]关闭锁相环 PLL。需要注意的是，配置锁相环之前应该先关闭锁相环（如何配置见后文）。

例如，开启锁相环 PLL，C 语言指令为：

RCC -> CR| =1<<24;

- 时钟状态：通过读取 HSIRDY（位[1]）、HSERDY（位[17]）、PLLRDY（位[25]），可以确定相应时钟是否就绪。1——就绪；0——未就绪。

例如，读取内部高速时钟状态，C 语言指令为：

u32 temp =（RCC -> CR &2）； //temp 非 0——HSI 时钟就绪；0——未就绪

2. 时钟配置寄存器（RCC_CFGR）

时钟配置寄存器 RCC_CFGR 主要用来选择系统时钟 SYSCLK 的时钟源、锁相环时钟源，确定锁相环倍频，以及对各种局部时钟进行预分频等。其位功能如表 15－3 所示。

表 15－3 时钟配置寄存器（RCC_CFGR）的位功能

位	31	30	29	28	27	26	25	24	23	22	21	20	19	18	17	16
功能	保留					MCO [2:0]			保留	USB-PRE	PLLMUL [3:0]				PLL-XTPRE	PLL-SRC
读写						RW					RW					

位	15	14	13	12	11	10	9	8	7	6	5	4	3	2	1	0
功能	ADCPRE [1:0]		PPRE2 [2:0]			PPRE1 [2:0]			HPRE [3:0]				SWS[1:0]		SW [1:0]	
读写	RW												R		RW	

- 1～0 位：SW[1:0]，系统时钟切换（System clock switch）。

由软件置"1"或清零来选择系统时钟源。在从停止或待机模式中返回时或作为系统时钟的 HSE 出现故障时，由硬件强制选择 HSI 作为系统时钟（如果时钟安全系统已经启动）。

00——HIS 作为系统时钟；01——HSE 作为系统时钟；10——PLL 作为系统时钟；11——不可用。

- 3～2 位：SWS[1:0]，系统时钟切换状态（System clock switch status）。

由硬件置"1"或清零来指示哪一个时钟源作为系统时钟。

00——HIS 作为系统时钟；01——HSE 作为系统时钟；10——PLL 作为系统时钟；11——不可用。

- 7~4 位：HPRE [3:0]，AHB 预分频系数。

0×××——SYSCLK 不分频；1000——2 分频；1001——4 分频；1010——8 分频；1011——16 分频；1100——64 分频；1101——128 分频；1110——256 分频；1111——512 分频。

时钟预分频系数大于 1 时，必须开预取缓冲器。当使用以太网模块时，频率至少为 25MHz。

- 10~8 位：PPRE1 [2:0]，APB1 预分频系数，实现 1 到 16 分频，需保证 APB1 不超过 36MHz。

0××——HCLK 不分频；100——HCLK 2 分频；101——HCLK 4 分频；110——HCLK 8 分频；111——HCLK 16 分频。

- 13~11 位：PPRE2 [2:0]，APB2 预分频系数，实现 1 到 16 分频。

0××——HCLK 不分频；100——HCLK 2 分频；101——HCLK 4 分频；110——HCLK 8 分频；111——HCLK 16 分频。

- 15~14 位：ADCPRE [1:0]，ADC 预分频系数，分频后最高频率不超过 14MHz。

00——2 分频；01——4 分频；10——6 分频；11——8 分频。

- 21~18 位：PLLMUL [3:0]，PLL 倍频系数，只有在 PLL 关闭的情况下才能被写入，且 PLL 的输出频率不能超过 72MHz。

0000~1101 分别对应 2~15 倍频；111×——16 倍频。

- 22 位：USBPRE，全速 USB 预分频。STM32 中有一个全速功能的 USB 模块，其串口引擎需要一个频率为 48MHz 的时钟源。该时钟源只能从 PLL 输出端获取，可以进行 1.5 分频或者不分频。因此，当需要使用 USB 模块时，PLL 必须使能，并且时钟频率配置为 48MHz 或 72MHz。

0——1.5 分频，但必须配置 PLL 输出为 72MHz；

1——不分频，但必须配置 PLL 输出为 48MHz。

- 27~24 位：MCO [2:0]，时钟输出选择（在启动和切换 MCO 时钟源时，输出可能会被截断）。若系统时钟作为 MCO 引脚输出，需保证输出频率不高于 50MHz。

00××——无输出；0100——系统时钟 SYSCLK 输出；0101——内部 8kHz 输出；0110——外部 25MHz 输出；0111——PLL 时钟 2 分频输出；1000——PLL2 输出；1001——PLL3 时钟 2 分频输出；1010——XT1 外部 25MHz 输出（供以太网使用）；1011——PLL3 时钟输出。

在进行预分频或者倍频的时候需要注意，不同型号的芯片对最高频率有不同的限制，比如 STM32F103VC 就要求倍频后的频率不能超过 72MHz。

【例 15-1】假设高速外部时钟 HSE 接 8MHz 晶振，如果 RCC_CFGR 寄存器的值为 0x001D 6402，那么 SYSCLK、HCLK、PCLK1、PCLK2 和 ADC 时钟频率分别为

多少？

根据图 15-1 所示时钟树及图 15-2 所示 RCC_CFGR 寄存器各位的功能可知：当 HSE 外接 8MHz 晶体振荡器作为时钟源时，通过 PLLMUL 9 倍频后，系统时钟 SYSCLK 为 72MHz。SYSCLK 不分频得到 HCLK，故 HCLK 为 72MHz；APB1 和 APB2 的时钟 PCLK1 和 PCLK2 均由 HCLK 2 分频得到，为 36MHz；PCLK2 再 4 分频后得到 ADC 时钟，故 ADC 时钟频率为 9MHz。

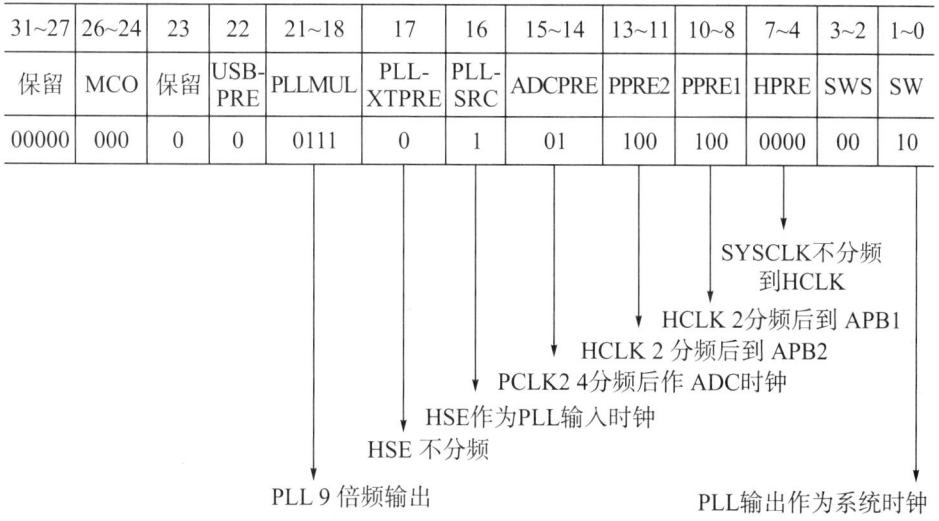

图 15-2 RCC_CFGR 寄存器对各时钟参数控制原理

【例 15-2】如果外部时钟频率为 8MHz，编程设置 SYSCLK 工作在 72MHz。

```
void Stm32_Clock_Init（u8 PLL）      //参数 PLL 为倍频数，本例中 PLL=9
{
    unsigned char temp =0；
    MYRCC_DeInit（）；                //复位并配置向量表
    RCC->CR |=0x00010000；           //外部高速时钟使能 HSEON
    while(!(RCC->CR &.(1<<17)))；    //等待外部时钟就绪
    RCC -> CFGR =0x00000400；        //APB1 2 分频
    PLL-=2；                         //PLL=7；0111——9 倍频
    RCC ->CFGR | = PLL<<18；         //PLL 倍频系数写入 CFGR
    RCC->CFGR | =1<<16；             //"PLLSRC"位置"1"，使用外部时钟
    FLASH -> ACR | =0x32；           //FLASH 2 个延时周期
    RCC->CR |=0x01000000；           //"PLLON"位置"1"，开锁相环
    while(! (RCC -> CR&.(1 <<25)))；//等待 PLL 就绪
    RCC->CFGR | =0x00000002；        //PLL 作为系统时钟
    while（temp!=0x02)               //等待系统时钟就绪
    { temp = RCC -> CFGR >>2；
```

```
            temp &= 0x03;                    //返回系统时钟源代码
        }
    }
```

3. APB2外设时钟使能寄存器（RCC_APB2ENR）和复位寄存器（RCC_APB2RSTR）

高速局部总线 APB2 上挂载的设备由 RCC_APB2RENR 和 RCC_APB2RSTR 两个寄存器来负责使能和复位，它们的结构完全一样，如表 15-4 所示。

表 15-4 RCC_APB2RENR 和 RCC_APB2RSTR 位功能

位	31	30	29	28	27	26	25	24	23	22	21	20	19	18	17	16
功能	保留																
位	15	14	13	12	11	10	9	8	7	6	5	4	3	2	1	0
功能	保留	USART1	保留	SPI1	TIM1	ADC2	ADC1	保留		IOPE	IOPD	IOPC	IOPB	IOPA	保留	AFIO
读写		RW			RW						RW					RW

RCC_APB2RENR 寄存器负责使能相应设备（的时钟），RCC_APB2RSTR 寄存器则负责关闭（除能）相应设备。将使能寄存器某位置"1"，使能相应外设（表 15-4 已列出设备名称），置"0"则不起作用，或者无效；将复位寄存器某位置"1"，则复位（除能）相应外设，而置"0"则不起作用。这种使能/除能方式与很多处理器的控制方式不同，后者一般都是使用一个寄存器，置"1"使能，置"0"除能。这种方式在进行使能/除能设置时，如果不能对寄存器进行位操作，一般需按字或直接进行与/或操作，容易因特征字有误而影响其他位的状态。Cortex-M3 设置两个寄存器的好处在于只需对关心的位置"1"，其他位都设为"0"，而不用关心其他位本身的状态，能有效减少因编程疏漏引起的误操作。如果既对使能寄存器的某位置"1"，又对复位寄存器的相应位置"1"，Cortex-M3 规定最后的操作起作用。如果后复位，复位起作用，反之则置位起作用。

在使用某个片上设备之前必须先打开相应的时钟，不使用时可关闭其时钟以降低功耗。比如使用 IOPA 口，要先使能 IOPA 口时钟，C 语言指令为：

RCC -> APB2ENR |=1<<2;

复位 IOPA 口时钟，则 C 语言指令为：

RCC ->APB2RSTR |=1<<2;

当然也可以同时使能多个设备时钟，比如同时使能 USART1、ADC2、IOPC 和 AFIO 的 C 语言指令为：

RCC -> APB2ENR =0x4411;

4. APB1 外设时钟使能寄存器（RCC_APB1ENR）和复位寄存器（RCC_APB1RSTR）

其功能和操作方式与 APB2 外设时钟控制寄存器类似，各位所控制的外设如表 15-5 所示。

表 15-5 RCC_APB1RENR 和 RCC_APB1RSTR 位功能

位	31	30	29	28	27	26	25	24	23	22	21	20	19	18	17	16
功能	保留		DAC	PWP	BKP	CAN2	CAN1	保留		I²C2	I²C1	USART5	USART4	USART3	USART2	保留
读写			RW							RW						
位	15	14	13	12	11	10	9	8	7	6	5	4	3	2	1	0
功能	SPI3	SPI2	保留		WWDC	保留					TIM7	TIM6	TIM5	TIM4	TIM3	TIM2
读写	RW				RW						RW					

5. 时钟控制寄存器组 RCC 的数据结构

头文件 stm32F10x_map.h 中为 RCC 寄存器组定义了相应的数据结构体，结构体中包含了 RCC 寄存器组的各个专用寄存器，偏移量就是寄存器相对于结构体基地址的偏移位置。RCC 的基地址是 0x4002 1000。

```
typedef struct
{
    vu32 CR；           //偏移 0x00
    vu32 CFGR；         //偏移 0x04
    vu32 CIR；          //偏移 0x08
    vu32 APB2RSTR；     //偏移 0x0C
    vu32 APB1RSTR；     //偏移 0x10
    vu32 AHBENR；       //偏移 0x14
    vu32 APB2ENR；      //偏移 0x18
    vu32 APB1ENR；      //偏移 0x1C
    vu32 BDCR；         //偏移 0x20
    vu32 CSR；          //偏移 0x24
} RCC_TypeDef；
```

该文件进一步定义了结构体 RCC_TypeDef 的指针：

#define RCC （(RCC_TypeDef *) RCC_BASE)

如要访问 CR 寄存器，则在 C 语言程序中可通过结构体成员变量 RCC->CR 访问。

15.1.2.2 I/O 口控制寄存器组 GPIOx

STM32 系列单片机有一组通用输入输出口（GPIO，类似于 MCS-51 单片机的 P0~P3 口），一般编号为 A~G，不同型号的 GPIO 数量略有不同。每个端口对应 16 个外部引脚，用于与其他设备进行数据交互。CPU通过内部的一组寄存器（类似于MCS-51的特殊功能寄存器P0~P3）操作相应的I/O数据线。每个GPIO口都有一组功能一样的寄存器，这些寄存器主要包括工作模式配置寄存器CRH（用来配置高8位）、CRL（用来配置低8位），输入寄存器IDR、输出寄存器ODR以及置位复位寄存器BSRR和复位寄存器BRR等。后续介绍中用GPIOx来表示某输入输出口（其中$x=$A~G），编程时应将"x"替换为具体的"A~G"。

（1）配置寄存器CRH和CRL。

每个GPIOx拥有16位数据线，每根数据线都可以有不同的工作模式和不同的速度（即电平翻转频率），操作非常灵活。通过GPIOx_CRH和GPIOx_CRL可以设置每一根数据线的工作模式和速度。

GPIOx_CRH和GPIOx_CRL均是32位寄存器，每4位配置一根I/O口线功能。GPIOx_CRL的0~3位配置GPIOx第0位功能，以此类推，可完成低8位I/O口线功能的设置，而GPIOx_CRH完成高8位I/O口线功能的设置。表15-6给出了GPIOx_CRL寄存器各位功能，GPIOx_CRH寄存器的结构和对高8位I/O口线功能的设置方式与之类似。GPIOx_CRL寄存器对低8位I/O口线工作模式和速度的设置方法如表15-7所示。

表15-6 I/O口配置寄存器（GPIOx_CRL）位功能

位	31	30	29	28	27	26	25	24	23	22	21	20	19	18	17	16
功能	CNF7 [1:0]		MODE7 [1:0]		CNF6 [1:0]		MODE6 [1:0]		CNF5 [1:0]		MODE5 [1:0]		CNF4 [1:0]		MODE4 [1:0]	
位	15	14	13	12	11	10	9	8	7	6	5	4	3	2	1	0
功能	CNF3 [1:0]		MODE3 [1:0]		CNF2 [1:0]		MODE2 [1:0]		CNF1 [1:0]		MODE1 [1:0]		CNF0 [1:0]		MODE0 [1:0]	

表15-7 GPIOx口线功能设置方式

域	对应位	数值	功能
CNFx [1:0] $x=$0~7； 对应I/O口线0~7	31:30 27:26 23:22 19:18 15:14 11:10 7:6 3:2	输入模式（MODEx [1:0]=00）	
		00	模拟输入模式
		01	浮空输入模式（复位后的状态）
		10	上拉/下拉输入模式
		11	保留
		输出模式（MODEx [1:0]>00）	
		00	通用推挽输出模式
		01	通用开漏输出模式
		10	复用功能推挽输出模式
		11	复用功能开漏输出模式

续表

域	对应位	数值	功能
MODEx [1:0] $x=0\sim7$； 对应 I/O 口线 0~7	29:28 25:24 21:20 17:16 13:12 9:8 5:4 1:0	00	输入模式（复位后的状态）
		01	输出模式，最大速度 10MHz
		10	输出模式，最大速度 2MH
		11	输出模式，最大速度 50MH

GPIOx 作输出时，可设置为不同的输出速度，这个速度是指 I/O 口驱动电路的速度。芯片内部有多个响应不同的驱动电路，系统根据 CRH 和 CRL 的设置选择合适的驱动电路。需要注意的是，高频驱动电路输出频率高但噪音大、功耗高、电磁干扰强；而低频驱动电路输出频率低，相应地，噪音小、功耗低、电磁干扰弱。在实际应用中，应根据需要选择合适输出频率，以达到最佳的噪声控制及降低功耗的目的。

【例 15-3】把 GPIOA 口第 8 位设置为推挽式输出，速度 50MHz；高 8 位设置为开漏输出，速度 10MHz。

GPIOA —>CRL=0x33333333；

GPIOA —>CRH=0x55555555；

【例 15-4】把 GPIOB 口低 8 位设置为推挽式输出，速度 2MHz；高 8 位浮空输入。

GPIOB—>CRL =0x22222222；

GPIOB—>CRH =0x44444444；

（2）输入寄存器 IDR 和输出寄存器 ODR。

IDR 寄存器用来读取外部引脚的状态，ODR 寄存器用来把数据传送到外部引脚。虽然 IDR 和 ODR 都是 32 位寄存器，但是每个 I/O 口外部引脚只有 16 根，所以 IDR 和 ODR 寄存器只有低 16 位有效，如表 15-8 所示。

表 15-8 I/O 口输入/输出寄存器 (GPIOx _IDR/ODR) 位功能

	GPIOx _IDR															
位	15	14	13	12	11	10	9	8	7	6	5	4	3	2	1	0
功能	IDR15	IDR14	IDR13	IDR12	IDR11	IDR10	IDR9	IDR8	IDR7	IDR6	IDR5	IDR4	IDR3	IDR2	IDR1	IDR0
读写	R															
	GPIOx _ODR															
位	15	14	13	12	11	10	9	8	7	6	5	4	3	2	1	0
功能	ODR15	ODR14	ODR13	ODR12	ODR11	ODR10	ODR9	ODR8	ODR7	ODR6	ODR5	ODR4	ODR3	ODR2	ODR1	ODR0
读写	RW															

IDR 是只读寄存器，往 IDR 里写内容是无效的；ODR 则是可读可写的。IDR 和 ODR 只能按字来进行操作，只能一次读出 IDR 的所有位信息，或一次把所有位信息写

入 ODR。读操作不会影响外部设备的工作状态,写操作会改变连接在 GPIOx 引脚上的设备的工作状态。每一次向 ODR 寄存器写入新的内容,需先读回信息,然后采用与/或指令进行输出,以保证不改变其他位的信息,操作不方便且指令多。为了解决这个问题,Cortex-M3 提供了多个方案,一是在 STM32 芯片设计时,把 ODR 寄存器配置在位带区,以便通过位带别名区来操作;二是通过使用置位/复位寄存器来实现指定位的写入。

(3) 置位复位寄存器 BSRR 和复位寄存器 BRR。

置位复位寄存器 BSRR 各位功能如表 15-9 所示。

表 15-9 置位复位寄存器 (GPIOx_BSRR) 位功能

位	31	30	29	28	27	26	25	24	23	22	21	20	19	18	17	16
功能	BR15	BR14	BR13	BR12	BR11	BR10	BR9	BR8	BR7	BR6	BR5	BR4	BR3	BR2	BR1	BR0
读写	W															
位	15	14	13	12	11	10	9	8	7	6	5	4	3	2	1	0
功能	BS15	BS14	BS13	BS12	BS11	BS10	BS9	BS8	BS7	BS6	BS5	BS4	BS3	BS2	BS1	BS0
读写	W															

BSRR 低 16 位用来置位 16 位端口信息:某位写"1"则置位端口对应位,而写"0"无效,不影响原状态;高 16 位用来复位 16 位端口信息:某位写"1"则复位(清零)端口对应位,而写"0"无效。如果置位和复位同时设置为 1,Cortex-M3 规定置位优先,即置位和复位冲突时,置位起作用,复位无效。因此,BSRR 寄存器在使用时要么只操作高 16 位(低 16 位全为 0),要么只操作低 16 位(高 16 位全为 0)。

Cortex-M3 通过对寄存器不同位进行置位和复位的办法,解决了按字操作端口时可能对无关位状态的意外改变的问题。简言之,置位或复位时只需在对应位写入"1",无关位写"0"即可。

【例 15-5】把 GPIOA 高 8 位置 1,低 8 位复位。

一次完成操作:

  CPIOA ->BSRR =0x00FFFF00; //一次操作 32 位

分两次操作:

  CPIOA -> BSRR =0xFF00; //置位高 8 位(修改 BSRR 低 16 位)
  GPIOA -> BSRR =0x00FF0000; //清零低 8 位(修改 BSRR 高 16 位)

用 BSRR 寄存器进行复位操作时,虽然 GPIOx 端口只有 16 位,却要按字(32 位)进行操作。为简化操作,Cortex-M3 还设计了一个专用的复位寄存器 BRR 用于端口复位。BRR 寄存器各位功能如表 15-10 所示。

表 15-10 复位寄存器（GPIOx_BRR）位功能

位	31	30	29	28	27	26	25	24	23	22	21	20	19	18	17	16
功能	保留															
位	15	14	13	12	11	10	9	8	7	6	5	4	3	2	1	0
功能	BR15	BR14	BR13	BR12	BR11	BR10	BR9	BR8	BR7	BR6	BR5	BR4	BR3	BR2	BR1	BR0
读写	W															

BRR 寄存器用于复位，只有低 16 位有效，而 BSRR 的置位功能也由低 16 位完成，无需高 16 位参与。如果用 BSRR 进行置位，用 BRR 进行复位，则都可以用 16 位数据完成，比使用 BSRR 既置位又复位更为简单。上例的任务中可使用 BSRR 和 BRR 共同完成：

GPIOA -> BSRR = 0xFF00   ；//置位高 8 位（使用 16 位数据）
GPIOA -> BRR = 0x00FF   ；//清零低 8 位（使用 16 位数据）

其实，如果对端口既要置位又要复位，还是用 BSRR 寄存器合理些，毕竟只需要一条指令就可完成；对于仅需要复位的情况，则使用 BRR 寄存器更方便合理。

对 GPIOx 进行位操作，除了可以按 16 位数据进行与/或运算后写入 ODR 寄存器，还可以通过以下 3 种方式实现，优点是不会影响无关位的原状态：

- 通过位带别名区进行操作，缺点是一次只能操作一位；
- 通过 BSRR 寄存器进行操作，一次操作一个 32 位数据，置位与复位同时完成；
- 通过 BSRR+BRR 寄存器进行操作，分两次操作，一次操作一个 16 位数据。

（4）GPIOx 寄存器组的数据结构。

stm32f10x_map.h 头文件中也定义了 GPIOx 寄存器组结构体，偏移量就是寄存器相对结构体基地址的偏移位置。GPIOA 的基地址是 0x4001 0800。

```
typedef struct
  {
    u32   CRL；
    u32   CRH；
    u32   IDR；
    u32   ODR；
    u32   BSRR；
    u32   BRR；
    u32   LCKR；
  } GPIO_TypeDef；
```

该文件也定义了结构体指针，程序中可以通过指针访问相应寄存器。

#define   GPIOA ((GPIO_TypeDef *) GPIO BASE)

15.1.2.3 复用功能寄存器组 AFIO

如果要使用 GPIOx 的其他功能，即复用功能（如 MCS-51 单片机 P3 口的第二功能),就需要使用 AFIO 寄存器组对 GPIOx 的引脚进行复用功能的设置。如果把端口配置成复用功能,则引脚和输出寄存器 ODR 断开,并和片上外设的输出信号连接。AFIO 寄存器组基地址为 0x4001 0000。如要使用复用功能,需要在时钟控制寄存器组中打开 AFIO 时钟。

1. 事件控制寄存器(AFIO_EVCR)

通过事件控制寄存器相关设置,可在内部事件发生时,在外部相应引脚上产生一个时钟周期的脉冲,即把内部事件输出到外部引脚。AFIO_EVCR 的地址偏移为 0x00,复位值为 0x0000 0000,各位功能如表 15-11 所示。

表 15-11 事件控制寄存器(AFIO_EVCR)位功能

位	31	30	29	28	27	26	25	24	23	22	21	20	19	18	17	16
功能	保留															
位	15	14	13	12	11	10	9	8	7	6	5	4	3	2	1	0
功能	保留								EVOE	PORT [2:0]			PIN [3:0]			
读写									RW								

位	功能
7 (EVOE)	允许事件输出(Event output enable),该位可由软件读写。该位置 1 后,EVENTOUT 将连接到由 PORT [2:0] 和 PIN [3:0] 选定的 I/O 口
6:4 (PORT [2:0])	端口选择(Port selection),用于选择输出 EVENTOUT 信号的端口。 000——选择 GPIOA;001——选择 GPIOB;010——选择 GPIOC; 011——选择 GPIOD;100——选择 GPIOE
3:0 PIN [3:0]	引脚选择(Pin selection),用于选择输出 EVENTOUT 信号的引脚。PIN [3:0] 取值 0000~1111,对应选择 GPIOx (x=A~E) 的 0~15 号引脚

2. 复用重映射和调试 I/O 配置寄存器(AFIO_MAPR)

STM32 内部功能部件多,有的引脚除了主功能外还涉及另外 2 个甚至 3 个复用功能,如 LQFP 封装的 64 脚芯片的 42 号引脚/100 脚芯片的 68 号引脚,主功能是通用 I/O 口 GPIOA 的 9 号脚,复用功能是串口 1 的信号输出端 USART1_TX 和定时器 1 的第二通道 TIM1_CH2。如果系统只使用 USART1 和 TIM1 之一,则该引脚可以为相应部件所用,但如果 USART1 和 TIM1 都要使用,那么 USART1_TX 或 TIM1_CH2 就必须重新映射到别的引脚。引脚的重新映射可以通过对复用重映射和调试 I/O 配置寄存器(AFIO_MAPR)进行相应设置来实现。AFIO_MAPR 寄存器地址偏移为 0x04,复位值为 0x0000 0000,各位的定义和功能如表 15-12 和表 15-13 所示。

表 15-12 复用重映射和调试 I/O 配置寄存器(AFIO_MAPR)位定义

位	31	30	29	28	27	26	25	24	23	22	21	20	19	18	17	16
功能	保留					SWJ_CFG [2:0]			保留			ADC2_E TRGREG _REMAP	ADC2_E TRGINJ _REMAP	ADC1_E TRGREG _REMAP	ADC1_E TRGINJ REMAP	TIM5_4_ IREMAP
读写						W						RW				

(续表)

位	15	14	13	12	11	10	9	8	7	6	5	4	3	2	1	0
功能	PD01_REMAP	CAN REMAP [1:0]		TIM4_REMAP	TIM3_REMAP [1:0]		TIM2_REMAP [1:0]		TIM1_REMAP [1:0]		USART3_REMAP [1:0]		USART2_REMAP	USART1_REMAP	I²C1_REMAP	SPI1_REMAP
读写	RW															

表 15-13 复用重映射和调试 I/O 配置寄存器（AFIO_MAPR）位功能说明

位及名称	功能
[26:24] SWJ_CFG	串行线 JTAG 配置位，用于配置 SWJ 和跟踪复用功能的 I/O 口。这些位只能写入，读出时将返回未定义的数值。 SWJ（串行线 JTAG）支持 JTAG 或 SWD 访问 Cortex-M3 的调试端口。复位后默认启用 SWJ 但没有跟踪功能，这种状态下可以通过 JTMS/JTCK 脚上的特定信号选择 JTAG 或 SW（串行线）模式。 | 取值	可能的调试端口	SWJ I/O 引脚分配 ||||| |---|---|---|---|---|---|---
		PA13/JTMS/SWDIO	PA14/JTCK/SWCLK	PA15/JTDI	PB3/JTDO/TRACESWO	PB4/NJTRST
000	完全 SWJ（JTAG-DP+SW-DP）复位状态	I/O 不可用	I/O 不可用	I/O 不可用	I/O 不可用	I/O 不可用
001	完全 SWJ（JTAG-DP+SW-DP）但没有 NJTRST	I/O 不可用	I/O 不可用	I/O 不可用	I/O 不可用	I/O 可用
010	关闭 JTAG-DP，启用 SW-DP	I/O 不可用	I/O 不可用	I/O 可用	I/O 只可在不使用异步跟踪时使用	I/O 可用
100	关闭 JTAG-DP，关闭 SW-DP	I/O 可用	I/O 可用	I/O 可用	I/O 可用	I/O 可用
其他	无作用						
[20] ADC2_ETRG REG_REMAP	ADC2 规则转换外部触发重映射（ADC2 external trigger regular conversion remapping），用于控制与 ADC2 规则转换外部触发相连的触发输入。 该位置"0"时，ADC2 规则转换外部触发与 EXTI11 相连； 该位置"1"时，ADC2 规则转换外部触发与 TIM8_TRGO 相连。
[19] ADC2_ETRG INJ_REMAP	ADC2 注入转换外部触发重映射（ADC2 external trigger injected conversion remapping），用于控制与 ADC2 注入转换外部触发相连的触发输入。 该位置"0"时，ADC2 注入转换外部触发与 EXTI15 相连； 该位置"1"时，ADC2 注入转换外部触发与 TIM8_CH4 相连。
[18] ADC1_ETRG REG_REMAP	ADC1 规则转换外部触发重映射，用于控制与 ADC1 规则转换外部触发相连的触发输入。 该位置"0"时，ADC1 规则转换外部触发与 EXTI11 相连； 该位置"1"时，ADC1 规则转换外部触发与 TIM8_TRGO 相连。
[17] ADC1_ETRG INJ_REMAP	ADC1 注入转换外部触发重映射，用于控制与 ADC2 注入转换外部触发相连的触发输入。 该位置"0"时，ADC1 注入转换外部触发与 EXTI15 相连； 该位置"1"时，ADC1 注入转换外部触发与 TIM8_CH4 相连。
[16] TIM5CH4_IREMAP	TIM5 通道 4 内部重映射，用于控制 TIM5_CH4 内部映射。 该位置"0"时，TIM5_CH4 与 PA3 相连； 该位置"1"时，LSI 内部振荡器与 TIM5_CH4 相连，目的是对 LSI 进行校准。

续表

位及名称	功能
[15] PD01_REMAP	端口 PD0/PD1 映射到 OSC_IN/OSC_OUT，控制 PD0 和 PD1 的 GPIO 功能映射。当不使用主振荡器 HSE 时（系统运行于内部的 8MHz 阻容振荡器），PD0 和 PD1 可以映射到 OSC_IN 和 OSC_OUT 引脚。此功能只能适用于 36、48 和 64 引脚的封装（100 脚和 144 脚的封装形式已有 PD0 和 PD1 引脚，不必重映射）。 0——不进行 PD0 和 PD1 的重映射；1——PD0 映射到 OSC_IN，PD1 映射到 OSC_OUT。

[14:13] CAN_REMAP

CAN 复用功能重映射，在只有单个 CAN 接口的产品上控制复用功能 CAN_RX 和 CAN_TX 的重映射。

取值	引脚映射	
	CAN_RX	CAN_TX
00	PA11	PA12
01	未用组合	
10	PB8	PB9（不能用于 36 脚的封装）
11	PD0	PD1

[12] TIM4_REMAP

定时器 4 的重映射，控制 TIM4 的通道 1～4 在 GPIO 端口的映射。
0：没有重映射——TIM4_CH1～4/PB6～9；1：完全映射——TIM4_CH1～4/PD12～15。
注：重映射不影响在 PE0 上的 TIM4_ETR。

[11:10] TIM3_REMAP

定时器 3 的重映射，控制定时器 3 的通道 1～4 在 GPIO 端口的映射。

取值	引脚映射			
	TIM3_CH1	TIM3_CH2	TIM3_CH3	TIM3_CH4
00	没有重映射	PA6	PA7	PB0	PB1
01	未用组合				
10	部分映射	PB4	PB5	PB0	PB1
11	完全映射	PC6	PC7	PC8	PC9

[9:8] TIM2_REMAP

定时器 2 的重映射，控制定时器 2 的通道 1～4 和外部触发（ETR）在 GPIO 端口的映射。

取值	引脚映射			
	TIM2_CH1/ETR	TIM2_CH2	TIM2_CH3	TIM2_CH4
00	没有重映射	PA0	PA1	PA2	PA3
01	部分映射	PA15	PB3	PA2	PA3
10	部分映射	PA0	PA1	PB10	PB11
11	完全映射	PA15	PB3	PB10	PB11

[7:6] TIM1_REMAP

定时器 1 重映射，控制定时器 1 的通道 1～4、1N～3N、外部触发（ETR）和刹车输入（BKIN）在 GPIO 端口的映射。

取值	引脚映射								
	ETR	TIM1_CH1	TIM1_CH2	TIM1_CH3	TIM1_CH4	BKIN	CH1N	CH2N	CH3N
00	没有重映射	PA12	PA8	PA9	PA10	PA11	PB12	PB13	PB14	PB15
01	部分映射	PA12	PA8	PA9	PA10	PA11	PA6	PA7	PB0	PB1
10	未用									
11	完全映射	PE7	PE9	PE11	PE13	PE14	PE15	PE8	PE10	PE12

续表

位及名称	功能						
[5:4] USART3 _REMAP	USART3 重映射，控制 USART3 的 CTS、RTS、CK、TX 和 RX 复用功能在 GPIO 的映射。						
	取值	引脚映射					
			TX	RX	CK	CTS	RTS
	00	没有重映射	PB8	PB11	PB12	PB13	PB14
	01	部分映射	PC10	PC11	PC12	PB13	PB14
	10	未用					
	11	完全映射	PD8	PD9	PD10	PD11	PD12
[3] USART2 _REMAP	USART2 重映射，控制 USART2 的 CTS、RTS、CK、TX 和 RX 复用功能在 GPIO 端口的映射。 0：没有重映射——CTS/PA0，RTS/PA1，TX/PA2，RX/PA3，CK/PA4； 1：重映射——CTS/PD3，RTS/PD4，TX/PD5，RX/PD6，CK/PD7。						
[2] USART1 _REMAP	USART1 重映射，控制 USART1 的 TX 和 RX 复用功能在 GPIO 端口的映射。 0：没有重映射——TX/PA9，RX/PA10；1：重映射——TX/PB6，RX/PB7。						
[1] I²C1_REMAP	I²C1 重映射（I²C1 remapping），控制 I²C1 的 SCL 和 SDA 复用功能在 GPIO 端口的映射。 0：没有重映射——SCL/PB6，SDA/PB7；1：重映射——SCL/PB8，SDA/PB9。						
[0] SPI1_REMAP	SPI1 重映射，控制 SPI1 的 NSS、SCK、MISO 和 MOSI 复用功能在 GPIO 端口的映射。 0：没有重映射——NSS/PA4，SCK/PA5，MISO/PA6，MOSI/PA7； 1：重映像——NSS/PA15，SCK/PB3，MISO/PB4，MOSI/PB5。						

3. 外部中断配置寄存器（AFIO_EXTICRx）

外部中断配置寄存器用来配置 GPIOx 的某个引脚作为外部中断信号输入，总共 4 个 32 位寄存器用来配置编号为 0~15 的 16 个外部中断请求线，4 个寄存器分别称为 AFIO_EXTICR1、AFIO_EXTICR2、AFIO_EXTICR3 和 AFIO_EXTICR4，复位值均为 0x0000，地址偏移分别为 0x08、0x0C、x010 和 0x14。每个寄存器只有低 16 位有效，每 4 位配置一个中断信号输入引脚。外部中断配置寄存器位 AFIO_EXTICR1 各位的定义如表 15-14 所示。

表 15-14 外部中断配置寄存器（AFIO_EXTICR1）位定义

位	31	30	29	28	27	26	25	24	23	22	21	20	19	18	17	16
功能	保留															
位	15	14	13	12	11	10	9	8	7	6	5	4	3	2	1	0
功能	EXTI3 [3:0]				EXTI2 [3:0]				EXTI1 [3:0]				EXTI0 [3:0]			
读写	RW															

其余三个外部中断配置寄存器 AFIO_EXTICR2~AFIO_EXTICR4 的位功能和表 15-14 类似，表中的 EXTIx 位段（4bit）用于配置第 x 号的外部中断信号输入引脚，AFIO_EXTICR1 配置 0~3 号外部中断，AFIO_EXTICR2 配置 4~7 号外部中断，以此类推。EXTIx 不同取值的含义如表 15-15 所示。

表 15-15 外部中断信号输入引脚配置方法

EXTIx 取值	功能	EXTIx 取值	功能
0000	第 x 号中断信号输入引脚为 PAx	0001	第 x 号中断信号输入引脚为 PBx
0010	第 x 号中断信号输入引脚为 PCx	0011	第 x 号中断信号输入引脚为 PDx
0100	第 x 号中断信号输入引脚为 PEx	0101	第 x 号中断信号输入引脚为 PFx
0110	第 x 号中断信号输入引脚为 PGx		

根据表 15-14 和表 15-15 可知，AFIO_EXTICRx 寄存器中的 EXTIx 段设置中断信号从 GPIOA~GPIOG 中哪个口输入，而具体的引脚序号和中断号对应：0 号中断信号从 0 号引脚输入，1 号中断信号从 1 号引脚输入，以此类推，如图 15-3 所示。

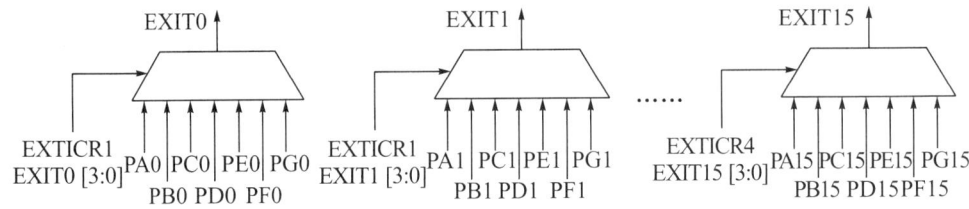

图 15-3 外部中断信号输入引脚配置示意图

【例 15-6】设置 PA3 和 PB15 为外部中断请求输入线。

分析：PA3 和 PB14 引脚对应的是 3 号和 14 号中断请求，EXTI3 和 EXTI14 位段分别在 AFIO_EXTICR1 和 AFIO_EXTICR4 寄存器中；而要把中断请求信号从 PA 输入，EXTIx=0000，从 PB 输入，EXTIx=0001。于是，相应的 C 语言程序为：

```
AFIO->EXTICR[1] &= 0x0FFF;   //EXTI3[3:0]=0000，3 号中断信号
                                从 PA3 输入
AFIO->EXTICR[4] &= 0xF0FF;   //清除 EXTI14[3:0]
AFIO->EXTICR[4] |= 0x0100;   //设置 EXTI14[3:0]=0001，14 号中断
                                信号从 PB14 输入
```

STM32 可管理 16 个外部中断源和若干个功能部件（型号不同，功能部件种类、数量有所不同）产生的中断请求，对这些事件的中断处理还涉及中断控制寄存器组 NVIC 的相关寄存器。NVIC 是 Cortex-M3 的内核寄存器，其功能与设置方法已在 12.2 节中进行了介绍，本节不再重复。15.2 节将对 STM32 外部中断的使用问题进行介绍。

15.1.3 STM32 GPIO 口的应用

MCS-51 单片机的 I/O 口 P0~P3 通过对应的特殊功能寄存器 P0~P3 进行操作，完成数据输入/输出。与之相类似，STM32 的 I/O 口也是通过一组专用寄存器实现内部数据的输入/输出，但 STM32 的 I/O 口功能更复杂，除了作为通用 I/O 口使用外，还有复用功能，而且一个引脚上可能有两个以上功能部件信号的输入/输出，当两个功能部件都要使用时，必须进行复用引脚的重映射。为将端口在通用 I/O 和复用功能之间

切换,以及进行复用重映射,STM32 提供了复用功能寄存器组 AFIO,通过对复用功能寄存器组相关寄存器的设置,可实现通用 I/O 和复用功能的切换以及复用重映射,具体方法已在上一节中进行了介绍。本节对 15.1.2.2 节没有开启复用功能时的基本输入/输出功能的使用方法进行归纳总结。

图 15-4 所示是 STM32 GPIOA~GPIOG 任意一位的内部结构。其核心是输出数据寄存器 ODR、输入数据寄存器 IDR、为了方便输出时只修改个别位的状态而设置的置位复位寄存器 BSRR 和复位寄存器 BRR,以及相应的控制、驱动电路。作为基本的 I/O 口,GPIOx 也有不同的输入/输出方式和输出速度,因此使用前需根据具体情况对其输入/输出模式进行配置。

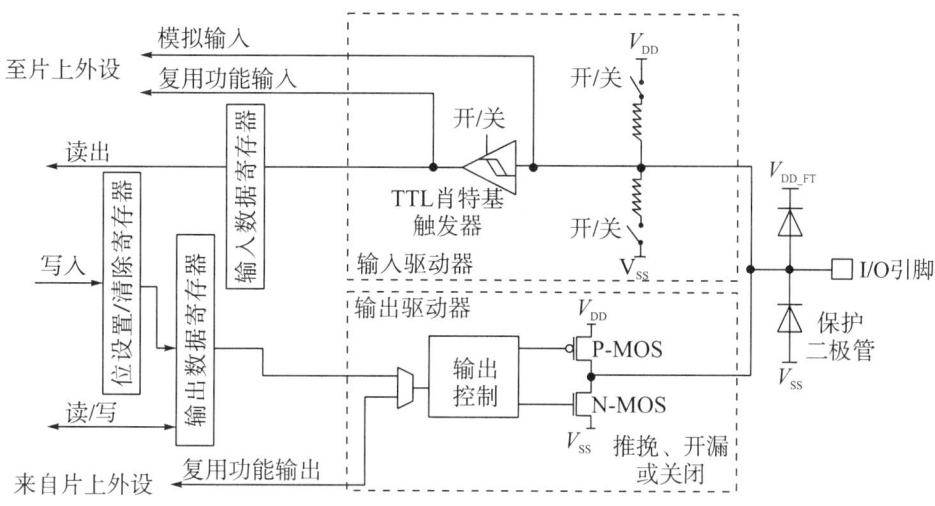

图 15-4 GPIOx 任意一位的内部结构

1. 输入/输出模式配置

每个端口有两个配置寄存器 GPIOx_CRL 和 GPIOx_CRH,均是 32 位寄存器,从最低位开始,每 4 位配置一根 I/O 口线功能,GPIOx_CRL 的 0~3 位配置 GPIOx 第 0 位功能,以此类推,两个寄存器可完成共 16 位 I/O 口线的功能设置。配置寄存器的结构和每位与 I/O 口线的对应关系如 15.1.2.2 节表 15-6 所示。配置寄存器中的 MODE 域用于输入/输出切换和输出速度设置,而 CNF 域用于选择输入/输出的驱动方式,如表 15-16 所示。

表 15-16 I/O 口线输入/输出模式配置方法

CNF 值	MODE 值	ODR 状态	I/O 口引脚模式		输出速度
00	00	不使用	输入	模拟输入	
01		不使用		浮空输入	
10		0		下拉输入	
		1		上拉输入	

续表

CNF 值	MODE 值	ODR 状态	I/O 口引脚模式		输出速度
00	01 10 11	0/1	通用模式 输出	推挽	MODE=01，最大输出速度 10MHz MODE=10，最大输出速度 2MHz MODE=11，最大输出速度 50MHz
01		0/1		开漏	
10		不使用	复用功能 输出	推挽	
11		不使用		开漏	

【例 15－7】设置 GPIOB 的 0、1 位为模拟输入；10 位为上拉输入，11 位为推挽输出，输出速度 10MHz。

分析：GPIOB 0、1 位的设置由 GPIOB_CRL 完成，对应的设置位是 0～7 位，设为模拟输入时，CNF 和 MODE 值应为 0b0000；10 位和 11 位的设置由 CRH 的 8～15 位完成，上拉输入的 CNF 和 MODE 取值应为 0b1000，且 ODR 对应位输出 1，10MHz 推挽输出的 CNF 和 MODE 取值应为 0b0001。C 语言程序如下：

```
GPIOB->CRL& =0xFFFFFF00;     //0～7 位清零
GPIOB->CRH& =0x00FFFFFF;     //8～15 位清零
GPIOB ->CRH | =0x00001800;   //PB10 输入，PB11 按 10MHz 速度输出
GPIOB->ODR =1<<10;           //PB10 上拉
```

2. I/O 口基本输入/输出方法

（1）用输入寄存器 IDR 输入。

IDR 寄存器用来读取外部引脚的状态。虽然 IDR 是 32 位寄存器，但是每个 I/O 口外部引脚只有 16 根，所以 IDR 寄存器只有低 16 位有效。

【例 15－8】用输入寄存器 IDR 读入 I/O 输入信号。

```
u8    data8;                      //定义一个 8 位变量
u16   data16;                     //定义一个 16 位变量
data8 =GPIOD->IDR&0x00FF;         //把 GPIOD 低 8 位读入 data8
data16 =GPIOA->IDR;               //读入 GPIOA16 位引脚信号至 data16
```

（2）用输出寄存器 ODR 输出。

ODR 寄存器也只有低 16 位有效，与 I/O 引脚对应。如果同时改变 GPIO 口 16 根 I/O 线信号，可用 ODR 寄存器直接输出。

【例 15－9】将 0x803C 输出到 GPIOD 引脚。

```
GPIOD->ODR =0x803C;              //直接输出数据
```

如果只改变某些位状态，则需要通过与/或运算实现。

【例 15－10】将 GPIOD 的 14、11 位清零，10、6、1 位置"1"。

```
GIOD->ODR &=0xD7FF;              //清零 14、11 位，其他位不变
GIOD->ODR | = 0x0442;            //置位 10、6、1 位，其他位不变
```

(3) 用置位复位寄存器输出。

【例 15-11】将 GPIOD 的 13~11、3、2 位清零，14、9、8、5 位置"1"。

一次操作 32 位：

  GPIOD —>BSRR =0x380C4320；

分两次操作：

  GPIOD —> BSRR =0x4320； //置位（修改 BSRR 低 16 位）
  GPIOD —> BSRR =0x380C0000； //清零（修改 BSRR 高 16 位）

(4) 用置位复位寄存器和复位寄存器联合输出。

【例 15-12】将 GPIOE 的 12、11、7、3、2 位清零，14、13、9、6、5、0 位置"1"。

  GPIOE —> BSRR =0x6261； //置位（修改 BSRR 低 16 位）
  GPIOE —> BRR = 0x188C； //清零（修改 BRR 低 16 位）

根据以上示例可知，GPIO 输出时可以采用不同的输出方式。一般说来，整体 16 位输出时用 ODR 寄存器比较方便；只修改个别位时，用置位复位寄存器输出最为简洁，但输出值需要仔细计算。用置位复位寄存器和复位寄存器联合输出的好处是两个输出值都是 16 位的，计算相对简单。总的说来，无论采用哪种方式，本质上都无太大区别，可根据个人习惯选择。

15.2 外部中断管理

15.2.1 STM32 中断概述

Cortex—M3 有 16 个内部异常（也称内核中断，0 号异常保留，对应中断向量地址存放栈顶地址，其余异常对应中断号 1~15），1~3 号优先级最高且不可屏蔽，另外最多可配置 240 个外部中断（IRQ）。

STM32F10x 中最多支持 68 个外部中断，不同型号的外部中断数量略有不同，如 STM32F107 有 68 个外部中断，而 STM32F103 只支持 60 个外部中断。中断（异常）号 16 对应外部中断源 0 号（IRQ♯0），如 TIM2 是外部中断 IRQ♯28，对于 Cortex—M3 内核来说，其异常编号为 44，相应的中断向量表地址偏移量为 $4 \times 44 = 0xB0$。STM32F10x 使用 4 位优先级配置寄存器，有 16 个可编程的优先等级，嵌套向量中断控制器（NVIC）和 Cortex—M3 处理器核的接口紧密相连，可以实现低延迟的中断处理和晚到中断的高效处理。

不同型号单片机的外部中断数量略有不同，其中断向量表也有所不同。表 15-17 列出了 STM32F10x（非互联网型）单片机支持的外部中断及向量表地址偏移量。

表 15-17 STM32F10x（非互联网型）单片机的中断向量表

Cortex—M3 异常编号	外部中断号	异常/中断名称	说明	中断向量表地址偏移量
0	内核中断		MSP 的初始值	0x00
1		Reset	复位（PC 初始值）	0x04
2		NMI		0x08
3		Hard Fault（硬件失效）	所有类型的失效	0x0c
4		MemManage Fault	存储器管理错误	0x10
5		Bus Fault（总线错误）	预取指失败，存储器访问失败	0x14
6		Usage Fault（用法错误）	未定义的指令或非法状态	0x18
7~10		保留		0x1C~0x2B
11		SVCCall	通过 SWI 指令的系统服务调用	0x2C
12		Debug Monitor	调试监视器	0x30
13		保留		0x34
14		PendSV	可挂起的系统服务	0x38
15		SysTick	系统嘀嗒定时器	0x3C
16	IRQ#0	WWDG	窗口定时器中断	0x40
17	IRQ#1	PVD	连到 EXTI 的电源电压检测中断	0x44
18	IRQ#2	TAMPER	侵入检测中断	0x48
19	IRQ#3	RTC	实时时钟（RTC）全局中断	0x4C
20	IRQ#4	FLASH	闪存全局中断	0x50
21	IRQ#5	RCC	复位和时钟控制（RCC）中断	0x54
22	IRQ#6	EXTI0	EXTI 线 0 中断	0x58
23	IRQ#7	EXTI1	EXTI 线 1 中断	0x5C
24	IRQ#8	EXTI2	EXTI 线 2 中断	0x60
25	IRQ#9	EXTI3	EXTI 线 3 中断	0x64
26	IRQ#10	EXTI4	EXTI 线 4 中断	0x68
27	IRQ#11	DMA1 通道 1	DMA1 通道 1 全局中断	0x6C
28	IRQ#12	DMA1 通道 2	DMA1 通道 2 全局中断	0x70
29	IRQ#13	DMA1 通道 3	DMA1 通道 3 全局中断	0x74
30	IRQ#14	DMA1 通道 4	DMA1 通道 4 全局中断	0x78
31	IRQ#15	DMA1 通道 5	DMA1 通道 5 全局中断	0x7C
32	IRQ#16	DMA1 通道 6	DMA1 通道 6 全局中断	0x80
33	IRQ#17	DMA1 通道 7	DMA1 通道 7 全局中断	0x84
34	IRQ#18	ADC1_2	ADC1 和 ADC2 的全局中断	0x88
35	IRQ#19	USB_HP_CAN_TX	USB 高优先级或 CAN 发送中断	0x8C
36	IRQ#20	USB_LP_CAN_RX0	USB 低优先级或 CAN 接收 0 中断	0x90

续表

Cortex—M3 异常编号	外部中断号	异常/中断名称	说明	中断向量表地址偏移量
37	IRQ#21	CAN_RX1	CAN 接收 1 中断	0x94
38	IRQ#22	CAN_SCE	CAN SCE 中断	0x98
39	IRQ#23	EXTI9_5	EXTI线 [9:5] 中断	0x9C
40	IRQ#24	TIM1_BRK	TIM1 刹车中断	0xA0
41	IRQ#25	TIM1_UP	TIM1 更新中断	0xA4
42	IRQ#26	TIM1_TRG_COM	TIM1 触发和通信中断	0xA8
43	IRQ#27	TIM1_CC	TIM1 捕获比较中断	0xAC
44	IRQ#28	TIM2	TIM2 全局中断	0xB0
45	IRQ#29	TIM3	TIM3 全局中断	0xB4
46	IRQ#30	TIM4	TIM4 全局中断	0xB8
47	IRQ#31	I^2C1_EV	I^2C1 事件中断	0xBC
48	IRQ#32	I^2C1_ER	I^2C1 错误中断	0xC0
49	IRQ#33	I^2C2_EV	I^2C2 事件中断	0xC4
50	IRQ#34	I^2C2_ER	I^2C2 错误中断	0xC8
51	IRQ#35	SPI1	SPI1 全局中断	0xCC
52	IRQ#36	SPI2	SPI2 全局中断	0xD0
53	IRQ#37	USART1	USART1 全局中断	0xD4
54	IRQ#38	USART2	USART2 全局中断	0xD8
55	IRQ#39	USART3	USART3 全局中断	0xDC
56	IRQ#40	EXTI15_10	EXTI线 [15:10] 中断	0xE0
57	IRQ#41	RTCAlarm	连到 EXTI 的 RTC 闹钟中断	0xE4
58	IRQ#42	USB 唤醒	连到 EXTI 的 USB 待机唤醒中断	0xE8
59	IRQ#43	TIM8_BRK	TIM8 刹车中断	0xEC
60	IRQ#44	TIM8_UP	TIM8 更新中断	0xF0
61	IRQ#45	TIM8_TRG_COM	TIM8 触发和通信中断	0xF4
62	IRQ#46	TIM8_CC	TIM8 捕获比较中断	0xF8
63	IRQ#47	ADC3	ADC3 全局中断	0xFC
64	IRQ#48	FSMC	FSMC 全局中断	0x0100
65	IRQ#49	SDIO	SDIO 全局中断	0x0104
66	IRQ#40	TIM5	TIM5 全局中断	0x0108
67	IRQ#51	SPI3	SPI3 全局中断	0x010C
68	IRQ#52	UART4	UART4 全局中断	0x0110
69	IRQ#53	UART5	UART5 全局中断	0x0114
70	IRQ#54	TIM6	TIM6 全局中断	0x0118

续表

Cortex—M3 异常编号	外部中断号	异常/中断名称	说明	中断向量表地址偏移量
71	IRQ#55	TIM7	TIM7 全局中断	0x011C
72	IRQ#56	DMA2 通道 1	DMA2 通道 1 全局中断	0x0120
73	IRQ#57	DMA2 通道 2	DMA2 通道 2 全局中断	0x0124
74	IRQ#58	DMA2 通道 3	DMA2 通道 3 全局中断	0x0128
75	IRQ#59	DMA2 通道 4_5	DMA2 通道 4_5 全局中断	0x012C

15.2.2 中断控制相关寄存器

15.2.2.1 嵌套向量中断控制器 NVIC

Cortex—M3 处理器内部集成了嵌套向量中断控制器 NVIC，该寄存器组以存储器映射的方式来访问。除了包含相关控制寄存器和中断处理的控制逻辑外，NVIC 还包含了 MPU、SysTick 定时器以及调试控制相关的寄存器。NVIC 的访问地址是 0xE000E000，所有 NVIC 的中断控制/状态寄存器均可按字/半字/字节的方式访问，但只能在特权级下访问。不过有一个例外——软件触发中断寄存器可以在用户级下访问以产生软件中断。

Cortex—M3 内核最多可支持 256 个中断，其中包含 16 个内核中断和 240 个外部中断，并且具有 256 级的可编程中断优先级设置。但不同型号的 ARM 单片机所支持的外部中断数量有所不同，具体的数量由开发商在设计芯片时决定。

STM32 系列除了 16 个内核中断另配置了 68 个可屏蔽的外部中断（STM32F107 有 68 个，STM32F103 只有 60 个），采用 16 级可编程中断优先级。

对 STM32 外部中断进行相关设置或查询中断状态时，会涉及 NVIC 的 6 组寄存器，相关设置方法已在 12.2 节中进行了介绍，本节介绍 NVIC 寄存器在 STM32 中的具体应用方法。

1. 中断使能寄存器组 ISER[8]

NVIC 中有 8 个 32 位的中断使能寄存器 ISER（Interrupt Set-Enable Registers），实现对最多 256 个中断源的使能。虽然 STM32F10x 无需使用全部使能寄存器，但也预留了地址空间以备后续器件扩展（以下寄存器组也按 256 个中断源的需要预留了地址空间）。要使能某个中断，必须设置使能寄存器相应的位为 1。（这里仅仅是使能，后续还需进行中断分组屏蔽、优先级设置、I/O 口映射等设置。）

2. 中断除能寄存器组 ICER[8]

ICER（Interrupt Clear-Enable Registers）寄存器组与中断使能寄存器组 ISER 的作用恰好相反，是用来清除某个中断的使能的。要除能某个中断，可通过设置除能寄存器相应的位为 1 实现。使能/除能这种互斥的操作在别的处理器中一般通过对同一寄存器置位或清零实现，但 Cortex—M3 采用两个独立的寄存器分别完成，以减少设置时误操作的可能，这也算 Cortex-M3 的一个特点，后续对这种操作方式不再进行说明。

3. 中断悬起控制寄存器组 ISPR [8]

ISPR（Interrupt Set-Pending Registers）可以将正在进行的中断悬起，而执行同级或更高级别的中断。中断悬起标志可以是 CPU 设置的，可以编程修改 SETPEND 的某一位，使某个中断悬起。

4. 中断解悬控制寄存器组 ICPR [8]

ICPR（Interrupt Clear-Pending Registers）的作用与 ISPR 相反，通过置位相应位可将某个悬起的中断解悬。

5. 中断激活标志位寄存器组 IABR [8]

如果 IABR（Interrupt Active-Bit Registers）的某一位为 1，则表示该位所对应的中断正在被执行。它是只读寄存器，通过它可以知道当前在执行的中断是哪一个。中断执行完成后，对应位由硬件自动清零。

6. 中断优先级寄存器组 IP [240]

IP 寄存器组（Interrupt Priority Registers）由 240 个 8 位的寄存器组成，STM32F10x 只用到 68 个，每个可屏蔽中断占用一个 8 位的寄存器，但只有高 4 位有效，以此将全部中断源分为 16 个优先级。

由于 STM32F103 只有 60 个外部中断源，中断优先级寄存器组 IPR 使用了前 15 个，共 60 字节，每一个字节用高 4 位设置 1 个外部中断源的优先级。另外，除中断优先级寄存器外，其余控制寄存器只需要两个。以中断使能寄存器 SETENA 为例，只使用了最前面的两个，共 64 位，SETENA [0] 的 0~31 位作为 IRQ♯0~IRQ♯31 的使能控制，对应的异常编号为 16~47；SETENA [1] 的 0~27 位作为 IRQ♯32~IRQ♯59 的使能控制，对应的异常编号为 48~75。其余寄存器使用情况类似。

MDK 环境中定义的中断控制寄存器的结构体如下，地址位于 0xE000 E100。结构体中寄存器名称与前面介绍有所不同，但均是同一寄存器。另外，RESERVED*x* 用于预留地址。

```
typedef struct
{
    vu32    ISER [2];
    u32     RESERVED0 [30];
    vu32    ICER [2];
    u32     RESERVED1 [30];
    vu32    ISPR [2];
    u32     RESERVED2 [30];
    vu32    ICPR [2];
    u32     RESERVED3 [30];
    vu32    IABR [2];
```

```
    u32     RESERVED4 [62];
    vu32    IPR [15];
} NVIC_TypeDef;
```

15.2.2.2 外部中断/事件控制器（EXTI）

STM32 互联型（如 STM32F107）有 68 个外部中断，其外部中断/事件控制器由 20 个检测事件/中断请求的边沿检测器组成；其他型号（如 STM32F103）只有 60 个外部中断，则有 19 个事件/中断请求的边沿检测器。每根外部中断信号输入线可以独立地配置输入类型（脉冲或挂起）和对应的触发事件（上升沿或下降沿或者双边沿都触发），也可以独立地被屏蔽。挂起寄存器用于保持状态线的中断请求。

EXTI 控制器的主要特性如下：

• 每个中断/事件都可独立触发和屏蔽；
• 每根中断线都有专用的状态位；
• 支持多达 20 个软件的中断/事件请求；
• 可检测脉冲宽度小于 APB2 时钟宽度的外部信号（具体数据参见 STM32 数据手册中电气特性部分的相关参数）。

外部中断信号检测传递过程如图 15-5 所示。

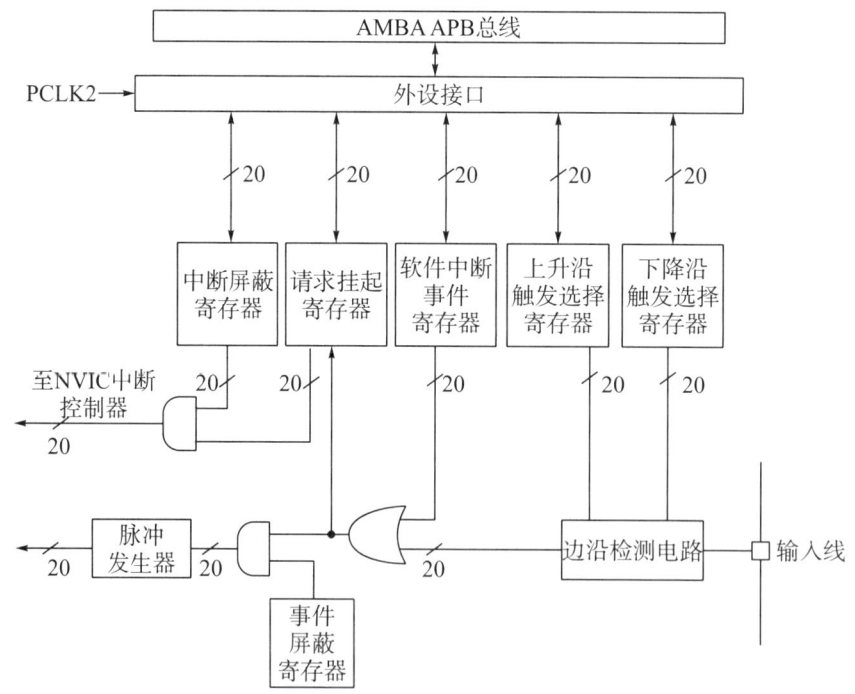

图 15-5　外部中断/事件信号检测传递示意图

为了实现对外部中断的控制，外部中断/事件控制器（EXTI）包括以下专用寄存器，且这些寄存器必须以字（32 位）的方式操作。

1. 中断屏蔽寄存器（EXTI_IMR）

中断屏蔽寄存器在外部中断/事件控制寄存器组中的地址偏移量为 0x00，复位值是 0x0000 0000，可读写，位功能如表 15-18 所示。

表 15-18　中断屏蔽寄存器（EXTI_IMR）位功能

位	31	30	29	28	27	26	25	24	23	22	21	20	19	18	17	16
功能	保留												MR19	MR18	MR17	MR16
位	15	14	13	12	11	10	9	8	7	6	5	4	3	2	1	0
功能	MR15	MR14	MR13	MR12	MR11	MR10	MR9	MR8	MR7	MR6	MR5	MR4	MR3	MR2	MR1	MR0

其中，位 [31:20] 为保留位，必须始终保持复位值（0）。位 [19:0] 为 MRx 位，即线 x 上的中断屏蔽位：

=0：屏蔽来自线 x 上的中断请求；

=1：开放来自线 x 上的中断请求。

注：位 [19] 只适用于互联型单片机，对于其他型号单片机该位为保留位。外部中断/事件控制寄存器组中的其他功能寄存器均是如此，本节不再赘述。

2. 事件屏蔽寄存器（EXTI_EMR）

事件屏蔽寄存器在外部中断/事件控制寄存器组中的地址偏移量为 0x04，复位值是 0x0000_0000，可读写，寄存器结构和位功能与中断屏蔽寄存器（EXTI_IMR）相同，区别在于屏蔽/开放的是"来自线 x 上的事件请求"。

3. 上升沿触发选择寄存器（EXTI_RTSR）

该寄存器地址偏移量为 0x08，复位值是 0x0000 0000，可读写，位功能如表 15-19 所示。

表 15-19　上升沿触发选择寄存器（EXTI_RTSR）位功能

位	31	30	29	28	27	26	25	24	23	22	21	20	19	18	17	16
功能	保留												TR19	TR18	TR17	TR16
位	15	14	13	12	11	10	9	8	7	6	5	4	3	2	1	0
功能	TR15	TR14	TR13	TR12	TR11	TR10	TR9	TR8	TR7	TR6	TR5	TR4	TR3	TR2	TR1	TR0

其中，位 [31:20] 为保留位，必须始终保持复位值（0）。位 [19:0] 为 TRx 位，即线 x 上的上升沿触发事件配置位：

=0：禁止输入线 x 上的上升沿触发（中断和事件）；

=1：允许输入线 x 上的上升沿触发（中断和事件）。

需要注意的是，外部唤醒线是边沿触发的，这些线上不能出现毛刺信号。在写 EXTI_RTSR 寄存器时，外部中断线上的上升沿信号不能被识别，挂起位也不会被置位。对于同一中断线，可以同时设置上升沿和下降沿触发，即任一边沿都可触发中断。

4. 下降沿触发选择寄存器（EXTI_FTSR）

该寄存器地址偏移量为 0x0C，复位值是 0x0000 0000，可读写，寄存器结构和位功能与上升沿触发寄存器相同，区别在于禁止/允许输入线 x 上中断和事件的"下降沿触发"。

5. 软件中断事件寄存器（EXTI_SWIER）

该寄存器地址偏移量为 0x10，复位值是 0x0000 0000，可读写，位功能如表 15-20 所示。

表 15-20 软件中断事件寄存器（EXTI_SWIER）位功能

位	31	30	29	28	27	26	25	24	23	22	21	20	19	18	17	16
功能	保留												SWIER19	SWIER18	SWIER17	SWIER16
位	15	14	13	12	11	10	9	8	7	6	5	4	3	2	1	0
功能	SWIER15	SWIER14	SWIER13	SWIER12	SWIER11	SWIER10	SWIER9	SWIER8	SWIER7	SWIER6	SWIER5	SWIER4	SWIER3	SWIER2	SWIER1	SWIER0

其中，位 [31:20] 为保留位，必须始终保持复位值（0）。位 [19:0] 为 SWIERx 位，即线 x 上的软件中断位。当该位为"0"时，写"1"将设置 EXTI_PR 中相应的挂起位。如果在 EXTI_IMR 和 EXTI_EMR 中允许产生该中断，则此时将产生一个中断。通过清除 EXTI_PR 的对应位（写入"1"），可以清除该位为"0"。

6. 挂起寄存器（EXTI_PR）

该寄存器地址偏移量为 0x14，复位值随机。应特别注意的是，可通过软件读取每一位的值，也可以通过写"1"清除某一位，写"0"对该位无影响。其位功能如表 15-21 所示。

表 15-21 挂起寄存器（EXTI_PR）位功能

位	31	30	29	28	27	26	25	24	23	22	21	20	19	18	17	16
功能	保留												PR19	PR18	PR17	PR16
位	15	14	13	12	11	10	9	8	7	6	5	4	3	2	1	0
功能	PR15	PR14	PR13	PR12	PR11	PR10	PR9	PR8	PR7	PR6	PR5	PR4	PR3	PR2	PR1	PR0

其中，PRx 为挂起位。

=0：没有发生触发请求；

=1：发生了选择的触发请求。

当外部中断线上发生了选择的边沿事件，该位被置"1"。在该位中写入"1"可以清除它，也可以通过改变边沿检测的极性清除。

下面是 MDK 环境中定义的外部中断/事件控制寄存器组的结构体，该结构体地址位于 0x4001 0400。

```
typedef struct
{
```

```
        vu32    IMR;
        vu32    EMR;
        vu32    RTSR;
        vu32    FTSR;
        vu32    SWIER;
        vu32    PR;
} EXTI_TypeDef;
```

15.2.3 中断应用初始设置

要使用中断方式对外部事件进行响应，需进行使能中断、设置优先级、重定位中断向量表等一系列的设置。表 15-22 列出了和 STM32 外部中断设置相关的寄存器。本节对初始设置问题进行归纳梳理。

表 15-22 STM32 外部中断设置相关寄存器

内部中断 0~15	外部中断 IRQ0~IRQ59，对应异常编号 16~75		
	EXTI 中断（19 个）		其他外中断源
	外中断号		
	6、7、8、9、10、23、40	1、41、42	2、3、4、5 等
	从 16 个 GPIO 引脚输入中断	3 个其他 EXTT 中断	
	AFIO_EXTICR1~4 中断信号输入引脚选择	PVD、RTC、Alarm、USB 相关控制寄存器	定时器、串口、 ADC、RTC 等
—	EXTI_IMR 中断屏蔽 19 位 EXTI_EMR 事件屏蔽 19 位 EXTI_RTSR 上升沿触发 19 位 EXTI_FTSR 下降沿触发 19 位 EXTI_PR 中断挂起寄存器，写 1 清除中断标志 19 位		
	AIRCR [10:8]：优先级分组，同时影响全部外中断源 IPR [15]：15 个寄存器，每个寄存器 4 字节，设置 60 个外中断的优先级 ISER [2]：两个寄存器控制 32 + 28 =60 个外中断使能（SETENAx） 此外还有一些较少使用的寄存器： ICER [2]：32 + 28 =60 个外中断除能控制（CLRENAx） ISPR [2]：32 + 28 =60 个外中断悬起控制（SETPENDx） ICPR [2]：32 + 28 =60 个外中断解悬控制（CLRPENDx） IABR [2]：32 + 28 =60 个外中断服务标志（ACTIVEx）		
	PRIMASK、FAULT_MASK、BASEPRI 内核寄存器：控制全体中断的允许/禁止； STIR：软件触发中断寄存器，设置软件中断号地址 0xE000 EF00，它可以在用户级下访问； 对内部异常 4、5、6、11、12、14、15，即除 RESET、NMI、HARDFAULT 之外的异常也可以编程设置优先级，但是优先级不在 IPR [15] 中定义，而是在 SCB 块中的 SHPR [3] 中定义，地址从 0xE000 ED18 开始。SHPR 即系统处理程序优先级寄存器（System Handlers Priority Registers）。		

1. 配置外部中断的输入引脚

15.1.2.3 节中介绍了通过外部中断配置寄存器 AFIO_EXTICR 将某个引脚作为外部中断信号输入的方法。要使用外部中断,首先需要设置 EXTICR[4] 中相应的 EXTIx[3:0] 位段,进行 GPIO 引脚配置。需要注意的是,使用 GPIOx 引脚进行中断信号输入需要在时钟控制寄存器组中打开 AFIO 时钟。

2. 设置内核中断屏蔽寄存器

表 15-17 给出了外部中断(EXIT0~EXIT15)对应的异常编号,要使用这些外部中断首先需要对 NVIC 的中断屏蔽寄存器 PRIMASK、FAULTMASK 和 BASEPRI 进行相应设置,以允许指定的外部中断。

3. 设置内核使能寄存器 ISER

Cortex-M3 中有 8 个 32 位使能寄存器 ISER,用于异常和中断的使能与除能。如要使用某外部中断,需根据表 12-9。使能/除能寄存器功能说明"使能指定的外部中断。

4. 设置中断屏蔽寄存器和事件屏蔽寄存器

一个外部中断是否被响应,除受内核使能寄存器控制外,还受到中断屏蔽寄存器(EXTI_IMR)或事件屏蔽寄存器(EXTI_EMR)控制。因此,除需置位内核使能寄存器中的相应使能位(SETENA)外,还需在中断或事件屏蔽寄存器中开放对应的外部中断请求或事件请求。

5. 设置优先级

非互联型 STM32 单片机有 15 个中断优先级寄存器 IPR,共 60 字节,对应 60 个外部中断源。使用时,需根据外部中断序号在相应的优先级寄存器 IPR 中设置外部中断的优先级。IPR 寄存器高 4 位有效,可设置 16 个优先级。

6. 设置优先级分组

应用程序中断及复位控制寄存器 AIRCR(0xE000 ED0C)的 PRICROUP 位段(8~10 位)用于设置优先级分组。由于 STM32 使用 4 位优先级,根据 Cortex-M3 的优先级分组原则,STM32 的中断优先级可按表 15-23 所列方式进行分组。

表 15-23 STM32 的中断优先级分组

PRICROUP 值	抢占优先级		亚优先级	
	表示位数	优先级数量	表示位数	优先级数量
7	0	0	4	16
6	1	2	3	8
5	2	4	2	4
4	3	8	1	2
≤3	4	16	0	0

7. 重定位中断向量表

如果需要重定位中断向量表,则需先把硬件失效(Hard Fault)和 NMI 异常的服务例程入口地址写到新表项所在地址中,然后配置向量表偏移量寄存器,使之指向新的向量表,并为需要设置的外部中断建立中断向量。因为向量表可能已经重定位了,保险起见,需要先读取向量表偏移量寄存器的值,根据该中断在表中的位置计算出对应的表项,再把服务例程的入口地址填写进去。如果使用 ROM 中的向量表,则无需此步骤。

15.2.4 外部中断应用示例

本节以 GPIOA 口线 PA0 作为外部中断输入引脚为例,介绍使用外部中断时相关寄存器的设置情况及程序的设计方法。

为便于对 PA0 相关状态进行设置,将与 PA0 模式设置的相关寄存器功能集中于表 15-24 中。

表 15-24 与 PA0 模式设置相关的寄存器(相关字节)

(a) APB2 外设时钟使能寄存器 RCC_APB2ENR															
15	14	13	12	11	10	9	8	7	6	5	4	3	2	1	0
保留	USART1	保留	SPT1	TIM1	ADC2	ADC1	保留 |||| IOPE	IOPD	IOPC	IOPB	IOPA	保留	AFIO
(b) I/O 口配置寄存器 GPIOA_CRL							
CNF3 [1:0]	MODE3 [1:0]	CNF2 [1:0]	MODE2 [1:0]	CNF1 [1:0]	MODE1 [1:0]	CNF0 [1:0]	MODE0 [1:0]
配置口线 PA3		配置口线 PA2		配置口线 PA1		配置口线 PA0	
GPIOA 口线 PA0 功能设置方式							
CNF0 [1:0]	MODE0 [1:0]					输入模式		
00	00					模拟输入模式		
01	^					浮空输入模式		
10	^					上拉/下拉输入模式		
11	^					保留		
(c) GPIOA 置位复位寄存器 GPIOA_BSRR															
BS15	BS14	BS13	BS12	BS11	BS10	BS9	BS8	BS7	BS6	BS5	BS4	BS3	BS2	BS1	BS0
(d) 外部中断配置寄存器 1 (AFIO_EXTICR1)															
EXTI3 [3:0]				EXTI2 [3:0]				EXTI1 [3:0]				EXTI0 [3:0]			
EXTI1 设置外部中断 1 输入引脚															
EXTI0 值		0000		0001		0010		0011		0100		0101		0110	
引脚选择		PA0 为外部中断 0 输入引脚		PB0 为外部中断 0 输入引脚		PC0 为外部中断 0 输入引脚		PD0 为外部中断 0 输入引脚		PE0 为外部中断 0 输入引脚		PF0 为外部中断 0 输入引脚		PG0 为外部中断 0 输入引脚	

1. 设置中断引脚的输入/输出状态

将 GPIO 引脚作为外部中断信号输入引脚,首先要使能 PORTA 口时钟,并将其设为上拉输入模式，然后给 PA0 端口写"1"以开通 PA0 中断输入的内部通道。相应程序如下：

```
RCC->APB2ENR |=1<<2;       //使能 PORTA 时钟
GPIOA->CRL &=0xFFFFFFF0;
GPIOA->CRL |=0x08;         //CNF0[1:0]、MODE0[1:0] 为 1000，设
                             置 PA0 为上拉/下拉输入模式
GPIOA->BSRR =0x01;         //置位 PA0
```

2. 选择 GPIOA 口 PA0 作为中断输入

STM32F10x 支持 68 个外部中断（STM32F103 只支持 60 个外部中断），其中有 16 个外部中断的请求信号从 GPIOx 的引脚输入，作为 EXTIx 中断。任何一个 GPIO 口的 16 位都可以作为外部中断信号输入口，从 0 号引脚输入的是 EXTI0 中断，以此类推，从 15 号引脚输入的是 EXTI15 中断。需要注意的是，EXTI5～9 复用外部中断 23 号、EXTI10～15 复用外部中断 40 号。而寄存器 AFIO_EXTICR1～4 控制外部中断 EXTIx 从 GPIOA～GPIOG 中某个口的引脚输入。于是，选择 GPIOA 口 PA0 作为外部中断 EXTI1 信号输入的程序如下：

```
RCC->APB2ENR |=0x01;           //使能 AFIO，即 I/O 复用时钟
AFIO->EXTICR[0] &=0xFFF0;      //EXTI0[3:0] 清零，EXTI 线 0 中断信
                                 号从 PA0 输入
```

3. 设置中断触发方式

要保证外部中断能被正确响应，需要用 EXTI 寄存器组的 IMR、EMR、FTSR、RTSR 设置输入口线的中断允许、事件允许以及合适的触发方式。完成前述设置所涉及的寄存器的相关部分如表 15-25 所示。

表 15-25 与 PA0 屏蔽与触发相关的寄存器（相关字节）

(a) 中断屏蔽寄存器 EXIT_IMR															
15	14	13	12	11	10	9	8	7	6	5	4	3	2	1	0
MR15	MR14	MR13	MR12	MR11	MR10	MR9	MR8	MR7	MR6	MR5	MR4	MR3	MR2	MR1	MR0
MRx=0：线 x 上的中断请求被屏蔽；MRx=1：线 x 上的中断请求被允许															
(b) 事件屏蔽寄存器 EXIT_EMR															
MR15	MR14	MR13	MR12	MR11	MR10	MR9	MR8	MR7	MR6	MR5	MR4	MR3	MR2	MR1	MR0
MRx=0：线 x 上的事件请求被屏蔽；MRx=1：线 x 上的事件请求被允许															
(c) 上升沿触发选择寄存器 EXTI_RTSR															
TR15	TR14	TR13	TR12	TR11	TR10	TR9	TR8	TR7	TR6	TR5	TR4	TR3	TR2	TR1	TR0
TRx=0：禁止输入线 x 上的中断和事件上升沿触发；TRx=1：允许输入线 x 上的中断和事件上升沿触发															

续表

(d) 下降沿触发选择寄存器 EXTI_RTSR																
TR15	TR14	TR13	TR12	TR11	TR10	TR9	TR8	TR7	TR6	TR5	TR4	TR3	TR2	TR1	TR0
TRx=0：禁止输入线 x 上的中断和事件下降沿触发；TRx=1：允许输入线 x 上的中断和事件下降沿触发															

定义中断触发方式的程序代码如下：

```
EXTI->IMR |=1;      //开启线0上的中断
EXTI->FTSR |=1;     //线0上中断和事件下降沿触发
EXTI->RTSR |=1;     //线0上中断和事件上升沿触发
//以上语句可同时设置，也可只设置一种触发方式
```

4. 设置优先级分组

优先级分组需要设置应用程序中断及复位控制寄存器 AIRCR 的 PRIGROUP 位段（8~10 位），在设置时需要将其高 15 位设为 0x05FA，作为分组信息写入的钥匙。由于 STM32 采用 4 位优先级，并且是高位对齐方式，因此分组值应是 3~7。本例在 PRIGROUP 位段写入 6，表示 1 位抢占优先级、3 位亚优先级（响应优先级），类似 MCS-51 的中断源优先级分为高优先级和低优先级两组。

```
temp=SCB->AIRCR;
temp&=0x0000F8FF;    //清除 PRIGROUP 位段，清空先前分组
temp|=0x05FA0000;    //高16位必须为访问钥匙 0x05FA
temp|=0x00000600;    //PRIGROUP 位段设为6，1位抢占优先级、3位亚优先级
SCB->AIRCR=temp
```

5. 设置优先级

中断优先级寄存器组的 IPRx 寄存器用于设置每个中断号的优先级，每个寄存器 8 位。STM32F10x 的中断优先级寄存器组由 16 个 32 位寄存器组成，可以为 64 个外部中断设置优先级。优先级寄存器与外部中断 IRQx 的对应关系如图 15-6 所示。

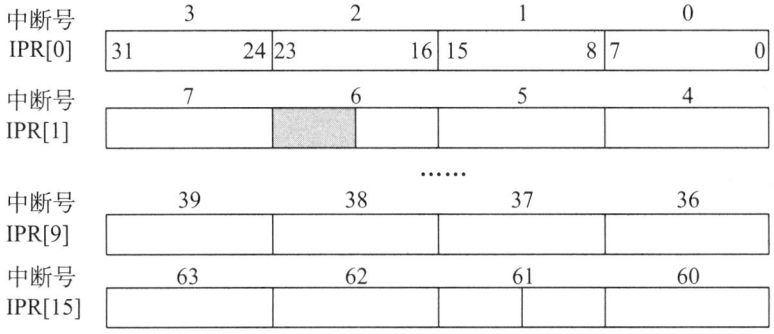

图 15-6　优先级寄存器与外部中断 IRQx 的对应关系

本例的中断由 PA0 输入，为 EXTI0，对应外部中断 6 号，所以其优先级寄存器为 IPR [1] 的 23~16 位。由于 STM32 采用 4 位优先级，因此需设置 IPR [1] 的 23~20 位，即图 15-6 中的阴影部分。假设将优先级设为 8，则抢占优先级为 1、亚优先级为 0，成为低优先级组中的最高优先级。设置程序为：

    NVIC->IPR [1] &=0xFF0FFFFF；   //清除原设置
    NVIC->IPR [1] |=0x00800000；   //设置优先级为 1、亚优先级为 0

6. 外部中断源使能

STM32 有 60 个外部中断，用两个 32 位中断使能寄存器 ISER [0]、ISER [1] 顺序控制 60 个外中断源使能（ISER [1] 只用了 28 位）。ISER [0] 的最低位使能 IRQ0，以此类推。本例中由 PA0 产生外部中断，根据表 15-17，其外部中断号为 6，使能 IRQ6 的语句如下：

    NVIC->ISER [0] |=1<<6；   //ISER [0] 第 6 位置 1，使能 IRQ6

7. 编写中断程序

经过上述寄存器设置，完成了中断初始化工作，后续工作则是编写中断程序。在进入中断后，需要清除相应的中断标志位，以保证不重复进入中断。具体方法是对中断挂起寄存器 EXTI_PR 相应位写 "1" 以清除该位上的中断标志。本例从 PA0 输入的是外部中断线 0 请求，也就是外部中断 IRQ0，对应的中断标志是 EXTI_PR 寄存器的 0 位，在中断服务程序中应将该位清零。

外部中断线 0 的中断入口地址 EXTI0_IRQHandler 已放入中断向量表中，中断服务程序结构如下：

    void EXTI0_IRQHandler（void）
    {EXTI->PR=1；   //外部中断线 0 请求是外部中断 IRQ0，写 EXTI_PR 第 0
                     位为 1，清除该位上的中断标志
        ……
    }

15.3　STM32 定时器原理及应用

15.3.1　STM32 定时器概述

和 MCS-51 单片机一样，STM32 单片机的定时器本质上是一个计数器，可以对内部脉冲或外部输入脉冲进行计数，但功能更加完善、复杂。STM32F10x 单片机共有 11 个定时器。这 11 个定时器包括 2 个看门狗定时器和 1 个系统嘀嗒定时器（SysTick），另外 8 个称为 TIM1~TIM8。根据所具有功能的多少，TIM1~TIM8 又分为基本定时器（TIM6 和 TIM7，共 2 个）、通用定时器（TIM2、TIM3、TIM4、TIM5，共 4 个）

和高级定时器（TIM1 和 TIM8，共 2 个）三类。

系统嘀嗒定时器 SysTick 采用 24 位递减计数器，自动重加载初值，常用于产生微秒（μs）级、毫秒（ms）级延时，工作频率的计算公式为：

CK_CNT = 定时器时钟 / (TMx_PSC + 1)

其中，CK_CNT 为定时器工作频率；TIMx_PSC 为分频系数。

TIM1～TIM8 都是 16 位定时器，由各自的可编程预分频器驱动。基本定时器一般用于提供时间基准，也可以为数模转换（DAC）提供时钟。实际上，它们在芯片内部直接连接到 DAC 并通过触发输出直接驱动 DAC。通用定时器和高级定时器除了基本的定时/计数功能，还具有输入捕获、输出比较和 PWM 波形输出等高级功能，可满足工业控制的各种定时需求。各类定时器的功能如表 15－26 所示。

表 15－26　STM32F103 定时器功能比较

定时器分类	基本定时器	通用定时器	高级定时器
包含的定时器	TIM6 和 TIM7	TIM2～TIM5	TIM1 和 TIM8
主要特点			
内部时钟 CK_INT 来源	APB1 分频器	APB2 分频器	
内部预分频器位数（分频范围）	16 位（1～65536）		
内部计数器位数（计数范围）			
更新中断和 DMA	√		
计数方向	向上	向上、向下、向上/向下（中央对齐）	
外部事件计数	×	√	
定时器触发或级联	×	√	
独立捕获/比较通道数量	×	4	
单脉冲输出方式	×	√	
正交编码器输入	×	√	
霍尔传感器输入	×	√	
刹车信号输入	×	×	√
带死区的 PWM 互补输出	×	×	√

从功能上看，基本定时器的功能是通用定时器功能的子集，而通用定时器的功能又是高级定时器功能的一个子集。另外，三类定时器的内部时钟来源也不完全相同，如图 15－7 所示。

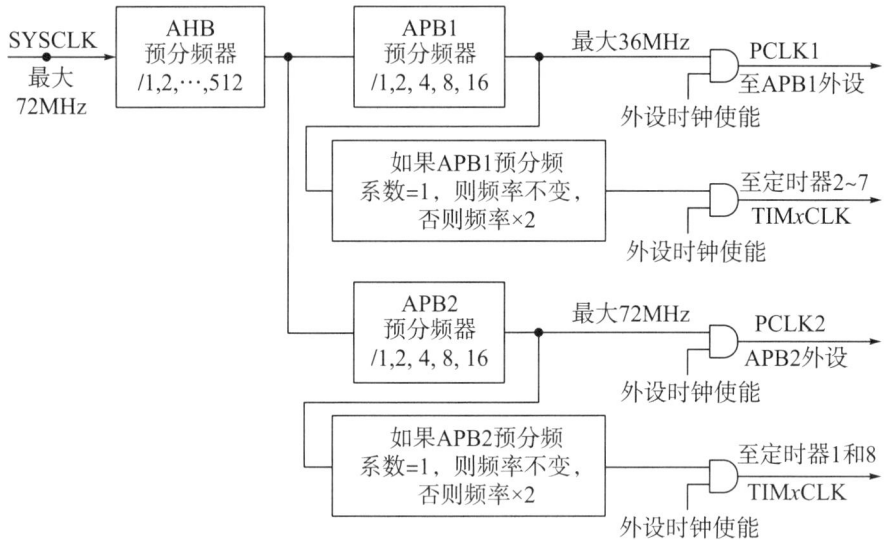

图15-7 各定时器的时钟来源

根据14.3节关于STM32时钟系统的介绍及图14-12所示，高级定时器的内部时钟由APB2产生，基本定时器和通用定时器内部时钟由APB1产生，但定时器的时钟不是直接来自APB1或APB2，而是来自APB1或APB2的倍频输出。当APB1（或APB2）的预分频系数为1时倍频器不起作用，定时器的时钟频率等于APB1（或APB2）的频率；当APB1（或APB2）的预分频系数不为1时，则对APB1（或APB2）分频后的脉冲倍频后作为定时器的时钟频率。

将APB1/APB2的时钟脉冲分频后又倍频作为定时器的时钟来源的原因是APB1/APB2不但要为定时器提供时钟，而且还要为其他外设提供时钟。这样处理既可以兼顾其他外设和定时器对时钟频率的不同要求，也可以在保证其他外设使用较低时钟频率时，定时器仍能得到较高的时钟频率。

下面对三类定时器的工作原理和功能进行简要介绍。由于三类定时器的功能具有"包含"的关系，介绍通用定时器时只介绍其相对基本定时器的增强功能和相应的专用寄存器，相同部分则不再重复，介绍高级定时器时亦是如此。

15.3.2 基本定时器（TIM6、TIM7）

STM32F10x内部有两个基本定时器，分别是TIM6和TIM7。基本定时器内部包含一个16位自动重装载寄存器、一个16位预分频器和一个16位计数器。其最常用的功能是进行定时，提供时间基准，计数器溢出（更新事件）时可产生中断/DMA请求。在芯片内部，基本定时器与DAC直接相连，通过触发输出可直接驱动DAC。基本定时器原理框图如图15-8所示。

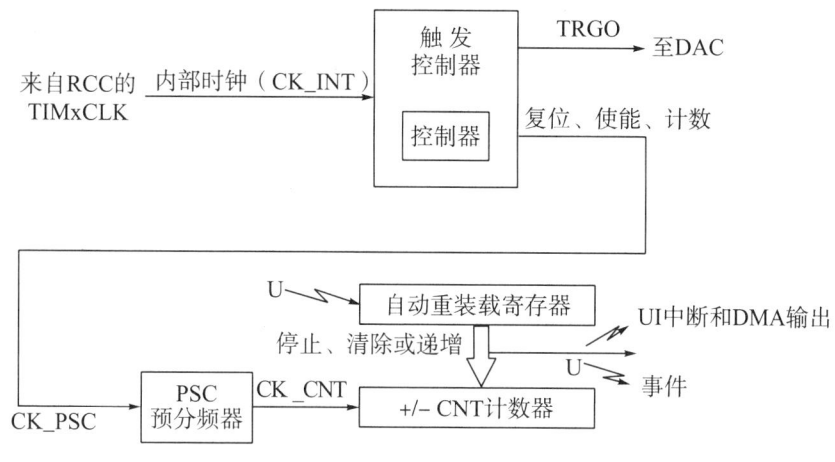

图 15-8 基本定时器原理框图

15.3.2.1 基本定时器功能描述

1. 时基单元

基本定时器的时基单元包括：

• 计数器寄存器（TIMx _CNT）：基本定时器的计数器只能向上计数。可读写，在定时器寄存器组中的偏移地址是 0x24，复位值为 0x0000。

• 预分频寄存器（TIMx _PSC）。

• 自动重装载寄存器（TIMx _ARR）。

计数器的时钟通过预分频器得到（分频系数 1～65536）。计数器停止和运行时，都可以读写上述三个寄存器。

2. 时钟源

从图 15-8 中可以看出，基本定时器 TIM6 和 TIM7 只有一个时钟源，即内部时钟 CK _INT。对于 STM32F103 所有的定时器，内部时钟 CK _INT 都来自 RCC 的 TIMxCLK。但对于不同的定时器，TIMxCLK 的来源不同。基本定时器 TIM6 和 TIM7 的 TIMxCLK 来源于 APB1 预分频器的输出，系统默认情况下，APB1 的时钟频率为 72MHz。

3. 预分频器

该寄存器可读写，在定时器寄存器组中的偏移地址是 0x28，复位值为 0x0000。预分频器（TIMx _PSC）是 16 位寄存器，其值（0～65535）用于对计数器时钟分频。TIMx _PSC 控制寄存器具有缓冲作用，因此可以在运行过程中改变预分频器的数值，新的数值将在下一个更新事件时起作用。图 15-9 是在运行过程中预分频系数从 1 变到 4 的计数器时序图。

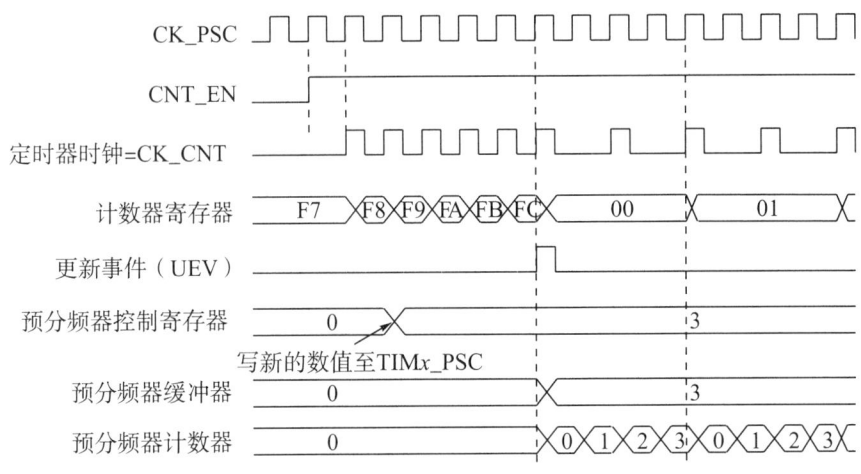

图 15-9 预分频系数从 1 变到 4 的计数器时序图

从图 15-9 中可以看出，预分频器的内容为每次发生更新事件后要装载到实际预分频器寄存器的值。经过预分频后，计数器时钟频率为：

$$\text{计数器时钟频率 CK\_CNT} = f_{\text{CK\_PSC}} / (\text{TIM}x\_\text{PSC}[15:0] + 1)$$

因此，通过预分频器可以对计数器时钟进行 1~65536 分频。

4. 自动重装载寄存器（TIMx _ARR）

该寄存器可读写，在定时器寄存器组中的偏移地址是 0x2C，复位值为 0x0000。TIMx _ARR 的值为将要装载入实际的自动重装载寄存器（该寄存器不可寻址）的值，当自动重装载的值为空时，计数器不工作。事实上，自动重装载寄存器有两个：一个是供软件读写的寄存器，即此处所说的 TIMx _ARR，但其值并不直接影响定时器运行；另一个是实际的自动重装载寄存器（也称为影子寄存器），影响定时器运行，定时器溢出直接受控其值的大小，但该寄存器不可寻址，软件无法直接读写。TIMx _ARR 的内容更新后，会根据控制寄存器 TIMx _CR1 中的自动装载预装载使能位（ARPE）的设置，被立即或在更新事件（UEV）时传送到实际的自动重装载寄存器（影子寄存器），进而影响定时器运行。

图 15-10 和图 15-11 展示了自动装载预装载使能位 ARPE 对定时器工作过程的影响。

图 15-10 为 TIMx _CR1 中的自动装载预装载使能位 ARPE=0，TIMx _ARR 的值从 0xFF 被修改到 0x36 时的时序图。从图中可以看出，TIMx _ARR 的值在修改后是立即生效的。

图 15-11 为 TIMx _CR1 中的自动装载预装载使能位 ARPE=1，TIMx _ARR 的值从 0xF5 被修改到 0x36 时的时序图。从图中可以看出，TIMx _ARR 的值在修改后计数器仍然按照影子寄存器的值运行。当计数器溢出，产生更新事件后，TIMx _ARR 的值再装入影子寄存器，然后按照影子寄存器的值进行计数，即 TIMx _ARR 的值修改后不是立即生效的。

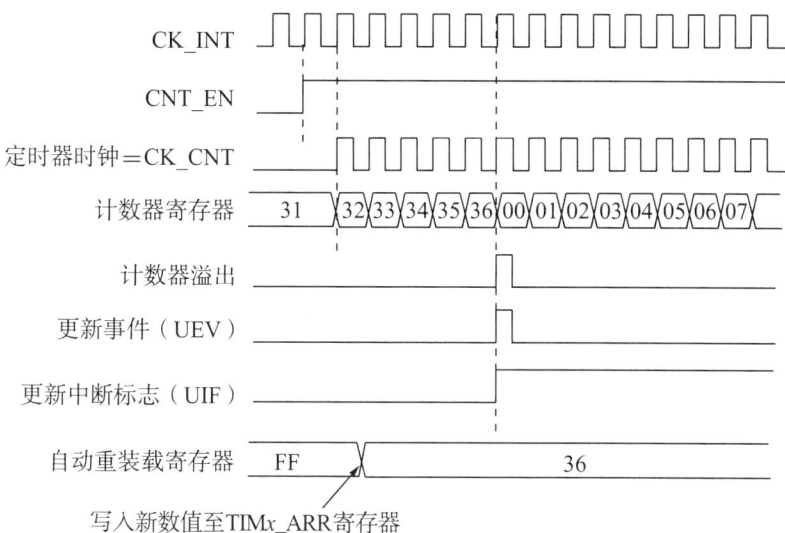

图 15-10　TIMx_ARR 没有预装入时，更新 TIMx_ARR 值的时序图

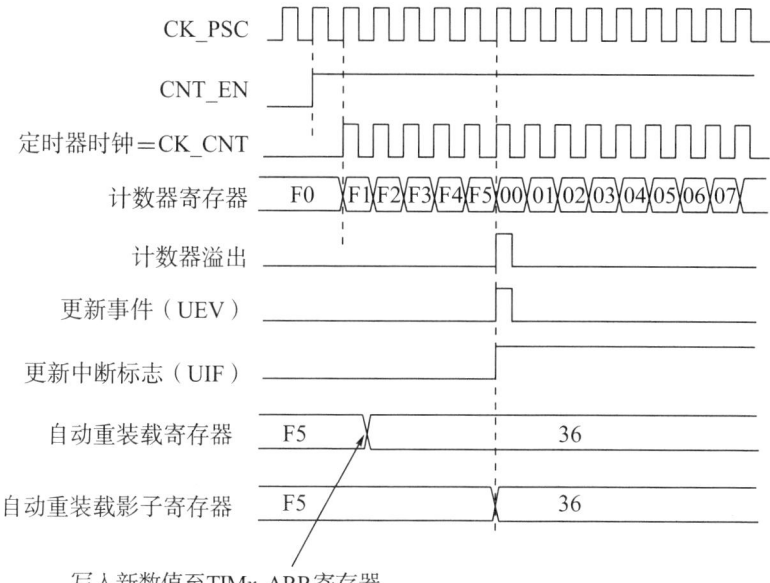

图 15-11　TIMx_ARR 预装入时，更新 TIMx_ARR 值的时序图

5．计数模式

基本定时器只有向上计数工作模式，其工作过程如图 15-12 所示。其中↑表示产生溢出事件。基本定时器启动后，脉冲计数器 TIMx_CNT 从 0 累加计数到实际的自动重装载寄存器（TIMx_ARR 寄存器）的值后，产生一个计数器溢出事件。由此可见，如果使用基本定时器进行延时，定时时间可以用以下公式计算：

定时时间＝(TIMx_ARR+1) × (TIMx_PSC+1) / TIMxCLK

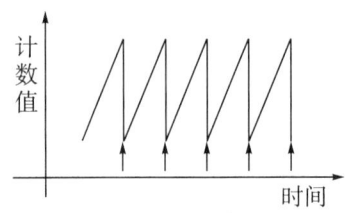

图 15-12 向上计数模式

当发生一次更新事件时,所有寄存器会被更新并设置更新标志;传送预装载值(TIMxPSC 寄存器的内容)至预分频器的缓冲区;自动重装载影子寄存器被更新为 TIMx_ARR 的值。

图 15-13 和图 15-14 展示了当 TIMx_ARR=0x36 时,不同时钟频率下计数器工作的时序图。

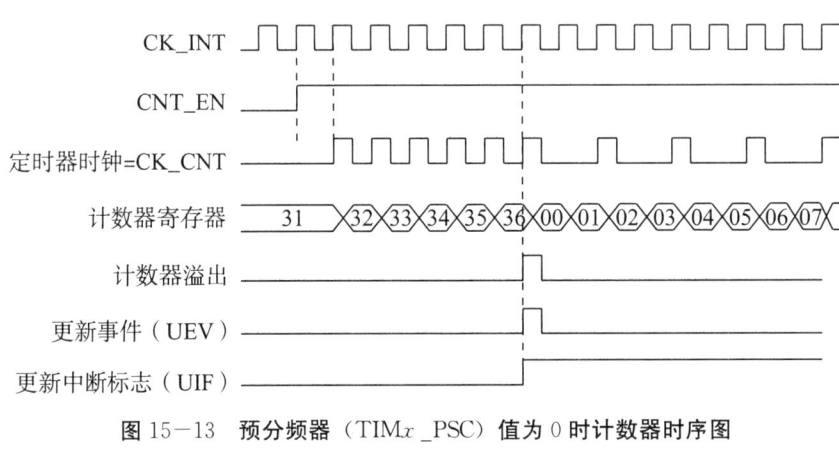

图 15-13 预分频器(TIMx_PSC)值为 0 时计数器时序图

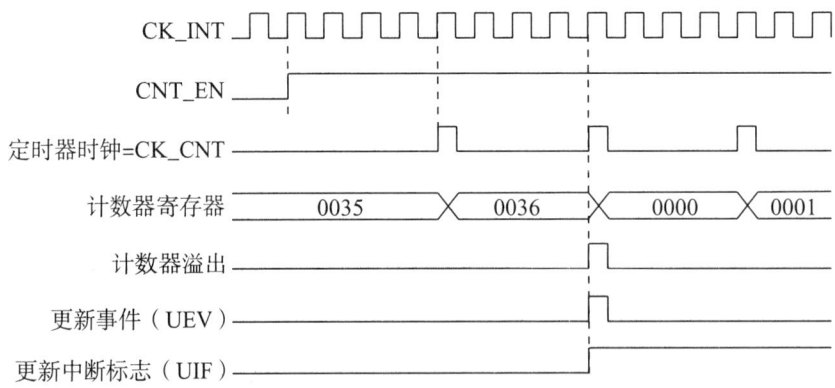

图 15-14 预分频器(TIMx_PSC)值为 3 时计数器时序图

15.3.2.2 基本定时器主要寄存器及其功能

与基本定时器相关的寄存器有以下 8 个:
① 计数器(TIMx_CNT);
② 预分频器(TIMx_PSC);

③自动重装载寄存器（TIMx_ARR）；
④控制寄存器 1（TIMx_CR1）；
⑤控制寄存器 2（TIMx_CR2）；
⑥DMA/中断使能寄存器（TIMx_DIER）；
⑦状态寄存器（TIMx_SR）；
⑧事件产生寄存器（TIMx_EGR）。

这些寄存器可以用半字（16 位）或字（32 位）的方式操作，相当于 MCS-51 单片机的 TMOD、TCON 等特殊功能寄存器，用于设置定时器模式、控制启停并反馈其工作状态。前面已经对计数器（TIMx_CNT）、预分频器（TIMx_PSC）和自动重装载寄存器（TIMx_ARR）的功能进行了介绍，下面对其余 5 个寄存器功能进行逐一介绍。

1. 基本定时器控制寄存器 1（TIMx_CR1）

控制寄存器 1（TIMx_CR1）可读写，在定时器寄存器组中的偏移地址是 0x00，复位值为 0x0000，各位名称如表 15-27 所示。

表 15-27　基本定时器控制寄存器 1（TIMx_CR1）位定义

15~8	7	6	5	4	3	2	1	0
保留	ARPE	保留			OPM	URS	UDIS	CEN

（1）ARPE（Auto-Reload Preload Enable）：自动重装载预装载允许位。

0——TIMx_ARR 寄存器没有缓冲；

1——TIMx_ARR 寄存器被装入缓冲器。

（2）OPM（One Pulse Mode）：单脉冲模式。

0——在发生更新事件时，计数器不停止；

1——在发生下一次更新事件（清除 CEN 位）时，计数器停止。

（3）URS（Update Request Source）：更新请求源。

软件通过该位选择 UEV 更新事件触发源。

0——如果使能了更新中断或 DMA 请求，则下述任一事件产生将更新中断或 DMA 请求：

- 计数器溢出；
- 设置 UG 位；
- 从模式控制器产生的更新。

1——如果使能了更新中断或 DMA 请求，则只有计数器溢出才产生更新中断或 DMA 请求。

（4）UDIS（Update Disable）：禁止更新。

软件通过该位允许/禁止更新事件（UEV）的产生。

0——允许 UEV。更新事件（UEV）由下述任一事件产生：

- 计数器溢出；

- 设置 UG 位；
- 从模式控制器产生的更新。

具有缓存的寄存器被装入它们的预装载值（更新影子寄存器）。

1——禁止 UEV。不产生更新事件，影子寄存器（ARR、PSC、CCRx）保持它们的值。如果设置了 UG 位或从模式控制器发出了一个硬件复位，则计数器和预分频器被重新初始化。

（5）CEN（Counter Enable）：使能计数器。

0——禁止计数器；

1——使能计数器。

注：在软件设置了 CEN 位后，外部时钟、门控模式和编码器模式才能工作。触发模式可以自动地通过硬件设置 CEN 位。

2. 基本定时器控制寄存器 2（TIMx_CR2）

基本定时器的控制寄存器 2（TIMx_CR2）可读写，在定时器寄存器组中的偏移地址是 0x04，复位值为 0x0000，只有第 4~6 位有效，位名称为 MMS[2:0]（Master Mode Selection）。该寄存器各位定义如表 15-28 所示。

表 15-28 基本定时器控制寄存器 2（TIMx_CR2）位定义

15	14	13	12	11	10	9	8	7	6~4	3	2	1	0
保留									MMS[2:0]	保留			

MMS[2:0] 用于在主模式下送到从定时器的同步信息（TRGO），共有 3 种选择。

（1）000——复位，TIMx_EGR 寄存器的 UG 位被用作触发输出（TRGO）。如果是触发输入产生的复位（从模式控制器处于复位模式），则 TRGO 上的信号相对实际的复位会有一个延迟。

（2）001——使能，计数器使能信号 CNT_CEN 被用作触发输出（TRGO）。有时需要在同一时间启动多个定时器或控制在一段时间内使能从定时器。计数器使能信号是通过 CEN 控制位和门控模式下的触发输入信号的逻辑或产生。当计数器使能信号受控于触发输入时，TRGO 上会有一个延迟，除非选择了主/从模式（见 TIMx_SMCR 寄存器的 MSM 位）。

（3）010——更新，更新事件被用作触发输出（TRGO）。例如，一个主定时器的时钟可以用作一个从定时器的预分频器。

3. 基本定时器 DMA/中断使能寄存器（TIMx_DIER）

基本定时器的 DMA/中断使能寄存器（TIMx_DIER）可读写，在定时器寄存器组中的偏移地址是 0x0C，复位值为 0x0000，只有第 0 和第 8 位有效。该寄存器各位定义如表 15-29 所示。

表 15-29　基本定时器 DMA/中断使能寄存器（TIMx_DIER）位定义

15~9	8	7~1	0
保留	UDE	保留	UIE

（1）UDE（Update DMA Request Enable）：允许/禁止更新的 DMA 请求。

0——禁止更新的 DMA 请求；1——允许更新的 DMA 请求。

（2）UIE：允许/禁止更新中断（Update Interrupt Enable）。

0——禁止更新中断；1——允许更新中断。

4. 基本定时器状态寄存器（TIMx_SR）

基本定时器状态寄存器（TIMx_SR）只有第 0 位（位名称 UIF）有效，软件可读取该位的值，也可以通过写"0"清除该位，写"1"无影响，其余位保留。其在定时器寄存器组中的偏移地址是 0x10，复位值为 0x0000。

UIF（Update Interrupt Flag）：更新中断标志。硬件在更新中断时设置该位，它由软件清除。

0——没有产生更新中断。

1——产生了更新中断。

下述情况下由硬件设置该位：

- 计数器溢出并且 TIMx_CR1 中的 UDIS=0；
- 如果 TIMx_CR1 中的 URS=0 且 UDIS=0，当使用 TIMx_EGR 寄存器的 UG 位重新初始化计数器 CNT 时。

5. 基本定时器事件产生寄存器（TIMx_EGR）

基本定时器事件产生寄存器（TIMx_EGR）只有第 0 位（位名称 UG）有效，只能写，读寄存器将返回复位值，其余位保留。其在定时器寄存器组中的偏移地址是 0x14，复位值为 0x0000。

UG（Update Generation）：产生更新事件。该位由软件设置，由硬件自动清除。

0——无作用。

1——重新初始化定时器的计数器并产生对寄存器的更新。注意：预分频器也被清除，但预分频系数不变。

15.3.3　通用定时器（TIM2~TIM5）

通用定时器包括 TIM2、TIM3、TIM4 和 TIM5，它们由一个通过可编程预分频器驱动的 16 位自动重装载计数器构成。除了基本的定时功能，通用定时器还适用于测量输入信号的脉冲长度（输入捕获）或者产生输出波形（输出比较和 PWM）等多种场合。通过使用定时器预分频器和 RCC 时钟控制器预分频器，脉冲长度和波形周期可以在几微秒到几毫秒间调整。

各个通用定时器都是完全独立的，不共享任何资源。因此，它们可以互不影响地同时工作。通用定时器原理框图如图 15-15 所示。

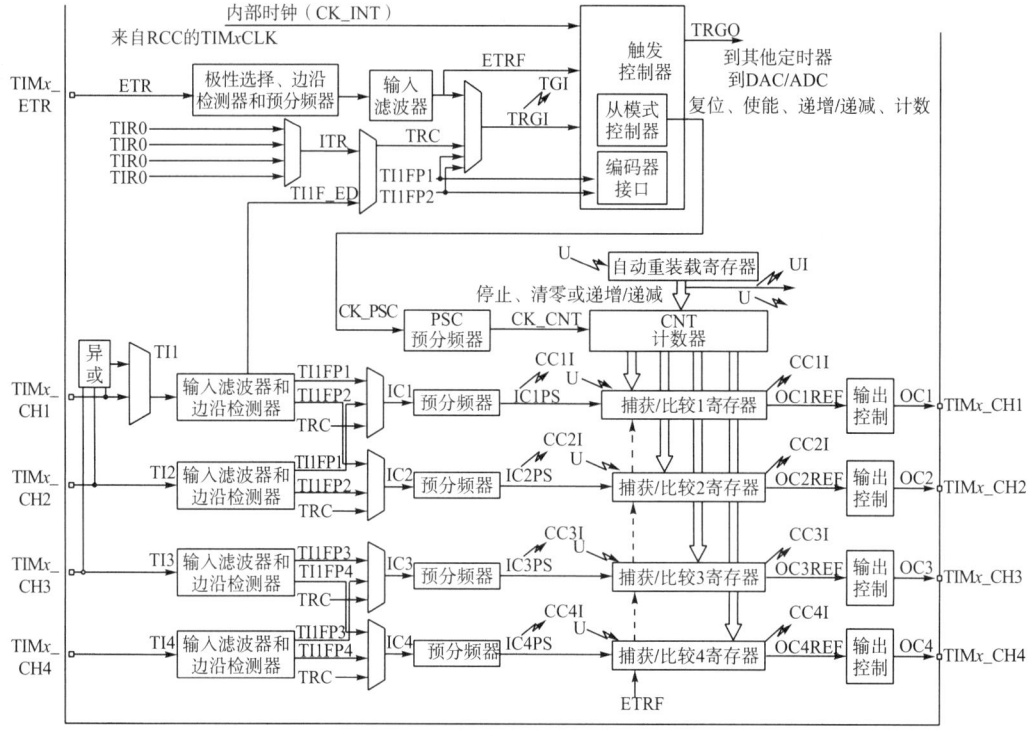

图 15-15 通用定时器原理框图

通用定时器由以下部件构成：

（1）16 位向上、向下、向上/向下自动重装载计数器（TIMx_CNT）。

（2）16 位可编程（可以实时修改）预分频器（TIMx_PSC），计数器时钟频率的分频系数为 1~65536 之间的任意数值。

（3）自动重装载寄存器（TIMx_ARR）。

（4）每个通用定时器有 4 个独立通道，各通道具有以下功能：

- 输入捕获；
- 输出比较；
- PWM 生成（边缘或中间对齐模式）；
- 单脉冲输出。

所有通用定时器在内部互连，可实现定时器同步或链接，并可使用外部信号触发两个定时器同步启动。当某一通道发生更新、触发或输入捕获/输出比较事件时可产生中断或 DMA 请求。

另外，通过相应的模式设置，通用定时器可方便地处理增量（正交）编码器的计数脉冲和方向信号；与高级定时器配合，可实现与霍尔传感器信号接口。

15.3.3.1 通用定时器功能描述

1. 时基单元

通用定时器的时基单元与基本定时器基本相同,也包含计数器寄存器(TIMx _CNT)、预分频寄存器(TIMx _PSC)和自动重装载寄存器(TIMx _ARR)。这 3 个寄存器的功能与基本定时器的相同,但通用定时器的计数器计数模式更多,可以向上计数、向下计数或者向上/向下双向计数。

2. 计数模式

(1) 向上计数模式。

该模式工作方式与基本定时器相同,可参见基本定时器部分介绍。

(2) 向下计数模式(见图 15-16)。

定时器工作于该计数模式时,其计数器在时钟 CK _CNT 的驱动下从自动重装载寄存器 TIMx _ARR 的预设值开始向下计数到"0",产生一个计数器溢出事件并从自动重装载寄存器 TIMx _ARR 的预设值重新开始计数,如果使能了更新中断或 DMA 请求,溢出事件可触发中断或 DMA 请求。如果控制寄存器 1(TIMx _CR1)允许更新(UDIS 位为"0"),则发生一个更新事件时,所有的寄存器都被更新,即具有缓存的寄存器被装入它们的预装载值(更新影子寄存器),硬件同时设置更新标志位。

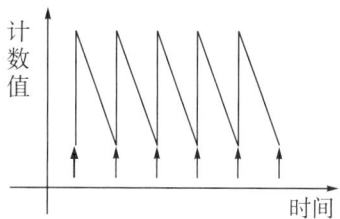

图 15-16 向下计数模式

(3) 中央对齐模式(向上/向下计数),见图 15-17。

在中央对齐模式下,计数器从 0 开始计数到自动加载的值,即(TIMx _ARR 寄存器)-1,产生一个计数器溢出事件,然后向下计数到 1 并且产生一个计数器下溢事件;之后从 0 开始重新计数。

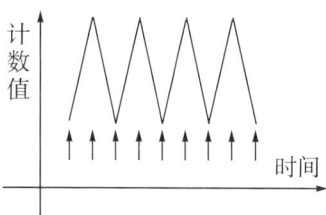

图 15-17 向上/向下计数模式

在这个模式下,不能写入 TIMx _CR1 中的 DIR 方向位。它由硬件更新并指示当前的计数方向。

同时，既可以在每次计数上溢和每次计数下溢时产生更新事件，也可以通过（软件或者使用从模式控制器）设置 TIMx_EGR 寄存器中的 UG 位产生更新事件。然后，计数器重新从 0 开始计数，预分频器也重新从 0 开始计数。

设置 TIMx_CR1 寄存器中的 UDIS 位可以禁止更新事件（UEV）。这样可以避免在向预装载寄存器中写入新值时更新影子寄存器。因此，UDIS 位被清为"0"之前不会产生更新事件。然而，计数器仍会根据当前自动重装载的值，继续向上或向下计数。

此外，如果设置了 TIMx_CR1 寄存器中的 URS 位（选择更新请求），设置 UG 位将产生一个更新事件（UEV）但不设置 UIF 标志（因此不产生中断和 DMA 请求），这是为了避免在发生捕获事件并清除计数器时，同时产生更新和捕获中断。

当发生更新事件时，所有的寄存器都被更新，并且（根据 URS 位的设置）更新标志位（TIMx_SR 寄存器中的 UIF 位）也被设置。

图 15-18 所示为自动重装载寄存器 TIMx_ARR 的值为 6，预分频寄存器 TIMx_PSC 的值为 0（内部预分频系数为 1）时，计数器工作于中央对齐模式的时序图。

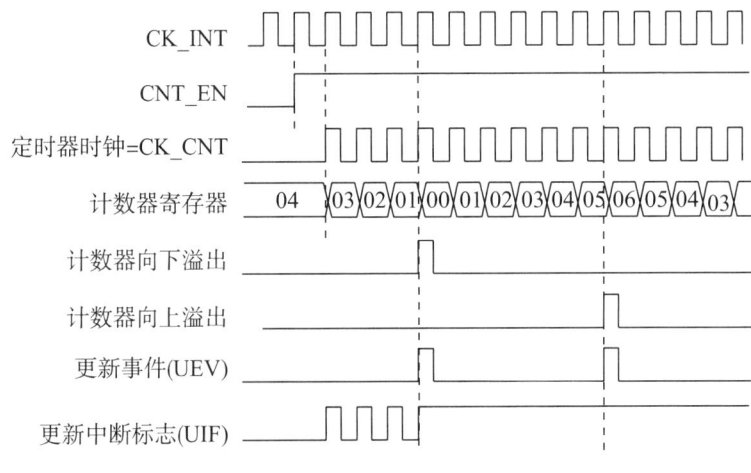

图 15-18 向上/向下计数模式时序图

3. 时钟选择

相较于基本定时器只能使用内部时钟源，通用定时器的 16 位计数器的时钟有多种选择，可由以下时钟源提供：

（1）内部时钟（CK_INT）。

内部时钟与基本定时器相同，都是来自 APB1 预分频器输出的 TIMxCLK，通常情况下，其时钟频率是 72MHz，参见图 15-7。

（2）外部时钟模式 1。

当从模式控制寄存器（TIMx_SMCR）的 SMS=111 时，选择外部时钟模式 1。此模式下，计数器可以在选定输入端（TIx）的每个上升沿或下降沿计数。

图 15-19 为该模式下计数信号的生成逻辑。

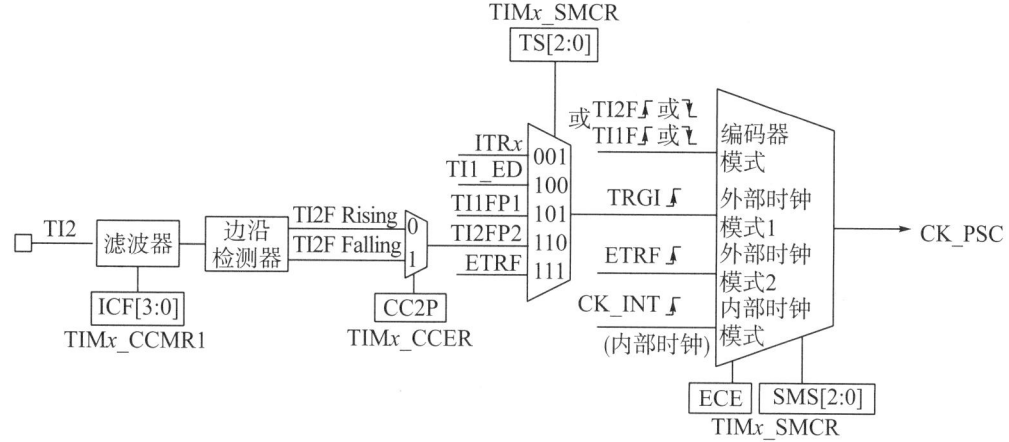

图 15-19　选择 TI2 外部时钟输入的内部电路逻辑

例如，要配置向上计数器在 TI2 输入端的上升沿计数，步骤如下：

- 配置捕获/比较模式寄存器 1（TIMx_CCMR1）的 CC2S=01，配置通道 2 检测 TI2 输入的上升沿；设置 IC2F[3:0]，选择输入滤波器带宽。注：捕获预分频器不用作触发，所以不需要对它进行配置。
- 配置捕获/比较使能寄存器（TIMx_CCER）的 CC2P=0，选定上升沿极性。
- 配置从模式控制寄存器（TIMx_SMCR）的 SMS=111，选择定时器外部时钟模式 1；TS=110，选择 TI2 作为触发输入源。
- 设置控制寄存器 1（TIMx_CR1）的 CEN=1，启动计数器。当 TI2 引脚出现上升沿，计数器计数一次，且状态寄存器（TIMx_SR）的触发器中断标记 TIF 被置位。

图 15-20 为定时器工作于外部时钟模式 1 的时序图。从图中可以看出，在 TI2 的上升沿和计数器实际时钟之间有一个延时，延时长短取决于在 TI2 输入端的重新同步电路。

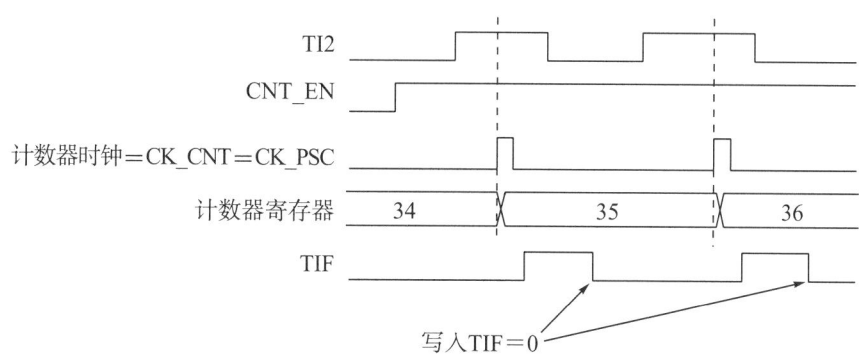

图 15-20　外部时钟模式 1 下的通用定时器工作时序图

（3）外部时钟模式 2。

设置从模式控制寄存器（TIMx_SMCR）中的 ECE=1，定时器工作于外部时钟模式 2，也称为外部触发输入模式。在该模式下，计数器能够在外部触发 ETR 的每一个上升沿或下降沿计数。图 15-21 是该模式下计数信号的生成逻辑。

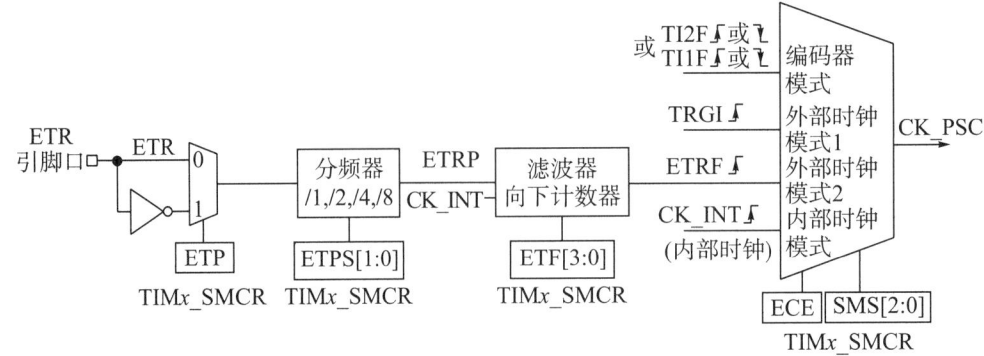

图 15-21　外部时钟模式 2（外部触发输入模式）的内部电路逻辑

例如，要配置在外部时钟模式 2 下每两个 ETR 上升沿计数一次的向上计数器，可采用下列步骤进行设置：

- 设置外部触发滤波：置从模式控制寄存器（TIMx _SMCR）的 ETF[3:0] = 0000，表示不需要滤波器。
- 设置预分频器：置 TIMx _SMCR 寄存器中的 ETPS[1:0] = 01，ETRP 频率为 ETR 频率除以 2。
- 设置在 ETR 的上升沿检测，置 TIMx _SMCR 寄存器中的 ETP=0。
- 开启外部时钟模式 2，置 TIMx _SMCR 寄存器中的 ECE=1。
- 启动计数器，置 TIMx _CR1 寄存器中的 CEN=1。

通过以上设置，计数器在每两个 ETR 上升沿计数一次。

图 15-22 是本例的定时器信号时序图。ETR 信号的上升沿和计数器实际时钟之间的延时取决于在 ETRP 信号端的重新同步电路。

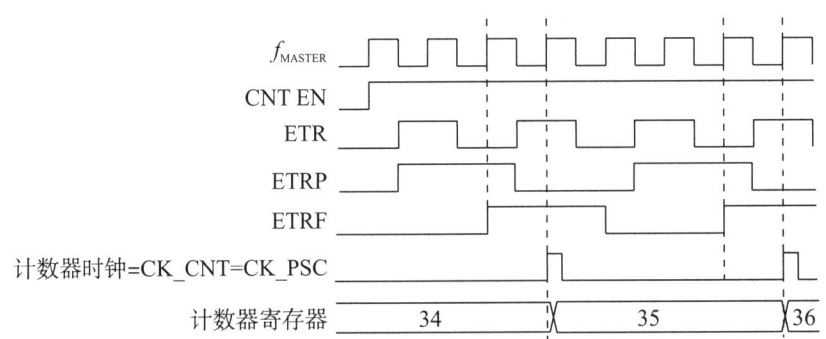

图 15-22　外部时钟模式 2 下的通用定时器工作时序图

结合图 15-21 和图 15-22 可知，定时器实际的计数信号 CK _PSC 及 CK _CNT 的形成过程如图 15-23 所示。

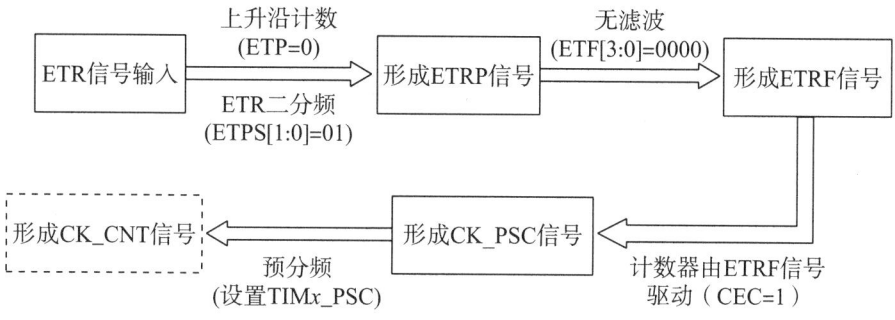

图 15-23　实际计数信号形成过程

(4) 内部触发器 ITRx 输入。

该模式下，定时器时钟信号来自芯片内部其他定时器的触发输入。该模式可以使用一个定时器作为另一个定时器的预分频器。例如，可以配置 TIM1 作为 TIM2 的预分频器，实现定时器级联。图 15-24 是主/从定时器级联示例。

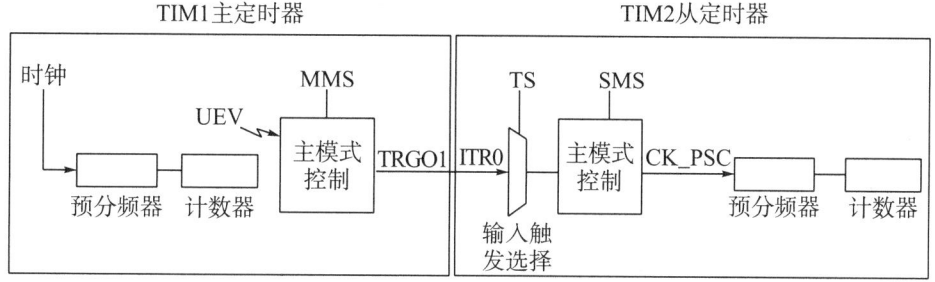

图 15-24　主/从定时器级联示例

图中，TIM1 为主定时器，TIM1_CR2 寄存器的 MMS 域用于主模式选择，配置时将 MMS 域置为"010"，则 TIM1 的更新事件作为触发输出（TRGO），即每当产生一个更新事件时在 TRGO1 上输出一个上升沿信号（参见关于 TIMx_CR2 寄存器的说明）。

连接 TIM1 的 TRGO1 输出至 TIM2，TIM2 需设置为从模式。如果 TIM2 从模式控制寄存器（TIM2_SMCR）的 TS 位域设为"000"，则选择 TIM2 的 ITR0 作为同步计数器的触发输入。然后把从模式定时器（TIM2）设为外部时钟模式 1，即 TIM2_SMCR 寄存器的 SMS 位域设为"111"，这样 TIM2 即可由 TIM1 周期性的上升沿（即 TIM1 的计数器溢出）信号驱动（参考 15.3.3.3）节说明。最后置位 TIM1 和 TIM2 的控制寄存器 1（TIMx_CR1 寄存器）的 CEN 位以启动两个定时器。

需要注意的是，级联的引脚对应方式不是任意的，其关联方式见表 15-30。如果某个型号中没有相应的定时器，则对应的触发信号 ITRx 也不存在。从表中还可以看出，基本定时器不能作为从定时器，这是因为基本定时器只能以内部时钟 CK_INT 作为时钟源。

表 15-30　定时器级联时主/从定时器内部触发的连接关系

从定时器	对应的主定时器			
	ITR0（TS=000）	ITR1（TS=001）	ITR2（TS=010）	ITR3（TS=011）
TIM1	TIM5	TIM2	TIM3	TIM4
TIM2	TIM1	TIM8	TIM3	TIM4
TIM3	TIM1	TIM2	TIM5	TIM4
TIM4	TIM1	TIM2	TIM3	TIM8
TIM5	TIM2	TIM3	TIM4	TIM8
TIM8	TIM1	TIM2	TIM4	TIM5

15.3.3.2　通用定时器工作模式

通用定时器除了和基本定时器一样具有基本的定时模式外，还增加了以下 3 种工作模式。

1. 输入捕获模式

通过 GPIO 引脚复用及复用重映射，可以为每个通用定时器配置捕获/比较通道（TIMx_CH1~TIMx_CH4，参见 15.1.3 节），每一个捕获/比较通道都以一个捕获/比较寄存器（包含影子寄存器）为核心，并包括捕获输入部分（数字滤波、多路复用和预分频器）和比较输出部分（比较器和输出控制）。

在输入捕获模式下，当检测到 ICy 信号（由 TIMx_CHy 引脚输入。$x=2$~5，代表某个通用定时器；$y=1$~4，代表通用定时器的某个输入捕获通道。下同）上相应的边沿后，计数器的当前值被锁存到捕获/比较寄存器 TIMx_CCRy 中。当捕获事件发生时，状态寄存器 TIMx_SR 中相应的 CCyIF 标志被置 "1"，如果使能了中断或者 DMA 操作，则将产生中断或者 DMA 操作。如果捕获事件发生时 CCyIF 标志已经为 "1"，那么 TIMx_SR 寄存器中的重复捕获标志 CCyOF 被置 "1"。写 CCyIF=0 可清除 CCyIF，或读取存储在 TIMx_CCRy 寄存器中的捕获数据也可清除 CCyIF。写 CCyOF=0 可清除 CCyOF。

输入捕获模式通常用于测量外部信号高/低电平时间。

图 15-25 是通过输入捕获模式测量外部信号高电平时间的原理：外部信号从通道 y 输入，设置定时器工作于向上计数模式、通道 y 为上升沿捕获并打开捕获中断。当 t_1 时刻上升沿到来时，就会发生捕获事件，同时产生捕获中断。在捕获中断里将计数器值清零，然后设置通道 y 为下降沿捕获，这样 t_2 时刻下降沿到来时，再次发生捕获事件和捕获中断。捕获事件发生时，计数器的值会被锁存到捕获/比较寄存器 TIMx_CCRy 中。因此在捕获中断里，读取捕获/比较寄存器的值就可以获得高电平脉冲时间。上述方法以定时器没有溢出为前提。

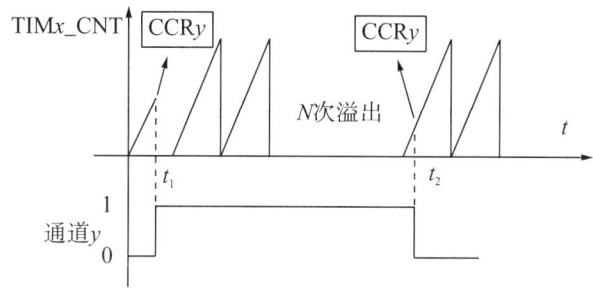

图 15-25　测量外部信号高电平时间的原理

更一般的情况是 t_1 到 t_2 时间段，定时器可能会产生 N 次溢出，因此需要对定时器溢出做相应的处理，防止高电平时间太长，导致测量出错。在 t_1 到 t_2 时间段，假定定时器溢出 N 次，那么高电平脉冲时间内，总计数值为 $N \times (ARR+1) + CCRy$。其中，CCRy 表示 t_2 时刻捕获/比较寄存器的值。经过计算得到高电平脉宽时间内计数器计数个数后，用这个个数乘以计数器的计数周期，就可得到高电平持续的时间。

2. 输出比较模式

此项功能是用来控制一个输出波形，或者指示一段给定的时间已到。

当计数器与捕获/比较寄存器的内容相同时，输出比较功能做如下操作：

(1) 将输出比较模式寄存器 TIMx _CCMRy 中的 OCyM 位根据 TIMx _CCER 寄存器中 CCyP 位定义的极性输出到对应的引脚上。在比较匹配时，输出引脚可以保持它的电平（OCyM=000），被设置成有效电平（OCyM=001），被设置成无效电平（OCyM=010）或进行翻转（OCyM=011）。

(2) 设置中断状态寄存器中的标志位（TIMx _SR 寄存器中的 CCyIF 位）。

(3) 若设置了相应的中断屏蔽（TIMx _DIER 寄存器中的 CCyIE 位），则产生一个中断。

(4) 若设置了相应的使能位（TIMx _DIER 寄存器中的 CCyDE 位，TIMx _CR2 寄存器中的 CCDS 位选择 DMA 请求功能），则产生一个 DMA 请求。

TIMx _CCMRy 中的 OCyPE 位用于选择 TIMx _CCRy 寄存器是否需要使用预装载寄存器。在输出比较模式下，更新事件（UEV）对 OCyREF 和 OCy 输出没有影响。同步的精度可以达到计数器的一个计数周期。输出比较模式（在单脉冲模式下）也能用来输出一个单脉冲。

输出比较模式的配置步骤如下：

(1) 选择计数器时钟（内部/外部/预分频器）。

(2) 将相应的数据写入 TIMx _ARR 和 TIMx _CCRy 寄存器中。

(3) 如果要产生一个中断请求或一个 DMA 请求，设置 CCyIE 位或 CCyDE 位。

(4) 选择输出模式，例如当计数器 CNT 与 CCRy 匹配时翻转 OCy 的输出引脚，CCRy 预装载未用，开启 OCy 输出且高电平有效，则必须设置 OCyM=011、OCyPE=0、CCyP=0 和 CCyE=1。

(5) 设置 TIMx _CR1 寄存器的 CEN 位启动计数器。

如果未使用预装载寄存器（OCyPE=0），TIMx_CCRy 寄存器能够在任何时候通过软件进行更新以控制输出波形，否则 TIMx_CCRy 影子寄存器只能在发生下一次更新事件时被更新。图 15-26 所示为采用输出比较模式从 TIM2_CH1 输出翻转信号的时序图。

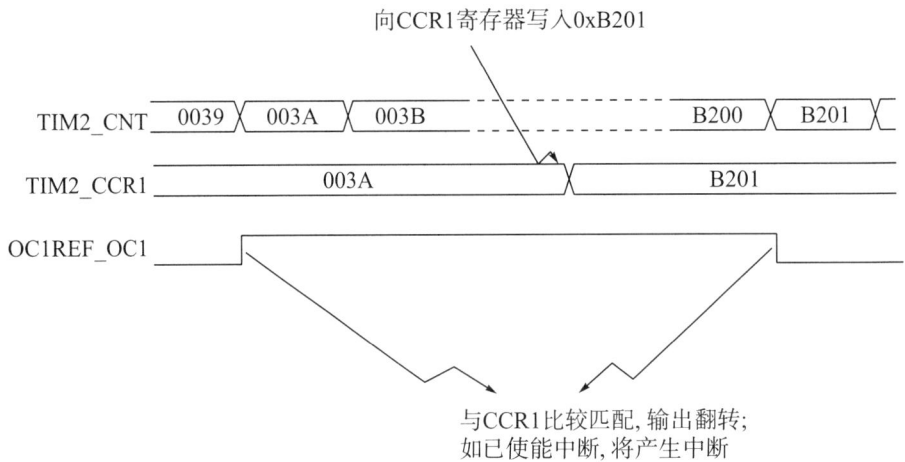

图 15-26　TIM2_CH1 通道输出比较模式翻转输出时序图

3. PWM 输入模式

该模式是输入捕获模式的一个特例，除下列区别外，操作与输入捕获模式相同：

(1) 两个 ICy 信号被映射至同一个 TIy 输入。

(2) 这两个 ICy 信号为边沿有效，但是极性相反。

(3) 其中一个 TIyFP 信号被作为触发输入信号，而从模式控制器被配置成复位模式。

例如，可通过以下步骤测量输入到 TI1 上的 PWM 信号的长度（TIMx_CCR1 寄存器）和占空比（TIMx_CCR2 寄存器）。具体时长取决于 CK_INT 的频率和预分频器的值。

(1) 选择 TIMx_CCR1 的有效输入：置 TIMx_CCMR1 寄存器的 CC1S=01（选择 TI1）。

(2) 选择 TI1FP1 的有效极性（用来捕获数据到 TIMx_CCR1 中和清除计数器）：置 CC1P=0（上升沿有效）。

(3) 选择 TIMx_CCR2 的有效输入：置 TIMx_CCMR1 寄存器的 CC2S=10（选择 TI1）。

(4) 选择 TI1FP2 的有效极性（捕获数据到 TIMx_CCR2）：置 CC2P=1（下降沿有效）。

(5) 选择有效的触发输入信号：置 TIMx_SMCR 寄存器中的 TS=101（选择 TI1FP1）。

(6) 配置从模式控制器为复位模式：置 TIMx_SMCR 中的 SMS=100。

(7) 使能捕获：置 TIMx_CCER 寄存器中 CC1E=1 且 CC2E=1。

PWM 输入模式时序如图 15-27 所示。

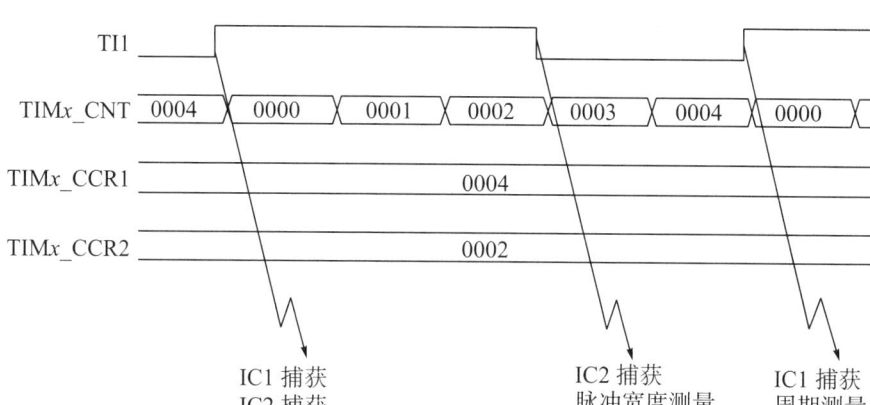

图 15-27 PWM 输入模式时序图

4. PWM 输出模式

PWM 是一种对脉冲的宽度进行调制的技术，面积等效原理是其重要基础理论，即冲量相等而形状不同的窄脉冲加在具有惯性的环节上时，其效果基本相同。以此为基础，PWM 技术通过对一系列脉冲的宽度进行调制，来等效地获得所需要的波形（含形状和幅值），从而既可改变逆变电路输出电压的大小，也可改变输出频率。PWM 技术已广泛应用于测量、通信、功率控制与变换、电机控制、伺服控制等领域。

目前，在伺服控制和电动机控制系统中实现 PWM 的方法主要有传统的数字电路、微控制器普通 I/O 模拟和微控制器的 PWM 直接输出等。

传统的数字电路设计较复杂，体积大，抗干扰能力差，系统的研发周期较长。

对于微控制器中无 PWM 输出功能（如 MCS-51 单片机）的控制器，可以通过 CPU 操控普通 I/O 口来实现 PWM 输出。但这种方法不仅编程复杂，大量占用 CPU 时间，而且得到的 PWM 的信号精度不太高。

对于具有 PWM 输出功能的微控制器，通过较简单的配置即可在微控制器的指定引脚上输出 PWM 脉冲，这是目前使用最多的 PWM 实现方式。

STM32 的通用定时器具有 PWM 输出模式，在该模式下，通过对相关寄存器的配置，可方便地输出 PWM 信号，同时 PWM 信号的频率和占空比设置方便并可在运行过程中实时修改。

STM32 的通用定时器要输出 PWM 信号时，需要向 TIMx_CCMRy 寄存器中的 OCyM 位写入 "110" 或 "111"，以将输出通道 OCy 设置为 PWM 模式 1 或 PWM 模式 2。在这两种模式下，能够独立地设置每个 OCy 输出通道产生一路 PWM 信号。同时，必须设置捕获/比较模式寄存器 TIMx_CCMRy 的 OCyPE 位，以使能相应的预装载寄存器，最后还要设置 TIMx_CR1 寄存器的 ARPE 位，在向上或中心对称计数模式中使能自动重装载预装载寄存器。

仅当发生一个更新事件的时候，预装载寄存器才能被传送到影子寄存器，因此在计数器开始计数之前，必须通过设置 TIMx_EGR 寄存器中的 UG 位来初始化所有的寄存器。OCy 的极性可以通过设置 TIMx_CCER 寄存器中的 CCyP 位确定，可以设置为高电平有效，也可设置为低电平有效。TIMx_CCER 寄存器中的 CCyE 位控制 OCy 输出使能（详见捕获/比较使能寄存器 TIMx_CCERy 寄存器的说明）。

在 PWM 模式（模式 1 或模式 2）下，TIMx_CNT 和 TIMx_CCRy 始终在进行比较，根据计数器的计数方向确定是否符合 TIMx_CCRy ≤ TIMx_CNT 或者 TIMx_CNT ≤ TIMx_CCRy。然而为了与 OCREF_CLR 的功能（在下一个 PWM 周期之前，ETR 信号上的一个外部事件能够清除 OCyREF）一致，OCyREF 信号只能在下述条件下产生：

（1）比较的结果改变；

（2）输出比较模式（TIMx_CCMRy 寄存器中的 OCyM 位）从"冻结"（无比较，OCyM= "000"）切换到 PWM 模式 1 或 PWM 模式 2。

这样在运行中可以通过软件强置 PWM 输出。

根据 TIMx_CR1 寄存器中 CMS 位的状态，定时器能够产生边沿对齐的 PWM 信号或中央对齐的 PWM 信号。

5．PWM 边沿对齐模式

（1）向上计数配置。

当 TIMx_CR1 寄存器中的 DIR 位为低的时候执行向上计数。

下面是一个 PWM 模式 1 的例子。当 TIMx_CNT < TIMx_CCRy 时，PWM 信号参考 OCyREF 为高，否则为低。如果 TIMx_CCRy 中的比较值大于自动重装载值（TIMx_ARR），则 OCyREF 保持为"1"。如果比较值为 0，则 OCyREF 保持为"0"。图 15-28 为 TIMx_ARR=8 时边沿对齐的 PWM 输出波形实例。

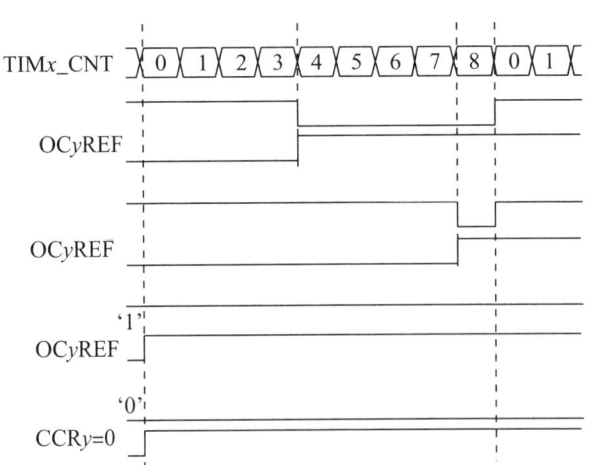

图 15-28　边沿对齐模式 PWM 输出波形

从图中可以看出，因为自动重装载寄存器 TIMx_ARR=8，输出通道将在 8 个计数脉冲内输出一个完整的 PWM 波形，因而 TIMx_ARR 的值决定了 PWM 信号的频率。

当计数器 TIMx_CNT < 比较寄存器 TIMx_CCRy 时，参考信号 OCxREF 为高，即 PWM 输出信号为高。当 TIMx_CNT = TIMx_CCRy 时，OCxREF 变低（同时定

时器状态寄存器 TIMx_SR 中的 y 通道比较中断标记 CCyIF 将由硬件置 "1"），直到 TIMx_CNT = TIMx_ARR 开始下一个 PWM 波形输出。因此，TIMx_CCRy 的值决定了 PWM 信号的占空比。

特别地，如果 TIMx_CCRy 中的比较值大于自动重装载值（TIMx_ARR），PWM 输出信号保持为高；如果 TIMx_CCRy=0，PWM 输出信号一直为低。

（2）向下计数的配置。

当控制寄存器 TIMx_CR1 的计数方向位（DIR）为高时执行向下计数。在 PWM 模式 1 时，当 TIMx_CNT>TIMx_CCRy 时参考信号 OCyREF 为低，否则为高。如果 TIMx_CCRx 中的比较值大于 TIMx_ARR 中的自动重装载值，则 OCyREF 保持为高。该模式下，不能产生 0% 的 PWM 波形。

6. PWM 中央对齐模式

当 TIMx_CR1 寄存器中的 CMS 位不为 "00" 时，为中央对齐模式（所有其他的配置对 OCyREF/OCy 信号都有相同的作用）。根据不同的 CMS 位设置，比较标志可以在计数器向上计数、向下计数或向上和向下计数时被置 "1"。TIMx_CR1 寄存器中的计数方向位（DIR）由硬件更新，不要用软件修改它。

图 15-29 为中央对齐模式下 PWM 输出波形，相关设置如下：
- TIMx_ARR=8；
- PWM 模式 1；
- TIMx_CR1 寄存器中的 CMS=01，即在中央对齐模式 1 下，当计数器向下计数时设置比较标志。

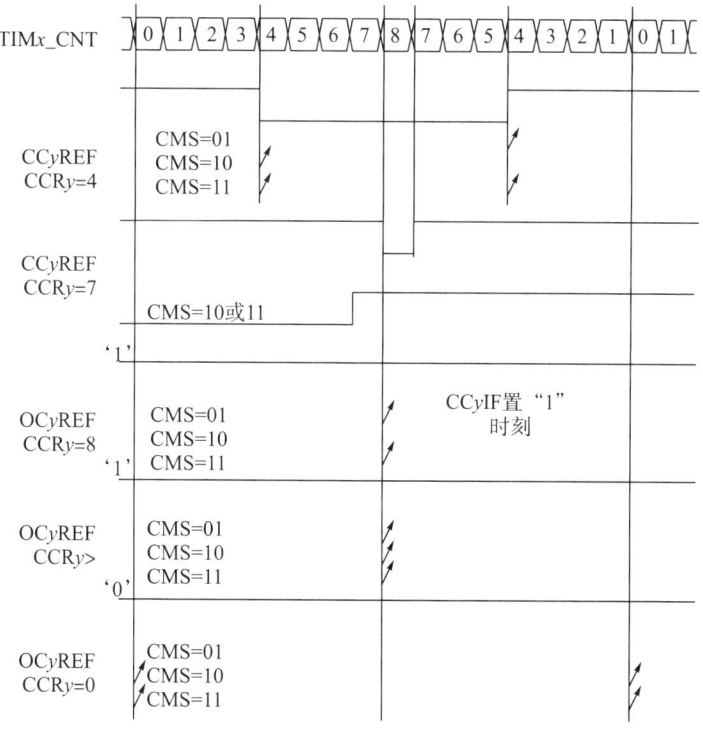

图 15-29　中央对齐模式下 PWM 输出波形

7. 单脉冲模式

单脉冲模式（OPM）是前述众多模式的一个特例。这种模式允许计数器响应一个激励，并在一个可程控的延时之后，产生一个也可程控的脉冲（即占空比可调）。要启用单脉冲模式，需要将 TIMx_CR1 寄存器中的 OPM 位置 1，这样当产生下一个更新事件（UEV）时计数器自动停止。定时器的启动可以通过从模式触发，当计数值与捕获/比较寄存器 y（TIMx_CCRy）值相同时，在输出比较模式或者 PWM 模式下开始输出脉冲信号，而当计数值与自动重装载寄存器（TIMx_ARR）值相同时，计数器从自动装载值翻转产生更新事件（UEV），根据前述设置，计数器自动停止，脉冲信号结束，从而完成单脉冲输出。

需要注意的是，仅当比较值与计数器的初始值不同时，才能产生一个脉冲。启动之前（当定时器正在等待触发），必须如下配置：

- 向上计数方式：TIMx_CNT < TIMx_CCRy ≤ TIMx_ARR（特别地，0 < TIMx_CCRy）。
- 向下计数方式：TIMx_CNT > TIMx_CCRy。

图 15-30 为单脉冲模式信号输出时序。当从输入脚 TI2 上检测到一个上升沿时定时器启动，延迟 t_{DELAY} 之后，在 OC1 上产生一个长度为 t_{PULSE} 的正脉冲。

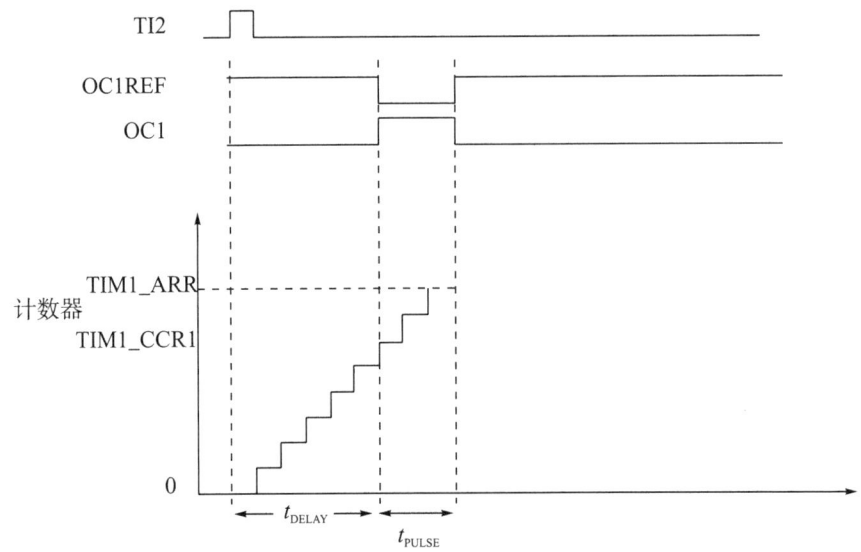

图 15-30　单脉冲模式信号输出时序

要完成上述单脉冲输出，需进行以下设置（假定 TI2FP2 作为触发 1）：

- 置 TIMx_CCMR1 寄存器中的 CC2S=01，把 TI2FP2 映射到 TI2。
- 置 TIMx_CCER 寄存器中的 CC2P=0，使 TI2FP2 能够检测上升沿。
- 置 TIMx_SMCR 寄存器中的 TS=110，TI2FP2 作为从模式控制器的触发（TRGI）。
- 置 TIMx_SMCR 寄存器中的 SMS=110（触发模式），TI2FP2 被用来启动计数器。

所输出的单脉冲的周期和占空比由写入比较寄存器的数值决定（要考虑时钟频率和计数器预分频器）：

- t_{DELAY} 由写入 TIMx _CCR1 寄存器中的值定义。
- t_{PULSE} 由自动装载值和比较值之间的差值（TIMx _ARR − TIMx _CCR1）定义。

假定当发生比较匹配时要产生从"0"到"1"的波形，当计数器到达预装载值时要产生一个从"1"到"0"的波形。首先要置 TIMx _CCMR1 寄存器的 OC1M=111，进入 PWM 模式 2。然后根据需要有选择地使能预装载寄存器：置 TIMx _CCMR1 中的 OC1PE=1 和 TIMx _CR1 寄存器中的 ARPE。接着在 TIMx _CCR1 寄存器中填写比较值，在 TIMx _ARR 寄存器中填写自动装载值，修改 UG 位来产生一个更新事件，然后等待在 TI2 上的一个外部触发事件。本例中，CC1P=0。

通用定时器还有一些其他模式和功能，如编码器接口模式、调试模式以及定时器输入异或功能、定时器同步等，限于篇幅，本书不再一一介绍，这也是教材和器件技术手册的区别所在。如有需要，可参考 STM32 技术手册。

15.3.3.3　通用定时器主要寄存器及其功能

和 MCS−51 单片机一样，STM32 单片机功能部件的应用也依赖于相关控制寄存器的设置和反馈。通用定时器的控制寄存器除了前述构成时基单元的计数器（TIMx _CNT）、预分频器（TIMx _PSC）和自动重装载寄存器（TIMx _ARR）外，还包括以下寄存器（时基单元寄存器功能结构与基本定时器的相同，本节不再重复介绍，主要介绍和前述功能有关的控制寄存器）。

1. 控制寄存器 1（TIMx _CR1）

通用定时器控制寄存器 1 的各位定义如表 15−31 所示。

表 15−31　定时器控制寄存器 1（TIMx _CR1）位定义

位	15~10	9	8	7	6	5	4	3	2	1	0
基本定时器	保留			ARPE	保留			OPM	URS	UDIS	CEN
通用/高级定时器	保留	CKD [1:0]		ARPE	CMS [1:0]		DIR	OPM	URS	UDIS	CEN

本节仅介绍相对于基本定时器新增的控制功能。

(1) CKD [1:0]（Clock Division）：时钟分频因子。

这两位定义在定时器时钟（CK _INT）频率、死区时间和由死区发生器与数字滤波器（ETR，TIx）所用的采样时钟之间的分频比例。

00——$t_{\text{DTS}} = t_{\text{CK\_INT}}$；01——$t_{\text{DTS}} = 2 \times t_{\text{CK\_INT}}$；10——$t_{\text{DTS}} = 4 \times t_{\text{CK\_INT}}$；11——保留。

(2) CMS [1:0]（Center−aligned Mode Selection）：选择对齐模式。

00——边沿对齐模式。计数器依据方向位（DIR）向上或向下计数。

01——中央对齐模式 1。计数器交替地向上和向下计数。配置为输出的通道（TIMx _CCMRx 寄存器中 CCxS=00）的输出比较中断标志位，只在计数器向下计数时被设置。

10——中央对齐模式 2。计数器交替地向上和向下计数。配置为输出的通道（TIMx_CCMRx 寄存器中 CCxS=00）的输出比较中断标志位，只在计数器向上计数时被设置。

11——中央对齐模式 3。计数器交替地向上和向下计数。配置为输出的通道（TIMx_CCMRx 寄存器中 CCxS=00）的输出比较中断标志位，在计数器向上和向下计数时均被设置。

注：在计数器开启（CEN=1）时，不允许从边沿对齐模式转换到中央对齐模式。

（3）DIR（Direction）：设置计数方向。

0——计数器向上计数；1——计数器向下计数。

注：当计数器配置为中央对齐模式或编码器模式时，该位为只读。

2. 通用定时器控制寄存器 2（TIMx_CR2）

通用定时器控制寄存器 2（TIMx_CR2）的各位定义如表 15-32 所示。

表 15-32 基本/通用定时器控制寄存器 2（TIMx_CR2）位定义

位	15~8	7	6~4	3	2~0
基本定时器	保留	保留	MMS[2:0]	保留	保留
通用定时器	保留	TI1S	MMS[2:0]	CCDS	保留

新增功能如下：

（1）TI1S（TI1 Selection）：TI1 选择。

0——TIMx_CH1 引脚连到 TI1 输入；

1——TIMx_CH1、TIMx_CH2 和 TIMx_CH3 引脚经异或后连到 TI1 输入。

（2）CCDS（Capture/Compare DMA Selection）：捕获/比较的 DMA 选择。

0——当发生 CCx（x 通道捕获/比较，x=1~4）事件时，送出 CCx 的 DMA 请求；

1——当发生更新事件时，送出 CCx 的 DMA 请求。

（3）MMS[2:0]（Master Mode Selection）：主模式选择，用于选择在主模式下送到从定时器的同步信息（TRGO）。相较于基本定时器（只有 3 种选择），选择更多，共有 8 种：

000——复位。TIMx_EGR 寄存器的 UG 位被用作触发输出（TRGO）。如果是触发输入产生的复位（从模式控制器处于复位模式），则 TRGO 上的信号相对实际的复位会有一个延迟。

001——使能。计数器使能信号 CNT_CEN 被用作触发输出（TRGO）。有时需要在同一时间启动多个定时器或控制在一段时间内使能从定时器。计数器使能信号是通过 CEN 控制位和门控模式下的触发输入信号的逻辑或产生。当计数器使能信号受控于触发输入时，TRGO 上会有一个延迟，除非选择了主/从模式（更详细的说明参见 STM32 技术手册）。

010——更新。更新事件被用作触发输出（TRGO）。例如，一个主定时器的时钟可以被用作一个从定时器的预分频器。

011——比较脉冲。在发生一次捕获或一次比较成功时，若要设置 CC1IF 标志（即使它已经为高），触发输出送出一个正脉冲（TRGO）。

100——比较。OC1REF 信号被用作触发输出（TRGO）。
101——比较。OC2REF 信号被用作触发输出（TRGO）。
110——比较。OC3REF 信号被用作触发输出（TRGO）。
111——比较。OC4REF 信号被用作触发输出（TRGO）。

3. 通用定时器从模式控制寄存器（TIMx_SMCR）

通用定时器从模式寄存器（TIMx_SMCR）可读写，在定时器寄存器组中的偏移地址是 0x08，复位值为 0x0000。其各位名称如表 15-33 所示。

表 15-33　从模式控制寄存器（TIMx_SMCR）位定义

位	15	14	13~12	11~8	7	6~4	3	2~0
名称	EPT	ECE	ETPS [1:0]	ETF [3:0]	MSM	TS [2:0]	保留	SMS [2:0]

各位功能如下：

（1）ETP（External Trigger Polarity）：外部触发极性。该位用来选择是用 ETR 还是 ETR 的反相来作为触发操作。

0——ETR 不反相，高电平或上升沿有效；
1——ETR 被反相，低电平或下降沿有效。

（2）ECE（External Clock Enable）：外部时钟使能位，用于启用/禁止外部时钟模式 2。

0——禁止外部时钟模式 2；
1——使能外部时钟模式 2，计数器由 ETRF 信号上的任意有效边沿驱动。

注意：①设置 ECE 位与选择外部时钟模式 1 并将 TRGI 连到 ETRF（SMS=111 和 TS=111）具有相同功效。

②下述从模式可以与外部时钟模式 2 同时使用：复位模式、门控模式和触发模式。但是，这时 TRGI 不能连到 ETRF（TS 位不能是"111"）。

③外部时钟模式 1 和外部时钟模式 2 同时被使能时，外部时钟的输入是 ETRF。

（3）ETPS [1:0]（External Trigger Prescaler）：外部触发预分频。外部触发信号 ETRP 的频率最多是 TIMxCLK 频率的 1/4。当输入较快的外部时钟时，可以使用预分频降低 ETRP 的频率。

00——关闭预分频；01——ETRP 频率除以 2；
10——ETRP 频率除以 4；11——ETRP 频率除以 8。

（4）ETF [3:0]：外部触发滤波（External Trigger Filter）。这些位定义了对 ETRP 信号采样的频率和对 ETRP 数字滤波的带宽。实际上，数字滤波器是一个事件计数器，它记录到 N 个事件后会产生一个输出的跳变。ETF [3:0] 与采样频率 $f_{SAMPLING}$ 的对应关系如下：

0000——无滤波器，以 f_{DTS} 采样； 0001—— $f_{SAMPLING} = f_{CK\_INT}$，$N=2$；
0010—— $f_{SAMPLING} = f_{CK\_INT}$，$N=4$； 0011—— $f_{SAMPLING} = f_{CK\_INT}$，$N=8$；
0100—— $f_{SAMPLING} = f_{DTS}/2$，$N=6$； 0101—— $f_{SAMPLING} = f_{DTS}/2$，$N=8$；
0110—— $f_{SAMPLING} = f_{DTS}/4$，$N=6$； 0111—— $f_{SAMPLING} = f_{DTS}/4$，$N=8$；
1000—— $f_{SAMPLING} = f_{DTS}/8$，$N=6$； 1001—— $f_{SAMPLING} = f_{DTS}/8$，$N=8$；
1010—— $f_{SAMPLING} = f_{DTS}/16$，$N=5$； 1011—— $f_{SAMPLING} = f_{DTS}/16$，$N=6$；
1100—— $f_{SAMPLING} = f_{DTS}/16$，$N=8$； 1101—— $f_{SAMPLING} = f_{DTS}/32$，$N=5$；
1110—— $f_{SAMPLING} = f_{DTS}/32$，$N=6$； 1111—— $f_{SAMPLING} = f_{DTS}/32$，$N=8$。

（5）MSM（Master/Slave Mode）：主/从模式。

0——无作用；

1——延迟触发输入（TRGI）上的事件，以便当前定时器（通过 TRGO）与它的从定时器间更好地同步。这对需要把几个定时器同步到一个单一的外部事件是非常有用的。

（6）TS [2:0]：触发选择（Trigger Selection），用来选择用于同步计数器的触发输入。

000——内部触发 0（ITR0）；001——内部触发 1（ITR1）；
010——内部触发 2（ITR2）；011——内部触发 3（ITR3）；
100——TI1 的边沿检测器（TI1F_ED）；101——滤波后的定时器输入 1（TI1FP1）；
110——滤波后的定时器输入 2（TI2FP2）；111——外部触发输入（ETRF）。

注：这些位只能在未用到（如 SMS=000）时被改变，以免在改变时产生错误的边沿检测。

（7）SMS [2:0]：从模式选择（Slavemode Selection）。当选择了外部信号，触发信号（TRGI）的有效边沿与选中的外部输入极性相关（见输入控制寄存器和控制寄存器的说明）。

000——关闭从模式。如果 CEN=1，则预分频器直接由内部时钟驱动。

001——编码器模式 1。根据 TI1FP1 的电平，计数器在 TI2FP2 的边沿向上/下计数。

010——编码器模式 2。根据 TI2FP2 的电平，计数器在 TI1FP1 的边沿向上/下计数。

011——编码器模式 3。根据另一个信号的输入电平，计数器在 TI1FP1 和 TI2FP2 的边沿向上/下计数。

100——复位模式。选中的触发输入（TRGI）的上升沿重新初始化计数器，并且产生一个更新寄存器的信号。

101——门控模式。当触发输入（TRGI）为高时，计数器的时钟开启。一旦触发输入变为低，则计数器停止（但不复位）。计数器的启动和停止都是受控的。

110——触发模式。计数器在触发输入 TRGI 的上升沿启动（但不复位）。只有计数器的启动是受控的。

111——外部时钟模式 1。选中的触发输入（TRGI）的上升沿驱动计数器。

注：如果 TI1F_EN 被选为触发输入（TS=100），不要使用门控模式，这是因为 TI1F_ED 在每次 TI1F 变化时输出一个脉冲，然而门控模式需要检查触发输入的电平。

4. 通用定时器 DMA/中断使能寄存器（TIMx_DIER）

通用定时器的 DMA/中断使能寄存器（TIMx_DIER）各位名称如表 15-34 所示。

表 15-34　通用定时器 DMA/中断使能寄存器（TIMx_DIER）位定义

15	14	13	12	11	10	9	8	7	6	5	4	3	2	1	0
保留	TDE	保留	CC4DE	CC3DE	CC2DE	CC1DE	UDE	保留	TIE	保留	CC4IE	CC3IE	CC2IE	CC1IE	UIE

其中，UDE（Update DMA Request Enable）位和 UIE（Update Interrupt Enable）位功能与基本定时器相同。其余各位功能如下：

(1) TDE（Trigger DMA Request Enable）：允许触发 DMA 请求。

0——禁止触发 DMA 请求；1——允许触发 DMA 请求。

(2) COMDE（COM DMA Request Enable）：允许 COM 的 DMA 请求。

0——禁止 COM 的 DMA 请求；1——允许 COM 的 DMA 请求。

(3) CCxDE（Capture/Compare x DMA Request Enable）：允许捕获/比较 x（x=1~4）的 DMA 请求。

0——禁止捕获/比较 x 的 DMA 请求；1——允许捕获/比较 x 的 DMA 请求。

(4) BIE（Break Interrupt Enable）：允许刹车中断。

0——禁止刹车中断；1——允许刹车中断。

(5) TIE（Trigger Interrupt Enable）：触发中断使能。

0——禁止触发中断；1——使能触发中断。

(6) COMIE（COM Interrupt Enable）：允许 COM 中断。

0——禁止 COM 中断；1——允许 COM 中断。

(7) CCxIE（Capture/Compare x Interrupt Enable）：允许捕获/比较 x（x=1~4）中断。

0——禁止捕获/比较 4 中断；1——允许捕获/比较 4 中断。

5. 通用定时器状态寄存器（TIMx_SR）

软件可读取状态寄存器各位的值，也可以通过写"0"清除某位，写"1"无影响。各位名称如表 15-35 所示。

表 15-35　状态寄存器（TIMx_SR）位定义

15~13	12	11	10	9	8~7	6	5	4	3	2	1	0
保留	CC4OF	CC3OF	CC2OF	CC1OF	保留	TIF	保留	CC4IF	CC3IF	CC2IF	CC1IF	UIF

其中，UIF（Update Interrupt Flag）位功能与基本定时器相同。其余各位功能如下：

(1) CC1OF~CC4OF（Capture/Compare Overcapture Flag）：重复捕获标记。

这 4 个位分别对应 4 个捕获/比较通道，为各捕获/比较通道的重复捕获标记。仅当相应的通道被配置为输入捕获时,该标记可由硬件置"1"。写"0"可清除该位。

0——无重复捕获产生;

1——当计数器的值被捕获到捕获/比较寄存器 TIMx _CCR1 寄存器时,CCxIF 的状态已经为"1"。

(2) TIF (Trigger Interrupt Flag):触发器中断标记。

当发生触发事件(当从模式控制器处于除门控模式外的其他模式时,在 TRGI 输入端检测到有效边沿,或门控模式下的任一边沿)时由硬件对该位置"1"。它由软件清"0"。

0——无触发器事件产生;

1——触发器中断等待响应。

(3) CC1IF~CC4IF (Capture/Compare Interrupt Flag):捕获/比较中断标记。

这 4 个位分别对应 4 个捕获/比较通道,为各捕获/比较通道的中断标记位。

如果通道 CCx (x=1~4) 配置为输出模式,当计数器值与比较值匹配时该位由硬件置"1",但在中心对称模式下除外(参考 TIMx _CR1 寄存器的 CMS 位)。该位由软件清零。

0——无匹配发生;

1——TIMx _CNT 的值与 TIMx _CCR1 的值匹配。

若捕获/比较寄存器 TIMx _CCR1 的值大于 TIMx _APR 的值,在向上或向上/向下计数模式时计数器溢出,或向下计数模式时的计数器下溢条件下,该位变高。

如果通道 CCx (x=1~4) 配置为输入模式,当捕获事件发生时该位由硬件置"1"。它可由软件清零或通过读 TIMx _CCR1 清零。

0——无输入捕获产生;

1——计数器值已被捕获(拷贝)至捕获/比较寄存器 TIMx _CCR1(在 ICx 上检测到与所选极性相同的边沿)。

6. 通用定时器事件产生寄存器(TIMx _EGR)

通用定时器事件产生寄存器(TIMx _EGR)只能写,读寄存器将返回复位值。其在定时器寄存器组中的偏移地址是 0x14,复位值为 0x0000。各位名称如表 15-36 所示。

表 15-36 基本/通用定时器事件产生寄存器(TIMx _EGR)位定义

位	15~7	6	5	4	3	2	1	0
基本定时器	保留							UG
通用定时器	保留	TG	保留	CC4G	CC3G	CC2G	CC1G	UG

(1) UG (Update Generation):产生更新事件。该位由软件置"1",由硬件自动清零。

0——无动作。

1——重新初始化计数器,并产生一个更新事件。注意预分频器的计数器也被清零

（但是预分频系数不变）。对于通用定时器，若在中心对称模式下或 DIR=0（向上计数），则计数器被清零；若 DIR=1（向下计数），则计数器取 TIMx _ARR 的值。

（2）TG（Trigger Generation）：产生触发事件。该位由软件置"1"，用于产生一个触发事件，由硬件自动清零。

0——无动作；

1——TIMx _SR 寄存器的 TIF=1，若开启对应的中断和 DMA，则产生相应的中断和 DMA。

（3）CCxG（Capture/Compare x Generation，x=1~4）：产生捕获/比较 x 事件。该位由软件置"1"，用于产生一个捕获/比较事件，由硬件自动清零。

0——无动作；

1——在通道 CCx 上产生一个捕获/比较事件。

通道 CCx 配置为输出：设置 CCxIF=1，若开启对应的中断和 DMA，则产生相应的中断和 DMA。

通道 CCx 配置为输入：当前的计数器值捕获至 TIMx _ CCR1 寄存器，设置 CCxIF=1，若开启对应的中断和 DMA，则产生相应的中断和 DMA。若 CCxIF 已经为 1，则设置 CCxOF=1。

7. 通用定时器捕获/比较模式寄存器 1（TIMx _CCMR1）

捕获/比较模式寄存器 1（TIMx _CCMR1）可读可写，在定时器寄存器组中的偏移地址是 0x18，复位值为 0x0000。通道可用于输入（捕获模式）或输出（比较模式），通道 1 和 2 的方向分别由 CC1S 和 CC2S 位定义。该寄存器其他位的功能在输入和输出模式下不同，这一点必须特别注意！各位名称如表 15-37 所示。

表 15-37 捕获/比较模式寄存器 1（TIMx _CCMR1）位定义

15	14~12	11	10	9~8	7	6~4	3	2	1~0
OC2CE	OC2M [2:0]	OC2PE	OC2FE	CC2S [1:0]	OC1CE	OC1M [2:0]	OC1PE	OC1FE	CC1S [1:0]
IC2F [3:0]		IC2PSC [1:0]			IC1F [3:0]		IC1PSC [1:0]		

在表 15-37 中，OC××描述的是通道在输出模式下的功能，而 IC××描述的是通道在输入模式下的功能。

（1）输出比较模式下，寄存器各位（位名称中的 y 代表 1 或 2）功能如下：

①CC2S [1:0]（Capture/Compare 2 Selection）：捕获/比较 2 选择。该位定义通道 2 的方向（输入/输出），以及输入脚的选择。

00——CC2 通道被配置为输出；

01——CC2 通道被配置为输入，IC2 映射在 TI2 上；

10——CC2 通道被配置为输入，IC2 映射在 TI1 上；

11——CC2 通道被配置为输入，IC2 映射在 TRC 上。此模式仅工作在内部触发器输入被选中时（由 TIMx _SMCR 寄存器的 TS 位选择）。

注：CC2S 仅在通道关闭时（TIMx _CCER 寄存器的 CC2E=0）才是可写的。

②CC1S [1:0]（Capture/Compare 1 Selection）：捕获/比较 1 选择。该位定义通道 1 的方向（输入/输出），以及输入脚的选择。

00——CC1 通道被配置为输出；

01——CC1 通道被配置为输入，IC1 映射在 TI1 上；

10——CC1 通道被配置为输入，IC1 映射在 TI2 上；

11——CC1 通道被配置为输入，IC1 映射在 TRC 上。此模式仅工作在内部触发器输入被选中时（由 TIMx _SMCR 寄存器的 TS 位选择）。

注：CC1S 仅在通道关闭时（TIMx _CCER 寄存器的 CC1E=0）才是可写的。

③OCyCE（Output Compare y Clear Enable）：输出比较 y 清零使能。

0——OCyREF 不受 ETRF 输入的影响；

1——一旦检测到 ETRF 输入高电平，清除 OCyREF=0。

④OCyM [2:0]（Output Compare y Mode）：输出比较 y 模式。这 3 位定义了输出参考信号 OCyREF 的动作，而 OCyREF 决定了 OCy、OCyN 的值。OCyREF 是高电平有效，而 OCy、OCyN 的有效电平取决于 CCyP、CCyNP 位。

000——冻结。输出比较寄存器 TIMx _CCR1 与计数器 TIMx _CNT 间的比较对 OCyREF 不起作用；

001——匹配时设置通道 y 为有效电平。当计数器 TIMx _CNT 的值与捕获/比较寄存器 1（TIMx _CCR1）相同时，强制 OCyREF 为高。

010——匹配时设置通道 y 为无效电平。当计数器 TIMx _CNT 的值与捕获/比较寄存器 1（TIMx _CCR1）相同时，强制 OCyREF 为低。

011——翻转。当 TIMx _CCR1=TIMx _CNT 时，翻转 OCyREF 的电平。

100——强制为无效电平。强制 OCyREF 为低。

101——强制为有效电平。强制 OCyREF 为高。

110——PWM 模式 1——在向上计数时，一旦 TIMx _CNT<TIMx _CCR1，通道 y 为有效电平，否则为无效电平；在向下计数时，一旦 TIMx _CNT>TIMx _CCR1，通道 y 为无效电平（OCyREF=0），否则为有效电平（OCyREF=1）。

111——PWM 模式 2——在向上计数时，一旦 TIMx _CNT<TIMx _CCR1，通道 y 为无效电平，否则为有效电平；在向下计数时，一旦 TIMx _CNT>TIMx _CCR1，通道 y 为有效电平，否则为无效电平（和 PWM 模式 1 的区别在于通道电平有效条件相反）。

注：①一旦 LOCK 级别（TIMx _BDTR 寄存器中的 LOCK 位）设为 3 且 CCyS=00（该通道配置成输出），则该位不能被修改。

②在 PWM 模式 1 或 PWM 模式 2 中，只有当比较结果改变了或在输出比较模式中从冻结模式切换到 PWM 模式时，OCyREF 电平才改变。

⑤OCyPE（Output Compare y Preload Enable）：输出比较 y 预装载使能。

0——禁止 TIMx _CCR1 寄存器的预装载功能，可随时写入 TIMx _CCR1 寄存器，并且新写入的数值立即起作用。

1——开启 TIMx _CCR1 寄存器的预装载功能，读写操作仅对预装载寄存器有效，

TIMx_CCR1 的预装载值在更新事件到来时被加载至当前寄存器中。

注：①一旦 LOCK 级别（TIMx_BDTR 寄存器中的 LOCK 位）设为 3 且 CCyS＝00（该通道配置成输出），则该位不能被修改。

②仅在单脉冲模式下（TIMx_CR1 寄存器的 OPM＝1），可以在未确认预装载寄存器的情况下使用 PWM 模式，否则其动作不确定。

⑥OCyFE（Output Compare y Fast Enable）：输出比较 y 快速使能。该位用于加快 CC 输出对触发输入事件的响应。

0——根据计数器与 CCRy 的值，CCy 正常操作，即使触发器是打开的。当触发器的输入有一个有效沿时，激活 CCy 输出的最小延时为 5 个时钟周期。

1——输入到触发器的有效沿的作用就像发生了一次比较匹配。因此，OC 被设置为比较电平而与比较结果无关。采样触发器的有效沿和 CCy 输出间的延时被缩短为 3 个时钟周期。OCyFE 只在通道被配置成 PWM1 或 PWM2 模式时起作用。

（2）输入捕获模式下，寄存器各位（位名称中的 y 代表 1 或 2）功能如下：

①ICyF[3:0]（Input Capture y Filter）：输入捕获 y 滤波器。这 4 位定义了 TIy 输入的采样频率及数字滤波器长度。数字滤波器由一个事件计数器组成，它记录到 N 个事件后会产生一个输出的跳变（fSAMPLING 为采样频率）：

0000——无滤波器，以 f_{DTS} 采样； 0001——$f_{\text{SAMPLING}}=f_{\text{CK,INT}}$，$N=2$；

0010——$f_{\text{SAMPLING}}=f_{\text{CK,INT}}$，$N=4$； 0011——$f_{\text{SAMPLING}}=f_{\text{CK,INT}}$，$N=8$；

0100——$f_{\text{SAMPLING}}=f_{\text{DTS}}/2$，$N=6$； 0101——$f_{\text{SAMPLING}}=f_{\text{DTS}}/2$，$N=8$；

0110——$f_{\text{SAMPLING}}=f_{\text{DTS}}/4$，$N=6$； 0111——$f_{\text{SAMPLING}}=f_{\text{DTS}}/4$，$N=8$；

1000——$f_{\text{SAMPLING}}=f_{\text{DTS}}/8$，$N=6$； 1001——$f_{\text{SAMPLING}}=f_{\text{DTS}}/8$，$N=8$；

1010——$f_{\text{SAMPLING}}=f_{\text{DTS}}/16$，$N=5$； 1011——$f_{\text{SAMPLING}}=f_{\text{DTS}}/16$，$N=6$；

1100——$f_{\text{SAMPLING}}=f_{\text{DTS}}/16$，$N=8$； 1101——$f_{\text{SAMPLING}}=f_{\text{DTS}}/32$，$N=5$；

1110——$f_{\text{SAMPLING}}=f_{\text{DTS}}/32$，$N=6$； 1111——$f_{\text{SAMPLING}}=f_{\text{DTS}}/32$，$N=8$；

②ICyPSC[1:0]（Input Capture y Prescaler）：输入/捕获 y 预分频器。这 2 位定义了 CCy 输入的预分频系数。一旦捕获/比较使能寄存器 TIMx_CCER 中 CCyE＝0，则预分频器复位。

00——无预分频器，捕获输入口上检测到的每一个边沿都触发一次捕获；

01——每 2 个事件触发一次捕获；

10——每 4 个事件触发一次捕获；

11——每 8 个事件触发一次捕获。

8. 通用定时器捕获/比较模式寄存器 2（TIMx_CCMR2）

捕获/比较模式寄存器 2（TIMx_CCMR2）可读写，在定时器寄存器组中的偏移地址是 0x1C，复位值为 0x0000。该寄存器用于设置通道 3 和 4 的模式和工作状态，功能与捕获/比较模式寄存器 1 类似。各位名称如表 15－38 所示，详细说明可参考 STM32F103 技术手册。

表 15-38 捕获/比较模式寄存器 2（TIMx _CCMR2）位定义

15	14~12	11	10	9	8	7	6~4	3	2	1~0
OC4CE	OC4M [2:0]	OC4PE	OC4FE	CC4S [1:0]		OC3CE	OC3M [2:0]	OC3PE	OC3FE	CC3S [1:0]
	IC4F [3:0]	IC4PSC [1:0]					IC3F [3:0]	IC3PSC [1:0]		

9. 通用定时器捕获/比较使能寄存器（TIMx _CCER）

通用定时器捕获/比较使能寄存器（TIMx _CCER）可读写，在定时器寄存器组中的偏移地址是 0x20，复位值为 0x0000。各位名称如表 15-39 所示。

表 15-39 捕获/比较使能寄存器（TIMx _CCER）位定义

15~14	13	12	11~10	9	8	7~6	5	4	3~2	1	0
保留	CC4P	CC4E	保留	CC3P	CC3E	保留	CC2P	CC2E	保留	CC1P	CC1E

各位功能如下：

（1）CCyP（Capture/Compare y Output Polarity）：输入/捕获通道 y（y 代表 1~4）输出极性。

①CCy 通道配置为输出：0——OCy 高电平有效；1——OCy 低电平有效。

②CCy 通道配置为输入：该位选择是 ICy 或 ICy 的反相信号作为触发或捕获信号。

0——不反相。捕获发生在 ICy 的上升沿；当用作外部触发器时，ICy 不反相。

1——反相。捕获发生在 ICy 的下降沿；当用作外部触发器时，ICy 反相。

（2）CCyE（Capture/Compare y Output Enable）：输入/捕获通道 y（y 代表 1~4）输出使能。

①CCy 通道配置为输出（参见 CCyNE 使能说明）：0——关闭，OCy 禁止输出；1——开启，OCy 信号输出到对应的输出引脚。

②CCy 通道配置为输入：该位决定了计数器的值是否能捕获入 TIMx _CCR1 寄存器。

0——捕获禁止；

1——捕获使能。

注：如果外部 I/O 连接到标准的 OCy 通道，则外部 I/O 引脚的状态取决于 OCy 通道状态，并与 GPIO 以及 AFIO 寄存器的设置有关。

10. 通用定时器捕获/比较寄存器 1（TIMx _CCR1）

捕获/比较寄存器 1 是 16 位寄存器，可读写，在定时器寄存器组中的偏移地址是 0x34，复位值为 0x0000。该寄存器用于存储捕获/比较通道 1 的值（Capture/Compare 1 Value），如表 15-40 所示。

表 15-40 捕获/比较寄存器 1（TIMx _CCR1）位定义

15	14	13	12	11	10	9	8	7	6	5	4	3	2	1	0
CCR1 [15:0]															

（1）若 CC1 通道配置为输出，TIMx _CCR1 包含了装入当前捕获/比较 1 寄存器的值（预装载值）。如果捕获/比较模式寄存器 1（TIMx _CCMR1）中未选择预装载特性（OC1PE=0），写入的数值会被立即传输至当前寄存器中；否则只有当更新事件发生时，此预装载值才传输至当前捕获/比较 1 寄存器中。

当前捕获/比较寄存器参与同计数器 TIMx _CNT 的比较，并在 OC1 端口上产生输出信号。

（2）若 CC1 通道配置为输入。

TIMx _CCR1 包含了由上一次输入捕获 1 事件（IC1）传输的计数器值。

由于 STM32 有 4 个捕获/比较通道，因此，定时器共有 TIMx _CCR1～TIMx _CCR4 四个捕获/比较寄存器，功能均与 TIMx _CCR1 类似，偏移地址分别是 0x34、0x38、0x3C 和 0x40。

由于 STM32F103 的定时器功能多，结构复杂，涉及的专用寄存器还有 DMA 控制寄存器（TIMx _DCR）、连续模式的 DMA 地址（TIMx _DMAR），关于 DMA 功能及这两个寄存器的介绍可参考 STM32 技术手册。下面以 TIM3 定时 0.5s 为例，介绍相关寄存器设置方法及中断服务程序编写。

15.3.4 通用定时器应用示例

【例 15-13】用通用定时器 TIM3 定时 0.5s，定时时间到发出中断信号，完成相关寄存器设置并编写初始化程序。

1. 配置定时器

（1）使能 TIM3 时钟。

当不使用某个外设时，可以把这个外设时钟关闭以降低功耗；当需要使用某个外设时，则需先开启相应的外设时钟。因此，本例中需先开启 TIM3 时钟，具体方法是将外设时钟使能寄存器 RCC _APB1ENR 的第 1 位置"1"（参见表 15-5），以开启 TIM3 的时钟。由于在 Stm32 _Clock _Init 函数里面把 APB1 的预分频系数设置为 2，所以倍频器对分频后的时钟再倍频（参见各定时器的时钟来源），使得 TIM3 时钟等于系统时钟（72MHz）。

（2）设置自动重装值及分频系数。

定时器的溢出时间由自动重装值、分频系数及时钟频率共同决定，因此为实现定时，在时钟频率确定后，需根据定时时间设置自动重装值及分频系数。

定时器的工作频率 CK _CNT = 定时器时钟/（TM3 _PSC +1）

如果通用定时器的时钟频率等于系统时钟频率（72MHz），设分频系数为 7199，定时计数器的值为 TIM3 _ARR=5000，则：

定时器的工作频率 CK_CNT = 72MHz / (7199 +1) =10kHz

定时器时钟周期 $T=1/10\text{ kHz}=100\mu s$

定时器时间 $t= T \times \text{TIM3\_ARR}=100\mu s \times 5000=0.5s$

（3）设置 TIM3_DIER 允许更新中断。

设置 TIM3_DIER 的 UIE 位，并使能触发中断，以允许 TIM3 的更新中断。

（4）启动 TIM3。

在配置完后，通过设置 TIM3_CR1 的 CEN 位以开启定时器。

（5）设置 TIM3 中断优先级。

在定时器配置完成之后，下一步则是设置 NVIC 相关寄存器，设置 TIM3 中断优先级，并使能 TIM3 中断。

（6）编写中断服务函数。

中断服务函数需在中断产生后通过状态寄存器的值判断中断的类型，然后执行相关的操作。

2. 定时器程序设计

根据上述设置，由于 TIM3 的时钟来自 APB1 预分频器的输出，如果系统时钟频率为 72MHz，而 APB1 时钟频率不能超过 36MHz，则需通过时钟配置寄存器 RCC_CFGR 设置 APB1 的预分频系数。相应的 C 语言程序如下：

```
RCC->CFGR =0x00000400;    //设置 APB1 预分频系数为 2，APB1 时钟为
                          //36MHz，倍频后作为 TIM3 的时钟频率
```

为了允许 TIM3 中断，需使能 TIM3 中断。在 STM32 中外部中断 IRQ29 是 TIM3 中断，要使能 IRQ29，则需置位 ISER[0] 的第 29 位。另外，STM32 有 60 个外部中断源，中断优先级寄存器组有 15 个优先级寄存器 IPRx，共 60 字节，每一个字节用高 4 位设置 1 个外部中断源的优先级，因此 TIM3 的优先级由 IPR[7] 的 12~15 位设置。为编程方便，将所涉及寄存器及位功能汇集于表 15-41 中。

```
RCC -> APB1ENR |=1<<1;     //TIM3 时钟使能
NVIC->ISER[0] |=1<<29;     //ISER[0] 第 29 位置 "1"，使能 IRQ29
                           //中断
NVIC->IPR[7] &=0xFFFF0FFF; //清除原设置
NVIC->IPR[7] |=0x00000800; //设置优先级为 8，根据优先级分组确定
                           //抢占优先级和亚优先级
TIM3 -> DIER |=1<<0;       //允许 TIM3 更新中断
TIM3 -> DIER |=1<<6;       //允许 TIM3 触发中断
TIM3 -> PSC =7199;         //预分频系数 7199+1，计数时钟频率=10kHz
TIM3 -> ARR =5000;         //计数器重装值位 5000
TIM3 -> CR1 |=0x01;        //使能 TIM3
```

表 15-41 TIM3 设置相关寄存器

时钟配置寄存器 RCC_CFGR															
31	30	29	28	27	26	25	24	23	22	21	20	19	18	17	16
保留					MCO [2:0]			保留	USB PRE	PLLMUL [3:0]				PLL-XTPRE	PLL-SRC
15	14	13	12	11	10	9	8	7	6	5	4	3	2	1	0
ADCPRE [1:0]		PPRE2 [2:0]			PPRE1 [2:0]			HPRE [3:0]				SWS [1:0]		SW [1:0]	

PPRE1：APB1 预分频系数。0××——不分频；100——2 分频；101——4 分频；110——8 分频；111——16 分频

APB1 外设时钟使能寄存器（RCC_APB1RENR）															
31	30	29	28	27	26	25	24	23	22	21	20	19	18	17	16
保留		DAC	PWP	BKP	CAN2	CAN1	保留		I2C2	I2C1	USART5	USART4	USART3	USART2	保留
			RW						RW						
15	14	13	12	11	10	9	8	7	6	5	4	3	2	1	0
SPI3	SPI2	保留		WWDG	保留				TIM7	TIM6	TIM5	TIM4	TIM3	TIM2
											TIM3 位：TIM3 时钟使能				

中断优先级寄存器（IPRx）			
中断号	31	30	29	28
IPR [7]				

通用定时器 DMA/中断使能寄存器（TIMx _DIER）															
15	14	13	12	11	10	9	8	7	6	5	4	3	2	1	0
保留	TDE	保留	CC4DE	CC3DE	CC2DE	CC1DE	UDE	保留	TIE	保留	CC4IE	CC3IE	CC2IE	CC1IE	UIE

TIE＝1：允许触发中断；UIE＝1：允许更新中断

通用定时器控制寄存器 1（TIMx _CR1）									
15～10	9	8	7	6	5	4	3	2	1	0
保留	CKD [1:0]		ARPE	CMS [1:0]		DIR	OPM	URS	UDIS	CEN

CEN＝0：禁止计数器；CEN＝1：使能计数器

上述程序段可启动 TIM3 定时，每 0.5s 产生一次中断。相应的定时器中断服务程序框架如下：

```
void TIM3 _IRQHandler（void）
  {
  If（TIM3->SR&0x0001）      //是溢出中断
    {
    定时中断服务程序
    }
  TIM3 ->SR &. =~（1<<0）;//清除中断标志位
  }
```

定时器状态寄存器 TIM3 _SR 的 UIF 为更新中断标记，当产生更新事件时该位由

硬件置"1",通过软件清零以清除中断标志。

【例15-14】完成相应寄存器设置,在TI1输入的上升沿捕获计数器的值到TIMx_CCR1寄存器中。

设置步骤如下:

(1) 选择有效输入端。TIMx_CCR1必须连接到TI1输入,所以写入TIMx_CCR1寄存器中的CC1S=01,只要CC1S不为"00",通道被配置为输入,并且TM1_CCR1寄存器变为只读。

(2) 根据输入信号的特点,配置输入滤波器为所需的带宽(输入为TIx时,输入滤波器控制位是TIMx_CCMRx寄存器中的ICxF位)。假设输入信号在最多5个内部时钟周期的时间内抖动,则须配置滤波器的带宽长于5个时钟周期。因此可以连续采样8次(以f_{DTS}频率),以消除TI1上的抖动,即在TIMx_CCMR1寄存器中写入IC1F=0011。

(3) 选择TI1通道的有效转换边沿。在TIMx_CCER寄存器中写入CC1P=0(上升沿)。

(4) 配置输入预分频器。在本例中,希望捕获发生在每一个有效的电平转换时刻,因此预分频器被禁止(写TIMx_CCMR1寄存器的IC1PS=00)。

(5) 设置TIMx_CCER寄存器的CC1E=1,允许捕获计数器的值到捕获寄存器中。

(6) 如果需要,通过设置TIMx_DIER寄存器中的CC1IE位允许相关中断请求,通过设置TIMx_DIER寄存器中的CC1DE位允许DMA请求。

完成上述设置后,当发生一个输入捕获时:

• 产生有效的电平转换时,计数器的值被传送到TIMx_CCR1寄存器。

• CC1IF标志被设置(中断标志)。当发生至少2个连续的捕获,而CC1IF未曾被清除时,CC1OF也被置"1"。

• 如设置了CC1IE位,则会产生一个中断。

• 如设置了CC1DE位,则还会产生一个DMA请求。为了处理捕获溢出,建议在读出捕获溢出标志之前读取数据,这是为了避免丢失在读出捕获溢出标志之后和读取数据之前可能产生的捕获溢出信息。

注:设置TIMx_EGR寄存器中相应的CCxG位,可以通过软件产生输入捕获中断和DMA请求。

15.3.5 高级定时器(TIM1和TIM8)

15.3.5.1 高级定时器简介

高级定时器(TIM1和TIM8)由一个16位的自动重装载计数器组成,由可编程的预分频器驱动。除基本的定时功能外,还可用于测量输入信号的脉冲宽度(输入捕获),或者产生输出波形(输出比较、PWM、嵌入死区时间的互补PWM等)。使用定时器预分频器和RCC时钟控制预分频器,可以实现脉冲宽度和波形周期从几微秒到几毫秒的调节。两个高级定时器是相互独立的,它们不共享任何资源,可以同步操作。

15.3.5.2 高级定时器主要特性

高级定时器 TIM1 和 TIM8 的功能包括：

（1）16 位向上、向下、向上/向下自动重装载计数器。

（2）16 位可编程（可以实时修改）预分频器，计数器时钟频率的分频系数为 1～65535 之间的任意数值。

（3）4 个独立通道：
- 输入捕获；
- 输出比较；
- PWM 生成（边缘或中间对齐模式）；
- 单脉冲模式输出。

（4）死区时间可编程的互补输出。

（5）使用外部信号控制定时器和定时器互联的同步电路。

（6）允许在指定数目的计数器周期之后更新定时器寄存器的重复计数器。

（7）刹车输入信号可以将定时器输出信号置于复位状态或者一个已知状态。

（8）如下事件发生时产生中断/DMA：
- 更新，如计数器向上溢出/向下溢出，计数器初始化（通过软件或者内部/外部触发）；
- 触发事件（计数器启动、停止、初始化或者由内部/外部触发计数）；
- 输入捕获；
- 输出比较；
- 刹车信号输入。

（9）支持针对定位的增量（正交）编码器和霍尔传感器电路。

（10）触发输入作为外部时钟或者按周期的电流管理。

15.3.5.3 高级定时器结构

STM32F103 的高级定时器的内部结构要比通用定时器复杂一些，但其核心仍然与基本定时器、通用定时器相同，是一个由可编程的预分频器驱动的具有自动重装载功能的 16 位计数器。高级定时器的原理框图如图 15－31 所示。

与通用定时器相比，STM32F103 的高级定时器主要多了 BRK 和 DTG 两个结构，因而具有了死区时间的控制功能。因为高级定时器的功能特殊，在普通应用中一般较少使用，所以不作为本书讨论的重点，如需详细了解可以参考 STM32F10x 技术手册。

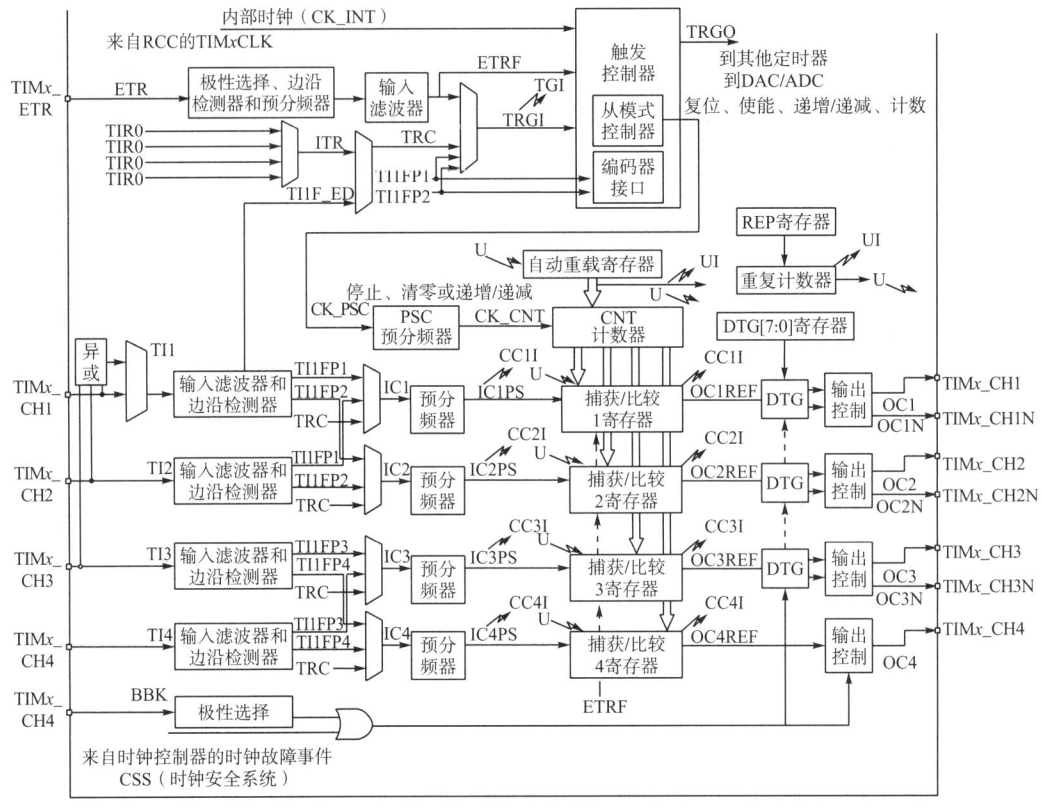

图 15-31 高级定时器原理框图

15.4 通用同步/异步通信接口（USART）

在基础篇的第 7 章介绍了串行通信与并行通信、同步通信与异步通信的基本概念，以及串行通信制式和波特率的含义等相关问题。STM32 串行通信接口的相关概念与第 7 章的介绍相同，本章不再赘述，而主要介绍其功能和应用方法。

15.4.1 STM32 串行通信接口功能概述

STM32 串行通信接口可进行同步/异步通信，可灵活地与使用工业标准 NRZ（不归零编码）异步串行数据格式的外部设备进行全双工数据交换，并支持同步单向通信和半双工单线通信，也支持 LIN（局部互联网）、智能卡协议和 IrDA（红外数据组织）的 SIRENDEC 规范，以及调制解调器（CTS/RTS）操作，还允许多处理器通信。通过使用多缓冲器配置的 DMA 方式，可以实现高速数据通信。串行通信接口以 USART（Universal Synchronous/Asynchronous Receiver/Transmitter，通用同步/异步收发器）为核心，波特率由分数波特率发生器提供，选择范围宽。

STM32F103 微控制器的小容量产品有 2 个 USART，中等容量产品有 3 个 USART，大容量产品有 3 个 USART + 2 个 UART（Universal Asynchronous Receiver/Transmitter，通用异步收发器）。这 5 个串行通信模块有 9 种不同的工作模式，以满足不同的通信需要。其中USART1~USART3可工作于全部模式，USART4和USART5有个别模式不能用，具体可用模式如表15-42所示。

表15-42 USART可用模式

USART模式	USART1	USART2	USART3	USART4	USART5
异步通信模式	√	√	√	√	√
硬件流控制	√	√	√	×	×
多缓冲器通信模式（DMA）	√	√	√	√	×
多处理器通信模式	√	√	√	√	√
同步模式	√	√	√	×	×
智能卡模式	√	√	√	×	×
半双工（单线模式）	√	√	√	√	√
IrDA模式	√	√	√	√	√
LIN模式	√	√	√	√	√

15.4.2 USART主要特点

STM32的USART主要特点如下：

(1) 全双工异步通信。

(2) 支持NRZ标准格式。

(3) 分数波特率发生器系统：发送和接收共用的可编程波特率，最高达4.5Mb/s。

(4) 可编程数据字长度（8位或9位）。

(5) 可配置的停止位，支持1或2个停止位。

(6) 具备LIN主模式发送同步断开符的能力以及LIN从模式检测断开符的能力。

(7) 发送方为同步传输提供时钟。

(8) 集成IrDA SIR编码器解码器，在正常模式下支持3/16位的持续时间。

(9) 智能卡模拟功能，支持ISO7816-3标准里定义的异步智能卡协议。

(10) 支持单线半双工通信。

(11) 可配置使用DMA的多缓冲器通信。

(12) 独立的发送器和接收器使能位。

(13) 检测标志：接收缓冲器满、发送缓冲器空、传输结束标志。

(14) 校验控制：发送校验位、对接收数据进行校验。

(15) 四个错误检测标志：溢出错误、噪声错误、帧错误、校验错误。

(16) 10个带标志的中断源：CTS改变、LIN断开符检测、发送数据寄存器空、发送完成、接收数据寄存器满、检测到总线为空闲、溢出错误、帧错误、噪声错误、校验错误。

(17) 多处理器通信：如果地址不匹配，则进入静默模式。

(18) 从静默模式中唤醒（通过空闲总线检测或地址标志检测）。

(19) 两种唤醒接收器的方式：地址位（MSB，第9位）、总线空闲。

15.4.3 USART 结构及工作原理

USART 通过三个引脚与其他设备相连：接收数据输入（RX）、发送数据输出（TX）和异步通信时需要的公共地，如图 15-32 所示。

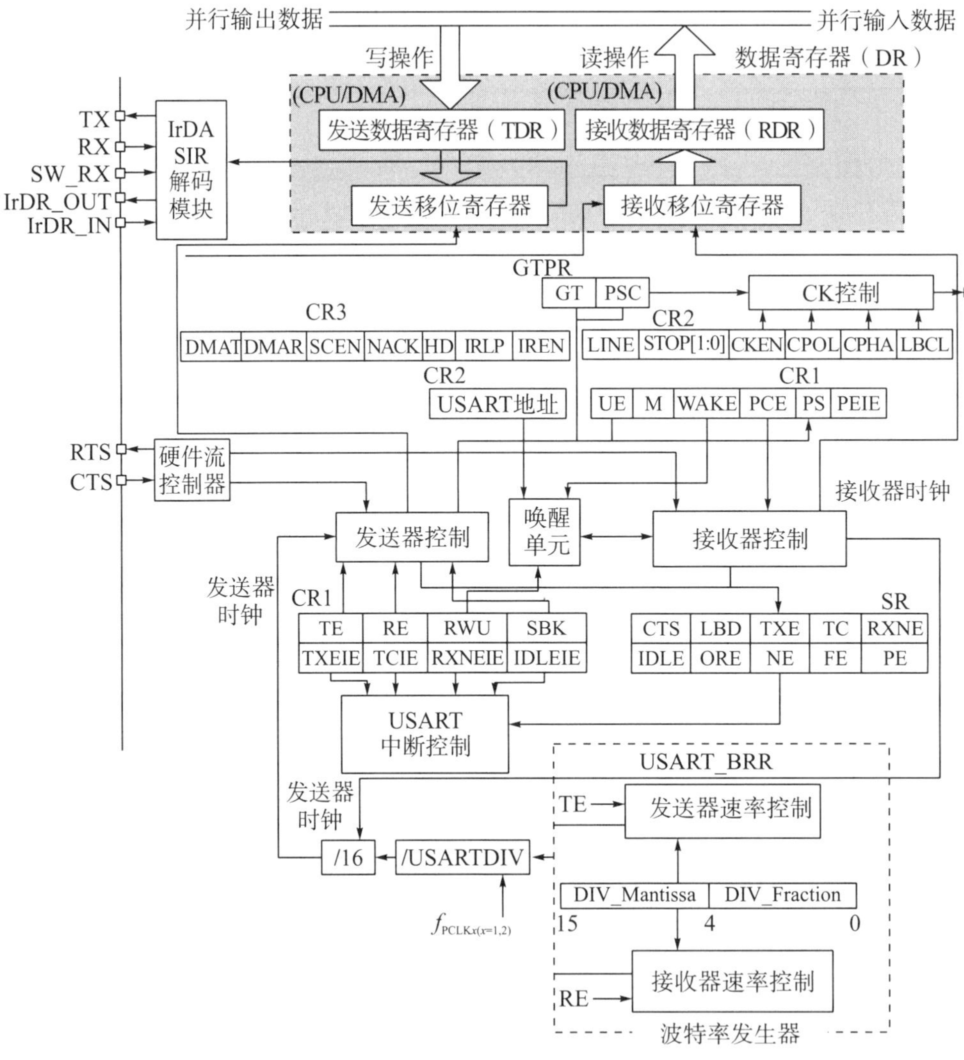

图 15-32 USART 原理框图

异步串行通信的基本原理是发送寄存器中的一帧数据在波特率驱动下，从发送端口逐位输出，而接收端根据设定的波特率从接收端口逐位接收数据，并存入接收缓冲器，接收完一帧完整的数据后置位相应标志或发出中断请求供 CPU 处理。但不同的处理器在波特率设置、一帧数据的组成方式、错误检测以及中断处理等方面有所不同，本节主要介绍 STM32 的 USART 通信特点。

15.4.3.1 USART 引脚配置

USART 进行双向通信时，至少需要接收数据输入和发送数据输出两个独立引脚。

但在不同模式下,还需要使用到其他引脚。引脚具体配置如下。

1. 异步通信引脚配置

RX 引脚为接收数据串行输入端,通过过采样技术来区别数据和噪声,从而恢复数据。

TX 引脚为发送数据输出端,当发送器被禁止时,输出引脚恢复到它的 I/O 端口配置。当发送器被激活且不发送数据时,TX 引脚处于高电平。在单线和智能卡模式下,该端口同时用于数据的发送和接收。

另外,异步通信时总线在发送或接收前应处于空闲状态。波特率表示方法及数据格式如下:

- 使用分数波特率发生器——采用 12 位整数和 4 位小数的表示方法。
- 一帧数据由一个起始位、一个数据字(8 或 9 位,最低有效位在前)构成。
- 停止位可以是 0.5 位、1 位、1.5 位或 2 位。

和异步通信有关的寄存器有:

- 一个状态寄存器(USART_SR);
- 一个数据寄存器(USART_DR);
- 一个波特率寄存器(USART_BRR);
- 一个智能卡模式下的保护时间寄存器(USART_GTPR)。

关于以上寄存器中各位的具体定义,将在 15.4.5 节介绍。

2. 同步通信模式引脚配置

CK:发送器时钟输出。此引脚输出用于同步传输的时钟(在起始位和停止位上没有时钟脉冲,通过软件设置可以在最后一个数据位送出一个时钟脉冲),数据可以在 RX 上同步被接收。这可以用来控制带有移位寄存器的外部设备(如 LCD 驱动器)。时钟相位和极性都是软件可编程的。在智能卡模式中,CK 可以为智能卡提供时钟。

3. IrDA 模式引脚配置

IrDA_RDI:IrDA 模式下的数据输入。
IrDA_TDO:IrDA 模式下的数据输出。

4. 硬件流控模式引脚配置

nCTS:清除发送,若是高电平,在当前数据传输结束时阻断下一次的数据发送;
nRTS:发送请求,若是低电平,表明 USART 准备好接收数据。

在串行通信接口功能概述中列出了 STM32F103 的串行通信模块的 9 种工作模式,限于篇幅及教材目标,本书重点介绍异步串行通信的工作原理。其他通信模式请参考技术手册。

15.4.3.2 USART 异步通信发送过程

当 USART_CR1 寄存器中的发送使能位(TE)被置位时,发送移位寄存器中的数据在 TX 引脚上输出,相应的时钟脉冲在 CK 引脚上输出。根据 USART_CR1 寄存器中 M 位的状态不同,发送器可发送 8 位或 9 位数据字。在起始位期间,TX 引脚处于低电平；在停止位期间，TX 引脚处于高电平。

在异步通信模式里，数据寄存器 USART_DR 包含一个位于内部总线和发送移位寄存器之间的缓冲器（发送数据寄存器 TDR，如图 15-32 所示）。要发送的数据经内部总线传送至发送数据寄存器（TDR），然后在移位脉冲控制下，经发送移位寄存器逐位从 TX 引脚输出，而且数据字按从低位到高位的顺序输出。

每一个数据帧都从一个低电平的起始位开始，后接数据字，最后为停止位。停止位长度可通过串口控制寄存器 2（USART_CR2）配置为 0.5、1、1.5 或 2 位。

需要注意的是，在数据传输期间不能复位发送使能位 TE，否则会因为波特率计数器停止计数而破坏 TX 引脚上的数据，使正在传输的数据丢失。而发送使能位 TE 被激活后将发送一个空闲帧。

USART 除了发送数据帧外，还可发送空闲帧和断开帧。数据帧、空闲帧及断开帧格式如图 15-33 所示。

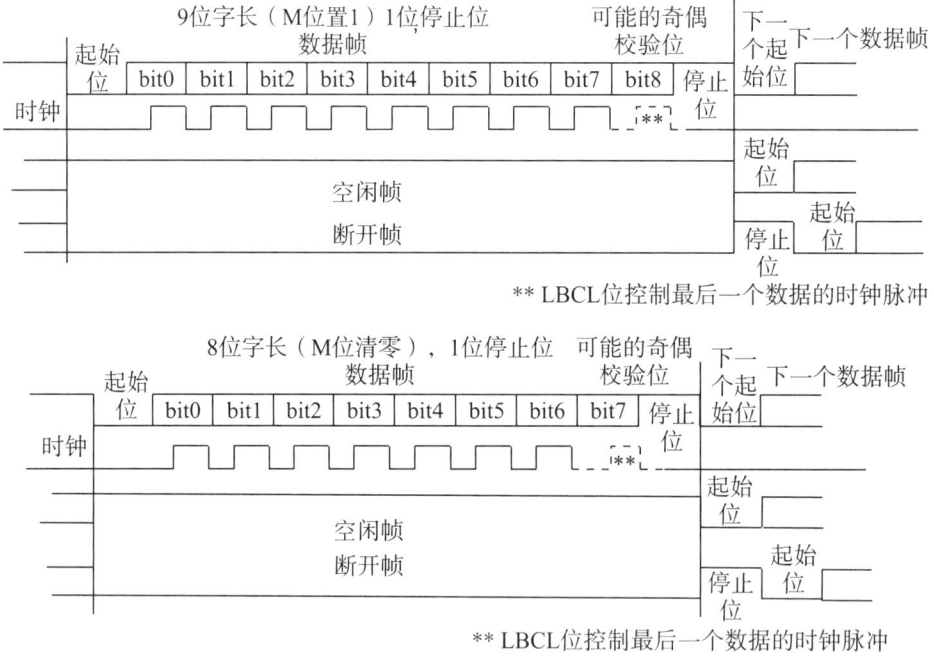

图 15-33　数据帧、空闲帧及断开帧格式

空闲帧被视为完全由"1"组成的一个完整的数据帧，后面跟着包含了数据的下一帧的起始位（"1"的位数也包括了停止位的位数）。置位 USART_CR1 中的发送使能位 TE 后，USART 在第一个数据帧前发送一个空闲帧。

如果软件将 USART_CR1 的发送断开帧标志 SBK 位置"1"，在完成当前数据发送后，将在 TX 线上发送一个断开帧。断开帧在一个帧周期内输出信号全部为"0"（起始位、数据位和停止位均为"0"）。断开帧发送结束后，发送器再发送 1 个或者 2 个停止位（"1"），以便识别后续数据帧的起始位。因此断开帧是 10 位低电平（当 USART_CR1 的 M 位=0 时），后跟停止位（"1"）；或者 11 位低电平（当 USART_CR1 的 M 位=1 时），后跟停止位（"1"）。需要注意的是，如果在开始发送断开帧之前，软件又清除了 SBK 位，断开符号将不被发送。如果要发送两个连续的断开帧，应该在前一个断开符号的停止位之后置 SBK 位。

发送和接收由一共用的波特率发生器驱动。当发送器和接收器的使能位分别置位时，波特率发生器分别为其产生时钟。

使用串口发送数据时，需要完成下述设置：

（1）通过置位 USART_CR1 寄存器的 UE 位来激活 USART。

（2）编程设定 USART_CR1 的 M 位以定义字长。

（3）在 USART_CR2 中配置停止位的位数。

（4）如果采用多缓冲器通信，配置 USART_CR3 中的 DMA 使能位（DMAT）。按多缓冲器通信中的描述配置 DMA 寄存器。

（5）利用 USART_BRR 寄存器选择要求的波特率。

（6）置位 USART_CR1 中的发送使能位 TE，发送一个空闲帧作为第一次数据发送。

（7）把要发送的数据写进 USART_DR 寄存器（此操作清零串口状态寄存器 USART_SR 中的发送数据寄存器 TDR 空标志位 TXE）。在只有一个缓冲器的情况下，对每个待发送的数据在 TXE 位=1 时重复步骤（7）。

（8）在 USART_DR 寄存器中写入最后一个数据字后，要等待串口状态寄存器 USART_SR 的发送完成标志位 TC 置"1"，它表示最后一个数据帧传输结束。当需要关闭 USART 或需要进入停机模式时，需要确认传输结束，以避免最后一次传输出错。

字节发送过程中相关寄存器和标志位的变化情况如下：

向串口数据寄存器 USART_DR 写入字节后，串口状态寄存器 USART_SR 的发送数据寄存器空标志位 TXE 被清零，表示串口数据寄存器中有待发数据。TXE 位由硬件置"1"，表明：

• 数据已经从发送数据寄存器 TDR 移送到移位寄存器，数据发送已经开始。
• 发送数据寄存器 TDR 被清空。
• 下一个数据可以被写进 USART_DR 寄存器而不会覆盖先前的数据。

如果串口控制寄存器 1（USART_CR1）的发送缓冲区空中断使能位 TXEIE 被置位，TXE 标志将产生一个中断。

如果此时 USART 正在发送数据，对 USART_DR 寄存器的写操作把数据存进发送数据寄存器 TDR，并在当前传输结束时把该数据复制进移位寄存器。

如果此时 USART 没有发送数据，处于空闲状态，对 USART_DR 寄存器的写操作直接把数据放进移位寄存器，数据传输开始，TXE 位立即被置位。

当一帧数据发送完成（停止位发送后）并且置位 TXE 位（发送数据寄存器 TDR 为空）时，串口状态寄存器 USART_SR 的发送完成标志位 TC 被置"1"；如果 USART_CR1 寄存器中的发送完成中断使能位 TCIE 被置"1"，此时将产生中断。

连续发送过程中 TC/TXE 标志的变化情况及待发送数据写入到数据寄存器 USART_DR 的时序如图 15-34 所示。

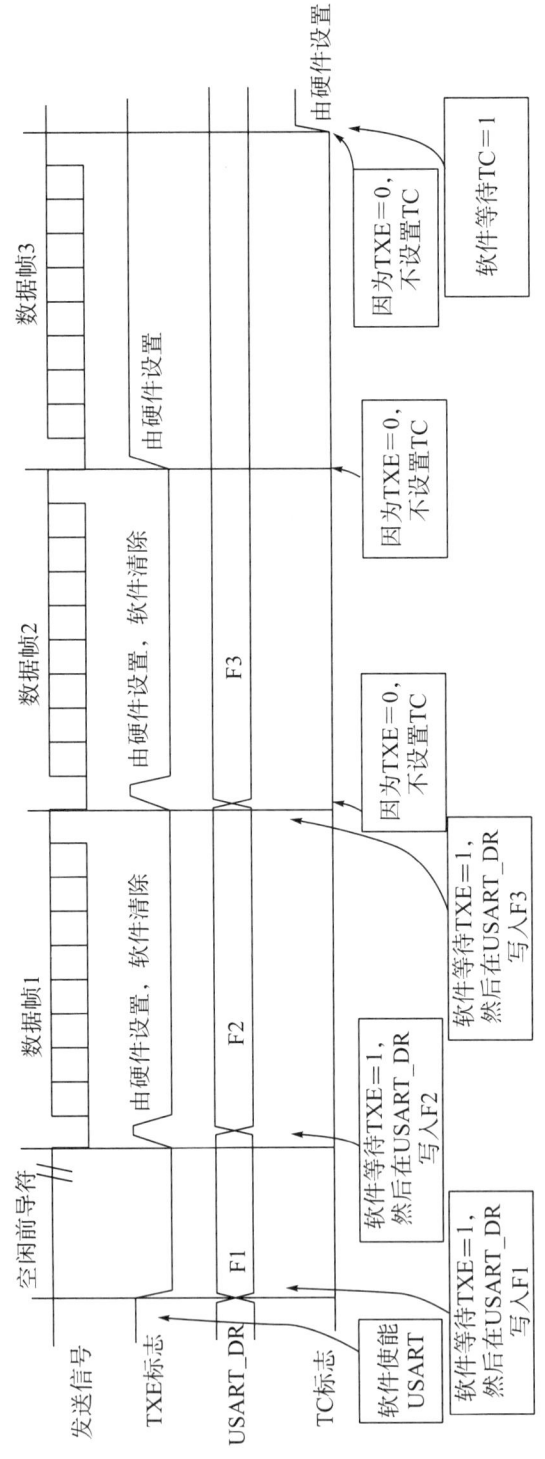

图 15-34 连续发送过程 TC/TXE 标志的变化情况

15.4.3.3 USART异步通信接收过程

USART可以根据USART_CR1的M位接收8位或9位的数据字。接收开始时需先侦测起始位。

1. 起始位侦测

USART会以16倍波特率采样接收信号线状态,即在发送/接收1位的时间里采样16次。如果采样结果为"1110×0×0×0000"这样一个特殊的序列,那么就认为侦测到一个起始位。如果该序列不完整,那么接收端将退出起始位侦测并回到空闲状态(不设置标志位)等待下降沿。

如果把对第3、5、7位的采样称为第一次采样,对第8、9、10位的采样称为第二次采样,那么:

• 如果第一次采样和第二次采样都为3个"0"(共6个"0"),则确认收到起始位,同时设置接收缓冲区非空标志位RXNE;如果接收缓冲区非空中断使能位RXNEIE=1,则产生中断。

• 如果两次采样都只有2个采样结果是"0",那么起始位仍然是有效的,但是会设置噪声标志位NE。如果不能满足这个条件,则中止起始位的侦测过程,接收器会回到空闲状态(不设置标志位)。

• 如果第一次采样或第二次采样只有2个采样结果是"0",那么起始位仍然是有效的,但是会设置噪声标志位NE。

2. 字符接收

在USART接收期间,数据的最低有效位首先从RX脚移进。串口数据寄存器USART_DR包含的接收缓冲器(RDR)位于内部总线和接收移位寄存器之间(见图15-35)。

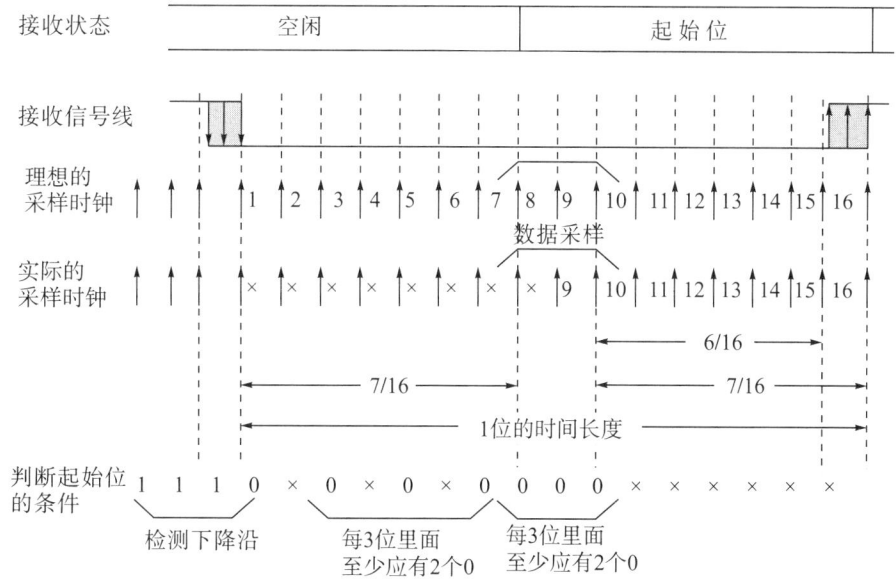

图15-35 起始位侦测示意图

使用串口接收数据时，需要完成下述设置：

（1）将 USART_CR1 寄存器的 UE 置"1"来激活 USART。

（2）编程设定 USART_CR1 的 M 位以定义字长。

（3）在 USART_CR2 中配置停止位的个数。

（4）如果采用多缓冲器通信，配置 USART_CR3 中的 DMA 使能位（DMAR）。按多缓冲器通信的要求配置 DMA 寄存器。

（5）利用波特率寄存器 USART_BRR 选择希望的波特率。

（6）置位 USART_CR1 的接收使能位 RE，激活接收器，开始寻找起始位。

当一字符被接收到时，会有相应的标志位被改变状态：

• 接收缓冲区非空标志 RXNE 位被置位，表明移位寄存器的内容被转移到接收数据寄存器 RDR，接收数据可以被读取（包括与之有关的错误标志）。

• 如果接收缓冲区非空中断使能位 RXNEIE 被置位，则产生中断。

• 在接收期间如果检测到帧错误、噪声或溢出错误，相应的错误标志将被置起。

• 在多缓冲器通信时，RXNE 在每个字节接收后被置位，并由 DMA 对数据寄存器 USART_DR 的读操作而清零。

• 在单缓冲器模式里，由软件读 USART_DR 寄存器完成对 RXNE 位清除。RXNE 标志也可以通过对它写"0"来清除。另外，RXNE 标志必须在下一字符接收结束前被清零，以避免溢出错误。

需要注意的是，在接收数据时，接收使能位 RE 不能被复位。如果 RE 位在接收过程中被清零，当前字节已接收部分将丢失。

USART 除了正常接收数据，对其他情况将进行相应处理：

• 当接收到一个断开帧时，USART 像处理帧错误一样处理它。

• 当一空闲帧被检测到时，其处理步骤和接收到普通数据帧一样，但会置位串口状态寄存器 USART_SR 中总线空闲标志位 IDLE；如果 USART_CR1 中总线空闲中断使能位 IDLEIE 被置位，将产生一个中断。

• 如果接收缓冲区非空标志 RXNE 位复位前，又接收到一个字符，将发生溢出错误。数据只有在 RXNE 位被清零后才能从移位寄存器转移到接收数据寄存器 RDR。如果产生溢出错误，USART_SR 寄存器的过载错误标志位 ORE 被置位，表明至少有 1 个数据已经丢失。但接收数据寄存器 RDR 内容不会丢失，读 USART_DR 寄存器仍能得到先前的数据，而移位寄存器中以前的内容将被覆盖。随后接收到的数据都将丢失。产生溢出错误时，如果接收缓冲区非空中断使能位 RXNEIE 被置位或串口控制寄存器 USART_CR3 中的错误中断使能位 EIE 和 DMA 接收使能位 DMAR 位都被置位，将产生中断。

15.4.3.4　USART 多处理器通信

STM32 有 5 个 USART 模块，均可工作于多处理器通信模式。在该模式中，可以将几个带 USART 的设备连接成一个网络，通过 USART 接口实现多个处理器之间的通信。例如以某个设备为主设备，其 USART 的 TX 输出和其他 USART 从设备的 RX 输入相连接；所有从设备的 TX 输出逻辑地"与"在一起，并且和主设备的 RX 输入相连接。

在多处理器通信配置中，通常希望只有被寻址的接收者被激活，并接收随后的数据，这样就可以减少未被寻址设备多余的服务开销。

为实现上述目的，未被寻址的设备设置为静默模式。在静默模式下：
- 任何接收状态位都不会被置位；
- 所有接收中断被禁止；
- USART_CR1 寄存器中的 RWU 位被置"1"。RWU 位可以被硬件自动控制或在某个条件下由软件写入。

根据 USART_CR1 寄存器中的 WAKE 位状态，USART 可以用以下两种方法进入或退出静默模式。
- 如果 WAKE 位被复位，进行空闲总线检测。
- 如果 WAKE 位被置位，进行地址标记检测。

15.4.3.5 停止位长度及使用模式

随每个字符发送的停止位的位数可以通过串口控制寄存器 2（USART_CR2）的位 13、12 进行编程设定，配置为以下 4 种停止位：

（1）1 个停止位：停止位位数的默认值。对 1 个停止位的采样在第 8、第 9 和第 10 采样点上进行。

（2）2 个停止位：可用于常规 USART 模式、单线模式以及调制解调器模式。对 2 个停止位的采样是在第一停止位的第 8、第 9 和第 10 个采样点完成的。如果第一个停止位期间检测到一个帧错误，帧错误标志将被置位，第二个停止位不再检查帧错误。在第一个停止位结束时 RXNE 标志将被置位。

（3）0.5 个停止位：在智能卡模式下接收数据时使用。详细说明参见 STM32F10x 技术手册。

（4）1.5 个停止位：在智能卡模式下发送和接收数据时使用。

15.4.4 USART 的中断事件

USART 工作过程中，有多个事件可产生中断请求，不同事件产生的中断请求共用一个中断向量，中断服务程序可根据事件标志判断中断事件进而进行不同的处理。中断事件及标志如表 15-43 所示。如需使用中断方式处理相关事件，则需按照 15.2 节所介绍方法进行相应设置。

表 15-43 USART 中断事件及标志

中断事件	事件标志	使能位
发送数据寄存器空	TXE	TXEIE
CTS 标志	CTS	CTSIE
发送完成	TC	TCIE

续表

中断事件	事件标志	使能位
接收数据就绪可读	TXNE	TXNEIE
数据溢出	ORE	
检测到空闲线路	IDLE	IDLEIE
奇偶检验错	PE	PEIE
断开标志	LBD	LBDIE
噪声标志、多缓冲器通信中的溢出错误和帧错误	NE 或 ORT 或 FE	EIE

USART 的各种中断事件被连接到同一个中断向量，如图 15-36 所示。

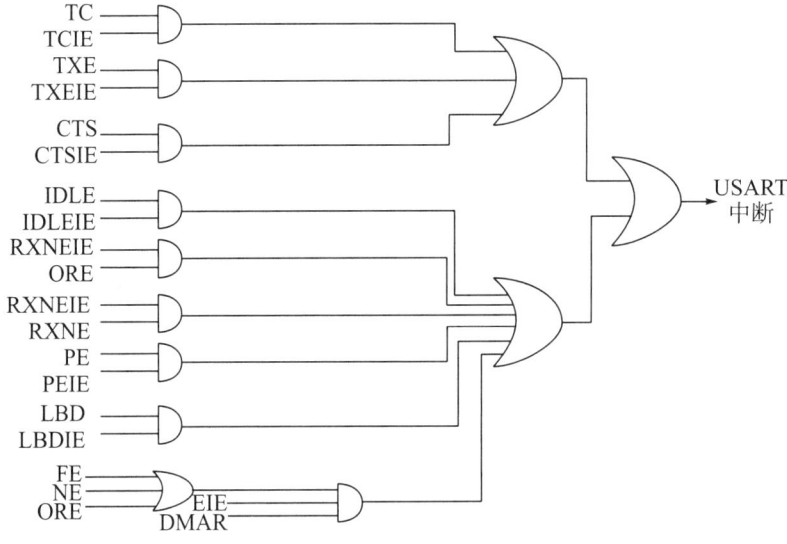

图 15-36　USART 中断事件

发送和接收过程的中断事件分别为：

（1）发送期间：发送完成、清除发送、发送数据寄存器空。

（2）接收期间：空闲总线检测、溢出错误、接收数据寄存器非空、校验错误、LIN 断开符号检测、噪声标志（仅在多缓冲器通信模式中）和帧错误（仅在多缓冲器通信模式中）。如果设置了对应的使能控制位，这些事件就可以产生相应的中断。

15.4.5　USART 寄存器功能介绍

和其他功能部件一样，采用 USART 进行串行通信需要对相关专用寄存器进行设置，以确定 USART 的工作模式并控制其收发过程。与 USART 工作有关的主要寄存器有以下 7 个：

- 串口状态寄存器（USART_SR）；
- 数据寄存器（USART_DR）；
- 波特率寄存器（USART_BRR）；

- 串口控制寄存器1（USART_CR1）；
- 串口控制寄存器2（USART_CR2）；
- 串口控制寄存器3（USART_CR3）；
- 保护时间和预分频寄存器（USART_GTPR）。

15.4.5.1 串口状态寄存器（USART_SR）

串口状态寄存器（USART_SR）高22位保留，只有低10位有效，有效位读写方式不同。其在USART寄存器组中的偏移地址是0x00，复位值为0x00C0。各位名称如表15-44所示。

表15-44 串口状态寄存器（USART_SR）位定义

位	15~10	9	8	7	6	5	4	3	2	1	0
功能		CTS	LBD	TXE	TC	RXEN	IDLE	ORE	NE	FE	PE

各位功能如表15-45所示。

表15-45 串口状态寄存器（USART_SR）位功能

位/名称	功能
9/CTS	CTS标志（CTS flag）。如果设置了CTSE位，当nCTS输入状态变化时，该位被硬件置"1"。该位可读，并由软件清零，写"1"无效。如果USART_CR3中的CTSIE=1，则产生中断。 0——nCTS状态线上没有变化；1——nCTS状态线上发生变化。 注：UART4和UART5中无该位。
8/LBD	LIN断开检测标志（LIN break detection flag）。当探测到LIN断开时，该位由硬件置"1"，由软件清零（该位可读，写"1"无效）。如果USART_CR3中的LBDIE = 1，则产生中断。 0——没有检测到LIN断开；1——检测到LIN断开。
7/TXE	发送数据寄存器空（Transmit data register empty）。当TDR寄存器中的数据被硬件转移到移位寄存器的时候，该位被硬件置位。软件只可读。如果USART_CR1寄存器中的TXEIE=1，则产生中断。写数据寄存器USART_DR将清零该位。 0——数据还没有被转移到移位寄存器；1——数据已经被转移到移位寄存器。 注：单缓冲器传输中使用该位。
6/TC	发送完成（Transmission complete）。当包含有数据的一帧发送完成，并且TXE=1时，由硬件将该位置"1"。如果USART_CR1中的TCIE=1，则产生中断。由软件序列清除该位（先读USART_SR，然后写入USART_DR）。TC位也可以通过写入"0"来清除（写"1"无效），只有在多缓冲器通信中才推荐这种清除程序。 0——发送还未完成；1——发送完成。
5/RXNE	读数据寄存器非空（Read data register not empty）。当RDR移位寄存器中的数据被转移到USART_DR寄存器中，该位被硬件置位。如果USART_CR1寄存器中的RXNEIE=1，则产生中断。读USART_DR寄存器将清零该位。RXNE位也可以通过写入"0"来清除（写"1"无效），只有在多缓冲器通信中才推荐这种清除程序。 0——数据没有收到；1——收到数据，可以读出。

续表

位/名称	功能
4/IDLE	监测到总线空闲（IDLE line detected）。当检测到总线空闲时，该位被硬件置位。如果 USART_CR1 中的 IDLEIE=1，则产生中断。该位只读，由软件序列清除该位（先读 USART_SR，然后读 USART_DR）。 0——没有检测到空闲总线；1——检测到空闲总线。 注：IDLE 位不会再次被置高直到 RXNE 位被置起（即又检测到一次空闲总线）。
3/ORE	过载错误（Overrun error）。当 RXNE 仍然是 1 的时候，如果当前被接收在移位寄存器中的数据需要传送至 RDR 寄存器，硬件将该位置位。如果 USART_CR1 中的 RXNEIE=1，则产生中断。该位只读，由软件序列将其清零（先读 USART_SR，然后读 USART_CR）。 0——没有过载错误；1——检测到过载错误。 注：该位被置位时，RDR 寄存器中的值不会丢失，但是移位寄存器中的数据会被覆盖。如果设置了 EIE 位，在多缓冲器通信模式下，ORE 标志置位会产生中断。
2/NE	噪声错误标志（Noise error flag）。在接收到的帧检测到噪声时，由硬件对该位置位。该位只读，由软件序列对其清零（先读 USART_SR，再读 USART_DR）。 0——没有检测到噪声；1——检测到噪声。 注：该位不会产生中断，因为它和 RXNE 一起出现，硬件会在设置 RXNE 标志时产生中断。在多缓冲器通信模式下，如果设置了 EIE 位，则设置 NE 标志时会产生中断。
1/FE	帧错误（Framing error）。当检测到同步错位、过多的噪声或者检测到断开符，该位被硬件置位。该位只读，由软件序列将其清零（先读 USART_SR，再读 USART_DR）。 0——没有检测到帧错误；1——检测到帧错误或者 break 符。 注：①该位不会产生中断，因为它和 RXNE 一起出现，硬件会在设置 RXNE 标志时产生中断。 ②如果当前传输的数据既产生了帧错误，又产生了过载错误，硬件还是会继续该数据的传输，并且只设置 ORE 标志位。 ③在多缓冲器通信模式下，如果设置了 EIE 位，则设置 FE 标志时会产生中断。
0/PE	校验错误（Parity error）。在接收模式下，如果出现奇偶校验错误，硬件对该位置位。该位只读，由软件序列对其清零（依次读 USART_SR 和 USART_DR）。在清除 PE 位前，软件必须等待 RXNE 标志位被置"1"。如果 USART_CR1 中的 PEIE=1，则产生中断。 0——没有奇偶校验错误；1——奇偶校验错误。

15.4.5.2 数据寄存器（USART_DR）

数据寄存器（USART_DR）只有低 8 位有效，可读写。9~31 位保留，硬件强制置为"0"。其在 USART 寄存器组中的偏移地址是 0x04，复位值随机。

低 8 位包含了发送或接收的数据。由于它是由两个寄存器组成的——一个发送数据寄存器 TDR，一个接收数据寄存器 RDR，该寄存器兼具读和写的功能。TDR 寄存器提供了内部总线和输出移位寄存器之间的并行接口；RDR 寄存器提供了输入移位寄存器和内部总线之间的并行接口（参见图 15-32）。

如果 USART_CR1 中的使能校验位 PCE 被置位，进行发送时写到 MSB 的值（根据数据长度的不同，MSB 是第 7 位或者第 8 位）会被后来的校验位取代，而接收时，读到的 MSB 位是接收到的校验位。

15.4.5.3 波特率寄存器（USART_BRR）

波特率寄存器（USART_BRR）只有低 16 位有效，可读写，高 16 位保留。其地址偏移为 0x08，复位值为 0x0000。波特率寄存器功能如表 15-46 所示。

表 15-46 波特率寄存器（USART_BRR）位功能

位	名称	功能
15:4	DIV_Mantissa	这 12 位定义 USART 分频器除法因子（USARTDIV）的整数部分
3:0	DIV_Fraction	这 4 位定义 USART 分频器除法因子（USARTDIV）的小数部分

15.4.5.4 串口控制寄存器 1（USART_CR1）

串口控制寄存器 1（USART_CR1）只有低 14 位有效，可读写；高 18 位保留，硬件强制置为"0"。其地址偏移为 0x0C，复位值为 0x0000。各位名称如表 15-47 所示。

表 15-47 串口控制寄存器 1（USART_CR1）位定义

位	15～14	13	12	11	10	9	8	7	6	5	4	3	2	1	0
名称	保留	UE	M	WAKE	PCE	PS	PEIE	TXEIE	TCIE	RXNEIE	IDLEIE	TE	RE	RWU	SBK

各位均由软件设置或清除，个别位也会由硬件复位。各位功能如表 15-47 所示。

表 15-48 串口控制寄存器 1（USART_CR1）位功能

位/名称	功能
13/UE	USART 使能（USART enable）。如果该位被清零，在当前字节传输完成后 USART 的分频器和输出停止工作，以减少功耗。 0——USART 分频器和输出被禁止；1——USART 模块使能。
12/M	该位用于定义数据字的长度。 0——一个起始位，8 个数据位，n 个停止位； 1——一个起始位，9 个数据位，n 个停止位。 注：在数据传输过程中（发送或者接收时），不能修改这个位。
11/WAKE	唤醒方法（Wakeup method）。该位用于设置 USART 的唤醒方法。 0——被空闲总线唤醒； 1——被地址标记唤醒。
10/PCE	检验控制使能（Parity control enable）。该位用来选择是否进行硬件校验控制（发送时产生校验位，接收时检测校验位）。当使能了该位，在发送数据的最高位（如果 M=1，最高位就是第 9 位；如果 M=0，最高位就是第 8 位）插入校验位；对接收到的数据检查其校验位。设置该位后，校验控制在当前字节传输完成后生效。 0——禁止校验控制；1——使能校验控制。
9/PS	校验选择（Parity selection）。当校验控制使能后，该位用来选择是采用偶校验还是奇校验。当前字节传输完成后，该选择生效。 0——偶校验；1——奇校验。
8/PEIE	PE（奇偶校验错误）中断使能（PE interrupt enable）。 0——禁止产生中断；1——当 USART_SR 中的 PE=1 时，产生 USART 中断。

续表

位/名称	功能
7/TXEIE	发送缓冲区空中断使能（TXE interrupt enable）。 0——禁止产生中断；1——当 USART_SR 中的 TXE=1 时，产生 USART 中断。
6/TCIE	发送完成中断使能（Transmission complete interrupt enable）。 0——禁止产生中断；1——当 USART_SR 中的 TC=1 时，产生 USART 中断。
5/RXNEIE	接收缓冲区非空中断使能（RXNE interrupt enable）。 0——禁止产生中断； 1——当 USART_SR 中的 ORE 或者 RXNE=1 时，产生 USART 中断。
4/IDLEIE	IDLE（总线空闲）中断使能（IDLE interrupt enable）。 0——禁止产生中断；1——当 USART_SR 中的 IDLE=1 时，产生 USART 中断。
3/TE	发送使能（Transmitter enable）。 0——禁止发送；1——使能发送。 注：①在数据传输过程中，除了在智能卡模式下，如果 TE 位上有个 0 脉冲（即设置为 0 之后再设置为 1），会在当前数据字传输完成后，发送一个"前导符"（空闲总线）。②当 TE 被设置后，在真正发送开始之前，有一个比特时间的延迟。
2/RE	接收使能（Receiver enable）。 0——禁止接收；1——使能接收，并开始搜寻 RX 引脚上的起始位。
1/RWU	接收唤醒（Receiver wakeup）。该位决定是否把 USART 置于静默模式。当唤醒序列到来时，硬件会将其清零。 0——接收器处于正常工作模式；1——接收器处于静默模式。 注：①在把 USART 置于静默模式（设置 RWU 位）之前，USART 需先已接收一个数据字节，否则在静默模式下不能被空闲总线检测唤醒。②当配置成地址标记检测唤醒（WAKE=1），在 RXNE 位被置位时，不能用软件修改 RWU 位。
0/SBK	发送断开帧（Send break）。使用该位来发送断开字符。操作过程是软件设置该位，然后在断开帧的停止位时，由硬件清除该位。 0——没有发送断开字符；1——将要发送断开字符。

15.4.5.5 串口控制寄存器 2（USART_CR2）

串口控制寄存器 2（USART_CR2）只有低 16 位的部分位有效，可读写，未定义位由硬件强制置为"0"。其地址偏移为 0x10，复位值为 0x0000。各位名称如表 15-49 所示。

表 15-49 串口控制寄存器 2（USART_CR2）位定义

位	15	14	13~12	11	10	9	8	7	6	5	4	3~0
名称	保留	LINEN	STOP	CLKEN	CPOL	CPHA	LBCL	保留	LDBIE	LBDL	保留	ADD

各位功能如表 15-50 所示。

表 15-50 串口控制寄存器 2（USART_CR2）位功能

位/名称	功能
14/LINEN	LIN 模式使能（LIN mode enable）。该位由软件设置或清除。 0——禁止 LIN 模式；1——使能 LIN 模式。 在 LIN 模式下，可以用 USART_CR1 寄存器中的 SBK 位发送 LIN 同步断开符（低 13 位），以及检测 LIN 同步断开符。
13:12/STOP	停止位（STOP bits）位数。 00——1 个停止位；01——0.5 个停止位； 10——2 个停止位；11——1.5 个停止位。 注：UART4 和 UART5 不能用 0.5 停止位和 1.5 停止位。
11/CLKEN	时钟使能（Clock enable）。使能 CK 引脚。 0——禁止 CK 引脚；1——使能 CK 引脚。 注：UART4 和 UART5 无该位。
10/CPOL	时钟极性（Clock polarity）。在同步模式下，该位用以选择 SLCK 引脚时钟的输出极性，和 CPHA 位配合产生需要的时钟/数据的采样关系。 0——总线空闲时 CK 引脚上保持低电平；1——总线空闲时 CK 引脚上为高电平。 注：UART4 和 UART5 无该位。
9/CPHA	时钟相位（Clock phase）。在同步模式下，该位用以选择 SLCK 引脚上时钟的输出相位，和 CPOL 位配合产生需要的时钟/数据采样关系。 0——在时钟的第一个边沿进行数据捕获；1——在时钟的第二个边沿进行数据捕获。 注：UART4 和 UART5 无该位。
8/LBCL	最后一位时钟脉冲（Last bit clock pulse）。在同步模式下，使用该位控制是否在 CK 引脚上输出最后发送的数据字节的 MSB 位对应的时钟脉冲。 0——最后一位数据的时钟脉冲不从 CK 输出； 1——最后一位数据的时钟脉冲会从 CK 输出。 注：①最后一个数据位就是第 8 或者第 9 发送的位（根据 USART_CR1 寄存器中的 M 位所定义的 8 或者 9 位数据帧格式）。 ②UART4 和 UART5 无该位。
6/LBDIE	LIN 断开符检测中断使能（LIN break detection interrupt enable）。断开符中断屏蔽（使用断开分隔符来检测断开符） 0——禁止中断；1——只要 USART_SR 寄存器中的 LBD=1 就产生中断。
5/LBDL	LIN 断开符检测长度（LIN break detection length）。该位用来选择是 11 位还是 10 位的断开符检测。 0——10 位的断开符检测；1——11 位的断开符检测。
3:0/ADD[3:0]	本 USART 的节点地址。该位域给出本 USART 节点的地址，以便在多处理器通信下的静默模式中使用该地址标记来唤醒本 USART 设备。

15.4.5.6 串口控制寄存器 3（USART_CR3）

串口控制寄存器 3（USART_CR3）只有低 11 位有效，可读写，其余位保留，由硬件强制置为"0"。其地址偏移为 0x14，复位值为 0x0000。各位名称如表 15-51 所示。

表 15-51　控制寄存器 3（USART_CR3）位定义

位	15～11	10	9	8	7	6	5	4	3	2	1	0
名称	保留	CTSIE	CTSE	RTSE	DMAT	DMAR	SCEN	NACK	HDSEL	IRLP	IREN	EIE

各位功能如表 15-52 所示。注意，UART4 和 UART5 中无第 4～10 位。

表 15-52　控制寄存器 3（USART_CR3）位功能

位/名称	功能
10/CTSIE	CTS 中断使能（CTS interrupt enable）。 0——禁止中断；1——USART_SR 寄存器中的 CTS=1 时产生中断。
9/CTSE	CTS 使能（CTS enable）。 0——禁止 CTS 硬件流控制； 1——CTS 模式使能，只有 nCTS 输入信号有效（拉成低电平）时才能发送数据。如果数据传输过程中，nCTS 信号变成无效，那么发完这个数据后，传输停止。如果 nCTS 无效时往数据寄存器里写数据，则要等到 nCTS 有效时才开始发送。
8/RTSE	RTS 使能（RTS enable）。 0——禁止 RTS 硬件流控制； 1——RTS 中断使能，只有接收缓冲区内有空余的空间时才请求下一个数据。当前数据发送完成后，发送操作就需要暂停下来。如果可以接收数据了，将 nRTS 输出置为有效（拉至低电平）。
7/DMAT	DMA 使能发送（DMA enable transmitter）。该位由软件设置或清除。 0——禁止发送时的 DMA 模式；1——使能发送时的 DMA 模式。
6/DMAR	DMA 使能接收（DMA enable receiver）。该位由软件设置或清除。 0——禁止接收时的 DMA 模式；1——使能接收时的 DMA 模式。
5/SCEN	智能卡模式使能（Smartcard mode enable），该位用来使能智能卡模式。 0——禁止智能卡模式；1——使能智能卡模式。
4/NACK	智能卡 NACK 使能（Smartcard NACK enable）。 0——校验错误出现时，不发送 NACK；1——校验错误出现时，发送 NACK。
3/HDSEL	半双工选择（Half-duplex selection）。该位用来选择单线半双工模式。 0——不选择半双工模式；1——选择半双工模式。
2/IRLP	红外低功耗（IrDA low-power）。该位用来选择是普通模式还是低功耗红外模式。 0——通常模式；1——低功耗模式。
1/IREN	红外模式使能（IrDA mode enable）。该位由软件设置或清除。 0——不使能红外模式；1——使能红外模式。
0/EIE	错误中断使能（Error interrupt enable）。在多缓冲器通信模式下，该位决定在有帧错误、过载或者噪声错误时是否产生中断。 0——禁止中断；1——如果 USART_CR3 中的 DMAR=1，且 USART_SR 中的 FE、ORE 和 NE 标志有一个为 1，则产生中断。

15.4.5.7　保护时间和预分频寄存器（USART_GTPR）

该寄存器只有低 16 位有效，可读写，其余位保留，硬件强制置为"0"。其地址偏移为 0x18，复位值为 0x0000。各位名称及功能如表 15-53 所示。

表 15-53　保护时间和预分频寄存器（USART_GTPR）位功能

位/名称	功能
15:8/ GT [7:0]	保护时间值（Guard time value）。该位域规定了以波特率为单位的保护时间。发送完成标志将在保护时间过去后设置。智能卡模式需要设置保护时间。UART4 和 UART5 无该位。
7:0/ PSC [7:0]	预分频器值（Prescaler value）。 • 在红外（IrDA）低功耗模式下，PSC [7:0] 为预分频值，对系统时钟分频以获得低功耗模式下的频率；源时钟按寄存器中的值（仅有 8 位有效）进行分频： 00000000——保留，不要写入该值； 00000001——对源时钟 1 分频； 00000010——对源时钟 2 分频； …… • 在红外（IrDA）的正常模式下，PSC 只能设置为 00000001。 • 在智能卡模式下，PSC [4:0] 为预分频值。对系统时钟进行分频，给智能卡提供时钟。寄存器中给出的值（低 5 位有效）乘以 2 后，作为对源时钟的分频因子： 00000——保留，不要写入该值； 00001——对源时钟进行 2 分频； 00010——对源时钟进行 4 分频； …… 注：①位 [7:5] 在智能卡模式下没有意义。②UART4 和 UART5 无该位。

15.4.6　分数波特率的产生

根据《STM32 参考手册》中相关说明，波特率计算公式如下：

$$\text{TX/RX 波特率} = f_{CK} / (16 \times \text{USARTDIV}) \tag{15-1}$$

式中，f_{CK} 是时钟树提供给 APB1 外设的时钟 PCLK1 或 APB2 外设的时钟 PCLK2（USART2、3、4、5 使用 PCLK1 时钟，USART1 使用 PCLK2 时钟）。

因此，收发的波特率是对 f_{CK} 进行 $16 \times$ USARTDIV 分频得到的。USARTDIV 的计算方式如下：

$$\text{USARTDIV} = \text{DIV\_Mantissa} + \text{DIV\_Fraction}/16 \tag{15-2}$$

式中，DIV_Mantissa 和 DIV_Fraction 分别是 USART_BRR 寄存器的高 12 位和低 4 位。由此可见，USARTDIV 是根据 USART_BRR 寄存器的值计算得出，并确定接收器和发送器的波特率，因此收发双方的 USART_BRR 寄存器应设置成相同数值。另外，USARTDIV 改变后波特率也将相应改变，因此通信过程中不得改变波特率寄存器 USART_BRR 的数值。

根据 USART_BRR 寄存器中 DIV_Mantissa 和 DIV_Fraction 的取值可计算出 USARTDIV，进而确定波特率，反之亦然。

下面通过举例说明 USARTDIV 的具体计算方法。

【例 15-15】假设 USART_BRR=0x01BC，则：

第 15~4 位为 DIV_Mantissa = 0x1B=27；

第 3~0 位为 DIV_Fraction = 0x0C=12；

USARTDIV = DIV_Mantissa + DIV_Fraction /16 = 27.75。

【例 15-16】要求 USARTDIV = 25.62，计算 DIV_Mantissa 和 DIV_Fraction 取值。

根据式（15-2）可知，分数部分由 DIV_Fraction 确定，于是

DIV_Fraction = 16×0.62 = 9.92

最接近的整数是 10，即 0x0A。

分数部分由 DIV_Mantissa 确定：

DIV_Mantissa = 25 = 0x19

于是，USART_BRR = 0x19A。

【例 15-17】要求 USARTDIV = 50.99，计算 DIV_Mantissa 和 DIV_Fraction 取值。

同例 15-16，DIV_Fraction = 16 × 0.99 = 15.84，最接近的整数是 16 = 0x10，但 DIV_Fraction 位域为第 0~3 位，需向上进位，于是：

DIV_Fraction = 0
DIV_Mantissa = 50 + 进位 = 51 = 0x33
USART_BRR = 0x330，USARTDIV = 51

以上内容是《STM32 参考手册》中关于 USART_BRR 数值与波特率关系及计算方法的说明，现介绍一种更为简便的计算方法：

根据式（15-1）和式（15-2）可得：

$$\text{TX/RX 波特率} = f_{CK} / (16 \times \text{USARTDIV})$$
$$= f_{CK} / (16 \times \text{DIV\_Mantissa} + \text{DIV\_Fraction}) \qquad (15-3)$$

式中，DIV_Mantissa 为 USART_BRR 寄存器的高 12 位，在例 15-15~例 15-17 中将其作为 12 位无符号数处理，相当于将其右移了 4 位，而计算波特率时乘以 16，即将其左移 4 位，然后加上 DIV_Fraction 部分，其实就是将 USART_BRR 寄存器的值作为一个 16 位值，用于对 f_{CK} 分频后得到波特率。于是有：

$$\text{波特率} = f_{CK} / (\text{USART\_BRR 寄存器的值}) \qquad (15-4)$$

对于例 15-15，根据 USART_BRR 值（0x01BC）计算得到 USARTDIV = 27.75，然后进行波特率计算：

$$\text{波特率} = f_{CK} / (16 \times \text{USARTDIV})$$
$$= f_{CK} / (16 \times 27.75) = f_{CK}/444 = f_{CK}/0\text{x}01\text{BC}$$
$$= f_{CK}/\text{USART\_BRR 寄存器的值})$$

可以看出，只要已知 USART_BRR 值，可直接计算出波特率，反之根据需要的波特率也可直接计算 USART_BRR 寄存器的值，无需使用中间变量 USARTDIV。

15.5 模拟/数字转换模块（ADC）

STM32 系列单片机的 ADC 是 12 位的逐次逼近型模拟数字转换器，共有 18 个通道，可对 16 个外部和 2 个内部信号源进行 A/D 转换。各通道的 A/D 转换可以按单次、连续、扫描或间断模式进行。A/D 转换的结果可以左对齐或右对齐方式存储在 16 位数据寄存器中。如果被转换的模拟电压超出设定的阈值，AWD（模拟看门狗）状态位 AWD（Analog Watchdog flag）被置位，通过设置 ADC 控制寄存器 1，可允许/禁止模拟看门狗产生中断。ADC 的输入时钟由 PCLK2 经分频产生，但不得超过 14MHz。

15.5.1 ADC 主要特征

(1) 12 位分辨率。
(2) 转换结束、注入转换结束和发生模拟看门狗事件时产生中断。
(3) 具有单次和连续转换模式。
(4) 具有从通道 0 到通道 n 的自动扫描模式。
(5) 支持自校准。
(6) 支持带内嵌数据一致性的数据对齐。
(7) 采样间隔可以按通道分别编程。
(8) 规则转换和注入转换均有外部触发选项。
(9) 支持间断模式。
(10) 支持双重模式（带 2 个或以上 ADC 的器件）。
(11) ADC 转换时间：
 • STM32F103xx 增强型产品：时钟为 56MHz 时为 1μs，时钟为 72MHz 时为 1.17μs；
 • STM32F101xx 基本型产品：时钟为 28MHz 时为 1μs，时钟为 36MHz 时为 1.55μs；
 • STM32F102xx USB 型产品：时钟为 48MHz 时为 1.2μs；
 • STM32F105xx 和 STM32F107xx 产品：时钟为 56MHz 时为 1μs，时钟为 72MHz 时为 1.17μs。
(12) ADC 供电要求：2.4～3.6V。
(13) ADC 输入范围：$V_{REF-} \leqslant V_{IN} \leqslant V_{REF+}$。
(14) 规则通道转换期间有 DMA 请求产生。

15.5.2 ADC 控制方法

图 15-37 所示为一个 ADC 模块的内部框图。ADCx_IN0～ADCx_IN15 为 16 个模拟输入通道，信号从 GPIO 端口输入，具体引脚映射关系如表 15-54 所示。

嵌入式处理器技术基础

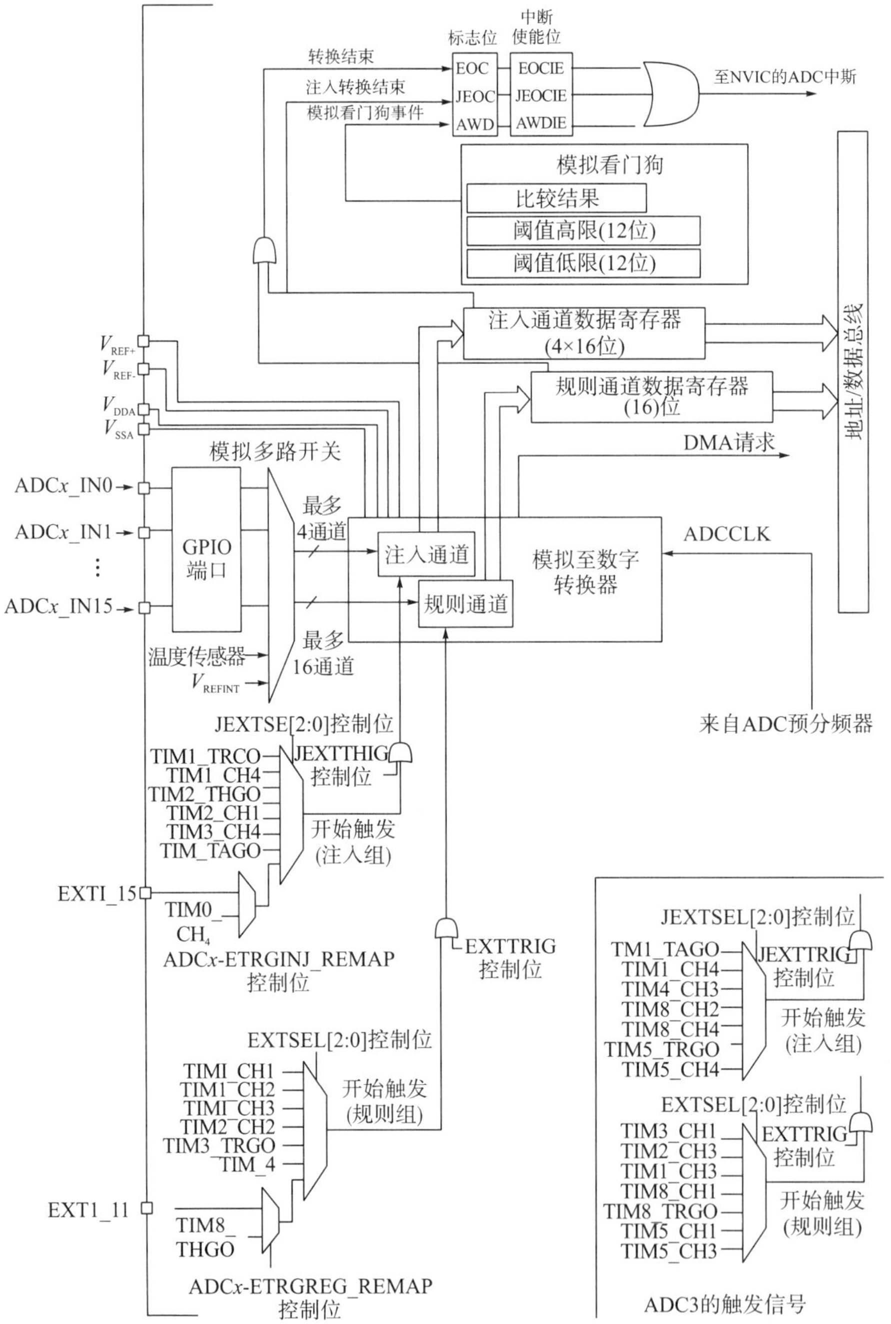

图 15-37 ADC 模块内部框图

表 15-54 ADC 模拟输入通道与 GPIO 引脚映射关系

通道	ADC1	ADC2	ADC3
通道 0	PA0	PA0	PA0
通道 1	PA1	PA1	PA1
通道 2	PA2	PA2	PA2

续表

通道	ADC1	ADC2	ADC3
通道 3	PA3	PA3	PA3
通道 4	PA4	PA4	PF6
通道 5	PA5	PA5	PF7
通道 6	PA6	PA6	PF8
通道 7	PA7	PA7	PF9
通道 8	PB0	PB0	PF10
通道 9	PB1	PB1	连接内部 V_{SS}
通道 10	PC0	PC0	PC0
通道 11	PC1	PC1	PC1
通道 12	PC2	PC2	PC2
通道 13	PC3	PC3	PC3
通道 14	PC4	PC4	连接内部 V_{SS}
通道 15	PC5	PC5	连接内部 V_{SS}
通道 16	片内温度传感器	连接内部 V_{SS}	连接内部 V_{SS}
通道 17	内部参考电压	连接内部 V_{SS}	连接内部 V_{SS}

使用 ADC 模块时，需完成模块上电、时钟设置及通道选择等工作。

1. ADC 上电控制

通过设置 ADC_CR2 寄存器的 ADON 位可给 ADC 上电。当第一次设置 ADON 位时，它将 ADC 从断电状态下唤醒。ADC 上电延迟一段时间后（t_{STAB}），再次设置 ADON 位时开始进行转换。通过清除 ADON 位可以停止转换，并将 ADC 置于断电模式。在这个模式中，ADC 几乎不耗电（电流仅几微安）。

2. ADC 时钟

由时钟控制器提供的 ADCCLK 时钟和 PCLK2（APB2 时钟）同步。RCC 控制器为 ADC 时钟提供一个专用的可编程预分频器。

3. 通道选择

STM32 将每个 ADC 模块的 16 个通道分为规则组和注入组两个组别。可以在任意多个通道上以任意顺序进行的一系列转换构成成组转换。例如，可以如下顺序完成转换：通道 3、通道 8、通道 2、通道 2、通道 0、通道 2、通道 2、通道 15。

规则组由多达 16 个转换组成。规则通道和它们的转换顺序在 ADC_SQRx 寄存器中选择。规则组中转换的总数应写入 ADC_SQR1 寄存器的 L[3:0] 位中。

注入组（injected group）由多达 4 个转换组成。注入通道和它们的转换顺序在 ADC_JSQR 寄存器中选择。注入组里的转换总数目应写入 ADC_JSQR 寄存器的 L[1:0] 位中。

如果 ADC_SQRx 或 ADC_JSQR 寄存器在转换期间被更改，当前的转换被清除，通过向 ADC 发送一个新的启动脉冲以按新选择的组进行转换。

另外，ADC1 的 ADC1_IN16 和 ADC1_IN17 分别与与片内温度传感器和内部参照电压 V_{REFINT} 相连接，可以按注入或规则通道对这两个内部通道进行转换。

注入通道的转换可以打断规则通道的转换，在注入通道被转换完成之后，规则通道才能继续转换。这相当于注入通道的信号可以中断规则通道的信号，以保证某些信号可以及时被转换，满足工业应用中对不同信号有不同的响应级别的需求。

"注入通道"是《STM32 参考手册》根据英文版参考手册中"injected channels"翻译而来，injected 是注入、注射的意思，其实理解为"挤入""插入""插队"更恰当，与其功能也更为契合。

15.5.3 转换模式与转换时序

15.5.3.1 单次转换模式

通过软件清除 ADC 控制寄存器 2（ADC_CR2）的 CONT 位，可进入单次转换模式。单次转换模式下，ADC 只执行一次转换。该模式既可通过设置 ADC_CR2 寄存器的 ADON 位（只适用于规则通道）启动，也可通过外部触发启动（适用于规则通道或注入通道），这时 CONT 位为 0。

当所选择的通道转换完成后，有如下两种情况：

（1）如果所选择通道是规则通道：
- A/D 转换结果保存于 16 位 ADC_DR 寄存器中；
- 置位 EOC（转换结束）标志；
- 如果设置了 EOCIE，则产生中断。

（2）如果所选择通道是注入通道：
- A/D 转换结果保存于 16 位的 ADC_DRJ1 寄存器中；
- 置位 JEOC（注入转换结束）标志；
- 如果设置了 JEOCIE 位，则产生中断。

完成上述任务后，ADC 停止工作。

15.5.3.2 连续转换模式

通过软件置位 ADC 控制寄存器 2（ADC_CR2）的 CONT 位，可开启连续转换模式，直到该位被软件清除。在连续转换模式中转换将连续进行，前一次转换一结束就马上启动下一次转换。此模式可通过外部触发启动或通过设置 ADC_CR2 寄存器上的 ADON 位启动。

每次 A/D 转换完成后，也有如下两种情况：

（1）如果所选择通道是规则通道：
- A/D 转换结果保存于 16 位的 ADC_DR 寄存器中；
- 置位 EOC（转换结束）标志；
- 如果设置了 EOCIE，则产生中断。

(2) 如果所选择通道是注入通道：
- A/D 转换结果保存于 16 位的 ADC_DRJ1 寄存器中；
- 置位 JEOC（注入转换结束）标志；
- 如果设置了 JEOCIE 位，则产生中断。

15.5.3.3 扫描模式

扫描模式可通过设置 ADC_CR1 寄存器的 SCAN 位来选择。此模式下将以扫描方式对一组模拟通道的输入信号进行 A/D 转换。一旦进入扫描模式，ADC 会扫描所有被 ADC_SQRX（针对规则通道）或 ADC_JSQR（针对注入通道）选中的所有通道，并对每个组的每个通道信号执行单次转换。当一个通道的转换结束时，同一组的下一个通道被自动转换。如果没有设置 CONT 位，当选择组的最后一个通道上转换完成后，将停止转换；反之，将再次从选择组的第一个通道开始继续转换。如果设置了 DMA 位，在每次置位 EOC 标志后，DMA 控制器把规则组通道的转换数据传输到 SRAM 中，而注入通道的转换数据总是存储在 ADC_JDRx 寄存器中。

15.5.3.4 间断模式

间断模式下，规则组和注入组的转换方式有所不同。

1. 规则组

通过设置 ADC_CR1 寄存器的 DISCEN 位激活间断模式。间断模式可以用来执行一个短序列的 N 次转换（$N \leqslant 8$），此转换是 ADC_SQRx 寄存器所选择的转换序列的一部分。数值 N 由 ADC_CR1 寄存器的 DISCNUM[2:0] 位给出。

一个外部触发信号可以启动 ADC_SQRx 寄存器中描述的 N 次转换，直到此序列所有的转换完成为止。总的序列长度由 ADC_SQR1 寄存器的 L[3:0] 定义。

例如，$N=3$，被转换的通道为 0、1、2、3、6、7、9、10。

第一次触发：转换的序列为 0、1、2。
第二次触发：转换的序列为 3、6、7。
第三次触发：转换的序列为 9、10，并产生 EOC 事件。
第四次触发：转换的序列 0、1、2。

注意：当以间断模式转换一个规则组时，转换序列结束后不自动从头开始。当所有子组被转换完成，下一次触发启动第一个子组的转换。在上面的例子中，第四次触发重新转换第一子组的通道 0、1 和 2。

2. 注入组

此模式通过设置 ADC_CR1 寄存器的 JDISCEN 位激活。在一个外部触发事件后，该模式按通道顺序逐个转换 ADC_JSQR 寄存器中选择的序列。一个外部触发信号可以启动 ADC_JSQR 寄存器选择的下一个通道序列的转换，直到序列中所有的转换完成为止。总的序列长度由 ADC_JSQR 寄存器的 JL[1:0] 位定义。

例如，$n=1$，被转换的通道为 1、2、3。

第一次触发：通道 1 被转换。
第二次触发：通道 2 被转换。
第三次触发：通道 3 被转换，并且产生 EOC 和 JEOC 事件。
第四次触发：通道 1 被转换。

使用间断模式进行 A/D 转换时需要注意：

①当所有子组被转换完成产生 EOC 标志，下一次触发启动第一个子组的转换。
②对于注入组不能同时使用自动注入和间断模式。
③不能同时为规则组和注入组设置间断模式，间断模式只能作用于一组转换。

15.5.3.5 A/D 转换时序

A/D 转换时序如图 15-38 所示。

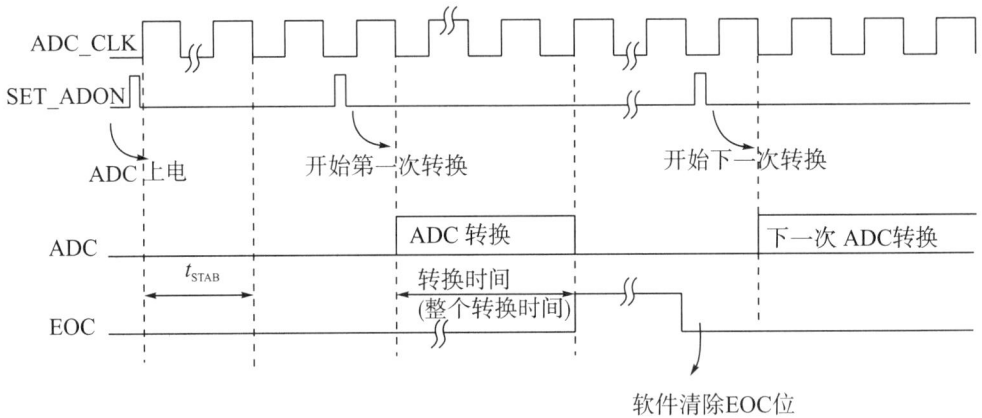

图 15-38 A/D 转换时序图

为保证转换精度，ADC 上电后，需要经过稳定时间 t_{STAB} 后才能开始转换。在开始 A/D 转换并经过 14 个时钟周期后转换完成，EOC 标志被置位，A/D 转换结果存于 16 位 ADC 数据寄存器中。图中的多个 ADON 信号只在单次转换模式中需要，连续转换模式和扫描模式中，下一次转换将自动开始，而不需要再次设置 ADON。

15.5.4 模拟看门狗

模拟看门狗可用于监测 A/D 转换结果是否超过设定的阈值。设定的上下阈值分别保存于 ADC_HTR 和 ADC_LTR 寄存器的最低 12 个有效位中。模拟看门狗警戒区如图 15-39 所示。

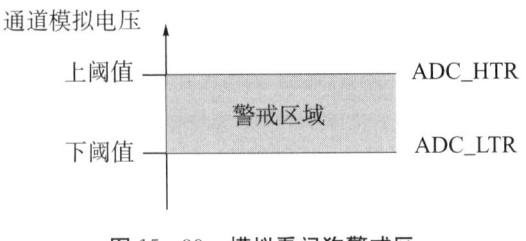

图 15-39 模拟看门狗警戒区

如果被转换的模拟电压超过设定范围，ADC 状态寄存器 ADC_SR 中的模拟看门狗状态位 AWD 将被硬件置位（可通过软件清除），通过设置 ADC_CR1 寄存器的 AWDIE 位可以允许或禁止产生相应中断。阈值独立于由 ADC_CR2 寄存器中的 ALIGN 位选择的数据对齐模式。通过配置 ADC_CR1 寄存器，模拟看门狗可以作用于 1 个或多个通道，如表 15-55 所示。

表 15-55 模拟看门狗通道选择

模拟看门狗警戒的通道	ADC_CR1 寄存器控制位		
	AWDSGL 位	AWDEN 位	JAWDEN 位
无	任意值	0	0
所有注入通道	0	0	1
所有规则通道	0	1	0
所有注入和规则通道	0	1	1
单一的注入通道	1	0	1
单一的规则通道	1	1	0
单一的注入或规则通道	1	1	1

注：表中"单一通道"由 ADC_CR1 的 AWDCH [4:0] 位选择。

使用模拟看门狗功能可以通过硬件监测输入量是否超限，简化软件判断流程。

15.5.5 注入通道管理

注入通道的信号转换可通过触发注入和自动注入两种方式启动。

1. 触发注入

清除 ADC_CR1 寄存器的 JAUTO 位，并且设置 SCAN 位，即可使用触发注入功能。触发注入的机理如下：

利用外部触发或通过设置 ADC_CR2 寄存器的 ADON 位，启动一组规则通道的转换。如果在规则通道转换期间产生一外部注入触发，当前转换被复位，注入通道序列被以单次扫描方式进行转换。注入通道序列转换完成后，恢复上次被中断的规则组通道转换。

如果在注入转换期间产生一规则事件，注入转换不会被中断，但是规则序列将在注入序列转换结束后被执行。

需要注意的是，当使用触发的注入转换时，必须保证触发事件的间隔长于注入序列。例如，序列长度为 28 个 ADC 时钟周期，触发事件之间最小的间隔必须是 29 个 ADC 时钟周期。

2. 自动注入

如果设置了 ADC_CR1 寄存器的 JAUTO 位，在规则组通道之后，注入组通道被自动转换。这可以用来转换在 ADC_SQRx 和 ADC_JSQR 寄存器中设置的多至 20 个转换序列。

自动注入模式中必须禁止注入通道的外部触发。

如果除 JAUTO 位外还设置了 CONT 位,规则通道至注入通道的转换序列被连续执行。当 ADC 时钟预分频系数为 4 至 8 时,从规则转换切换到注入序列或从注入转换切换到规则序列时,会自动插入 1 个 ADC 时钟间隔;当 ADC 时钟预分频系数为 2 时,则有两个 ADC 时钟间隔的延迟。

15.5.6 片内温度传感器

片内温度传感器在内部和 ADC1_IN16 输入通道相连接,此通道把传感器输出的电压转换成数字值,可以用来测量器件周围的温度,如图 15-40 所示。片内温度传感器模拟输入推荐采样时间是 17.1μs。如果不使用温度传感器,可以将 ADC1_IN16 通道置于关电模式。

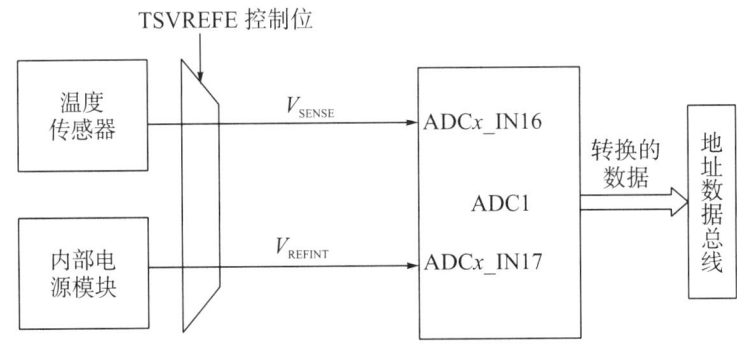

图 15-40 片内温度传感器原理框图

由于生产过程的变化,温度变化所对应的电压变化在不同芯片上会有不同,最大差异可达 45℃。因此,片内温度传感器更适合于检测温度的变化,而不是测量绝对的温度。如果需要测量精确的温度,应该使用外置的温度传感器。

要使用片内温度传感器,应完成以下设置和操作:

(1) 选择 ADC1_IN16 输入通道。

(2) 选择采样时间为 17.1μs。

(3) 置位 ADC_CR2 寄存器的 TSVREFE 位,以唤醒关电模式下的温度传感器。

(4) 设置 ADON 位启动 A/D 转换(或用外部触发)。

(5) 读 ADC 数据寄存器(ADC_DR)上转换结果(设为 V_{SENSE})。

(6) 利用以下公式得出温度:

$$温度(℃) = [(V_{25} - V_{SENSE}) / Avg\_Slope] + 25$$

式中,V_{25} 为 25℃时的转换数值;Avg_Slope 等于温度与 V_{SENSE} 曲线的平均斜率(单位为 mV/℃ 或 μV/℃)。

芯片参考数据手册给出了 V_{25} 和 Avg_Slope 的实际值。另外,温度传感器从关电模式下唤醒后到输出正确转换值有一个建立时间,ADC 模块上电后也有一个建立时间,因此为了缩短延时,应该同时设置 ADC_CR2 中的 ADON 和 TSVREFE 位。

15.5.7 ADC 中断

规则组和注入组转换结束时能产生中断,当模拟看门狗状态位被置位时也能产生中断。它们都有独立的中断使能位。需要注意的是:ADC1 和 ADC2 的中断映射在同一个中断向量上,而 ADC3 的中断有自己的中断向量;ADC_SR 寄存器中有两个转换启动的标志(JSTRT——注入组通道转换启动;STRT——规则组通道转换启动),但是它们没有相关联的中断。ADC 中断事件及标志如表 15-56 所示。

表 15-56 ADC 中断事件及标志

中断事件	事件标志	使能控制位
规则组转换结束	EOC	EOCIE
注入组转换结束	JEOC	JEOCIE
模拟看门狗状态位被置位	AWD	AWDIE

15.5.8 ADC 寄存器

ADC 寄存器必须以字(32 位)的方式操作。有以下 14 个寄存器用于控制 ADC 模块的运行。

15.5.8.1 ADC 状态寄存器(ADC_SR)

ADC_SR 的地址偏移为 0x00,复位值为 0x0000 0000,5~31 位保留,必须保持为"0",只有低 5 位有效。有效位软件可以读,也可以通过写"0"清除此位,写"1"对此位无影响。各位功能如表 15-57 所示。

表 15-57 ADC_SR 位功能

位	名称	功能
4	STRT	规则通道开始位(Regular channel Start flag)。该位由硬件在规则通道转换开始时设置,由软件清除。 0——规则通道转换未开始;1——规则通道转换已开始。
3	JSTRT	注入通道开始位(Injected channel Start flag)。该位由硬件在注入通道组转换开始时设置,由软件清除。 0——注入通道组转换未开始;1——注入通道组转换已开始。
2	JEOC	注入通道转换结束位(Injected channel end of conversion)。该位由硬件在所有注入通道组转换结束时设置,由软件清除。 0——转换未完成;1——转换完成。
1	EOC	转换结束位(End of conversion)。该位由硬件在(规则或注入)通道组转换结束时设置,由软件清除或由读取 ADC_DR 时清除。 0——转换未完成;1——转换完成。

续表

位	名称	功能
0	AWD	模拟看门狗标志位（Analog watchdog flag）。该位由硬件在转换的电压值超出了 ADC_LTR 和 ADC_HTR 设定的范围时设置，由软件清除。 0——没有发生模拟看门狗事件；1——发生模拟看门狗事件。

15.5.8.2 ADC 控制寄存器 1（ADC_CR1）

ADC_CR1 的地址偏移为 0x04，复位值为 0x0000 0000，24~31 及 20、21 位保留，必须保持为"0"。有效位可读写。各位功能如表 15-58 所示。

表 15-58 ADC_CR1 位功能

位	名称	功能
23	AWDEN	在规则通道上开启模拟看门狗（Analog watchdog enable on regular channels）。该位由软件设置和清除。 0——在规则通道上禁用模拟看门狗； 1——在规则通道上使用模拟看门狗。
22	JAWDEN	在注入通道上开启模拟看门狗（Analog watchdog enable on injected channels）。该位由软件设置和清除。 0——在注入通道上禁用模拟看门狗；1——在注入通道上使用模拟看门狗。
19:16	DUALMOD[3:0]	双模式选择（Dual mode selection）。软件使用这些位选择操作模式。 0000——独立模式； 0001——混合的同步规则+注入同步模式； 0010——混合的同步规则+交替触发模式； 0011——混合同步注入+快速交叉模式； 0100——混合同步注入+慢速交叉模式； 0101——注入同步模式； 0110——规则同步模式； 0111——快速交叉模式； 1000——慢速交叉模式； 1001——交替触发模式。 注：在 ADC2 和 ADC3 中这些位为保留位。在双模式中，改变通道的配置会产生一个重新开始的条件，这将导致同步丢失。建议在进行任何配置改变前关闭双模式。
15:13	DISCNUM[2:0]	间断模式通道计数（Discontinuous mode channel count）。软件通过这些位定义在间断模式下，收到外部触发后转换规则通道的数目。 000——1 个通道；001——2 个通道，…，111——8 个通道。
12	JDISCEN	在注入通道上的间断模式（Discontinuous mode on injected channels）。该位由软件设置和清除，用于开启或关闭注入通道组上的间断模式。 0——注入通道组上禁用间断模式；1——注入通道组上使用间断模式。
11	DISCEN	在规则通道上的间断模式（Discontinuous mode on regular channels）。该位由软件设置和清除，用于开启或关闭规则通道组上的间断模式。 0——规则通道组上禁用间断模式；1——规则通道组上使用间断模式。

续表

位	名称	功能
10	JAUTO	自动的注入通道组转换（Automatic Injected Group conversion）。该位由软件设置和清除，用于开启或关闭规则通道组转换结束后自动的注入通道组转换。 0——关闭自动的注入通道组转换；1——开启自动的注入通道组转换。
9	AWDSGL	扫描模式中在一个单一的通道上使用看门狗（Enable the watchdog on a single channel in scan mode）。该位由软件设置和清除，用于开启或关闭由 AWDCH [4:0] 位指定的通道上的模拟看门狗功能。 0——在所有的通道上使用模拟看门狗；1——在单一通道上使用模拟看门狗。
8	SCAN	扫描模式（Scan mode）。该位由软件设置和清除，用于开启或关闭扫描模式。在扫描模式中，转换由 ADC_SQRx 或 ADC_JSQRx 寄存器选中的通道。 0——关闭扫描模式；1——使用扫描模式。 注：如果分别设置了 EOCIE 或 JEOCIE 位，只在最后一个通道转换完毕后才会产生 EOC 或 JEOC 中断。
7	JEOCIE	允许产生注入通道转换结束中断（Interrupt enable for injected channels）。该位由软件设置和清除，用于禁止或允许所有注入通道转换结束后产生中断。 0——禁止 JEOC 中断；1——允许 JEOC 中断。当硬件设置 JEOC 位时产生中断。
6	AWDIE	允许产生模拟看门狗中断（Analog watchdog interrupt enable）。该位由软件设置和清除，用于禁止或允许模拟看门狗产生中断。在扫描模式下，如果看门狗检测到超范围的数值时，只有在设置了该位时扫描才会中止。 0——禁止模拟看门狗中断；1——允许模拟看门狗中断。
5	EOCIE	允许产生 EOC 中断（Interrupt enable for EOC）。该位由软件设置和清除，用于禁止或允许转换结束后产生中断。 0——禁止 EOC 中断；1——允许 EOC 中断。当硬件设置 EOC 位时产生中断。
4:0	AWDCH [4:0]	模拟看门狗通道选择位（Analog watchdog channel select bits）。这些位由软件设置和清除，用于选择模拟看门狗保护的输入通道。 00000——ADC 模拟输入通道 0；00001——ADC 模拟输入通道 1； 01111——ADC 模拟输入通道 15；10000——ADC 模拟输入通道 16； …… 10001——ADC 模拟输入通道 17 保留所有其他数值。 注：①ADC1 的模拟输入通道 16 和通道 17 在芯片内部分别连到温度传感器和 V_{REFINT}。 ②ADC2 的模拟输入通道 16 和通道 17 在芯片内部连到 V_{SS}。 ③ADC3 的模拟输入通道 9、14、15、16、17 与 V_{SS} 相连。

15.5.8.3 ADC 控制寄存器 2（ADC_CR2）

ADC_CR2 的地址偏移为 0x08，复位值为 0x0000 0000，24～31、16、10～9 和 7～4 位保留，必须保持为"0"。有效位可读写。各位功能如表 15-59 所示。

表 15-59 ADC_CR2 位功能

位	名称	功能
23	TSVREFE	温度传感器和 V_REFINT 使能 (Temperature sensor and V_REFINT enable)。该位由软件置位和清除，用于开启或禁止温度传感器和 V_REFINT 通道。在多于 1 个 ADC 的器件中，该位仅出现在 ADC1 中。 0——禁止温度传感器和 V_REFINT；1——启用温度传感器和 V_REFINT。
22	SWSTART	开始转换规则通道 (Start conversion of regular channels)。由软件设置该位以启动转换，转换开始后硬件马上清除此位。如果在 EXTSEL[2:0] 位中选择了 SWSTART 为触发事件，该位用于启动一组规则通道的转换。 0——复位状态；1——开始转换规则通道。
21	JSWSTART	开始转换注入通道 (Start conversion of injected channels)。由软件设置该位以启动转换，软件可清除此位或在转换开始后硬件马上清除此位。如果在 JEXTSEL[2:0] 位中选择了 JSWSTART 为触发事件，该位用于启动一组注入通道的转换。 0——复位状态；1——开始转换注入通道。
20	EXTTRIG	规则通道的外部触发转换模式 (External trigger conversion mode for regular channels)。该位由软件设置和清除，用于开启或禁止可以启动规则通道组转换的外部触发事件。 0——不用外部事件启动转换；1——使用外部事件启动转换。
19:17	EXTSEL [2:0]	选择启动规则通道组转换的外部事件 (External event select for regular group)。这些位选择用于启动规则通道组转换的外部事件。 ADC1 和 ADC2 的触发配置如下： 000——定时器 1 的 CC1 事件；100——定时器 3 的 TRGO 事件； 001——定时器 1 的 CC2 事件；101——定时器 4 的 CC4 事件； 010——定时器 1 的 CC3 事件；110——EXTI 线 11/ TIM8_TRGO 事件； 011——定时器 2 的 CC2 事件；111——SWSTART。 ADC3 的触发配置如下： 000——定时器 3 的 CC1 事件；100——定时器 8 的 TRGO 事件； 001——定时器 2 的 CC3 事件；101——定时器 5 的 CC1 事件； 010——定时器 1 的 CC3 事件；110——定时器 5 的 CC3 事件； 011——定时器 8 的 CC1 事件；111——SWSTART。
15	JEXTTRIG	注入通道的外部触发转换模式 (External trigger conversion mode for injected channels)。该位由软件设置和清除，用于开启或禁止可以启动注入通道组转换的外部触发事件。 0——不用外部事件启动转换；1——使用外部事件启动转换。
14:12	JEXTSEL [2:0]	选择启动注入通道组转换的外部事件 (External event select for injected group)。这些位选择用于启动注入通道组转换的外部事件。 ADC1 和 ADC2 的触发配置如下： 000——定时器 1 的 TRGO 事件；100——定时器 3 的 CC4 事件； 001——定时器 1 的 CC4 事件；101——定时器 4 的 TRGO 事件； 010——定时器 2 的 TRGO 事件；110——EXTI 线 15/TIM8_CC4 事件； 011——定时器 2 的 CC1 事件；111——JSWSTART。 ADC3 的触发配置如下： 000——定时器 1 的 TRGO 事件；100——定时器 8 的 CC4 事件； 001——定时器 1 的 CC4 事件；101——定时器 5 的 TRGO 事件； 010——定时器 4 的 CC3 事件；110——定时器 5 的 CC4 事件； 011——定时器 8 的 CC2 事件；111——JSWSTART。

续表

位	名称	功能
11	ALIGN	数据对齐（Data alignment）。该位由软件设置和清除。 0——右对齐；1——左对齐。
8	DMA	直接存储器访问模式（Direct memory access mode）。该位由软件设置和清除。 0——不使用DMA模式；1——使用DMA模式。 注：只有ADC1和ADC3能产生DMA请求。
3	RSTCA	复位校准（Reset calibration）。该位由软件设置并由硬件清除。在校准寄存器被初始化后该位将被清除。 0——校准寄存器已初始化；1——初始化校准寄存器。 注：如果正在进行转换时设置RSTCAL，清除校准寄存器需要额外的周期。
2	CAL	A/D校准（A/D Calibration）。该位由软件设置以开始校准，并在校准结束时由硬件清除。 0——校准完成；1——开始校准。
1	CONT	连续转换（Continuous conversion）。由软件设置和清除。如果设置了此位，则转换将连续进行直到该位被清除。 0——单次转换模式；1——连续转换模式。
0	ADON	开/关A/D转换器（A/D converter ON/OFF）。该位由软件设置和清除。当该位为"0"时，写入"1"将把ADC从断电模式下唤醒。当该位为"1"时，写入"1"将启动转换。 0——关闭ADC转换/校准，并进入断电模式； 1——开启ADC并启动转换。 注：如果在这个寄存器中还有其他位与ADON一起被改变，则转换不被触发。这是为了防止触发错误的转换。

15.5.8.4 ADC采样时间寄存器1（ADC_SMPR1）

ADC_SMPR1的地址偏移为0x0C，复位值为0x0000 0000。各位名称如图15-41所示。

31	30	29	28	27	26	25	24	23	22	21	20	19	18	17	16
保留								SMP17[2:0]			SMP16[2:0]			SMP15[2:1]	

15	24	13	12	11	10	9	8	7	6	5	4	3	2	1	0
SMP15 0	SMP14[2:0]			SMP13[2:0]			SMP12[2:0]			SMP11[2:0]			SMP10[2:0]		

图15-41 ADC_SMPR1寄存器结构

其有效位可读写，各位功能如表15-60所示。

表15-60 ADC_SMPR1位功能

位	名称	功能
31:24	保留	必须保持为"0"

续表

位	名称	功能
23:0	SMPx [2:0]	选择通道 x 的采样时间(Channel x Sample time selection)。这些位用于独立地选择每个通道的采样时间。在采样周期中通道选择位必须保持不变。 000——1.5 周期； 001——7.5 周期； 010——13.5 周期； 011——28.5 周期； 100——41.5 周期； 101——55.5 周期； 110——71.5 周期； 111——239.5 周期 注：①ADC1 的模拟输入通道 16 和通道 17 在芯片内部分别连到温度传感器和 V_{REFINT}。 ②ADC2 的模拟输入通道 16 和通道 17 在芯片内部连到 V_{SS}。 ③ADC3 模拟输入通道 14、15、16、17 与 V_{SS} 相连。

15.5.8.5　ADC 采样时间寄存器 2（ADC_SMPR2）

ADC_SMPR2 的地址偏移为 0x10，复位值为 0x0000 0000。各位名称如图 15-42 所示。

31	30	29	28	27	26	25	24	23	22	21	20	19	18	17	16
保留		SMP9 [2:0]			SMP8 [2:0]			SMP7 [2:0]			SMP6 [2:0]			SMP5 [2:1]	
15	24	13	12	11	10	9	8	7	6	5	4	3	2	1	0
SMP5 0	SMP4 [2:0]			SMP3 [2:0]			SMP2 [2:0]			SMP1 [2:0]			SMP0 [2:0]		

图 15-42　ADC_SMPR2 寄存器结构

其有效位可读写，功能与 ADC_SMPR1 类似。

15.5.8.6　ADC 看门狗高阈值寄存器（ADC_HTR）

ADC_HTR 的地址偏移为 0x24，复位值为 0x0000 0000，31~12 位保留，必须保持为"0"。11~0 位为有效位，可读写，用于定义模拟看门狗的阈值上限（analog watchdog high threshold）。

15.5.8.7　ADC 看门狗低阈值寄存器（ADC_LTR）

ADC_LTR 的地址偏移为 0x28，复位值为 0x0000 0000，31~12 位保留，必须保持为"0"。11~0 位为有效位，可读写，用于定义模拟看门狗的阈值下限（analog watchdog low threshold）。

15.5.8.8　ADC 规则序列寄存器 1（ADC_SQR1）

ADC_SQR1 的地址偏移为 0x2C，复位值为 0x0000 0000，31~24 位保留，必须保持为"0"。其余位为有效位，可读写。各位功能如表 15-61 所示。

表 15-61 ADC_SQR1 位功能

位	名称	功能
23:20	L[3:0]	规则通道序列长度（Regular channel sequence length）。这些位由软件定义在规则通道转换序列中的通道数目。 0000——1 个转换通道；0001——2 个转换通道；…；1111——16 个转换通道
19:15	SQ16[4:0]	规则序列中第 16 个转换（16th conversion in regular sequence）。这些位由软件定义，代表转换序列中第 16 个转换通道的编号（0～17）
14:10	SQ15[4:0]	规则序列中第 15 个转换（15th conversion in regular sequence）
9:5	SQ14[4:0]	规则序列中第 14 个转换（14th conversion in regular sequence）
4:0	SQ13[4:0]	规则序列中第 13 个转换（13th conversion in regular sequence）

15.5.8.9 ADC 规则序列寄存器 2（ADC_SQR2）

ADC_SQR2 的地址偏移为 0x30，复位值为 0x0000 0000，31～30 位保留，必须保持为 "0"。其余位为有效位，可读写。各位功能如表 15-62 所示。

表 15-62 ADC_SQR2 位功能

位	名称	功能
29:25	SQ12[4:0]	规则序列中第 12 个转换（12th conversion in regular sequence）
24:20	SQ11[4:0]	规则序列中第 11 个转换（11th conversion in regular sequence）
……		
4:0	SQ7[4:0]	规则序列中第 7 个转换（7th conversion in regular sequence）

15.5.8.10 ADC 规则序列寄存器 3（ADC_SQR3）

ADC_SQR3 的地址偏移为 0x34，复位值为 0x0000 0000，31～30 位保留，必须保持为 "0"。其余位为有效位，可读写，用于定义转换序列中的第 6～0 个转换通道的编号。其功能与 ADC_SQR2 类似。

15.5.8.11 ADC 注入序列寄存器（ADC_JSQR）

ADC_JSQR 地址偏移为 0x38，复位值为 0x0000 0000，31～22 位保留，必须保持为 "0"。其余位为有效位，可读写。各位功能如表 15-63 所示。

表 15-63 ADC_JSQR 位功能

位	名称	功能
21:20	JL[1:0]	注入通道序列长度（Injected sequence length）。这些位由软件定义在注入通道转换序列中的通道数目。 00——1 个转换通道；01——2 个转换通道；10——3 个转换通道；11——4 个转换通道

续表

位	名称	功能
19:15	JSQ4 [4:0]	注入序列中的第 4 个转换通道号（4th conversion in injected sequence）。这些位由软件定义，表示转换序列中第 4 个转换通道的编号（0~17）。 注：不同于规则转换序列，如果 JL [1:0] 的长度小于 4，则转换的序列顺序是从（4−JL）开始。 例如：ADC_JSQR [21:0] = 10 00011 00011 00111 00010，意味着扫描转换将按下列通道顺序转换：7、3、3，而不是 2、7、3
14:10	JSQ3 [4:0]	注入序列中第 3 个转换通道号（3rd conversion in injected sequence）
9:5	JSQ2 [4:0]	注入序列中第 2 个转换通道号（2nd conversion in injected sequence）
4:0	JSQ1 [4:0]	注入序列中第 1 个转换通道号（1st conversion in injected sequence）

15.5.8.12 ADC 注入数据寄存器 x（ADC_JDRx）（x=1~4）

共有 4 个注入数据寄存器，地址偏移为 0x3C~0x48，复位值为 0x0000 0000，31~16 位保留，必须保持为"0"。低 16 位为只读有效位，用于保存对应的注入序列中第 x 个转换通道的转换结果。例如 ADC_JDR1 保存注入序列中第 1 个转换通道的转换结果，具体的通道号由 ADC_JSQR 的 JSQ1 [4:0] 位定义，见表 15−63），转换数据根据 ADC_CR2 寄存器中 ALIGN 位的规定方式对齐（左对齐或右对齐）。

15.5.8.13 ADC 规则数据（ADC_DR）

ADC_DR 的地址偏移为 0x4C，复位值为 0x0000 0000，32 位均有效，但只能读取。各位功能如表 15−64 所示。

表 15−64 ADC_DR 位功能

位	名称	功能
31:16	ADC2DATA [15:0]	ADC2 转换的数据（ADC2 data）。 • 在 ADC1 中：双模式下，这些位包含了 ADC2 转换的规则通道数据。 • 在 ADC2 和 ADC3 中：不使用这些位。
15:0	DATA [15:0]	规则转换的数据（Regular data）。包含了规则通道的转换结果。转换数据根据 ADC_CR2 寄存器中 ALIGN 位的规定方式对齐（左对齐或右对齐）。

15.5.8.14 ADC 注入通道数据偏移寄存器 x（ADC_JOFRx，x=1.4）

共有 4 个注入通道数据偏移寄存器，地址偏移为 0x14~0x20，复位值为 0x0000 0000，31~12 位保留，必须保持为"0"。低 12 位有效，可读写。低 12 位（JOFFSETx [11:0]）为注入通道 x 的数据偏移（Data offset for injected channel x），当注入通道转换完成后，原始转换数据减去 JOFFSETx [11:0] 的值后为转换结果，该转换结果可以在 ADC_JDRx 寄存器中读出。

15.6 其他功能部件

STM32 系列单片机内部还集成了众多功能部件，鉴于教材与参考手册的区别，本书不再一一详细介绍，只作一概略性说明，使用时参考相应的芯片手册即可。但使用功能部件的原则必须清楚：嵌入式处理器的功能部件是通过相应的功能寄存器（或称控制寄存器）设置其功能并反馈工作状态或数据，掌握和应用某个功能部件就是在了解其工作原理的基础上，正确地设置对应的功能寄存器并读取反馈数据。下面对相对常用的部件进行概略性介绍。

15.6.1 数字/模拟转换模块（DAC）

STM32 的 DAC 模块是 12 位数字输入、电压输出的数字/模拟转换器。可以配置为 8 位或 12 位模式，也可以与 DMA 控制器配合使用。DAC 工作在 12 位模式时，数据可以设置成左对齐或右对齐。DAC 模块有两个输出通道，每个通道都有单独的转换器。在双 DAC 模式下，两个通道可以独立地进行转换，也可以同时进行转换并同步更新两个通道的输出。DAC 可以通过引脚输入参考电压 V_{REF+} 以获得更精确的转换结果。

15.6.2 DMA 控制器（DMA）

直接存储器存取（Direct Memory Access，DMA）技术可实现外设和存储器之间或者存储器和存储器之间的高速数据传输而无需 CPU 干预，CPU 可在数据传输过程中执行其他任务，从而提高系统的整体效率。STM32F 系列有两个 DMA 控制器，共 12 个通道（DMA1 有 7 个通道，DMA2 有 5 个通道），每个通道专门用来管理来自一个或多个外设的存储器访问请求，并支持软件触发。同一个 DMA 模块上的多个请求间的优先权可以通过软件编程设置为 4 级，优先权相等时由硬件决定响应顺序。闪存、SRAM、外设的 SRAM、APB1、APB2 和 AHB 外设之间均可进行 DMA 传输。

15.6.3 实时时钟（RTC）

实时时钟（RTC 模块）是一个独立的定时器，拥有一组连续计数的计数器，在相应软件配置下，可提供时钟日历的功能。修改计数器的值可以重新设置系统当前的时间和日期。RTC 模块和时钟配置系统（RCC_BDCR 寄存器）处于后备区域，在系统复位或从待机模式唤醒后，RTC 的设置和时间维持不变。该模块有闹钟中断、秒中断和溢出中断 3 个可屏蔽中断，其中闹钟中断用来产生一个软件可编程的闹钟中断，秒中断用来产生一个可编程的周期性中断信号（最长可达 1s），溢出中断指示内部可编程计数器溢出并回转为 0 的状态。

15.6.4 USB 全速设备接口

USB 模块为 PC 主机和 STM32 微控制器之间提供了符合 USB 规范的通信连接。PC 主机和 STM32 之间的数据传输是通过共享一个专用的数据缓冲区来完成的，该数据缓冲区能被 USB 外设直接访问，其大小由所使用的端点数目和每个端点最大的数据分组大小所决定。每个端点最大可使用 512B 缓冲区，最多可用于 16 个单向或 8 个双向端点。

USB 模块同 PC 主机通信，根据 USB 规范实现令牌分组的检测、数据发送/接收的处理和握手分组的处理。整个传输格式的处理由硬件完成，其中包括 CRC 的生成和校验。

当 USB 模块识别出一个有效的功能/端点的令牌分组时（如果需要传输数据且端点已配置），将触发相关的数据传输。USB 模块通过一个内部的 16 位寄存器实现端口与专用缓冲区的数据交换。在所有的数据传输完成后，可根据传输的方向发送或接收适当的握手分组，并触发与端点相关的中断，以便 STM32 获取传输过程的相关信息。USB 主要特性如下：

- 符合 USB2.0 全速设备的技术规范；
- 可配置 1 到 8 个 USB 端点；
- 支持 CRC（循环冗余校验）生成/校验，反向不归零（NRZI）编码/解码和位填充；
- 支持同步传输；
- 支持批量/同步端点的双缓冲区机制；
- 支持 USB 挂起/恢复操作；
- 支持帧锁定时钟脉冲生成。

STM32 除了有 USART 和 USB 接口，还配置了 SDIO、I²C、SPI 以及以太网等通信接口，与外部设备的连接方式灵活丰富，可参考芯片手册了解详细原理及使用方法。

15.6.5　看门狗

STM32F10xxx 内置两个看门狗——独立看门狗（IWDG）和窗口看门狗（WWDG），定时时间精确，使用更灵活，可为程序运行提供更高的安全性。两个看门狗可用来检测和解决由软件错误引起的故障；当看门狗计数器达到给定的超时值时，产生系统复位，窗口看门狗还将触发一个中断。

IWDG 由独立的 RC 振荡器提供驱动时钟，可在停止和待机模式下工作，即使主时钟发生故障它也仍然有效。IWDG 被激活后，递减计数器开始运行，当计数至 0x000 时产生复位（IWDG_RESET）。在计数器计数结束前，只要向键寄存器 IWDG_KR 中写入 0xAAAA，重加载寄存器 IWDG_RLR 中的值就会被重新加载到计数器，避免产生看门狗复位。IWDG 主要用于那些需要看门狗在主程序之外独立工作，并且对时间精度要求较低的场合。

WWDG 由从 APB1 时钟分频后得到的时钟驱动，通过可配置的时间窗口来检测应用程序非正常的过迟或过早的操作，通常用来监测由外部干扰或不可预见的逻辑条件造成的应用程序背离正常的运行序列而产生的软件故障。相较于 IWDG，WWDG 更适合那些要求看门狗在精确计时窗口起作用的应用程序。

配置寄存器 WWDG_CFR 的低 7 位（W [6:0]）为设定的窗口时间。控制寄存器

WWDG_CR 的低 7 位（T [6:0]）在看门狗启用后存储看门狗的计数器值，计数器值每个时钟周期减一。

IWDG 逻辑框图如图 15-43 所示。

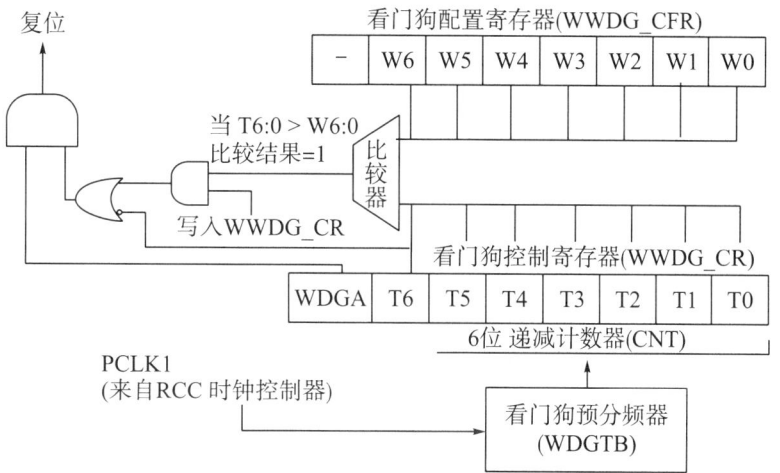

图 15-43　窗口看门狗逻辑框图

根据图 15-43 可知，看门狗被激活后（WWDG_CR 的 WDGA 位置"1"），产生复位的情况有两种：其一是在计数器值大于窗口寄存器中的数值时（T [6:0] > W [6:0]）重新装载计数器；其二是递减计数器的 T6 位清零，即从 0x40 翻转到 0x3F 时。因此，为了避免看门狗复位，T [6:0] 的值必须在 T [6:0] < W [6:0] 且 T [6:0] > 0x3F 期间刷新，如图 15-44 所示。由此可见，递减计数器初值和刷新值的 T6 位应为 "1"（以防止立即产生一个复位），而 T [5:0] 位包含了看门狗产生复位之前的计时时间。

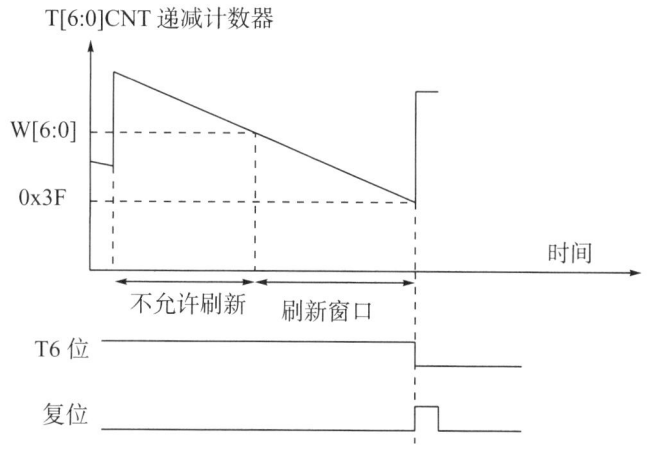

图 15-44　窗口看门狗（WWDG）时序图

另外，WWDG 有早期唤醒功能，通过设置 WWDG_CFR 的 EWI 位，可以允许早期唤醒中断（该中断被允许后只能由硬件在复位后清除）。当计数器值达到 0x40 时，状态寄存器 WWDG_SR 的早期唤醒中断标志 EWIF（Early Wakeup Interrupt Flag）由硬件置"1"（该标志必须通过软件写"0"来清除），通过相应的中断服务程序可以及时加载计数器以防止 WWDG 复位。

复习思考题

（1）使用使能寄存器和复位寄存器对外设时钟进行操作有什么特点？具体如何操作？

（2）以下两条 C 语言语句有什么区别？

　　GPIOA−> ODR =0x1001；

　　GPIOA−>BSRR =0x1001；

（3）如需设置 GPIOC 低 8 位为模拟输入，8、9 位为上拉输入，11～13 位为 2MHz 推挽输出，写出相应的 C 语言设置程序。

（4）如需将 GPIOE 的奇数位清零，偶数位置"1"，试写出不同输出方式的相应语句。

（5）使用外部中断前，需要进行哪些设置？

（6）STM32 的中断优先级用中断优先级寄存器的几位表示？优先级分组可如何划分？

（7）STM32F10x 有多少个外部中断源？如何将 GPIOx 引脚配置为中断信号输入端？

（8）STM32F10x 有 16 个外部中断信号可从 GPIOx 引脚输入，但这 16 个外部中断源只有 7 个中断号，系统是如何处理的？

（9）若以 PB2 和 PD3 作为外部中断输入引脚，请完成相关寄存器的设置及程序编写。

（10）为什么定时器的时钟不直接来自 APB1 或 APB2，而是将 APB1（或 APB2）分频后的脉冲倍频后作为定时器的时钟频率？

（11）已知系统时钟频率的情况下，要进行一定时长的定时，需要进行哪些参数计算和定时器设置？

（12）输入捕获模式是否可用于测量外部信号的低电平时长？采用输入捕获模式测量电平时长与 MCS−51 系统中使用 GATE 门控位测量有何异同？

（13）输入捕获模式下，可否用一个通道测量外部信号频率？如果可以，应该如何实现？

（14）设置相关寄存器，实现图 15−26 的输出功能。

（15）如何设置 USART 不同的数据帧长度？

（16）如何使用 USART 进行多字节数据的发送？

（17）如果起始位侦测过程中两次采样的 6 个采样值不全为"0"，应如何处理？这样处理有什么优点？

（18）USART 多机通信时，为了使主机能唤醒从机，双方应进行怎么样的设置？

参考文献

[1] 黄劼. 单片机原理及接口技术[M]. 北京：国防工业出版社，2008.

[2] 黄克亚. ARM Cortex-M3 嵌入式原理及应用：基于 STM32F103 微控制器[M]. 北京：清华大学出版社，2020.

[3] 毛玉星，郭珂，刘卫东. 单片机原理及接口技术：基于 ARM Cortex-M3 的 STM32 系列[M]. 重庆：重庆大学出版社，2020.

[4] 深圳国芯人工智能有限公司. STC12C5A60S2 系列单片机原理及应用[EB/OL]. (2025-6-20) [2025-7-1]. https://www.stcaimcu.com/data/download/Datasheet/STC12C5A60S2.pdf.

[5] 深圳国芯人工智能有限公司. STC32G 系列技术手册[EB/OL]. (2025-6-20) [2025-7-1]. https:www.stcaimcu.com/data/download/Datasheet/STC32G.pdf.

[6] 意法半导体（中国）投资有限公司. STM32F10xxx 参考手册[EB/OL]. (2015-9-30) [2025-7-1]. http://www.st.com/stonline/products/literature/ds/15058.pdf.

附 录

附表 1 Cortex-M3 指令汇总表

指令	说明	指令	说明
ADC	带进位的 32 位数加法	ADD	32 位数相加
AND	32 位数的逻辑与	B	在 32M 空间内的相对跳转指令
BIC	32 位数的逻辑位清零	BKPT	断点指令
BL	带链接的相对跳转指令	BLX	带链接的切换跳转
BX	切换跳转	CDP /DP2	协处理器数据处理操作
CLZ	零计数	CMN	比较两个数的相反数
CMP	32 位数比较	EOR	32 位逻辑异或
LDC/LDC2	从协处理器取一个或多个 32 位值	LDM	从内存送多个 32 位字到寄存器
LDR	从虚拟地址取一个单个的 32 位值	MLA	32 位乘累加
MOV	传送一个 32 位数到寄存器	MVN	把一个 32 位数的逻辑"非"送到寄存器
MRC/MRC2/MRRC	从协处理器传送数据到寄存器	MCR/MCR2/MCRR	从寄存器送数据到协处理器
MRS	状态寄存器的值送通用寄存器	MSR	通用寄存器的值送状态寄存器
MUL	32 位乘	ORR	32 位逻辑或
PLD	预装载提示指令		
QADD	有符号 32 位饱和加	QDADD	有符号双 32 位饱和加
QSUB	有符号 32 位饱和减	QDSUB	有符号双 32 位饱和减
RSB	逆向 32 位减法	RSC	带进位的逆向 32 法减法
SBC	带进位的 32 位减法	SMLA xy	有符号乘累加 [（16 位×16 位）+32 位=32 位]
SMLAL	64 位有符号乘累加 [（32 位×32 位）+64 位=64 位]	SMAL xy	64 位有符号乘累加 [（32 位×32 位）+64 位=64 位]
SMLAW y	有符号乘累加 [（32 位×16 位）≫16 位+32 位=32 位]	SMULL	64 位有符号乘累加 （32 位×32 位=64 位）
SMUL xy	有符号乘 （16 位×16 位=32 位）	SMULW y	有符号乘 [（32 位×16 位）≫16 位=32 位]
STC/STC2	从协处理器中把一个或多个 32 位值存到内存	STM	把多个 32 位的寄存器值存放到内存

续表

STR	把寄存器的值存到一个内存的虚地址内间	SWP	把一个字或者一个字节和一个寄存器值交换
SUB	32位减法	SWI	软中断
TEQ	等值测试	TST	位测试
UMLAL	64位无符号乘累加 ［（32位×32位）＋64位＝64位］	UMULL	64位无符号乘累加 （32位×32位＝64位）

附表2　STM32F10x中内置外设的存储器映像地址

起始地址	外设	总线
0x5000 0000～0x5003 FFFF	USB OTG 全速	AHB
0x4003 0000～0x4FFF FFFF	保留	
0x4002 8000～0x4002 9FFF	以太网	
0x4002 3400～0x4002 3FFF	保留	
0x4002 3000～0x4002 33FF	CRC	
0x4002 2000～0x4002 23FF	闪速存储器接口	
0x4002 1400～0x4002 1FFF	保留	
0x4002 1000～0x4002 13FF	复位和时钟控制（RCC）	
0x4002 0800～0x4002 0FFF	保留	
0x4002 0400～0x4002 07FF	DMA2	
0x4002 0000～0x4002 03FF	DMA1	
0x4001 8400～0x4001 7FFF	保留	
0x4001 8000～0x4001 83FF	SDIO	
0x4001 4000～0x4001 7FFF	保留	APB2
0x4001 3C00～0x4001 3FFF	ADC3	
0x4001 3800～0x4001 3BFF	USART1	
0x4001 3400～0x4001 37FF	TIM8 定时器	
0x4001 3000～0x4001 33FF	SPI1	
0x4001 2C00～0x4001 2FFF	TIM1 定时器	
0x4001 2800～0x4001 2BFF	ADC2	
0x4001 2000～0x4001 23FF	GPIO 端口 G	
0x4001 2000～0x4001 1FFF	GPIO 端口 F	
0x4001 1800～0x4001 1BFF	GPIO 端口 E	
0x4001 1400～0x4001 17FF	GPIO 端口 D	
0x4001 1000～0x4001 13FF	GPIO 端口 C	
0X4001 0C00～0x4001 0FFF	GPIO 端口 B	
0x4001 0800～0x4001 0BFF	GPIO 端口 A	

续表

起始地址	外设	总线
0x4001 0400~0x4001 07FF	EXTI	APB2
0x4001 0000~0x4001 03FF	AFIO	
0x4000 7800~0x4000 FFFF	保留	APB1
0x4000 7400~0x4000 77FF	DAC	
0x4000 7000~0x4000 73FF	电源控制（PWR）	
0x4000 6C00~0x4000 6FFF	后备寄存器（BKP）	
0x4000 6800~0x4000 6BFF	bxCAN2	
0x4000 6400~0x4000 67FF	bxCAN1	
0x4000 6000~0x4000 63FF	USB/CAN 共享的 512 字节 SRAM	
0x4000 5C00~0x4000 5FFF	USB 全速设备寄存器	
0x4000 5800~0x4000 5BFF	I^2C2	
0x4000 5400~0x4000 57FF	I^2C1	
0x4000 5000~0x4000 53FF	UART5	
0x4000 4C00~0x4000 4FFF	UART4	
0x4000 4800~0x4000 4BFF	USART3	
0x4000 4400~0x4000 47FF	USART2	
0x4000 4000~0x4000 3FFF	保留	
0x4000 3C00~0x4000 3FFF	SPI3/I2S3	
0x4000 3800~0x4000 3BFF	SPI2/I2S3	
0x4000 3400~0x4000 37FF	保留	
0x4000 3000~0x4000 33FF	独立看门狗（IWDG）	
0x4000 2C00~0x4000 2FFF	窗口看门狗（WWDG）	
0x4000 2800~0x4000 2BFF	RTC	
0x4000 1800~0x4000 27FF	保留	
0x4000 1400~0x4000 17FF	TIM7 定时器	
0x4000 1000~0x4000 13FF	TIM6 定时器	
0x4000 0C00~0X4000 0FFF	TIM5 定时器	
0x4000 0800~0x4000 0BFF	TIM4 定时器	
0x4000 0400~0x4000 07FF	TIM3 定时器	
0x4000 0000~0x4000 03FF	TIM2 定时器	